이순자
자서전

이순자 자서전

당신은 외롭지 않다

나의 애인이었고 신랑이었고 남편인 그분
자식들의 아버지이고 손자 손녀들의 할아버지인 그분
대한민국 제11대, 제12대 대통령으로
나라를 위해 헌신한 그분에게 이 책을 바치고 싶다.

차례

글을 시작하며 ... 12

제1장 마음의 고향 만주 길림성
인연의 시작 ... 18
진해 경화동의 추억 ... 31
사랑으로 ... 39

제2장 사랑하는 그와 결혼하다
이태리 영화 '지붕'이 준 충격 ... 54
결혼식 ... 70
시댁생활 ... 76
친정살이 ... 83

제3장 군인의 아내
결혼 다섯달 만에 떠나보낸 미국 연수 ... 94
박정희 장군과의 운명적 만남 ... 109
뒤늦은 신접 살림 ... 116
한강백사장에 내려앉는 낙하산을 바라보며 ... 124
생애 첫 '드림 하우스' – 보광동 집 ... 130
어머님을 모셔오자는 그분의 애원 ... 143
군인을 천직으로 알고 사는 그분을 뒷바라지하며 ... 151

제4장 역사의 격랑과 마주하다

내 안의 청춘—만학(晩學)의 꿈 176
퇴근 못하는 그분, 잠 못 이루는 가족 180
어려운 결심 188
12.12 192

제5장 1980년, 그때를 회고하다

대학 편입시험, 그리고 어학당 196
대학광장에서 불타고 있는 남편의 허수아비 199
그해 5월의 슬픔 208
그분의 성격과 운명적 선택 241

제6장 세종로 1번지

연희동을 떠나 청와대에 입주하다 216
청와대 스케치 219
수습기간도 롤 모델도 없었던 배역, 영부인 231

제7장 마흔 두 살의 첫 해외여행

정상회담의 기억 248
LA에서 워싱턴 블레어하우스까지 252
백악관—한미정상회담 261
교민들과 뜨겁게 포옹하다 268

제8장 대통령 영부인으로서의 삶

7년 후 평범한 가장으로 돌아가겠다	274
취임 초의 미션 – 나라의 쌀독을 채워라	276
세일즈맨을 자청한 아세안 5개국 순방	279
이기고 돌아오라 – 88서울올림픽 개최권을 따내다	298
개방과 다양화의 물결	302
아프리카 순방 외교 – '킬리만자로 플랜'	304

제9장 대통령 가족으로 살아간다는 것

유혹에 흔들리는 친인척들을 어찌할 것인가	324
시련 – 차라리 그분 곁을 떠나버릴까	327
다시 서기	336
가족, 그 사랑의 성(城)	341
대통령에게도 휴식이 필요했다	346
저도의 밤	356

제10장 아웅산에서 있었던 일

순국하신 분들에게 꽃을 바친다	364
아웅산묘소 테러사건	366
천행(天幸)이었던 두 가지 우연	376

제11장 정상 간의 신뢰와 우정을 경험하다

일본 나카소네 총리의 '수제외교(手製外交)'	380
히로히토 천황의 사죄	385

제12장 청와대 시절의 기쁨과 보람

청와대의 첫 혼사	394
부모님의 회혼식	402
청와대의 첫 생명 – 손녀 수현의 탄생	406
새세대 육영회	408
새세대 심장재단	416

제13장 종착점이 보이는 길목에 서다

순방외교의 마무리 수순 – 유럽 순방	426
취임 6주년 – 1년 앞으로 다가온 퇴임	443
그리운 연희동 집을 수리하다	447

제14장 민심을 따르다

민심이 흘러드는 작은 도랑	458
후계자	464
6.29선언	468

제15장 귀향

40년 헌정사의 숙원을 풀다	474
예정된 행복한 작별	476
"할아버지, 어디로 가는 거예요?"	480

제16장 수난의 시작, 백담사 유폐(幽閉)

순간의 행복	486
백담사 요사채에서의 첫 밤	496
'5·6공 단절'이라는 태풍의 눈	504
고통의 의미	509
국태민안과 영가천도를 위한 백일기도	521
회향(回向), 그 머나먼 길	523
대청봉의 키 작은 나무들	530

제17장 백담사에서의 769일

장손 우석의 돌잔치	536
섣달 그믐날의 철야기도	547
산사에 들려오는 정가 소식	558
불행은 혼자 오지 않는다	562
백담계곡에 고마움을 남기고	571

제18장 제자리를 찾아서

폐허 그리고 복원	574
어머니와의 이별	578
제자리 찾기	582
집에서 치른 막내의 결혼식	584

제19장 계엄령처럼 선포된 '역사바로세우기'

잠자리에서 끌려간 전직 대통령	588
단식 소식에 다시 찾아간 백담사	595
성탄절 경찰병원에서의 첫 면회	604
"할아버지, 저도 단식할 거예요"	606

제20장 재판수첩

병실에서 맞은 생일날, 출정(出廷)을 결심하다 … 618
'정치재판'임을 선언한 김영삼 정권 … 620
정해진 종착지를 향해 돌진한 1심재판 … 622
기도가 부족했던 것인가 … 633
"불리한 증언을 하는 사람을 미워하지 맙시다" … 642
항소심이 연출한 프로그램들 … 643
한 줄기의 밝은 빛 – 최종심의 소수 의견 … 655

제21장 다시 시련을 딛고 서다

3백만 명이 서명한 사면탄원 … 658
그분의 고통에 동참한 가족들의 정성 … 662
다시 연희동 집으로 … 680

제22장 추징금 환수라는 이름의 재산몰수

생의 족쇄가 된 추징금 … 688
추징금 환수에 얽힌 가슴 아픈 이야기 … 692
날벼락같이 덮친 위헌적 '전두환법' 제정 … 696

제23장 고통 속에서 배운 것들

김영삼 전 대통령 빈소 조문 … 704
노년의 기도 … 706
참 아쉽고 씁쓸했던 소식 … 708
가족사진 스케치 … 712
생의 끝자락에서 … 714

글을 마치며 … 717

글을 시작하며

———

 "누릴 것 다 누려 본 대통령 내외께서 이 깊은 절까지 찾아와 수도하시게 된 걸 보면, 전생에 복을 지어도 무척 많이 지으신 모양입니다."
 내던져지듯 백담사에 유폐된 지 며칠이 지났을 때, 멀리 봉암사에서 찾아오신 송 서암 큰 스님은 우리 내외를 앞에 두고 무심한 얼굴로 말씀하셨다.
 백담계곡으로 사정없이 쏟아지는 밤의 폭설 속에 퇴로를 차단당한 들짐승 한 쌍이 길게 울었다. 청와대와 백담사가 상징하는 현기증 나는 그 운명의 거리, 그 통절한 추락감이 나로 하여금 연필을 들게 했다. 무언가 쏟아내지 않고는 견딜 수 없었던 그 상황에서 글을 쓰게 된 것은 내 몸과 마음이 스스로 찾아낸 자연치유법(自然治癒法)이었던 같다.

 그렇게 내 생애 최초의 글쓰기가 시작됐다. 터져나올 듯 가슴속 가득 차 있던 울분들을 종이 위에 한 자 한 자 글로 옮기자 모든 미움과 원망과 고통이, 촛불의 그을음을 타고 사라지면서 평안이 찾아왔다. 스님의 그 말씀은 예언이었던 것이다. 그렇게 시작한 글들 가운데 원고지 87매 분량은 '백담사에서 세 해 겨울을 보내며'라는 제목으로 몇몇 주요 일간지와 여성지에 실렸다. 그 일은 곧 내가 내 삶을 기록으로 남기자는 발심(發心)으로 이어졌다.
 내 생애에서 가장 좁고 슬픈 공간이었던 백담사 요사채의 골방은 역설적이게도 나의 모든 것을 품었던 넓디넓은 공간이었다. 내실이자 거실이고 식당이었던 두 평 반의 그 골방에 나는 서재를 차린 것이다. 두 사람 분의 3첩 반상을 겨우 차릴 수 있는 크기의 밥상, 그 밥상 위에 놓인 손바닥만 한 용수철 수첩과 몽당연필, 그리고 전기도 안 들어오는 방을 밝혀주는 촛불 한 자루가 그 서재를 꾸며주고 있었다. 우리 내외의 등 뒤에선 홑겹 창호지 문에 찰싹 붙어 있는 바람막이 비닐자락이 영하 20도의 내설악 혹한에 비명을 지르며 깃발처럼 펄럭이고 있었다.

그날로부터 9개월 전엔 나에게도 청와대 안에 '영부인실(令夫人室)'이란 이름의 단아한 방이 있었다. 안락한 의자와 책상, 단정한 필기도구들도 갖추어져 있었다. 아름다운 램프에서 흘러나오는 불빛도 있었다. 난 그 방에서 7년여 동안 공식일정에 따라 손님들과 외교사절들을 맞았다. 그러나 내가 그곳을 서재삼아 글을 썼던 기억은 없다.

어느 해 나는 갑자기 대동맥 혈관에 이상이 생겨 쓰러졌다. 응급실로 달려가는 차 안에서, 꺼져가는 의식 속에서 겨우 한 뼘 크기로 열린 채 쏟아져 들어오는 암청색 밤하늘을 보았다. 그때 나를 사로잡은 것은 대동맥 혈관 파열로 죽을 수도 있다는 공포가 아니었다. 내가 죽게 되면 써놓은 나의 삶의 진실마저 사라지게 될 것이라는 사실이 두려웠다. 그 일을 끝내기 전엔 죽어도 죽을 수 없다고 생각했다. 생명에 대한 애착이 아니라 '글의 힘'에 대한 믿음으로 나는 어려운 수술을 이겨낼 수 있었던 것 같다.

가족과의 여름휴가 때도 나는 원고 가방을 챙겨들고 갔다. 그분이 감옥에 있을 때에도 연희동 집에 들어찬 얼음 같은 고독 속에서 혼자 원고를 썼다. 다행히 난 학창시절부터 책상에 꿋꿋하게 오래 앉아 있는 지구력의 소유자였다. 그분이 재판을 받고 있던 1996년 불시에 집으로 들이닥친 검찰의 위협적인 가택수색 때도 나는 그분의 기록물들과 내 원고 디스켓이 혹시 일실(逸失)되지 않을까 노심초사했다. 다행히 그런 일은 일어나지 않았다.

대통령 퇴임 후 제5공화국은 자랑스러운 우리 현대사의 기록에서 삭제되어갔다. '5공', '1980년대'란 말은 모든 부정적인 것의 대명사가 되었다. 그분이 7년 반의 재임 기간 동안 나라를 위해 바친 모든 땀과 순정, 그리고 그 열매가 마치 유효기간이 지난 식품처럼 사납게 폐기됐다. 특히 12.12, 5.17, 5.18에 대한 편집증적(偏執症的)인 오해와 정략적인 역사 왜곡 앞에서 나는 몇 번이고 전율했다. 시련의 시간은 끈질기게 이어졌다. 백담사 유폐, 해외망명 공작, 국회청문회 소환 증언, 고향마을을 10개 중대 경찰 병력이 포위한 가운데 집행된 압송, 각본대로 연출된 재판, 사형선고, 사면, 위헌법률에 따른 끝없는 추징금 테러….

그분에게 불어닥친 그 모든 박해와 고난은 고스란히 나에게도 전이됐

백담사 작은 골방에서 시작된 나의 글쓰기

다. 퇴임 후 28년간 사나운 정치바람이 간단없이 몰아쳤지만 그분은 광풍이 휩쓸고 간 그 자리에 변함없이 버티고 서 있었다. 그 어떤 모진 박해와 모멸 속에서도 죽지 않고 살아내는 일까지가 헌정 사상 최초로 평화적 정권이양을 실현한 전직 대통령의 책무라는 믿음을 신앙처럼 간직하고 있었던 것이다.

    글을 쓴다는 것은 나에겐 간직해온 '기억들의 재구성'이었다. 글을 쓰면서 나는, 그분이 재임하는 동안 우리 현대사의 중요한 사건들과, 그분이 정책을 구상하고 결단하고 시행해가는 과정을 가장 최근거리에서 목격하고 경험한 증인이라는 사실을 새삼 깨닫게 되었다. 그리하여 세상의 오해와 편견과 가학심리에 의해 만신창이가 된 그분 모습을 바르게 보여줄 필요가 있다고 믿게 되었다.

    이 책은 내가 그분과 제5공화국을 향해 쏟아졌던 비난의 해일(海溢) 앞에 묵직한 빗장을 지르고 앉아 신음하며 적어간 기록물이다. 세상이 그분과 그분 통치기간을 왜곡해서 한마디로 단정해버린, 그 가차 없는 왜곡 뒤에 엄연히 버티고 서 있는 그 진실을 난 여기에 적었다. 그래서 이 책은 내가 문자로 그린 그분의 진실된 초상화다.

원고를 완성하고 나면 또 다른 정치적 사건이 불어닥쳤다. 그래서 그분과 함께 손을 부여잡고 그 불행을 치러낸 후 나는 다시 새로운 장(章)을 써내려가야만 했다. 그래서 원고는 내 품에 안긴 채 부화되어 세상으로 나갈 날들을 오래 기다려왔다. 이 책은, 초고로부터 시작해 수차례 수정원고까지 원고지 2만 장이 넘는 것을 5천 장으로 추린 것이다. 나머지 원고는 아직도 간직하고 있다. 처음 손바닥만한 용수철 수첩으로 시작한 원고 작성 작업은 공책으로, 대학노트로, 원고지로, 컴퓨터로, 노트북으로 진화되어갔다. 역사적인 사건들에 관한 내용은 내가 직접 그분의 구술을 녹음기에 담아 문자로 풀어냈다.

그분의 88세 미수(米壽)가 다가온다. 나의 애인이었고 신랑이었고 남편인 그분, 자식들의 아버지이고 손자 손녀들의 할아버지인 그분, 무엇보다 대한민국 제11대, 제12대 대통령으로 나라를 위해 헌신한 그분에게 이 책을 바치고 싶다. 문자로 적은 나의 이 증언이 그분 개인과 제5공화국 시절의 진실들을 들여다보고자 하는 분들에게 도움이 되기를 소망한다.

사랑에 빠져 그분과 결혼한 지 58년, 그 긴 세월의 여정(旅程)이 얼마나 엄청난 것이었는지 이제야 알 것 같다.

제1장

마음의 고향
만주 길림성

우리 가족의 인연은 신기하게도
모두 만주 길림성에서 시작되고 있다.
아버지가 가족과 함께 이주하신 삼송,
외할아버지가 홍아학교를 세우신 화순,
아버지와 어머니가 결혼해 나를 나으신 길림시,
나의 남편이 어렸을 때 이주해 살았던 곳
모두가 만주 길림성에 있다.

인연의 시작

1939년 3월 24일 홍매화 움트는 봄, 나는 만주 길림성 동관(東關)에서 태어났다.

그 21년 전인 1918년 겨울, 만주 송화강 인근의 삼송(杉松)에 한 조선 소년이 가족과 함께 도착했다. 대한제국 멸망 후 8년이 지난 때였다. 고향이 경상북도 성주(星州)인 그 소년의 가족이 길림성 삼송으로 이주해온 것이다. 이규동(李圭東)이라는 이름의 여덟 살난 그 소년이 바로 나의 아버지다. 아버지가 부모님을 따라 만주에 정착하게 된 사연은 알 수 없다. 다만, 조상 대대로 살아온 고향을 떠나 낯선 이국 땅으로 이주하게 된 데에는 일본의 식민 통치하에 들어간 조국의 사정과 관련이 있으리라는 생각만 해볼 뿐이다. 당시 만주 길림성 화순(樺甸)현은 조선 독립운동의 중심지였다고 한다. 드넓은 대륙 만주에서 그 소년은 어떤 인연인지 길림성 화순현의 흥아학교에 입학하고 이후 이 학교 설립자 이화구(李和九) 선생의 장녀(봉년鳳年)와 혼인하게 된다. 먼 타국에서 만나 1927년 11월 15일, 부부가 된 그 젊은 조선 남녀가 바로 내 부모님이다.

아버지가 어떻게 흥아학교에 들어가 공부하게 됐고, 그 학교의 설립자

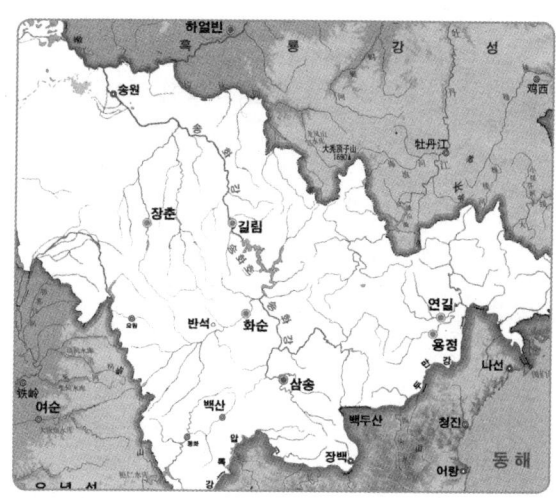

우리 가족의 인연이
시작된 만주 길림성 지도

인 외할아버님 가문과의 인연을 시작하게 되셨는지 정확히 알지 못한다. 다만 내가 어머니한테서 들어 알고 있는 것은 외할아버님께서 아버지를 무척 좋아하셔서 맏딸인 어머니와의 혼인을 흔쾌히 허락하셨다는 사실이다. 두 분은 17세 동갑내기였다. 결혼 후 어머니는 딸만 셋을 연거푸 낳으신 후 나를 임신하셨다고 한다. 아들을 귀히 여기던 시절이니 참으로 민망한 일이었다. 게다가 나를 임신하실 무렵 딸 셋 중 두 딸은 이미 여의었고 생존한 딸마저도 심장병을 앓고 있던 우울한 상태였다. 그러던 중 어머니가 일곱 해 만에 겨우 태기가 있자, 근엄하기로 소문난 할아버지까지도 할머니와 함께 꼭두새벽 송화강가에 나가 백일기도의 정성을 바치셨다는 것이다. 가부장의 권위가 대단했던 당시 농경사회의 전형적인 어른이었던 할아버지의 신분을 생각한다면 그 백일기도는 확실히 쉽지 않은 일이라 할 수 있다. 장손을 기다리는 할아버지의 염원이 그만큼 컸던 것이다.

그런데 출산하고 보니 또 딸이었다. 실망이 컸음에도, 집안 어른들은 우선 태어난 아기가 유난히 튼튼한 데 만족하셨다고 한다. 어쩌면 단명(短命)한 아이들을 줄줄이 땅에 묻었던 손으로 오랜만에 건강한 아이를 안아보는 기쁨, 그 자체만으로도 병마와 죽음으로 침울했던 집안에 활기가 살아난다고 여기셨는지 모르겠다. 그런 연유로 장손을 달라고 간절하게 기도하던 집안에 네 번째 딸로 태어난 나의 출생은 다행스러운 안도감과 민망함이 함께 교차하는 그런 등장이었다.

북만주 오지 장춘(옛 이름은 신경)에 8.15 광복의 소식이 들려왔다. 장춘은 내가 유년 시절을 보낸 곳이다. 광복이라고 하면 힘차게 펄럭이는 태극기와 만세 함성이 연상되지만 겨우 일곱 살 어린 나이에 북만주 오지에서 내가 맞은 조국의 광복은 그것과는 꽤 거리가 있는 것이었다. 광복이 임박했을 무렵은 전쟁말기였다. 심한 폭격과 공습이 이어졌다. 그때마다 어른들은 급히 아이들을 끌어안고 방공호로 쓰이던 마루 밑으로 들어가 폭격을 피하곤 했다. 무서운 폭격이 지축을 흔들었다. 허공을 찢은 폭음과 날카로운 섬광은 우리가 엎드려 있던 마룻장 틈새를 통해 금방이라도 전부를 삼킬 듯 뚫고 들어왔었다. 섬광이 번쩍일 때면 어린아이들 중 누군가 자지러질 듯 까르르 웃어대던 것이 기억난다. 철없는 어린 아이들 눈에는 끔찍한 전쟁도, 공포의 공습도, 하나의 놀이같이 보였는지도 모르겠다. 하지만 웃음소리도 잠깐이었다. 놀란 어른들이 급히 수건으로 아이들의 입을 막아버리면 마룻장 아래선 더 이상 웃음소리도 신음소리도 새어나오지 않았다. 나는 공습의 공포를 하나의 유희로 착각할 만큼 철이 없지는 않았지만 그 공습이 뜸해지면서 찾아왔던 광복이 무엇인지, 또 광복이 되면 우리 가족의 삶에 대체 어떤 변화가 올 것인지를 알 만큼 제대로 철이 든 것도 아니었다. 어머니는 내게 아무 말도 해주지 않았다. 아니, 어머니에게도 해방이라는 가슴 벅찬 현실과 함께 만주 벌판에서 용틀임하던 현대사의 지각 변동을 이해하는 것은 벅찬 일이었을 것이다. 일본의 패전으로 한반도에 해방이 찾아왔을 무렵, 동아시아 전체가 새 질서, 새 구조, 새

이데올로기의 물결 속에 격렬한 몸살을 앓던 시기였다. 그 대격변 한 가운데에서 소용돌이 치던 역사의 흐름을 제대로 읽어내는 일은 당시 만주에 거주하고 있던 사람들의 식견이나 정보능력으로는 역부족이었다.

해방이 되자 아버지는 '동북대한민단(東北大韓民團)'에 들어가 보안대를 조직했다. 보안대원들은 현지 중국정부의 협조를 얻어 무장(武裝)할 수 있었다. 보안대는 해방이라는 상황이 주는 기쁨과 혼란의 불확실성 속에서 불안에 떠는 조선 동포들의 생명과 재산을 보호하는 치안기능을 수행했다. 그러나 가장 시급한 것은 해방된 조국으로 돌아가는 동포들의 귀국길을 돕는 일이었다. 그 활동은 일 년간 계속됐다. 이듬해 1946년이 되자 아버지도 동지들과 함께 조선으로 가는 귀국선을 탔다. 아버지는 만주생활 27년 동안 온 가족이 땀을 쏟아 땅을 일군 덕에 어느 정도 재산을 모을 수 있었고 귀국하면서 정착 자금으로 쓸 수 있었다.

앞날을 살아갈 길이 불확실했지만 조국이 해방되었다는 그 한 가지 사실만으로도 아버지는 주저 없이 고국으로 돌아갈 것을 결심하신 것이었다. 비록 배 밑엔 소금을 잔뜩 싣고 창공을 향해 솟아 있던 깃대엔 남루한 헝겊 조각을 이어 만든 돛대가 위태롭게 달려 있던 작은 배였지만, 그 초라하기 짝이 없던 소금배가 그 해 이웃들과 우리 가족의 귀국선이었다. 그리하여 광복에 대한 나의 기억은 언제나 눈이 시리도록 푸른 도라지꽃 빛깔의 바다를 배경으로 떠 있던 소금배의 남루한 모습과 외로운 돛대의 완만한 펄럭임으로부터 시작된다.

돛단배를 타고 순풍만을 의지해 떠난 귀국길은 순조로울 수 없었다. 출항부터 위태했었다. 급기야 대련(大蓮)부근에서 심한 폭풍을 만나 항해가 아예 불가능해져 버렸다. 급한 대로 찾아 들어간 항구의 한 허름한 여관에서 땅이 꺼질 듯 한숨 쉬며 하늘을 원망하던 어른들의 좌절한 모습이 지금도 눈에 선하다. 다행히 며칠 후 바다는 잠잠해졌고 항해를 계속할 수 있었지만 노인 한 분을 먼 저세상으로 보내야만 했던 가슴 아픈 귀국 길이었다. 대부분의 사람들이 뱃멀미 때문에 거의 초주검이 되어 있던 어느 날, 숨진 사람들을 인근 섬에 묻어가며 강행한 귀국의 험한 항로도 끝이 났다. 드디어 소금배가 인천항에 닻을 내린 것이다. 비록 돛대는 형편없이 찢기고 뱃전은 파도가 할퀸 자국으로 사정없이 패어나간 상처투성이의 귀향이었지만 그래도 당당하게 조국 땅을 밟았다는 사실에 사람들은 온 몸으로 열광했다.

그러나 그토록 고대하던 조국 땅의 첫 체류지인 월미도 수용소는 별난 방식으로 우리를 맞았다. 사정없이 뿌려대는 디디티(DDT) 가루 세례가 그것이었다. 이(虱)가 들끓어 발진티푸스의 위험이 있다는 이유로 어른 아이 할 것 없이 일행 모두에게 뿌려진 새하얀 디디티 가루, 그것이 조국이 우리에게 건넨 첫 환영인사였다. 여덟 살이었는데도 유난히 몸이 작고 피부가 까맣던 나는 그 디디티 가루를 온몸에 뽀얗게 뒤집어쓰고 나니 마치 흰 떡고물에 굴려놓은 경단 같았을 것이다.

우리 가족은 불편하고 처량했던 월미도 수용소를 벗어나 다시 서울 장충동의 또 다른 수용소로 옮겨졌다. 그리고 또 얼마간의 체류기간을 거친 후에야 겨우 수용소 생활을 마감할 수 있었다. 아버지가 서울 원효로 도원동에 있는 적산가옥 한 채를 구입하신 것이다. 해방 후 정부가 일본인 소유였던 그 집을 불하할 때 아버님이 얼마의 값을 치르고 그 집을 사들인 것이다. 일본식 다다미방으로 꾸며진 그 슬레이트지붕 단층집 입구엔 두 그루 수양버들이 서 있었다. 우물이 없어 집 근처 공동우물에서 물을 길어 써야만 했던 것이 기억난다. 그제서야 고국으로의 귀환이라는 길고 고된 장정이 끝난 셈이었다. 1946년 9월 23일 아버지는 육군사관학교 제2기로 입교하셨다. 12월 14일 아버지는 육군사관학교를 졸업하셨고 소위로 임관됐다.

당시는 모두가 가난했다. 어느 집이건 '산다'는 말보다는 '연명한다'는 표현이 더 어울리는 사나운 가난의 시간을 통과하고 있었다. 특히 우리 집의 경우, 여러 형제가 모여 사는 대가족 살림이어서 어려움이 더욱 컸다. 엄하신 할머니를 모신 채 아이들을 여럿 거느린 형제들과 함께 사시던 부모님은 내가 태어나고도 밑으로 딸만 둘을 더 낳아 그야말로 딸만 소복한 딸부잣 집이었고 그래서 집안 어른들께는 여전히 민망한 입장이었다. 그렇다고 내가 딸이라는 이유로 무슨 설움 같은 것을 받아본 기억은 없다. 오히려 신기하리만치 부모님은 당신들의 딸들을 참 알뜰하고도 정성스럽게 키워내셨다는 고마움이 남아 있다. 군에 몸담고 계시면서도 성품이 워낙 온유하셨던 아버지 덕분이었으리라. 아버지는 새벽마다 일찍 일어나 수돗가에서 냉수마찰을 하셨다. 냉수마찰을 끝내고 나면 으레 눈부시도록 하얗게 빤 수건으로 줄줄이 잠든 딸들의 얼굴과 목을 닦아주시곤 했다. 그것이 어머니나 우리에게 음성 한 번 높이신 적이 없던 아버지가 곤히 잠든 딸들을 깨우는 방법이었다. 부모님께서는 내외 간의 정도 깊어서 사소한 다툼 한 번 없이 정답게 지내셨다.

여러 식구가 한 집에 살다보니 묘하게도 비슷한 시기에 아이들을 출산하는 일이 잦았다. 만주로부터 함께 귀국해 살고 있던 바로 아래 동서가 아들을 낳을 때 어머니는 어김없이 딸을 낳으셨다. 그때마다 어머니는 아들을 낳을 수만 있다면 다시 낳고 싶다며 돌아누워 우시곤 했다. 그런 어머니를 위로해주신 것은 아버지였다. 아버지는 평소에도 어머니가 아들을 못 낳아 고개를 못 들고 다닐까 염려해 각별한 배려를 아끼지 않으셨다. 그러니 아버지에 대한 어머니의 애정과 정성도 각별하지 않을 수 없었다. 특히 유별나게 구수한 손맛과 솜씨 있는 음식 장만으로 아버지께 정성을 쏟았던 어머니 덕분에 수제비든 나물이든 보리죽을 먹으면서도 우리는 연명한다는 각박함보다는 푸근한 포만감을 느낄 수 있었다.

그렇게 2년 반 정도의 단란한 시간이 흘렀다. 그리고 그 일요일 아침이 왔다. 예사롭지 않은 비상소집 연락을 받으시고 아버지가 황급히 달려나가셨던 그 아침에 6.25가 발발한 것이다. 그때 아버지는 막 중령으로 진급해 육군본부 군수국 발급과에 근무 중이셨다. 숙부들도 모두 영관급 장교였다.

전쟁 발발 후 서울은 순식간에 인민군에게 점령되었다. 당시 아버지는 물론 삼촌들까지도 모두 전쟁터에 나가 있었다. 적 치하에서 국군 장교의 가족이라는 신분은 곧 죽음을 의미했으므로 우리 가족은 서울에 남아 있을 수는 없었다. 더구나 동네 사람들이 우리 가족 사항을 너무도 잘 알고 있는 처지라 누가 언제 밀고할지 몰라 온 가족이 한꺼번에 움직일 수도 없는 처지였다. 결국 한강 마포 나루터에서 만날 약속을 하고 한 사람씩 집을 빠져나갈 수밖에 없었다. 가족들이 다시 나루터에서 만났을 때 한 가지 사실이 분명해졌다. 모두가 경황이 없어, 떠나기 전 간신히 마련해 땅속에 묻어두었던 얼마 되지 않는 비상금마저 두고 왔다는 사실이었다. 다시 집으로 돌아간다는 것은 극도로 위험한 일이었다. 그렇다고 피난 가는 가족들의 생명줄과도 같던 그 비상금을 두고 갈 수는 도저히 없었다. 황망한 가운데 위험을 무릅쓰고 다시 집으로 돌아가야 하는 일은 또 어머니 몫이었다. 당시 열 한 살이던 나는 밀려오는 피난민으로 넘치던 마포 나루터에서 돌이 막 지난 막내 동생 정순을 업고 어머니가 돌아오시기만을 하염없이 기다렸다.

그때는 이미 한강다리가 폭파된 후였다. 그러니 나루터는 목숨 걸고 도강하려는 사람들로 아수라장을 이루고 있었다. 피난민은 늘어나는데 어머니는 좀처럼 돌아오시지 않았다.

'이 와중에 엄마를 영영 못 만나게 되는 것은 아닐까.'

극도의 불안 속에서 발만 동동 구르고 있을 때였다. 할머니가 문득 강물로 뛰어 들었다. 그리고는 아이들을 닥치는 대로 아무 나룻배에 나눠 태우시는 것이었다. 젊은 시절 쌀가마니를 척척 등에 지고 나르셨다는 여장부 할머니, 할머니 덕분에 우리 가족은 그날 모두 무사히 한강을 건널 수 있었다. 그래도 우리는 운이 좋았다. 그날 오후 황혼 무렵 목을 빼고 기다리던 어머니를 극적으로 만날 수 있었던 것이다.

전쟁이 시작되던 그 일요일, 비상소집 연락을 받고 황급히 집을 나가신 아버지한테서는 연락조차 없었다. 막상 강을 건넜지만 우리 가족은 어디로 가야할지 몰랐다. 결국 아버지의 근무처이던 육군본부가 수원으로 옮겨갔다는 소문 하나만을 믿고 우리는 무작정 수원을 향해 떠났다. 아버지는 그때 새 직책인 육군본부 중앙재무과장직을 맡고 계셨다. 그러나 소문은 믿을 것이 못 되었다. 수원엔 육군본부 같은 것은 아예 없었다. 낙심한 우리는 우선 눈에 띄는 빈 집에 들어가 먹을 것부터 찾아보기로 했다. 집 주인이 급히 피난을 떠났던지 그 집엔 삶은 보리와 약간의 밀가루가 남아 있었다. 피난길에 배를 곯고 있던 식구들은 그것으로 요기를 할 수 있었다. 지척에서 들려오던 전투기 소리에 하얗게 질려가면서도 어머니가 급히 만드신 수제비국밥을 정신없이 입 안으로 떠넣었다.

그 후 우리 식구들도 다른 피난민들처럼 소문 따라 이 도시 저 도시로

북한 인민군은 남침 개시 3일 만인 6월 28일 낮 서울 중심부로 진입했다.

위험한 기차 지붕 위까지 올라 탄 피난민들

떠돌아다녔다. 그러다 부산에서 우리 행방을 백방으로 수소문하시던 아버지를 간신히 만날 수 있었다. 기적 같은 행운이었다. 그러나 아버지는 감천에 가 있으라는 말과 함께 주소 한 장만을 남긴 채 다시 임지로 떠나셨다. 감천은 부산에서 삼십 리쯤 떨어진 한적한 마을이었다. 그곳엔 숙부를 모시고 있던 박 상사라는 군인의 부모집이 있었다. 그곳이 우리 온 가족이 신세를 져야만 할 곳이었다.

감천에서 보낸 짧은 기간은 비록 고달픈 피난지 생활이었지만 내겐 그래도 소녀시절의 아름다운 추억으로 남아 있다. 과수원의 고요한 녹음, 여성적인 바다가 기막히게 어우러져 목가적 풍경을 자아내던 그 한적한 마을은 어린 내겐 그대로 낙원이었다. 전쟁이 나지 않았다면 나는 초등학교 고을 하염없이 기다렸다.

그때는 이미 한강다리가 폭파된 후였다. 그러니 나루터는 목숨 걸고 도강하려는 사람들로 아수라장을 이루고 있었다. 피난민은 늘어나는데 어머니는 좀처럼 돌아오시지 않았다.

'이 와중에 엄마를 영영 못 만나게 되는 것은 아닐까.'

극도의 불안 속에서 발만 동동 구르고 있을 때였다. 할머니가 문득 강물로 뛰어 들었다. 그리고는 아이들을 닥치는 대로 아무 나룻배에 나눠 태우시는 것이었다. 젊은 시절 쌀가마니를 척척 등에 지고 나르셨다는 여장부 할머니, 할머니 덕분에 우리 가족은 그날 모두 무사히 한강을 건널 수 있었다. 그래도 우리는 운이 좋았다. 그날 오후 황혼 무렵 목을 빼고 기다리던 어머니를 극적으로 만날 수 있었던 것이다.

전쟁이 시작되던 그 일요일, 비상소집 연락을 받고 황급히 집을 나가신 아버지한테서는 연락조차 없었다. 막상 강을 건넜지만 우리 가족은 어디로 가야할지 몰랐다. 결국 아버지의 근무처이던 육군본부가 수원으로 옮겨갔다는 소문 하나만을 믿고 우리는 무작정 수원을 향해 떠났다. 아버지는 그때 새 직책인 육군본부 중앙재무과장직을 맡고 계셨다. 그러나 소문은 믿을 것이 못 되었다. 수원엔 육군본부 같은 것은 아예 없었다. 낙심한 우리는 우선 눈에 띄는 빈 집에 들어가 먹을 것부터 찾아보기로 했다. 집주인이 급히 피난을 떠났던지 그 집엔 삶은 보리와 약간의 밀가루가 남아 있었다. 피난길에 배를 곯고 있던 식구들은 그것으로 요기를 할 수 있었다. 지척에서 들려오던 전투기 소리에 하얗게 질려가면서도 어머니가 급히 만드신 수제비국밥을 정신없이 입 안으로 떠넣었다.

그 후 우리 식구들도 다른 피난민들처럼 소문 따라 이 도시 저 도시로

북한 인민군은 남침 개시 3일 만인 6월 28일 낮 서울 중심부로 진입했다.

위험한 기차 지붕 위까지 올라 탄 피난민들

떠돌아다녔다. 그러다 부산에서 우리 행방을 백방으로 수소문하시던 아버지를 간신히 만날 수 있었다. 기적 같은 행운이었다. 그러나 아버지는 감천에 가 있으라는 말과 함께 주소 한 장만을 남긴 채 다시 임지로 떠나셨다. 감천은 부산에서 삼십 리쯤 떨어진 한적한 마을이었다. 그곳엔 숙부를 모시고 있던 박 상사라는 군인의 부모집이 있었다. 그곳이 우리 온 가족이 신세를 져야만 할 곳이었다.

　감천에서 보낸 짧은 기간은 비록 고달픈 피난지 생활이었지만 내겐 그래도 소녀시절의 아름다운 추억으로 남아 있다. 과수원의 고요한 녹음, 여성적인 바다가 기막히게 어우러져 목가적 풍경을 자아내던 그 한적한 마을은 어린 내겐 그대로 낙원이었다. 전쟁이 나지 않았다면 나는 초등학교 고

학년을 다니고 있어야 할 나이였다. 그러나 전쟁 중이라 학교에 간다는 것은 꿈도 꾸지 못한 채 나는 매일 빨갛게 타는 저녁노을이 온 마을을 완전히 감싸안을 때까지 동생들과 망아지처럼 뛰어놀았다. 하지만 그 즐겁던 시간도 잠시였다. 얼마 후 유엔군의 인천상륙작전 성공으로 서울이 수복됐고 우리는 서둘러 감천을 떠났다.

철도는 파괴되어 부산과 서울 사이엔 겨우 단선만이 복구돼 있었다. 기어가듯 완만한 속도의 기차는 가다가 서고 가다가 서곤 했다. 그렇게 사흘 길이었다. 서울까지 이르는 그 여정 내내 차창 밖으로 펼쳐지던 풍경은 너무도 처참해 어린 내 마음에도 깊은 상처를 남겼다. 전쟁이 할퀴고 간 파괴의 흔적과 잿빛 폐허더미가 끝없이 펼쳐져 있었다. 그러나 어렵게 돌아온 서울에서 우리는 고작 석 달을 지내고는 다시 피난 보따리를 싸야 했다. 중공군이 한국전에 끼어든 것이다. 1.4후퇴였다.

6.25남침 때 미처 피난을 떠나지 못해 적 치하에서 엄청난 고초를 당한 경험이 있는 서울 시민들이 서둘러 피난길에 나섰다. 우리는 이번에는 아예 수원이나 대전보다도 더 남쪽인 대구로 갔다. 그러나 대구에서도 들려오는 포성은 여전히 위협적이었다. 우리는 더 멀고 그래서 더 안전할 것 같은 부산으로 가기 위해 황황히 피난 짐을 꾸려 다시 트럭에 실었다. 그러나 우리는 그날 부산으로 떠나지 못했다. 그날 밤 어머니는 아버지도 계시지 않은 그 낯선 피난지에서 돌연 산기(産氣)를 느끼신 것이다.

어머니는 그날 마침내 그토록 원하시던 아들을 출산하셨다. 아들을 얻어 평생의 한을 푸심으로써 대구는 어머니에게 피난지가 아니라 축복의 장소가 된 것이다. 마흔한 살의 노산에 거듭되는 피난살이로 영양실조까지 겹쳐 난산을 하셨지만 다행히도 산모와 태어난 아기는 모두 건강했다. 그것이 우리 부모님의 외아들 '창석(昌錫)'의 출생이었다. 황급한 1.4후퇴로부터 겨우 한 주 후인 1951년 1월 11일의 일이었다. 어머니가 산후조리를 하는 동안 다행히 전세가 호전돼서 더 이상 남쪽으로 피난가지 않아도 됐고 우리 가족은 그대로 대구에 눌러앉았다.

피난지 대구가 내게 특별한 곳이 된 데에는 또 다른 이유가 있었다. 전쟁 통에 기약 없이 중단됐던 공부를 다시 시작할 수 있었던 것이다. 그 시절 피난민 학생 수에 비해 학교가 턱없이 부족해 그저 나무기둥 몇 개에 겨우 지붕만 척 얹어놓은 임시건물에서 공부하던 일이 생각난다. 그것이 대구 봉덕국민학교의 임시교사였다. 그 임시교사는 기와를 구워 보관하던 창고였다는 말을 들은 적이 있다.

그러다 새로 배정돼 들어간 정식 피난지 학교가 희도초등학교―당시에는 희도국민학교―였다. 그 학교는 공교롭게도 먼 훗날 내가 사랑에 빠지게 될 그 사람의 모교이기도 했다.

수정동 100번지의 희도초등학교 오른쪽엔 그 유명한 약전골목이 운하처럼 길게 뻗어 있었다. 본관 남쪽 운동장 앞엔 아주 허름한 양조장 건물 한 동이 서 있었다. 내가 수업을 듣던 6학년 교실은 나무계단을 오르면 보이는 2층 임시교실이었는데 아래층 양조장으로부터 이따금 술을 만들기 위해 찌는 꼬두밥 냄새가 솟아올랐다. 넉넉지 못한 끼니 때문이었을까. 양조장으로부터 솟아오르는 그 향기로운 냄새는 번번이 우리를 압도했다. 결국 남학생들이 슬쩍해 온, 양조장에서 건조시키려고 널어놓은 찐 쌀을 얻어먹고 학급 전체가 단체로 혼이 나던 일이 생각난다. 이 정다운 학교는 이후 종로초등학교로 이름이 바뀌었다.

서울 말씨 때문에 토박이 사내아이들로부터 '서울내기 다마내기'라는 놀림을 받기도 했지만 공부에 대한 갈망으로 목말랐던 나는 다시 시작된 학업에 열심이었다. 1년 후 피난지에서 시행된 정부 국가고시를 통해 나는 서

피난지 대구에서
1년간 다닌
희도국민학교 전경

훗날 알게 된 사실이지만,
그분도 희도국민학교를
다녔다.
(1947년도 졸업사진)

울 경기여중에 합격할 수 있었다. 전쟁 중 서울이 수복될 때까지 '연합중학교'라는 곳에서 이화, 숙명, 진명 같은 다른 학교의 여학생들과 함께 공부했다. 그러나 대구에서의 여학교 생활은 채 반 년도 가지 못했다. 아버지의 임지가 논산으로 바뀌어 논산여중으로 전학해야 했기 때문이었다.

그것은 이후 2년 간 계속된 떠돌이 학교생활의 시작이었다. 군인 가족들이 가장의 임지를 따라 전학을 다녀야 하는 것은 피할 수 없는 일상이긴 했지만 전시 탓이었는지 당시 아버지의 임지는 정말 너무도 자주 바뀌었다. 그 시절엔 자녀 교육을 위해 두 집 살림을 한다는 것은 엄두도 못 낼 일이었다. 결국 나는 아버지의 임지를 따라 논산여중, 광주 전남여중, 진해여중으로 세 번의 전학을 해야만 했다. 결과적으로는 대구의 연합여중과

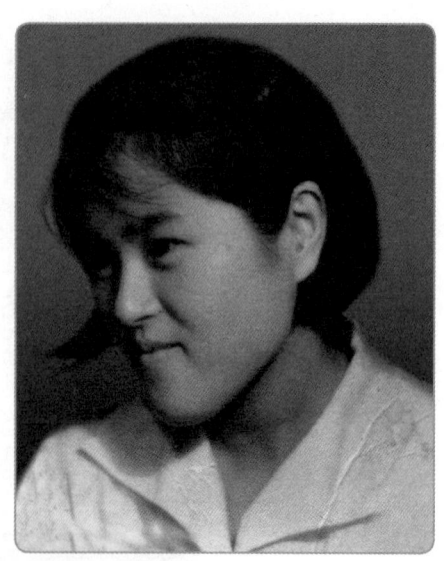

1952년 4월 국가고시를 통해
경기여중에 합격했다. 사진은
대구 연합중학교 시절의 모습

아버지 임지를 따라
논산여중에서 1학기,
전남여중에서 1학기를
마친 후 2학년 과정은
진해여중에서 공부했다.

서울의 본교 경기여중까지 합치면 중학과정 3년 동안 무려 다섯 학교를 옮겨다니는 고단한 유랑을 치러내야만 했다.

임지에 계신 아버지가 전학 수속을 위해 대신 보내신 젊은 군인이 학교 복도 저편에 나타나면 난 아무 말 없이 다시 학교를 옮겨야만 했다. 그분들은 대개 육군상사나 중사였다. 정든 친구들을 떠나 다시 낯선 곳으로 가야 하는 이별의 통증들이 반복됐다. 낯선 집, 낯선 고장, 낯선 학교, 낯선 친구들. 지역적으로도 충청도, 전라도, 경상도를 넘나드는 현기증 나는 이동이었다. 내성적이었던 나는 그 낯선 공간과 시간 사이를 묵묵히 물결처럼 흘러다녔다. 다시 의욕을 내어 적응해야 한다는 것, 그 잦은 도전들은 매번 참 막막한 것이었다. 더구나 학교마다 학업의 진도도 달라 애를 먹고 남몰래 울기도 했었다.

진해 경화동의 추억

진해 육군사관학교로 발령이 났을 때 아버지는 무척 의욕에 차 있었다. 더구나 정규 4년제 과정을 새로 도입해 마치 군이 새로 태어나는 것 같은 생기가 느껴지던 육사에서 참모장직을 맡게 된 것을 아버지는 자랑스럽게 생각하셨다. 발령이 나기 무섭게 진해로 가신 아버지는 그해 여름 그곳에 집을 마련해놓고 가족들을 이사오도록 하셨다. 푸른 남해바다의 출렁이는 물결과 온몸으로 느낄 수 있는 바다향기에 취하면서 우리 가족은 남해안을 따라 진해로 가는 여정 동안만은 오랜만에 전시의 우울함을 잊을 수 있었다. 진해에 도착했을 때 참모장 관사는 따로 준비되어 있지 않았다. 아버지는 진해 변두리 경화동에 적산가옥 한 채를 얻어 거처로 정했다. 소나무가 울창한 야트막한 산 아래 정물처럼 자리 잡고 있던, 담장은 없고 펼쳐진 밭과 길 저편에서 문득 시작되는 바다가 그대로 정원이 되어 있는 작은 단층 목조 집. 그 경화동 집은 내가 평생의 반려자가된 그이를 만난 추억의 장소다. 그이는 당시 육군사관학교 2학년 생도였다. 아버지가 진해 육군사관학교 살림을 맡은 신임 참모장으로 부임하신 지 채 몇 달이 되지 않은 어느 화창한 가을이었다.

"계십니까?"

경화동 집 공부방 창가로부터 누군가의 음성이 들려왔다. 대문을 열자 육사제복 차림의 청년들이 웃으며 서 있었다. 그 중 한 청년이 다시 물었다.
"참모장님을 뵈러 왔는데요. 참모장님 지금 계십니까?"

바로 한 해 전 대구에서의 일이다. 경기여중에 갓 입학한 나는 대구 희도초등학교 동창회에 간 적이 있었다. 여학생이 되어 새로 맞춘 교복과 배지가 자랑하고 싶던 차에 마침 초등학교 동창회를 한다는 기별이 와서 반기며 나간 자리였다. 그곳에서 나는 무척이나 인상적인 학교선배 한 사람을 목격하게 되었다. 동창회에 온 사람들은 대개 나처럼 쓸데없는 자랑이나 잡담에 몰두해 있는 때였다. 근사한 제복을 입은 육사생도 한 명이 후배들에게 둘러싸여 무언가 열변을 토하고 있었다.

그 청년의 멋진 사관학교 제복 때문이었을까. 유난히 좌중을 압도하는 패기가 느껴져 유심히 그 모습을 눈여겨 보게 되었었다. 그런데 너무도 신기한 일이었다. 그 청명한 가을날, 불쑥 경화동 집으로 아버지를 찾아온 많은 청년들 중 나를 똑바로 쳐다보며 참모장님 계시냐고 묻던 그 가운데 청년, 그는 바로 1년 전 동창회에서 보았던 바로 그 육사생도였다. '전두환(全斗煥)'이라는 이름의 그 생도와 친구들. 생도들이 사택으로 찾아온다는 일은 전혀 생각할 수 없던 일이었다. 일요일이라 외출이 허락된 날이었지만 마땅히 갈 곳도 없고 용돈도 없어 난감해하던 중 새로 부임하신 참모장님을 찾아가면 어떻겠냐고 제안한 사람은 바로 전두환 생도였다고 한다.

신임 참모장이 다정한 분이라고 생각했던 모양이다. 참모장은 특히 생도들의 축구장을 자주 찾아주었고 그때마다 자상하게 어려움은 없는지 묻곤 했는데 전 생도는 그때 바로 축구부의 주장이었던 것이다. 운이 좋으면 점심 한 끼 얻어먹고, 만약에 더 큰 행운으로 참모장님과 이야기라도 나눌 수 있다면 그야말로 금상첨화가 아니겠냐는 말에 다들 의기투합해 용기를 냈다는 것이었다. 그런 그들의 호기를 아버지는 격의 없이 반갑게 맞아주셨다. 예전에 당신도 청년시절을 어려움 속에 보냈으므로 생도들의 입장을 십분 이해하셨다. 무엇보다 그들의 젊은이다운 호기가 마음에 든다며 유쾌해하셨다. 첫 만남에서부터 유난히 자세가 단정하고 화통한 것이 돋보이던 그이에게 아버지는 무척 끌리셨던 것 같다. 모처럼 경화동 집 마루에 건장한 청년들의 활기찬 웃음소리로 훈훈한 기운이 넘쳤다. 그날 일어서는 그들에게 아버지는 "자네들 형편에 어디 마땅히 갈 데가 있겠나. 주말에 언제라도 부담 갖지 말고 점심 먹으러 오게"라는 말씀을 잊지 않으셨다. "정말 그래도 되겠습니까?"라며 몹시 기뻐하던 전 생도는 그날 이후 주말이면 친구들과 함께 항상 찾아오는 우리 집안의 반가운 손님이 되어갔다.

시간이 가면서 전 생도는 차츰 우리 집의 한 가족과 같은 존재가 되어갔다. 주말마다 전 생도가 친구들을 이끌고 예의 그 당당한 걸음걸이로 대문을 들어올 때면 소탈하신 아버지는 찾아오는 생도들을 모두 아들같이 대해주셨다. 나중에 알고 보니 전 생도가 그토록 우리 집을 좋아해서 찾아왔던 데엔 사실은 아버지만큼이나 친어머니 같은 정을 느끼고 따르던 어머니의 품성이 큰 몫을 차지했다고 한다. 어머니는 혼자 손으로 우리 네 남매를 키우느라 몹시 분주하신 중에도 예외 없이 웃으시며 생도들을 맞아주셨다. 어머니는 특히 만두 솜씨가 일품이셨는데 맵시 있게 빚으셔서 생도들을 배불리 먹게 해주셨다. 분주히 만두를 빚으실 때 어머니 콧등에 맺혀 있던 그 시절의 땀방울이 지금도 생각난다.

사람과 사람 사이에 흐르는 정 속에 인연은 자리를 잡는 것일까. 그이는 처음 뵈었을 때부터 어머니가 그렇게 좋았다고 한다. 훗날 때때로 어머니 때문에 내게 장가를 들게 되었다고 농담을 할 정도였다. 평생 아들을 원하다 늦둥이로 외아들 창석이를 겨우 얻으신 어머니는 예의바르면서도

육사 입교식에서
화동으로 참석한
진해여중 2학년생인
나(왼쪽에서 두번째)

경화동 집을 찾아왔을
당시의 전두환 생도

 스스럼 없이 자신을 좋아하고 따르는 전 생도를 장성한 아들이라도 하나 더 얻은 듯 참 각별히 대하셨다. 일요일이면 으레 '전 생도와 그의 친구들'을 위해 정성스럽게 음식을 만들어 놓고 기다리셨다. 혹시 항상 오는 시각보다 조금 늦어지기라도 하면 '병이라도 나지 않았나' 연신 대문 밖을 내다보며 걱정하시곤 하셨다.

 어려서부터 어린 동생들을 돌보는 일에 익숙해 아이들을 유난히 좋아한다는 전 생도는 성격이 자상하고 유머감각이 뛰어났다. 남자형제 없이 누나들 사이에서 자라온 어린 막내 창석에겐 말할 것도 없고 우리 자매들에게도 오래지 않아 대단한 인기를 누리는 존재가 되어갔다. 타고난 입담으로 어릴 때 시골에서 수박서리를 하던 때의 무용담이나 온갖 귀신얘기를

이학사 과정과 군사교육을 동시에 이수하며 우정을 키워나간 친구들 (뒷줄 오른쪽에 첫번째)

축구시합 후 휴식을 취하고 있는 전두환 생도(앞줄 가운데 검은 유니폼)

들려주었다. 또 육사 내무반 생활의 일화 같은 것을 들려줄 때면 이야기책보다도 재미있었다. 자신도 친구들로부터 얻어들은 영화이야기도 마치 실제로 금방 보고 온 사람같이 실감나게 들려주기도 했다. 그럴 때는 그야말로 어머니를 포함한 온 식구가 넋을 잃고 그이의 재담에 귀를 기울였다. 전 생도가 멋쩍게 웃으며 사실은 친구에게서 들은 이야기라며 자기는 영화를 직접 보지는 못했다고 실토해도 어머니는 "아유, 그럼 어떤가. 직접 가서 보는 것보다도 더 재미있네."라며 전 생도의 무안을 달래주시는 것이었다. 그이는 그렇게 천천히 우리 가족의 일부가 되어갔다. 주말이면 한 식구가 되는 다정한 그 '아저씨'의 모습이 대문 안으로 들어설 때면 그때만 해도 마당에서 고무줄놀이나 하며 뛰어놀던 철없는 소녀였던 나는, 부끄러

경기여고의 상징인
회화나무 앞에서

경기여고 교문 앞에서

식사예절을 배우는
특별활동시간
(오른쪽에서 네번째)

2학년 4반 단체사진
(앞에서 두번째줄,
오른쪽에서 여섯번째)

새벽공부를 마치고
성공회 회화나무 밑에서

경기여고 졸업장을
들고(왼쪽에서 두번째)

운 줄도 모른 채 동생들과 함께 앞다투어 달려나가곤 했었다.

휴전의 날이 왔다. 1953년 7월 27일. 판문점 '평화의 천막'에서 휴전협정 문서가 국제연합군 대표 해리슨 제독과 북한측 대표 남일에 의해 서명된 것이다. 그러나 이 문서의 서명은 전쟁의 완전종료를 의미하는 것이 아니었다. 그것은 군사분계선으로부터 2km씩 물러나는 '기약 없는 정전(停戰)' 상태를 의미할 뿐이었다. 3년 1개월 동안의 전쟁이 그렇게 엄청난 죽음과 폐허, 공황을 남긴 채 휴전에 들어가자 육군사관학교도 진해를 떠나 서울로 올라오게 되었다.

아버지를 따라 상경한 우리 가족이 거처를 정한 곳은 서울 청파동이었다. 그제서야 나도 2년 동안 무려 다섯 학교를 옮겨다니던 방랑의 생활을 끝내고 본교인 경기여중 3학년에 복교할 수 있었다. 전시 동안은 국가고시로 학교배정을 받은 학생들이 본교에 돌아올 여건이 될 때까지 각자 형편에 따라 전국에 흩어져 공부할 수 있었으므로 다행히 나는 경기여중생 자격으로 여러 학교에서 공부할 수 있었던 것이다. 그러나 제자리를 찾아 본교로 돌아와 보니 동급생 친구들은 대부분 나와는 달리 차분히 본교에서 공부하고 있었으므로 여러 학교를 전전한 나보다 월등한 실력을 갖추고 있었다. 또 학교를 옮겨다니는 동안 학교마다 과목별로 진도가 달라 어떤 과목은 아예 배우지도 못한 채 건너뛴 부분까지 있었다. 그것은 내게 작은 충격이었다. 곧 다가올 고교입시를 생각하자 조급한 마음이 들었다. 화교들이 많이 살던 시청 앞 남창동 거리의 ALI라는 학원에 등록을 했다. 미처 배우지 못한 2차함수와 3각함수 두 과목을 신청했다. 오랜 기간 동안 전 과정에 걸쳐 드러난 실력의 골은 쉽사리 메워질 수 있는 것이 아니었다. 다행히 1년 후 치른 고교입시 결과 경기여고에 합격을 하긴 했지만 입학해 반 배정을 받고 보니 전체학생 가운데 중위권에도 못 미치는 성적이었다. 3년 전 중학교 입시를 위해 치른 국가고사에서 높은 성적을 받아 주위사람들을 놀라게 했던 나로서는 분명한 충격이 아닐 수 없었다. 그 실망 앞에서 난 옛 실력을 되찾고 싶다는, 침착하지만 도전적인 심정이 됐다. 나는 다시 시청 앞의 그 학원에 등록했다. 영어, 수학 같은 주요과목을 새벽과 방과 후에 각각 두 시간씩 보충하는 집요한 일과가 시작됐다. 전차도 아직 다니지 않는 이른 시간, 가로등도 없어 칠흑같이 어둡던 새벽에 청파동 집을 나와 학원이 있던 시청 앞까지 걸어갈 때면 때로는 내가 걷는 내 발자국소리에 스스로 놀라 소스라치기도 했었다. 새벽 학원수업이 끝나면 성공회 안에 있던 크고 아름다운 회화나무 밑 바위 위에 앉아 준비해 간 도시락으로 아침을 먹으며 새벽수업에서 배운 내용을 복습했다. 새벽부터 방과 후까지 하루종일 공부와 씨름하며 안간힘을 썼지만 튼튼한 기초를 바탕으로 열심히 공부하던 동급생들 틈에서 내 성적은 조바심을 내며 종종걸음을 치던 내 마음과 달리 큰 만족을 주지 않았다. 안타깝던 여고시절. 더 이상 학교를 옮기지 않으며 공부할 수 있다는 기쁨만큼이나 성적 때문에 애를 태우던 시절이었다.

사랑으로

여고시절 내내 그토록 공부에 여념이 없던 내가 언제부터 그이를 연인으로 느끼기 시작했는지는 확실치 않다. 분명한 것은 다만 그이가 육군사관학교가 서울로 이주한 후에도 주말이면 어김없이 청파동 집 대문의 초인종을 눌렀다는 사실이다. 전 생도는 우리 형제들에게는 여전히 '아저씨' 같은, 또 내겐 '친척 오빠' 같은 정겨운 사람이 되어갔다. 전 생도 역시 나를 가족처럼 스스럼없이 대했다. 미팅에서 만난 여대생에 대해 자세히 이야기해주며 총평을 해달라고 했고 친구들과의 모임에도 친동생이나 조카

그분과 함께 원효로와
청량리를 오가며
사랑을 키웠던 전차

처럼 곧잘 나를 데리고 다녔다. 그러나 역시 유별한 것이 남녀 사이였던가. 우리는 오랜 세월 가족 같은 정을 나누어오면서 마치 작은 냇물이 모여 바다가 되듯, 만나면 헤어지기 싫은 사이로 차츰 변해가고 있었다.

언제부터였을까. 저녁이 되어 전 생도가 육사로 돌아갈 때면 우리가 함께 전차정류장으로 나가는 것이 조금씩 당연한 일로 되어갔다. 정류장에서는 또 무슨 얘기가 그렇게 많은지 좀처럼 하던 이야기가 끝나지 않아 몇 번이고 동대문행 전차를 놓쳐버리곤 했다. 그 시절 그 다정한 전차는 우리를 싣고 갈월동 쌍굴다리 앞을 지나 서울역으로, 그리고 종로의 그 길고 아름다운 대로를 통과해 동대문에 이르곤 했다. 막상 차가 도착해도 동대문까지만 가자며 함께 전차를 탔고 또 동대문역에 도착한 후에도 우리는 어느새 함께 청량리행 전차 속에 앉아 있었다. 청량리역이야말로 우리에게는 정말 종착역이어서 그곳에서는 반드시 돌아서야 했지만 전 생도는 "늦은 밤에 절대 혼자 보낼 수 없다."며 기사도정신을 발휘해 예외 없이 다시 함께 동대문행 열차에 오르곤 했다. 그때쯤이면 전 생도도 더 이상 귀교를 지체하면 안되는 시각이었다. 하는 수 없이 우리는 청파동행 버스정류장으로 가 버스에 출발시동이 걸릴 때까지 차 안에서 또 이야기를 하며 헤어짐을 아쉬워하곤 했다. 차에 시동이 걸려 '부릉부릉' 우리의 이별을 재촉하는 그 반갑지 않은 소리에 떠밀려서야 전 생도는 부랴부랴 차에서 뛰어내렸다. 그리고는 사방이 환해지는 것만 같은 웃음을 만면에 간직한 채 버스가 시야에서 완전히 사라질 때까지 오랫동안 나를 향해 손을 흔들어주곤 하는 것이었다.

1955년 9월 30일. 육군사관학교 졸업식이 있었다. 그날 우리 온 가족이 졸업식에 참석해 아끼는 젊은 장교, '전두환 소위'의 탄생을 진심으로 축하해주었다. 그날 4년제 정규 육사 제1기로 처음 임관하게 된 모든 생도들의 모습은 어깨 위에서 반짝이던 새 계급장만큼이나 신선하고 빛나 보였다.

임관과 함께 전 소위는 제21사단 66연대 1중대 3소대장직을 맡아 첫 임지인 경기도 일동을 향해 떠났다. 나는 본격적인 대학입시 준비에 몰입했다. 그 입시 준비과정 중 나는 그이가 곁에 있을 때는 미처 생각지도 못했던 많은 것들을 깨달을 수 있었다. 이미 오랜 시간 그 길고도 간절한 '배웅의식'을 치르면서 서로에 대한 연모의 마음은 어느 정도 알고 있었지만 사실 그와의 관계에 대해 구체적 생각을 하기에는 내 나이가 너무 어렸었다. 대학진학을 결정하고 전공과목을 과연 무엇으로 선택할 것인가를 깊이 고민하는 동안 나는 스스로도 깜짝 놀랄 만큼 내가 내 인생의 많은 것을 그를 향해 맞추어가고 있다는 사실을 발견했다.

임관 후 힘든 군인의 길을 가기 시작한 그이를 떠올리자 어느새 내 모든 관심은 젊은 장교의 생활고를 해결할 수 있는 전공과목이 과연 무엇일까 하는 것에 쏠려 있었다. 물론 그와 나 사이엔 우리 앞날에 대한 각별한 약속이나 의논, 설계 같은 것은 단 한 번도 얘기해본 적이 없었다. 나는 물론 그이의 생의 목표나 구체적 인생관 같은 것도 들어본 적이 없었다. 그러나

1955년 9월 30일 전두환 생도의 육사졸업식에 참석한 어머니와 고모, 그리고 나

오랜 시간 동안 젊은 남녀인 우리 두 사람 사이에 흘렀던 그 추상적이나 명료하고 행복한 감정, 그 사랑의 정체만은 이제 부인할 길이 없었다.

확실한 것은 그가 일생 군인이라는 외길을 고집할 것이 분명하다는 것이었다. 그는 당시 많은 젊은 장교들이 그러했듯 오직 '훌륭한 군인'이 되려는 이상에 몰두해 있었다. 그러나 훌륭한 군인이 된다는 것과 그 군인의 가족이 된다는 것은 얼마나 다른가. 군인 가족으로 힘겨운 생활을 해왔던 어머니가 박봉과 생활고와 싸워오셨듯, 그의 아내가 된다는 것은 나도 어머니의 그 투쟁을 상속받아야 한다는 것을 의미했다. 아버지는 그때 육군본부 군수국 차장대리로 근무 중이셨다. 이 고민의 해답은 의외로 쉽게 다가왔다. 나는 대학에 입학해 의학을 전공하기로 결심한 것이다. 대학 졸업 후 의사가 된다면 가난한 장교를 도울 수 있을 것이라는 확신 때문이었다. 우선 의사들의 많은 수입이 내겐 매력적이었고 또 임상의학은 내 적성에도 맞을 것 같다는 생각이 들었기 때문이었다.

강원도 사창리 소재의
21사단 66연대 1중대
소대장 시절의 그
(앞줄 오른쪽)

　1958년 봄, 나는 목표했던 이화여자대학교 의과대학에 합격했다. 대학 입학 후 교정 가득 낭만이 느껴지던 이화여대의 신입생이 된 내게 입학 선물로 아버지가 사주신 코트는 명실상부한 나의 숙녀복 제1호가 되었다.

　내겐 마치 성인식과도 같았던 이화여대 입학식이 있은 후 그와 나는 더욱 가까워졌다. 그는 서울을 떠나 여러 임지를 옮겨 다니면서도 틈만 나면 우리 청파동 식구들에게 와주었다. 야간 완행열차에 실려 밤새도록 선 채로 견뎌야 하는데도 광주에서 송정리, 또 송정리에서 서울로 달려오는 그 고단한 여행을 언제나 주저하지 않았다. 밤새 달린 열차가 서울에 닿으면 시간은 으레 이른 새벽이었다. 예의나 사람 간의 도리에 지나칠 정도로 예민한 그는 아무리 궂은 날씨나 여행으로 피곤해도 식구들에게 폐 끼치는 것을 꺼려해 벤치도 없는 근처 효창공원에서 날이 밝기를 기다렸다가 아침이 되어서야 막 도착한 사람처럼 청파동 집 대문을 두드리곤 했다. 떨어져 있는 날에는 내게 편지들이 날아왔다. 편지 속에는 소대장, 중대장 생활을 하면서 겪는 말단부대 지휘관으로서의 체험담이 담겨 있곤 했다.

1958년 봄 이화여대
의과대학에 입학한 후
학교 교정에서
(오른쪽에서 두번째)

보신각 앞에서
이모, 고모와 함께

4년 동안 육사에서 가꾼 이상과 포부를 군의 현실에서 막상 실현해보려고 하니 모든 것이 생각과 너무 다르다고 비감하게 토로하는 내용의 편지에서는 젊은 초년장교의 깊은 고뇌가 묻어나기도 했다.

남몰래 서로의 사랑을 확신하며 그것은 더 이상 검증이 필요 없는 축복된 운명의 일부라고 믿는 일이 그와 내 안에서 일어났다. 그즈음 그는 중위로 진급해 중대장직을 맡고 있던 25사단을 떠나 육사생도들의 교육시범을 위해 태릉으로 배속된 교도중대장직을 맡아 다시 서울로 올라왔다. 그래서 우리는 더 자주 만날 수 있었다. 그것이 나를 행복하게 했다. 오랜 세월을 통해 가족 같은 정에서 출발한 편안한 신뢰감, 충만한 그리움이 이제는 연인 사이의 감정으로 변해 내 가슴을 벅차게 하고 있었다. 사랑의 느낌이 언제부터 우리를 찾아왔는지 알지 못하면서도 서로가 서로에게 너무도 소중하다는 그 축복된 감정만으로도 우리는 남몰래 감격하고는 했다.

당시 우리는 둘 다 몹시 분주한 일과에 쫓기며 살고 있었다. 다시 서울에 돌아온 그는 육사에서의 고된 일과 후에도 밤 시간엔 학원에 다니면서 미국유학 시험 준비를 위한 영어 공부에 몰두해 있었다. 나는 나대로 철저한 의과대학 기초과정 공부에 집중해야 하는 처지였다.

우리의 만남은 항상 시간에 쫓기면서 이루어졌고 그래서 더욱 애틋했다. 시간을 내어 만난다고 해도 학원 저녁수업이 먼저 끝난 내가 그이의 영어수업이 끝나기를 기다려 함께 동대문행 전차에 올라 얘기를 나누는 것이 대부분이었다. 어쩌다 여유가 생겨 중국집이나 영화관에 들르는 날은 마지막 버스마저 놓쳐버려 그는 육사가 있는 먼 태릉까지 걸어가기 일쑤였다. 그러나 한 도시의 하늘 아래서 서로가 서로를 그리워하며, 함께 숨쉬며, 함께 미래를 향해 이동하고 있다는 그 사실 하나만으로도 난 한없이 황홀했었다.

"사랑하는 사람을 위해 산다는 것은 얼마나 행복한가."

그 시절 난 일기 속에 그 사랑의 기쁨을 그렇게 적곤 했다.

그러던 그해 여름의 일이다. 그이로부터 내게 돌연한 절교편지가 날아왔다. 그야말로 '사건'이었다. 온 가족이 아버지의 임지를 따라 모두 대구로 내려가 나 혼자 대학생활을 위해 서울 이모 댁에 신세를 지고 있던 때였다. 저녁 무렵, 그날따라 혼자 집에 있던 나는 급성맹장염으로 사경을 헤매고 있었다. 때마침 집에 들렀던 그이가 나를 등에 업고 황급히 병원으로 달려가 무사히 수술을 받게 됐다. 연락을 받고 대구에서 올라오신 어머니와 함께 밤을 새워가며 정성으로 간호해주던 그이가 잠시 어딘가를 다녀온 후 몹시 우울한 모습을 보인 적이 있었다. 그런데 입원한 지 9일 만에 퇴원한 내게 느닷없이 낯선 사람을 통해 절교편지가 전달된 것이다. 절교편지 속엔 이렇게 쓰여 있었다.

"헤어지자."

도무지 영문을 알 수가 없는 일이었다. 아무런 설명도 없이 다짜고짜 헤어지자니 말이다. 무슨 악몽을 꾸고 있는 기분이었다. 난 충격과 당황 속에 혼자 울기만 하다가 도저히 이유를 알 수 없어서 미처 회복되지 않아 허리를 펴기도 힘든 몸을 이끌고 그를 찾아 태릉으로 갔다. 그리고는 면회 신청을 했다. 하루 해가 다 넘어가도록 그이는 끝내 면회실에 나타나주지 않았다. 며칠을 겨우 참고 지내다 다시 찾아간 나는 그가 그 사이 전속해버려 더 이상 태릉에 근무하고 있지 않다는 어이없는 소식만을 들었다. 무슨 일을 결심하면 무섭도록 완벽하게해버리는 그의 성격대로였다. 찾아도 소용없으니 미련도 갖지 말라는 그 단호한 암시 앞에서 난 그가 정말 헤어지려는 결심을 한 것이 분명하다는 끔찍한 사실을 확인할 수밖에 없었다. 내가 무엇인가 잘못해 헤어질 결심을 하게 되었다 하더라도 이렇게 철저하게 만남을 피하는 것만이 서로에게 최상의 길이란 말인가. 야속한 생각이 들었다. 정말 이럴 수는 없는 일이었다.

원망스럽고 서글퍼서 견딜 수 없었지만 그의 말대로 이제는 끝났다고 생각하기로 했다. 무슨 연유에서인지 그토록 단호한 결심을 했다면 아마도 나에 대한 불만이 대단한 모양이라고 애써 마음을 달랬고 이제는 나도 필사적으로 잊어야만 한다고 생각했다.

몇 달을 공부에만 전념하며 이제는 그이를 잊었다고 믿기 시작하던 그 해 가을 무렵이었다. 오랜만에 서울에 오신 어머니가 나를 가만히 쳐다보며 근심스레 말씀하셨다.

"전방에서 지뢰사고가 크게 났다는데 전 중위는 무사한지 모르겠구나."

친자식같이 그이를 아끼시던 어머니였다. 자식들의 뜻을 존중하고 지나친 참견을 자제하시느라 그와 나 사이에 흐르는 사랑의 감정을 눈치채시고도 아무 말씀을 않고 계셨던 어머니가 그이 얘기를 꺼내시는 것을 보면 보통 사고가 아닌 것이 분명했다. 순간 가슴이 쿵 내려앉으면서 나는 어머니 앞이라는 것도 잊고 사정없이 눈물을 쏟고 말았다. 내 머리는 온통 그이에 대한 걱정으로 꽉 차 아무것도 생각할 수 없었다. 무슨 일이 있어도 그이를 다시 만나야 되겠다는 생각으로 뜬 눈으로 밤을 새운 다음 날 나는 이미 그이가 전방에 있다는 걸 알고 계셨던 어머니에게 그의 부대위치를 여쭤보았다.

그의 새 임지인 25사단 72연대 1대대 7중대를 찾아가는 길은 정말 길고 험한 여정이었다. 그는 날 피하기 위해 최일선부대로 꼭꼭 숨어버렸던 것이다. 우선 갈월동 쌍굴다리 앞에서 전차를 타고 종로5가에 있는 시외버스터미널로 갔다. 시외버스는 세 시간 남짓 험한 비포장도로를 달렸다. 버스는 전 소위가 첫 임지로 소대장직을 수행하던 경기도 일동과 이동을 지난 후 첩첩산중을 지나 험준한 '카라멜고개'를 넘었다. 그의 부대는 그 고개를 넘어 최전선 깊숙한 곳에 숨은 듯이 자리잡고 있었다.

한참을 기다리자 면회실 저편으로 그이가 나타났다. 모가 나도록 수척해진 모습이었다. 수개월 만에 마주 선 그이의 가엾도록 여윈 모습을 보자 내 가슴은 그만 단번에 얼어붙었다. 우리는 말없이 함께 면회실을 나와 한참을 걸었다. 부대 뒷산 커다란 소나무 아래 이르자 그이가 멈춰 섰다. 그이는 아무 말도 못한 채 눈물만 글썽이는 내게 앉으라고 했다. 마음이 밑바닥까지 꽁꽁 얼어붙기는 그이도 마찬가지였던지 평상의 음성과는 달리 낮게 가라앉은 목소리였다.

"결국 여기까지 찾아왔구나. 내 뜻을 전했으니 그대로 받아주기를 바랐는데…. 헤어지는 마당에 서로가 만나봤자 가슴만 아프지 무슨 소용이 있겠어."

절망스럽도록 단호한 어조였다. 내가 간신히 "무슨 사정인지는 몰라도 절대 그렇게는 할 수 없다."는 뜻의 말을 건넸다. 그러자 그이는 한숨 속에서 입을 열었다.

"오래도록 사귀어 정이 깊이 든 우리가 헤어진다는 건 결코 쉬운 일이 아니지. 더구나 넌 아직 어리니까 더욱 힘들었을 거야. 그러나 오랜 생각 끝에 내린 결론이니까 내 말을 잘 듣고 이해해주면 좋겠다."

철없는 동생을 타이르듯 그가 말했다.

"사랑은 감정만 갖고 되는 일이 아니고 책임이고 현실이라는 걸 깨달았어. 임관 후, 군 생활을 하면서 나는 육사를 졸업하기 전에 생각했던 것과는 하늘과 땅 차이인 현실과 직면하게 되면서 참 많은 생각들을 하게 되었지. 결혼 적령기인 대위 봉급이 겨우 쌀 한 말을 살 정도에 불과하다 보니 이상을 실현하기는커녕, 당장 입에 풀칠하기도 힘든 형편이어서 결혼한 장교들의 생활은 정말 눈 뜨고 보기 힘들 수밖에. 한번은 어느 장교가 만삭이 된 부인과 자식들이 굶주리는 걸 보다못해 부대 취사장에서 막 끓고 있던 밥과 콩나물국을 퍼서 철조망 사이로 식구들에게 건네주는 걸 목격한 적이 있어. 채 익지도 않은 것을 말이야. 물론 부대에서도 식량이 부족하니 그런 짓을 해서는 결코 안 되지. 하지만 너라면 굶어죽는 식구들을 차마 보지 못해서 안간힘을 쓰는 그 사람을 비난할 수 있겠니? '군인정신'이니 '정의'니 하는 말이 이런 상황에선 얼마나 무력한가 말이야."

그래서 그이는 결심했다는 것이었다. 아무리 노력해도 자기 한 몸조차도 이상과 현실의 괴리와 싸워나가기 벅찬 초급장교 신분에 아내와 가족을 책임져야 하는 결혼은 도저히 꿈꿀 수도 없는 일이라고. 군인 아내인 어머니의 일상을 통해 이미 알고 있던 군의 현실이었지만 솔직히 그토록 극한적이라는 데는 나도 충격을 받았다. 무슨 말을 해야 할지 몰라 망설이는 사이 그는 내가 그동안 궁금하게 여기고 있던 절교 선언에 대한 자초지종을 설명해주었다. 나의 맹장수술이 바로 그 절교사건의 시작이었다.

통증으로 사색이 되어 신음하는 나를 들쳐 업고 병원으로 달려간 그이는 당장 수술을 하지 않으면 위험하다는 의사의 말에 몹시 당황했다고 한다. 그런데 그 위급한 상황에서도 의사는 수술비를 선불하지 않으면 수술을 할 수 없다고 단언했다는 것이다. 신속하게 돈을 마련해 올테니 먼저 사람이나 좀 살려 달라고 아무리 사정을 해도 막무가내였다. 어쩔 줄을 모르고 난감해하던 중 다행히 대구로부터 어머님께서 달려와주셨던 것이다. 덕분에 다행히 제때 수술을 했고 생명에는 지장이 없었지만, 어머님이 아니었다면 수술비가 없다는 이유만으로 자신의 눈앞에서 내가 죽어가는 것을 그대로 두고 볼 뻔했다는 사실은 그에겐 충격이었다. '만약 결혼 후였다면' 하는 섬뜩한 생각에 가슴이 내려앉았다. 그 충격이 채 가시기도 전 또 다른 일들이 일어났다.

수술 후 내가 입원해 있는 동안의 일이었다. 병문안을 오는 내 동창생들이 과일이다, 쥬스다 사다주며 어서 완쾌하라고 나를 위로해주는데 명색이 애인이라는 자신이 아무것도 해주지 못하고 앉아 있는 것이 바늘방석만 같아 슬며시 병실을 빠져나와 시장에 들렀다는 것이다. 과일바구니 하나라도 사주려고 결심한 것이다. 그러나 막상 사려고 보니 가장 보잘 것 없는 과일바구니 하나 값이 자신의 전 월급을 턴다 해도 모자라는 값이었다. 낙심한 그이는 그래도 포기하지 않았다. 부대 동료들로부터 돈을 좀 빌려보기로 했다. 그런데 공교롭게도 마침 본대인 25사단으로부터 홀로 육군사관학교에 파견근무를 나와 있던 그이의 주변에는 자신의 직속부하 이외에 아무도 부탁할 만한 사람이 없었다. 아무리 사정이 급해도 군에는 기강이라는 것이 엄연히 존재하고 있어 상관으로서 직속부하에게 돈을 빌릴 수는 도저히 없는 일이었다. 생각 끝에 본대로 동료들을 찾아가기로 결심했다. 그러나 하필 그가 본대를 찾아간 바로 전날 기동훈련에 참석하기 위해 부대 전체가 이동해버리는 바람에 모처럼 용기를 내어 찾아간 그는 빈손으로 돌아와야만 했다. 너무도 실망한 나머지 갈 때 주머니에 있던 돈으로는 돌아오는 차비가 모자란다는 사실을 깜박 잊고 맥이 풀려 차에 올랐다. "차비도 없이 차를 탔느냐."는 매몰찬 버스 안내양의 비아냥거림 속에 수치심을 견딜 수 없던 그는 버스에서 그대로 내려버렸다는 것이다.

아직도 서울까지는 멀기만 한 깊은 산속이었다. 굽이굽이 산을 돌아 끝없이 이어지는 먼지 뽀얀 산길을 저녁 해가 넘어가도록 걸었다. 몸도 마음도 빈털터리인 채 걸으면서 그이는 자신이 그동안 얼마나 어리석었는지, 얼마나 무모한 꿈을 꾸고 있었는지 뼈저리게 느꼈다고 했다. 곰곰이 생각해보니 자신은 결혼해서 행복은커녕, 입원해 있는 내게 치료도, 위로가 될 초라한 과일바구니 하나도 사줄 능력이 없는 사람이었다. 그동안 무슨 만용으로 한 여자와의 미래를 꿈꾸었는지 모르겠다는 생각이 들었다. 서울에 도착한 즉시 그는 내게 절교편지를 썼다는 것이었다.

"순자는 앞날이 창창한 사람이야. 나같이 무능한 사람만 아니면 훨씬 더 능력 있고 좋은 사람을 만나 행복하게 살 수 있어. 그동안 우리는 순진하게 사랑하면 다 될 것이라 생각했지만 세상은 그렇지 않아. 사랑한다면서 물만 먹고 살 수 있겠어? 내가 진정 너를 사랑한다면 너를 이런 지옥 같은 삶으로 끌어들일 것이 아니라 놓아주어야 하는 거야. 몰랐을 때는 할 수 없었지만 이제는 이런 사정을 분명하게 깨달은 이상 너에게 사랑하니까 함께 있자고 할 수가 없는 거야. 서로가 불행해질 뿐이니까."

그이의 말을 듣고 있는 동안 내게선 도리어 감격의 눈물이 흘렀다. 그이는 알지 못하고 있었다. 나를 단념시키기 위해 쏟아놓는 말들이 내 귀에 닿을 때마다 자꾸만 감동에 찬 사랑의 고백으로 들려와 나를 더욱 감동시키고 있다는 것을. 버림받았다는 절망으로 황폐해진 내 가슴속으로 달콤한 안도감이 밀려왔다. 우울한 그이의 눈을 들여다보며 세상에 이처럼 더 절실한 사랑의 고백은 없을 것이라는 생각을 하고 있던 나는 참으로 오랜만에 행복감에 젖어 말했다.

"그런 걱정 때문이라면 이제는 더 이상 고민하지 말았으면 좋겠어요."

그러나 그이의 암울한 눈빛은 밝아지지 않았다.

"너는 고생이 뭔지 몰라서 두려워할 줄도 모르는 거야. 정말로 가난이라는 것이 뭔지 실제 경험을 해보면 절대 그런 말을 함부로 하지 못해. 나에 대해서도 네가 아는 것이 뭐가 있니? 그동안 네가 목격한 나는 화려한 제복에 근사한 이상과 포부 같은 것이나 자신만만하게 떠벌이는 사관생도 시절의 내가 아니냐 말야. 그래. 솔직히 나도 생도 때는 그런 미래가 있는 줄로만 알았어. 그야말로 졸업만 하면 장래는 보장되어 있다고 생각했으니까. 하지만 현실은 너무도 달라. 우리 앞날은 그저 암담할 뿐이니까. 제발 내 말을 듣고 이제 돌아가주면 좋겠다. 네가 아무리 설득해도 아무 것도 달라지는 것은 없어. 그저 괴로움만이 더할 뿐이지. 이렇게 말하는 나도 몹시 괴롭다."

그는 면회실로 나를 만나러 나올 때, 내가 자신에게 설득되어 쉽게 마음을 바꾸게 될 것이라고 생각하지는 않았을 것이다. 몇 마디 설명만 듣고 자신을 포기할 정도라면 굳이, 절교를 선언하고 전방의 부대로 숨어버린 후 몇 달째 소식을 끊고 지낸 자신을 찾아오지도 않았을 것 아닌가. 그런데 헤어져야 한다는 자신의 진심어린 설득이 오히려 나를 감동시켜 한층 더 강력한 힘으로 나를 끌어당기고 있음을 그도 느끼고 있었던 것 같다. 잠시 먼 산을 바라보던 그이는 한번도 내게 들려주지 않았던 자신의 어린 시절 고생담을 털어놓았다. 아마도 자신의 가족이 얼마나 어려운 시절을 지내왔고, 아직도 그러한 곤궁에서 벗어나지 못하고 있다는 사실을 알게 되면 내가 자신을 단념하지 않을까 하는 한가닥 바람이 있었을지 모를 일이다. 그러나 그이도 그 순간 감지하고 있었을 것이다. 내가, 그 어떤 가혹한 현실도 그분과 같이 하는 것이라면 결코 회피하지 않을 것이란 사실을.

그이 등 뒤로 다가와 천천히 지고 있는 최전선의 저녁노을을 나는 보았다. 자신의 집안 내력과 가난했던 어린 시절을 얘기하는 그이의 목소리는 저녁노을만큼이나 가라앉아 있었다. 그가 들려주는 이야기의 내용이 아무리 극적이고 그분의 목소리가 처연했다 하더라도 내 가슴을 울리지는 못했을 것이다. 그 시간 나는 이미, 나를 향한 그이의 끔찍한 사랑과 배려에 충분히 감동하고 있었다. 아홉 살밖에 안된 어린 나이에 낯설고 물선 만주로 옮겨가 살 수밖에 없었으며, 적령기에 학교도 가지 못하고 신문배달을 해야 했던 어린시절, 열일곱 살이 되어서야 중학생이 될 수 있었던 그이가 천신만고 끝에 육군사관학교에 입학한 후 화장실에서 밤마다 몰래 공부하며 흘렸던 눈물 등 자신이 임관한 후 겪어내고 있는 어려움들을 나와 헤어지겠다는 굳은 결심으로 극적이라고 느껴질 만큼 처연한 목소리로 들려주었지만 그 시간 나는 이미, 나를 향한 사랑과 배려에 감동해서 흐르는 눈물을 주체하지 못하고 있었다. 이야기가 끝났을 때 나는 그이를 다시는 놓칠 수 없다는 절박한 심정과 흥분 속에서 가늘게 떨리는 목소리로 힘주어 말했다.

"우리 다시 시작해봐요. 나는 어떤 고난도 이겨낼 수 있어요."

그날 내 나이 스무 살이었다.

제2장

사랑하는 그와
결혼하다

1959년 1월 24일
대구 경북고등학교 앞에 있는 제일예식장에서
우리는 약혼식 대신 결혼식을 올렸다.
아버지의 상관인 최영희 제2군사령관이 주례를 서주셨다.
한겨울인데도 따뜻해서 야외촬영이 가능했던 날,
우리는 이렇게 부부가 되었다.

이태리 영화 '지붕'이 준 충격

그날 이후 우리는 다시 만나기 시작했다.

그의 두 눈을 다시 들여다 볼 수 있고 그의 음성을 다시 내 귀에 담을 수 있다는 사실이 날 행복하게 했다. 그제서야 나는 만성적 우울증에서 서서히 벗어날 수 있었다. 그러나 난 알고 있었다. 다시 시작된 우리의 만남 저 밑바닥에는 아직도 그 절교 선언이 마치 유효기간이 끝나지 않은 문서처럼 놓여 있다는 사실을. 나의 열의에 이끌려 다시 찾아진 만남에 기뻐하면서도 그이는 그때까지도 사랑하는 여자를 가난의 늪으로 끌어들여서는 결코 안 된다는 신념과 확신을 돌이키지 못한 채 괴로워하고 있었다. 애정과 책임감 사이에서 갈피를 잡지 못한 채 깊이 방황하는 그이를 보면서 절망과 야속함 속에 가슴을 태우는 답답한 시간이 흘러갔다. 서로 명쾌한 해답을 찾지 못해 갈등하고 낙심하는 가운데 우리 모두 눈에 띄게 야위어가고 있었다.

그러던 어느 날이었다. 아버지는 대령으로 진급해서 대구에 있던 제2군 사령부의 관리참모부장으로 근무 중이셨다. 대구와 서울을 오가며 가족들을 돌보시던 어머니가 오랜만에 내가 머물고 있던 이모님 댁으로 올라오셨다. 어머니는 내 여윈 모습을 보자 소스라치듯 놀라셨다. 어머니가 다급히 그 이유를 물어오신 것은 당연한 일이었다. 나는 송구하고 처연한 심정이 되어 그동안의 자초지종을 말씀드릴 수밖에 없었다. 그이가 절교를 선언하고 숨어버렸던 일, 전방에 있는 부대로 찾아갔던 일, 그이의 어려운 가정형편, 그리고 사랑한다는 이유만으로 한 여자를 무책임하게 그 가난으로 끌어들일 수 없다는 결심, 그리고 내가 아무리 설득해도 그가 마음을 돌리지 못한 채 몸만 상해가고 있다는 사실까지 모든 것을 말씀드렸다.

어머니는 어떻게 그 지경이 되도록 의논 한 마디 없었느냐며 혀를 차셨다. 송구스러워 차마 고개를 들 수가 없었다. 사실 어머니에게 말씀을 드리고 의논하고 싶었지만 내 나이가 아직은 결혼이라는 문제를 거론하기에는 너무 일렀다. 특히 맏딸이었기 때문에 부모님의 입장이 어떠실지 조심스러워 감히 용기를 낼 수 없었던 것이다. 그런데 너무도 놀라운 것은 어머니의 말씀이었다.

"두 사람이 그 지경이 되도록 어미가 되어 모르고 있었다니 참 기가 막히기는 하다만, 널 위해 헤어지겠다는 생각을 다 했다니 전 중위의 마음고생이 보통 심한 게 아닌 모양이구나. 그렇게 마음 씀씀이가 바른 사람이 너 때문에 일도 못하고 몸이 그렇게 상하고 있다니 정말 큰일이구나. 네 나이가 아직 어려 망설여지기는 하지만, 두 사람이 어제 오늘 알게 된 사이도 아니지 않느냐. 본인들 심정이 그 정도라면 지금 정혼을 한다고 해도 크게 문제가 될 것은 없을 것 같은데… 어떠냐? 아버님도 전 중위를 무척 좋아하시니 한번 의논해보자. 어차피 우리는 때가 되면 너희 두 사람 부부 인연을 맺어주는 것이 어떨까 생각하던 참이었단다. 아버님과 상의해서 그 댁에서도 좋다고만 하시면 정혼을 하도록 하자. 너도 아직 어리고 두 사람이 다 할 일이 많으니 결혼은 나중에 하더라도 이번에 일단 약혼이라도 하면 전 중위한테 도움이 될 것 같구나."

약혼이라니, 상상도 하지 못한 일이었다. 평소 부모님이 전 중위를 몹시 사랑하고 계시다는 것은 잘 알고 있었지만, 호감을 갖고 아껴주신다는 것과 사위로 받아들인다는 것은 엄연히 다를 것이라고 생각하고 있었다. 더구나 그이 집안형편이 그토록 어렵다는 것을 아시고도 흔쾌히 받아주실까 자신할 수 없었다. 또 이화여대는 결혼을 하면 학교를 다닐 수 없는 학칙이 있어서 의과대학은 6년을 다녀야 하는 만큼 결혼은 그저 먼 훗날의 일로만 생각하고 있었다. 그런 중에도 오랜 세월을 두고 깊어져온 우리 사이를 곁에서 지켜보시면서 어쩌면 부모님도 그분을 미래의 사위로 점찍어 두고 계신지도 모른다는 막연한 짐작을 했던 것도 사실이었다. 특히 평소에도 늘 식구보다 더 지극한 정으로 전 중위를 반기시고, 떨어져 있을 때면 마치 친자식같이 그이 안위를 걱정하시던 어머니에 대해서는 어느 정도의 확신이 있었다. 이따금 그이에 대한 애정이 나보다도 오히려 더 깊어 보이셨기 때문이었다. 그렇다고 그 확신이나 짐작이 나로 하여금 부모님께 결혼 얘기를 섣불리 꺼낼 수 있게 하지는 않았다. 아니 오히려 그이에 대한 부모님의 그런 신뢰가 나와 그이에게 더 깊은 번민을 주고 있었다.

나와 결혼하겠다고 말씀드리려면 진실로 내 행복을 책임질 수 있는 자격이 있어야 한다고 그는 생각했으리라. 아니 그이는 오히려 스스로 자신을 무자격자라고 간주하며 괴로워하고 있는 것이다. 그런데 그날 어머니는 서로 사랑하면서도 불확실한 미래 때문에 표류하고 있는 우리의 번민을 쉽게 해결해주셨다.

그러고 보니 어머니 말씀이 옳았다. 정혼을 하여 우리 관계를 분명히 해둘 수만 있다면 그는 더 이상 방황하지 않아도 될 것 같았다. 어머니 말씀대로 그는 지독히 자존심이 강하고 정직해서, 계속 괴로워하며 방황하다가 다시금 나와 헤어지기 위한 방법을 생각해낼 것이 분명했다.

내게는 또 한 가지 마음에 걸리는 일이 있었다. 그는 아버님, 어머님이 자신을 받아주실지 아닐지를 걱정하고 있는 것이 아니라 자신은 애초 내 부모님께 그런 청을 해서는 결코 안 되는 사람이라고 굳게 믿고 있었기 때문이었다. 그 생각을 돌리게 하는 일이 쉬울 리가 없었다. 그러자 어머니는 자신이 직접 만나 설득해보겠다고 말씀하셨다. 난 마치 천군만마를 얻은 기분이었다. 그 길로 그이 근무지이던 김포를 향해 달렸다. 그는 그때 막 공수교육을 마치고 공수특전단 작전과에 근무 중이었다. 한시도 지체할 수 없는 이 낭보를 전하고 싶어서였다.

"약혼 허락을 하셨다구?"

갑작스런 나의 방문에 놀라는 그에게 어머니의 말씀을 전하자 더욱 놀라고 당황해했다. 감사와 경탄, 그리고 곤혹스러움이 교차하던 그때 그의 얼굴을 난 지금도 잊을 수 없다. 우리는 손을 잡고 효창동 이모님 댁으로 달려왔다. 어머니는 이모님과 함께 안방에 앉아 계셨다. 두 분 모두 잔뜩 걱정에 찬 표정이었다.

"순자에게 들으니 도저히 이대로 있으면 안되겠다는 생각이 들어 자네를 좀 보자고 했네. 아버님과 상의를 해서 자네 부모님께도 의논을 드릴 테지만, 그런 신변에 관한 일 때문에 더 이상 방황하지 말고 하루속히 일에 전념해야 하지 않겠는가. 우리 순자가 어려도 사람 보는 눈은 있는 아일세. 그만큼 오래 전부터 알았고 가깝게 지냈는데 나는 자네를 선택한 이 아이가 잘못 선택했다고는 여기지 않네. 그리고 아버님과 나만 해도 그렇네. 이미 자네를 남으로 생각하지 않은 것이 오래지 않은가. 두 사람이 서로를 그만큼 생각해주고 또 다 능력 있는 사람들인데 헤어지기는 왜 헤어지나. 둘이 열심히 서로 도와야지. 사람 됨됨이가 자네만 하면 딸 가진 부모가 더 이상 뭘 바라겠나. 우리 순자를 고생시키지 않기 위해, 좋아하면서도 헤어지려고 했다니 젊은 사람이 좀처럼 하기 힘든 생각을 다하는 자네가 난 더욱 믿음직스럽기만 하네. 그리고 다시 한 번 말해두지만 난 순자를 다른 사람에게 보내고 싶은 마음이 조금도 없으니 이제 다시는 그런 생각일랑 하지 말도록 하게."

어머니의 말씀은 간곡하고 정겨웠다. 이미 오래전부터 가슴에 담아두셨던 말씀이 분명했다. 그이는 머리를 숙인 채 젊고 가난한 한 장교에게 보내는 어머님의 순수한 신뢰와 호의를 받드는 모습으로 듣고 있었다. 잠시 후 그이는 이미 결심한 듯 침착하게 말했다.

"어머님, 어머님 말씀은 정말이지 눈물이 나도록 감사합니다. 늘 저한테 잘해주시는 은혜만도 갚을 길이 없는데 그렇게까지 생각해 주시다니 정말 몸 둘 바를 모르겠습니다. 하지만 어머님, 순자에게도 이미 말했지만, 저는 도저히 순자의 행복을 책임질 능력이 없는 사람입니다. 물론 서로 좋아하고 한때는 저도 과욕을 부려본 것이 사실입니다. 하지만 절대 품어서는 안 되는 생각이라는 것을 이제는 깨달았습니다. 어머님도 잘 아시겠지만 우리나라 초급장교의 형편으로 어떻게 가족을 부양할 수 있겠습니까? 그렇다고 앞으로 좋아진다는 보장이 있는 것도 아닙니다. 저는 이 한 몸뚱이밖에는 아무 것도 가진 것이 없습니다. 그동안 아버님과 어머님께 받은 은혜만 해도 앞으로 갚을 길이 없는 제가 그런 마음을 먹어서는 안 된다고 생각합니다. 저는 어머님 사위될 자격이 없습니다. 어머님. 용서해주십시오."

그러나 어머니도 물러서지 않으셨다.

"여보게, 나야말로 어려운 시대에 군인 아내로 반 평생을 살아온 사람이 아닌가? 내가 왜 군인 가족의 어려움을 모르겠는가. 다 잘 안다네. 나도 귀한 딸을 키워, 내가 겪은 고생을 시키고 싶다는 생각은 해본 적이 없다네. 그건 사실이야. 하지만 자네도 잘 알지 않나? 자네가 어디 남인가. 우리 순자뿐 아니라 가족들 모두가 이미 자네를 식구 이상으로 사랑하는데 그것도 운명이 아니겠는가? 아무리 힘들어도 우리가 다함께 힘을 합치면 호의호식하며 잘살지는 못해도 식구들이 오손 도손 다정하게는 살 수 있을 걸세. 가진 것 없는 것이 뭐가 그리 흠인가?"

계속해서 말씀하시던 어머니는 그분 얼굴이 도무지 말이 아니라며 눈시울을 붉히셨다. 이제는 그만 마음을 잡고 일에 전념하는 것을 봐야 당신도 마음이 편하시겠다는 어머니 곁에서 이모님도 "그래, 그렇게 하게. 그래야 도리지."라며 합세하셨다.

마침내 그이의 눈에서 소리 없이 눈물이 흘러내렸다. 나에게 절교편지를 보낸 날 이후 그이는 사랑과 결혼, 가난과 불확실한 미래라는 현실 속에서 끝없이 방황하고 있었다. 자신의 온 존재가 상처투성이가 되도록 마음속의 갈등은 격렬했던 것이다. 그런데 어머니가 그분 상처를 감싸 안으며 "자네가 어디 남인가."라며 오히려 정혼을 권유해오고 계신 것이 아닌가. 그날 그이는 오랜 방황과 번민에서 벗어나게 된 기쁨과 감격을 눈물로써 보여주었다.

어머니와 이모님께 감사의 말씀을 드리고 간신히 내 공부방으로 물러나온 후였다. 그제서야 오랜만에 생기가 돌아온 밝은 얼굴로 그이는 내 손을 잡았다.

"우리의 미래는 무에서 유를 창조해가야 하는 거야. 그 옛날 우리 가족이 만주 허허벌판에서 맨손으로 황무지를 개간하고, 폐허 속에서 한 장 한 장 흙벽돌을 쌓아갔듯 말이야. 우리가 아무리 노력해도 우리의 터전은 계속 위협받을 텐데, 그럴 때마다 포기하지 않고 나와 함께 힘을 합쳐서 헤쳐나갈 수 있겠어?"

사실 그 이후 우리의 삶에는 그분의 예견대로 얼마나 많은 삭풍과 폭우가 몰려와 우리를 공격했는지 모른다. 그때마다 우리는 몇 번이고 함께 다시 일어서야만 했다. 그러나 그날 나는 우리의 미래가 진정 어떤 모습으로 다가올지 도무지 알지 못하고 있었다. 다만 그렇게 다짐해오는 그이에게서 예전의 그분다운 투지와 열기가 되살아나는 듯해서 안도감이 느껴졌다. 더구나 사랑하는 그분과의 미래가 눈앞의 현실로 성큼 다가왔다는 믿기지 않는 사실에 깊이 행복해 했을 뿐이었다.

얼마 후 양가 사이에 의논 말씀이 오간 후 그이 부모님께 인사를 드리기 위한 나들이에 나섰다. 처음으로 시부모되실 어른들을 뵈러 가는 길이라 차림새부터 신경이 쓰였다. 어머니는 양장보다는 한복이 그분 댁 분위기에 어울릴 것이라며 짧은 감색 통치마에 흰 모시저고리를 준비해주셨고 긴 생머리는 뒤로 넘겨 댕기로 가지런히 묶어주셨다. 아무리 사랑하는 사람을 따라가는 길이기는 해도 자꾸만 긴장되었다. 싱글벙글거리는 그이 곁에 서서 버스를 기다리면서부터 가슴이 사정없이 뛰어, 가는 길 내내 무슨 말을 했는지 기억조차 나지 않을 정도였다. 그러나 차창 밖으로 시원스레 펼쳐지던 여름 논밭 풍경과 대구 효성여대 앞 역에서 내려 논둑길을 따라 걸어갈 때 사방에서 요란하게 들리던 개구리 울음소리는 아직도 기억 속에 생생하다. 시댁이 있는 봉덕동은 용두방천이 흐르는 시 외곽에 있었고 부근엔 특히 논이 많았다. 논둑길을 따라 얼마쯤 걸었을까. 바깥 담장에 갓 칠한 콜타르가 유난히 눈에 띄는 기와집 앞에 그분은 멈춰 섰다. 흙벽에 검정기와를 얹고 있는 아담한 한옥이었다. 소박하면서도 운치 있어 보였다.

"한번 보고 싶었다."

그이의 어머님은 대문까지 달려 나와 내 손을 잡으시며 투박하지만 너무도 정겹게 들리던 경상도 사투리로 나를 반겨주셨다. 고생을 많이 하신 데다 치아까지 다 잃으셔서 입가에는 주름이 가득하신데도 흰 모시한복 차림의 어머님은 뽀얗고 맑은 피부에 고운 모습을 지니고 계셨다. 당당한 풍채를 지니신 아버님은 저만치 대청마루에서 우리를 보며 웃고 계셨다. 아버님은 주위가 다 환해지는 것만 같던 웃음이 그이와 너무도 닮아 누가 가르쳐주지 않아도 그이의 아버님인 줄 알 수 있었다. 훤히 드러난 앞머리와 가슴까지 내려오는 흰 수염에서 근엄함이 느껴지는 중에도 인자한 기운이 넘쳐흘렀다. 며느릿감을 맞는다고 법도를 갖춰 입고 계시던 아버님의 의관 매무새에서는 옛 선비들의 풍취가 물씬 풍겨났다. 참빗으로 곱게 빗은 회색 머리를 옛날식으로 은비녀를 꽂아 쪽지으신 어머님은 입고 계신 한복이나, 다소곳한 몸 가짐새가 전형적인 한국여인상을 보여주고 계셨다.

어머님의 손에 이끌려 마루에 올라 두 분께 큰절을 올렸다. 두 분 어른에게서 느껴지던 가문의 법도와 위엄 때문에 약간 위축되어 있던 나는 이내 마음이 편안해졌다. 부모님이 워낙 인정스럽다는 그이의 말에는 조금도 과장이 없었다는 사실은 금세 알 수 있었다. 절을 받으신 후 아버님은 연신 "이렇게 좋은 며느리를 맞게 된 것을 온 동네사람들을 다 불러 자랑을 해야겠다."고 말씀하셨다. 어머님은 그러면 새아기가 당황해한다며 아버님을 말리시면서 어려워하는 나를 푸근하게 감싸주셨다. 표정 하나 손짓 하나에서까지 새 식구가 될 나에 대한 배려와 다정함이 물씬 풍기던 두 분이셨다. 곁에서 얼굴 가득 기쁨에 차 있던 베이지색 여름 장교복 차림의 그이 모습은 아직도 내 뇌리에 새겨져 있다. 겨우 반나절에 불과한 시간이었지만 그날 두 어른께서 베풀어주신 사랑은 오래오래 내 가슴에 남았다. 돌아오는 길, 어머님은 손수 만드신 떡과 묵을 정성스레 보자기에 싸주셨다. 참으로 정이 넘치는 댁이었다.

얼마 후 그분 댁으로부터 택일(擇日)문서가 도착했다.
그이 아버님의 힘 있는 필체로 쓰여 진 약혼 길일(吉日)은 이듬해 정월, 1959년 1월 24일이었다.
그러나 약혼 날을 받아놓고부터 약혼에 이르는 그 달콤한 시간 사이에도 내겐 그이 몰래 풀어야 할 하나의 과제, 통과해야 할 하나의 관문이 있었다. 한 번도 내색한 적이 없었지만 그이에게는 약혼식에 입을 변변한 양복 한 벌 없다는 것을 난 잘 알고 있었다. 아무리 어려운 사정이라 하더라도 나로서는 너무도 뜻 깊은 날 그분이 변변치 않은 양복을 입는다는 것이 아무래도 마음에 걸렸다.

　나의 '양복마련 비밀작전'은 그렇게 시작되었다. 나중에 알고 보니 보통 약혼식 예복은 친정집에서 마련하는 것이 관례인데도 그런 줄도 모르고 나 혼자 공연히 고민을 한 일이었다. 어쨌든 양복을 내 힘으로 마련해보자는 뜻을 정하고 보니 비용을 마련하기가 결코 쉬운 일이 아니었다. 지금은 흔한 일이지만, 그때는 대학생 아르바이트란 것도 없던 시절이라 학생 신분의 나로서는 교통비, 책값, 커피값 등의 용돈을 아끼는 것 외에는 별다른 방법이 없었다. 차비를 아끼기 위해 청파동에서 이화여대가 있는 신촌까지 꽤 먼 길을 걸어 다녔고, 지출을 줄이기 위해 그이가 외출을 나와도 이런 저런 핑계를 대면서 밖으로 나가는 일을 삼갔다. 그 때문에 엉뚱한 오해를 받기도 했는데, 그래도 양복 값을 마련하기에는 턱없이 부족했다. 무리를 한 끝에 가까스로 양복 한 벌 값을 마련할 수 있었다. 그런데 비용을 마련했다고 해서 일이 해결된 것이 아니었다. 비용 준비보다 더 난감한 문제가 남아 있었던 것이다. 그것은 유난한 결벽증을 가진 그분의 자존심을 건드리지 않으면서 양복을 맞춰주는 일이었다. 내 선의와 진심을 설명한 후 양복을 맞추러 가자고 해도 흔쾌히 수락할 리 없을 것이기 때문이었다. 어떻게 하든 무슨 구실을 만들어서라도 눈치채지 않게 양복점까지 유도해야만 했다. 과연 어떻게 양복점 문턱을 넘게 할 수 있을 것인가. 사실상 그것이 나에겐 비용 마련보다 더 큰 고민거리였다.

"창경원에 놀러가고 싶어요. 지난번에 갔을 때 아주 즐거웠어요."

　외출 나온 그이는 느닷없이 놀러가자는 내 말에 의아해했다. 그동안 내가 외출을 삼가는 이유를 알 리 없던 그이는 처음에는 곡해하여 나를 난처하게 만들었다. 간신히 마련한 오붓한 시간이고 소중한 데이트인데 용

주말 외출을 나온 그이와 창경원에서

돈을 절약하기 위해 외출하지 않는 내 처신을 섭섭해했기 때문이었다. 그러나 그즈음엔 아마 앞으로 결혼해 어렵게 살 것에 대비하는 모양이라며 은근히 기특하게 여기는 것 같았다.

사실 창경원은 목적지가 아니었고 지난번 창경원 가는 길에 눈에 띄었던 광교 거리의 양복점들이 생각났던 것이다. 그 곳이 내가 아는 유일한 양복점 거리였다. 일부러 한껏 즐거운 척 이야기를 하면서 슬그머니 양복점이 즐비한 거리로 유도하는데 성공한 나는, 이번에는 그이 몰래 진열장을 훔쳐보며 적당한 가게를 고르느라 마치 곡예를 하는 기분이었다. 외관이 요란하게 보이는 집은 비쌀까봐 겁이 났고, 초라한 집은 또 솜씨를 믿을 수 없을 것 같아 불안했다. 확실한 기준도 정하지 못한 채 보이는 가게마다 좋을지 나쁠지 가늠하며 망설이는 사이 어느새 여러 집을 엉겹결에 지나쳐 버렸다. 갑자기 불안해지려고 할 때, 마침 깔끔해보이는 가게 하나가 눈에 들어왔다. '런던'이라는 간판을 내 건 양복점이었다. 난 가만히 그이의 팔을 끌며 가게 안으로 들어섰다. 어리둥절해하는 그를 두고 나는 주인에게 양복을 맞춰야 하니 치수를 재 달라고 말했다. 그이는 몹시 당황해했지만 나는 짐짓 모른 체 해주었다.

사실 그로서는 낯선 양복점 주인 앞에서 치수를 재지 않겠다고 버틸 수도 없는 노릇이었다. 지금도 그날 착잡한 표정으로 두 팔을 벌리고 서서 속수무책으로 몸의 치수를 재고 있던 그이의 모습이 생각난다. 다시 한 번 양복점에 들른다는 것은 어림도 없는 일이어서 가봉은 생략해 달라고 하고 가게 문을 나서면서 나는 양복 외에도 와이셔츠, 벨트, 넥타이가 필요하다는 사실을 다시금 깨닫고는 낭패감에 빠졌다. 그런 것들을 대체 또 어떻게 장만한단 말인가. 정말 산 넘어 산이었다.

"당신한테 물론 준비한 옷이 있겠지만 얼마나 어렵게 이룬 약혼이에요. 이런 뜻 깊은 일에 꼭 제 손으로 당신 약혼예복을 장만해 놀라게 해드리고 싶었어요."

길에 나와서야 나는 사정 설명을 했다. 상처받기 쉬운 사람의 자존심을 건드리지 않기 위해 몹시 조심했던 것은 물론이다. 그이 역시 사실은 자기도 내게 숨기고 있던 것이 있다며 자신의 비밀을 털어놓았다.

정작 자신은 입을 옷도 없으면서 그동안 전방근무를 하면서 푼푼이 모은 돈으로 내게 줄 약혼 예물로 손목시계를 준비했다는 것이었다. 또한 양가로부터 약혼허락이 떨어지자마자 가장 먼저 떠오른 것이 대구 집 대문 옆의 변소였다고 부끄러워하며, 남은 돈은 그 변소를 수리하는데 썼다고 했다. 또 한 번 뜨겁고 뭉클한 감동이 밀려왔다. 그렇게 마련한 그이의 애틋한 선물보다 더 가치 있는 것은 없을 것이기 때문이었다. 우리 두 사람이 똑같은 시간에 서로를 위해 비밀 약혼선물을 마련하느라 함께 노심초사하고 있었다는 그 사실 하나만으로도 우리는 충분히 행복했다. 남편에게 선물할 시계 줄을 사기 위해 자신의 긴 머리를 자른 아내, 아내에게 예쁜 머리핀을 선물하기 위해 자신의 시계를 팔아 버린 남편의 이야기를 그린 오 헨리의 단편 '크리스마스 선물'이 생각났다. 가난이 빚어낸 해프닝—약혼을 앞두고 벌어진 이 해프닝은 우리에게는 가난했으므로 얻을 수 있었던 소중한 추억이다.

그러나 가난은 역시 무서운 파괴력을 지니고 있었다. 이제 고비를 넘겼다고 안심하고 있던 우리는 뜻하지 않은 일로 또 한 번 위기를 맞아야만 했다. 그이의 양복도, 나의 약혼예물도 다 준비가 되어 어느 정도 느긋한 마음으로 약혼 날을 기다리고 있던 즈음이었다. 벼르고 별러 충무로에 있던 스카라 극장에서 상영하고 있던 '지붕'이라는 이태리 영화를 보러 간 것이 화근이었다. 대강의 줄거리도 모른 채 찾았던 그 영화는 하필 사랑하는 두 남녀가 결혼 후 가난 때문에 고통을 받다가 파국에 이르는 참혹한 과정을 그린 작품이었다.

영화의 첫 장면은 눈부시도록 아름다웠다. 서로를 절실히 사랑하는 두 연인의 순결한 결혼식이 화면 가득 펼쳐졌다. 그러나 곧 장면이 바뀌고 영화는 가난이 어떻게 인간의 사랑과 행복을, 그 마지막 가능성까지 완전하게 파괴해버릴 수 있는지를 집요하게 해부해나가기 시작했다. 우리는 상영시간 내내 꼼짝도 못하고 앉아, 낡은 방 두 칸에서 아홉 식구가 등을 맞대고 살아야 하는 기막힌 가난의 현장을 지켜봐야만 했다. 부부이면서도 함께 있을 공간을 찾기 위해 도둑고양이처럼 남의 눈을 피해 빈집이나 철로변을 찾아다녀야 하는 안타까움, 비좁고 더러운 방에서 많은 식구가 기거하느라 일상 자체가 그대로 지옥을 연상시키는 비참함. 스토리가 전개될수록 그 젊은 신혼부부가 지닌 마지막 재산, 즉 사랑의 힘도 존엄성도 가난의 사나운 파괴력 앞에 여지없이 무너져 내렸고 급기야는 그들의 삶 자체가 산산조각으로 무너져버리는 비극적인 모습이 스크린 위에 생생하게 펼쳐지고 있었다. 우리는 영화가 보여주는 가난의 엄청난 파괴력에 압도되어 영화가 끝난 후에도 한동안 자리에서 일어설 수 없었다.

"과연 저런 정도의 극단적 가난, 과연 저런 한계상황 속에서도 우리는 우리의 행복을 간직해낼 수 있을 것인가?"

겁에 질린 내 마음속으로 먹구름 같은 회의가 피어올랐다. 그는 저런 가능성을 알고 미리 나를 떠나려고 했던 것일까. 생각해보니 우리도 그 영화 속의 부부처럼 파멸하지 않는다는 보장이 없었다. 군인생활을 하며 부부가 겪게 될 난관들, 특히 결혼을 앞두고 당장 월세 방 한 칸도 마련하기 어려운 그이의 처지는 영화 속 비극의 주인공들보다 조금도 나을 것이 없었다. 공교롭게도 우리는 당시 우리 처지에서는 결코 봐서는 안 될 가난의 파괴력을 그 영화를 통해 그만 목격하고 만 셈이었다. 영화관을 나와 말없이 헤어지던 그날, 그분의 표정이 너무 어두워 불안했었다. 염려했던 일은 현실로 나타나고야 말았다. 정혼을 하고부터 간신히 원래의 패기를 되찾아가던 그가 그 충격적인 영화로 인해 다시 번민에 빠져 야위어가기 시작한 것이다.

다정도 병이라더니 그의 경우가 그랬다. 정이 많아 마음이 여리고 사려 깊은 성품이라 이런 식의 충격이 있을 때마다 나는 어떻게 그이에게 반응해야할지 몰라 절절매곤 했다. 더구나 아무리 충격적이긴 해도 영화 한편 때문에 그동안 나와 어머니가 쏟았던 간절한 노력이 수포로 돌아간다는 생각이 들자 문득 내 처지가 애닳게 생각되었다. 영화 내용도 알아보지 않고 설불리 영화관을 찾은 것을 후회해도 이미 소용이 없는 일이었다. 그분을 원망해 보기도 했지만 나 자신도 우리 두 사람의 처지와 너무도 흡사한 내용의 그 영화를 보고 가슴이 서늘했던 것은 마찬가지였다. 그이만 탓할 수는 없는 일이었다.

그날 이후 그이는 다시 날이 갈수록 무서운 속도로 번민의 늪에 빠져들어갔다. 이번에야말로 난 정말이지 속수무책이었다. 더 이상 방치할 수 없는 상황까지 회의하며 괴로워하고 있었다. 난 무엇인가 획기적인 일이 필요하다는 것을 깨닫기 시작했다. 그이의 방황은 물고 물리며 끝없이 이어지고 있었고 난 그런 방황에 대한 아무 대책도 갖고 있지 못했다. 앞으로도 또 언제, 어디서 예상치 못한 제2, 제3의 '지붕' 사건이 기다리고 있다가 상처받기 쉬운 그분을 휘청이게 할지 알 수 없는 일이었다. 이런 방황과 회의가 계속된다면 결국 우리는 헤어지게 되는 것이 아닐까. 의과대학을 졸업하게 되는 6년 후까지 기다리는 것이 6년간의 끝나지 않는 괴로움을 뜻하는 것이라면, 그 6년 후의 내조가 대체 무슨 의미가 있을 것인가. 괴로워하는 그의 모습을 지켜 보면서 내 마음속에도 날마다 깊은 회의가 서성이고 있었다.

마침내 난 엄청난 결심을 하고 말았다. 어머니에게 내 심경, 즉 아무래도 의대 공부를 포기하고 결혼을 서둘러야 할 것 같다는 말씀을 드렸던 것이다. 그날 난 가슴 치는 설움에 한참을 흐느껴 울었다. 무엇보다도 공부를 좋아하는 내가 그이와의 결혼을 위해 의사의 꿈을 포기한다는 것은, 그를 사랑하는 것과 별개로 내 인생의 한 부분을 포기하는 것이라는 생각에 암담한 기분을 어쩔 수가 없었다. 젖은 눈으로 조용히 날 바라보시는 어머니에게 그이의 마음 고생이 너무 심해서 아무래도 학업을 그만두고 결혼을 해야만 그이가 자기 길을 갈 수 있을 것 같다는 말씀을 드리는 것도, 또 그동안 자세히 말씀드리지 않고 남겨둔 그분 댁의 어려운 집안 살림형편에 대해 낱낱이 털어놓는 것도 쉽지만은 않았다.

맏딸인 내가 진정 행복하기를 얼마나 바라시는 부모님이신가. 평소 그흔한 잔소리 한번 하시는 일없이 묵묵히 지켜보시면서도 딸에게 큰 기대를 걸고 계신 어머니의 마음을 난 누구보다도 잘 알고 있었다. 정혼까지 시켜주시며 활로를 열어주셨는데, 또 다시 온갖 궁색한 사정을 얘기하며 결혼을 서둘러달라고 말씀을 드리는 내 처지가 너무도 송구스럽고 부끄러워 견딜 수 없었다. 눈앞에 어른거리는 사랑하는 그 사람의 상한 모습, 그리고 쉴새 없이 그이를 괴롭히며 고통 속으로 몰아가는 절박한 상황들, 그 모든 것들이 떠올라 숨 막히도록 가슴이 저려왔다. 그러나 어머니는 이번에도 다시 한 번 내 마음을 어루만져주셨다.

"정말이지 잘못하다가는 큰일 나겠구나. 전 중위는 너무 마음결이 곱고 책임감이 강해서 도대체가 뭘 예사로 넘기질 않는 모양이니 네 말대로 그냥 뒀다가는 무슨 일이 나고야 말겠구나."

당신께서도 평생 어려운 생활을 해 오셨으므로 영화 한 편에 의해서도 여지없이 동요되는 '가난한 사람'의 아픔을 이해하셨던 것일까. 설움으로 어머니 무릎에 얼굴을 묻고 눈물을 쏟아내는 내 등을 쓸어주시며, 어머니는 나와 그이의 아픔을 헤아려주셨다. 그리고 어려운 형편이나 유난스런 성품에 대해서도 너무 걱정하지 말라고 오히려 위로해주시는 것이 아닌가.

"그래도 지금은 너무 이래저래 자신의 형편이 어려워서 그렇지, 네 아버지 말씀처럼 전 중위의 그런 성품은 잘만 밀어주면 대성할 그릇이니 걱정할 것 없다. 그리고 가난하다는 것도 그렇다. 그 댁 형편이 어렵다니까 너야 물론 겁도 나겠지만 옛말에도 혼인치레하지 말고 팔자치레하라는 말이 있단다. 물 한 그릇 떠놓고 결혼해도 잘살 사람은 잘살고 바리바리 싣고 가도 못사는 사람은 못사는 법이야. 지금 어렵다고 해서 크게 마음 쓸 것 없다."

어머니는 신랑 댁 형편이 그렇게 어려우면 아무래도 모든 일에 좀 더 신경을 써야겠다고 하셨다. 그리고는 차라리 잡아놓은 약혼 날짜에 결혼식을 올리면 어떻겠느냐는 놀라운 제안을 하시는 것이었다. 정성들여 키운

딸이 어려운 집에 가게 된다는 것도, 또 그렇게도 좋아하는 공부도 대학도 포기해야 한다는 것도 다 가슴이 아프실 텐데 어머니는 이번에도 주저 없이 우리의 후원자가 되어주셨다. 얼마 후, 양가의 의논을 거쳐 약혼일이었던 1월 24일은 결국 '혼인의 날'로 정해졌다.

신랑의 함이 오던 날의 일이다.
우리 집에 모여 있던 친척들에겐 몇 가지 놀라운 일이 있었다. 먼저 함을 지고 온 친구들의 숫자가 너무도 많은 데 놀랐고, 다음에는 예단이 든 가방이 지독히도 무거워서 놀라워했다. 함에 넣을 것이 별로 없다고 고민하던 그이가 시장에서 가장 무거운 가방을 골라 가방 무게로라도 한몫해야겠다고 나름대로의 꾀를 낸 탓이었다. 참 우습기도 한 발상이었지만, 막상 가방의 무게에 놀라 뭔가 값진 것이 많이도 든 모양이라며 친척들이 함 앞으로 모여들 때는 그이도 몹시 속이 타는 눈치였다. 다행히도 전후 사정을 짐작하신 어머니가 "아이구, 친구들이 많이도 와 주었으니 우선 대접부터 해야겠네." 하시며 함은 나중에 보자며 열지 않으시는 바람에 결국 위기를 모면하게 되었다. 그이는 그 일에 대해 두고두고 어머님께 감사해했다.

드디어 결혼을 하루 앞둔 섣달 보름날 밤.
내일이면 결혼을 하게 된다는 설렘과 준비로 온 집안이 정신없이 부산할 때였다. 그이가 내가 그토록 애써 장만해준 새 양복을 반듯하게 차려입고 우리 집으로 찾아왔다.
"이번에 당신과 어머님께 너무 큰 빚을 진 것 같소. 내 그 은혜는 꼭 갚고 말겠다는 말을 해주기 위해 찾아왔소."
결혼 후에는 신부에게도 반말을 하지 않고 말을 올려야 한다던 그이는 그날 밤 마치 예행연습이라도 하듯 내게 어색한 존댓말로 그렇게 다짐했다.

결혼식날 신부가 웃으면
딸을 낳는다는 농담에
난 굳은 얼굴을 풀지 못했다.

결혼식

1959년 1월 24일.

시아버님께서 최고 길일이라고 택일해주신 날, 우리는 약혼식 대신 결혼식을 올렸다. 식장은 경북고등학교 앞에 있는 제일예식장이었다. 아버님의 상관인 최영희 제2군사령관이 주례를 서주셨다.

겨울인데도 날씨는 봄날같이 화창하고 포근했다. 처음 맞는 집안 혼사에 어머니는 온갖 정성을 쏟으셨다. 사람들은 당시만 해도 드물었던 신식 드레스에 면사포를 쓴 신부를 구경하려고 야단들이었다. 당시 신부들은 대개 한복을 혼례용 예복으로 사용했었다. 그날 난 곱게 지은 웨딩드레스, 상체까지 드리워진 면사포, 카네이션에 난을 섞어 장식한 부케를 들고 있었다. 집안의 개혼(開婚)이었으므로 어머니는 장녀인 내 결혼식에 그토록 정성을 쏟으셨던 것이다. 그날 난 생애 처음 화장을 했고 하이힐을 신었다.

극도로 긴장한 데다 드레스 맵시에 신경쓰느라 식은땀을 흘렸다. 그날 그이는 내가 약혼예복으로 장만해 선물한 그 잊지 못할 양복을 입고 있었다. 야위긴 해도 생기 있는 모습의 육군 중위였다.

결혼식장은 젊은 장교들과 앳된 여대생들의 환호와 열기로 가득했다. 신랑 측 친구들 중에 육사시절부터 늘 단짝이었던 노태우 중위, 최성택, 김복동, 백운택, 박병하 중위 등 '5성회' 멤버들이 빠짐없이 대구까지 달려와 주었다. 육사 입학시절부터 그분과 같은 2중대에 속했던 막역지우 노태우 중위가 우인대표로서 축사를 해주었다. 피로연 때는 최성택 중위가 자신의 특기를 살려 바이올린 연주를 해주었고 노태우 중위도 휘파람으로 노래를 불렀다.

신부 측은 서울에서 기차를 타고 내려온 경기여고 동창생들과 이화여대 학우들이 주류를 이루었다. 급작스럽게 결정된 혼인이라 여유가 없어 정식으로 청첩장을 돌리지도 못하고 겨우 몇 군데 소식을 전했을 뿐이었다. 시일이 촉박해 의대 실습가운에 편지를 넣어 가장 친한 친구에게 황망히 보낸 후 곧바로 결혼식 준비를 위해 대구로 내려왔었는데, 어떻게들 알았는지 놀랄 만큼 많이 와 주었다. 친구들은 동기들 중 제일 먼저 시집가는 내 모습에 덩달아 흥분하며 들떠 있었다. 그들은 도대체 신랑이 어떤 사람이기에 내가 그토록 좋아하던 공부를 포기하게 만들었느냐고 호기심을 드러냈다.

참석한 사람이 너무 많아 결혼식장에 다 들어갈 수 없어 안타까웠는데 정월인데도 날씨가 따뜻해 피로연을 마당에서 치를 수 있어 여간 다행한 일이 아니었다. 엘비스 프레슬리의 히트곡 '러브 미 텐더'를 불러 박수를 많이 받은 그분의 노래와 너무 엉뚱하고 재미있어서 두고두고 얘깃거리가 되었던 신랑친구들의 이벤트가 기억에 남는다. 훗날 노태우 중위의 처남

당시엔 드물었던 신식 드레스와
면사포 차림의 신부

예물 교환을 하는 신랑 신부

식을 마치고 신랑 신부가
색종이 테이프 세례를
받으며 행진하고 있다.

식장 안을 가득 메운
하객들

피로연장에서의
신랑 신부

피로연장을 가득 메운
하객들

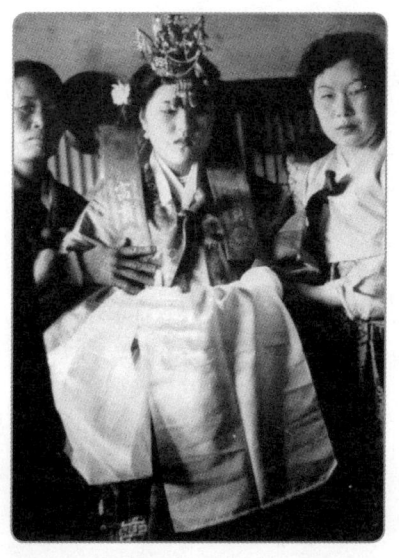

시댁 어른들에게
폐백을 드리고 있다

한겨울인데도 날이 따뜻해
야외촬영이 가능했다.

이 된 김복동 중위가 친구들과 함께 피로연장에 쌀가마니를 메고 들어왔을 때의 놀라움을 어찌 말로 표현할 수 있겠는가. 그 쌀가마니 속에서 예쁘게 포장된 커다란 상자가 나오고 그 상자 속에서 작은 상자가, 그 작은 상자 속에서 또 다른 상자가 나오다 결국은 마지막 상자 속에서 금반지가 나오던 때의 장내가 떠나갈 것만 같던 환호성을 나는 영원히 잊지 못한다.

그런 기막히게 재미있는 광경을 보면서도 나는 예식이 진행되는 내내 굳은 표정을 풀지 못했다. 딸보다는 아들을 귀하게 여기던 시절이었고, 특히 줄줄이 딸만을 낳아 애를 태우던 어머니 모습을 봐 왔기 때문에 신부가 웃으면 첫딸을 낳는다는 하객들의 농담이 나에게는 자못 심각한 경고로 여겨졌던 것이다. 결혼사진에 찍힌 우리 둘의 모습은 마치 잔뜩 화난 사람들 같아서 훗날 아이들이 의아해하기도 했다.

"엄마, 그 기쁜 결혼식 날 무슨 화난 일이라도 있으셨어요?"

소란한 예식은 흥분 속에 끝이 났다. 늦은 저녁이 되어서야 간신히 신혼여행지인 경주에 도착해 예약해놓은 불국사 앞 철도호텔에서 첫날밤을 지냈다. 그날 새신랑인 그이는 일주일간의 결혼휴가를 받았었다. 그 신혼여행 길에 난 한복 차림이었다.

이튿날 아침 철도호텔 창문을 열었을 때 우리는 눈앞의 광경에 탄성을 지르고 말았다. 밤새 내린 함박눈으로 세상은 온통 백색궁전이 되어 있었다. 그제서야 한겨울 불국사에 방문객이라곤 우리 두 사람 밖에 없다는 것을 알았다. 아무도 없는 아름다운 눈의 궁전, 그 백색 고찰을 배경으로 우리는 마치 온 세상의 주인이라도 된 듯 삼각대까지 세워가며 카메라 셔터를 눌러대기에 여념이 없었다.

푸른 하늘을 배경으로 서 있던 눈 덮인 불국사의 모습은 참으로 아름다웠다. 그러나 안타깝게도 아버지한테 빌려간 귀한 사진기로 온갖 포즈를 취하며 찍었던 결혼사진들을 단 한 장도 가질 수 없었다. 사진기를 다뤄본 적이 없던 그이가 필름을 되돌려 감기도 전에 사진기를 여는 바람에 광선이 들어가 소중한 사진들을 모두 망치고 말았던 것이다. 신혼여행에서 돌아와 온갖 기대에 부풀어서 현상소에 보낸 사진이 배달될 날만 기다리던 나는 그 소식에 무척 실망하고 말았다.

운명이 그분과 나를 부부로 맺어주기 위해 숨 가빴던 그 정월, 그이 나이 스물아홉, 내 나이 겨우 스물하나였다.

경주 불국사에서
찍은 유일한
신혼여행 사진

시댁생활

신혼여행에서 돌아와 친정에 머문 사흘 동안은 정말 행복했다. 저녁이 되어도 이제는 사랑하는 사람과 작별인사를 하며 헤어지지 않아도 된다는 사실이 꿈만 같았다. 더구나 부모님의 따뜻한 보살핌 속에 늘 함께 있을 수 있어 좋았다. 동생들도 좋아하던 '아저씨'가 이제는 '형부', '매형'이 되어 정말로 한 가족으로 함께 산다는 사실이 좋기만 한지 학교가 끝나기 무섭게 집으로 달려와 그이를 찾았다. 특히 막내 창석은 "매형!"하며 하루 종일 그분 뒤를 졸졸 따라다니다 밤에는 아예 함께 자겠다고 떼를 써 가족들을 당황하게 만들기도 했다. 어머니한테 꾸중을 듣고 훌쩍이는 어린 처남을 두 팔로 안고 자신의 품안에서 잠이 들 때까지 등을 두드려 재우는 모습을 보며, 그분의 어느 구석에 그런 매정한 면이 있어 내게 절교선언을 했었을까, 의아한 기분이 들기도 했었다.

그러나 꿈 같던 신행 사흘이 어느새 지나고 날이 밝으면 정든 식구들과 헤어져 시댁으로 가야 하는 마지막 밤에는 온갖 걱정으로 마음이 무겁기

대명동 친정집에서
어머니, 이모,
동생들과 함께

만 했었다. 우리는 미국 유학을 위해 대구 부관학교에서 군사영어교육을 받고 있던 그이의 교육과정이 끝날 때까지 4개월 동안 대구 봉덕동 시댁에 들어가 시부모님을 모시기로 결정했던 것이다.

누가 꼭 들어가 살아야 한다고 등을 밀어 가는 시집살이가 아니었다. 시부모님께서는 오히려 가난한 살림이라 고생이 심할 테니 친정에서 지내라고 하셨지만 시부모님을 곁에서 모시고 싶다고 내가 자청해 가는 길이었다. 그런데도 막상 정든 친정집을 떠나 낯선 시댁으로 간다고 생각하니 긴장이 되는 것은 어쩔 수 없었다. 그동안 그이를 안심시키기 위해 무슨 고생이든 거뜬히 해 낼 수 있다고 자신만만하게 말해온 것과는 달리 사실 나는 살림수업을 해본 적이 없었다. 공부한다고 그때까지 요리나 빨래는 물론 쌀 한번 씻어본 적이 없었던 것이다. 더구나 때는 대한(大寒)추위가 이어지는 정월의 한가운데였다. 과연 내가 의욕만 가지고 잘해낼 수 있을지, 아무것도 할 줄 모르는 신부 때문에 그이가 창피를 당하는 것은 아닌지, 온갖 걱정으로 잠이 오지 않는 밤이 깊어갔다.

다음날 아침, 내 마음속 걱정을 알 리 없는 그분은 시어머님을 돕겠다

나를 따뜻하게
맞아주신 시부모님

고 나서는 내가 자랑스러운지 의기양양한 모습이었다. 그날따라 그이와 함께 들어설 시댁 문턱이 왜 그렇게 높게만 생각되는지, 아무리 마음을 다잡아도 자꾸 움츠러들기만 했다. 그날 그이는 내가 우여곡절 끝에 마련해준 그 양복차림이었고 난 한복차림이었다. 친정인 대구 대명동에서 시댁인 봉덕동은 그리 멀지 않았지만 그이는 그날 일찍부터 준비를 서둘렀다. 그리고는 몇 번이고 내 서툰 한복맵시에 칭찬을 아끼지 않는 것이었다.

"추운데 오느라고 욕 봤지. 어서 오이라."

"올케야. 부모님 모실라고 이리 치분데 왔나. 고맙기도 하제. 올케 볼라고 내사 짬을 내서 안 왔나."

처음 인사를 드리러 왔던 날처럼 이번에도 어머님과 셋째 시누이가 대문까지 달려 나와 내 손을 잡아주셨다. 그 곁에서 어딘가 모르게 그이와 비슷한 분위기를 지닌 인정스러운 시누이들도 정이 넘치는 인사말로 날 반겨 주었다. 세 분 누님과 한 분 여동생. 평소에 그분이 자주 말하던 시누이들이었다. 어머님같이 흰 한복차림에 비녀를 꽂은 시누이들에게선 그 많은 세월, 일에 시달려 단련된 고단한 삶이 전신에서 느껴졌다. 그야말로 노련한 '생활의 전사들' 곁에서 이제는 나도 신참 지원병 같은 모습으로 합류하고 있다는 사실이 새삼 실감났다. 그리고 예상대로 그날로부터 시작된 시댁에서의 생활은 그이의 격려와 온 식구들의 환대에도 불구하고 내게는 고달픈 나날이었다. 꽁꽁 얼어붙은 새벽에 컴컴한 재래식 부엌에 들어가 밥을 짓는 것도, 우물물을 길어 생전 해보지도 않던 빨래를 하는 것도 모두가 막상 하려고 덤벼들고보니 의욕과는 달리 예삿일이 아니었다.

옛날식 한옥이라 시댁에선 안방 앞 좁은 마루에 상을 차린 후 방으로 들고 들어가 식사를 하도록 되어 있었다. 마루와 마당 사이엔 문이 없어 여름엔 청량했지만 겨울엔 웃풍을 막지 못해 한겨울의 한기가 고스란히 마루 안에 머물렀다. 마침 내가 시집살이를 시작한 것은 그야말로 정월 엄동이어서 행주로 상을 훔치면 물방울은 당장 작은 얼음덩이가 되어 얼굴로 튀어올랐다. 부엌에도 불이라고는 종지에 기름을 부어 만든 희미한 호롱불 한 촉이 놓여 있을 뿐이었다. 부엌일이 서툰 데다 불빛마저 흐리니 음식을 장만하면서 손을 다치고 칼에 베이는 일은 다반사일 수 밖에 없었다. 형편없는 살림실력을 갖고 있던 나는 심지어 밥 위에 음식을 얹어 찌려면 솥뚜껑을 열 때 먼저 김을 내보낸 후 음식을 넣어야 하는 기본적인 요령조차 알지 못해 서두르며 급히 음식을 집어넣다가 손등을 데인 적도 있었다. 너무나 쓰리고 아파 어두운 부엌에서 혼자 펄펄 뛰다가도 시부모님이 부르시면 그래도 창피한 줄은 알아서 데인 손을 앞치마에 감추고 달려갔었다. 또 수도가 가설돼 있지 않아서 무슨 일을 하든지 부엌 앞마당 장독간 곁 우물물을 길어 써야 했던 것도 내겐 힘든 일 중의 하나였다. 플라스틱 통도 없던 때라 시댁에서는 옹기그릇에 물을 길어 사용하고 있었고, 겨울에는 옹기가 얼어 터질까봐 그때그때 우물물을 길어 써야만 했다. 빨래를 할 때나 그릇을 씻을 때마다 매번 물 묻은 손으로 두레박질을 하게 되니 손등은 찬바람에 여지없이 터지고 피가 흘렀다. 그럴 때면 우물을 등지고 서서 몰래 울곤 했다.

"내일은 오늘보다 조금이라도 더 낫게 살림하고 처신할 수 있겠지."
실수가 많았던 날일수록 고달픈 하루가 끝나고 잠자리에 들 때면, 앞으로는 모든 것이 더 나아지고 더 좋아질 것이라는 생각으로 그렇게 내 자신을 다독이곤 했다.

일 못하는 태가 줄줄 흐르는 며느리였다. 그래도 살림해보겠다고 애를 쓰는 것이 귀엽고 안쓰러우셨던지, 시아버님은 아무도 보지 않는 새벽이면 큰 가마솥에 물을 길어 가득 채워주시고 내가 나오기 전에 미리 군불까지 지펴주셨다. 이른 새벽, '어떻게 그 추운 부엌에 들어가나', 끔찍한 생각에 내키지 않는 발걸음으로 부엌에 들어갔을 때 이미 불이 지펴져 훈훈한 데다 가마솥 가득히 더운 물마저 끓고 있어 처음에는 어리둥절했었다. 그러다 저 멀리서 대문을 열고 나가시는 시아버님의 '어험' 하는 큰 기침소리가 들려오면 사정을 알 수 있어 코끝이 시큰해졌었다. 또 빨래하다가 부엌에 들어갈 일이 생겨 자리를 비우면 나와 동갑내기 시동생은 얼른 구정물을 버리고 정결한 물을 한 통 길어놓고는 저만치 달아나곤 했다. 자식 사랑에 엄하시던 시어머님도 일 못하는 새 며느리에게 다정하시기는 매한가지셨다. 부엌 뒷문을 열면 담장아래 보관해둔 짚들이 있었다. 그 짚으로 불을 때어 보리밥을 짓는 일도 어려웠지만 나는 쌀보다 보리가 더 많은 밥을 잘 섞어 담는 솜씨가 없어 언제나 애를 먹곤 했다. '어머님, 잘 못하겠어요'라며 도움을 청하면 어머님은 능숙한 솜씨로 쌀과 보리를 척척 섞어 그릇마다 담아내주셨는데, 나중에 보면 언제나 당신 그릇에는 보리밥을, 내 그릇에는 쌀밥을 골라 담아 놓으셔서 그때마다 나는 다시 밥그릇을 바꿔놓아야 했다.

그렇게 살뜰하게 대해주던 온 가족의 보살핌은 내가 첫아이를 갖게 되어 입덧을 하게 되자 그야말로 단내가 날 정도로 더욱 극진해졌다. 입덧이

심한 날에는 어머님이 손수 쌀뜨물을 끓여 오셨다. 시아버님은 그 물로 손수 약탕기에 보리 한 알 없는 하얀 쌀밥을 지어주셨다. 송구스러워하는 내게 마치 갓난아이에게 하듯이 직접 밥을 떠먹여주시는 것은 또 시어머님이셨다.

이렇듯 온 식구가 쏟아주는 정이 뼛속까지 스며들도록 지극하다보니 어느새 나도 새 식구라는 생각이 없어지고 이따금 친정에 다니러 가게 되어도 하룻밤조차 묵고 오게 되질 않는 것이었다. 물론 몸도 마음도 편한 것이 친정이었지만 나를 보내놓고 허전해하실 시부모님을 생각하면 마음 편히 지체할 수가 없어 나도 모르게 서둘러 몸을 일으키게 되는 것이었다. 겨우 넉 달간의 짧은 시집살이였지만 시댁식구들의 훈훈한 인정에 푹 빠져 지낸 소중한 시간들이 흘러 이별의 날이 왔다.

"아버님, 어머님. 이렇게 떠나는 저희를 용서해주세요."

그이의 교육과정이 다 끝나 시댁을 떠나던 날, 짧은 통치마저고리를 입고 처녀의 몸으로 가슴 두근대며 두 분께 첫 절을 올렸던 바로 그 추억의 마루에서 작별인사를 드리며 나는 코끝이 시려 견딜 수가 없었다. 솔직히 힘든 시집살이 동안 가족들의 사랑에는 가슴속 깊이 감사하면서도 워낙 생소하고 힘겹기만 하던 새로운 생활 탓에 마음속으로는 언제나 그이 임지를 따라 서울로 가게 되면 기쁠 것이라고 생각했었다. 그런데 막상 작별인사를 드리고 떠나려하자 그렁그렁한 눈망울로 우리를 바라보시는 두 늙으신 시부모님을 어떻게 두고 가나, 가슴이 저려왔다. 그동안 정말 아낌없이 쏟아부어주신 그분들의 사랑이었다. 흐르는 눈물을 주체하지 못하고 있는 내게 시어머님이 이제는 정겹게만 들리는 그 심한 경상도 사투리로 말씀하셨다.

"너희들 잘되라고 떠나보내는 긴데 울기는 와 우노. 우리 걱정일랑은 아예 말거라."

　이제는 속속들이 너무도 사정을 잘 아는 그 가난한 살림에 시부모님만 남겨두고 떠나자니 어떻게 걱정이 되지 않을 수 있겠는가. 답답한 가슴으로 발길을 떼어놓으며 나오시지 말라고 아무리 만류해도 시어머님은 끝내 가는 걸 보시겠다며 버스정류장까지 따라 나오셨다. 그리고는 우리가 탄 버스가 동네 모퉁이를 돌 때서야 치마폭에 그토록 참았던 눈물을 쏟으시는 것이었다.

　사랑이 많은 부모님일수록 엄하다고 했던가. 시어머님의 자식사랑은 깊고도 엄하셨다. 그런 어머님이 그분 생일만 되면 멀리 육사에 가 있는 아들을 생각하며 가난한 살림에도 반드시 그 '약탕기의 쌀밥'을 지으셨다고 한다. 지금은 집안의 아름다운 전설이 된 그 약탕기의 쌀밥은 평상시 쌀밥이라고는 구경도 할 수 없는 자식들을 위해 생일에만 특별히 마련하는 어머니의 자식에 대한 생일예식이었다. 휴가가 되어 집에 오면 그이는 그때까지 치우지 않고 찬장 위에 고이 놓여 있는 그 '생일 쌀밥'을 목격할 수 있었다는 것이다. 먼 서울에 있어 정작 생일 당사자인 그분은 먹을 수 없는데도 어머님은 매년 묵묵히 그 예식을 치러오고 계셨던 것이다.

　"네가 멀리 있어 주지는 못해도 나는 너의 세상에의 출발을 이렇게 축하한다."는 어머님의 무섭도록 절절한 자식사랑이었다. 먹지도 못하는 밥을 그렇게 놓아두면 위생에도 좋지 않다고 매번 말씀을 드려도 해마다 어김없이 그렇게 찬장 위에 몇날 며칠을 놓아두었다 아들이 오면 보여주시고야 치우시는 어머님이셨다. 어쩌면 그것은 넉넉하지 못한 살림에 그 외에는 달리 자식에게 줄 것이 없었던 시어머님으로서 목숨같이 사랑하는 당신 아들에게 보여줄 수 있었던 최고의 애정표현이었는지도 모르겠다. 시어머님에게는 당신의 아들들이 실로 목숨 같은 존재였다. 실제로 목숨과 바꾸다시피하여 얻은 아들들이었다.

집안 친척들 사이에 회자되는 일화가 있다. 시어머님이 아들 셋을 낳게 된 사연에 관한 것이다. 기환, 두환, 경환의 세 아들을 갖기 전에도 아들을 몇이나 두었던 시어머님은 그들을 모두 사고로 잃으시는 불행을 당하셨다고 한다. 실의에 빠져 있던 중 어느 날 불심이 깊으셨던 시어머님께서 지나가던 탁발승에게 곡식을 시주하셨다. 그때 그 스님의 말이 "당신의 앞니가 잘못 나 있어 아들을 낳아도 지니지 못하고 다 잃는다."고 했다는 것이다.

그 말을 믿으신 것이 행인지 불행이었는지 어쨌든 시어머님은 얼마 후 끔찍이도 아끼셨던 쌀을 넉넉히 달아주고 동네머슴인 고직(庫直)을 부르셨다. 그리고는 자신의 몸을 마루 기둥에 묶게 하고 그 고직에게 스님이 불길하다고 지적한 그 '재앙의 생니'를 한꺼번에 석 대나 뽑게 하셨던 것이다. 그 불같은 정성이 효험이 있었던지 어머님은 다시 아들 셋을 낳으셨다는 것이다. 물론 이를 빼고 온 얼굴이 부어올라 죽을 고비를 넘길 정도로 엄청난 고생을 하셨고, 그 후 남아 있던 치아들마저 다 흔들거려 결국 젊은 나이에 치아를 다 잃으셨다. 그런 고생을 치르고 낳은 아들들이었기에 시어머님의 아들 사랑은 유별나게 강렬했는지도 모르겠다. 그래도 아들들에 대한 깊은 사랑을 엄한 교육으로 표현하시고, 늘 말보다는 행동으로 자신의 진한 사랑을 은연중에 나타내시던 시어머님의 내리사랑은 법도가 있는 것이었다고 그분은 늘 감사해했다. 그 시어머님이 서툴기 짝이 없는 새 며느리에게는 그저 따뜻한 봄볕같이 무조건적인 사랑을 퍼부어 주시기만 하더니 결국 헤어지면서 기어이 눈물을 쏟으시고야 만 것이었다.

친정살이

우리 내외에 대한 시부모님의 큰 기대와는 달리, 그날 대구를 떠나 밤기차에 실려 서울로 향하던 우리 처지는 처량하기 짝이 없었다. 옷가지 몇 장 챙겨 넣은 초라한 검정 트렁크 두 개. 그것이 서울살림을 시작하는 우리의 전 재산이었다. 기차 선반에 얹혀 있는 그 초라한 두 개의 트렁크는 우리의 고된 미래를 예고하는 것만 같았다. 그러나 밤새 기차를 타고 가는 동안 나는 그이 곁에 앉은 채 아무 내색도 하지 못했다.

대구 시댁에서부터 우리는 너무나 많은 밤을 고민해왔었다. 대구 부관학교 군사영어반 과정이 끝나는 대로 서울로 돌아가야 하는 것은 정해진 길이었다. 그러나 과정이 끝나가는데도 우리에겐 도무지 서울살림을 시작할 방 한 칸 값을 마련할 길이 없었다. 그러던 어느 날 우리 내외에 대한 근심이 언제나 우리보다 빠르신 친정어머님이 말씀하셨다.

"전 서방 봉급으로는 식생활도 어려울 것 같아 내가 효창동 이모 집에 거처를 부탁해놓았으니 그리 가 있도록 해라."

효창동 이모님 댁은 내가 대학시절 마음 놓고 신세를 진 곳이었다. 이모님은 친정어머니보다 열두 살 아래셨다. 가족이 단출한 데다 성품이 늘 넉넉하신 이모부님도 그이를 무척 좋아하셔서 총각시절 외출 때면 자주 들렀던 곳이었다. 그러나 이제는 사정이 달랐다. 월세 방 한 칸도 못 얻어 신랑과 함께 이모님 댁에 얹혀 살겠다고 찾아가는 처지였다. 참으로 민망하고 죄송해 견딜 수 없는 일이었다.

열차가 영등포역을 지나 서울역 구간으로 접어들 때였다. 진주 빛 여명 속에 주택가에서 새어나오는 수많은 불빛들을 바라보고 있던 그이가 문득 말했다.

"저 불빛들은 꼭 은하수 같지 않소. 저 수많은 불빛 하나하나가 모두 집들과 방들에서 새어나오는 것이겠지."

그리고 더 이상 말이 없었다. 처음에 나는 그이가 긴 밤 여행 중 오랜 만에 입을 열어 얘기한 '불빛들이 은하수 같다.'는 말이 참 시적(詩的)이라는 생각을 했다. 그러나 곧 그이 말 속에 '은하수처럼 많은 불빛 속에 우리는 우리만의 불빛 하나, 우리만의 방 하나를 갖지 못하고 있다'는 자조가 담겨 있다는 것을 깨닫고 다시금 가슴이 철렁 내려앉았다. 동녘하늘이 뿌옇게 밝아오자, 잿빛 스크린 위로 스쳐갔던 그 악몽 같던 영화, '지붕'의 장면들이 떠올랐다. 낡은 트렁크, 그분의 박봉, 월세방조차 구하지 못하는 우리의 처지를 생각하며 정말 이제부터는 우리도 그 영화 속의 비극적 인생을 살게 되는 것은 아닐까 염려되었다. 어렵게 들어간 대학도 포기하고 허겁지겁 시집이라고 가더니 결국 친정식구 신세만 진다고, 정작 아무도 그런 편잔을 주는 사람은 없었지만 그래도 자격지심에 자꾸 의기소침해지는 것이었다.

트렁크 두 개를 달랑 들고 이모님 댁에 도착해 초인종을 누르려고 보니 시간은 야속하게도 새벽 네 시였다. 대문 앞에서 우리는 누가 먼저랄 것도 없이 다시 발길을 돌려 근처 효창공원으로 갔다. 벤치도 없는 공원이었다. 우리는 풀밭에 트렁크를 내려놓고 그 위에 걸터앉아 아침이 되길 기다렸다. 그이는 말할 것도 없고, 기껏해야 얹혀살겠다고 찾아와서 이모 내외분의 새벽 단잠을 깨울 염치는 내게도 없었다. 내가 남편과 그렇게 옷 보따리 트렁크를 놓고 앉아 있던 효창공원은 처녀시절 내가 그이와 만나 가슴 두근거리며 산책하고 미래를 설계하던 곳이었다. 눈을 감자 사랑에 빠져 그이와 함께 그 공원을 걷던 꿈 같은 시절의 내가 그곳에 서 있었다. 그리고 이어 그 위에 또 하나의 나, 이미 처녀시절은 가고 결혼하여 그의 아내가 된 새로운 모습이 겹쳐져 떠올랐다. 임신한 몸으로 단칸방 하나 준비하지 못해 이렇게 남편과 함께 낡아빠진 트렁크를 벤치삼아 빈 공원에서 날이 밝기를 기다리는 처량한 새댁의 신세, 그것은 처녀시절의 나와는 너무도 거리가 먼 모습이었다. 새벽부터 아침에 이르는 시간의 거리가 그렇게 길게 느껴진 날이 또 있었던가.

이윽고 공원에 어둠이 걷히고 이름 모를 아침 새가 우는 소리가 들렸다. 우리는 일어나 깔고 앉았던 트렁크를 다시 들고 이모님 댁 대문 앞에 섰다. 초인종을 누르면 이모님은 과연 어떤 모습으로 우리를 맞아주실까? 불안하기 짝이 없는 마음으로 초인종을 눌렀다. 초인종 소리가 나기가 무섭게 이모님은 버선발로 달려 나와 와락 나를 끌어안으며 뜨겁게 우리를 맞아주셨다. 그 아침, 버선발로 뛰어 나와 그렇게 반갑게 맞아 주신 이모 내외분의 고마움을 우리는 평생 잊지 못한다. 아마도 조금만 덜 반갑게 맞아주셨어도 병적일 정도의 자존심에 자격지심까지 겹쳤던 우리 내외는 그날 아침 아무 대책도 없으면서도 그냥 그 집을 뛰쳐나와 버렸을지 모를 일이다. 그날로부터 우리는 몇 주간 이모님 댁 신세를 졌다. 실컷 용기를 내어 어렵고 힘든 생활을 두려워하지 말고 살아가자고 서로 다짐하면서도, 제 울음소리에도 소스라쳐 놀라는 한 쌍의 봄 꿩처럼 우리는 그렇게 불안하기만 한 결혼생활의 첫걸음을 내딛고 있었다.

본격적인 친정살이의 시작은 친정아버님의 장군 진급과 함께 왔다. 우리의 혼사가 있고 두 달 후인 1959년 그해 봄, 아버지는 준장으로 진급하셨다. 진급 후 초여름 아버님은 서울 육군본부 경리감으로 발령이 나 서울로 올라오셨다.

상경하면서부터 이미 우리 내외의 처지를 염두에 두셨다는 아버지는 손수 가회동에 전셋집을 얻으시고는 우리 내외를 부르셨다. 구한말 지체 높은 양반의 거처였다는 종로구 가회동 26번지 5호의 그 집은 본채와 사랑채가 따로 뚝 떨어져 있고 화장실도 각기 마련되어 있는 꽤 넉넉한 규모의 집이었다. 특히 아버지가 신혼인 우리 내외의 거처로 생각하신 사랑채는 큰 방 한 칸에 화장실과 작은 마루가 따로 마련돼 독채 같은 느낌이었다.

"지금 우리 군이 가장 절실하게 필요로 하는 사람은 양심과 실력을 갖춘 장교라네. 하지만 현재 우리 군의 실정으로는 양심 있는 장교가 사람답게 가정을 꾸려가기는 정말 어려운 여건이지. 나도 젊은 장교시절을 지내 봐서 그 사정을 누구보다 잘 안다네. 그러나 가난은 결코 부끄러워할 일도 아니고 피해갈 일도 아니네. 또 장교의 아내되는 자도 남편이 원칙이 아닌 것과 타협하고 굴복하는 일이 없도록 내조를 잘 해 나가야 할 책임이 있다. 그런 사정을 생각해서 내가 이번에 이 집을 구했네. 비록 전셋집이고 함께 살자면 불편한 점이 많겠지만 들어와 함께 살도록 하게. 사정이 나아질 때까지 같이 살면서 열심히 노력하면 생활 문제는 어떻게 풀어갈 수 있지 않겠나."

아버지의 뜻밖의 배려로 시작된 친정살이는 이후 친정이 이사가면 우리도 따라 이사를 가면서 8년간이나 계속되었다. 나중에 안 일이지만 딸 사위와 함께 살 구조의 집을 구하느라고 부모님은 한 달 넘게 복덕방을 찾아다니셔야만 했던 모양이다. 어떻든 아버님의 보살핌 아래 많은 부분을 절약하며 저축할 수 있어 그이의 박봉에도 불구하고 독립의 기반을 마련할 수 있었던 신혼의 수습시절이었다.

처음 친정살이를 시작할 당시 남편은 육군 공수부대의 작전과장직을 맡고 있었다. 교통이 불편하던 시절이라 김포로 출퇴근하는 일이 여간 어렵지 않았다. 버스로 서울역까지 가 그곳에서 기차로 갈아타고, 영등포역에서 내려 다시 김포 행 군용트럭으로 바꿔 탄 후에야 부대에 도착할 수 있는 먼 출퇴근길이었다. 남편은 새벽 4시에 출근을 해야 했고 밤 9시가 되어야만 집에 돌아올 수 있었다. 그이는 아무리 일러도 밤이 늦어서야 귀가할 수밖에 없었고 하루 종일 남편을 기다리는 동안 나는 간혹 결혼으로 중단한 학교생활이 못 견디게 그리워지기도 했다. 그러나 당시에는 임신한 주부가 공부할 수 있는 여건이 허락되지 않아 그이의 귀가를 기다리는 동안 나는 여러 가지로 늘 죄송하기만 한 부모님을 돕고 싶어 동생들의 공부

효창동 친정집에서 막내동생과 함께

를 도와주었다.

　아버님의 진급으로 갑자기 서울로 올라오게 된 동생들은 예전에 내가 경험했던 잦은 전학으로 인한 어려움을 똑같이 겪고 있었고 때마침 입시까지 앞두고 있었다. 첫아이를 임신해 유난히 입덧이 심하던 내가 팔을 걷고 동생들의 가정교사 노릇을 시작하자 가장 고맙게 생각하신 분은 어머님이어서 친정살이에 대한 내 송구함을 다소 덜어주었다. 또 언니, 형부와 함께 사는 것을 연신 즐거워하던 동생들도 시집간 언니가 자신의 공부까지 도와주는 것에 고마움을 느껴서인지 차츰 학업에 몰두하기 시작했다. 성적이 오르기 시작하는 동생들을 보며 어머님도 내심 무척 대견해하셨다. 동생들이 학교에 가고 나면 난 옛날에 어머님이 하셨던 것처럼 어김없이 침을 퉤퉤 뱉어가며 그이의 군화를 닦는 일에 솜씨를 부렸고 작업복에 풀을 먹여 날이 서도록 잘 손질해 다려놓기도 했다.

　사람의 마음이란 것은 정말 알다가도 모를 것이었다. 친정살이 덕에 그런대로 생활이 안정되어 늦은 저녁 남편과 마주하는 저녁상에서 삶의 기쁨을 느끼며 사는 동안 난 정말 감쪽같이 시부모님에 대한 생각을 잊고 있었다. 그렇게 슬프게 눈물을 흘리며 헤어지면서 자주 찾아가 뵙겠다고 마음다짐까지 하고서도 말이다. 그러나 늙으신 부모님을 동생에게 맡겨놓고 떠나온 그이는 대구 부모님 걱정으로 내내 마음이 편치 않았던 모양이었다. 어느 날, 그날도 정성껏 준비한 그분의 저녁상 머리에서 물을 날라오고 찌개를 데워오느라 분주히 왔다 갔다 하는 내게 그이가 잠깐 앉으라며 말했다.

"당신 대구 한번 갔다 오면 안 될까?"

그제서야 나는 남편에게 미안하고 면목이 없다는 생각이 들어 고개를 떨어뜨리고 말았다.

"입덧을 하느라고 그만."

내 궁색한 변명에 그이는 힘들더라도 다녀와 주면 좋겠다고 부탁했다.

"홀몸도 아닌 당신이 그곳에 오래 있는 것은 무리겠지만, 당신이 사흘만 부모님 곁에 가 있으면 내가 사흘 후 전보를 쳐서 당신을 부르도록 하겠소. 그때까지만 참고 수고 좀 해주면 좋겠소."

그렇게 해서 서울에 올라온 후 두 달 만에 남편에게 등을 떠밀려 처음으로 혼자 대구 시댁으로 내려갔다. 남편의 간곡한 부탁에 서둘러 대구에 내려갈 때까지만 해도 이번에는 남편을 서울 친정집에 혼자 남겨두고 가는 것이 영 내키지 않았다. 시부모님이 안쓰러워 울며불며 떠난 것이 얼마나 되었다고 그러느냐고 내 자신을 나무라면서도 마음이 온통 그이 곁에만 가 있는 것은 어쩔 수 없었다. 더구나 간사스러운 내 마음은 친정에서 그동안 편히 지냈다고 그 불편한 시댁에 가서 또 일을 해야 한다는 것에 지레 겁부터 났다. 무엇보다 밤에 혼자 멀리 떨어져 있는 변소에 갈 일을 생각하면 앞이 다 캄캄해지는 것이었다.

"그래, 딱 사흘만 죽는 셈치고 열심히 하는 거야. 조금 참고 열심히 하면 시부모님이 얼마나 좋아하시겠어."

그렇게 애써 나를 다그치며 내려가 지낸 사흘 동안 나는 참으로 놀라운 경험을 했다. 속사정을 모르시는 시부모님은 당신들이 보고 싶어 다시 내려온 며느리가 기특하고 고마워 어쩔 줄 몰라 하셨다.

"우리는 이리 잘 있는데 불편한 몸을 해 가이고 뭐 할라고 내려 왔노."

연신 나무라셨지만 흐뭇하고 대견해 입을 다물지 못하셨다. 또 내게 무엇을 어떻게 잘해주실까 해서 잠시도 가만히 계시지를 못하셨다. 어머님은 입덧하는 나를 위해 평생 고수해오신 보리밥을 그만두시고 오직 하얀 쌀로만 밥을 지으셨다. 아버님도 늦은 저녁 길가에서 떨이로 사오시던 벌레 먹은 과일 대신 탐스럽고 싱싱하게 잘생긴 과일을 사 오셔서 손수 깎아 주셨다. 시동생도 내가 쩝쩌름하고 비릿해서 영 비위가 상하는 우물물을 마시지 못한다는 것을 알아차리고는 어디서 구했는지 매일 수도물을 한 주전자씩 날라다주었다. 그 모습에 나는 그만 코끝이 찡해져서 갈 때와는 반대로 앞으로 어떻게든 자주 와야겠다는 생각을 하게 되는 것이었다.

그뿐 아니라 사람 마음이란 정말 열두 번도 더 변할 수 있는 것인지, 시댁 식구들의 애틋한 사랑 속에 어렵던 가사일도 어느 정도 익숙해지고 하루 이틀 시간이 흘러 남편과 약속한 사흘이 훌쩍 지나가려 하자, 이제는 며칠만 더 있다 가고 싶다는 생각이 간절해지는 것이었다. 약속대로 그이한테서 어서 올라오라는 전보가 도착하고 "아가야, 어서 가봐라."시며 서둘러 상경을 독촉하시는 시부모님을 뵈면서 나는 무슨 큰 죄를 지은 사람처럼 얼굴을 차마 들 수가 없었다. 무슨 큰 일이 있어서 전보를 쳐 올라오라는 것이 아니지 않았던가. 내 고생을 덜어주기 위해 사흘만 지나면 전보로 불러줄 테니 안심하고 가라던 남편의 궁색한 부탁이 아니었던가.

"어머님, 아버님, 제발 이틀만 더 모시다 가게 해주세요."

나는 미안하고 죄송한 마음에 결국 그렇게 말씀드렸고 내막을 모르시던 시부모님은 그렇게 좋아하실 수가 없었다. 눈에서 멀어지면 마음까지 멀어진다는 말은 정말 맞는 것 같다. 몇 달 전에는 그렇게 정이 들어 눈물을 뿌리며 하직했던 시부모님이 그동안 뵙지 않고 지내다 만나뵙는다고 그렇게 서먹하고 어렵게 느껴졌다니 말이다. 결국 남남으로 시작한 며느리가 낯선 가문에 들어와 손님이 아니라 며느리란 이름의 자식이 되어가려면, 부모님을 자주 찾아뵙고 곁에서 모시는 길 밖에는 왕도가 없다는 그 소중한 진리를 그날 나는 새삼 깨닫고 있었다.

제3장

군인의 아내

결혼으로 생활의 안정을 찾은 그이는
오로지 '훌륭한 군인'이 되려는 생각만 했다.
그런 사람의 아내로 살아가야 한다는 것은
군인 가족으로 힘겨운 생활을 해왔던
어머니의 삶의 방식을
나 역시 상속받아야 한다는 것을 의미했다.
하지만 그런 그의 아내로 사는 시간이
나는 힘들지 않았다. 오히려 행복했다.
그리고 우리에게는 사랑하는 아이들이 태어났다.

결혼 다섯 달 만에 떠나보낸 미국 연수

1959년 6월 13일, 그이와 나는 아침 길을 서둘러 김포공항에 도착했다. 육군 공수부대에 근무하고 있던 남편은 다섯 달 과정의 심리전(psychological warfare) 교육을 이수하기 위해 미국 노스캐롤라이나 주에 있는 포트 브랙(Fort Bragg) 기지로 떠나게 된 것이다. 결혼 후 꼭 다섯 달 만의 일이었다. 불안한 내 마음을 닮은 듯 하늘엔 마치 거친 붓으로 대충 그려놓은 듯한 구름이 여기저기 흩어져 있었다. 함께 떠나게 될 노태우 대위 부부도 곧이어 비행장에 도착했다. 그들은 보름 전 갓 결혼한 신혼 중의 신혼이었다. 경북여고 교복을 입고 있던 여고시절부터 자주 봐왔던 노 대위 부인은 보름 전 결혼식에서 봤을 때보다도 한결 성숙해보였다. 노태우 대위 외에 육완식, 이영진, 신규환 중위 등 동행할 장교들도 도착했다.

육사시절, 유난히 친구를 좋아하고 친구라면 입고 있던 옷도 벗어줄 정도였던 그이 곁에는 그래서인지 언제나 친구들이 많았다. 육사의 빠듯한 교육과정 때문에 개인 시간이 늘 부족한 사정임에도 불구하고 젊음과 의리, 미래와 이상에 대한 이야기를 나누며 그이는 친구들과의 우의를 다져왔었다.

그이는 내가 자신을 아저씨라고 부르던 처녀시절에 어디든 나를 데리고 다니기 좋아했다. 그런 이유로 철없던 시절 난 그이 친구들을 자주 만났었다. 그러나 아내가 된 후 친구분들 대하기가 왠지 쑥스러워 차마 그들 앞에 나서지 못했다. 친구분들이 우리 집을 찾아와도 부끄러워 대문 뒤에 숨기 바빠서 난 그이의 핀잔을 듣곤 했다.

결혼 후 처음으로 그분을 먼 길로 떠나보내야 한다는 이별 앞에 쩔쩔매고 있던 내게, 그이의 절친들 중 가장 막역한 사이인 노 대위가 함께 간다는 사실은 적지 않은 안도감을 주었다. 그러나 결혼한 지 보름밖에 안된 신부 노 대위 부인을 생각하니 나보다도 안타까움이 더할 것 같아 안쓰럽기도 했다. 군용기의 요란한 프로펠러 소리가 폭풍처럼 비행장을 채우며 이별의 시간이 다가왔음을 알렸다. 그이는 아무도 모르게 내 손을 한번 슬며시 잡아주고는 트랩을 밟고 올라가 순식간에 군용기 속으로 사라져 버렸다. 새벽녘부터 털털거리는 길을 오래 달려 간신히 나온 전송길. 막상 이별의 순간에는 속마음을 담은 애틋한 작별인사조차 한 마디 속삭이지도 못한 아쉬운 이별이었다. 어색해서 멋진 이별을 연출하지도 못하고 엉겹결에 서로를 놓쳐버린 우리와는 달리 내 곁에 있던 새댁 노 대위 부인은 준비해온 꽃다발을 노 대위의 가슴에 안겨주었고 노 대위도 영화 속의 한 장면처럼 아내에게 멋스럽게 다정한 이별포즈를 취해주어 날 부럽게 했다. 다시 털털대는 차에 실려 남편이 없는 텅 빈 집에 도착하자 기다렸다는 듯 가슴속으로 불청객 같은 외로움이 사정없이 몰려들었다.

사랑하는 아내, 순자에게.

당신을 떠난 지 이제 겨우 하루가 지났소. 오산 비행장을 떠나 네 시간 비행 끝에 나는 다치가와 에어베이스에 도착했고 지금 막 독신자 장교 숙소에 여장을 풀었소. 여장을 풀자마자 혼자 있는 당신을 그리며 이렇게 몇 자 적는 것이오. 그토록 원했던 미국유학이건만 몸도 불편한 당

미국 포트 브랙에서
심리전 과정을 이수 중인
그이에게 보낸 편지

신을 홀로 두고 떠나왔기에 마음이 몹시 아프오.

떠날 때는 그렇게 가슴 휑하도록 속절없이 떠나 나를 슬프게했던 그이가 첫 경유지인 일본의 미 공군기지 독신자 장교 숙소에 도착하자마자 편지를 쓴 것이다. 그 편지엔 김포공항을 떠난 이튿날인 1959년 6월 14일 날짜가 적혀 있었다. 미국 도착 즉시 새 편지들이 날아들었다. 샌프란시스코에서 시카고로, 시카고에서 워싱턴을 향해가는 나흘간의 열차 여정 중, 서던 퍼시픽 열차의 풀맨 카(pullman car)에서도 남편은 틈만 나면 내게 편지를 써보내곤 했다.

사랑하는 아내 순자에게.

당신을 떠난 지 오늘이 꼭 열흘째되는 날이건만 나에게는 마치 십 년이 지난 것 같소. 나는 지금 B80이란 열차의 독방에서 마치 일류귀족이라도 된 양 열차의 진동에 몸을 흔들리며 워싱턴을 향하고 있소. 무엇보다 애타게 내 소식만을 기다리고 있을 당신에게 내 목소리를 전하고 싶어 열차 속에서 이렇게 펜을 들었소. 창 밖은 가도가도 끝없는 대평원이오. 우거진 숲, 그림같이 다듬어진 잔디. 이곳은 참 부러운 나라요. 하지만 무엇을 보든 당신 생각뿐. 효창공원의 수줍던 시절이 그립소. 이 넓은 대륙과 우리 강산을 비교하니 내 강산의 처지에 저절로 한숨이 나오. 그러나 이곳 강물은 황해보다도 더 탁하니 역시 정결하고 눈부신 것은 내 조국뿐이란 생각도 또한 드오. 차창 밖은 다시 물 같은 어둠에 잠기오. 그리고 나는 홀로 이 독방에 누워 당신을 다시 만날 날의 기쁨을 앞당겨 상상해보오. 여보. 부디 몸조심하고 잘 있으시오.

당신의 용성

그이에게서 날아온 편지들을 이어보면 그분 일행이 어떻게 오산과 동경을 거쳐 특수전 학교가 있는 최종 목적지인 미국 남부 포트 브랙 기지까지 도착했는지를 짐작할 수 있었다. 그이는 가는 곳곳마다 내게 상세한 편지를 보내주었던 것이다. 기지 도착 후에도 계속 이어졌던 남편의 편지는 미국 체류기간 동안 단 하루도 거르는 일 없이 계속되었다. 그것은 서울에 있던 나도 마찬가지였다. 우리는 그렇게 결혼 다섯 달 만에 새로운 연애시절을 맞고 있었다.

당시 그이가 신혼의 아내인 내게 꼼꼼하게 적어보낸 그 소중한 편지들을 보면 그분의 첫 미국유학 일정들이 또렷하게 드러난다. 서신으로 정리해본 첫 유학 일정은 이러했다.

7월 3일	포트브랙 도착
7월 6일	심리전 준비과정 시작
7월 10일	심리전 과정 시작
8월 20일	심리전 과정 수료
9월 1일	특수전 학교 입학
10월 14일	특수전 학교 수료

한국어로 배워도 어려울 심리전 과정을 영어로 배우는 일은 그에게 쉬운 일이 아니었을 것이다. 그래도 남편은 입덧 중인 신혼의 내가 염려되어 단 하루도 거르지 않고 뜨겁게 자신의 마음을 적어 보내주었던 것이다. 편지에 의하면 그이는 심리전 과정 수료 후 워싱턴과 뉴욕으로 갔다. 특수전 과정에 입학까지는 아직 열흘간의 시간이 있었던 것이다. 그 워싱턴과 뉴욕에서 내게 여행기를 적어보냈다.

그 여행기 속엔 난생 처음 하이웨이를 목격한 한국장교, 미국인들이 매일 마시는 우유를 막걸리로 착각한 1959년 당시 한국 '엘리트 장교'의 문화충격 스케치들이 적혀있었다. 서울에서 분유밖엔 구경 못했던 그이가 카페테리아에서 아침식사 때마다 장교들에게 무료로 제공되는 우유를 막걸리로 착각했다거나 처음 마셔본 요거트의 신맛이, 부패해서 냄새가 나는 것으로 알고 버렸다는 에피소드는 당시 한국인의 생활수준을 짐작케 한다. 더구나 그이는 그 첫 유학을 위해 도착한 오산 미군비행장에서 난생 처음으로 수세식 화장실을 경험했었다. 미군 군용기에 실려 미국의 재정지원으로 군사 엘리트교육을 받으러 떠나는 1959년 당시 한국장교들의 숨김없는 모습들이다.

미국으로 떠나면서 남편은 일시불로 받은 7개월분의 월급 28만 환을 건네주며, 그중 8만 환은 자신이 없는 동안 쓸 비상금으로 떼어놓고 20만 환만 저축하라고 했다. 그러나 나는 전액을 저축통장에 넣었다. 결혼 축의금 이후 처음 만져보는 목돈인데 우리의 저축을 크게 늘릴 수 있는 절호의 기회를 놓칠 수는 없다고 생각했다. 그날부터 난 가회동 집 근처 비원 앞에 있는 산부인과에 들르는 일과 그이가 견딜 수 없이 보고 싶을 때면 대구 시댁으로 내려가 시부모님 곁에서 며칠씩 지내다 돌아오는 일 이외에 돈이 드는 외출은 일체 삼가며 지냈다.

그즈음 내 모습은 배가 제법 봉긋이 솟아올라 머잖아 아기 엄마가 될 새댁임을 드러내주고 있었다. 몸 안에서 노는 생명의 움직임을 느낄 때마다 그 경이로움에 때로는 남편에 대한 그리움을 잊기도 했고, 때로는 더욱 그이와의 추억에 빠져들기도 했다. 뱃속의 아이가 커갈수록 더욱 그이가 보고 싶어졌다. 입덧에 얽힌 추억이 있다. 엄동설한에 딸기가 먹고 싶은, 참으로 생경스런 입덧이었다. 한겨울에도 각종 과일을 먹을 수 있는 요즘과 달리 당시는 온실재배는 꿈도 꿀 수 없는 시절이어서 겨울딸기를 구하는 것은 거의 불가능한 일이었다. 내 입덧을 눈치챈 남편은 어느날 귀가길에 남대문 시장에 들렀다. 아무리 비싸더라도 팔기만 한다면 큰맘 먹고 내게 사주려고 했다는 것이다. 그런데 목판도 아닌 도시락만한 통에 담긴 딸기 한 줌 값이 한 달 봉급과 맞먹는 가격이었다. 결국 몇 번을 망설이다 빈손으로 돌아오고 말았다. 그날 밤 남편은 사내대장부가 고작 딸기 한 줌을 못 사고 망설이다 되돌아온 자신을 내내 자책했고 이튿날 온 식구가 둘러앉은 아침 밥상에서 그 사실을 고백하고 말았다. 나는 가슴이 뭉클하도록 감동했지만 사실 속으로는 얼마나 다행스러워했는지 모른다. 우리 형편에 그런 비싼 딸기를 사려고 했다니 큰일날 뻔한 일이 아닌가. 그런데 아뿔싸 그날 저녁 남편은 기어이 딸기를 사들고 들어온 것이다. 그뿐이 아니었다. 그이의 고백을 들으신 어머니는 어머님대로 딸기를 사와 내게 건네주셨다.

"동생들 몰래 먹도록 해라."

동생들과 함께 먹을 만큼의 딸기를 살 형편이 아니었기에 나 혼자만 먹으라며 슬그머니 건네주신 딸기꾸러미. 그날 밤 잠자리에 들어서도 두 개의 딸기꾸러미에서 풍겨나오는 딸기 향기만으로도 나는 얼마나 벅찬 행복과 사랑에 대한 감격으로 충만했었던가.

처음 느껴보는 뱃속 태아의 움직임에 신기해하는 사이 어느덧 5개월이 흘러 그이의 귀국일이 다가왔다. 출산 예정일이 오늘 내일 하던 남산만한 배였지만 다행히 우리 아가는 하루를 더 기다려주어 내가 그리운 남편을 만나러 공항까지 나갈 수 있도록 해주었다. 당시 김포 가는 길은 자동차 두 대가 겨우 교행할 수 있는 좁은 길이었다. 오래되어 낡고 파손된 아스팔트길은 군데군데 심하게 패여 있었다. 가회동을 출발해 김포에 한 번 다녀오고 나면 난 차멀미가 심해 지쳐 누워 있어야만 했다.

그날 김포까지의 마중길이, 내게도 뱃속의 태아에게도 고단함과 흥분을 동시에 안겨주었던 것일까. 공항에서 돌아와 온 가족이 모처럼 한데 모여 파안대소하며 저녁식사를 한 후 우리 거처인 사랑채로 돌아오자마자 진통이 시작되었다. 이제 막 집에 돌아온 남편과 겨우 단둘이 마주 앉았는데 이건 낭패라고 생각한 것도 잠깐이었다. 숨이 차게 몰아치는 진통에 정신을 차리지 못한 채 자정을 넘겼다. 그리고 새벽녘이 되어서야 진이 빠져 몽롱한 속에 난 꿈결같이 힘찬 아기의 울음소리를 들을 수 있었다. 체중 2.6kg, 아들이었다. 장남의 탄생이었다.

"날 닮아 딸만 낳으면 어쩌나 했더니. 잘했다, 정말 잘했어!"

친정어머니의 흥분에 찬 음성에 눈을 뜨니 나를 바라보고 미소짓는 남편의 모습이 보였다. 귀국 환영 선물치고는 참 요란한 선물을 안겨준 셈이

미국 연수를 마치고
귀국하던 날 태어난
첫아들 재국을
안고(가회동 친정집에서)

었다. 딸만 여덟을 연이어 낳으며 속상해하시던 어머님의 비애를 안타깝게 지켜보셨던 아버지도 내가 첫아들을 낳았다는 소식에 내 방에는 들어오지도 못한 채 방 밖에서 기뻐하셨다. 경황 없는 중에도 나는 얼마나 아들로 인한 마음고생들을 하셨으면 두 분이 저러실까 싶어 새삼 가슴이 아려왔다.

 처음 보는 갓난아기가 하도 작고 주름투성이라 우리 부부를 놀라게 했지만 "원래 막 태어난 아기는 다 그렇다."는 어머니의 말씀에 안심할 수 있었다. 작아도 건강한, 우리에게는 더할 수 없이 소중하던 첫 아이. 한 푼이라도 더 아끼려고 동네 산파를 불러 집에서 출산하는 억척을 부렸던 나였지만 귀하기만 하던 우리의 첫 아이를 얻은 흥분에 5천 환을 더 얹어 2만 환이라는 거금의 산파료를 지불하는 호기를 부리던 일이 생각난다. 하마터면 외로운 출산이 될 뻔하지 않았던가. 남편의 귀국을 기다려 그렇게 절묘하게 시간까지 맞춰준 우리의 첫아들이 그저 고맙기만 했다.

 "선물이오."

 식구들의 환호가 끝나고 단둘이 남게 되자 그이는 여행가방에서 무엇인가를 꺼냈다. 낙타빛 감도는, 단추 없이 앞을 여며 입는 모자 달린 겨울외

투였다. 난 아직도 그 코트 깃에 붙어 있던 '시어즈(sears)'라는 상표이름을 기억한다.

"결혼 때 당신한테 변변한 선물 하나 해주지 못해 늘 마음이 아팠소."

유학 중의 장교들은 여비나 생활비가 꼭 필요한 만큼만 지급되기 때문에 그런 선물을 사 올 여유가 없었다. 도대체 무슨 돈으로 이런 선물을 마련했을까. 기쁜 마음보다는 불안감이 앞서 걱정스런 표정이 역력한 나를 보며 남편은 아침식사를 굶는 것으로 선물비용을 모았다는 자초지종을 털어놓았다. 매일 지급되는 세 끼의 식사비 중 아침 값을 모아 마련한 100불. 그 돈으로 선물해준 그 감동적인 외투를 나는 십 년도 넘게 입었다. 아끼고 아껴 입다 소매 자락과 털이 다 닳고 난 후에는 동네 양장점에서 안팎을 뒤집어 수선해 다시 새 옷으로 만들어 입었었다.

득남 소식이 대구 시댁에 전해지자 시아버님은 작명해두셨던 손자의 이름을 곧장 서울로 보내주셨다. 정갈한 한지 위에 일필휘지로 적혀 있던 이름은 '재국(宰國)'이었다. 일생 처음 아빠가 되어 세 식구의 가장이 된 남편은 제1공수여단의 작전과장 대리로 발령을 받아 근무를 시작했다.

이듬해인 1960년 7월 4일, 또다시 남편의 미국행이 결정돼 우리는 김포공항으로 갔다. 이번 유학은 특수전의 정예코스로 알려진 포트 베닝(Fort Benning) 미 육군보병학교 레인저훈련과정(ranger course)을 수료하기 위한 것이었다. 미국 조지아 주에 있는 보병학교의 특수전 과정은 훈련의 극단성과 강도 때문에 미국군인 사이에서도 '악명 높은 레인저'라고 불려질 정도였다. 독사와 맹수가 들끓는 플로리다 늪지는 물론 나무도 풀도 없는 사막에 내던져져 뱀을 잡아먹고 선인장을 씹어 수분을 보충하는 지옥훈련 말이다. 인간 한계를 시험하는 극단의 그 혹독한 훈련으로 교육과정 중 사상자가 발생하는 것은 조금도 이상한 일이 아니었다. 그런 이유로 난 그이의 그 두 번째 미국행을 적극 만류했었다. 아무리 특별히 선발된 정예과

식비를 아껴 사다준 코트를 입고 참석한
동생 졸업식에서

미 육군보병학교로 떠나는 그이가 장남 재국을 안고 전송 나온
가족과 함께 (왼쪽부터 시동생 전경환, 친정이모, 그이와 나)

정이라고 해도 그런 위험을 무릅쓰면서까지 혹독한 훈련에 참여하는 것을 나는 솔직히 반길 수 없었다. 내 만류는 역시 실패였다.

"우리는 아직도 전쟁의 위험 속에 있잖소. 전면전뿐 아니라 비정규전, 특히 특수전에 대한 전문연구와 훈련이 필요하오."

결혼생활 동안 내게 항상 힘겹게 느껴졌던 것이 바로 그분의 이런 지점이었다. 남편은 언제나 제 자리에 안주하려 하지 않았다. 무엇인가 옳다고, 꼭 해야 한다고 믿으면 어떤 어려움이 있어도 물러서지 않았다. 특수전의 전문가야말로 당시 우리나라의 상황에서 가장 절실히 필요한 인재라고 굳게 믿고 있던 그이는 아무리 교육과정이 위험하다 해도 개의치 않았다. 그런 남편에게 '당신은 이제 세 식구의 가장이니까'라는 말은 아예 꺼낼 수도 없었다. 그래서 더욱 애절했던 그날의 이별이었다.

그런데 집에 돌아오자 엉뚱하게도 남편으로부터 전화가 걸려와 날 놀라게 했다. 아직도 김포공항에 머물러 있다는 것이었다. 출발부터 오후 4시 15분 예정 시간을 지키지 못하고 어렵게 이륙했던 비행기가 갑작스런 고장으로 회항해 다시 공항으로 되돌아왔다는 것이었다. 결국 그날 밤 자정 가까운 11시 30분이 되어서야 C-118이란 이름의 미 해군 군용기에 옮겨 탄 후 포트 베닝으로 갈 수 있었다. 애절함에 어이없는 해프닝까지 겹친 두 번째 유학길이었다.

다시 미 대륙과 한반도 사이를 수많은 편지들이 오고 갔다. 나는 매일 육아일기를 적어 보냈고 남편에게선 자세한 훈련일기가 도착했다. 편지를 읽으면서 나는 최고의 특전요원을 길러낸다는 포트 베닝과 특수전에 대한 여러 가지를 배우게 되었다. 그곳에서 남편은 매일 매일 강도 높은 위험천만한 훈련을 받고 있었다.

"어제는 눈을 가린 채 총을 들고 다이빙대에서 강으로 뛰어내린 후 다시 헤엄쳐나오는 테스트에 합격했소."

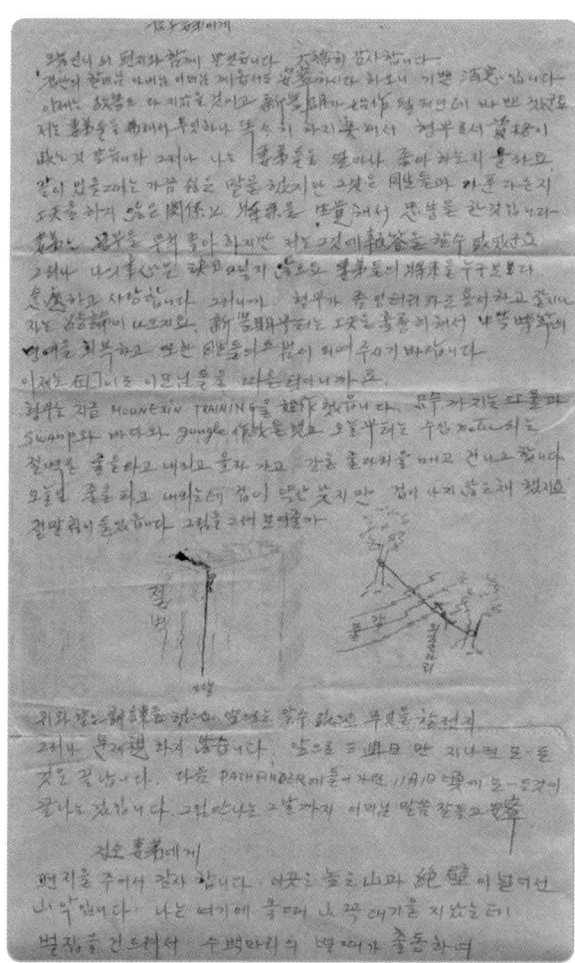

그이는 혹독한 훈련내용을 그림과 자세한 설명으로 편지에 적어보냈다.

포트 베닝으로부터 온 남편의 첫번째 편지. 지금껏 소중히 간직하고 있다.

제3장 군인의 아내

"음식보급이 완전히 끊어진 상황에서 살아나오는 생존훈련도 잘 치러 냈소."

남편은 담담하게 그날그날의 일과를 적어 보냈고 그 내용을 읽을 때마다 내 가슴은 예외없이 철렁 내려앉았다. 듣는 것마다 생각하기에도 끔찍한 위험스런 상황들, 더구나 특별한 안전장치도 없는 조건에서 벌어지는 극단적 상황들이었다. 그런데도 남편은 불안에 떠는 내 마음을 모르는지 8주간의 극심한 유격훈련 과정을 수료한 후 다시 레인저 과정 중에서도 가장 고난도의 과정인 패스파인더(Pathfinder) 과정을 추가로 선택했다는 소식을 자랑스럽게 전해왔다. 고도로 훈련된 소수의 정예요원들이 먼저 목숨을 걸고 적지에 침투해 전투여건을 조성한 다음, 유격대원을 안내하는 과정이 바로 패스파인더라고 했다.

"인간의 생사가 달린 극한 훈련 속에서 사람이 갖고 있는 신비한 힘과 약점이 동시에 노출되는 것을 보고 있소. 인간에게 있는 무한한 잠재력은 절박한 위기에 이르렀을 때 가히 초인적인 힘을 발휘하기도 하는가 하면, 또 동시에 지옥과 같은 극한상황 속에서는 여지없이 그 추한 본성을 드러내기도 하는 것임을 알 수 있구려."

이런 극단적인 위험상황만을 골라 찾아다니는 남편과의 삶이기에 인생이 이토록 아슬아슬하게 느껴지는 것인가. 그이의 편지를 읽다보면 산다는 것 자체가 도무지 안전하지 않다는 불안이 날 압박했다. 그러나 남편은 신념대로 그 위험한 포트 베닝에서의 훈련도 무사히 마침으로써 자신이 원하던 목표를 이룰 수 있었다. 한국에서 이수한 공수교육과정에 포트 브랙에서의 심리전 전략을 익힌 남편은 이제 마지막 교육 포트 베닝에서 레인저와 패스파인더 과정을 모두 마침으로써 명실상부한 특수전의 전문가가 되었던 것이다. 그해 겨울, 1960년 12월 16일, 남편은 당당한 모습으로 김포공항에 도착했다.

인간 한계를 통과하는 극단적 훈련과정을 마치고 막 귀국한 남편을 기다리고 있는 것은 그러나 어이없도록 놀랍고 돌연한 친정부모님의 파산소식이었다. 난 혹독한 훈련과정을 견디고 자부심에 가슴 부풀어 공항에 도착한 그이에게 그간의 기막힌 집안 사정에 대해 말하려니 차마 입이 떨어지지 않아 그저 아무 말 없이 집으로 향했다. 그러나 그분과 함께 도착한 집은 예전의 넓고 편안한 가회동 집이 아니었다. 도착한 곳은 원효로의 비탈진 언덕에 조개처럼 간신히 붙어 있던, 서울시 용산구 원효로 1가 17번지의 지독하게 남루한 한옥이었다. 더구나 우리 부부가 거처할 방은 창문한 짝 없이 미닫이 문짝만 덜컹대는 손바닥만한 문간방으로 세간이라곤 사과궤짝 몇 개만이 놓여 있을 뿐이었다. 생각지도 못했던 그 광경에 충격을 받은 그분은 한동안 방 앞에 그대로 서 있었다.

그분이 포트 베닝으로 떠나던 해 4.19 의거가 있었다. 곧 이승만 대통령의 하야와 하와이 망명이 잇달았다. 6월이 되어 내각제 개헌안이 국회를 통과하자 7월에는 민의원과 참의원 선거가 시행됐다. 1960년 7.29 총선이었다.

"성주(星州)에는 이 장군님만한 인물이 없으니 출마하시기만 하면 당선은 문제없습니다."

남편이 떠나고 난 후 치러진 이 총선에서 친정아버님은 주변사람들의 권유로 용기를 얻으셨던 것 같다. 그해 여름 6월 9일 아버님은 육군준장으로 예편했고 고향인 경북 성주에서 민의원에 출마하셨다. 하지만 평생 군대생활 외길만을 걸어와서 정치에는 문외한이셨던 아버님은 여름 더위 속을 누비며 평생 해도 모자랄 고생을 다 했지만 차점으로 고배를 마시게 됐다. 선거에 낙선한 것이다. 그리고 우리 가족은 곧 들이닥친 참혹한 낙선 후유증에 시달렸다. 엄청난 빚더미에 올라앉아 미처 한 마디 탄식이나 비명을 지를 새도 없이 집칸을 최소한으로 줄이고 세간을 몽땅 정리해 급한 빚부터 갚은 것도 모자라 결국 파산에 이르고 말았다. 파산의 와중에도 나는 자기 한 몸 견디기도 어려운 극한적 상황에서 고생하고 있는 그분에게 차마 서울에서 일어나고 있던 그 아연한 파산을 알릴 수 없었다. 알기만 하면 가만히 앉아 있지 못할 사람이기도 했지만 모처럼 자신의 꿈을 향해 애쓰고 있는 남편에게 차마 집안 걱정까지 안겨줄 염치가 없었기 때문이었다. 아무 사정도 모르고 귀국한 남편은 너무도 변한 환경 앞에서 망연자실할 수밖에 없었으리라. 그날 밤 침통한 표정으로 자초지종을 다 듣고 난 남편은 한순간도 지체하지 않고 아버님께로 건너갔다. 그리고는 좌절의 늪에 빠져 계시던 아버님 앞에 자신의 모든 것을 다 내놓는 것이었다. 우리 부부가 온갖 정성을 다해 모은 저금통장 한 개와 자신이 유학하는 동안 식비마저 아껴가며 모은 미화 5백불, 바로 우리의 전 재산을 아버님 앞에 내놓은 것이다.

사실 그 저금통장에는 사연도 많았다. 결혼을 하면서 임지를 따라 옮겨 살아야 하니 살림살이가 달리 없다고 금반지 하나씩만 나누어 낀 우리에게 친정부모님은 혼수비용으로 통장을 하나 만들어주셨다. 그것이 그 통장의 시작이었다. 한동안은 아무리 애를 써도 워낙 박봉이다 보니 쪼개고 또 쪼개도 서울로 올라올 때까지는 그다지 많은 액수를 모을 수가 없었다. 그저 다달이 몇 푼이라도 넣으려고 애썼고 그렇게 한푼두푼 늘어가는 것이 내겐 큰 기쁨이었다. 그러나 서울에 올라와 친정에 얹혀살게 되면서부터는 제법 목돈을 모을 수 있었다. 부모님 덕택에 친정살이를 하면서 그분 월급을 모두 차곡차곡 저축할 수 있었기 때문이었다. 그러다 보니 큰 돈은 아니어도 제법 목돈이 된 통장을 간직하고 있던 나는 아버님의 낙선 후 찾아온 집안 파산의 어려움 속에서 어찌해야 할 바를 모르고 있었다. 마음 같아서는 당장이라도 아버님께 그 통장을 내놓아 도와드리고 싶었지만 우리가 가진 것의 전부인 그 통장을 그분 몰래 내 임의로 처분할 수 없었던 것이다. 더구나 아버님도 무슨 일이 있어도 그 통장만은 손댈 수 없다고 선언하셔서 그대로 간직하고 있었다.

평생 허튼 일이라고는 해보신 적이 없는 장인이 단 한 번의 실수로 그런 고초를 당하시고 계시다니. 남편은 아버님과 가족들이 그토록 곤욕을 치르고 있었는데도 자신은 아무것도 모르고 있었다는 사실이 원망스럽다며 늦게나마 보탬이 되기를 진심으로 원했던 것이다. 처음에는 한사코 마다하시던 아버님도 그분이 총각시절부터 입은 은혜에 비해 이 정도는 아무것도 아니라며 오히려 능력이 부족한 것을 죄송해하자 결국 목이 메어하며 받아주셨다. 부모님이 그동안 우리에게 베풀어주신 은혜를 생각하면 정말이지 아까울 것이 없었다. 하지만 가족들의 감동을 뒤로 하고 다시 문간방으로 돌아오고 나니 허탈감이 밀려왔다. 그동안의 모든 희망과 꿈은 다 날아가버리고 우리는 또다시 한푼 없는 빈털털이 신세가 돼버린 것이다. 너무 비좁아 사과궤짝 몇 개로도 몸이 조여오던 그 어둡고 습한 방에서 우리는 말 없이 손을 꼭 잡았다. 다시 새로운 시작이었다.

이듬해 봄, 1961년 5월 그분은 육군본부 특전감실로부터 ROTC 창단준비위원으로 선정되었다는 통보를 받았다.

박정희 장군과의 운명적 만남

1961년 5월 16일.

충격적인 뉴스가 새벽을 숨차게 두드렸다. 5.16 군사혁명이었다. 혁명이 일어났다는 뉴스에 대한 국민들의 반응은 경악과 동요, 그 자체였다. 그때까지 혁명을 주도했다는 박정희 장군을 한 번도 만난 적이 없었고, 일반적인 인물평 외엔 들은 얘기도 별로 없었다. 다만 박 장군의 부관을 지낸 동

5.16혁명 당일 서울 시청 앞 광장에 등장한 박정희 장군, 오른쪽은 차지철 대위

기생 손영길 대위로부터 박 장군의 성품이 대쪽 같다는 이야기를 들어 막연히 훌륭한 군의 대선배라고 알고 있을 뿐이었다.

한동네 이웃이었던 육사동기 이동남 대위로부터 군사혁명이 일어났다는 놀라운 소식을 전해 듣던 날. 육군대위 계급에 불과한 남편은 군사혁명을 주도한 박정희 장군과의 면담을 결심하고 대담하게도 육군본부로 찾아갔다. 그리고는 박 장군을 만나자 다음과 같은 제안을 했다고 한다.

"저는 혁명이 성공할 수 있도록 돕기 위해 이곳에 왔습니다. 제가 시도하려고 하는 것은 육군사관학교 생도들로 하여금 혁명지지를 위한 시가행진을 하도록 주선해보는 것입니다."

젊은 장교의 패기라고 하기엔 너무도 당돌하고 대담한 행동이다. 나는 지금도 대위 계급의 그분이 서슬이 시퍼렇던 혁명주체인 박정희 장군 앞에서 혁명에 대해 그런 엄청난 발언을 하는 장면을 상상하면 눈앞이 아찔해지고 만다. 거사 이틀 후인 5월 18일, 남편은 직접 '5.16 혁명지지를 위한 육사생도들의 시가행진'을 주도했다. 육사의 모든 생도는 물론 교수와 훈육관들까지 참여한 대규모 혁명지지 행진이었다. 행진대열은 동대문에서 출발해 시청 앞 광장까지 일사불란하게 움직였다. 시청 앞 광장에서 혁명지지 선언문 낭독과 함께 혁명기념식이 거행되었다. 박 장군은 물론 혁명주체 주요세력이 모두 참석한 기념식이었다. 군 엘리트의 산실인 육사생도들의 시가행진을 통한 단호한 혁명지지 표명은 결과적으로 혁명 직후 불확실하던 군과 사회의 분위기를 급격히 혁명지지 쪽으로 몰아주는데 결정적 역할을 한 셈이었다. 돌연한 혁명에 동요하고 있던 민심을 안정시키는데 큰 영향을 끼쳤던 것이다.

도대체 남편은 무슨 생각으로 혁명 다음날 혁명주역을 만나고 그 다음날엔 혁명지지 행진까지 주도했던 것일까. 그 미묘한 역사적 시간에 꼭 그렇게 해야만 했을까. 의아해하던 나는 언젠가 마음먹고 그 사실을 질문했었다. 소신대로 하는 일이라고 해도 일단 식구들이 자신이 하는 일에 의문을 갖고 질문하면 늘 성의를 다해 설명해주는 것이 그분 성품이었다.

"당신도 알다시피 혁명 당시 나라 형편은 그야말로 위기였소. 군사혁명이 일어났다는 엄청난 사실을 들었을 때 내가 가장 우려했던 것은 혁명은 이미 일어났는데 혁명을 일으킨 군인들에 대해서도, 또 혁명의 성공 여부조차도 알 수 없는 상황이었다는 점이었소. 만일 그 군사혁명이 성공하지 못한다고 생각해봅시다. 도대체 어떤 일이 벌어지겠소? 혁명을 일으킨 무장 세력과 또 다른 무장세력 간의 충돌이 필연적으로 벌어지게 될 것 아니오? 나라는 어지러운데 군사세력들이 일어나서 서로 싸우고 사상자가 나면 대체 나라 사정이 어떻게 되겠소? 그야말로 호시탐탐 남침 적기만 노리고 있는 북괴에게 치고 내려올 기회를 주지 않는다는 보장도 없는 것이오. 그날 혁명이 일어났다는 말을 듣고 생각해보니 이거야말로 잘못하면 대한민국의 최대 위기가 될지도 모른다는 생각이 듭디다. 그러니 잠시도 더 기다릴 수가 없었던 거요. 혁명 주도자를 직접 만나 그분으로부터 직접 얘기를 들어보고, 만약 주체 세력들이 정말 자신들의 주장대로 나라를 구하기 위해 일어난 정의로운 사람들이라면 내 힘 닿는 데까지 혁명이 성공하도록 신속히 도와줘야겠다고 생각했소. 물론 그 상황에서 박 장군을 만나는 것도 쉽지 않았고, 또 만난다 해도 자칫하면 내가 큰 화를 당할 수 있다는 것을 모르는 것은 아니었지만 내게도 생각은 있었소. 나라를 위해 혁명할 사람들이라면 똑같이 나라 사정에 대한 우려 때문에 질문하는 내 진의를 알아 줄 것이라고 말이요. 혁명의 성격을 반드시 알아야만 했으므로 지체할 수가 없었던 것이오. 모두 나라를 위해 목숨을 걸고 나서는데 나라고 해서 내 한 목숨에 연연해 그 큰 국가의 위기에 보신만 하고 앉아 있을 수는 없었소."

민심을 얻는 데 성공한 혁명세력은 이후 순조로운 항해를 시작했다. 혁명을 주도했던 군사혁명위원회는 국가재건최고회의로 명칭이 바뀌었다. 박 장군은 제2대 의장으로 취임했다. 박 장군도 강한 인상을 받았던 모양인지 의장 취임 후 그이를 의장실 민원비서관으로 임명했다. 자신의 곁에서 일하게 한 것이다. 그것이 1961년 7월의 일이다. 자신의 꿈과 포부였던 군의 야전(野戰)이 아닌 국가재건최고회의 의장비서실이라는 임지가 남편에겐 참 뜻밖이었다. 그러나 그곳에서 일하는 동안 훗날 역사의 전면으로 나설 중요한 인물들을 만나게 된다. 직속상관인 비서실장 박태준 대령, 비서실장 보좌관 윤필용 중령, 경호대장 박종규 소령 같은 인물들 사이에서 박 의장을 보좌하면서 혁명초기 권력중심부의 중요한 목격자가 되어갔다.

그 사이 나는 둘째 아이를 임신했다. 어느 날 시내에서 집으로 돌아오는 길이었다. 예전과는 달리 시내 길목마다 걸린 그 흔한 '갈비탕'이란 간판에서 눈을 뗄 수 없었다. 지금도 잊을 수 없는 그 오후, 남영동 굴다리 입구에 있던 영남식당 앞에서 다리가 떨어지지 않아 그만 식당 문을 밀고 안으로 들어섰다. 그러나 들어가 앉아 가격표를 훑어보니 갈비탕 한 그릇 값이 소고기 반 근 값이었다.

"소고기 반 근이면 고깃국을 한 솥 끓여 온 식구가 함께 먹을 수 있는데."

난 음식 주문도 못하고 서둘러 식당을 나오고 말았다. 그 길로 동네시장에 들러 소고기 반 근, 배추 한 포기를 사 들고 돌아온 난 급히 국거리를 솥에 안쳤다. 미처 국이 끓을 때까지 기다리지도 못하고 국솥 옆에 선 채 난 설 끓은 국물을 연신 국자로 떠먹으며 둘째아이의 입덧을 치렀다. 친정아버님 파산의 여파가 아직도 남아 있어 고깃국 한 번 제대로 먹기 힘든 형편은 여전했기 때문이었다.

남편이 의장실 민원비서관이 된 후에도 우리는 여전히 원효로 문간방 신세를 면하지 못하고 있었다. 그러던 중 이모부님이 부산으로 내려가게 되신 후에야 우리 가족은 겨우 그 험악한 누옥을 떠날 수 있었다. 친정부모님만큼이나 우리 내외 보살피기에 한몫을 단단히 해오시던 고마운 이모부 내외께서 그 인연 많은 효창동 이모님 댁을 다시 얻어 쓰도록 허락한 덕택이었다.

이듬해 1962년 3월, 난 그 효창동 이모님 댁에서 외동딸 '효선(孝善)'을 낳았다. 태어나면서부터 워낙 건강하던 효선은 신생아 시절 밤낮을 바꾸어 애를 먹이던 재국과는 달리, 밤이면 제풀에 잠이 들었고 아침에 일찍 깨어서도 내가 일어날 때까지 울지도 않던 순둥이였다. 자신을 쏙 빼닮은 고명딸을 남편은 무척이나 예뻐했다. 다리가 휘지 않게 한다고 업어주는 대신 언제나 품에 안아 길렀고 딸을 둔 아버지가 된 후로는 '모두 남의 집 귀한 딸'이라며 식당의 어린 여종업원에게조차 결코 반말을 하는 일이 없었다. 삼십 대에 두 아이의 아빠가 되면서 남편은 점점 더 가장으로서의 모습이 완연해졌다. 더욱 바빠진 일과에도 불구하고 남편은 시간만 나면 아이들과 함께 보내려고 노력했다. 아이들에 대한 정이 유별나서 남편은 간혹 밖에서 별미라도 먹을 때면 늘 집에 있는 아이들을 생각해 따로 싸오곤 했다. 그런 남편의 가정적인 모습이 날 언제나 기쁘게 했다.

혁명의 초기, 아직 신선함과 패기를 그대로 간직하고 있던 혁명의 심장부에서 박 의장을 가까이 모시는 일에 그분은 큰 보람을 느끼고 있었다. 권력의 중심부인 최고회의 의장을 보좌하는 민원비서관이라는 직책이 중요한 자리이기도 했지만 그보다는 개인적으로 신뢰와 존경을 갖게 된 박 의장을 도울 수 있다는 사실이 남편에게는 더 큰 의미가 있었다. 그러나 얼마간의 시간이 지나자 애초 군인이라는 외길만을 가려고 했던 남편은 다시금 군으로 돌아가고 싶다는 강한 열망으로 고민하기 시작했다. 생각 끝에 결국 최고회의를 떠나 고급장교로서의 필수 과정이었던 '광주보병학교의 고등군사반'에 입교할 것을 결심했다. 자신을 신임해주는 박 의장께 감히 민원비서관직을 사임하고 싶다는 말씀을 드리는 것이 결코 쉬운 일은 아니었지만 최고회의의 일은 언제나 야전군 생활을 천직으로 여기던 남편에게는 외도(外道)로 생각되었던 것이다.

그이의 사임 의사를 듣고 박의장은 선뜻 받아주지 않으셨다.
"현역 군인만이 국가에 충성할 수 있는 것은 아니지 않은가."
그리고는 이어 아예 놀라운 제의까지 하셨다.
"그러지 말고 아예 이 기회에 군복을 벗고 나라를 위해 일해 보도록 하는 게 어떤가? 국회의원 출마 준비를 하게. 내가 모든 지원과 뒷받침을 해

최고회의 비서실에 파견나와 있던 장교 부인들이 새해 인사차 의장 공관으로 육영수 여사를 방문했다.

줄 생각이야."

충격적인 제의였다. 너무도 뜻밖의 제의에 그이는 일순간 당황했다. 그러나 자신의 뜻을 굽히지 않았다.

"의장님, 저는 정치에는 뜻도 없고 능력도 없습니다. 저는 제 원래 자리인 군으로 돌아가고 싶을 뿐입니다."

지금도 크게 다르지 않지만 그때도 국회의원 공천이라면 물불을 가리지 않는 사람들로 넘치던 시절이었다. 그이의 반응이, 그런 사람들로 둘러싸여 있던 박 의장한테는 이상하게 보였을 것이 분명하다.

"전 대위는 참 특이하군."

그것이 그날 국회의원 출마 제의까지 감히 거절하며 군으로 돌아가겠다는 남편에게 박 의장이 던졌던 말이었다.

물론 언제 어떠한 위기상황에 직면하게 될지 모르는 군인보다 국회의원이 되는 것은 안정된 생활, 사회적 지위와 명예가 보장되는 화려한 유혹임에 틀림없었다. 그러나 야전생활이야 말로 군생활의 본령(本領)이라고 믿고 있던 남편에게 정치인은 선망의 대상이 아니었다. 그보다는 산과 들을 누비며 조국수호를 위한 투지를 불사르는 야전생활을 천직(天職)으로서 열망하고 있었다. 더구나 특수전에 대한 열정으로 미국에까지 파견돼 지옥훈련 같던 그 최정예과정을 마치고 돌아온 것이 불과 얼마 전 일이었다. 군인으로서 자신의 포부를 펼쳐볼 기회를 찾고 있던 시기에 문득 5,16혁명이 일어났고 잠시 혁명초기 현장에서 일을 하게 되었을 뿐이었다. 혁명 후의 긴박한 상황에서 박 의장을 보좌하는 일이 중요하고 의미 있는 일이라고 해도 자신의 천직을 버리고 인생의 방향 전환을 할 수는 없는 일이었다. 역시 군이 고향이기는 마찬가지인 박 의장은 군에 대한 순수한 열정으로 돌아가게 해달라는 젊은 장교의 충정을 이해해주셨다. 박 장군이 말씀하셨다.

"그래, 전 대위. 군으로 돌아가 내 몫까지 일해주게."

광주행 열차를 타고 서울역을 떠나는 우리 가족도 이제는 네 식구로 늘어나 있었다. 남편은 무릎에 네 살된 재국을, 나는 생후 5개월된 효선을 안은 채 남행열차에 실려 우리는 그렇게 다시 미지의 삶을 향해 달려가고 있었다.

뒤늦은 신접 살림

열차가 종착역 광주에 들어서자 친지 한 사람 없는 낯선 도시에서의 새 생활이 시작됐다. 광주의 8월은 더웠다. 우선 여관에 들러 하룻밤을 지내고 이틀날 방을 구하러 시내로 나갔다. 운 좋게 광주 계림동 계림시장 근처에서 마음에 드는 두 칸짜리 월세방을 얻을 수 있었다. 보병학교가 있는 상무대로부터는 약간 먼 거리였다.

"조용해서 공부하기에는 안성맞춤이군."

남편 뜻에 따라 그 월세방은 그날부터 우리 가족의 안식처가 되었다. 결혼 후 시집살이와 친정살이만 해오던 우리에게는 셋방살이도, 또 단촐하게 우리 식구끼리만 사는 살림도 처음이었다. 뒤늦은 신접 살림이었던 셈이다. 월세방을 정한 뒤 온 식구가 함께 시장으로 나섰다. 하루 종일 시장을 돌며 밥상도 사고 밥그릇, 국그릇, 솥과 냄비, 수저와 물통도 샀다. 남쪽 도시 광주의 오후 일광은 아름다웠다. 그 햇빛 아래에서 처음으로 내 손으로 우리 식구만의 세간을 장만하면서 우리는 신바람이 났다.

월세 집이었지만 단칸방도 아닌, 방도 둘이나 있는 집을 처음으로 우리 힘으로 얻었고 올망졸망한 두 아이들은 눈에 넣어도 아프지 않을 만큼 사랑스럽기만 했다. 아무도 아는 이 없는 낯선 도시가 주는 자유와 기대감에 네 식구가 처음으로 우리끼리 살게 되니까 마치 소꿉놀이를 하는 것만 같았다. 동물을 좋아하는 재국이 시장에서 닭 싸움하는 것을 보고는 사 달라고 조르는 바람에 쩔쩔맸던 추억도 그날의 일이다. 두 칸 방 중 좀 더 나은 것을 그분의 공부방으로 정했다. 이튿날 남편은 육군보병학교 고등군사반에 제106기생으로 입교했다.

아침이면 아이들과 함께 남편의 손을 잡고 학교버스가 서는 계림시장 앞 정류장까지 따라 나가 배웅했다. 저녁이 되면 또다시 온 식구가 정류장으로 마중 나가 손을 잡고 새처럼 둥지로 돌아오는 생활이 시작됐다. 낮 동안 나는 집 단장에 열중했다. 가구라고 해야 원효로 문간방 시절 때와 똑같이 사과궤짝이 고작이었다. 그러나 사과궤짝에 예쁜 도배지를 발라 포개놓고 그 속에 내의, 양말, 작은 옷들을 차곡차곡 넣으니 제법 그럴듯한 옷장이 됐다. 한 쪽 벽에 못을 쳐 옷을 건 후 횃댓보를 씌워 간이옷장으로 사용했다. 작은 두 칸짜리 월세방이라 욕실 같은 것은 아예 없었지만 큰 함지를 이용하면 몸을 씻기에 그런대로 쓸 만했다.

그이 하교시간에 맞춰 연탄아궁이에 물을 데워서 함지 가득 받아놓으면 집에 돌아온 그분은 아이들과 뒤엉켜 물장난을 치며 몸을 씻었다. 별로 갖춘 것 없는 살림인 데다 식사 때면 밥상이 작아 상 위에는 반찬만 올려놓고 밥그릇은 손에 들고 먹었지만 어느 성찬 못지않게 꿀맛이었다. 집에 돌아와 그분이 공부할 때는 아이들에게 자장가를 불러주거나 옛날 얘기를 들려주며 일찍 잠들도록 했다. 아이들이 잠들고 난 후엔 공부방으로 건너가 그이의 공부에 필요한 지도나 암기할 것들을 보기 좋게 적어 벽에 붙여놓기도 했다. 또 어떤 날은 마주 앉아 남편이 암기한 것을 하나하나 물어보는 조교 역할을 하기도 했는데 그런 날은 내가 남편에게 없어서는 안될 존재인 것만 같아 행복했었다.

새해가 되자 남편은 매우 좋은 성적으로 보병학교 고등군사반 과정을 마쳤다. 그리고 곧바로 마침 25사단 72연대장으로 나가 있던 윤필용 대령으로부터 대대장 근무요청이 있었다. 전방근무를 원하던 남편은 뛸 듯이 기뻐했다. 윤 대령은 최고회의 의장 비서실장 보좌관을 맡았던 남편의 전직 상관이기도 했다. 전방으로 떠나기 전 우리 부부는 박 의장을 찾아뵙기로 했다. 광주로 내려온 후에도 계속되던 박 의장의 애정어린 격려에 감사의 인사를 드려야 했기 때문이었다.

박 의장은 광주에 내려올 기회가 있을 때마다 광주보병학교 학생인 그이를 잊지 않고 불러주셨고 직접 만나 격려해주시곤 했다. 그뿐 아니라 몇 번인가는 광주로 생활비까지 내려 보내주며 묵묵한 애정을 보여주어 객지 생활을 하던 우리 내외에게 잊을 수 없는 감동을 주셨다.

장충동 의장공관으로 찾아갔을 때 우리 부부는 공관의 한 방으로 안내됐다. 잠시 후 바다빛 공단한복을 단아하게 차려입은 중년 부인이 들어와 잔잔한 음성으로 말했다.

"의장님께선 마침 손님이 계셔서 혼자 나왔습니다."

육영수 여사였다. 그날 육 여사는 우리에게 일상사 몇 가지를 물었고 남편이 무엇인가 대답하던 기억은 나지만 나는 너무 긴장하고 있던 탓에 그 자세한 내용은 기억나지 않는다. 다만 육 여사의 길고 섬세해보이던 손 모양과 웃을 때 보이던 희고 가지런한 치열이 인상깊어 지금도 눈에 선하다. 동양적인 아름다움에 여성스러움이 돋보이는 분이셨다.

잠시 후 남편은 의장실로 불려 들어갔다. 의장실에는 김종필 중앙정보부장, 김용순 최고회의 분과위원장이 동석 중이었다고 한다. 소령으로 갓 진급한 남편은 박 의장께 우선 새해 문안인사를 드렸고 박 의장은 그분의 다음 보직에 대해 물으셨다. 그이는 전방 대대장으로 근무하게 되었다고 말씀드렸다.

"소령으로 대대장을 하면 중령 때는 뭘 하지? 중령 진급 때까지 다시 내 비서실에 나와 일하지 그래."

박 의장의 말이었다. 군의 보직관례상 대개는 중령이 되어서야 대대장직을 맡는 것이 통례였다. 그런데 박 의장의 애정어린 권유에 전방 근무를 꿈꾸던 남편이 난처해하며 정중하게 사양할 말을 찾고 있을 때였다. 곁에 있던 김용순 위원장이 이렇게 건의했다는 것이다.

"각하, 전 소령은 제가 데리고 가서 일하겠습니다."

"음, 그게 좋겠군."

박 의장은 흔쾌히 대답했고 남편은 영문도 모른 채 윗분들 사이의 대화에 어리둥절했지만 '그만 가보라'는 말씀에 아무 말도 못하고 의장실을 물러 나와야만 했다. 그날 친정집에 들러 배달된 호외를 펼치니 김용순 씨가 신임 중앙정보부장에 임명되어 있었다. 이런 사정으로 그분은 그해 1963년 9월부터 10개월간 잠시 중앙정보부 인사과장으로 일했다. 다음해 여름 우리는 다시 진해의 육군대학을 향한 열차에 올랐다. 나는 임신 8개월의 무거운 몸이었다.

진해는 눈부신 8월의 햇살로 우리를 맞았다. 경화동 집에서 그분을 만나던 때로부터 수년이 지난 뒤 재회하는 진해 앞바다였다. 언제 보아도 미항(美港)인 그 진해 바다 앞에 다시 서자 그분이 경화동 집을 찾아왔던 날의 추억이 밀려왔다. 진해 변두리 그 경화동 집으로 그분이 멋진 육사제복을 입고 걸어오던 날, 우리의 인연은 시작되었었다. 그리고 이제 나는 그분의 아내가 되어 다시 진해를 찾아온 것이다. 새삼 인생은 참 역동적이라는 생각이 들었다.

육군대학 관사는 학교 정문을 조금 지나 길 양옆에 들어선, 길고 둥근 어묵을 절반으로 썰어놓은 것 같은 임시막사용 퀀셋이었다. 함석집 한 동에 두 세대가 배정되고 세면장과 화장실은 공동사용이었다. 짐을 풀고 보니 오랜 세월에 낡을 대로 낡은 관사는 더럽기 그지없어 마루의 묵은 때를 수세미로 벗겨내고 칠도 새로 해야만 했다. 낡고 헌 방에도 새로 도배를 했는데 부엌은 그야말로 최악이었다. 여름이라 비가 잦았는데, 비만 오면 아궁이에는 물이 차올랐다. 온종일 배부른 몸으로 부엌에 차오른 물을 퍼내는 것이 진해 살림의 시작이었다.

"험상궂은 집에 살게 해서 미안하군."

거친 숨을 내몰며 온종일 씻고 닦는 나를 보며 남편이 미안해했지만 거친 일도 아랑곳하지 않을 만큼 의욕에 넘쳐 있던 시절이었다.

육군대학은 육군에서 운영하는 군사학교 중 가장 중요한 곳이었다. 입교 자격도 엄격해서 임관 15년 이내의 장교 중 군복무 성적과 군 경력이 우수한 사람들만이 선발됐다. 연구과정도 고급장교뿐 아니라 장군이 된 후에까지도 필요한 과목들로 강의 일정이 잡혀 있었다. 그러다 보니 육군대학에서의 성적은 각 단계의 진급심사에 평가 자료로 결정적인 영향을 미쳤다. 당연히 매일 밤 진해 관사의 함석동 집집마다 밤늦도록 불빛이 꺼지지 않았다. 공부도 마치 전투하듯 맹렬히 하던 육대장교들의 치열한 경쟁이 그렇게 진해의 여름 밤을 달궜다.

육군대학 시절 태어난 재용을 안고 퀸셋으로 된 관사 앞에서

 사람 사는 곳이 다 그렇지만 엄격한 계급사회인 군인사회만한 경쟁사회도 흔치 않을 것 같다. 연구과정이 본격화되고 그분이 전술전략 연구에 몰입하게 되자 난 구체적으로 돕고 싶었다. 살펴보니 연구과정 중 전술연구의 비중이 커서 지도의 사용이 많은 것 같았다. 남편이 등교하고 나면 나는 틈나는 대로 자잘한 자료들을 준비하는 일로 하루를 보내곤 했다. 대개는 낱장으로 된 지도들을 맞춰 붙이기도 하고, 또 지도 위에 그려진 등고선을 각각 다른 색으로 보기 쉽게 색칠하는 일 등이었다.
 관사생활 속에는 다른 군인 가족이 누릴 수 없는 특권이 주어졌는데 하루 세 끼 식사를 온 가족이 가장과 함께 먹을 수 있다는 점이었다. 일반 군인 가족들의 생활에는 가장과 식사를 함께 할 수 있는 것은 고사하고, 잦은 임지변동으로 심지어는 몇 달씩 식구들이 가장의 얼굴을 보지 못하고 지내는 일이 다반사였다. 식사 때만 되면 관사 주변은 장교부인들이 저마다 실력발휘를 하느라 뿜어내는 찌개 끓는 냄새와 향긋한 양념내로 넘쳤다. 그것이 육대생활의 사는 냄새이고 열정이었다.

하교 후 남편이 돌아오면 아빠에게 매달려 식사가 끝나고도 떨어질 줄을 모르던 아이들을 떼어내는 것이 내겐 늘 큰일이었다. 일에는 무서운 것이 없는 남편도 아이들에게만은 한없이 약해지게 마련이어서 철없는 아이들을 아빠로부터 떼어내는 인기 없는 일은 언제나 내 몫이었다.

"지금 아빠는 공부하셔야만 해. 우리 모두가 도와드려야지?"

분주한 관사생활 속에 소리 없이 가을이 오자 셋째아이의 출산예정일도 가까워왔다. 출산을 도와주시기 위해 친정어머니와 이모님이 서울로부터 내려오셨다. 모두가 만반의 준비를 하고 오늘내일하던 예정일을 기다렸다. 그런데 친정어머니와 이모님, 거기다 그분까지 곁에서 돌봐주는, 너무도 행복한 출산을 기대한 것은 지나친 꿈이었을까. 예정일이 훨씬 지났지만 도무지 출산기미가 보이지 않았다. 시간이 흘러 10월 중순이 되자 날씨가 급격히 싸늘해졌고 김장철로 접어들었는데도 여전히 아무런 기미가 없는 것이었다.

할 수 없이 이모님이 먼저 올라가서 두 집 김장을 하시기로 하고 상경하시던 날. 정오열차를 타고 떠나신 이모님을 배웅하고 돌아서는데 갑자기 진통이 시작되었다. 숨 쉴 사이도 없이 급작스럽게 몰려오는 진통이었다. 길가에 주저앉은 채 잠시 참다가 진통 간격이 좁아지는 것을 느끼고는 길에서 출산할지도 모른다 싶어 정신없이 집을 향해 달렸다. 평소 관사에서 진해역이 도보로 가능한 거리이긴 했지만 그날 내가 대체 어떻게 집에 도착할 수 있었는지 지금 생각해도 진땀이 난다. 산파가 달려오고 두 손을 어머니와 남편에게 잡힌 채 나는 새 생명의 탄생을 기다렸다.

여자로 세상에 태어나 사랑에 빠지고 자신을 던져 한 남자와 결혼하고 또 그 남자의 손을 잡고 출산의 고통을 함께하고 있다는 사실이 감격스럽게만 느껴져 진통 속에서도 행복감에 젖던 순간이었다. 얼마 후 우렁찬 울

육군대학에서 공부하는 남편 뒷바라지하느라 함께 고생한 동기생 부인들(왼쪽에서 네번째)

함께 김장을 담궈
나눠먹을 정도로 가깝게
지내던 군인 가족들

제3장 군인의 아내

음과 함께 둘째아들 '재용(在庸)'이 태어났다. 1964년 10월 22일 오후 4시였다. 날짜를 채우고도 더 지나 태어난 아이인 탓일까. 온몸엔 벌써 살이 올라 복스럽던 재용은 얼마 후 젖살이 오르자 놀랍게 통통해졌고, 우리 부부와 아이들은 층층이 겹치는 아기살을 만져보며 신기해했었다.

이듬해 1965년 6월, 졸업식에선 나도 남편과 나란히 단상에 올라 명예졸업장을 받는 감격을 경험했다. 내조의 공을 치하한다며 졸업생 부인들 모두에게 베풀어준 학교측의 고마운 배려였다.

한강백사장에 내려앉는 낙하산을 바라보며

다시 시작된 서울 생활에선 활기가 넘쳤다. 육군소령인 남편은 늘 자신의 고향이라고 말하던 제1공수특전단 2대대장으로 부임했다. 특수전에 대한 정열이 남달랐던 남편은 제1공수특전단으로 돌아가자 그야말로 물을 만난 물고기처럼 사기가 충천했다. 머리에 베레모를 쓰고 낙하산을 타면서도 위험 속에서 중요한 임무수행을 위해 자신을 허공 가운데로 내던진다는 그 극단의 용기가 군인 된 자로서의 희열을 안겨주는 것 같았다.

낙하산을 타는 날이면 남편은 언제나 책상 위에 수첩과 지갑을 가지런히 남겨두곤 했다. 처음에는 의도적일 만큼 단정하게 놓인 그 수첩과 지갑이 무엇을 의미하는지 몰라 출근을 서두르다 두고 간 것이려니 하며 무심코 지나쳤었다. 그러나 그 일이 매번 반복되자 그제서야 나는 책상 위에 물건들을 정리해놓는 일의 의미를 깨닫고 가슴이 철렁 내려앉았다. 경험이 있다 해도 낙하훈련은 항상 위험이 따르는 것이어서 훈련장 주변은 늘 사고에 대한 두려움이 잠복해 있었다. 노련하다고 해서 안전이 보장된 훈련이 아니었던 것이다. 역설적이지만 그 무한대의 위험을 끌어안으며 스스로를 수송기로부터 창공 속으로 내던지는 바로 그 점에 낙하훈련의 고독과 장렬함이 있는지도 몰랐다. 훈련 전날 밤이면 남편은 주변을 정리하고

낙하산을 타기 위해 대기하고 있는 공수부대원들

책상 위에 수첩과 지갑을 남겨둠으로써 만일에 있을지도 모르는 사고에 그렇게 대비했던 것이다.

이런 고독한 의식이 어찌 비단 그이만의 것이었을까. 만일의 사태에 대한 대비가 무엇을 뜻하는지 알게 된 후로는 책상 위에 그 물건들이 놓여 있는 날이면 난 온종일을 기도하는 심정으로 지냈다. 그래도 영 불안해 견딜 수가 없을 때는 제1한강교로 달려 나갔다. 한강다리 난간을 잡고 서 있으면 당시 공수특전단의 낙하훈련장소였던 동부이촌동의 하얀 모래벌판이 한눈에 내려다보였다. 훈련이 시작되어 수송기들이 엔진소리를 날리며 다가오면 곧 수송기로부터는 우산 같은 낙하산들이 수없이 쏟아져내렸다. 지금 동부이촌동의 아파트가 들어선 바로 그곳이 당시엔 백사장이었고 공수부대의 낙하훈련장소로 사용되었었다. 한강다리 위에 선 채 최후의 낙하산 하나까지 모래 위에 무사히 착지하는 것을 확인한 후에야 난 몸을 돌려 집으로 향하곤 했다.

그가 낙하훈련을 하는 날,
한강백사장에 낙하산이
모두 무사히 내려앉는
모습을 확인하곤 했다.

그렇듯 온몸을 던져 훈련에 정진하던 이듬해 1966년 6월 1일, 잊지 못할 경사가 있었다. 그이가 중령으로 진급한 것이다. 그 전 해 연말, 이미 진급자 명단이 발표됐었고, 전통에 따라 그 다음해 부대별로 부대장이 진급자에게 계급장을 달아주는 것이 육군의 관례였다.

중령 계급장을 달고 귀가하던 날 감개무량해하며 남편이 내게 했던 말을 나는 지금도 기억하고 있다.

"여보, 내가 누구요? 합천 산골에서 태어나 움막집 아이로 놀림받던 내가 아니오? 그런 내가 이제 대한민국 육군의 중령까지 되고 보니 그저 감사하다는 생각뿐이오. 계급장이 어깨에 얹어지는 순간에 가장 먼저 떠오른 것이 새벽마다 정한수 떠놓고 자식 위해 기도하시던 어머님과 당신이었소. 그동안 일밖에 모르는 날 내조하느라 너무 고생이 많았소."

그리고 다시 말했다.

"대한민국에서 가장 일 많이 하는 중령이 되게 도와주시오."

참 잊을 수 없는 그날의 그 당부였다. 일밖에 몰라 미안하다면서도 남편은 결국 더 많이 일하는 것이 중령으로서의 자신의 존재이유임을 알고 있는 특전단 전사였다. 그 아름다운 당부, 그것이 군인으로서 그분의 생명력이었다. 중령 진급과 함께 남편은 바로 그 제1공수특전단의 부단장으로 임명되었다.

　바로 그 한 달 전의 일이었다. 친정아버님이 우리 내외를 부르셨다. 그때까지도 우리는 여전히 효창동에서 친정살이 중이었고 어느덧 그 친정살이가 8년이 지나던 때였다. 그날 아버님은 그동안 맡아 관리해주던 돈을 우리 앞에 내놓으시며 이제는 독립할 때가 되었음을 알려주셨다. 2백만 원이라는 큰 액수의 돈이었다. 아버님의 파산으로 모든 것을 잃고 다시 원점으로 돌아갔던 우리는 그동안 한눈팔지 않고 다시 열심히 저축했다. 남편도 특별한 일이 없으면 박봉이라도 모두 고스란히 내게 갖다주었다. 나도 나름대로 푼돈이나마 보태보려고 미용기술과 편물기술을 배우기도 했었다. 그 시절 미용기술을 배우러 정화미용기술학교에 다닐 때가 생각난다. 숯불을 피워놓고 가발로 고데기 연습을 하다 숯 멀미로 머리가 아파 고생하기도 했고, 조금이라도 더 연습을 하려다 늦은 점심을 허겁지겁 먹고는 탈이 나 만성위장염으로 애를 먹기도 했었다. 또 아무리 친정살이라도 여전히 어려운 살림에 잘 먹지도 못하면서 아이 셋을 키우며 기술을 배우러 다니다 보니 무리를 한 모양인지 어느 날인가 돌연 젖이 말라버리는 일까지 생겼다.

　태어나서는 그렇게 통통하던 젖먹이 재용이 어느 날부터 자꾸 여위면서 칭얼대자 젖이 말라 나오지 않는다는 것을 알게 되었던 것이다. 깜짝 놀라 그때서야 소뼈를 사와 고아서 그 국물을 마시며 젖을 내려 애를 썼다. 그러나 안타깝게도 그렇게 어렵게 획득한 미용사자격증을 갖고도 막상 직업으로 활용할 수가 없었다. 친정에 얹혀사는 내가 아이들까지 어머님께 맡겨놓고 돈을 벌러 나가는 것을 그분이 반대했기 때문이었다.

　그래서 생각다 못해 다시 배운 것이 편물 기술이었다. 편물은 집에서도 일을 할 수 있으리라는 생각에 당시 명성 있던 예원편물학원에 다녔었다.

효창동 집 장독대 위에서 재국과 효선을 양팔에 안고 있는 남편

그곳에서 익힌 기술로 집에서 아이들을 돌보며 얼마간의 돈을 벌어 가계에 보탤 수 있었다. 물론 남편 몰래 한 일이었다. 편물기계를 벽장 속에 감춰두었다가 남편이 출근을 하고 난 후 부리나케 꺼내 주문받은 가디건과 털실 속치마 등을 바삐 손 놀려 짜곤 하면서 푼돈이나마 차곡차곡 모이는 재미에 힘든 줄도 몰랐었다. 남편의 퇴근이 늦는 날이나 야근을 하는 날에는 아예 밤 늦게까지도 많이 할 수 있었던 그 편물부업은 집에서 아이들을 키우며 하기에는 정말 그만이었다. 또 당시의 집들은 대부분이 연탄을 사용했기 때문에 몹시 추웠고 털실로 짠 물건의 수요가 제법 많아 일감도 끊이지 않았다. 솔직히 친정살이의 햇수가 넘어갈수록 너무 오래 도움을 받고 사는 것도 늘 죄송했고 그래서 남편도 나도 어떻게든 하루빨리 자립해 나가야 한다는 일념으로 열심히 저축에 매달린 나날이었다.

아버님이 내어주시던 우리들의 저금통장은 이제 우리가 자립할 때가 되었음을 말해주고 있었다. 하지만 막상 친정을 떠난다고 하자 그동안의 온갖 추억거리가 떠올랐다. 가장 잊을 수 없던 것은 8년간이란 오랜 친정살이 동안 좁은 집에서 함께 살면서도 불편을 느끼지 않게 해주려고 우리 내외에게 쏟아부으신 친정부모님의 눈물겨운 배려였다. 자존심이 유별나게 강한 사위를 품에 안고 살면서 사위가 처가에서 활기차게 살 수 있도록 신경을 써주는 것은 절대 쉬운 일이 아니었다. 그런데도 친정부모님은 8년이란 긴 세월 동안 작고 하찮은 일까지 일일이 신경을 써주시며 그 어려운 일을 묵묵히 감당해주셨던 것이다.

욕실 사용만 해도 그랬다. 한때 빌려 살았던 효창동 이모님 댁은 말할 것도 없고 화장실만은 따로 있었던 가회동 집에서도 욕실은 하나밖에 없어 온 식구가 함께 사용해야만 했었다. 매일 이른 새벽에 출근하는 그분에게 불편을 주지 않으려고 아버지는 젊은 날부터 꾸준히 해오신 냉수마찰을, 해도 뜨기 전인 몹시도 이른 시각에 마치고는 사위를 위해 손수 욕실을 말끔히 청소까지 해놓곤 하셨다. 당신도 매일 아침 거르지 않고 하는 냉수마찰이고 사위도 매일 해야 하는 이른 아침의 출근준비였다. 혹은 들어가고 나가면서라도 욕실 앞에서 한 번쯤은 마주칠 만도 했을텐데 몇 년이나 계속되는 생활에서 단 한 번도 사위와 마주치는 일조차 없었다.

"우리가 나중에 사위를 맞아도 장인어른의 사위 사랑은 절대 흉내도 못 낼 거요."

친정에서 지낸 그 8년간을 회고할 때마다 친정 부모님의 그같은 배려를 생각하며 두고두고 남편이 했던 말이다.

물론 아무리 부모님이 배려를 해주신다 해도 친정에 얹혀산 생활에 괴로움이 없을 수는 없었다. 부모님 때문이 아니라 한시도 마음놓을 수 없이 신경을 써야 했던 남편 때문이었다. 워낙 성격이 섬세하고 자존심이 강한 남편이기에 사소한 일에도 지나치게 신경이 써지는 것이었다. 보통 가정에서는 예사로 넘길 수 있는 일조차도 처가살이를 하는 그이에게는 상처가 될 수 있다는 생각에 늘 긴장하며 그분 입장을 살피며 살아야만 했었다. 말 한 마디, 의논 한 마디에도 늘 신경쓰며 살아야 하는 긴장된 삶. 그러다 보니 간혹 친구들과의 모임이 있어도 언제나 가장 먼저 자리에서 일어서 게 되어 나는 엄부시하(嚴夫侍下)라는 놀림을 받기도 했다. 하지만 남편의 어려운 입장을 잘 알고 있는 나로서는 잠시도 아내 없는 처갓집에 그분 혼자 있게 할 수는 없는 일이었다.

정말 오래도 계속된 친정살이였다. 좁쌀 서 되만 있어도 처가살이는 하지 말라는 옛 어른들의 말씀도 있지만 돌아보면 안채의 친정 부모님과 사랑채의 사위 사이에 오간 미덕들이 헤아릴 수 없이 많아 정겹게 흘러간 세월이었다. 그 긴 세월이 있었으므로 우리도 이제는 그 따뜻한 보호막을 떠나 홀로 설 수 있게 된 것이었다. 고스란히 모은 남편의 박봉에 부모님의 인내가 쌓여 만들어진 기적, 그것이 아버지가 내어주신 그 통장의 의미였다. 1966년 5월의 추억이다.

생애 첫 '드림 하우스'—보광동 집

우리 부부가 처음 마련한 우리만의 첫 보금자리 보광동 집은 보광동 버스 종점 부근 넓은 채마밭 끝에 있었다. 서울특별시 용산구 보광동 9호 9통 9반이란 다정한 주소를 지닌, 집 앞을 나서면 채마밭 입구에 서 있는 동네교회가 보였고, 장독대에 올라 발꿈치를 들면 저만치 한강이 내려다 보이는 집이었다. 대지 50평에 건평 17평, 방 세 칸에 부엌, 욕실, 긴 마루, 작은 마당, 장독대가 있는 아담한 양옥집이었다. 친정아버님은 기왕 집을 마련하려면 좀 큰 것으로 장만하라고 하셨지만 막상 그렇게 할 용기가 나지 않았다. 따로 용도가 있었던 20만 원을 떼어놓고 100만 원은 다시 친정 아버님께 관리를 부탁드린 후 나머지 80만 원을 들여 구입한 집이었다.

세 아이와 함께 이사 들어간 날, 길 옆 채마밭 채소들은 이미 거두어져 텅 비어 있었고 그 위로 늦가을의 짧은 햇살이 눈부시게 내려 쪼이고 있었다. 집 대문을 밀고 들어서는 순간 난 마치 꿈을 꾸고 있는 것만 같았다. 그동안 얼마나 애타게 그려왔던 순간이었던가. 만감이 교차하며 가슴을 벅차게 하던 그날, 방이 세 칸이라고 해도 부엌에 붙은 찬방은 너무 작아 한 사람이 겨우 몸을 누일 정도였고 욕실은 빨래나 세수를 간신히 할 수 있을 정도의 그 작은 집이 내게는 이 세상의 어느 저택보다도 자랑스럽게 느껴졌다. 그런데 이사를 하고 보니 구경할 때는 그토록 아담하고 예쁘장해보였던 집이 집장수의 엉터리 날림 집이었다. 턱없는 날림공사는 이사 첫날부터 드러나 방수처리가 되어 있지 않던 욕실 수조는 멀쩡하게 타일까지 붙어 있는데도 물을 받는 대로 새어나갔다. 심지어 아궁이 속에서까지도 샘솟 듯 물이 솟아 아궁이 아래 따로 하수구를 설치한 후에야 불을 넣을 수 있을 정도였다. 마루나 도배도 다시 손을 보지 않고는 도저히 쓸 수 없을 정도로 마감이 제대로 되어 있지 않았다.

몹시 속이 상했지만 나는 그 집을 우리의 꿈의 궁전으로 만드는 일을 포기하지 않았다. 사람을 불러다 급한 욕실과 부엌의 날림을 수리했고, 팔을 걷어부치고 직접 방마다 도배를 하고 마루에 니스 칠을 했다. 마당에도 조약돌을 주어다 물에 깨끗이 씻어 가지런히 깔아놓아 햇살을 받아 반짝이는 조약돌 위에서 아이들이 놀도록 했다. 처음에 속상했던 만큼이나 점점 내 손으로 모양을 갖춰가는 모습에서 오히려 더한 애정을 느끼게 했던 보광동 집. 그중에서도 내가 가장 사랑했던 장소는 마당 윗쪽에 있던 장독대였다. 아이들이 동네에서 파는 병아리를 사 와 모이를 준다고 쫓아다니거나 토끼를 키운다며 배춧잎, 아카시아잎을 가지고 이리저리 뛰어다니는 동안, 나는 늘 그 장독대에 올라가 발돋움을 해가며 저만치 흐르는 한강과 강변을 바라보곤 했다. 낙하훈련이 있는 날이면 남편이 타고 있을 것이 분명한 비행기를 발견할 수 있었고, 그 비행기의 양쪽 문이 열리고 공수병들의 낙하산이 떨어지면서 그대로 꽃송이가 되어 피어나는 것을 지켜볼 수 있었다.

따로 떼어놓은 20만 원은 시댁식구들을 위해 쓸 작정이었다. 사실 돌이켜보면 친정살이를 하며 수입의 모든 것을 '집장만하기 통장'에만 넣느라 그 긴 세월 동안 시부모님께 반듯한 선물 하나 해드리지 못했었다. 그렇게 불효한 자식으로 살다 보니 남편도 나도 가난한 살림에 고생하시는 시부모님 생각만 하면 늘 마음이 괴로웠다. 언제나 옥양목 두루마기에 흰 고무신, 낡은 중절모에 부러진 안경에 끈을 매어 귀에 건 시아버님. 오랫동안 치아가 없어 입가에 합죽하게 주름이 잡혀버리신 시어머님. 드디어 기회가 왔다고 큰맘 먹고 당시로선 큰돈이던 20만 원으로 뭘 사드릴까 궁리하던 우리는 부모님께 무엇이 가장 필요하신지 금방 알 수 있었다. 시아버님께는 고급양복지로 두루마기 한 벌을 맞추고 구두와 안경을 준비했다. 시어머님께는 물론 틀니가 가장 급했다. 그리고 고운 빛깔의 한복 두 벌과 손가방 하나를 추가로 마련한 후 두 분 부모님을 위한 용돈도 따로 넉넉히 떼어놓고 시동생과 시누이들의 선물도 장만했다.

이제야 사람 구실을 하게 되었다는 후련한 마음으로 대구로 내려가 부모님을 찾아뵙고 선물을 드리자 처음 착용하는 틀니가 어색해 부끄러워하시면서도 몹시 기뻐하시던 시어머님의 모습이 지금도 기억난다. 갓 변한 입 모양이 이상하신지 식구들 보기 민망해하던 어머님은 연신 입을 손으로 가리며 어쩔 줄 몰라하셨다. 그 모습에 모여 앉은 식구들이 "어머님, 너무나 보기 좋습니다. 입에 주름이 다 펴지고 없어요."라고 말씀드리자 그제서야 손을 내리시며 행복한 웃음을 활짝 웃으시는 것이었다.

갓 이사한 새 집에 온갖 정성을 다 쏟고 있던 어느 날 일이다. 저녁에 퇴근한 남편이 내게 한 가지 의논할 것이 있다고 했다. 우리의 새 보금자리인 보광동 집에 부모님을 모셔와 함께 살고 싶다는 것이었다.
'장남도 아닌데 왜?'
우선 내게는 그 생각부터 떠올랐다. 시부모님을 좋아하지만 솔직히 이제까지 내 집 마련을 꿈꾸면서 아이들 셋과 다섯 식구 단란하게 살 계획만 세웠지 결코 대구에 계시는 시부모님을 모셔와 살겠다는 생각은 한 번도 해본 적이 없었다. 놀란 표정으로 쳐다보던 내게 남편은 부모님 모시는 데 장남, 차남이 무슨 상관이 있느냐면서 그동안 내게는 말하지 않았던 어린 시절의 맹세가 있다고 고백했다.

끔찍한 대화재가, 온 가족이 만주 길림성 시골에서 피땀 흘려 이룩한 모든 것들을 무참하게 삼켜버리고, 어머니마저 실명하게 되자 한 많은 타향살이를 접고 대구로 와서 움막집 생활을 하던 때라고 했다. 극도로 어려운 살림에 끼니가 없는 날은 겨우 눈이 조금씩 보이기 시작하던 어머님까지도 하루 종일 채마밭에 나가 품을 파셔야 했고 날이 저물 무렵 겨우 품삯으로 받은 배추 몇 덩이를 머리에 힘겹게 이고 돌아오시던, 금방이라도 쓰러지실 것만 같던 어머님을 뵈면 자신은 눈에 금방 눈물이 고여도 내색을 할 수도 없었다는 것이었다. 그 비참한 배춧잎으로 겨우 저녁을 때운 후 식구들이 다 잠들고 나면 혼자 소매에 얼굴을 묻고 한없이 숨죽여 울면서 하늘에 맹세했다는 것이다.

"이 다음에 크면 반드시 호강시켜 드릴 거야!"

그런데 나이가 들어서도, 또 결혼을 해서도 단 한순간도 잊은 적 없는 그 맹세를 지금껏 실천하지 못하고 있다는 것이었다. 그동안 부모님은 호강은 고사하고 이제까지도 그 어려운 살림의 고생에서 헤어나오지 못하고 계시는데 8년씩 처가살이를 하면서 겨우 생활문제를 해결할 수 있던 자신의 처지로는 제대로 모셔볼 기회조차 갖지 못했던 것이다. 서울 용산에 사시던 형님도 역시 경찰관의 박봉으로 집을 장만하지 못한 처지여서 모처럼 부모님이 서울에 다니러 오셔도 자식들 집에서 쉬어가지도 못하고 지치신 몸을 돌려 곧바로 내려 가셔야만 했었다. 당시는 요즘과 달라 진급이 몹시 어려워 형님은 만년 직급 순경으로 근무하는 형편이었다. 두 자녀의 교육을 뒷받침하느라 집 장만은 엄두도 못낼 형편이었다.

내 눈을 애타게 바라보며 남편은 말했다. 서울에 왔다 그냥 다시 대구로 돌아가시는 부모님의 뒷모습을 볼 때마다 가슴속에 검은 숯덩어리 같은 한이 쌓여갔다고. 하지만 그 뼛속 깊은 곳에서 우러나오는 아픔을 자신의 능력 부족으로 고생하고 있는 아내에게, 그것도 살아보겠다고 아등바등하는 아내에게 차마 말할 수조차 없었다고 했다.

"당신이 고생 고생해 겨우 집 한 칸 장만하자마자 이런 부탁을 하려니 참 면목이 없소. 하지만 당신은 훗날 내가 잘되면 잘해줄 수 있는 기회가 얼마든지 있겠지만 부모님은 벌써 저렇게 나이가 드셔서 하루가 다르게 늙어가시는데 언제까지 기다려주실지 어떻게 알겠소? 내 평생의 소원이니, 이번 기회에 부모님을 모셔서 원 없이 효도할 수 있도록 도와주면 내 그 고마움은 일평생 잊지 않으리다."

그이만의 아픔이었고 애절함이었다. 그동안 혼자 그토록 가슴을 태우고 있었는데도 매일 곁에서 생활하면서 조금도 눈치를 채지 못했다니 말이다. 온 열정을 다해 부탁해오는 남편에게 그동안의 우둔함이 미안하기도 하고 애처롭기도 하여 난 당황할 수밖에 없었다. 남편의 애절한 효심에 내심 무척 감동해 있으면서도 어찌된 일인지 내 입에서는 남편이 기뻐할 "그럼 그렇게 해야죠."란 대답이 도무지 나와주지를 않았다. 남편 소원대로 부모님을 모시게 되면 일상의 불편함은 다 함께 참아내면 된다하더라도 아이들 교육을 위해 세웠던 계획은 무효가 될 것이고 저축의 꿈은 사라질 것이다. 더구나 계획에도 없던, 늘어날 생활비는 나를 두렵게 했다. 생각할수록 아득했다. 이제 겨우 집 한 채 마련한 후 내 가슴속에 모락모락 피어나고 있었던 소박한 꿈들은 펼쳐 보지도 못한 채 접어야 한다. 나를 간절히 쳐다보고 있는 그분 앞에서 나는 갈등 속에 어찌할 바를 몰랐다. 정말이지 감동한다는 것과 모든 것을 받아들인다는 것은 별개의 문제였다. 하지만 역시 이번에도 나는 남편에게 지고 말았다. 생판 모르는 남의 딱한 사정을 듣고도 마음이 움직이는 법인데, 어떻게 사랑하는 남편이 평생소원이라며 간절하게 부탁하는 것에 동의하지 않고 배길 수가 있겠는가 말이다. 어쩌면 나는 처음부터 전혀 승산 없는 무의미한 갈등을 했는지도 모른다. 모든 꿈이 날아간다는 생각에 한숨을 쉬면서도 결국 나는 남편의 뜻을 내 뜻으로 받아들여 동의하지 않을 수 없었다.

이튿날 즉시 우리 내외는 함께 대구 봉덕동 시댁으로 내려갔다.
"서울로 모시고 함께 살고 싶습니다."라는 말을 들으시면 시부모님이 얼마나 깜짝 놀라실까. 그러나 믿을 수 없게도 우리는 너무 늦게 도착했다.
아버님은 병환으로 앓아누워 계셨다. 가슴이 철렁 내려앉았다. 불과 한 달 전, 벼르던 선물꾸러미를 들고 찾아 뵐 때만 해도 분명 건강해보이시던 아버님이셨다. 앉지도 못하고 자리에 누워계시는 아버님은 한눈에도 예사롭지 않은 깊은 병색으로 이미 완연히 쇠약해져 있었다. 워낙 건장한 체질이어서 웬만한 병으로는 쉽게 자리에 눕거나 쇠약해질 분이 아니셨다. 대체 무슨 병이기에 저렇게 빠른 속도로 아버님을 무너지게 하고 있는 것일까. 불길한 예감을 떨칠 수가 없었다. 병세가 그렇게 악화되었는데도 군 복무에 바쁜 아들에게 근심을 끼치고 싶지 않아 일절 연락하지 않으셨다는 두 분 말씀에 남편은 그저 가슴이 타는 장탄식을 했을 뿐이었다. 서둘러 아버님을 서울로 모시려 하니 의외로 가지 않겠다는 반응이셨다. 이제 겨우 살 만해져 일어서려는 아들을 돕지는 못할망정 결코 부모가 매달려 짐이 될 수는 없다는 말씀이었다.

"네가 좋은 지휘관이 되어갖고 튼튼하게 뿌리를 내릴 때까지는 대구에서 안 올라갈란다."

아들이 아무리 간절히 간청해도 아버님은 완강했다. 다급한 마음에 나도 아버님의 손을 잡고 애원했다.

"이렇게 앓아누워 계시면 재국아빠도 일을 못합니다. 아버님. 저희 집에 오셔서 하루빨리 건강을 찾으시는 길이 자식을 위하는 길이세요. 제발 저희 청을 들어주세요, 아버님!"

내려오기 전 잠시라도 내 욕심으로 이런 부모님을 기쁜 마음으로 모셔올 생각을 하지 못했던 것이 이제는 한없이 부끄러워 가슴이 미어졌다. 어쩐지 이번에 모시고 올라가지 못하면 평생의 한으로 남을 것만 같은 생각이 나를 더욱 초조하게 했다. 병든 몸으로 아들네 집에 오신다는 것이 아들보다도 오히려 며느리에게 더 마음이 쓰이셨던지, 아버님은 결국 며느리의 이 마지막 간청에는 더 이상 고개를 젓지 않으셨다. 1966년 7월의 일이다.

시부모님을 모시고 뒤늦게 서울 집으로 상경하면서 그 해 여름에 있었던 일이 떠올라 더욱 가슴이 아팠다. 해수욕장이란 말만 들어봤지 어떻게 생겼는지도 모르신다는 시부모님을 포항 해수욕장에 모시고 간 것이 그때가 처음이었다. 해수욕장이라곤 난생 처음이었던 아버님은 그이와 아이들의 권유에 못이겨 속바지, 런닝셔츠 차림으로 물놀이를 하셨다. 어머님도 속곳에 윗옷 차림이셨지만 바닷물에 들어가서 아이들과 튜브에 매달려 모처럼 즐거운 시간을 보내셨다. 다녀오신 후에 아버님이 대구 집 골목에서 친구 분들과 둘러앉아 말씀하시던 것이 생각난다.

"참 희한한 세상인기라. 여기서는 옷 벗고 다니는 게 정신 나간 건데 해수욕장이란 델 가보이 옷 입은 기 바로 정신 나간 짓인 기라. 참 희한한 세상이제. 참 희한한 세상이제."

그렇게 해수욕장 하나를 보시고도 '참 희한한 세상이제'를 연발하시던 아버님. 그 흔한 해수욕장의 풍경 하나가 그렇게도 '희한한 세상'이며 '경이'가 될 정도로 좋은 구경도 한 번 제대로 시켜드리지 못했는데 이렇게 덜컥 무서운 병에 걸려 쇠약해지시다니. 효도하겠다고 맹세하고 애를 태우던 아들은 효심으로 가득한데 아버님은 미처 기다려주지 못하시는 것만 같아 더욱 안타깝기만 한 상경이었다.

당시 서울에서는 을지로 2가 신영병원의 민병철 박사가 간 전문의로 유명했다. 남편은 직접 민 박사를 찾아가 아버님의 치료를 부탁했고 아버님은 상경하시자 곧 입원하실 수 있었다. 환자가 워낙 건강체질이라 최악의 경우 간암으로 판정이 나와도 환부만 잘 도려내면 살려낼 수 있다는 민박사의 말에 우리 내외는 일단 안도했다. 하지만 걱정스럽게도 정밀검사에 들어갈 무렵 아버님은 자주 고열에 시달렸다. 이후 의뢰서를 들고 찾아간 원자력병원에서도 오랜 시간 간 사진을 찍는 일이나 조직검사를 받는 일에 무척 지쳐하셨다. 그 모습에 걱정이 되면서도 곧 아버님이 쾌차하시리라고만 생각했다. 최첨단 정밀검사까지 받아가며 하는 수술이니 틀림없이 성공해 머지않아 자리에서 박차고 일어나시리라. 그리고는 정겹고 당당한 팔자걸음으로 아들의 보광동 새 집을 활보하면서 예전 같은 너털웃음을 웃으시리라. 그렇게 믿고 있던 우리에게 던져진 조직검사 결과는 너무나 절망적인 것이었다. 간암이 간 전체에 두루 퍼져 있어 손을 댈 엄두를 낼 수 없다는 것이었다. 담당의사가 마지막으로 조심스럽게 건넨 말은 더욱 기막혔다. 아버님을 집으로 모셔가 편안히 치료받도록 하는 것이 좋겠다는 것이었다. 의사의 이 마지막 권유는 우리에겐 일말의 희망도 갖지 말라는 정중한 사형선고처럼 들렸다.

"집에서 치료하면 안 되나? 병원은 갑갑하구나."

간신히 얼굴을 가다듬고 의사의 방을 나와 아버님께 가자 아버님도 자신의 병을 아는지 모르는지 귀가를 원하셨다. 어떻게 왔는지 정신없이 아버님을 집으로 모시고 온 그날 밤. 하늘이 무너진다더니, 남편으로서는 억장이 무너지는 한스러운 일이 아닐 수 없었다. 이미 몰라보게 말라버린 아버님을 등에 업어 안방 이불 위에 편히 누여드리고 그 곁에 어머님 잠자리를 마련해드린 후 건넌방으로 건너온 그분은 밤새 소리죽여 오열했다. 이미 손을 쓸 수도 없이 병마에 쓰러져버리신 아버님. 맹세는 무엇 하며 집에 모신들 무슨 소용이 있단 말인가. 험한 세상의 풍파 속에서 자식들을 어떻게든 보호하기 위해 온갖 고생을 하신 그 아버님께 노경만이라도 편안히 모시고 싶어하던 그이의 애절한 소원을 가혹한 운명은 그렇게 거부하고 있었다.

그날로부터 일곱 달 반을 아버님은 우리 곁에 더 계셔 주셨다. 병세는 기울어 이미 생명은 황혼이었고 대소변을 가리는 일조차 힘겨웠던 마지막 투병의 벼랑 끝이었다. 그래도 그 일곱 달간의 병상은 시댁 일곱 남매의 눈물겨운 정성으로 채워진 따뜻한 병상이었다는 것이 위안이라면 위안이었다. 모두 넉넉지 않은 처지였고 또 생업으로부터 빠져나오기도 힘겨웠지만 서로 돌아가며 한시도 아버님의 병상을 비우지 않고 아버님을 돌봤다.

식사준비는 물론 모든 뒷바라지를 해야 했던 나로서는 때로 좀 지나치다는 생각이 들 정도로 연일 계속되던 시댁식구들의 효성스런 분주함이었다. 하지만 바쁜 생활에 서로 접촉이 뜸했던 시댁식구들과 그렇게 몸을 부대끼며 함께 시간을 보내면서 차츰 정말 흉허물 없이 정이 푹 들어버린 계기가 되기도 했다. 세 형제들만큼이나 인정이 넘쳐나는 네 시누이들은 아버님의 애처로운 모습에 내내 눈물을 가누지 못했는데 늦은 밤이면 슬픔에 싸인 시누이들과 동서들과 함께 둘러앉아 눈물을 흘렸다. 때로는 나도 형님들이 아버님 어머님과 함께 나누던 구수한 옛날 고향에서의 추억담에 끌려들어가 잠시 슬픔을 잊고 이야기에 귀를 기울이며 정말 가족의 일원으로 한 마음이 되기도 했다. 워낙 온갖 역경을 이겨내온 경험 때문인지 시댁식구들은 비참하지 않게 슬픔과 싸우는 방법을 잘 아는 것만 같았다. 그런 모습이, 시시각각 죽음의 문으로 발을 들여놓으시던 아버님을 모시기에 모든 것이 너무 힘들기만 하던 내게 큰 힘이 되어주었다.

하지만 처음 하는 병간호는 물론 문병차 오는 많은 손님들을 접대하는 일은 아직 살림 경험이 적었던 내게는 참으로 힘겨운 일이었다. 시한부 인생을 사시는 아버님의 시중에 뭐든지 아쉽고 마음이 바빠 그동안 아이들을 돌본다는 것은 생각할 수도 없었다. 좁은 집에 하루 종일 들끓던 식구들과 손님들 대접으로 잠시도 쉴 틈이 없었다. 투병생활의 막바지에 많이 나오던 피고름이 섞인 아버님의 세탁물을 어머님이 보시지 않도록 하자니 늦은 밤 욕실 문을 걸어 잠그고 빨 수밖에 없었다. 식사를 못하시는 아버님을 위해 수시로 죽을 쒀야 했고, 우리의 유일한 희망이던 한약을 시간 맞춰 온종일 달여내야 했다. 너무 쇠약해지셔서 거동을 못하시는 탓에 대소변도 받아내야 했고 욕창도 막으며 목욕을 시켜드려야 했다. 병구완을 위해 할 일은 아침부터 밤까지 끊이지 않았다.

그러나 그 중에도 가장 힘든 일은 끊임없이 찾아오는 고향손님의 접대였다. 아버님의 병환소식에 먼 시골에서부터 서울까지 찾아오던 고향 어른들은, 바지자락을 걷고 황강을 건넌 후, 다시 버스와 완행열차에 시달리며 하루가 족히 걸리는 먼 길을 달려오시곤 했다. 쉬운 일이 아니었을 텐데도 흰 두루마기에 갓까지 갖춰 쓰고 찾아오시는 고향어른들이 워낙 끊이지 않고 줄을 이으니 동네에서는 아예 두루마기에 갓을 쓴 분만 나타나면 묻지도 않고 우리 집을 가르쳐줄 정도가 됐다. 그런데 그렇게 찾아오시는 손님들을 치르기에 변변한 방이라곤 둘밖에 없었던 보광동 집으로는 딱하기만 했다. 그렇다고 먼 길을 오셔서 이미 여행에 지치신 분들을 밤중

김포공항에서 서독으로 출발하기 전

에 다시 시골로 내려가시라고 할 수도 없는 일이었다. 물론 넉넉잖은 형편에 여관으로 모신다는 것은 생각할 수도 없었다. 밤이 되어 가시려는 분들을 억지로 만류해 주무시고 가시게 했고, 그러면 미안해하며 다시 자리에 앉으시던 고향어른들은 당시로서는 흔치 않던 텔레비전을 보시거나 아버님과 밀렸던 말씀을 나누시느라 밤이 깊도록 앉아 계시기가 예사였다. 찾아주시는 고향어른들 한 분, 한 분이 아버님께는 다 모처럼만에 만나보시는 반가운 얼굴이었다. 자연히 말씀이 길어지기가 일쑤였고, 하루 종일 종종걸음을 치느라 파김치가 되어버린 나는 그동안 밀려오는 졸음을 쫓으며 말씀이 끝나기를 기다려야만 했다. 그럴 때 내가 쉴 수 있었던 곳은 부엌 뒤편의 좁은 통로였다. 꼭 한 사람이 누울 정도의 폭이던 그 통로에 가마니 두 장과 담요를 깔고 누워 하늘을 보면 때로는 맑은 하늘을 메우고 있던 청명한 별들이 갑자기 나를 향해 쏟아져내리는 것만 같아 모든 시름을 잠시 잊을 수 있었다.

서독 시찰을 마치고 카이로 공항에서

그렇게 반 년쯤 지나자 아버님의 병세는 갑자기 호전되는 듯했다. 형제들이 정성으로 구해오던 한약이 효험이 있는 모양이라고 모두들 흥분했다. 아버님의 좋아지신 모습에 안도감을 느낀 그이는 그동안 미뤄두었던 독일정부 초청의 시찰 길에 올랐다. 당시 우리처럼 분단국가였던 서독정부는 한국군 장교 초청 시찰 프로그램을 운영하고 있었다. 시찰일정은 35일간이었다. 그러나 떠나기 전 아버님께 큰절을 올린 것이 그이에게는 아버님께 올린 마지막 인사가 되고 말았다.

자신이 그토록 사랑하는 아들을 위해 마지막 남은 불꽃을 모두 태우신 것일까. 아들의 큰절을 밝은 낯빛으로, 그것도 앉아서 받으셨던 아버님은 그로부터 얼마 되지 않아 병세가 갑자기 걷잡을 수 없이 악화되었다. 결국 남편이 돌아오는 것을 채 기다려주시지도 못한 채 영원히 우리 곁을 떠나시고 말았다. 70세의 수를 마지막으로 세상을 하직하신 것이다. 그 해 1967년 3월 2일, 12시 30분의 일이다.

보광동 집에 마련된 시아버님의 빈소

고향 마을 내동과 황강이 내려다보이는 선산에 시아버님을 모셨다.

아버님 운명 당시 남편은 이미 귀국길에 있었다. 그 비통한 소식을 가장 먼저 남편에게 전하고 싶었지만 당시 불편한 통신사정으로는 귀국길의 남편에게 그 소식을 전할 도리가 없었다. 그런 사정으로 남편이 미처 귀국하지 못한 상황에서 치러진 장례식에는 많은 분들이 오셔서 고인의 명복을 빌어주셨다. 감사하게도 박 대통령께서는 전갈을 보내지 않았음에도 불구하고 박종규 경호실장을 보내어 조의를 표해 주셨다.

장례 후, 아버님 혼백은 큰댁에 모셔졌다. 시아주버님은 아버님을 생전에 한 번 모셔보지도 못하고 혼백이 되신 후에야 모시게 되었다며 더욱 더 한스러워하셨다.

그분이 황급히 귀국했을 때 아버님은 이미 고인이 되어 유택에 모셔진 채 슬픔으로 목이 멘 아들을 맞으셨다. 당신께서 생전에 손수 마련해놓으셨던 아버님의 유택은 고향 가는 길목에 있어 내려다 보면 저만치 느리게 돌아 흐르는 황강이 자리하고 강변 고향마을의 아침 아지랑이와 밥 짓는 저녁연기가 피어오르는 한 폭의 그림 같은 곳이었다.

어머님을 모셔오자는 그분의 애원

아버님이 돌아가신 후 남편은 남아 계신 시어머님께 제대로 효도를 하겠다는 결심을 단단히 하고 있었다. 그러나 안타깝게도 가난했지만 일생 금실이 좋으셨던 아버님 그늘에서는 험한 삶을 그리도 잘 견뎌내시던 어머님은 그 그늘이 사라지자 험한 삶에 풍화되고 지친 모습을 그대로 드러내시기 시작했다. 아버님의 별세 이후 서서히 무너져가시던 어머님은 우리가 연희 1동 집을 어머님을 모실 수 있도록 잘 정리해놓고 아무리 정성스레 모시려고 해도 회복되시는 기미가 없으시더니 끝내는 운신도 간신히 하실 만큼 쇠약해지시고 말았다. 좋은 곳을 모시고 가려고 해도 기력이 없어하셨고, 별로 맛있는 것도 없다 하시며 고작 당신이 예전부터 좋아하시던 얼린 홍시를 칼로 조금씩 베어 잡수시는 것 정도 외엔 입에 대지 않으셨다. 여행도, 좋은 음식도, 넉넉한 용돈도 소용이 없이 심한 기침과 노환에 시달리는 어머님을 뵈면서 그이는 허탈해했다. 아버님 효도에 실패하고 이제는 어머님께마저도 실패한다는 심한 좌절감이 그분을 낙심시켰다.

그러던 어느 날이었다. 저녁에 퇴근한 그분은 당시 홍익대학 부속국민학교에 다니던 위의 두 아이와 아직 학교 갈 나이가 되지 않았던 막내 재용을 불러 앞에 앉혔다. 밥상에서 즐겁게 대화하면 옛날식으로 "이박하지 말라."는 꾸중을 하시고 숙제가 많아 밤에 책상에서 공부를 하면 "밤에 안 자고 뭐하느냐."고 야단치시는 할머니의 구식 사랑을 이해하지 못하고 은근히 불만스러워하던 아이들이었다. 심한 해소천식에 늘 가래통을 곁에 두고 사시던 할머님의 모습에 간혹 불편한 기색을 보이곤 하던 아이들에게 그분은 자신의 어린 시절 이야기를 시작했다.

"오늘은 내가 어릴 적 이야기를 한 가지 해줄 테니 잘 들어봐라. 요즘 아이들은 할머니를 무서워하지 않는 것 같다만, 우리가 어렸을 적에는 할머니가 몹시 무서우셨어. 어찌나 엄하시던지 잘못한 사람이 있으면 눈에서 눈물이 나도록 꾸중을 하셨기 때문에 집안에서 며느리들이나 손주들 할 것 없이 모두 할머니를 몹시 어려워했다. 그런데 참 이상한 일은 그 무서운 할머니가 우리 집에 다니러 오신다는 소식만 있으면 아주 신이 났던 거야. 할머님이 언제 오시나, 이제 오시나 저제 오시나하며 자나 깨나 기다렸는데, 알고 보니 그런 고대하는 마음이 들도록 만들어주신 분이 바로 어머니셨다. 요즘 너희들은 과자나 과일 같은 먹을 것이 많지만 옛날에는 그렇지 않았지. 쌀밥 구경하기 어려운데 떡이나 묵 같은 거야 말할 필요가 없는 거야. 정말 특별한 날이 아니면 일 년에 몇 번 맛도 볼 수가 없었다. 그런데 어머니는 시어머니인 할머니가 오신다는 기별만 있으면 며칠 전부터 할머님 맞으실 준비를 하셨다. 없는 살림에도 우선 떡쌀을 담그셨다. 요즘 보면 별로 신통한 것은 아니라도 어머님이 손수 산에서 도토리를 따다 묵을 쑤셨다. 우리로서는 가장 큰 잔치 중의 잔치가 벌어지는 거야. 그러니 할머니가 오시면 먹을 떡과 묵 생각에 할머니 맞을 준비를 하면서 신바람이 날 수밖에. 집에 일손이 없으니 할머님이 오신다고 하면 집안청소를 우리가 다 해야만 했다. 형님과 동생이 앞마당과 뒷마당 청소를 하고 나는 뒷간 청소를 하면서도 아주 신이 나는 거야. 냄새나는 뒷간 청소를 하려면 짜증이 나지 뭐가 그렇게 좋았겠니. 그래도 할머니가 오시면 평소 먹지 못하던 맛있는 걸 먹을 수 있으니까 언제 오시나 눈이 빠지게 기다리고, 다녀가시면 또 언제 오시나 빨리 또 오시기만 기다렸지. 그리고 그냥 기다리기만 한 게 아니라 사실은 그런 좋은 일이 있게 해주시는 할머니를 진심으로 좋아하게 되고 사랑하게 된 것이다. 그게 다 누구 덕분이겠니? 다 현명하신 우리 어머니 덕분이었던 거야. 너희들은 좋은 세상을 만나서 학교도 다니고, 배우기도 많이 배우니 배운 것이 없는 할머님이 이해하기 힘든 꾸중을 하시는 것이 귀찮기도 하고 속이 상할 때도 있겠지만, 잘 알아야 한다. 우리 어머님은 그런 어려운 살림 속에서도 무서운 시어머니를 어떻게 공경하고 사랑해야 하는지를 말하지 않고도 가르치실 만큼 훌륭하신 분이셨단다. 공부를 대단하게 하신 분보다도 몇 갑절 훌륭하신 분이야. 그렇게 우리한테 힘든 속에서도 어른을 공경하고 사랑하는 법을 가르치신 어머님이 지금 너희들의 할머님이 되어 계신 거야. 이젠 기운도 다 빠지시고 옛날 정기도 찾아볼 수가 없으시다. 특히, 장남 재국이는 더 새겨들어야 한다. 사람은 누구나 다 늙으면 서글픈 신세가 되는 거다. 젊은 시절의 당당함도 다 없어지고 얼굴에는 주름이 잡히고 몸에서는 냄새도 나지. 이 아

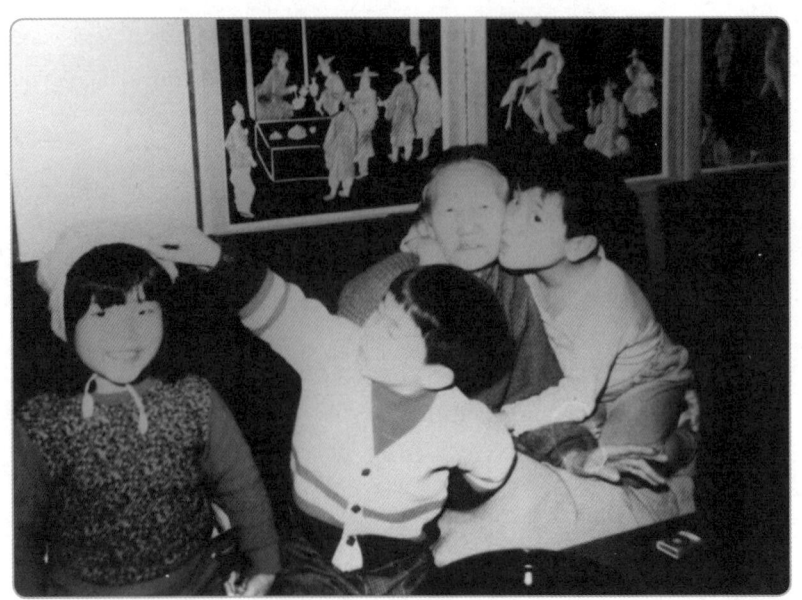

할머니를 잘 따라준 아이들

버지도 늙으면 다를 게 없다. 아버지는 너희들이 옛날에 어머님이 가르쳐 주신 대로 그런 정성스러운 마음으로 할머님을 모셨으면 한다. 귀찮다, 지겹다 하지 말고 할머님이 오시는 날이 우리 집의 가장 큰 잔칫날이 되었으면 좋겠다. 할머님이 오시는 날을 너희들이 손을 꼽아 기다리는, 그런 모습을 보고 싶구나.

그동안 한다고 했는데도 그분 보기에는 나나 아이들 모습에 당부가 필요하다고 생각한 것 같았다. 아빠의 진지한 어투에 한껏 숙연한 분위기로 그분 말을 경청하는 아이들을 보면서, 나는 그분 말의 상당부분은 아이들만이 아닌 나를 향한 조언이기도 하다는 것을 알았다.

"시어머님이 오시는 날이 집안의 가장 큰 잔칫날이 되었으면 좋겠다."

어머님을 좋아하고 정이 많이 들었는데도 솔직히 나는 그런 극진함이 모자랐던 모양이다. 워낙 잔정이 많고 자상한 그분과 성격이 다른 나는 정이 있어도 그렇게 드러내놓는 편이 아니었다. 그날 밤 그분은 가훈이라거나 집안의 전통 같은 거창한 말은 사용하지 않았다. 그러나 할머님께 그런 극진한 환대와 사랑을 바치는 것을 집안의 대원칙으로 삼고 싶다는 뜻을 그렇게 가족에게 전하고 있었다.

자신들에게 항상 뜨거운 사랑을 쏟아 붓는, 세상에서 가장 좋아하는 아빠의 진지한 바람을 마음속 깊이 받아들였기 때문이리라. 아이들과 나는 새로운 모습으로 어머님을 모시기 시작했다. 어머님은 우리 집과 큰댁, 작은댁을 번갈아 다니셨는데 가능하면 우리 집에서 어머님을 더 많이 모실 수 있도록 노력했다. 다른 댁에 가 계실 때면 난 아이들로 하여금 자주 전화를 드려 온 식구가 어머님을 기다리고 있다는 말씀과 함께 언제 오시느냐는 재촉의 말을 드리도록 했다. 다른 형제들 집에 가 계신 어머님이 집으로 돌아오시겠다는 말씀을 먼저 하도록 해서는 안 된다는 것이 그분 생각이었다. 온 식구가 기다리니 빨리 오시라는 말씀을 듣고 집에 돌아오신다면 발걸음이 얼마나 가벼울 것이며 비록 급히 돌아오지 못하시더라도 다른 곳에 머무시는 동안도 늘 당신을 기다리는 자식들이 있다는 생각에 마음이 흡족하실 거라는 뜻이었다. 언제나 그랬듯 그분의 말을 듣고 보면 정말 그랬다. 아버님도 가시고 혼자 남아 병에 시달리시는 어머님에게 지금 남아 있는 생의 기쁨이 무엇일까. 평생 자식 위해 헌신하시고, 그 자식이 성공해 호강시켜 드린다 해도 어머님 본인에게는 젊음도 힘도 다 사라진 서글픈 노경 외에는 별 의미가 없는 것이 아닐까.

그래서 이후로는 어머님 오시는 날은 우리 집의 잔칫날이 되도록 노력했다. 어머님을 모셔올 때는 가족이 직접 가도록 하자는 그분의 뜻에 따라 오신다는 기별이 있으면 아무리 바빠도 차만 보내는 일 없이 내가 직접 가서 모셔 왔고 부득이한 경우에는 큰아들 재국이 갔다.

1.21사태가 나기 바로 전 일요일. 경복궁에서

할머니를 맞이하기 위해 아이들에게는 각자 할머니 환영을 위한 일이 주어졌다. 예전 그분의 형제분들이 하셨다는 것처럼 세 아이들은 할머니가 도착하시기 전에 모실 준비를 끝마치기 위해 분주히 움직였다. 우선 할머니 거처로 항상 비워두는 안방을 다시 깨끗이 치우고 새로 빤 이불을 내어 펴놓고, 천식이신 할머니의 타구를 깨끗한 종이를 안에 둘러 깔끔히 마련했다. 몸이 불편하시던 어머님은 화장실 가시기도 힘드셔서 옛날식 요강도 필요했다. 어머님 좋아하시는 팥밥을 해드릴 팥을 담그고 홍시 철이면 홍시를 준비했다.

어머님을 모신 차가 대문에 도착하면 대기 중이던 장남 재국이 얼른 달려 나가 할머님을 등에 업고 안방으로 모시곤 했다. 다른 아이들은 할머니의 가방을 들고 따라와 어깨와 팔, 다리 등을 주물러 드린다, 좋아하시는 홍시를 잘게 썰어드린다 하면서 부산을 떨었다. 우리 부부의 침실과 바로 붙어있는 안방에 어머님을 모심으로써 천식으로 고생하시던 어머님이 기침하실 때마다 달려가 약을 드릴 수 있도록 했다. 단 하나뿐이던 텔레비전을 안방에 놓아두어 저녁식사 후에는 누워계시는 어머님 곁에서 함께 과일을 들며 좀 더 많은 시간을 보낼 수 있도록 했을 때 그분이 나를 칭찬하며 얼마나 흐뭇해했는지 모른다. 이런저런 방법을 내어 아무리 호강을 시켜드리고 싶어도 업히지 않고는 바깥 출입도 힘드시던 어머님의 노경의 외로움을 가족들이 함께 나눠드릴 수 있기를 그분은 진정으로 원했기 때문이었다. 늘 병환 중인 어머님을 조금이라도 덜 외롭고 덜 의기소침하게 해 드리자는 것. 사실 그 이상 다른 도리도 없었다.

그 무렵 어머님을 모시면서 부끄러운 실수를 했던 일이 생각난다. 큰 맘 먹고 장만한, 당시로서는 가보와도 같던 피아노 때문에 생긴 일이었다. 음악을 좋아하던 재국과 효선이 피아노를 배우고 싶다고 졸라 학교 앞 학원에서 배우도록 해주었다. 집에 피아노가 없어 연습을 할 수 없다고 불평을 해 그즈음 오래 망설이다 큰맘 먹고 장만한 참이었다.

그런데 어느 날 다른 형제 댁에 가셨다 들어오시던 어머님이 버선을 벗어 그 아끼고 아껴 닦아놓은 피아노 위에 척 얹어놓으시는 것이었다. 물론 가끔 올려놓으시는 가방같이 흠집이 날 것도 아니었다. 그래도 내게는 귀중한 보물단지였던 피아노 위에 신고 다니던 버선이 얹혀 있다는 사실이 너무 싫어 나는 무심코 다른 곳에 옮겨놓았었다. 그런데 그분이 어느새 그 모습을 놓치지 않고 목격한 모양이었다. 그날 저녁 그분이 조용히 나를 불렀다.

"여보, 어머님이 피아노 위에 버선을 벗어놓으시는 걸 보고 못마땅하긴 하겠지만, 뭐 꼭 그렇게 할 필요가 어디 있소? 싫어도 잠시만 기다렸다가 어머님이 안 보실 때 자연스럽게 챙겨서 어머님 방에 놓아드리면 더 정겹지 않소. 보시는 앞에서 그렇게 싫은 얼굴로 얼른 치워버리면 미처 생각지 못한 어머님이 얼마나 민망하시고 모든 것이 불편하시겠소? 물론 어머님이 구식 분이라 피아노가 뭔지 그게 당신한테 얼마나 소중한지 잘 모르시지만 그런 건 당신이 이해해야 하지 않겠소? 우리도 지금은 신식이라 늙어도 자식들한테 박대받지 않을 것 같아도 그때가 되면 우리도 마찬가지로 어머님같이 구식이 되는 거요. 좀 불편하더라도 어머님을 당신 방식에 맞추지 말고 당신이 어머님 방식에 맞춰 살아계신 동안이라도 편안하게 해 드립시다. 우리 아이들도 우리가 어머님께 하는 걸 다 보았다가 나중에 그대로 할 테니 아이들 사람 만드는데 투자하는 셈치고 좀 더 신경을 써 주구려."

피아노 위의 어머님 버선 한 켤레. 그분의 세심한 충고를 듣고서야 비로소 난 내 실수를 깨달았다. 그 행동이 어머님께 어떻게 보였으리라는 것은 미처 생각도 하지 못한 채 무심코 치웠었는데 듣고 보니 결코 작은 실수가 아니었던 것이다. 그러니 그동안 이렇게 모르고 지나간 일들이 또 얼마나 많았을까. 깜짝 놀라 새삼 내 행동을 다시 한 번 돌아보게 되었고 그 일로 인해 마음이 상하셨을 어머님을 생각하며 무던히도 송구해했던 기억을 잊을 수 없다. 그 이후 우리 내외는 어머님을 연희동 집에서 모시기로 결정했다. 그렇게 해서 어머님은 약 13년간 우리 내외 곁에 계셔주셨다.

그즈음 친정에 좋은 일이 생겨 우리에게도 뜻밖의 소식이 전해졌다. 친정아버님의 이태원 땅이 팔린 것이다. 민의원 낙선 때 빚을 갚으려고 갖은 애를 써도 팔리지 않던 땅이었는데 이번에는 이상하게도 아주 좋은 값에 팔려 큰돈을 만지게 되었으니 전화위복이 된 셈이었다. 그런데 땅이 팔렸다는 친정어머님의 말씀에 축하인사를 드리고 난 며칠 후 친정아버님이 우리 내외를 부르셨다. 그리고는 뜻밖의 선물을 안겨주셨다.

"그 비참하던 원효로 시절 자네가 준 도움을 이제 갚고 싶네."

친정아버님은 그때까지도 사위인 그분이 자신의 전 재산을 서슴없이 다 내놓았던 옛일을 잊지 않고 계셨다. 결코 큰 액수도 아니었는데도 아마 당신께서 난처하고 어려웠던 시절에 받은 사위의 정성이 오래 기억에 남으셨던 모양이었다. 그때 받은 도움을 꼭 갚고 싶다고 하시면서 당신이 살고 계시던 이모님 댁 부근의 효창동 집을 우리에게 주고 싶다고 하셨다. 뜻밖의 선물에 놀란 우리는 극구 사양했다. 은혜로 말한다면 우리가 아버님께 받은 것이야말로 돈으로 환산할 수 없는 것이 아니던가. 자식으로서 부모님께 할 도리를 했을 뿐인데 아버님의 말씀은 너무 과분하기만 했다. 그러나 결국 그날 우리는 굳은 결심을 하고 계신 아버님의 그 뜨겁고 완강한 뜻을 꺾지 못했다. 그날 밤 우리 부부는 아버님의 선의에 가슴이 벅차 오랫동안 잠을 이루지 못했다. 결혼하기까지, 또 결혼 후에도 얼마나 끊임없이 받아온 친정 부모님의 벅찬 은혜였던가. 자식에 대한 부모의 사랑은 정말 그토록 끝이 없었다.

군인을 천직으로 알고 사는 그분을 뒷바라지하며

수도경비사령부 30경비대대 대대장으로 부임한 지 다섯 달째를 맞고 있던 1968년 1월 21일 밤. 한 무리의 수상한 자들이 청와대 입구인 자하문에 나타났다. 검문 때 그들은 야외훈련을 마치고 귀대하는 방첩대원이라고 신분을 밝혔다. 그러나 그들이야말로 바로 비봉을 거쳐 하산해 자하문에 이른 북괴 특공조였다. 외투 속에 총기를 숨긴 그들이 자하문 고개를 넘을 때 서울은 이미 밤 10시의 고요함 속에 있었고 '청와대 특정지역'까지는 채 5분도 걸리지 않는 거리까지 접근해 있었다. 그야말로 그들 최종 목표인 청와대 기습과 대한민국 대통령 암살을 바로 눈앞에 두고 있었던 것이다. 바로 그때 청와대 옆 청운동 노상에서 그들을 불러 세운 사람이 있었다. 종로 경찰서장 최규식 총경이었다. 자신들의 신분이 방첩대원이라고 밝히자 최 총경은 증명서를 요구했다. 대답 대신 곧 한 발의 총성이 울렸다. 최 총경은 현장에서 순직했다. 그날 밤 10시 10분경의 일이었다.

그날은 북한 무장간첩으로 추정되는 괴한들이 목격되었다는 신고에 따라 이미 전군에 내려졌던 비상령이 해제된 상태였다. 괴한들이 수색작전에서도 발견되지 않자 북한으로 되돌아 간 것으로 판단했던 것이다. 그러나 그날이 일요일이었음에도 그이가 지휘하는 30경비대는 비상근무를 유지하면서 특수훈련을 계속하고 있었다. 상황이 전달되면 60초 이내에 박격포로 조명탄을 발사할 수 있도록 하는 훈련이었다. 그이는 총성이 울렸다는 상황 보고를 받는 즉시 조명탄 발사를 명령했다. 그로부터 채 30초도 걸리지 않아 조명탄 제1탄이 발사되었다. 뒤를 이어 순식간에 제2탄과 제3탄이 날았다. 엄청난 빛을 발하는 조명탄이 터지자 한밤의 북한산 일대가 갑자기 대낮처럼 밝아졌다. 특공조가 총을 쏜 것과 거의 동시에 터진 조명탄이었다. 그 조명탄 빛이 주는 충격에 전의를 상실한 특공조는 곧 산산히 흩어져 도주했다. 생포된 김신조가 청와대를 까부수러 왔다고 살기에 찬 어조로 말하던 기자회견 모습은 아직도 내 기억속에 남아 있다.

최규식 총경의 장렬한 순직과 30대대원 전원의 투철한 임무수행이 없었다면 1.21사태로 불리는 그 무서운 북괴의 도발, 청와대폭파와 대한민국 대통령 암살음모를 결코 막아낼 수 없었으리라. 1968년 그 해 가을 국군의 날, 그분은 1.21사태의 공을 인정받아 보국훈장 삼일장을 받았다. 한 달 후인 11월 1일 남편은 대령으로 진급이 되었다. 나이 38세였다.

24세의 나이에 소위로 임관될 때 그이는 혈기 넘치는 젊은이답게 '지상에서 가장 유능한 소위가 되겠다'는 꿈과 포부를 갖고 있었다. 이제 육군 대령이 된 남편은 38세, 세 아이의 아버지로 더 이상 젊은 혈기에 휩싸일 나이가 아니었지만, 여전히 '조국에서 가장 부지런한 대령이 되는 것'을 꿈

파월 29연대장으로 부임하기 전, 모처럼의 가족 외식

꾸고 있었다.

　대령 진급 후 남편은 서종철 육군참모총장의 수석부관으로 발령이 났다. 남편은 그곳에서 1년 남짓 육군의 최고지휘관을 가장 가까운 거리에서 보좌하는 기회를 갖게 되었다. 임관 후 대부분의 군생활을 야전의 부대 지휘관으로 지내왔던 그이에게는 새롭고도 유익한 경험이었다. 육군이라는 방대한 조직의 원칙과 정책이 세워지는 과정들을 직접 수뇌부에서 지켜보고 최고지휘관들의 철학과 결정된 정책들이 어떻게 군 조직 속으로 하달되고 실행에 옮겨지는지를 경험하며 배울 수 있는 소중한 기회였다. 꼭 직책이 수석부관이어서가 아니라, 어려서부터 어른을 반듯하게 모시는 몸가짐이 체질화되어 있어서 참모총장을 모시는 일에도 보람을 느끼며 정성을 다했다.

　1970년대를 여는 첫해, 1970년이 다 끝나가던 11월. 그이는 백마부대 제

설날 아침에 한복을 입고 그이가 계신 월남을 향해 세배했다.

29연대장으로 발령을 받고 전쟁의 탄약 냄새 자욱한 베트남으로 달려갔다.

다시 지휘관의 길로 돌아간 것이다. 임관 15년 째였다.

1961년 당시 '월남'이라고 부르던 베트남에서 타오르기 시작한 전쟁의 불길은 인도차이나 반도 전체로 번지고 있었다. 제2차 세계대전 종전 후 최장(最長)의 전쟁이었다. 우리나라도 1964년 이후 국군파월이 계속되고 있어 나는 늘 불안했었다. '나라를 위해 목숨 바치는 군인'이기를 생의 목표로 삼고 있는 남편이 한국군의 파병 상황을 그냥 넘어갈 것 같지가 않아서였다. 아니나 다를까. 남편은 가슴에 들어찬 근심으로 숨도 제대로 쉬지 못하는 내게 천진스럽도록 씩씩한 모습으로 손 한번 힘껏 흔들어주고는 베트남전장으로 떠나가버렸다. 그리고 그곳으로부터 불안감이라고는 조금도 찾아볼 수가 없는 첫 편지를 보내왔다.

"땅이 비옥해 누가 봐도 부럽기 짝이 없는 나라에 와 있소."

그러나 곧 모든 것이 달라졌다. 한국군 모두가 잘 싸웠던 베트남전에서, 칸호아성 닌호아 군에 주둔해 있던 그분의 백마 제29연대도 불리한 지형까지 극복하며 혁혁한 전과를 세웠지만 그것은 피가 마르는 전과였다.

"피가 마르오."

전투가 시작된 후 날아오던 편지 속에서 남편은 자신의 심경을 그렇게 적었다. 그리고 편지에서는 담배 냄새가 났다. 평생 단정한 생활만을 고집해 왔던 남편이었지만 아끼고 사랑하는 부하들에게 적진 속으로 뛰어들 것을 명령해야 하는 지휘관의 자리가 삶에 파격을 갖고온 것이다. 남편이 늦담배를 시작했다는 사실에 건강에 대한 우려보다는 '오죽했으면'이라는 애타는 상황이 더욱 가슴 아팠다. 아무리 군으로서는 눈부신 전과를 올리고 있다고 해도 그 승리가 적탄 앞에서 쓰러져가는 부하장병들이 흘린 피 위에서 이루어지는 것이라면 무엇을 눈부시다고 할 수 있을 것인가. 장병들과 구보를 할 때조차 반드시 솔선수범으로 가장 앞에서 뛰어야만 직성이 풀리는 그분은 절대 부하들에게만 힘든 일을 시키지 않는 것을 평소의 지휘신조로 삼고 있었다. 그런 사람이 전쟁터에서 지휘관으로서 겪을 정신적 고통에 가슴이 타고 피가 마르고도 남을 것이 분명했다. 내 가슴도 타기는 마찬가지였다. 그러나 먼 서울에서 할 수 있었던 것은 오직 아이들과 함께 매일 집안 소식을 적어 띄우고, 인편이 나면 밑반찬을 장만해 보내는 것뿐이었다. 근심 속에서 남편의 무사를 비는 내 기도는 계속되었다.

그렇게 그분은 피비린내나는 전쟁터에서 부하들과 생사의 고뇌를 겪고 있는 동안 나는 네 번째 아이를 출산했다. 내가 아이들 셋을 다 낳아 키우고 뒤늦게 늦둥이를 갖기로 결심한 데에는 어이없도록 감상적인 이유가 한몫했었다. 내게는 한없이 부러워보이던 신식 출산과 육아를 나도 한번 멋지게 경험해보고 싶다는 갈망 때문이었다. 절약을 위해 허리띠 졸라매고 살던 시절 나는 아이 셋을 낳으면서도 단 한 번도 병원 출산을 해보

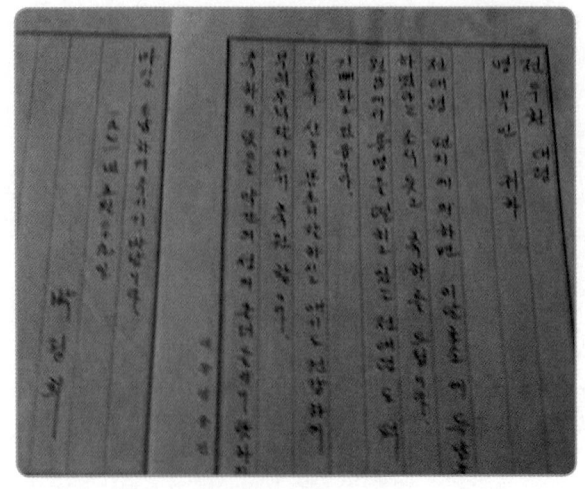

박정희 대통령이
보내온 득남 축하편지

지 못했었다. 어려운 시절 대개의 가정이 그렇듯 유아복은 물론 장난감이나 유모차 같은 것을 아예 사본 적이 없었다. 그런데 생활이 안정되면서부터 이상하게도 예전에는 눈에 들어오지 않던 장면들이 자꾸 눈에 띄는 것이었다. 병원침대에 누워 간호원이 안고 온 아이를 받아 안는 산모의 모습, 유모차를 다정하게 밀고 가는 젊은 부부의 모습, 예쁜 유아복을 입고 우유병을 문 채 유모차 안에서 노는 아기의 모습 등이 말이다. 내 눈에는 한없이 세련되어보이던 '신식 출산'과 '신식 육아'의 현장이었다.

우습게도 세 아이 모두에게 모유를 먹여 키웠던 내겐 우유병을 소독하는 일조차 그렇게 멋스러워보일 수가 없었던 것이다. 또 그즈음 생활에 대한 긴장이 풀린 탓인지 자주 아픈 곳도 많았다. 늘 특별한 병도 없이 골골하는 나를 보며 주위에서는 곧잘 "아기를 하나 더 낳아 몸조리를 하는 수밖엔 없다."는 말들을 했던 것도 어쩐지 나로서는 무심히 들리질 않았다. 이래저래 마음이 동한 나는 마침내 그분에게 "나도 병원에 입원해 예쁜 딸 하나만 더 낳고 싶어요."라고 말하게 되었고 그런 내 행동이 안쓰러워보였던지 그분은 빙그레 웃는 것으로 동의의 뜻을 표했었다.

그렇게 해 어렵사리 임신한 나는 당시만 해도 서른셋에 그것도 세 아이 씩이나 가진 엄마가 또다시 임신한 것이 부끄러워 주위에 소문조차 내지 못하면서도 병원에서 신식으로 호강스럽게 아이를 낳는 일과 또 신식으로 멋지게 아이를 키우는 일을 꿈꾸느라 마음이 한껏 부풀었었다. 그러나 모든 것이 뜻대로 되는 일은 없는 것인지 임신 후 남편은 돌연 베트남으로 출정해버렸다. 결국 나의 멋진 출산의 꿈은 남편조차 없는 외로운 병실에서 혼자 아이를 낳는 것으로 싱겁게 끝나고 말았다. 그해 5월 10일, 막내 아들 '재만(宰滿)'이 출생한 것이다.

"여보, 당신 딸 낳겠다더니, 또 아들을 낳다니 웬일이오?"

월남으로부터 걸려온 축하전화에서 그분은 그렇게 내 순진함을 놀렸다. 그렇게 호강스런 출산을 하고 싶다는 순진한 엄마의 꿈에 의해 태어난 막내 재만은 형제들의 사랑을 독차지했다. 예정일을 한 달이나 넘겨 태어났기 때문인지 4kg이 넘는 건강한 모습이었고 초등학교 시절 내내 감기가 잘 걸리고 폐렴으로 입원하는 일이 잦아 애를 태우게 했던 일 외엔 큰 탈 없이 잘 자라주었다. 다만 나중에 어느 잡지 기사에서 우유를 먹이는 것보다 모유를 먹여야 면역성도 있고 아이에게 더 좋다는 사실을 뒤늦게 읽고는 좀 더 잘해보겠다고 모체의 면역체가 들어있다는 초유까지도 먹이지 않았던 내 신식 육아법을 내내 한탄하기도 했었다. 게다가 실제로 경험한 병원에서의 출산이 생각처럼 그리 호강스러운 것도 아니었다. 그래도 재만은 둘도 없는 재롱둥이여서 형과 누나의 귀여움을 독차지했다.

베트남 출정 11개월 16일 만에 남편은 수많은 승전 성과를 안고 귀국했다. 정글의 열풍에 시커멓게 그을린 모습이었다. 그이가 무사히 귀국한다는 소식에 늘 편찮으시다 그즈음에는 원기를 많이 회복하신 어머님도 오산비행장까지 손수 아들 마중을 나가셨다. 어머니는 불길한 기운을 없애신다고 아무도 몰래 소금을 싸 가셔서 반갑게 다가서던 그분에게 갑자기 뿌리시는 바람에 모두들 깜짝 놀라기도 했다.

귀국하자 남편에게는 군인 최고의 영예인 화랑, 충무, 을지 같은 주요 무공훈장이 기다리고 있었다. 하지만 훈장의 영광보다는 전쟁의 비애와 허탈감이 더 큰 전쟁의 끝이었다. 우선 부하들의 장렬한 전사가 있었다. 그리고 생명을 내던진 그들의 희생에도 불구하고 국군 파월은 베트남전 종식에 결정적인 역할을 하지 못했다. 그 후 월남은 결국 월맹군에게 패망하고 말았기 때문이다. 평화를 얻기 위한 수단으로서의 전쟁인지 아니면 피를 흘리고서야 전리품같이 비로소 획득되는 평화인지, 전쟁이 낳는 수많은 아픔을 보며 진정 전쟁 없는 평화란 불가능한 것인지 회의가 일기만 했다.

남편이 귀국했을 때 우리 집도 큰 변화가 있었다. 새로 얻은 막내아들이 있었고 어머님도 예전보다는 기력을 많이 회복하셨다. 그리고 우리의 꿈의 땅 연희동 대지 위에는 드디어 우리의 집이 완성되어 그분을 기다리고 있었다. 그동안 살고 있던 연희 1동 집이 좋은 값에 팔려 그 돈으로 나는 환영받지 못하며 장만했던 연희 2동의 산비탈 땅에 집 짓기를 시작했었다. 양지바르게 남향이 되도록 직접 설계도면을 그렸고, 임신으로 배가 불러서도 공사장에서 나름대로 공사감독도 하면서 정성들여 완성한 우리 가족의 보금자리였다.

"참 수고했소, 여보."

그 따스한 한마디와 함께 막 젖니가 나기 시작하던 막내아들과 반가워 아빠에게 달려들던 큰 아이들을 품에 안으며 그분은 월남이라는 전장으로부터 다시 내 곁으로 돌아와주었다.

월남전에서 귀국하고 일주일 후인 1971년 11월 15일, 남편은 공수특전단 단장이 되어 고향과 같은 공수단으로 돌아갔다. 파월 백마연대시절 전

공중낙하 훈련 때에는
항상 1번기를 타고
제일 먼저 뛰어내렸다.

낙하 훈련을 위해
헬기에 탑승했다.

쟁터에서 장병들과 생사를 함께하던 경험으로 장병들과의 일체감을 더욱 통절하게 느끼게 된 남편이었다. 특전단 단장이 된 후에도 그이는 장병들과 함께 달리며 하나가 되고자 하는 노력을 늦추지 않았다. 10km 구보를 해도 예외 없이 참모들과 함께 맨 앞에서 뛰었고, 공중낙하 훈련 때도 예외 없이 가장 앞에서 날으는 1번기 비행기에서 첫 번째로 몸을 날려 낙하산을 폈다. 그러나 바로 그 '가장 앞선 1번기에서 가장 먼저 몸을 날려야만 하는' 그이의 불문율이 내게는 매번 감당하기 벅찬 현실이기도 했다. 본인으로서야 군인정신에 따라 남자다운 기개를 펴며 위기에 정면 도전한다는 흥분에 찬 순간들을 의미하겠지만, 네 아이의 아버지인 남편의 그런 모습을 바라보고 있어야 하는 내게는 매순간이 언제나 아슬아슬한 위기감으로 다가왔기 때문이었다.

"당신에겐 날개가 없다는 걸 기억하세요, 제발."

네 아이의 어미로서 이제는 남편도 자신의 안전을 조금은 생각해주기를 간절히 바라던 나는 몇 번이고 이 말이 목젖까지 올라오곤 했지만 끝내 입 밖에 낼 수 없었다. 자신이 두려워 못하는 일을 장병들에게 시키는 것은 비겁한 것이고 지휘관이 직접 앞장서서 달려야만 군대의 기강이 선다고 믿고 있던 남편에게는 바로 이 불문율이 지휘관으로서의 기본철학이라는 것을 너무도 잘 알고 있었기 때문이었다. 매번 터져나오는 그 말을 삼키면서 나는 그렇게 패기와 행동력으로 앞만 보고 달려가던 남편을 '있는 모습 그대로' 받아들여야 한다고 체념할 수밖에 없었다. 그런 모습이 바로 말릴 수 없는 남편의 체질이었기 때문이었다.

1973년 1월 1일. 임관 이후, 줄곧 '나라 위해 이 생명을'이라는 충성의 횃불을 태워온 남편의 어깨와 가슴에 불꽃이 타올라 별이 되어 내려앉았다. 드디어 장군이 된 것이다. 단장의 준장 승진을 마치 자기 자신들의 경사와 같이 기뻐해주던 공수특전단의 장병들은 연병장이 떠나갈 것만 같은 함성과 함께 열을 지어 별모양을 만들며 단장의 경사를 축하해주었다. 그들의 손에 의해 하늘 높이 헹가래쳐 던져지던 그날, 그이는 '부하장병들의 애정'이라는 군이 줄 수 있는 가장 값진 훈장을 선물로 받았다.

그러나 호사다마라고 할까. 장성이 되었다는 기쁨과 흥분이 채 가시기도 전에 당시 전군을 발칵 뒤집어 놓았던 '윤필용 장군사건'이 터졌다. 군내 일부세력들에 의해 불충(不忠) 사건으로까지 사건이 급히 확대되어가고 있을 무렵, 남편은 자신이 지휘하고 있던 공수특전단을 북한의 124 군부대나 특수 8군단과 싸워 이길 수 있는 강한 부대로 만들겠다는 목표를 향해 훈련과 연구로 여념이 없었다. '천리행군'이란 이름의 장거리 행군훈련이 처음으로 개발된 것도 바로 이 연구에 의해서였다.

"아버지, 왜 하필이면 천리행군이에요?"

아이들 중 누군가가 물었던 적이 있다. 왜 백리도 아니고, 이백리나 삼백리도 아닌 꼭 천리냐는 것과, 어째서 그렇게 강한 행군훈련이 필요하냐는 두 가지를 묻는 질문이었다. 그때 남편은 우리나라에서 전쟁이 일어난다면 천리 이상의 행군은 필요가 없기 때문에 천리행군이 필요하다고 대답했었다. 그리고 한 번에 천리를 행군할 수 있는 행군능력만 갖추고 있으면 한반도 내에서의 전쟁에서는 아군이 절대적인 우위를 차지할 수 있고, 그래서 그런 행군능력은 절대 필요한 중요 전투력이라는 것이었다. 그렇게 천리행군을 비롯한 여러 혁신적인 훈련으로 특전단 특유의 예리함과 강인함을 단련하던 공수특전단은 얼마 후 박 대통령을 위시한 많은 군 관계자들 앞에서 시범훈련을 하게 되었다. 혹한 속에 벌어진 소양강 시범훈련이 그것이다.

평소 강훈련으로 사기가 하늘을 찌를 것만 같던 공수단원들은 혹한에도 아랑곳 않고 얼어붙을 듯 차가운 강물로 몸을 던져 넣으며 참관인들을 감동시켰다.

"아아, 우리의 순정을 묶어라, 조국이여!"

시범이 이루어지는 동안 소양강 일대에는 장병들이 사력을 다해 외쳐 부르던 군가가 장엄하게 울려퍼졌고, 함성 속에 그들은 손에 땀을 쥐게 하는 아슬아슬한 시범들을 후끈후끈한 열기 속에 펼쳐 보였다. 위험도 주저하지 않는 젊은 장병들의 불같은 애국심, 눈과 얼음으로 덮여 있던 주변 일대까지도 녹여버리는 듯한 그들의 열기와 충정이었다. 온몸을 던져 펼쳐 보이던 특전단 장병들의 시범은 시간이 갈수록 더욱 강도를 더해갔고 그들의 조국에 대한 순정을 지켜보던 대부분의 참관인들도 끝내는 눈시울이 뜨거워지고 말았다. 식이 한창 절정에 달했을 때 살며시 손수건을 꺼내 눈가로 가져가던 것은 박정희 대통령도 예외가 아니었다.

베트남에서의 충격적인 패배를 목격했던 그분은 나라의 위기감을 온 몸으로 느끼며 돌아왔었다. 힘으로 지켜내지 못하는 자유이념의 우월함은 아무 의미가 없다는 것을 실감했던 것이다. 월남과 월맹이 적으로 나뉘어져 전쟁을 치른다고는 해도 주민의 대부분이 내막적으로는 월맹과 연결이 있어, 피를 흘리며 낮 동안 싸워 간신히 점령을 하고 난 마을이 밤 사이 월맹의 손아귀로 넘어가버리는 일이 비일비재했다는 것이 그이가 목격한 월남전의 실상이었다. 자신들이 지켜내지 못하는 국토는 아무리 세계 열강들이 달려와 도와줘도 지킬 수 없었던 것이다. 그런가 하면 자신이 직접 가상위협에 대한 대비를 했었기 때문에 풍전등화의 위기에서 간신히 막아낼 수 있었던 1.21사태도 북괴의 도발가능성이 현실로 나타났던 섬뜩한 경험을 남편은 갖고 있었다. 더구나 그렇게 드러난 북한 특수부대는 남쪽 대한민국이 예상했던 것을 훨씬 능가하는 무서운 전투력을 지니고 있었다. 유일한 생존자 김신조는 아직도 귀에 생생한 섬뜩한 목소리로 '청와대를 까부수러 왔다'고 서슴없이 말하지 않았던가. 그런 경험이 있은 후 공수특전단의 여단장으로 부임하게 되었으니, 남편은 북의 특수부대에 대항할 우리 공수부대를 책임진다는 것에 비장한 책임감을 느꼈던 것은 어쩌면 너무도 당연한 일이었는지도 모른다.

부임 직후부터 남편은 '북한의 특공조를 능가하는 공수특전단 양성'이라는 목표를 세웠다. 그리고 그 목표를 위해 실질적이고 효과적인 전술개발과 전투력의 놀라운 도약에 자신의 땀을 쏟아부었다. 참관자들은 산림이 울창한 산악이나 깊은 물속을 가리지 않고 뛰어내리는 공수요원들의 시범훈련 모습을 보면서 감탄과 찬사를 아끼지 않았다. 그런 모습을 보일

독수리아파트 앞에서
부대 장병 가족들에게
장학금을 주고 있다.

수 있게 되기까지 특전단 용사들의 뼈를 깎는 훈련에 대해서는 비록 짐작하지 못한다 해도, 그런 강력한 전투력과 정신력이 우리나라가 처해 있는 현실에 얼마나 절실히 필요한 것인가 하는 엄숙한 사실만은 참관한 모든 사람들이 알아주기를 그분은 간절히 소원했었다.

그런데 안타깝게도, 그같은 우리나라의 긴박한 현실을 아는지 모르는지, 군 밖에서는 권력을 둘러싼 '윤필용 장군 사건'이란 정치적 파워게임이 벌어지고 있었다. 더욱 가슴아픈 일은 그 무서운 회오리의 결과 장래가 촉망되던 정예장교들이 억울하게 실형을 선고받거나 군복을 벗어야 했던 사실이다. 그 사건은 남편 개인적으로도 불운해서 그 칼날의 중심 표적이 된 하나회의 회장이 바로 자신이었다는 점은 이 사건으로 남편까지도 군 생활 최대의 위기를 맞았다는 것을 의미했다.

가슴 철렁하는 그런 위기까지 맞았던 4년 7개월간의 여단장시절이 끝났다. 남편은 새로운 보직으로 발령을 받아 잊지 못할 제1공수특전단과도 이별해야 했다. 공수특전단장 시절은 특전단의 전투력을 기르는 일 외에도 부대를 책임지는 최고지휘자라는 지위 때문에 그분이 처음으로 시도

지휘관의 아내라면
소총사격술 정도는
익혀야 한다며,
남편은 내게 직접
사격술을 지도했다.

부대 주변에 만들어놓은
장병 가족을 위한
스케이트장에서

해볼 수 있었던 부대 살림살이의 추억도 많았던 시절이었다. 일을 하는 시간 외에는 항상 가족들과 함께 지내려고 애썼던 남편은 부하들에게도 훈련은 강하게 시켜도 그 가족들에 대한 배려를 늘 잊지 않았다. 평소 '군의 전투력은 가정으로부터 나온다'고 믿고 있던 그이는 가정이 편안하지 않으면 장병들이 제대로 정신을 집중해 싸울 수가 없다는 신념을 갖고 있었다.

그 중 기억할 만한 일이 부대 살림살이를 개혁해 장병들의 관사를 지어 준 일이었다. 당시로서는 드물었던 아파트를 지어 장병들이 관사로 이용할 수 있도록 제공하자 가족들은 '만세' 함성을 외치며 환영했다. 공수단과 김포공항 갈림길에 새운 14층짜리 독수리 아파트가 그것이었다. 독수리는 공수단의 문장(紋章)이었다. 부대살림을 절약해 마련한 부대장학금도 자녀들 중 우수한 학생들에게 지급되어 장병들의 사기를 크게 올렸다.

또 지휘관급을 위해서는 여름에 참모들과 부부대항 테니스대회를 개최해 평소 남편 얼굴을 보기 힘들던 부인들의 대환영을 받았다. 겨울이면 논에 물을 대어 전 부대가족을 위한 무료 스케이트장을 열어주기도 했었다. 그 중에서도 얼마간의 연습기간이 지나면 열리던 전 부대 가족대항 스케이트대회가 기억난다. 여단장 가족을 포함해 부대가족 모두에게 참가자격이 주어진 그 대회엔 스케이트를 배우고 있던 둘째 아들 재용이 출전하여 입상하는 등 전 부대원이 한 가족같이 어우러지는 축제였다.

이렇듯 깊은 정이 들었던 부대가족들이라 여단장인 남편이 대통령경호실 작전차장보라는 새 보직을 받고 떠난다고 하자 긴 대열을 만들어 배웅하며 섭섭해했다. 물론 떠나던 그이도 섭섭하기 그지없던 이별이었다.

새로 주어진 대통령경호실 작전차장보라는 자리는 그이의 꿈, 즉 야전의 웅지와는 너무도 거리가 먼 보직이어서 남편은 의아해했다. 이후 1977년 2월, 남편은 소장으로 진급했다. 그리고 다음해인 1978년 1월 23일, 고대하던 야전으로의 귀향이 이루어졌다. 보병 제1사단장에 임명된 것이다.

최전방 보병 제1사단의 사단장이 된 남편을 찾아가던 날이 생각난다. 군인의 아내인 나조차도 일상의 번잡함에 쫓기는 사이 적(敵)은 우리가 살고 있는 서울로부터 멀리 떨어져 있을 것이라는 막연한 생각 속에 '최전방'이라는 말이 주는 긴장감과 위기감을 잊고 살았던 것 같다. 그러나 그이가 부임한 제1사단을 찾아가던 날, 나는 적과 얼굴을 마주하고 있는 땅, 그 최전방이 내 집 안방으로부터 아주 가까운 곳에 위치하고 있다는 사실을 확인하고 큰 충격을 받았다. 수도 서울로부터 비무장지대 속에 고립되어 있는 아군의 감시초소(GOP)까지의 거리는 겨우 33.8 km였다. 연희동 집을 떠나 겨우 1시간 정도를 달리자 삼엄한 긴장감이 감도는 최전방 1사

경호실 작전차장보
보임신고식
(오른쪽에서 두번째)

작전차장보로
있을 때 그이는
소장으로 진급했다.

보병 제1사단장
취임식

단의 사령부 건물에 도착할 수 있었으니 말이다. 서울 한복판으로부터 채 한 시간이 걸리지 않는 곳에 우리를 향하고 있는 적의 총구가 배치돼 있었다.

 남편의 근무 장소인 사령부 건물은 미군이 사용하던 낡은 퀸셋 건물이었다. 보온이 되지 않는 실내는 외풍이 세서 방 가운데 둥근 경유난로가 벌겋게 타고 있는데도 매섭도록 등이 시렸다. 부임 후 자신에게 스스로 100일간의 금족령을 내렸던 그이는 그 기간 동안은 사단 사정을 파악하기 위해 집에도 들르지 않은 채 사령부 퀸셋에서 지냈다. 항상 새 임지에서의 처음의 100일간을 가장 중요한 시간으로 생각하는 그이는 그 기간을 새로 부하가 되는 참모들의 이름과 직책, 인적 사항과 부대의 전반적 상황을 파악하는데 철저히 집중하곤 했다. 이번에는 서울의 앞문을 수호하고 방위하는 중요한 최전방 사단장이라는 임무의 심각함이 그이로 하여금 자신에게 스스로 금족령을 내리게 한 것이다. 스스로 외박도 외출도 금지한, 임무에 대한 철저한 몰두였다. 그것은 나도 아이들도 100일간 그이를 볼 수 없음을 의미했다.
 퀸셋 안으로 들어서자 사단지역의 지형지물이 자세하게 표시된 부대지도와 중대장 이상 지휘관과 참모들의 사진들이 직위표와 함께 나란히 붙어 있는 것이 보였다. 100일 만에야 처음 얼굴을 대하는 남편 모습에선 탄력이 느껴졌다. 자리에서 일어나 반갑게 맞으며 그분은 흥분된 어조로 말했다.
 "이것이 천하제일사단이오."
 천하제일 제1사단을 줄여서 '천하제일사단'. 다시 지휘봉을 잡자 의욕에 불타던 자신의 부대를 천하에서 제일 가는 부대로 만들겠다는 거창한 포부 속에 그이는 빠져 있었다. 나는 늘 자신의 임무에 모든 열정을 바치며 뒤도 돌아보지 않고 행진하는 그이 특유의 단호함을 경탄해왔다. 그 임무가 어렵고 위험한 것일수록 더욱 더 활활 자신을 불태우며 전력으로 질주해가곤 하던 모습에 '어떻게 저럴 수 있을까.' 하는 감탄과 함께 존경심마저 느끼곤 했다. 그것이 바로 남편과 함께 한 세월이 많아지면서 내가 더욱 사랑하게 된 이유이기도 했다.

북괴군과 직접 대치하고 있는 최전방의 사단장이라는 자리는 한시도 긴장감을 늦출 수 없는 불철주야의 자리였다. 철통 같은 경비로 철책선을 지켜야 했고, 만일의 경우 북괴의 도발이 있을 때는 가장 먼저 그들과 맞붙어 싸워 제압해야 하는 최전선의 부대였기 때문이다. 직접 발로 뛰며 사단의 일을 점검하던 그이는 천둥번개가 치고 폭설이 쏟아져내리는 날이면 직접 감시초소 소대장들에게 일일이 전화를 걸곤 했다. 평상시에도 근무가 어려운 감시초소는 날씨가 험할 때는 극도로 고립된 근무상황이 아직 나이 어린 군인들에게는 견디기 힘들다는 것을 그이는 잘 알고 있었다.

"나 사단장인데, 그곳 근무가 무섭지 않은가?"

"무섭지 않습니다, 사단장님!"

어린 부하들이 안쓰러워 물어보면 장병들은 주저없이 목청껏 소리를 지르며 무섭지 않다고 화답해오곤 했다.

"무섭지 않긴, 이 상황에는 내가 자네라도 무섭겠다. 그러나 자네 덕분에 편한 잠을 자는 국민들을 생각하고 어렵더라도 굳세게 자네 자리를 지켜주도록!"

격려와 함께 수화기를 내려놓으며 남편은 잠시 노인이 되기도 했다.

"꼭 우리 재국이 만한 녀석들이 한밤중 그 위험한 고지에서도 통 무섭지 않다고 하는구먼."

때로는 고생하는 전방 지휘관들과 참모들을 격려하기 위해 사단장 관사에서 육개장 파티가 벌어지기도 했다. 칠흙 같은 밤 맹렬한 추위가 닥치면 남편은 내게 연락해 장병들을 위한 따끈한 커피를 부탁하기도 했다. 그것이 그이의 사단장 시절 나에게 주어지던 특별임무였다. 연희동 집에서 어머님과 아이들을 돌보느라 여념이 없다가도 갑자기 육개장이나 커피를 가져오라는 전갈이 도착하면 나는 즉시 준비해 정신없이 달려가곤 했다. 그때만큼은 나도 당신 지휘 아래 일사불란하게 움직이는 충성스런 장병의 한 사람인 듯 기운이 솟는 것이었다.

그러나 그렇게 정열적으로 일하던 사단장 시절, 기쁘고 보람 있는 일만 있었던 것은 아니었다. 집에도 오지 못하고 전방에서 전력투구하던 남편은 아버님의 임종을 지키지 못했던 한스러움을 다시 한 번 반복해 경험했기 때문이었다. 그이가 사단장으로서 자신의 마지막 정열까지 쏟는 동안 아무도 알지 못하고 있었다. 어머니의 이 세상에서의 시간도 거의 소진해가고 있다는 사실을.

당시 24시간 부대에서 생활하며 긴장 속에 북쪽을 방어해야 했던 그이를 보기 위해서는 우리 가족들이 사단으로 찾아가는 길밖에 없었다. 아이들은 주말에 아버지를 찾아가 일주일에 한 번이나마 그리운 아버지의 모습을 볼 수 있었다. 그러나 병중의 어머님은 그즈음 유난히 자주 아프셔서 보고 싶은 아들의 얼굴조차 볼 수 없는 채 안부소식만을 전해 들을 수밖에 없었다. 육군소장이 되어 전방의 사단장이 된 아들의 모습이 너무도 보고 싶으셨기 때문이리라. 기력을 잃어가고 있던 어머님이 문득 차도를 보이시며 '아들을 한 번 보면 병이 나을 것 같다.'고 하셨던 것이다. 그이도 부대 일이 어느 정도 궤도에 오르자 중요한 임무를 맡고 있는 자신의 모습을 어머님께 보여드려 어머니를 기쁘게 해드리고 싶어했다. 난 기쁨에 들떠 어머님을 부대로 모시기로 했다. 그렇게 해서 그이는 그해 1978년 3월 어느 따스한 날, 어머님을 모시고 부대를 방문할 수 있도록 날을 잡아주었다.

그러나 어머님을 사단으로 모시고 가기로 한 것은 역시 무리였다. 채 한 시간도 걸리지 않는 출타 길에도 어머님은 몇 번이고 가쁜 숨을 몰아쉬곤 하셨다. 그래도 그날 하루만은 사단장 관사에서 어머님의 곁을 떠나지 않던 아들의 손을 하루 온종일 잡고 놓지 않으시던 어머님은 참 행복해보였다. 그러나 그 여행이 무리였던지 집에 돌아오신 후 어머님은 몹시 앓으셨고 결국 자리보존을 하고 눕고는 다시는 일어나지 못하셨다.

그런 어머님이, 그이가 수련과정인 수색에 있는 국방대학원 정신전력학교에 입교하기 위해 모처럼 집에 들러 문안인사를 드렸을 때는 마지막 힘을 내셨는지 오랜만에 보는 아들의 큰절을 꼿꼿하게 앉아 받아서 우리를 놀라게 하셨다. 그리고는 무릎걸음으로 현관까지 나와 가는 아들을 배웅까지 하시는 것이었다.

"며느리들이 하도 열심히 간호해줘서 인자 다 나았다. 아무 걱정 말고 일이나 부지런히 하다 오이라."

그것이 그이가 뵌 어머님의 마지막 모습이었다.

어머님의 임종은 며느리인 내가 혼자서 맞았다. 그날 우리 집을 방문해 어머님의 병상을 지키며 가슴을 졸이던 형제들은 어머님이 편안히 잠이 드시는 것을 보고 그간 밀렸던 볼일을 보러 잠시 귀가한 사이였다. 어머님의 말년을 그토록 괴롭히던 심한 기침 탓으로 등을 구부리고 누워계신 어머님을 편안하게 눕혀드리려다 나는 어머님이 운명하신 것을 알았다.

주무시듯 참 고요한 모습이었다. 십 년이 넘는 세월을 함께 모시고 살아왔기 때문인지 모른다. 돌아가셨다는 것을 안 후 난 수건을 적셔 백지장 같은 얼굴을 닦아드리고 몸이 굳기 전에 반듯하게 펴드리느라 어머님의 몸을 구석구석 만지면서도 도무지 시신이라는 무서움증이 들지 않았다. 숨이 끊어지시며 틀니가 입에서 떨어져 나와 다시 쪼글쪼글해지신 어머님의 입가가 애처롭기만 했다. 입 안을 닦아드리고 의치의 틀을 다시 끼워드리면서야 고생만 하시다 이제 좀 살게 되어 잘 모시려고 하자 그만 돌아가신 어머님의 삶이 안타까워 눈물이 솟구쳤다. 의사가 달려와 사망을 확인해주자 그제에서야 세상에 둘도 없으신 어머님을 여읜 슬픔에 통한의 흐느낌이 터져나왔다. 곧 소식을 들은 형제들과 그이가 달려왔고 시누이들의 애끓는 곡소리로 집안이 울음바다가 되었다.

소년시절 그렇게 눈물어린 맹세로 부모님을 호강시켜 드리고 싶다던 그이로서는 정말 너무도 허망하기만 한 이별이었다. 고생만 하시다 덧없이 떠나버린 어머님의 차가운 몸을 안고 아들은 뜨거운 눈물을 쏟으며 오열했다.

"여보. 어머님의 저 편안한 모습을 보세요. 이제는 그래도 그 괴로운 기침을 안 하셔도 되고 고통받지 않아도 되는 좋은 곳으로 가셨잖아요. 너무 자책하지 마세요."

무슨 말이 위로가 될까마는 그래도 위로할 수밖에 없었다. 늘 춥지도 덥지도 않은 좋은 절기에 가고 싶다고 입버릇처럼 말씀하시던 어머님. 어머님은 자신의 염원대로 강남 갔던 제비도 돌아온다는 음력 삼월 삼짓날, 힘겹기만 했던 생의 여행을 마치시고 먼저 가신 아버님 곁으로 찾아가 나란히 누우셨다. 아버님 곁에 누우시는 것, 그것이 어머님 최고의 평화였다. 어머님의 연세 81세였다.

어머님을 아버님 합천 유택 곁에 묻어드린 후 남편은 다시 자신의 임무 속으로 빠져들어갔다. 나는 나대로 늘 함께 살던 어머님이 떠나신 자리가 너무도 크게 느껴져 마음잡기가 어려웠지만 어머님에 대한 그리움을 대학 입시를 앞둔 큰아이에게 더 큰 관심을 쏟는 것으로 대신했다. 어머님을 우리 집에 모시기 시작했을 때 겨우 초등학교 1학년생이던 큰아이는 그때 벌써 스무 살이 되어 있었다.

나는 자녀교육에 관한한 나름대로 소신을 갖고 아이들을 키워왔다. 학교성적이나 석차에 연연하지 않는 대신 아이들 스스로 공부하는 습관을 길러주고 늘 남에게 좋은 인상을 줄 수 있게 예의바른 행동을 할 수 있도록 조언하고 체력단련을 통해 건강을 지킬 수 있게 도와주었다. 그이 역시 가능한 한 아이들과 운동을 같이하며 주말을 보내곤 했다. 그런 분위기 때문에 아이들 모두 다양한 스포츠를 즐기면서도 어려서부터 거의 분야를 가리지 않고 독서를 해와 심신 양면으로 모두들 바람직하게 잘 자라주고 있었다. 그러나 대학입시는 학과성적만으로 일생의 진로가 결정되는 일이었다. 평소 소양도 중요하고 인격도야도 중요하지만 입시를 앞둔 시기만은 학과공부에 몰입할 수 있도록 하지 않으면 안 되었다. 1사단과 서울 사이를 오가며 분주한 생활을 해야 하는 여건은 변함이 없었지만 나는 사단에 가지 않는 날만은 큰아이 방에서 밤 늦도록 공부하는 아들과 밤샘을 함께 해주는 것으로 마음의 후원을 하기 시작했다.

그 무렵 그이는 장병들의 사기진작을 위한 파격적인 포상약속을 내걸어 놓고 있었다. 포상목적은 사단지역을 통과하는 간첩을 결코 놓치지 않고 잡기 위한 것이었다. 그것은 그 시절 우리 군의 과제를 증명해주기도 한다. 간첩을 잡는 장병에게는 1년간의 특별휴가와 사단장 봉급 1년치 분을 특별상여금으로 지급한다는 파격적인 내용이었다. 일에 대한 접근방법이 늘 상식적이고 실용적인 남편은 아직도 어린 병사들이 비무장지대 속에 고립되어 있는 감시초소에서 근무하다 보면 사람의 인기척이 들려왔을 때 임무수행을 해야겠다는 생각보다는 혹시 당할 것에 대한 두려움에 사로잡힐 것이라는 점에 착안했다. 깜깜해서 앞도 잘 보이지 않는 곳에서 무장을 하고 내려오는 간첩과 혼자 마주친다는 것은 분명 자칫하면 목숨을 잃을 수 있는 위험천만한 상황이었다. 볼수록 꼭 맏아들 재국이같이만 느껴지는 어린 병사들에게 두둑한 상금과 휴가를 약속하게 되면 꼭 상여금 때문이 아니더라도 두고 온 애인이나 부모님을 만나기 위한 1년 특별휴가를 동경해 아무래도 임무수행에 훨씬 적극적이 될 것이라는 발상이었다.

그 방침이 주효했던 것일까. 사단장의 약속이 발표된 후 부대는 새로운 의욕과 건강한 열기에 휩싸였다. 간첩잡기 경쟁으로 깨어 있는 부대로 변신해갔다. 그런데 이상하게도 이런 포상제의를 걸고 난 후 정말 신기하게 단 한 명의 간첩도 1사단지역을 통과하지 않는 것이었다. 때문에 그이의 약속은 애석하게도 실천에 옮겨지지 못했다.

"북에서도 우리 천하제일사단을 겁내는 모양이다."

장병들 간에 오간 농담처럼 단 한명의 간첩도 1사단지역에서 잡을 수 없었기 때문이었다. 비록 그 약속은 그이가 대통령이 되고 난 후에야 지켜질 수 있었지만 그 약속이 공표된 후 장병들의 간첩잡기 열의는 대단했던 모양이었다.

어느 날 감시초소에서 근무하고 있던 한 장교가 사단장 관사로 그이를 찾아왔던 일화가 생각난다. 임무를 성공적으로 마치고 다른 곳으로 발령이 난 젊은 장교였다. 그동안 부하들과 함께 열심히 만반의 준비를 마치고 이제는 간첩이 나타나기만을 기다리고 있는데 그만 전출발령이 나버렸다는 것이었다. 그는 근무기간을 조금만 더 연장해주시면 반드시 간첩을 잡을 수 있을 것 같아 사단장님께 소청을 드리러 왔다는 것이었다. 사단장 앞에서 "간첩을 잡아보고 싶으니 GOP로 다시 보내 달라."고 열성적으로 부탁하던 그 젊은 장교의 눈망울을 나는 아직도 감동적으로 간직하고 있다. 장병들의 하늘을 찌를 것 같던 그 사기 때문이었을까. 깨어 있던 제1사단에서는 결국 '제3땅굴 발견'이라는 쾌거를 거두게 된다. 한 귀순자에 의해 땅굴에 대한 폭로가 있은 지 4년이 지난 시점이었다.

왜 문득 그 70년대의 문산역이 내 기억 속에 떠오를까. 그토록 정성을 다하던 1사단에서 사랑하는 장병들이 제대해 떠날 때면 사단장인 그이는 으레 문산역까지 나가 민간인 신분이 되어 떠나는 옛 부하들의 손을 굳게 잡아주었다. 사단장과 장병들은 그렇게 기차역에서 군인으로서의 마지막 작별인사를 나누었다.

그러나 장병들만이 사단을 떠났던 것은 아니다. 그이에게도 이별의 날이 다가와 이듬해 봄인 1979년 3월 3일, 자신의 자랑, '천하제일사단'과 작별해야 했다. 또 다른 임무가 남편을 기다리고 있었는데 그것은 보안사령관이라는 중책이었다.

제4장

역사의 격랑과 마주하다

그이가 보안사령관으로 임명되던 1979년 3월 5일
그 어느 누구도 알지 못했다. 가을이 되면
박정희 대통령이 심복에 의해 살해당하리라는 사실을.
남편도 꿈속에서조차 생각할 수 없었을 것이다.
자신이 박 대통령의 죽음에 대한 수사를 지휘하게 되고
그로 인해 역사의 격랑을 온몸으로 감당하게 될 것이라는
기막히게 운명적인 사실을.

내 안의 청춘—만학(晩學)의 꿈

1사단장으로 부임해서 방어방벽 구축과 제3땅굴 발견 등으로 '천하제일 1사단'의 성과를 한창 드높이고 있던 그이가 국군보안사령관의 새 보직을 받아 떠나게 된 것은 1979년 3월 5일이었다. 1년 2개월이라는 사단장으로서의 짧은 재임기간도 그랬지만, 육군 고위장성의 보직관례상 중장으로 보임하는 국군보안사령관에 소장 계급의 남편이 발탁된 것은 매우 이례적인 인사였다.

새 보직이 앞으로 그이와 나라의 운명을 어떻게 바꿔놓을지 아무도 모른 채 우리 가족은 잃었던 가장을 다시 찾았다는 기쁨에 모두 들떠 있었다. 그동안 집에서 아버지 얼굴을 보기 힘들었던 아이들은 매일 아침저녁 아버지의 모습을 대할 수 있어 신바람이 났다. 그중에서도 가장 기뻐했던 것은 막내 재만이었다. 남편이 월남전에 파견되어 있을 때 태어난 그 아이가 벌써 아홉 살이 되어 있었다.

태어날 때 같이 있어주지도 못했다고 늘 미안해했지만, 귀국한 뒤에도 사정은 별로 나아지지 않았다. 위의 세 아이들은 그래도 좀 나은 편이었지만, 보다 책임이 커진 직위로 승진한 후에 태어난 늦둥이 막내는 아버지의 계속되는 격무로 창경원 한 번 데려가주지 못했다. 물론 그즈음에도 그이는 보안사 예하부대의 근무상황을 직접 확인하기 위해 현장을 뛰어다니느라 여전히 눈코 뜰 새 없이 바빴다. 내륙은 물론 제주도와 백령도, 연평도에 있는 보안사 예하부대를 순시했다. 하지만 꼭 아빠와 함께 운동회에 참석하고 싶다는 재만의 소원에 만사를 제쳐놓고 동행해줄 수 있는 여유가 생긴 것도 그즈음이었다.

학교에서는 귀빈석에 자리를 마련해주었지만, 아들이 원하는 대로 그이는 기꺼이 운동장에 함께 털썩 주저앉아 도시락을 먹고 박수를 쳐주며 아들을 응원했다. 또 벼르고 별른 끝에 막내와 함께 자연농원에도 놀러 가주었다. 제트열차를 타기 위해 한 시간이 넘도록 줄을 서서 기다리고, 먼지나는 길 옆 잔디밭에 앉아 김밥을 먹으면서 막내는 정말 모처럼 얻은 아빠와의 외출에 온종일 들떠 있었다.

엄하게 키우면서도 그이의 자식사랑은 유별났다. 언젠가 내가 '세상에서 제일 행복할 때가 언제냐'고 물었던 일이 있었다. 남편은 서슴지 않고 '아이들과 함께 있을 때'라고 대답해주었다. 남편과 네 아이들이 나의 모든 것이라고 믿고 있었던 나를 기쁘게했다. 아이들이 어릴 때에는 직접 목욕도 시켜주고, 견문을 넓혀주어야 한다며 휴가를 얻을 때마다 지방 곳곳으로 데리고 다니기를 좋아하던 남편은 밖에서 맛있는 음식이라도 먹게 되면 집에 있는 아이들 생각에 혼자 먹질 못했다. 그 무렵 우리 집에선 천오백 원짜리 '명동통닭 파티'가 종종 벌어지곤 했었다. 물론 아이들을 위해 사들고 온 것이었다. 골프나 사교활동보다는 시간만 나면 가족들과 보내기를 즐기던 남편이었다.

또 한 가지 확실한 것은 그이에겐 언제나 일 복(福)이 넘쳤다는 사실이다. 새로운 보직을 받아 새로운 임지로 갈 때마다 이상하게도 바로 '그 장소 그 시간'에 역사적인 큰 사건들이 발생했고, 천성적으로 근면하고 준비성 철저한 그이는 그때마다 공(功)을 세우곤 했다. 그 근면과 그 공적들이 모여 결국 그이의 미래를 열어가고 있었지만 우리는 그런 사실을 깨닫지 못하고 있었다.

어느새 남편은 나라의 중책을 맡아 일에 몰두하는 50세 중년이 되어 있었다. 내가 학업을 포기하고 선택했던 결혼생활도 그해로 20년, 그 20년간 그분은 놀랍도록 성장하고 발전해 있었다. 뻗어가는 청송처럼 나날이 더 싱그럽게 더 큰 그늘을 만들며 발전해가는 남편을 보면서 어느 날 문득 내게 떠오른 의문이 있었다. "남편에 비할 때 내 모습은 과연 어떤 것일까?" 그리고 돌아본 나의 모습은 남편에 비해 너무 왜소하다는 것이었다. 나 자신을 돌보지 않고 모든 의욕과 시간을 남편과 자식들만을 위해 쏟아부으며 살아온 그동안의 삶. 20년 세월과 함께 나에게 남은 것은 어느새 잔주름이 잡히기 시작한 얼굴과, 젊은 시절의 향기는 다 사라지고 책갈피 속에 넣어둔 빛바랜 꽃잎같이 변한 중년여자의 모습뿐이었다.

"정말 이래도 되는 것일까?"

아이들이 어느 정도 자라고, 남편을 중요한 임무에 빼앗기면서 나의 삶에도 뭔가 공백이 생겨나기 시작했다. 나만이 퇴보하고 있다는 두려운 각성이 일었다. 참으로 오랜만에 난 다시 책을 손에 잡았다. 어린시절부터도 책만 들면 어린 동생이 아무리 곁에서 자지러지게 울어도 모를 만큼 독서삼매에 빠져들곤 했었다. 그래서 자식 여럿을 키우며 장녀인 내게 동생 돌보는 일을 많이 의존하셔야 했던 어머니의 꾸지람을 자주 들어야만 했었다.

20년 만에 다시 책을 잡자 나는 곧 학생시절처럼 책 속에 빠져버렸고 급기야 남편으로부터 꾸중을 들을 정도로 집안일에 소홀해지고 말았다. 하지만 배움에 대한 내 열망은 어느 시인의 말처럼 그동안 '숨겨둔 꿈' 같은 것이어서 한 번 불이 붙자 걷잡을 수 없이 타올랐다. 지식에 대한 내 갈증은 내가 막연히 추측하고 있던 것보다 훨씬 더 깊고 원천적인 것이었다. 난 정말로 삶, 시간, 사물들을 바로 인식할 지식도 갖지 못한 채 이대로 늙어가고 싶지는 않았다. 그러나 시간이 가면서 남편 몰래 전전긍긍하고 있는 내 모습이 싫어져 책 읽기를 중단하고 말았다. 어찌 생각하면 중년이 되어서도 내 가슴에 계속 남아 있던 학업에의 그 열망은 남사스러운 데가 있었다.

꼭 20년 전, 남편과 결혼하기 위해 학업을 포기하겠다고 어머니에게 말씀드릴 때 가슴을 무너지게 했던 설움이야 어린 나이였으니 그럴 만도 했다. 그러나 그때 못 다한 공부에의 갈증이 네 아이의 어미가 된 지금도 내 가슴에 남아 출렁대고 있다니 믿을 수 없는 일이었다.

그렇게 책을 잡은 얼마 후의 일이었다. 그이가 내게 뜻밖의 선물을 안겨 주었다. "공부를 다시 시작하는 게 어떻겠느냐"는 권유였다. 처음에는 살림에 소홀한 내 실수를 무심코 지적했던 남편은 시간이 지나면서 내 속마음을 읽어냈던 모양이었다.

"공부를 다시 해보는 것이 어떻겠소. 사실 그동안 나 때문에 당신이 공부를 중단한 것이 늘 마음에 걸렸소. 공부하느라면 아무래도 예전보다는 집안 일에 소홀 할 수밖에 없겠지. 하지만 내 다 이해할 테니 한번 도전해 보시오."

내 꿈은 그렇게 새로운 희망의 날개를 얻고 있었다. 내가 만학의 욕구를 실행에 옮기지 못한 채 주저하고 다시 포기하곤 하는 동안 나의 그런 모습을 눈여겨보던 남편이 나를 다시 일으켜 세우고 있는 것이다.

다음날 당장 나는 연세대학교 어학당으로 달려갔다. 그러나 연세어학당에 당도했을 때는 신청자들이 새벽 4시부터 줄을 서서 이미 정원을 넘어

앞날을 알 수 없었던
나는 연세어학당에서
만학의 꿈을
키우고 있었다.

선 뒤였다. 어깨가 축 처지도록 기운이 빠졌지만 다음 학기까지 기다리는 수밖에 없었다. 드디어 애타게 기다리던 1979년 9월, 나는 연세어학당에 등록했고 신이 나서 대학생들처럼 바지차림에 책가방을 들고 연세대학교 캠퍼스에 발을 들여놓았다. 교정에 들어서며 아침마다 가슴깊이 들이마시는 싱그러운 캠퍼스의 공기로 온몸에 새로운 활력이 생기는 것 같았다. 가족들을 위해 헌신했던 나의 지난 세월을 그대로 고스란히 되돌려 받는 것만 같던 중년 만학의 시작이었다.

퇴근 못하는 그분, 잠 못 이루는 가족

그 해 1979년 10월 26일, 참 오랫만에 집에서 가족들과 저녁식사를 한 남편은 식사 후 내게 과일상자를 준비해달라고 했다. 소요사태로 귀가도 못한 채 격무에 시달리고 있는 보안사 수사관들을 격려하러 가겠다는 것이었다. 동네 슈퍼마켓에서 사과 두 상자를 사 들고 집에 들어서자 전화벨이 울렸다. 큰 동서가 아프다는 전갈이었다.

"형수님이 가난한 우리 집 맏며느리로 들어와 고생을 하시더니 몸이 많이 약해지신 모양이오."

3년 전 시어머님의 타계 후 우리 내외는 형님 내외를 부모님처럼 모시고 있었다.

"당신도 같이 가도록 합시다."

형님 댁에 들러 문병을 한 뒤 수사분실에 잠시 다녀오는 동안 큰댁에 머무르면서 큰 동서를 위로해드리는 것이 좋겠다는 의견이었다.

서둘러 출발한 차가 막 삼각지로터리를 통과할 무렵이었다. 차 안의 무선전화기가 울렸고 앞좌석에 앉아 있던 부관 손삼수 중위가 전화를 받았다.

"급히 사령부로 전화해달라는 전갈입니다."

손 중위의 보고였다.

"수신 상태가 좋지 않아 더 이상의 내용은 물어보지 못했습니다."

손 중위가 다시 말했다.

"차를 세워라."

그이가 말했다. 뭔가 심상치 않다고 생각했는지 시간을 지체할 수 없는 듯했다.

"즉시 공중전화를 걸어 북의 동향에 이상한 점이 없는지 알아보고 자세한 전갈내용도 확인해봐라."

그 당시 차량전화는 통화가능 지역이 넓지 못했다.

"청와대 경호실과 국방부장관 공관에서 사령관님을 찾는 전화가 있었다고 합니다. 가능한 한 빨리 전화해주실 것을 요망한다는 내용입니다."

전화를 끝내고 달려온 손 중위가 보고했다.

"분실로 가자."

차는 삼각지로터리에서 급히 방향을 바꾸어 전속력으로 달렸다. 차가 도착한 곳은 서빙고에 있는 수사분실이었다. 그곳은 나도 이름은 들어 알고 있었다. 차에서 내리며 그이는 내게 짧게 말했다.

"당신은 바로 집으로 돌아가는 것이 좋겠소."

남편은 분실 안으로 황황히 사라져갔다.

그날 밤 남편은 귀가하지 않았다. 나도 그 저녁의 일로 잠 못 이룬 채 뒤척이고 있었다. 새벽 4시, 전화벨이 울렸다.

"사령관님께서 새벽 라디오 뉴스를 들어보시랍니다."

부관 손 중위의 음성이었다. 라디오를 틀자 충격적인 속보가 흘러나왔다. '박정희 대통령 유고(有故).' 너무나 충격적이라 도무지 무슨 뜻인지 금방 이해되지 않는 난해하고 엄청난 소식이 전파를 타고 반복해서 흘러나왔다. 라디오에선 설명 없이 계속 두 가지 소식만을 되풀이하고 있었다.

'박 대통령 유고.'

'새벽 4시, 전국 비상계엄선포.'

박 대통령 유고라니. 급한 병환인가, 아니면 돌연한 사고가 있었던 것일까. 뭔가 알 수 없지만 아주 급박한 일이 벌어졌음이 틀림없었다. 국가의 이 비상시국. 남편은 지금 대체 어디에 있는 것일까. 지난 밤 황황히 헤어졌던 남편의 뒷모습을 삼킨 서빙고 건물이 생각났다. 그러나 국가의 비상시국에 보안사령관의 아내가 전화로 개인안부나 묻는다는 것은 있을 수도 없는 일이었다. 놀라움과 초조함 속에 조간신문이 도착했다. 대문짝만한 글씨로 인쇄된 일면 기사는 경악스런 비극적 사건을 보도하고 있었다.

"…박정희 대통령이 26일 오후 7시 50분, 김재규 중앙정보부장이 쏜 총탄에 맞아 서거했다. 대통령 궐위에 따라 그 뒤를 이어 최규하 국무총리가 대통령 권한대행에 취임했으며 최 권한대행은 27일 오전 4시를 기해 전국(제주도 제외)에 비상계엄을 선포하고 계엄사령관에 정승화 대장을 임명했다. 박정희대통령의 장례는 국장으로 11월 3일 거행

될 것으로 알려졌다…"

　신문을 놓자 눈물이 쏟아졌다. 기사 속에 국장의 날짜는 공백으로 비어 있었다. 도대체 이게 무슨 일이란 말인가. 이승만 대통령이 청와대를 비극적으로 떠나더니 이제는 박 대통령까지도 결국 죽음으로써 청와대를 작별하게 됐다는 것인가. 이기붕 일가의 자살 충격 이후 20년. 청와대는 다시 최고 권력자의 심장에서 피를 쏟게 하고 있었다. 더구나 그 엄청난 비극의 가해자도 피해자도 모두 우리의 은인이거나 지인들이어서 충격은 더욱 컸다. 젊은 위관장교시절부터 변함없는 애정으로 우리 내외에게 그토록 다정하셨던 박 대통령. 5년 전 부인 육 여사를 총탄에 잃은 비통함 위에 자신도 결국 부하의 총탄에 희생돼 세상을 작별하시다니…. 그 어른의 인간적 비극이 내게 형언할 수 없는 비애를 느끼게 했다. 대통령의 세 자녀들은 또 어찌할 것인가. 이런 비극 속에 아버지를 잃은 박 대통령의 남겨진 자녀들이 생각나자 가슴이 미어졌다. 그뿐이 아니었다. 시해현장에서 대통령과 함께 죽음을 당한 경호실 요원들―그들은 남편이 대통령 경호실 작전차장보로 발령이 났던 1976년 6월 이후 1년 남짓 동안 문을 마주한 아파트에서 정겨운 이웃으로 함께 살았던 가족 같은 사람들이었다. 경호실 아파트로 불리는 그 아파트는 청와대 경내 영빈관 뒤편에 있었다. 4층으로 된 그 아파트는 대통령 수행경호원 가족들만이 거주하던 관사였다. 석양 아래 아파트 뜰에서 놀던 자녀들과 함께 일상의 소소한 얘기들을 나눴던 그 부인들이 이 끔찍한 비보를 대체 어떻게 감당할 수 있을 것인가.

　이튿날 오전, 최 대통령 권한대행은 특별담화를 발표했다. 담화는 "본인은 오늘 필설로 형용할 수 없는 비통한 마음으로 국민 여러분께 애국심과 지혜와 단합을 호소합니다."로 시작되고 있었다. 야간 통행금지 시간이 밤

10시부터 새벽 4시까지로 연장되었다. 김재규의 체포로 공석이 된 중앙정보부장서리에는 이희성 육군 참모차장이 임명되었다.

11월 3일 거행된 박 대통령의 영결식은 건국 이래 최초의 국장(國葬)으로 치러졌다. 생전에 시시비비가 많았던 고인이었지만 죽음은 산 자들로 하여금 잠시 시비를 멈추게 했다. 박 대통령은 그날 그렇게 15년 세월 넘게 살아온 청와대를 떠나 사랑하는 세 자녀의 깊은 오열 속에서 동작동 국립묘지 아내 육영수 여사 곁에 마련된 유택으로 갔다. 정부는 고인의 생전의 업적을 기려 건국훈장 대한민국장을 수여했다.

10월 26일 밤, 보안사의 서빙고 분실 안으로 황급히 사라진 이후 일주일이 넘어도 남편은 단 한 번도 집에 들어오지 못하고 있었다. 온 나라를 단번에 충격 속으로 몰아넣은 박 대통령 시해사건은 비상계엄령을 불러왔고, 계엄령이 선포됨과 동시에 계엄공고 제5호에 의해 '합동수사본부'가 설치되었고, 보안사령관이 그 책임자로 임명되었다. 박 대통령이 시해되는 그 순간 남편은 그 사건의 수사책임자로 등장하게끔 운명지어졌던 것이다. 그이를 보안사령관으로 임명한 그해 1979년 3월 5일, 박 대통령은 알고 있었을까. 가을이 되면 자신이 임명한 그이가 자신의 비극적 죽음의 뒤처리를 하게 될 것이라는 것을. 남편도 꿈속에서조차 생각할 수 없었을 것이었다. 자신이 박 대통령의 비극적 죽음에 대한 수사를 지휘하게 될 것이라는 기막힌 사실을.

대통령 시해사건 수사라는 그 엄청난 역사적 과제가 바로 남편에게 맡겨졌다는 소식은 나에게도 중압감을 주었다. 남편은 여전히 집에 들어오지 못했고 그이 부재 동안 난 그이가 맡게된 책무의 막중함에 질려 염려와 불안으로 극심한 불면증에 시달렸다. 운명이라고 해야 할지, 이상하게도 남편은 일생 보직을 받아 가는 곳마다 크고 작은 역사적 사건들을 만나 그 상황들이 주는 무거운 책무를 감당하느라 혼신의 힘을 바쳐야만 했다. 남편은 그것을 '젖 먹던 힘까지'라고 말했던 적이 있다. 이제 남편은 다시 한국현대정치사에서 가장 충격적 사건의 하나인 박 대통령시해사건 수사 책임자로 부름을 받고 있는 것이다. 남편을 바로 그 시간, 그 자리에 임명해놓은 박 대통령과 그이 사이의 인연에선 확실히 설명할 수 없는 그 어떤 운명의 손길이 느껴졌다.

합동수사본부장인 전두환 소장에 의해 시해사건 전모가 발표될 것이라는 소식을 들은 날, 나는 아예 뜬 눈으로 밤을 지샜다. 11월 6일 아침, 바싹 탄 입술로 텔레비전 앞에 다가앉자 남편의 모습이 화면 위로 나타났다. 보안사 서빙고 분실 앞에서 뒷모습을 본 지 꼭 열흘 만이었다. 화면에 드러난 남편 모습이 마치 낯선 타인처럼 느껴졌다. 어둡고 심각한 표정의 얼굴은 몰라볼 만큼 까칠했고, 수면부족이 역력해보이는 충혈된 눈에서는 서늘할 만큼 매서운 기운이 느껴졌다. 안개 속에 가려진 음모의 궤적을 찾아가느라 매의 눈초리가 되지 않을 수 없었으리라. 그런 모습만으로도 벌어지고 있던 사태의 심각성과 어려움이 낱낱이 전달되는 것만 같았다. 부채살처럼 늘어선 취재언론들의 수많은 마이크를 통해 전해지던 남편의 음성마저도 긴장감 때문인지 평소와는 달리 날카로운 쇳소리가 섞여 있었다. 그이는 박대통령 시해사건의 전모를 발표하기 시작했다.

"계엄사령부 합동수사본부는 본사건의 중대성에 비추어 그동안 진상규명에 유능한 검찰, 경찰 등 전 수사력을 동원하여 최선의 노력을 경주한 결과 대역원흉인 김재규 일당의 범행전모가 판명되었으므로 이에 범행동기 및 계획과 사건경위, 배후관계 유무 등에 대하여 다음과 같이 발표합니다."

그이가 귀가한 것은 그로부터 또 며칠이 지난 후였다. 수사전모 발표 때 텔레비전 화면에서 보였던 모습보다 비교도 안되게 상해 있었다. 욕실에 더운 물을 준비하고 식사준비를 했다. 아이들도 며칠 만에 그리던 아빠를 만났건만 그날만은 누구하나 입을 여는 사람이 없었다. 모두들 엄청난 역사적 사건의 중압감에 눌려 있었다. 식사 후 둘만이 있게 되었을 때에도 나는 애써 불안감을 누르며 남편 얼굴만 살피고 있을 뿐 뭐라고 말을 붙일 수가 없었다. 한동안 생각에 잠겨 있던 그이가 입을 열었다.

"우리 애들이랑 식구 모두 당분간 경환이네 집에 가서 지냅시다."

나는 너무나 뜻밖의 말에 놀라서 무슨 일 때문에 그러느냐고 묻지도 못했다. 그러자 그이가 말을 이어갔다.

"당신이 너무 걱정할까봐 얘기를 못했는데, 그간 있었던 일을 알려줄 테니 혼자만 알고 있어야 하오. 합수부는 10.26사건이 던져준 충격과 국내외의 비상한 관심이 쏠려 있는 점을 고려해서 사건 이틀 후인 10월 28일 서둘러 중간수사결과를 발표하지 않았소? 그런데 사건 전모에 관한 후속발표가 나오지 않자 사건 진상과 관련한 근거 없는 소문과 유언비어들이 나돌고 있는 데다가 수사 진행상황에 대한 의혹마저 떠돌아 다닙니다. 특히 사건 직후부터 세간엔 '김재규가 직접 자기 손으로 대통령을 시해한 사실로 미루어볼 때 분명 믿는 데가 있을 것이다. 실패하면 죽을 것이 뻔한 일인데 중앙정보부장이라는 사람이 확고한 사후보장책도 없이 그런 엄청난 일을 저지르지는 않았을 것이다. 김재규가 고위 장성 출신이니까 틀림없이 군부와 결탁되어 있을 것이다. 미국이 박 대통령을 못마땅하게 생각하고 있었으니까 미국의 정보기관이 개입했을 것이다.'라는 등의 억측들이 나돌고 있었소.

그런 와중에 김재규의 공범 또는 배후세력을 수사하던 수사관한테서 '정승화 육군참모총장이 사건당일 시해현장 바로 옆채에 있었다'는 사실

그이가 합동수사본부장으로서 박 대통령 시해사건 전모를 발표하고 있다.

을 보고받고 나도 뒤통수를 얻어맞은 듯 충격을 받았소. 수사관들은 즉각 구속수사해야 한다고 건의했고…. 그런데 그 일이 그렇게 간단히 처리할 수 없게끔 일이 꼬여 있었소. 정 총장은 이미 계엄사령관에 임명된 상태였단 말이오. 비상 국무회의가 열려 계엄선포와 계엄사령관 임명문제가 논의되었을 때 그 회의 참석자 어느 누구도 정 총장의 의혹에 찬 행적을 알지 못하고 있었던 것이지. 그때 만약 정 총장이 시해 현장 옆채에 와 있었다는 사실이 알려져 있었다면 정 총장이 계엄사령관에 임명되는 일은 없었을지 모르오.

  게다가 11월 8일에 김재규가 사전 계획과 모의가 있었다고 자백했단 말이오. 그렇게 해서 훨씬 더 복잡하고 심각한 상황에 대한 수사로 옮겨가게 되었던 것이오. 김재규 부장의 손을 빌어 박 대통령을 제거한 배후세력이 있다면 이 사건 수사책임자인 나 하나쯤 제거하는 것은 아주 간단한 일일 거요. 당신도 알다시피 나는 일찍이 국가 수호의 제단에 내놓은 목숨이고,

또 10.26사건 수사라는 국가적 역사적 임무를 수행하고 있었던 만큼 몸을 사릴 생각은 없소. 그러나 수사 도중 내가 제거된다는 것은 사건이 미궁으로 빠져든다는 의미하는 것이기 때문에 수사가 종결될 때까지는 나의 신변 안전에 신경을 쓰지 않을 수 없단 말이오."

그렇게 해서 우리 가족은 총리 공관 옆 팔판동에 사는 시동생네 집으로 옮겨가 살게 되었다. 보안사령부와 연희동 집을 오가는 일정한 출퇴근 길이 노출돼 있을 뿐 아니라 가족들 까지도 공격의 목표가 될지 모른다는 주위의 경고를 받아들인 결과였다.

어려운 결심

휴교령이 내려져 연세어학당에 나가지 못하고 있었기 때문에 이사하는 일은 어렵지 않았다. 하지만 남편으로부터 너무나 어마어마한 얘기를 들었기 때문인지 팔판동에서도 나는 시중에 나돌던 합수부의 정 총장 연행가능성에 대한 온갖 소문에 민감할 수밖에 없었고 근심과 초조로 안절부절했다. 아무리 옳은 일을 위해 죽을 용기를 낸다 해도 그런 막강한 인물을 연행해 조사한다니, 실패하면 남편이 도리어 반역의 누명을 쓰고 역사의 죄인으로 전락하게 될 것만 같았다. 그렇게 힘들 때 남편에게 도움이 될 한마디 말, 확고한 용기를 줄 수 있는 비범한 신념이 내게 있었다면 얼마나 좋았을까. 하지만 부끄럽게도 내 마음속을 맴돌던 것은 현실과의 타협, 즉 남편이 그 위험천만한 일을 제발 하지 않기를 바라는 마음뿐이었다.

"여보, 제발 만용을 부리지 말고 지금이라도 현실과 타협해 당신 살 길을 찾으세요."

남편에게는 자신에게 주어진 일에 대한 책임과 명예가 생명처럼 소중하다는 것을 난 너무도 잘 알고 있었다. 그러나 당시의 상황에서 아무리 혐의 사실이 명백해도 막강한 군의 최고 권력자를 연행해 조사한다는 것은 아무리 생각해도 무모하고 위험하기 짝이 없어 보였다. 책임에 목숨을 거는 남편 성품을 너무도 잘 아는 나로서는 마치 언제 터질지 모르는 시한폭탄을 지척에서 보고 있는 듯한 심정이었다. 온 가족이 함께 단란하게 사는 것 이상을 꿈꿔본 적이 없던 나로서는 그동안 우리가 모든 것을 바쳐 가꿔온 가정의 평화와 행복이 단숨에 부서져버릴지도 모른다는 두려움 때문에 심장이 조여왔다.

모처럼 남편이 일찍 귀가해 온 가족이 함께 식사를 할 수 있었던 어느 날 저녁, 나는 남편을 향해 조심스럽게 말문을 열었다.
"아무리 그래도 당신은 겨우 육군 소장에 불과한데 그 막강한 계엄사령관을 상대로 조사한다는 게 가능하기나 한 일인가요?"
어떻게든 남편을 설득하고 싶었다. 내겐 남편인 그분과 내 가족의 평화와 행복만이 나의 전부였다. 남편에게 그렇게 애원할 수밖에 없었던 내 모습은 네 아이를 품고 평생 살아가야 하는 여느 아녀자 그 이상도 그 이하도 아니었을 것이다.
"내가 가족들을 너무 걱정시킨 것 같소. 맞는 말이오. 달걀로 바위를 치는 격이나 마찬가지오."
의외로 남편은 순순히 시인했다.
내 근심에 찬 애원 속에서 남편은 가족들의 불안을 보았던 것 같다. 그날 밤 그이는 아이들을 모두 불러 자신의 주위에 앉혔다. 맏아들 재국이 대학생, 딸 효선은 고등학교 2학년, 둘째 아들 재용이 중학교 3학년, 막내 재만은 아직 초등학생이었다. 사태의 심각성 때문일까. 그이 음성은 깊은 바다 밑바닥까지 가라앉아 있었다.
"잘 들어라. 세상이 지금 거꾸로 돌아가고 있다. 평생을 대통령 각하께 은혜를 입고 출세해온 자가 자기가 대통령이 되겠다는 욕심으로 은인을 살해했다. 그런데도 잘못된 시류는 그런 배은망덕한 인간을 민주투사인 양 호도하려 하고 있다. 이 아버지가 박 대통령 각하의 시해사건을 수사하면서 무슨 생각을 가장 많이 했는지 아느냐? 각하께서 살아계실 때는 그토록 총애를 다투던 사람들이 막상 각하가 저격을 당해 쓰러지시자 모두 도망쳐버렸다. 각하를 보호할 생각은 하지 않고 모두 자기 혼자만 살겠다고 화장실로 도망가버린 것이다. 심지어 처음 총을 쏘고 달아났던 시해범 김재규가 다시 돌아와 쓰러져계신 대통령을 향해 확인사살을 하는데도 누구하나 저지하는 사람이 없었단 말이다. 사람이 금수(禽獸)보다 나은 것은 은혜를 입은 분에게 은혜를 갚을 줄 알고, 옳은 일을 위해서는 설사 겁이 나더라도 용기를 갖고 행하려고 시도하는 그 신념 아니겠느냐? 하지만 대통령 각하의 시해 현장에는 비겁한 배신만이 있었다. 그런데 지금 그 사건의 수사라는 중대한 임무를 맡은 이 아버지도 아주 어려운 상황에 놓여 있다. 수사 결과 강력한 용의자가 드러났다. 그런데도 그 사람이 막강한 힘을 갖고 있어서 아버지가 시해사건의 전모를 밝히려 하다가는 자칫하면 내 목숨과 명예, 아니 우리의 모든 것까지도 잃을지 모르는 상황이다. 어쩌면 아버지는 너희들을 다시는 보지 못할지도 모른다. 만약 나까지도 내 목숨, 내 가족들에게 연연해 나의 책임을 다하지 않는다면 대통령 시해현장의 그 비겁한 사람들과 다를 것이 없을 것이다. 즉 금수만도 못한 비겁자가 되는 것이다. 내가 너희들에게 묻겠다. 너희들은 내가 극도의 위험이 따르는 일이라고 해서 내 임무를 저버리고 국가가 내게 부여한 책임과 역사 앞에 불충을 저질러야 한다고 생각하느냐?"

믿을 수 없게도 중대한 결정 앞에서 남편은 어린 자식들에게 그렇게 묻고 있었다. 어느새 진지한 표정으로 자신 앞에 가지런히 무릎을 꿇고 앉은 네 아이를 바라보며 다시 말했다.

"아버지는 이 역사적인 대사건의 수사를 책임진 사람으로서 이 사건이

미궁에 빠져들지 않도록 철저히 진상을 규명해야 할 책임을 갖고 있다. 이 임무는 절대로 가벼운 일이 아니다. 크게는 국민들과 역사에 대한 책임이고, 또 작게는 한 사람의 인간으로서 오늘의 내가 있도록 보살펴주신 박 대통령에 대한 의리이고 신의이기도 한 것이다. 너희들은 절대로 아버지가 비겁하고 교활하게 사는 기회주의자가 되기를 원해서는 안 된다. 설사 일이 잘못되고 그로 인해 너희들이 불행해지는 일이 있다고 해도 오늘 밤 내가 한 이야기를 꼭 기억하고 용기를 갖고 살아주기를 바란다. 사람들이 무슨 말을 해도 끝까지 소신을 지킨 아버지를 제대로 기억해야만 한다. 그리고 어머님을 잘 모시도록 해라."

그 밤 대학생인 재국 외에 다른 아이들이 어떻게 아버지의 그 비장한 말을 제대로 이해할 수 있었을까. 다만 뭔가 큰 일이 생겨 아버지가 임무를 위해 용기를 내어 위험한 일을 하려 한다는 사실만을 예감할 수 있었으리라. 밑의 두 아이는 말할 것도 없고, 심지어 평소 반듯한 발언을 잘하던 효선까지도 두려움에 압도되어 아무 말도 못한 채 고통스런 침묵만이 흘렀다. 그때 놀랍게도 나름대로의 시국관을 가지고 있던 장남 재국이 아버지를 향해 말했다.

"아버지, 아버지가 옳다고 생각하시는 일이면 부디 소신을 갖고 해나가십시오. 저희는 아버지를 믿고 신뢰합니다. 저희 걱정은 마십시오."

의외로 신념에 찬 재국의 당당한 음성이었다. 그도 설마 자식들에게서 그런 대답을 들을 줄은 몰랐던지 뭉클한 표정이 되어 한동안 말을 잇지 못했다. 잠시 후 남편은 고맙다며 아이들을 하나하나 품 안에 깊이 껴안아주었다. 아이들을 돌려보낸 후 남편은 다시 침묵 속에 빠져들었다. 그렇게 혼자 남겨져 있는 그이 모습에선 모든 것이 다 증발한 후 한 줌 남은 증류수처럼 순수한 고독의 기운이 풍겼다. 이제는 더 이상 어떤 말로도 가정의 평화를 내세워 그분을 설득할 수 있는 상황이 아님을 나는 알았다. 잠자리에서 남편이 내게 말했다.

"모든 일은 하늘에 맡깁시다. 사심 없이 하는 일이니 하늘의 보살핌이 있을 것이오."

12월 11일 밤이었다.

12.12

1980년 12월 12일 아침.

그날 아침도 남편이 결행할 일들의 구체적 내용을 알 길 없었던 가족들에게는 여느 때와 마찬가지인 하루의 시작이었고 그분의 출근길 또한 평소와 다를 것이 없었다. 남편도 차에 오르며 아이들의 인사에 짧게 '그래.'라고 대답했다. 신혼부터 그날까지 우리 부부 사이에는 '잘 다녀오리다.'라는 그 흔한 인사말이 없었다.

"군인의 아내가 된 이상 받아들여야 할 사실이 있소. 군인은 국가가 요청하면 언제라도 목숨을 내놓아야 하는 신분이라는 사실이요. 남편과 언제까지나 함께 살 수 있고 또 출근한 남편이 퇴근해 반드시 다시 집에 돌아올 거라는 안이한 생각을 버려야 한다는 뜻이오."

신혼 초 내게는 충격으로 받아들여졌던 이 말을 남편은 기회가 있을 때면 되풀이해서 들려주곤 했었다. 아무리 자주 들어도, 그것이 군인으로서 충실하고자 했던 그분의 삶의 자세 즉 인생관이며 사생관이라는 것을 이해하고 익숙해지는 데에는 오랜 세월이 걸렸다. 그런데도 솔직히 말해 그것은 내겐 매번 들어도 낯설고 서운한 말이었다.

그날도 저녁이 되자 나는 아이들과 함께 남편의 귀가를 기다렸다. 텔레비전에서 7시 뉴스가 시작되고 있었다. 남편에게선 아무 연락이 없었고 우리가족은 저녁식사를 하지 못하고 있었다. 가족과 함께 식사할 수 없을 때는 반드시 연락을 주는 것이 그이의 예외 없는 배려였다. 아무 연락도 없이 시간이 흐르자 이상한 기분이 들었다. 순간, 가슴속에서 쿵 하는 소리가 들려 왔다.

"모든 것을 하늘에 맡깁시다. 사심 없이 하는 일이니 하늘의 보살핌이 있을 것이오."

바로 지난 밤에 남편이 내게 했던 말이었다.

오늘이 바로 그날이라는 직감이 날 덮쳤다. 정 총장 연행수사를 시작한 것이 틀림없었다. 그이 스스로도 달걀로 바위를 치는 무모한 일이라고 인정한 그 일을 말이다. 충격으로 몸이 떨려 나는 그 자리에 주저앉았다. 그때 전화벨이 울렸다. 친정어머님이었다.

"한남동 근처에서 총성이 울렸다더라."

정신이 아득해졌다. 저 먼 데서 들려오는 것 같던 어머님의 목소리는 계속 이어졌다.

"한강다리도 차단되었다는 소문인데 알고 있었느냐?"

한남동이라면 육군참모총장 공관이 있는 곳이었다. 그렇다면 그 총성은 남편과 관계가 있는 것이 분명했다. 놀람과 지독한 불안 때문일까. 그 밤 돌연 끔찍한 복통과 설사가 시작됐다. 허리가 끊어질 것 같은 통증에 쓰러질 듯 탈진했어도 난 감히 병원에 갈 생각은 하지도 못했다. 밤새도록 기다려도 남편으로부터는 전화 한 통이 없었다. 애가 타도록 기다리다 받아든 새벽의 조간신문. 그러나 나는 단 한 줄도 읽을 수가 없었다. 충격 때문인지 순간적으로 눈 앞이 하얘졌다.

"'정승화 계엄사령관 연행'이라고 쓰여 있어요, 어머니."

대신 신문을 읽어주던 효선은 그렇게 말했다. 국방부 대변인을 통해 발표된 노재현 국방부장관의 특별 담화문은 이렇게 시작되었다.

제4장 역사의 격랑과 마주하다

"친애하는 국민 여러분. 그동안 박 대통령 시해사건의 주범 김재규가 숨기고 있던 새로운 사실이 발견되어 그 진부 확인을 위해 12월 12일 저녁 7시경 군 수사기관이 육군참모총장 공관으로 출동했던 바, 공관 경비병과 경미한 충돌이 있었으나 정승화 총장 신상에는 아무 이상 없이 현재 연행 조사 중이며 이에 관련된 일부 장성들도 구속 조사 중에 있습니다. 정부는 12월 13일, 육군참모총장 겸 계엄사령관으로 이희성 대장을 임명했습니다."

이틀 후 남편은 자정이 임박해서야 귀가했다. 그때까지 잠들지 않고 있던 아이들은 울음을 터뜨리며 아버지의 팔에 매달렸다. 나에게는 마치 십 년과도 같이 느껴진 며칠간이었다. 그날 그이는 우리에게 아무 말도 해주지 않았고 우리도 감히 묻지 못했다. 그이는 겨우 손발만을 씻은 채 잠자리에 들자마자 깊은 잠에 빠졌고 나는 그날 밤 마루에서 혼자 밤을 지새우며 계속 복통과 설사로 시달렸다. 다음날 아침, 그이의 잠을 깨우지 않으려 마루에서 혼자 복통과 싸우다 완전히 늘어져버린 나를 발견한 남편은 급히 의사를 불렀고, 포도당에 수면제를 넣어 주사해준 의사의 처치를 받고 나서야 나는 며칠 만에 처음으로 잠들 수 있었다. 시해사건 후 한 달 반 만의 깊은 잠이었다.

제5장

1980년, 그때를 회고하다

계절의 여왕이라는 5월이 되었지만, 학생들과 정부는
여전히 '선(先)민주화냐, 선(先)안정이냐'의 논리로 대립했다.
학생 지도부가 비상계엄을 해제하지 않으면
극렬한 전면투쟁에 들어가겠다고 하자
최규하 대통령은 정치 사회적 안정이 확보되지 않는 한
계엄 해제가 불가하다고 밝히면서 폭력, 난동,
불법행위는 결코 용납하지 않겠다는 의지를 천명했다.
이에 시위는 더 격렬하고 파괴적인 모습으로 변해갔다.

대학 편입시험, 그리고 어학당

그이가 불과 3개월 사이에 10.26과 12.12라는 격심한 소용돌이의 한복판을 뚫고나오는 가운데 1970년대가 저물고 1980년대 첫 해의 새 아침이 밝아왔다. 그해 정월 나는 하수상한 세상사와, 격무에 시달리는 그이의 사정은 안중에도 없는 사람처럼 학업을 계속할 계획에 착수했다. 대학 편입시험에 도전한 것이다.

한 해 전 가을, 연세대 어학당을 다니기 시작하며 나는 내가 다시 공부할 수 있다는 사실을 확인하면서 스스로 감격스러워했었다. 아들과 함께 대학이라는 한 마당에서 어깨를 부딪치며 젊은이들의 의욕을 배우고 푸르름을 호흡할 수 있다는 삶의 활력에 날아갈 것만 같았다. 그러나 채 두 달도 되지 않아 대통령 시해사건이 일어나자 학교는 계엄령과 함께 찾아온 휴교령으로 문을 닫아버렸다. 정말 학업에 관한 한, 난 지독히도 운이 없다는 생각에 좌절감마저 느꼈다.

휴교령에도 불구하고 새로 불붙기 시작한 내 향학열은 도무지 사그러들 줄 몰랐다. 대통령 시해사건의 수사를 맡아 동분서주하던 그분 곁에서, 바늘 끝에 서 있는 듯한 극도의 긴장 속에도 나는 영어공부에 몰두해 있었다. 집에 혼자 있을 때에는 Cutting edge나 Natural English 같은 교재를 손에서 놓지를 않았다. 그러다 어느 시점부터인가 아예 정식으로 대학에 입학해서 중단했던 공부를 제대로 다시 시작해보고 싶다는, 도저히 절제할 수 없는 의욕이 날 사로잡았다. 어학당에서 매일 오후 1시 반에서 5시 반까지 진행되는 4시간 수업을 받다보니 자꾸 그 수준에서 조금만 더하면 될 것 같다는 생각이 들었고, 시간이 갈수록 이번에 단념하면 정말 다시는 영영 대학공부의 기회가 없을 것만 같아 조바심이 나는 것이었다. 결국 가족들이 반대할 것이라는 생각을 하면서도 나는 기어이 내 소망을 가족들 앞에 털어놓았다.

내 나이 마흔 둘. 마음이 흔들리지 않는다는 불혹(不惑)을 이미 넘어서고 있었다. 장남 재국은 대학에서 경영학을 전공하고 있었고 여고 2학년인 딸아이는 대학입시 준비 중이었다. 놀랍게도 아이들은 의외로 흔쾌히 환영해주었다. 엄마가 다시 대학공부를 하고 싶다니까 이제는 마치 자신들이 내 보호자라도 된 기분인지 "엄마, 파이팅!"을 외치며 격려해주는 것이 아닌가. 복잡한 바깥일로 시달리던 그이까지도 기왕 공부하려면 아예 본격적으로 하는 것도 나쁘지 않겠다며 용기를 주었다.

영어학을 전공하기로 마음을 정한 후 곧 이문동에 있는 한국외국어대학교를 찾아갔다. 영어를 문학이 아닌 어학으로서 전공하고 싶다는 구체적인 열망을 갖고 있었다. 편입시험 일정과 시험과목을 알아보는 것만으로도 이미 내게는 흥분된 생활의 시작이었다. 그러나 이 흥분은 12.12의 소용돌이를 겪으면서 다시 움츠러들 수밖에 없었다. 결국 많은 우여곡절 끝에 10.26사건 수사 책임자로서 그이가 자신의 임무를 마무리하고, 나도 어느 정도 마음의 안정을 되찾아 다시 책상 앞에 앉았을 때는 이미 12월 하순이었다.

편입시험 일자는 새해 1월 15일로 다가와 있었다. 그때부터 대학 편입시험 준비가 시작됐다. 시간표를 짜놓고 하루 열 시간씩 공부하는 수험생

생활이 본격화된 것이다. 마침 방학 중이던 재국과 효선이 가정교사를 자청해 도와주었다. 그동안 나름대로 쉬지 않고 공부해온 영어를 제외한 모든 과목이 어려웠다. 그 중에서도 특히 정작 우리말이라고 쉽게 생각했던 국어의 고문(古文)이 가장 어려웠다. 분명 학창시절에 배운 것일 텐데도, 어찌된 셈인지 도무지 배운 기억도 나지 않고 생소하기만 해 마치 외국어를 대하는 것 같았다. 그러는 사이 시험 날짜가 눈앞으로 다가왔다. 그즈음 촉박한 시간 안에 공부를 다 할 수 없어 불안에 떨던 나는 자주 가슴이 갑갑해지는 증세에 시달렸다.

시험 날짜인 1월 15일. 이른 새벽 나는 큰아들 재국의 손을 잡고 외국어대학교 시험장으로 향했다. 대학 편입시험을 보는 엄마를 위해 아들이 보호자 역할을 해준 것이다. 시험장에서 학생들 틈에 끼어 앉아 둘러보니 모두가 자식 같은 어린학생들 뿐이었다. 나이가 들어서 보는 시험인데도 왜 그렇게 긴장이 되는지 시험지를 받아든 나는 어린 학생들처럼 덜덜 떨었다. 그렇게 살얼음판을 걷듯 긴장과 불안감으로 떨며 간신히 1교시 영어 과목 시험을 무사히 넘겼다. 하지만 2교시, 그 공포의 국어시험 중 역시 고문 부분에 이르러서는 도저히 그 어려운 문제들을 풀길이 없었다. 전쟁터에서 이길 수 없는 적군과 만나면 그런 막막한 심정이 될까. 암담한 심정으로 문제를 읽어보다 결국 시험지 위에 얼굴을 묻고 말았다.

그리고 맞은 합격자 발표일. 난 가슴이 떨려 차마 직접 학교에 가서 결과를 알아볼 용기가 나지 않았다. 대신 달려갔던 재국이 가져다준 소식은 예상대로 불합격이었다. 세월이 무섭다더니, 학창시절 내가 그토록 좋아하고 자신 있던 국어 과목 때문에 학교 입시 낙방의 고배를 마시고 만 것이었다. 나이가 들면 좌절을 견뎌내기가 더 힘든 것인지 낙방의 충격은 의외로 컸다. 나름대로 그 대학 편입시험에 지나치게 특별한 의미를 부여하고 있었던 탓도 있었으리라.

시험 준비를 하는 동안에는 모든 것이 감미롭고 꿈만 같았다. 그러나 막상 시험에 실패하고 보니 처연한 기분이 들었다. 반드시 대학에서 다시 공부를 시작하겠다는 집념이 너무도 끈질겼던 만큼 낙방 후의 좌절감은 생각보다 깊었다. 열심히 도와주고 응원해준 가족들에게도 공연히 미안하고 겸연쩍은 심정이 되었다. 결국 나는 심한 절망과 무력감에 빠져 몸살을 앓으며 누워버렸다. 아이들은 그런 내 모습이 우스웠던지 "엄마가 대학시험에 떨어져 병이 나셨네."라며 벙글거렸다. 지금 생각해보면 아이들이 보기에 웃음이 나올만 했을 것 같다. 시험이니, 낙방이니 하는 고민이나 실망 같은 것은 자기들 몫이고 엄마는 언제나 늠름하게 곁에서 용기를 주는 사람으로만 알고 있었을 테니 말이다.

그날 나는 아이들 앞이라는 것도 잊고 그만 눈시울을 붉히고 말았다. 중년의 나이에도 내 안에서 그토록 줄기차게 칭얼대는 공부에 대한 갈망이 날 지치게 하고 있었다. 당황한 아이들이 각자 방으로 몰려가고 난 뒤 남편이 가만히 내 어깨를 두드렸다.

"여보, 너무 실망하지 말아요. 이번에는 모든 것이 너무 무리였지 않소? 시간도 너무 촉박했고…. 당분간 푹 쉬고 다시 시작하시오. 나도 힘껏 도와줄테니 내년엔 부디 대학편입의 원(願)을 푸시오."

그이의 따뜻한 위로로 난 지쳐 있던 심신을 다시 일으켜 세울 수 있었다. 그렇게 그 겨울이 지나갔다. 추위가 풀리며 3월이 되자 나는 다시 책가방을 들고 연세대 어학당으로 달려가고 있었다.

대학광장에서 불타고 있는 남편의 허수아비

그 해 3월, 10.26으로 선포된 비상계엄령은 지속되고 있었지만 대학의 휴교령은 해제되었다. 해직 교수들은 복직되어 연구실을 배정받았고 일부 복학생들은 환영 선물로 한 학기 등록금을 면제받는 등 대학은 활기를 되찾고 있었다.

　연세어학당은 연세대학교 정문에서 백양로를 따라 한참을 걸어 올라가다 보면 만나게 되는 중앙도서관 뒤편 언덕에 자리잡고 있었다. 어학당에 이르는 그 비스듬한 언덕은 고요하고 아름다워 나는 자주 그 명상적이고 낭만적인 분위기에 젖어들곤 했다. 새 학기 첫 수업은 지하층 강의실에서 시작되었다. 함께 공부할 학생은 모두 열두 명이었다. 첫 시간엔 수강생들의 자기소개 순서가 있었다. 한 사람씩 각자가 영어로 자신의 간단한 경력을 설명하는 내용이었다. 연대, 이대 출신들이 많았고 유학 준비 중인 서울공대 출신의 청년, 문화방송 워싱턴 특파원으로 가기 위해 준비 중인 사십 대의 언론인도 있었다. 내 차례가 되자 난 의욕만큼 잘 나와주지 않는 영어로 자기소개를 시작했다. 열두 명의 학생 가운데 가정주부는 나 혼자뿐이었고 또 가장 연장자였다. 영어로 처음 해보는 자기소개가 무슨 대단한 연설이나 되는지 가슴이 막 뛰었다. 수업이 있는 월요일, 화요일, 목요일, 금요일이면 나는 학교와 가까운 거리에 있던 연희동 집으로부터 학교까지 숨을 헐떡이며 달려가곤 했다.

　오후 1시 반부터 네 시간에 걸쳐 계속되는 수업시간은 어학실습과 일반강의로 나뉘어져 있었는데 그 네 시간이 내겐 참으로 행복한 시간이었다. 일찍 출근하는 그분과 아이들이 모두 집을 나설 때까지의 분주한 아침시간이 지나면 오전 중엔 대개 그날 몫의 예습을 할 수 있는 귀중한 짬을 낼 수 있었다. 혼자 하는 점심식사를 대강 마친 후엔 곧장 학교로 달려갔다. 1시 반부터 어학당 3층에 있는 어학 실습실에서 헤드폰을 끼고 듣기, 말하기 연습을 하게 되어 있었고, 그 후엔 1층 강의실에서 수업이 있었다. 수업을 마치고 나면 시간은 5시 반이 넘어 급히 집으로 다시 뛰어가야만 했다. 서둘러야만 식구들의 저녁식사를 제대로 준비할 수 있었기 때문이었.

　이따금 학교 강의실 창가로 확성기를 통한 학생들의 외침 소리가 들려왔다. 그즈음 6년 만에 총학생회장을 뽑는 열기로 온 교정은 온통 축제 분위기였다. 유세장으로 변해 버린 듯한 교정 곳곳에선 격앙된 목소리로 각종 공약을 내세우는 후보 연사들의 모습이 마치 국회의원 후보들 같다는 생각이 들어 웃음이 나기도 했다. 당시 학생회장단 선출은 연세대학교 뿐만이 아니어서 거의 대부분의 대학교가 선거열기로 달아오르고 있었다. 대학가에 등장한 공약 중의 대부분은 대학문화 혁신이나 학도호국단에 관한 것이었지만 때로는 황당하다고나 해야 할 기발한 약속들도 심심찮게 등장했었다.

"학교 정문 앞 파출소를 막걸리 집으로 만들겠다."

한 석간신문에 소개된 이 애교만점의 선거공약을 보고 온 가족이 배를 잡고 웃었던 기억이 난다. 그해 3월, 학교의 옛 자리로 돌아온 교수들과 학생들은 오랜 방황을 끝내고 대학이라는 젊고 신성한 공간 속에서 한데 어우러지고 있었다. 그리고 그 공기를 함께 호흡할 수 있었던 나도 그 유쾌한 해빙과 흥분의 축제음이 더없이 싱그럽게 느껴졌다.

그러나 그로부터 겨우 한 달 후인 4월이 되자 대학가의 모습은 급격히 변하기 시작했다. 생동감 넘치던 그 아름다운 모습 대신 대규모 학생시위가 그 포문을 열었고 투쟁의 함성들이 터져나오기 시작한 것이다. 갈수록 격렬해지는 시위집회 모습을 보며 나는 스스로에게 질문했었다. 학생들의 시위 때 등장하는 구호의 내용과 시위 방법에 대해 나는 이해하려는 편인가 외면하려는 편인가.

그이가 보안사령관으로 임명된 직후인 1979년의 일이었다. 어느 날인가 대학생이던 재국이 그분과 마주 앉아 심각한 대화를 나눈 일이 있었다. 그때도 대학가에는 여전히 시위가 잦았고 자연히 아버지와 아들의 대화도 학생시위 문제에 이르게 되었다. 직접 묻진 않았지만 나는 재국이 학생시위에 참가하지 않고 있다는 것을 알고 있었다. 그는 자신이 현역 장군인 국군보안사령관의 아들이라는 사실을 마음에 두고 있는 것 같았고, 무엇보다 군인 신분으로서의 아버지를 신뢰하고 있었다. 또 군인이란, 지휘체계의 정점을 국가원수로 하고 있는 특수계급체계의 일원이어서 만약 자신이 경거망동한다면 사랑하는 아버지가 얼마나 난처한 입장에 처해질지 재국은 잘 알고 있었다. 하지만 장기집권과 유신체제에 반대하며 시위 현장으로 달려가는 친구들을 바라보면서도 아버지의 입장을 생각해 뒤에 남아야 했던 일이 겨우 스물한 살의 젊은 혈기로는 감당하기가 결코 쉬운 일이 아니었다. 재국이 말했다.

"남북이 분단돼 있고, 북한이 남침 집념을 버리지 않고 있는 상황 속에서 서구식 민주주의만을 고집할 수 없으며 우리의 실정에 맞는 한국식 민주주의를 선택할 수도 있다는 사실까지는 백보를 양보해 이해하고 싶습니다. 그러나 아버지, 그것을 위해서는 오직 박정희 대통령이 아니면 안된다는 논리를 젊은 저희들은 도저히 이해할 수 없습니다. 제가 철들고부터 '박정희 대통령'이었는데 스물한 살이 된 지금까지도 변함없이 '박정희 대통령'입니다. 아버지, 만일 어떤 명분으로든, 그 명분이 아무리 그럴 듯해도 박 대통령이 임기를 한 번만 더 연장한다면 저도 친구들과 함께 시위 대열에 서지 않을 수 없다는 점을 말씀드리고 싶습니다. 아버지께서도 이미 제 심정 이상의 것을 알고 계시리라 믿습니다."

그렇게 말하는 큰아들은 솔직하고 진지했다. 그분은 대통령을 모시는 보안사령관이라는 현실 수호자로서, 그리고 아들은 바로 그 현실을 비판하고 저항할 정열이 있는 미래의 수호자로서 서로를 마주 보는 순간이었다.

그 해 4월, 남편과 나는 각기 다른 세계에서 하루하루를 분주히 보냈다. 나는 여전히 어학당에 가기 위해 책가방을 든 채 연세의료원 북쪽, 재활원 담장을 뛰어 넘었다. 연대 정문엔 전경들이 빽빽이 막아 서 있고 교내에는 학생들의 시위가 진행 중이었으므로 어쩔 수 없이 우회해야 했던 것이다. 다행히 당시 재활원 담장은 그리 높지 않았고 난 활동적인 바지 차림이었다. 단 한 시간의 강의도 놓치지 않기 위해 다른 학생들과 마찬가지로 의료원 담장을 뛰어넘는 극성을 부리던 4월 중순, 최규하 대통령은 공석 중인 중앙정보부장 서리에 국군보안사령관인 남편을 겸임 발령했다. 1980년 4월 14일 월요일의 일이었다.

그 4월 대학가에 몰아친 학생시위의 무섭도록 격렬하고 사나운 격정을 사람들은 '학원 민주화 운동'이라고 불렀다. 5월로 접어들면서 '시위'라고 표현하기 어려울만큼 격렬한 양상을 띠게 된 이 학생시위도, 처음 시작은 너무도 평범한 학내문제에 대한 소규모 성토로부터 비롯되었다는 것이 지금 생각하면 믿기지 않을 정도다. 그러나 처음에는 학도호국단제 폐지, 학생회 부활, 교수 재임용제 폐지 등을 요구하며 평화스럽게 진행되던 시위농성이 재단비리 척결, 병영집체훈련 거부 등 새로운 주제의 등장과 함께 격렬한 투쟁으로 변하면서, 갑자기 학내문제를 훌쩍 뛰어넘어버렸다. 학생들의 구호가 비상계엄 해제와 이원집정부제 반대 등 정치적 쟁점으로 진화해간 것이다. 또 시위 행태도 학내 농성에서 교문을 뛰쳐나가는 가두 투쟁으로 급격히 변해갔다. 시위대는 학교 정문 앞에서 가두 진출을 저지하는 경찰과 대치했고, 투쟁에는 폭력이 깃들어 교문 앞 아스팔트 위에는 시위대가 던진 돌과 화염병들이 뒹굴었다. 그날도 하교 길에 연세대 대학교회인 루스채플을 지나 학생회관 앞을 막 통과할 때였다. 상상할 수도 없는 기막힌 상황이 학생회관 앞에서 벌어지고 있었다.

'유신괴수 전두환' 잘못 본 것이 아니었다. 학생회관 건물 옥상으로부터 지상까지 드리워진 거대한 플래카드 위에는 분명히 선혈 같은 붉은 페인트로 남편의 이름이 쓰여 있었고 그 이름 앞에는 '유신괴수'라는 말이 붙어 있었다. 심장이 멎는 것 같았다. 눈을 들어 주위를 둘러보니 교정에 나

부끼는 모든 것들이 붉은 글자로 써진 그분의 이름을 흔들며 나를 향해 아우성치는 것 같았다. 그러나 경악은 그것으로 끝나지 않았다. 그날 나는 중앙도서관 앞 광장에서 죽어도 잊을 수 없는, 끔찍한 의식이 거행되는 장면을 목격했다. 사람의 형상을 한 짚덩이가 불타고 있었고, 그 위에는 남편의 이름이 붉은 글씨로 휘갈겨 쓰여 있었다.

'전두환 화형식.'

짚으로 만든 남편의 허수아비는 내가 보고 있는 앞에서 아들 또래의 젊은 시위대들에 의해 활활 불태워졌다. 나는 손에 들고 있던 책가방이 발밑으로 떨어져 내리는 것도 느끼지 못한 채 장승처럼 서서 그 장면을 지켜보았다. '유신잔당', '유신괴수'라니… 최규하 대통령은 헌법의 개정을 통해 유신체제를 혁신하겠다고 약속하고 그 실현을 위해 애쓰고 있고, 그분은 중앙정보부장서리로서 그러한 최 대통령 정부를 떠받치고 있는 한 축인데 어째서 유신 잔당이며 유신 괴수란 말인가. 도대체 이 광장을 가득 메우고 있는 이 기막힌 오해와 악의의 정체는 무엇이란 말인가. 정신이 들자, 말할 수 없는 분노와 함께 도저히 이해할 수 없는 눈앞의 상황에 대한 의문이 꼬리를 물고 일어났다.

화형식(火刑式) - 나도 아득한 시절, 김일성 화형식을 구경한 적이 있었다. 김일성이 어떻게 생겼는지 알지도 못하던 시절, 불타고 있는 김일성의 허수아비를 바라보면서 정말로 김일성이 그렇게 타 없어져서 하루 속히 통일이 왔으면 좋겠다는 막연한 생각을 했었다. 그러나 그날 내 눈앞에선 김일성이 아니라 바로 내 남편의 허수아비가 불타고 있었다. 천하의 악당에게나 행해지는 것이라고 알고 있던 그 화형식이 조잡하게 만들어진 그분 허수아비의 몸통을 활활 태우고 있었던 것이다. 내 아들의 친구들 - 예의바르고 진지하고 명석한 그 아이들도 지금 저 화형식을 지켜보고 있을 것이다. 그 아이들도 불길에 타 들어가고 있는 남편의 허수아비를 바라보면서 그분이 없어져야 이 땅에 민주화가 이루어진다고 환호하고 있을 것인가.

"아니, 남편이 없어져야 하다니, 남편이 언제 정치무대에 등장이라도 했단 말인가?"

난 남편에게 씌워지고 있는 엄청난 오해와, 화형식으로 표현되고 있는 죽음의 저주가 너무도 억울하고 무서워 그 자리에 서 있을 수가 없었다. 갑자기 중앙도서관 앞 광장과 백양로를 가득 메운 학생들의 모습이 한없이 두렵고 낯설게 느껴졌다. 그러나 그때 문득 내 아들 재국도 어디에선가 바로 그 플래카드, 그 끔찍한 화형식을 보고 있을지도 모른다는 생각이 들었다. 아버지에 대한 사랑이 깊은 아들이었다. 그 아이가 친구들의 손에 의해 저질러지고 있는 이 끔찍한 일로부터 받고 있을 충격과 분노, 당혹감을 생각하니 절로 눈물이 솟았다.

교정을 메우고 있던 이 오해와 증오, 악의는 우리 가족에게는 너무 잔인했다. 고집스러울 정도로 부지런하고 성실하고 또 강직하게 살아온 남편이었다. 우리의 아이들도 평생을 아버지처럼만 살아주었으면 더 바랄 것이 없다고 생각해온 그런 소중하고 자랑스러운 남편이었다. 나는 그날 내가 어떻게 그 두려운 학교교정을 통과해 집에까지 돌아올 수 있었는지 기억이 없다. 그날 나의 귀가로부터 그이 귀가까지의 일곱 시간은 내겐 마치 7년처럼 길고 아득하게 느껴졌다.

그날 밤 남편은 몹시 늦게 귀가했다. 그이와 마주 앉은 후에도 내 머릿속은 온통 낮에 본 끔찍한 영상들로 가득 차 있었다. 말은 없었지만 그이도 이미 대학가의 시위와 그 시위에 등장하고 있는 자신의 이름에 대해 알고 있는 것 같았다.

"왜 하필 이런 때 중정부장직을 맡으셔야 했는지, 전 도무지 모르겠어요."

남편의 어두운 얼굴빛을 보면서 나는 걱정과 불안을 더 이상 참지 못하고 말을 쏟아내고야 말았다. 워낙 믿고 따르는 남편이라, 바깥일에 관한 한 나는 웬만해서는 결코 의문을 제기해본 적이 없었다. 남편의 결정에 대해서는 말없이 따르는 것이 올바로 내조하는 것이라는 것이 내가 평생 지니고 살아온 신조였다. 하지만 그날 낮에 보고 겪은 것들은 도저히 혼자 침묵할 수 있는 성질의 것이 아니었다. 이미 짐작하고 있었다는 듯 남편의 대답은 차분하고 명료했다.

"국가 중요기관인 중앙보정보부 책임자가 대통령 시해범으로 밝혀진 후 중앙정보부 자체가 흔들리고 있는 실정이오. 중정부원들의 사기도 떨어질 대로 떨어지고 기능이 거의 마비되다시피 하고 있소. 정부에서는 어지러운 시기에 정보부가 제 기능을 찾는 일이 워낙 시급하다 보니 아마도 시해사건 수사를 담당하는 동안 정보부 사정을 잘 알게 된 나에게 일을 맡기는 것이 능률적이라고 생각한 것 같소. 내 가능한 한 빠른 시일 안에 정보부가 제 자리를 찾도록 노력한 후 내 본연의 자리, 군으로 돌아가도록 할 테니 너무 염려하지 않아도 되오."

한 번도 가족과의 약속을 어겨본 적이라곤 없는 남편의 믿음직한 약조였다.

이튿날 조간신문에는 장기 농성에 들어갔던 대학들이 농성을 끝내고 강의실로 돌아오고 있다는 매우 희망적인 소식이 실려 있었다. 그런데 강의를 위해 연세대 정문에 도착해보니 학생들은 여전히 전경과 대치중이었다. 별 수 없이 난 그날도 강의실로 가기 위해 대학 담장을 뛰어넘었다. 교정은 피킷을 든 채 '유신괴수 전두환' 타도를 외치는 학생들로 물결을 이루고 있었다. 그 사나운 파도를 피해가며 나는 첫 수업이 끝나갈 무렵에야 가까스로 강의실에 도착할 수 있었다. 쉬는 시간이었다. 교정이 온통 시위로 시끄러우니까 둘러앉은 어학당 동료들의 화제도 자연히 정치적인 것이었다. 함께 앉아 있는 사람 중 아무도 내가 교정에서 불타고 있는 화형식 주인공의 아내라는 사실을 아는 사람은 없었다.

"사람들은 월남이 패망했다고 말하지만 사실상 월남은 패망한 것이 아니라 당당히 통일이 된 것이라 하더군요."

미국 유학을 준비 중인 공대 출신의 청년이 말했다.

"월남이 비록 월맹에 의해 공산화되긴 했지만 그래도 민족차원에서 통일은 된 셈이니 잘된 것 아닙니까?"

나는 뭔가에 한 대 얻어맞은 듯한 기분이었다. 공산화된 것도 통일이니 잘된 일이라는 것이다. 그때까지 월남 패망을 그런 식으로 평가하는 논리를 난 들어본 적이 없었다. 아니, 그런 식으로 해석될 수 있다고는 상상조차 해본 적이 없었다. 직업군인이셨던 아버님 슬하에서 이념전쟁인 6.25를 체험하며 난 무슨 일이 있어도 자유민주주의는 수호되어야만 하는 것으로 굳게 믿고 있었다. 결혼해 군인의 아내가 된 후 남편도 친정아버지처럼 전장에 출정해 월남이란 이념의 각축장에서 자유민주주의를 수호하기 위해 공산주의자들과 목숨을 걸고 싸우지 않았던가. 아버님과 남편이 생애 전체를 통해 보여준 공산주의와의 싸움. 이런 가족사 속에서 살아온 나로서는 '월남의 공산화도 통일은 통일'이라는 그 청년의 대담한 이론(異論)이 낯설고 충격적이기만 하였다. 곧 수업에 들어갔지만 믿을 수 없던 그 청년의 말이 뇌리를 떠나지 않았다.

그리고 다음 쉬는 시간이었다. 어학당 현관 앞에 있는 자판기에서 커피를 한 잔 꺼내 들고 놀란 가슴을 진정시키려던 참이었다. 어디선가 들려오는 남편의 이름 석 자에 나는 다시 온몸이 긴장되었다. 자판기 앞 휴식용 의자에 앉아 있던 한 청년이 동료들에게 강하고 빠른 어조로 열변을 토하고 있었다.

"계엄이 해제되고 유신 잔당들이 물러 갈 때까지 싸우는 거야! 10.26혁명으로 괴수가 쓰러진 지금, 유신 파쇼정권의 잔존 세력을 모조리 몰아내야만 한다구. 군 내부에도 반대 세력이 많고 전두환이도 사실은 별 것 아니래."

충격을 받아 사고(思考)가 정지된 듯 내 머릿속에서는 아무런 생각도 떠오르지 않았다. 며칠째 깎지 않은 듯 보이는 수염, 물들인 작업복, 흥분에 들뜬 듯 보이는 과격한 말투와 독성 같은 현실 증오. 잠시 후 학생들은 우루루 그 청년을 따라 어디론가 가버렸지만 난 오랫동안 그곳에 박힌 듯 움직일 수가 없었다.

결코 잊을 수 없는 1980년의 봄. 대학생인 큰아들과 어깨를 함께하고 결혼 21년 만에 밟았던 대학 교정. 그곳은 내가 만학의 꿈을 성취할 수 있었던 기쁨의 현장이기도 했지만 동시에 사랑하는 남편에게 퍼부어지던 상상도 못할 오해와 저주들을 온몸으로 확인해야 했던 잊을 수 없는 절망의 현장이기도 했다.

그해 5월의 슬픔

계절의 여왕이라는 5월이 되었지만, 학생들과 정부는 여전히 '선(先)민주화냐, 선(先)안정이냐'의 논리로 싸웠다. 정부에서는 안정 없는 민주화는 성립될 수 없다고 주장했고 학생들은 비상계엄을 해제하지 않으면 극렬한 전면투쟁에 들어가겠다고 최후통첩을 했다. 학생 지도부가 5월 14일까지 계엄을 해제하라고 요구하자 정부는 곧 입장을 밝혔다. 최규하 대통령은 정치 사회적 안정이 확보되지 않는 한 계엄을 해제할 수 없다고 분명히 밝히면서 폭력, 난동, 불법 행위는 결코 용납하지 않겠다는 대통령의 의지를 천명했다. 그러나 학생들은 대통령의 경고를 무시했다. 시위는 더 격렬하고 더 파괴적인 모습으로 변해갔다.

바로 그 시기에 최 대통령의 중동방문 계획이 발표되었다. 날이 갈수록 나라와 정국이 한 치 앞도 내다볼 수 없는 불확실성과 혼돈 속으로 빠져들어가던 시점이었다. 출국하면서 최 대통령은 국민들에게 사회 안정을 위한 깊은 이해와 노력이 있기를 당부한다는 간절한 출국 인사를 남겼다.

이에 대해 학생들은 당분간의 시위 방향을 평화적이고 비폭력적이며 교내에 국한하겠다는 성명을 발표해 국민들을 안심시켰다. 그러나 상황은 오히려 더욱 악화되고 있었다. 김옥길 문교부 장관이 설득에 나섰다. 김 장관은 교문 밖 시위는 계엄령하의 포고령 위반이며, 학원 안으로 타율을 불러들이는 일은 현명하지 못하다고 학생들의 자제를 간곡히 호소했다. 그러나 시위는 이미 사납고 광폭한 새 국면으로 치달았다. 전국적으로 수백 개소의 경찰지서가 습격당하고 수백 명의 경찰관이 부상당했다. 마치 전쟁터를 방불케하는 폭력시위였다. 15일에는 시위의 규모가 80개 대학의 10만 명으로 불어났고, 진압경관을 향해 버스를 돌진시켜 급기야 사망자까지 발생했다. 수도 서울이 치안부재상태에 놓이게 된 것이었다.

5월 16일 최 대통령은 남은 일정을 취소하고 급히 귀국했다. 귀국 즉시, 최 대통령은 국무총리와 관계 장관들로부터 상황보고를 받았다. 이튿날 정부는 10.26사건으로 선포된 비상계엄(제주 제외)을 전국으로 확대한다고 발표했다. 5.17조치였다.

국가 원수로서 가장 어렵고 불행한 일은 무엇일까. 아마도 자신의 통치 시기가 비상사태임을 선언하는 바로 그 일일 것이다. 전쟁 다음으로 나라가 위기인 것을 인정하는 바로 그 비상계엄선언을 하던 그즈음의 최 대통령의 음성에서 대통령의 번민이 느껴졌다.

"북한의 격증하는 적화 책동이 학원소요를 고무, 선동하고 있는 가운데 일부 정치인, 학생, 근로자들이 조성하고 있는 혼란과 무질서가 우리 사회를 무법천지로 만들고 있습니다. 이같은 사태는 경제난까지 극도로 악화시켜 국가를 근본적으로 흔들리게 할 우려가 있습니다. 이 국가적 위기를 극복하기 위해 부득이 5.17 조치를 취하는 바입니다."

최 대통령의 발언은 비장하고 침통했다. 그때 우리는 이런 우울한 5.17 조치를 몰고 온 것은 바로 우리 눈앞에 펼쳐진 당시의 혼란한 상황 때문이라고 근심하고 있었다. 그러나 아무도 예감하지 못하고 있었다. 더 경악할 혼돈이 임박해오고 있다는 것을.

계엄령의 전국 확대에도 불구하고 광주지역의 소요사태가 수습되고 있지 않다는 계엄사령부의 발표가 나온 것은 바로 그 이튿날인 5월 18일이었다. 시위에 시민들까지 가세했고 시위 군중들이 무기고를 습격하는 등 걷잡을 수 없는 상황이 벌어졌다는 발표가 잇따랐다. 지역감정을 자극하는 유언비어가 시민들을 거리로 달려 나오게 만들고 있었다.

당시 신문들은 '광주소요 사태'가 5월 18일에 시작되어 5월 27일 막을 내린 것으로 보도했다. 5월 18일, 전남대학 앞에 모였던 6백여 명이 비상계엄 해제를 요구하며 거리로 쏟아져나온 것이 광주사태의 시작이었고 광주시 외곽으로 철수했던 계엄군이 전남도청에 재진입한 5월 27일을 광주소요의 종료로 간주한 것이다. 광주사태는 민간인 166명, 군인 23명, 경찰 4명 등 모두 193명의 사망자를 내었다. 공공건물 2백 50여 곳이 파괴되었고, 방송국과 여섯 개의 세무서가 불탔다. 파괴된 차량이 8백여 대, 5천여 점의 무기가 소요과정 중 시위대에 의해 탈취되었다. 시간상으로 보면 단 열흘간에 걸쳐 일어난 충격적인 무장소요사태였다.

이 엄청난 비극을 잉태한 소요사태는 훗날 어찌된 셈인지 광주사태와는 아무런 관련이 없는 남편을 임기 내내 그리고 퇴임 후 법정과 감옥에 이르도록 악몽처럼 따라다녔다. 다행히 재판을 통해 그분은 오랫동안 남편을 따라다녔던 '양민학살자'라는 누명을 벗게 되었다.

상황 전개가 비극적이었던 데다가, 그동안 몇차례 정권이 바뀌면서 정치적 목적에 따라 광주사태의 정치적 사법적 평가가 엇갈렸기 때문에 그 역사적 진실과 평가가 제대로 정리되지 못하고 표류하고 있음은 가슴 아픈 일이다.

그분의 성격과 운명적 선택

지금 와서 돌아보면 그분의 생애 가운데 운명적 전환점이 되었던 계기들이 있었던 것으로 생각된다. 그러한 계기에서 남편이 실제와는 다른 길을 선택했다면 남편의 운명도, 나의 운명도, 그리고 우리의 역사도 다른 궤적을 그려왔을 것이란 생각이 든다. 남편에게 새로운 출발점이 되었던 그 계기들은 우연이라고나 해야 할 순간이었던 경우가 있는가 하면, 책임 완수에 목숨을 거는 남편 스스로가 만든 경우도 있고, 역사의 부름처럼 찾아온 경우도 있었다.

성격이 팔자라고 한다. 성격이 운명을 결정한다는 말도 있다. 남편의 생애를 돌아보며 생각하게 된 그 운명적 선택이라는 것이 결국 자신의 성격에서 비롯된 것이라는 사실을 깨닫게 된다. 외출 나와 갈 곳 없는 친구들을 자신이 챙겨주어야만 한다는 생각―우정이나 의리 때문이라고 해야할지, 책임감이나 보스 기질 때문이라고 해야 할지―어쨌든 그 유별난 성격이 생도 신분에 호기롭게 참모장 집 대문을 두드리게 했고 대문을 열어주던 참모장의 딸과 수년 후 사랑에 빠져 결혼까지 하는 운명을 이끌어낸 것 같다. 상황 판단이 빠르고, 판단에 따른 결정을 신속하게 행동으로 옮기는 태도 또한 그이의 특성이다. 5.16혁명의 소식을 접하자 위관급 장교에 불과한 자신의 신분을 의식하지 않고 망설임 없이 혁명군 지휘자인 박정희 장군을 찾아간 일도, 쿠데타의 성공 여부가 불투명한 상황에서 육사 생도들의 혁명지지 시가행진을 이끌어낸 추진력 또한 그분이니까 가능했던 것이 아닐까.

해야 할 일이라고 생각되면 온몸을 바쳐 책임을 완수해야 직성이 풀리는 그이의 성격은 12.12 때에도 표출됐다. 박정희 대통령의 유신통치가 한계를 드러내고 있었다고는 해도, 그 충복들이 보여준 배신과 기회주의적 처신은 묵과할 수 없다는 책임의식, 그리고 박정희 대통령의 은혜에 보답한다는 의리 앞에서 남편은 목숨을 걸고 계엄사령관을 체포했던 것이다.

남편은 일찍이 청년 시절부터 나라를 위한 헌신을 자신이 평생 지녀야 할 최고의 가치이고 목표로 정했다. 간부후보생 입교가 좌절되자 다시 육군사관학교를 지원해 군인으로서 일생을 마치겠다는 목표를 추구해나갈 수 있게 되었다. 최규하 대통령이 후임을 맡긴다고 했을 때 그 권유는 국가의 부름이고 역사의 소명이었을 것이다. 남편은 절차와 형식을 고집하는 최 대통령의 집무 방식 때문에 애를 먹기도 했지만, 최 대통령의 사심 없는 애국심과 헌신을 높이 받들어왔다. 최 대통령이 남편을 후임자로 낙점했다는 말씀을 듣고, 처음에는 고사하다가 최 대통령의 권유를 받아들이기로 한 것도, 당시 우리나라가 놓여 있던 어려운 상황을 헤쳐나갈 지도력을 갖춘 사람은 '전 사령관뿐'이라는 최 대통령의 판단의 진정성을 믿었기 때문이었다. 결정을 앞에 놓고 판단을 쉽게 하지 못한 것은 자신의 성격에 맞지 않는 일이었을지 모르지만 대통령직은 생각해본 일도, 준비도 없었던 사람이 함부로 나설 수 있는 그런 자리는 아니었던 것이다.

남편의 세 번째 운명적 선택이었던, 최규하 대통령의 후임 승계 권유를 받아들이게 된 과정에 관해 내가 상세하게 알게 된 것은 최 대통령께서 향년 86세로 세상을 떠나신 2006년 10월 22일 이후의 일이었다. 최 대통령이, 광주사태의 뒷수습이 어느 정도 마무리된 1980년 7월말께 그분을 불러 광주사태에 대한 정치적 도의적 책임을 지고 대통령직을 사임하겠다는 뜻을 밝히면서 남편에게 자신의 후임이 되어줄 것을 권유했다는 사실, 남편은 너무나 뜻밖의 권유에 고사할 수 밖에 없었다는 사실, 그럼에도 최 대통령의 권유가 간곡한 것이어서 주영복 국방장관, 이희성 계엄사령관과 상의했던 사실, 그리고 주 장관과 이 사령관이 입을 모아 남편의 대통령직 승계가 시대적 상황의 요청이고 군부 내의 중론이라며 최 대통령의 권유를 받아들이도록 요청했다는 사실 등 대강의 내용은 남편이 나에게 말해 줘서 알고 있기는 했다. 그러나 최 대통령과 두 분만이 만나 나눴던 대화의 상세한 내용과 주영복 장관, 이희성 사령관이 남편을 설득하려 했던 논리들은 최 대통령의 국민장 영결식이 치러진 며칠 후 그 어른의 장남과 사위 등 유족 세 사람이 그분의 조문에 대해 정중한 감사를 전하기 위해 연희동으로 찾아왔던 자리에서 남편이 했던 말을 통해 알 수 있었다.

그 자리에서 남편은 재임기간 동안 최규하 대통령이 자신에게 보여주신 신뢰와 친밀감은 다른 사람들이 생각하기 어려울 만큼 돈독했다고 했다. 남편이 최 대통령을 협박해 권좌에서 밀어냈다는 항간의 유언비어나 의도적인 곡해는 사실과 전혀 동떨어진 얘기일 뿐이라는 점을 얘기해주었다. 최 대통령의 후계자 선택과 권력의 승계는 참으로 명예롭고 평화롭게 합법적으로 진행된 만큼, 매사를 심사숙고 끝에 판단하고 결심하는 최 대통령의 충정이 결코 왜곡되고 모욕되는 일은 없어야만 한다고 강조했다.

남편은 또 최 대통령이 오랜 외교관 생활을 통해 기록하는 일이 몸에 배이신 분이시니까 대한민국 제10대 대통령으로서 역사의 중요한 지점을 통과하실 때마다 공적 기록 외에도 개인적인 비망록을 반드시 갖고 계실 것인만큼 그 기록들을 소중하게 보관해줄 것을 당부했다. 남편은 "그 난세에 그 어른이 내게 쏟으셨던 신뢰와 내가 그 어른께 드린 충정은 아주 특별하고 고귀한 것이었다."고 회고했다.

최 대통령은 남편에게 막중한 책임을 맡기신 뒤 승계 절차도 끝나지 않은 8월 16일 오전 10시 청와대 영빈관에서 자신의 사임을 알리는 성명서를 발표하신 후 서교동 사저로 떠나셨다. 최 대통령의 사임에 따라 박충훈 국무총리서리가 대통령 권한대행을 맡게 되었지만, 대통령 궐위상태를 최대한 빨리 해소해야 한다는 건의가 있었다고 한다. 남편은 서둘러 8월 22일 전역식을 가졌다. 이어 8월 27일 제7차 통일주체국민회의에서 대한민국 제11대 대통령으로 선출되었다. 운명은 그렇게, 지난 25년 동안 자신의 모든 땀과 열정을 바쳐 헌신했던 군인으로의 삶과 작별하게 만든 후 상상해본 적도, 소망해본 적도 없는 엄청난 새 소명을 남편에게 안겨주었다.

제6장

세종로 1번지

1980년 8월 27일
남편은 대한민국 제11대 대통령으로 선출되었다.
운명은 그렇게도 땀과 열정을 바쳐 헌신했던
군인으로서의 삶과 작별하게 만든 후
상상해본 일도 소망해본 적도 없었던
새롭고 무거운 소명을 남편에게 안겨주었다.
우리 가족은 그렇게 남편과 아버지를 따라
세종로 1번지 청와대라는 낯선 곳에서의
삶을 시작할 수밖에 없었다.

연희동을 떠나 청와대에 입주하다

1980년 8월 27일 대한민국 제11대 대통령으로 당선된 남편은 오후2시 박충훈 국무총리서리로부터 대통령 당선 통지서를 받은 후 저녁 6시 20분 세종문화회관에서 통일주체국민회의 대의원들을 위한 리셉션을 가지기까지 몹시도 분주한 일정을 소화해냈다. 그날 일지엔 이렇게 적혀 있다.

1980년 8월 27일 수요일 흐림.
접견 5, 하례 83, 통대(統代)리셉션.

나 역시도 집으로 찾아오는 손님 접대로 정신없는 하루를 보냈다. 집안 골목길은 온종일 찾아오는 손님들이 줄을 이었기 때문이다. 밀려드는 손님들 때문에 남편이 대통령에 당선되었다는 사실을 실감할 겨를도, 이제 우리 앞날이 어떻게 될지 생각해볼 틈도 갖지 못했다. 저녁이 되어 집안을 가득 메웠던 그 많은 사람들이 썰물처럼 사라지고, 어느 순간 집안이 적막감에 싸이자 내일이면 현실이 되어 나타날 운명의 그 엄청난 변화가 두려움으로 다가왔을 뿐이었다.

열흘 전인 8월 16일, 최규하 대통령이 사임 성명을 발표하고 청와대를 떠난 뒤 청와대 대통령 집무실은 비어 있었다. 일단 대통령 당선자가 나온 이상 국가지휘부의 최정상인 대통령 집무실을 비워놓아서는 안 된다는 건의가 있었다. 청와대로 이사해야 한다는 소식을 들었을 때, 대통령으로 선출된 바로 다음날 설렘보다는 걱정이 앞섰다.

청와대의 안살림에 관해서는 들은 얘기가 없었기 때문에 무슨 준비를 어떻게 해야할지 짐작하기가 어려웠고 그렇다고 여기저기 물어볼 수도 없어 이삿짐 싸는 사소한 일조차 신경이 쓰였다. 문득 조금 전 학교에서 돌아온 큰아이가 우리 부부만 따로 청와대에서 생활하고 자신은 동생들과 그대로 연희동 집에 머물러 있으면서 학교에 다니면 안 되겠느냐고 물어오던 일이 생각났다. 대통령의 가족이 되면 마음대로 할 수 있는 일보다 제약을 받는 일이 더 많아진다고 타일러 보내면서도 돌아서 가던 그 뒷모습이 웬지 안쓰럽게 느껴졌다. 새로운 곳, 그것도 청와대라는 곳에서의 생활에 대해 두려움과 불안감을 느끼고 있던 것이 비단 큰아이뿐이 아니고 나 역시 걱정에 더하여 어떤 중압감마저 느끼고 있었다.

10.26 이후 불과 1년도 안 되는 사이에 정신을 차리기 어려울 정도로, 마치 태풍처럼 우리에게 덮쳐온 이 갑작스러운 변화들로 인해 우리 가족은 모두 몹시 힘겨워하고 있었다. 걱정과 근심으로 잠을 이루기가 어려웠던 그날 밤, 지난 세월의 영상들이 하나하나 떠올라 만감이 교차했다. 군인의 아내로 단 한 순간도 곁눈 팔지 않고 살아온 21년간의 세월이었다. 남편의 임지가 바뀌면 그 임지를 따라 아이들의 손을 잡고 전국을 돌았고, 그러는 사이 가까웠던 학창시절의 친구들과도 어느새 모두 멀어져버렸다. 또 일밖에는 모르던 남편에게 가정의 일로 부담을 주지 않으려고 애를 쓰다 보니 주변에서 '또순이'라는 별명을 받으며 살림을 꾸려왔다. 바쁜 가운데에도 아이들과 나에게 늘 자신의 마음만은 넉넉히 주며, 잊을

만하면 식구들에게 작은 감동을 한번씩 선사하곤 하던 남편이 늘 믿음직하고 고마웠었다. 남편이 그토록 꿈꾸던 장군이 되었을 때는 정말이지 마치 세상을 다 얻은 것처럼 가슴 벅찼었다.

생활에 다소 여유가 생기자 가족이 다 함께 못 가본 여행도 다녀보고, 남편과 둘이서 영화구경도 가고, 읽고 싶던 책도 마음껏 읽고, 미술관이나 음악회를 찾으며 문화생활이라는 것도 해보고 싶다는 평범한 기대, 달콤한 꿈을 품어볼 수 있었다. 남편이 장군이 된 뒤에는 늦은 나이지만 다시 대학에 편입해서 학업을 이어가겠다는 끈질긴 갈망도 실현될 수 있을 것 같아 가슴 설레기도 했다. 그러나 박 대통령 시해사건 이후 그분이 직책상 맡겨진 임무를 수행하고, 급변하는 시국 상황에 대처해나가는 가운데 청와대라는 새 임지에 부임하게 된 것이다. 그분 임지가 바뀔 때마다 아이들의 손을 잡고 기미낀 얼굴, 만삭의 몸으로 우리를 실어 나를 열차를 기다리며 서 있던 수많은 기차역의 플랫홈들이 생각났다. 그때마다 나는 그 열차, 그 임지가 우리를 더 나은 미래로 실어다줄 것이라는 순진한 희망에 벅차 있었다.

그러나 내일이면 우리 가족이 둥지를 틀어야 할 청와대는 단지 '또 하나의 새로운 임지'만은 아니었다. '청와대'라는 단어가 지닌 엄숙함, 무게감이 나를 압도했다. 청와대의 생활은 우리 가족들에게 대체 무엇을 가져다줄 것인가. 남편은 과연 준비도 없이 맡게 된 그 엄청난 책무의 무게를 제대로 감당할 수 있을 것인가. 아이들은 과연 제대로 적응할 수 있을 것인가. 또 살림을 하는 것 외에는 아는 것이 없는 나를 기다리고 있는 것은 대체 어떤 나날일 것인가. 동이 트면 정든 연희동 집을 작별하고 미지의 세계를 향해 출항해야 하는 운명의 시간이 가까워오던 그날 밤. 미지의 세계에 대한 두려움으로 나는 잠을 이루지 못했다.

청와대 스케치

1980년 8월 28일 목요일, 오전 8시 40분.

남편과 나는 이웃들의 전송을 받으며 정든 연희동 집을 출발했다. 우리를 태운 대통령 전용차 앞 양옆에서는 태극기와 대통령 문장인 봉황기가 청량한 아침 공기를 가르고 있었다. 처음 가보는 길도 아니었지만 그날은 시내 정경조차 유난히 낯설어보였다. 차는 이내 청와대 앞길로 들어섰다. 길 양옆에 도열한 듯 늘어서 있는 우람한 은행나무들은 마치 역사의 증인이라도 되는 듯 우리의 행렬을 묵묵히 지켜보고 있었다. 나무들은 한 여름의 무성함 속에 한결 당당해보였다. 이윽고 속력을 낮추기 시작한 차는 청와대 정문을 통과해 낯선 건물들 사이로 조심스럽게 미끄러져 들어갔다. 잠시 후 차는 생각보다 훨씬 소박해보이는 건물 앞에 멈추어 섰고 누군가 다가와 문을 열어주었다. 청와대였다.

그분이 청와대 본관에 도착한 시각은 오전 8시 50분이었다. 남편의 첫 청와대 등청(登廳)이었다. 갑자기 눈앞에서 카메라 플래시가 수없이 터지면서 힘찬 박수 소리가 들려왔다. 붉은 카펫 양 옆으로 사람들이 도열해 있었다. 나중에 안 일이지만 많은 국내외 기자들, 청와대 비서실과 경호실 직원들이었다. 남편은 악수로 답례했다. 그이 어깨 너머로 청와대를 둘러싸고 있는 북악산이 바로 곁에 있는 듯 가깝게 다가왔다.

겨레의 5천 년 삶을 함께 살며 온갖 풍상을 겪어낸 북악산이 뿜어내는 장엄한 정기를 온몸으로 느끼며 우리 부부는 청와대 안으로 첫 발을 들여 놓았다. 남편이 특유의 당당한 자세로 분명하게 한 걸음 한 걸음 내딛으며 집무실을 향해 현관 안으로 들어설 때, 나는 내딛는 걸음만큼이나 자신의 새로운 운명 속으로 입장하고 있는 남편 모습이 가슴에 와닿아 마음이 절로 엄숙해졌다. 남편의 어깨 위로 보이지 않는 손에 의해 역사적 책무가 차곡차곡 얹어지고 있는 것 같다는 생각이 들었다. 이제까지 남편이 겪었던 그 어느 책임보다도 무거운 책무, 어쩌면 어제까지의 남편으로서는 상상할 수도 없는 그런 엄청난 일들이 기다리고 있을지도 모른다는 생각이 드는 순간, 한복 치마자락을 밟지 않으려고 온 신경을 쓰고 있던 나는 그만 다리에 힘이 빠져 하마터면 넘어질 뻔했다.

대통령 집무실은 현관에서 그리 멀지 않은 곳에 있었다. 집무실 입구의 전실(前室)에는 역대 대통령들의 초상화가 걸려 있었다. 그 속에 해방 이후 굴곡 많았던 우리 역사의 초상이 그대로 담겨 있는 것만 같은 느낌이었다. 언젠가는 퇴임한 남편의 초상화도 저 곳에 걸리게 되겠지. 어느새 우리도 이미 역사의 엄숙한 장(場) 한가운데 서 있음을 알 수 있었다. 그 곳에 걸려 있는 초상화의 주인공들 가운데 국가와 민족을 생각하지 않고 그 집무실을 지켰던 분이 계셨을까.

전실을 통과해 집무실에 이르렀다. 집무실은 오로지 대통령만이 사용할 공간이었지만, 청와대 입주 첫날이어서인지 총무비서관은 남편과 동행하도록 나를 그곳으로 안내했다. 명실상부한 국가의 심장부인 대통령 집무실. 그러나 난생 처음 보는 국가원수의 집무실은 내가 밖에서 생각했던 것처럼 거창하고 화려하거나 위압적이지 않았다. 태극기와 대통령 문장(紋章)이 새겨진 봉황 깃발이 방 한쪽의 양모퉁이에 서 있었고, 그 사이에 역시 대통령 문장이 눈에 띄게 새겨져 있는 커다란 목조책상 하나가 놓여 있었다.

책상 너머에는 아주 상세하게 그려진 대한민국 전도와 초대형 지구의가 놓여 있었고, 책상 앞의 넓은 공간에는 국정을 논의하는 장소로 보이는 커다란 탁자와 의자들이 자리 잡고 있었다. 아늑한 동쪽에는 연한 크림

청와대 입주 첫날. 집무실로 안내받은 그분은 바로 책상에 앉아 일을 시작했다.

색의 응접세트가 있어 손님들의 예방을 받는 곳인 듯 했다. 안내를 받으며 집무실을 구경하다 돌아보니 그분은 어느새 책상에 앉아 누군가를 부르고 있었다. 집무실에 들어선지 불과 몇 분 지난 시점이었다.

내 존재마저도 잊은 듯 이제는 자신의 새 일터가 된 집무실 책상에서 무엇인가 메모하며 이미 일을 시작하는 남편이었다. 내가 늘 신기하고 때로는 외경스럽게까지 생각하는 그분의 모습. 가진 것 모두를 아낌없이 불사르며 자신의 일에 한없이 몰두하는 그 모습이 생의 마지막 임지에서도 예외 없이 드러나고 있었다. 나는 비로소 가슴을 짓누르던 근심이 덜어지는 것을 느끼며 그이 몰래 살그머니 집무실을 빠져나왔다. 대통령의 청와대 집무의 시작이었다.

역사적인 첫 등청의 그날, 남편이 민관식 국회의장대리, 이영섭 대법원장, 합참의장, 3군참모총장, 연합사 부사령관, 3군사령관, 마리오 크레마 주한외교사절단장, 죠지타운 대학 전략문제연구소 사무총장 Ray Cline박사, 웨스팅하우스 Robert Kirby회장과 그 일행 등을 서재에서 접견하고 오후엔 청와대 대접견실에서 김경원 비서실장과 정동호 경호실장, 김병훈 의전수석, 이웅희 공보수석에 대한 임명장을 수여하는 동안 나는 전석영 총무비서관으로부터 청와대 시설들에 대한 전반적인 브리핑을 받고 청와대 본관 2층으로 가 이삿짐 정리를 하느라 여념이 없었다.

그 시절 청와대는 본관과 몇 동의 부속 건물로 구성되어 있었다. 본관에는 대통령 집무실을 비롯해 대통령 접견실, 영부인실, 영부인 접견실, 비서실, 회의실, 그리고 대통령 가족의 주거공간이 있었고, 부속건물은 비서실, 경호실, 영빈관 등으로 이루어져 있었다. 내가 직접 둘러본 청와대의 첫인상은 구석구석 모두 의외로 무척 검소하다는 것이었다. 역대 대통령들께서는 그곳이 대통령 관저로 사용된 이래 수많은 격동과 시대의 변화 속에서도 30년간이나 그 좁은 관저를 그때그때 수리해가며 검소하게 살아오고 있었던 것이다. 바깥세상에 있을 때는 전혀 상상하지 못했던 청와대 생활의 소박함이었다.

우리 가족이
입주할 당시의
청와대 본관의 모습

그날 내가 청와대 풍경에서 정겨움보다는 비극적 기운을 느꼈던 것은 흔히 세인들로 하여금 청와대를 '흉가(凶家)'라고 부르게 한 바로 그 음울함 때문이었다. 이승만 대통령의 하야, 육영수 여사 암살, 박정희 대통령 시해사건 등 악몽처럼 청와대의 주인들에게 잇따랐던 비극의 역사는 저 먼 옛날이 아니라 기억도 생생한 현대사 30년 안에 일어난 사건들이었다. 박 대통령 시해사건만 해도 내가 청와대에 서 있던 바로 그날로부터 불과 3백여 일 전에 일어난 일이었고, 내 가슴속에는 아직도 그날의 충격이 오롯이 간직되어 있었다.

그 이름도 아름다운 '푸른 기와집'에 깃들어 있던 비극의 전통을 끊는 길은 과연 무엇일까. 어떻게 하면 이 거듭되는 비극의 고리로부터 벗어날 수 있을까. 그 길은 자명했다. 그분을 시작으로 청와대의 주인들이 임기가 끝나면 어김없이 청와대를 떠나고, 새 주인을 맞아들이는 아름다운 권력의 순환이 이루어지게 하는 것 뿐이었다. 그러므로 어쩌면 난국에 처한 나라를 책임 맡은 남편이 감당해야 할 수많은 책무 중에서도 평화적으로 정권을 이양하는 새 전통을 세우는 바로 그 일이야말로 가장 절실한 시대적 과제라는 생각이 들었다.

청와대 본관은, 대통령 집무실과 접견실이 있는 공적 공간으로서의 1층과, 사적 공간인 2층으로 분리되어 있었다. 청와대의 2층이 우리 가족이 새로운 삶의 보금자리로 삼아야 할 공간이었다. 그런데 그 중 본관 2층도 일부는 비서실장실을 위한 공간으로 사용되고 있어 그 나머지 공간이 대통령과 그 가족을 위한 주거공간이 되는 셈이었다.

우리 가족만의 살림채로 들어서자 나는 우선 길고도 커다란, 방이라기보다는 마치 큰 홀처럼 느껴지는 공간을 만났다. 그 방이 '가족실'이라고 했다. 가족들이 함께 많은 시간을 보내는 장소라서 그런지 한가운데에는 우리 눈에는 꽤 커보였던 텔레비전 세트가 설치되어 있었다. 텔레비전 앞쪽으로 대통령 접견실에서 보았던 것과 같은 연한 크림색의 큼직한 응접세트가 놓여 있었고, 그 뒤편으로 평범한 모양의 8인용 사각식탁이 놓여 있었다. 특이한 것은 가족실 안쪽으로 나 있는 작은 창문들이었다. 흡사 일본 제국주의시대의 학교건물에서나 볼 수 있었던 모양의 그 작은 창문을 통해 단아하게 조약돌이 깔린 아름다운 우물 정(井)자 모양의 청와대의 작은 정원이 내려다 보였다.

우리 부부를 위한 공간으로는 침실과 한실이 있었다. 한실은 허리디스크로 고생하시던 최규하 대통령 영부인 홍기 여사를 위해 특별히 온돌로 개조된 곳이라고 했는데 넓어도 따스한 분위기를 풍겼다. 그분을 위해서는 작은 서재가 한 칸 따로 마련되어 있었다. 그 외에도 방이 세 칸이나 더 있어 집 안내가 끝난 후 나는 우선 큰아이와 딸에게는 각각 방 하나씩을, 그리고 막내와 둘째는 둘이 한방을 쓰게 하는 것으로 마음속의 방 배정을 끝냈다.

워낙 온갖 정성을 들였던 작은 연희동 집에만 익숙해 있던 탓이었겠지만, 처음 대한 청와대는 생각했던 것보다도 훨씬 더 정을 붙이기가 힘든 인상이었다. 모든 것이 가정집이라기보다는 구조도 기능도 마치 무뚝뚝한 호텔 같았다. 방마다 천정은 왜 또 그리도 높고 썰렁한지 몹시 휑한 느낌이었고 호텔방 같은 구조의 붙박이장이나 화장실마저도 도무지 친근감이 들지 않는 몹시 생경스러운 것이었다. 또 혼자 걸으면 그 후로도 오랫동안 무섬증이 들던 어둡고 긴 복도까지 그곳이 도무지 다정한 살림집이라는 느낌이 들지 않게 했다.

아이들 방을 둘러 본 후 길고 어두운 복도를 돌고 돌아 침실로 돌아오자 연희동 집에 두고 온 살림살이들이 간절하도록 그리웠다. 돌이켜 보면 참 어이없는 일이었지만 불과 얼마 후면 청와대에 들어와 살게 될 줄은 까맣게 모른 채 벼르고 별러 결혼 후 처음으로 제대로 모양을 갖춘 찬장과 식탁, 응접세트를 장만했었다. 그 가구들이 들어오던 날, 나는 너무나 흥분이 돼서 아이들과 함께 닦고 만지며 얼마나 좋아했었는지 모른다. 그중 등나무 응접세트는 훗날 딸 효선의 혼수로 쓰여 그래도 큰 위안이 되었다. 그 응접세트를 마련하기까지 쏟은 엄마의 정성을 알고 있는 딸아이의 고운 마음 씀이었다. 나머지 찬장과 식탁은 퇴임 후 연희동 집에서 지금도 사용해오고 있다. 물론 세월이 지나자 그 가구들에게선 처음 구입할 때 나를 사로잡았던 멋도 감격도 사라져버렸지만 그래도 추억의 물건이어서 두고두고 소중한 것이었다. 청와대에 들어온 후에도 난 이따금 난생 처음 올바로 마련해본, 그러나 채 손때도 묻히지 못하고 옛집에 두고 와야만 했던 그 가구들을 자주 그리워하곤 했었다.

방 배정에 따라 짐을 정리하고 있을 때 아이들이 돌아왔다. 아침에 연희동 집에서 학교로 등교했다가 오후에 곧장 청와대로 귀가한 것이다. 재국은 연세대 경영학과 2학년, 효선은 창덕여고 3학년, 재용은 한성고교 1학년, 터울 늦은 막내 재만은 경기초등학교 3학년이었다. 말없이 내 곁에서 짐 정리를 돕던 아이들이 각자 자기들 방과 주변을 둘러보고 와서 왠지 방이 휑하고 무섭다고 말했다. 순간 나는 뭐라고 대답할 말을 찾지 못해 난감했다. 나도 똑같이 느끼고 있었으니 아이들을 안심시켜줄 말이 생각날 리 없었다. 궁색한 대로 첫날이고 집이 너무 커서 그러니 금방 괜찮아질 것이라고 다독여준 후 아이들을 재촉해 그분의 퇴근시간 전에 짐 정리를 마치도록 서둘렀다.

얼마 후, 인터폰이 울리면서 낯선 목소리가 흘러나왔다.
"각하 퇴청하십니다."
저녁 6시. 그분의 첫 청와대 근무가 끝난 것이다. 하지만 관례상 퇴청이라고 불러도 사실 대통령의 퇴근길은 집무실 옆 스무 칸 정도의 계단을 걸어 2층으로 올라오는 짧은 귀로였다. 청와대에서의 첫 근무를 끝낸 남편은 조금은 피로하고 상기된 모습이었다.
"도무지 하루가 어떻게 지나갔는지 모르겠소."
그것이 청와대 첫 퇴근 후 남편의 일성이었다.
그날 우리 온 가족은 연희동 집이 아닌 청와대 2층 계단 앞 문간에 나란히 선 채 청와대 1층으로부터 첫 퇴근을 하는 가장을 그렇게 맞이하고 있었다. 얼굴 가득 쏟아지는 남편의 미소가 청와대 입주 제1일을 맞아 긴장된 우리를 안심시키고 있었다. 우리는 모두 가족실 식탁에 모여 앉아 청와대에서의 첫 식사시간을 맞았다. 생소하기 짝이 없는 식탁에 마치 행사라도 치르듯 모두 마주 앉으니 식구들끼리인데도 왠지 몸이 경직되는 것만 같았다. 곧 나비넥타이 정장에 이름표를 가슴에 단 직원 한 분이 들어와 음식을 날라 오고 물을 따라주며 식사 시중을 들기 시작했다. 고급 식당에서나 경험할 수 있는, 격식을 갖추었지만 어쩐지 우리에겐 부자유스런 식사였다. 너무 어색하고 긴장이 되는 분위기. 청와대라는 새 보금자리에서의 우리 가족의 생활은 그렇게 시작되었다.

저녁식사가 끝났을 때 남편은 우리에게 청와대 경내 구경을 하자는 제안을 했다. 청와대의 엄숙함에 잔뜩 긴장했던 아이들은 대환영이었다. 아이들 손을 잡고 별관 뒤편에 나있는 별도 출입구를 통해 밖으로 나가면서 나는 청와대 시설이 구석구석까지 얼마나 가족들이 생활하기에는 불편하게 되어있는지 목격하고 다시 한 번 놀라고 말았다. 청와대 본관 입구는 대통령의 공식 집무를 위한 출입구여서 가족들을 위한 출입구는 뒤쪽에 따로 나 있었다. 그런데 뒷 계단을 통해 직접 내려가보니 그 가족용 출입구라는 것이 겨우 한 사람 정도 통과할 수 있는 비좁은 통로인 데다 주방을 옆에 끼고 지나가게 되어 있었다. 그러니 주방에서 일하는 직원들은 우리 가족이 드나드는 것을 모두 볼 수 있도록 되어 있어 분리되는 가족들의 사생활을 지켜주기 위한 배려 같은 것은 전혀 보이지 않았다. 게다가 계단에는 대통령 가족의 경호를 위한 셔터문까지 설치되어 있어서, 밤 10시만 되면 셔터문이 닫혀 본관 2층은 외부로부터 완전히 차단되어 있었다.

그것을 보자 아이들은 이의를 제기했다. 어떻게 밤 10시가 통행금지 시간이 될 수 있느냐는 것이었다. 사실 대학생 자녀가 있는 집에서 그런 부자유한 구조는 어려움이 따를 수밖에 없었다. 실제로 이 셔터문은 이후 계속 아이들의 불평거리로 남아 있었다. 처음에는 주로 이미 대학생이던 재국이, 또 그 이후에는 각각 대학생이 되면서 효선과 재용이 말못할 많은 불편을 겪어야만 했다.

오전에는 워낙 긴장하고 있던 탓에 잘 느끼지 못했는데 해당화 빛 석양 속에 다시 바라다 본 청와대는 본관의 뒷모습까지도 왠지 어둡고 우울한 기운이 느껴졌다. 특히 눈길을 끌었던 것은 옥상에 설치된 방충망같이 생긴 철조망이었다. 그 구조물을 가장 먼저 발견한 것은 초등학교 3학년이던 재만이었다. 그분은 북한의 게릴라들이 투입될 것에 대비해 설치해놓은 방어용 장애물이라고 설명해주었다.

"이건 집이 아니라 마치 하나의 요새(要塞)군요."

깜짝 놀란 아이들이 혀를 찼고 나도 역시 내심 놀라고 말았다. 세상은 휴전이란 이름 아래 이미 전쟁을 잊은 지 거의 삼십 년인데 시내 한복판에 있는 청와대는 지금도 적의 침입과 도발을 가상해 외로운 요새가 되어 철저히 격리된 채 살아가고 있었다. 일과시간이 지난 뒤여서 경호요원들의 차림새도 전투복으로 바뀌어 있었다. 여기저기에 배치된 곳곳의 초소에서 완전무장을 하고 부동자세로 서 있던 경호요원들은, 대통령이 지나가며 지휘관 시절처럼 "수고가 많네." 하며 격려를 하면 무거운 군화소리와 '받들어 총' 자세를 만들며 동시에 큰 목소리로 "근무 중 이상 무!"를 외쳐 우리는 그때마다 깜짝 놀라곤 했다. 그러나 청와대의 삼엄한 분위기가 낯설기만 해서 왠지 주눅이 들었던 우리와는 달리 평생을 군에서 지휘관 생활을 해온 남편은 처음 보는 경호원들에게서도 마치 예전의 부하장병에게서와 똑같은 애정이 느껴지는지 몹시도 편안한 모습이었다. 사실 청와대 생활 내내 나와 아이들이 치러내야 했던 어려움 중 하나는 바로 경내 어디를 가나 마주쳐야 했던 수많은 경호요원들이었다. 운동을 할 때도 심지어 아이들이 잔디밭에서 잠시 공을 찰 때도 경호요원들은 항상 근무자세로 우리 주위에 배치되어 있었다. 그때마다 우리 가족은 그분 가르침대로 만날 때마다 매번 "수고하십니다." 인사를 했다. 그러나 누군가로부터 줄곧 경호를 받고 있다는 그 현실이 쑥스럽고 불편해 아무리 애를 써도 도무지 익숙해지질 않는 것이었다.

본관 뒤편에서 숲 속을 통해 나 있는 돌길을 따라 내려가니 청와대 후원으로 통하는 골짜기가 하나 있었다. 그곳까지의 청와대 인상과는 달리 아주 아름답고 청정한 느낌을 주는 골짜기였다. 제법 장대한 나무들이 수

한옥으로 지어진 상춘재

넓은 잔디밭이
펼쳐져 있는 녹지원

려하게 숲을 이루고 있는 사이를 조금 걸어 내려가자 '상춘재(常春齋)'라는 현판이 붙은 목조건물 한 채가 눈에 들어왔다. 상춘재 앞에 녹지원(綠地苑)이라는 이름의 넓은 잔디밭이 시원하게 펼쳐져 있어 아이들의 탄성을 자아냈다. 한껏 나이 먹은 노령의 한 그루 소나무가 한가운데에 멋진 자태로 서 있는 녹지원 동쪽으로는 낭만적인 실개천이 흘렀고 작은 새장들도 세워져 있었다. 상춘재와 녹지원 주변이 주는 아름다움과 그곳의 저녁이 뿜어내는 청량함이 하루 종일 불안과 긴장, 낯섦과 위축감으로 굳어졌던 식구들의 마음을 위로해주었다. 그제서야 아이들은 잔디밭을 가로질러 새장의 새들과 개천의 잉어를 따라다니며 우리의 새 거주지 청와대와 비로소 상견례하고 있었다.

낯선 것들을 눈에 익히느라 분주했던 청와대에서의 그 첫날은 늦은 밤까지도 또 하나의 추억이 있었다. 그날 밤 피로에도 불구하고 밤늦게까지 잠을 이루지 못하던 그분과 나는 아직은 아늑한 느낌이라고는 전혀 없는 침실에서 이런저런 이야기를 나누고 있었다. 그런데 밤이 깊어지자 아이들이 하나씩 우리를 찾아왔다. 가장 먼저 막내가 방문을 똑똑 두드리며 들어서자 재용이 겸연쩍은 웃음과 함께 뒤에서 나타났고, 얼마 지나자 혼자 뚝 떨어진 방에 있던 효선이 슬그머니 찾아와 이불 속으로 기어들어왔다. 무섭고 불안하기는 마찬가지인데도 장남은 대학생이라고 억지로 참고 있는 것 같아 인터폰을 해보니 역시 아직 자지 않고 있다는 것이었다. 소리를 쳐도 들을 수 없이 넓은 청와대 안채에서는 아이들을 부르는 것도 인터폰을 사용해야 했고 그것도 우리가 익숙해지는데 시간이 오래 걸린 일 중 하나였다. 그렇게 해서 한밤중에 온 가족이 다 모이자 남편은 우리를 이끌고 가족실로 나갔다. 중요한 일이 있을 때마다 아이들을 모아놓고 세상에 대한 이야기, 살아가는 데 필요한 이야기들을 해주는 원칙을 갖고 있는 그이로서 청와대에서의 첫 밤을 맞이해 해주고 싶은 이야기가 없을 리 없었다. 온 가족이 가족실로 나가 그이를 중심으로 소파와 바닥에 자리를 잡고 앉자, 그이는 만감이 교차하는 음성으로 아이들을 향해 입을 열었다.

"연희동 집을 떠나오던 날 밤에도 너희들에게 말한 바 있지만 나는 임기가 끝나면 반드시 집으로 돌아간다. 그 일이 생각처럼 쉽지 않기 때문에 전임자들이 해내지 못했을지도 모른다는 생각을 하면 두렵기도 하다. 하지만 우리나라가 괄목할만한 경제성장을 이루어냈으면서도 정치적으로는 후진국이라는 소리를 듣고 있다는 점을 생각할 때 나는 반드시 새로운 전통을 수립해놓고 나가야 한다는 사명감을 느끼고 있는 것이다."

그러면서 그이는 최 대통령이 기라성 같은 인재들을 다 놓아두고 여러모로 부족한 자신에게 대통령직을 맡긴 깊은 뜻을 생각해서라도 반드시 기대에 부응해야 한다고 했다. 대통령 취임을 앞두고 끝없이 다짐과 각오를 반복하는 남편을 보면서 나는 남편의 대통령직 수행은 그 다짐과 노력만으로도 성공을 보장받을 수 있으리라는 생각을 했다. 과연 열심은 무적(無敵)일까. 세상사란 얼마나 자주 예기치 못한 예외와 의외의 사건을 만나 좌초하곤 하는가.

수습기간도 롤 모델도 없었던 배역, 영부인

사흘 후인 8월의 마지막 밤, 날이 밝으면 대통령 취임식에 가야 한다. 밤중에 잠이 깬 나는 옆방으로 건너가 취임식 행사 예복과 소품들을 다시 한 번 챙겨보았다. 대한민국의 대통령과 그 부인에게 수여되는 무궁화 대훈장이 걸려 있는 예복은 등불 아래 경건했다. 취임식의 모든 수순이 제발 무사히 진행되길 나는 염원했다. 이른 새벽에 눈을 뜨니, 이미 책상 앞에 앉아 무엇인가를 쓰고 있던 그분이 나를 보며 말했다.

"오늘부터 말이오, 나는 젖 먹던 힘까지 다 써야 할 것 같소."

1980년 9월 1일 월요일 오전 11시.

잠실체육관 하늘 위로 수백 마리의 비둘기가 날아오르자 '제11대 대통령 취임식'은 시작되었다. 그분이 일어나 국민들을 향해 섰고 오른손을 들어 올려 대통령 취임선서를 했다. 그분의 결연한 목소리가 체육관 안에 엄숙히 울려퍼졌다.

"나는 국헌을 준수하고 국가를 보위하며 민족문화의 발전 및 국민의 자유와 복리의 증진에 노력하고 조국의 평화적 통일을 위해 대통령으로서의 직책을 성실히 수행할 것임을 국민 앞에 엄숙히 선서합니다."

오후에 우리는 청사초롱이 내걸린 경복궁 근정전을 지나 호수 가득 연꽃이 피어 있던 아름다운 누각, 경회루로 갔다. 그곳에는 1천2백 명의 손님이 기다리고 있었다. 그분은 3부요인과 국정자문위원, 국무위원, 외교사절, 국회의원 등 사회각계 인사들의 축하인사를 받았다. 만찬장으로 가기 위해 차에 다시 올랐을 때 하늘에는 황홀한 불꽃놀이가 시작되고 있었다. 만찬을 끝내고 세종문화회관을 나선 것은 밤 10시가 넘어서였다. 임시 공휴일이 선포되고 야간통금이 해제되어 한껏 자유스러워진 듯한 거리풍경이 차창 밖으로 흘러갔다. 남편은 그날 국민들에게 뼈가 부서지도록 일하겠다고 다짐했다. 잊을 수 없는 밤이었다.

취임 이튿날, 남덕우 국무총리와 신병현 부총리의 새 내각이 출범했다. 아이들이 모두 학교로 가고 그분도 등청한 후, 나는 의무실에 부탁해서 수면제가 든 영양제 주사를 맞았다. 몇 달간을 긴장과 놀람으로 보낸 나는 신경과민에 시달리고 있었지만 도무지 그런 내색을 할 수 있는 처지가 못되었다. 무엇보다 경제에 대해 아는 것이 별로 없어 걱정이라며 남편은 날마다 경제전문가들을 불러 준파산상태인 나라경제의 정확한 실상을 파악하고 최선의 실천적인 대책을 세우기 위해 그야말로 안간힘을 쓰고 있었다. 그리고는 자주 "나라 경제가 파산 직전"이라는 말과 함께 무거운 한숨을 내쉬곤 했다. 그러면서 혼잣말처럼 '사람들 앞에서는 한숨조차 쉴 수 없다'며 답답해했다. 대통령이 낙담하고 좌절하는 모습을 결코 국민에게 보여줘서는 안된다는 것이다. 그 모습을 옆에서 지켜보는 내 가슴까지 조여오는 듯했다. 경제통이라는 전문가들로 꾸며진 새 내각이니 잘 하시지 않을까, 막연한 기대만 해볼 뿐, 나로서는 도움이 되는 길을 찾을 길이 없었다.

10.26은 유신체제의 붕괴를 가져왔을 뿐 아니라, 고도성장위주의 경제

정책으로 조성된 각종 부작용과 폐단을 그대로 노출시키고 있었다. 좌절과 혼란뿐이라고 해도 과언이 아닐 정도의 상황에서 나라 살림을 맡은 그분은 퇴청 후에도 산더미처럼 쌓인 서류더미 속에 파묻힌 채 밤 늦게까지 2층 서재에서 나오지 않았다. 일과를 마치면 일단 퇴청은 했다. 집무실에 남아 있으면 부속실, 비서실 직원들이 퇴근을 못하게 되니까 검토할 서류를 들고 퇴청을 하는 것이었다. 그러면 2층 서재가 집무실이 되는 것이었다. 따끈한 차가 다 식어가도록 그이는 뭔가 풀기 힘든 일과 매일 밤을 씨름했다. 그 치열한 모습에 문득 군 시절 생각이 날 정도였다. 남편은 어느 부대든 처음 부임하면, 항상 예외 없이 '100일 작전'이라는 것을 실행하곤 하지 않았던가. 부임 후 첫 100일간은 부대 안에서 먹고 자며 집에도 들어오지 않는, '부대와 한 몸만들기 작전'이었다. 다르다면 청와대에서의 '100일 작전'은 멀리 떨어져 있는 부대로 남편이 우리를 떠나 있는 대신 가족들이 그분의 일터로 들어와 함께 있으면서 그 기진하도록 애쓰는 모습을 목격한다는 것이 다를 뿐이었다. 하지만 그토록 치열하게 매달리는 남편의 모습을 곁에서 지켜보는 것도 괴로운 일이었다.

설상가상으로 취임 사흘 뒤인 9월 4일, 영호남지역에 폭우가 쏟아져 큰 수해가 났다. 남편은 즉시 수해지역 현지방문을 위해 달려갔다. 비 피해가 심하다는 보고를 받고 밤 늦도록 창 밖의 빗소리에 놀라 깨곤 하더니, 새벽이 되자 지체없이 현지로 떠나버린 것이다. 그리고는 그날 밤 청와대로 돌아오지 않았다. 수해현장인 영호남지역에 머문 것이다.

청와대에서의 새 생활은 내게도 그분의 새 임무만큼이나 많은 투지와 분발을 요구했다. 양념 냄새에나 익숙해 있던 평범한 주부로부터 한 나라의 대통령 부인으로의 갑작스런 변신은 책임감과 불안감으로 나를 잠못 이루게 했다.

"사회 경험도 없는 내가 과연 대통령 부인의 역할을 제대로 해낼 수 있을 것인가."

 아무리 생각해도 자신 없는 일이었다. 시간이 흐르자 서서히 청와대에서 내 몫이 되는 일들이 어떤 것인지 차츰 감지할 수 있었다. 어느 특정문서에 명문화되어 있지는 않아도 청와대 생활의 구조나 그동안의 관례에 따라 영부인 몫으로 되어 있는 분명한 과제들이 있었다. 우선 청와대 안주인으로서 남편과 가족의 생활을 돌보는 일이 있었고, 다음은 대통령 영부인 자격으로 영빈관이나 접견실에서 손님을 접대하는 일, 또 여러 가지 공식행사에 참석하는 일 등이 그것이었다. 특히 그 중에서도 사회 각계의 대표나 여성계 인사, 주한 외교사절의 부인들을 접견하는 일은 각별히 신경을 써야 하는 중요한 과제에 속했다. 모든 것이 불안하고 어색했지만 분발을 해서라도 내 몫의 일에 대해 나름대로의 적응을 해야만 했다. 집안 식구들에 관한 일이라면 그래도 가장 덜 어색한 일이어서 우선 우리 가족의 청와대 적응에서부터 나의 과제를 풀어나가기 시작했다.

 청와대에는 늘 손님이 끊이지 않았고, 크고 작은 공식행사가 거의 매일 열렸다. 그래서 본관에는 한식은 물론 양식, 중국식, 일식 등의 전문 요리사들과 봉사요원들이 상근하고 있었다. 그 때문에 우리 가족을 위한 식탁에도 그날의 외부 행사에 따라 늘 한식만이 아닌 여러 가지 요리가 준비되어 올라왔다. 한식만 해도 워낙 집집마다 장맛이 다르고 손맛이 다른 법인 데다 요리사가 해 주는 한식이다 보니 아무래도 우리 집 음식에만 익숙한 식구들의 입맛에는 맞지 않았다. 오랜 여행을 끝내고도 집에 돌아와 자기 집 된장찌개를 한 술 떠먹어야 정말 집에 왔다는 실감이 나는 법이 아닌가. 특수하고 낯선 장소인 청와대가 '나의 집'이라는 편안함을 갖게 하려면 무엇보다도 식생활의 안정이 필요하다는 생각이 들었다. 난 조금씩 용기를 내어 주방에 그분의 식성과 가족들의 음식취향을 알려주고, 식후에는 그날 음식의 간과 분량, 식사에 대한 가족의 반응 등을 알려주는 것으로 서서히 불편을 해소해나갔다. 그분이 좋아하는 김치국밥과 된장찌개, 보리떡국 등에 대해서는 우리 집 고유의 조리법을 참고해주도록 부탁한 것도 그즈음이었다.

그러나 청와대에서의 영부인 생활도 역시 매일같이 열리는 각종 공식행사로 채워졌다. 청와대의 비서실에는 대통령 비서실인 제1부속실과, 영부인의 공적인 접견일정과 행사를 보좌하는 제2부속실이 있었다. 제2부속실에는 규정상 2급 비서관 한 명, 4급과 5급 행정관 두 명, 그렇게 세 명의 보좌관을 둘 수 있도록 규정되어 있었다. 그러나 너무 모든 것을 지나치게 어려워하고 무슨 일에 진취적으로 임하기보다는 실수를 피하고 꼭 해야 하는 일만 하려는 소극적인 자세를 갖고 있던 나는 보좌관을 세 명씩이나 두는 것이 부담스럽게 느껴졌다. 결국 그분의 임기 7년 반 동안 나는 제 2부속실을 2급 비서관 한 명, 5급 행정관 한 명, 그렇게 두 명의 보좌관만을 두고 축소 운영했다. 제2부속실로 들어오는 모든 민원 사항도 반드시 대통령 비서실과 협의를 거치도록 하는 등 안전제일주의를 지켰다. 그 제2부속실의 도움을 받아 내가 치러야 했던 공식행사 중에서 가장 큰 비중을 차지하는 것은 영빈관에서의 행사였다.

영빈관은 청와대의 손님맞이 장소 가운데 가장 규모가 큰 장소로 박 대통령 시절 지은 건물이었다. 원래 본관에 손님 접대를 위한 공간으로 대접견실이라는 연회용 방이 있었다고 했다. 그런데 그 방이 겨우 50명 정도의 손님 밖에는 수용할 수 없는 작은 공간이어서 외국 귀빈을 맞을 때마다 번번이 시내 호텔을 빌려 행사를 치러야 하는 번거로움과 비능률을 감수해야 했다는 것이다.

2층으로 된 이 단정한 연회장은 한번에 2백여 명의 손님을 초대할 수 있는 규모로 그간의 불편을 해소하고도 남았다. 그 영빈관과 대접견실에 행

전국 모범어린이들을 청와대로 초청해 격려했다.

사가 있는 날이면 전문요리사와 봉사요원들이 외부로부터 출장을 나왔다. 준비할 음식량도 많았고 행사 중 음식 시중을 들 인원도 필요한 연회 형식 때문이었다. 그 많은 사람들을 모두 청와대 직원으로 고용하는 것은 여러 가지로 비능률적이라고 했다. 그런 행사가 열리면 나에게는 행사에 참석하는 일도 과제였지만 연회를 위한 음식의 식단을 결정하는 것도 내 몫이었다. 집에서 손님 몇 사람을 대접하는 것과는 격이 다른, 나라의 큰 공식행사였다. 그러다 보니 청와대 생활이 익숙해져가는 가운데에도 식단 결정은 여간 어려운 일이 아니었다. 비싼 음식이라고 해서 손님들로부터 반드시 좋은 반응을 얻는 것도 아니었다. 그렇다고 나에게 요리에 대한 전문적인 지식이 있는 것도 아니어서 우선은 초대된 손님들의 반응을 살펴 다음 행사에 반영하는 방식으로 대처해가는 수밖에 없었다. 그런 난처함 중에도 내가 가진 소신은 화려함보다는 정갈한 음식을 마련하자는 것이어서 조금씩 실용적 식단으로 조정해갔다.

음식에 관계되는 또 다른 접대는 연회장 행사만큼이나 중요한 초청행사였던 다과회였다. 청와대 초기시절 이 다과회는 큰 테이블마다 한과나 양과가 담긴 커다란 은(銀) 접시가 놓이고 손님들은 그 주위에 둘러선 채 음료수를 마시며 담소하는 가든파티 형식으로 진행되고 있었다. 그런데 이 가든파티 형식은 자세히 살펴보니 불필요한 낭비가 많았다. 사람들을 긴장하게 하는 청와대라는 장소가 주는 분위기와 가든파티 형식에 익숙하지 않은 우리 문화의 탓 때문인 것 같았다.

청와대에 들어간 후 나는 처녀 때 일기를 쓰던 버릇을 다시 살려 그날그날의 일을 간략히 적은 비망록을 간직해왔다. 그 초창기의 기록으로 다과회에 대해 '계속 선 채로 진행되는 행사의 양식 때문인지 끝난 후에 살펴보면 음식이 거의 그대로 남아 있었다'는 메모가 적혀 있는 걸 볼 수 있을 정도였다. 설사 이 가든파티 형식이 서양식의 우아함이 있다고 해도 실제로는 편안한 분위기에서 손님들을 접대하려는 청와대의 원래 의도가 제대로 반영되지도 않는 것 같았다. 또 무엇보다 당시 힘들었던 나라사정을 생각하면 필요 이상으로 비용이 많이 들어가는 일은 개선할 필요가 있었다. 그래서 얼마의 시간이 흐른 후부터는 난 좀 파격적인 변화였지만 새로운 방법을 시도했다. 특별한 경우가 아니면 은그릇 대신에 1인용 작은 다과 그릇을 준비해 손님들이 각자의 의자에서 자기 몫의 다과를 자신이 원할 때 즐기도록 하는 방식이었다. 또 비용을 줄이기 위해 다과음식을 비롯한 모든 접대용 음식들을 호텔에서 주문해 쓰던 과거의 관례를 바꿔 청와대 주방에서 직접 구입하도록 했다. 내 생각대로 이렇게 관행을 바꿔도 상관없는 것일까 망설여지기는 했지만 새로운 시도를 실시한 1년 후에 약 5천만 원이라는 당시로서는 상당한 액수의 비용이 절감되었다는 보고에 스스로 놀라기도 했다. 역시 나라 살림이다 보니 모든 것이 규모가 큰 것이 청와대 살림이었다. 형식의 조그마한 차이에 따라 많은 예산을 크게 절약할 수 있는 것이다.

　손님 접대준비 외의 공식행사로는 국내의 주요 인사들을 접견하는 것이었다. 그 해 9월 26일, 캐나다 대사 부인인 버니 여사를 만나는 것으로 시작된 주한 외교사절 부인들의 접견행사는 처음에는 날 긴장하게 하는 부담스런 임무였다. 당시 우리나라는 113개 나라와 국교를 맺고 있었다. 대부분의 나라들은 우리나라에 그들의 공관을 상주시키고 있었지만 몇몇 국가는 일본 동경주재 공관장이 겸임하고 있기도 했다.

　접견 일정은 대개 일주일 전 쯤 통보되곤 했는데 그 통보를 받는 날이 나에게는 큰 숙제가 주어지는 날이었다. 주한 외국대사는 해당 국가 정부를 대표하는 전권대사여서 각국의 대사부인들은 외교의 베테랑들인데 나같이 경험이 없는 사람이 한국에 대한 긍정적인 인상을 심어주려면 어떻게 해야 하는 것인지 고심했다. 하지만 주눅이 들어 있던 나의 예상과는 달리 의외로 영부인 접견실로 안내된 외교사절 부인들도 대체로 몹시 긴장해 있어서 오히려 그들의 긴장을 풀어주고 편안하게 해주는 것이 내 일의 시작이라는 것을 알게 되었다. 작은 감각들이 쌓이자 주로 반갑다는 인사, 날씨나 자녀들에 대한 이야기, 또는 한국생활의 적응에 관해 묻는 것으로 첫 인사를 하며 대화를 풀어가도록 노력했다. 그러다 보니 자연히 그들이 대표하는 나라나 그들 개인에 대해 사전지식을 갖고 있어야 훨씬 부드럽고 다정한 대화를 나눌 수 있다는 사실을 깨닫게 되었다.

　일정이 잡히면 바로 비서실로부터 해당 국가의 개황과 과거의 역사자료와 국가원수 및 외교사절의 가족 사항에 관한 자료를 받아 공부했다. 또 공식행사여서 항상 외무부에 요청해 전문통역사를 배석시켰지만 통역 없이 상대방의 모국어로 첫 인사를 나누고 몇 마디라도 일상적인 말을 건네면 더욱 친근하고 인상적인 만남이 될 것 같아 적극적으로 그 나라말을 익혀보기도 했다. 그러나 그 정도의 가벼운 만남을 위해 준비하는 간단한

영부인으로서 해야 할
일정 중 가장 많았던 것은
외교사절 부인들을
접견하는 일이었다.
(오른쪽이 워커
주한미국대사 부인)

외국어조차 도무지 쉽지 않았다. 다행히 영어는 연세어학당 과정 이후에도 개인교습을 통해 꾸준히 배워둔 덕에 큰 어려움이 없었다. 그러나 낯선 불어와 스페인어는 그분 임기 내내 내겐 큰 부담이었다. 그 외에도 외국손님 접대 때에는 또 다른 어려움이 하나 있었다.

당시 '경제 되살리기'를 정부의 당면 최대 목표로 삼고 있던 남편은 지금처럼 나라 형편이 어렵고 무역만이 살길인 나라에서는 대통령 가족도 세일즈맨이 되어야 한다고 입버릇처럼 반복해 강조하곤 했다. 그렇게 세일즈맨이 되기 위해서는 외교사절부인들과 만날 때 의도적으로 단아한 선과 담백한 멋을 지닌 백자다기(白磁茶器)에 인삼차 같은 우리의 전통차를 담아 내놓고, 적당한 기회에 자연스럽게 화제를 돌려 우리나라의 백자라든가 인삼의 효능에 대한 은근한 자랑을 시도하는 역할이 필요했다. 아무리해도 좀처럼 익숙해지지 않던 힘겨운 과제였다.

그러나 나의 청와대생활 경험 중에서 가장 큰 어려움은 아무래도 그분과 함께, 혹은 혼자 참석해야 했던 외부 공식행사였다. 원래 내성적인 성격의 나는 카메라 앞이나 사람들이 많이 모인 곳에만 가면 나도 모르게 극

'양잠경연대회' 같은 여성이 중심이 된 행사에 참석해서 그들을 격려했다.

도로 긴장해 몸이 굳어버리는 증세를 어찌할 수가 없었다. 특히 가장 심한 곤욕을 치렀던 것은 혼자 참가하는 행사였다. 대개의 경우 내게 연설문 낭독의 일이 주어졌기 때문이었다. 대중 앞에 나서는 일도, 연설문을 낭독하는 일도, 사실 너무 어색하고 힘들어서 끔찍할 정도였지만, 그렇다고 대통령 부인으로 마땅히 주어진 일을 내 개인사정으로 사양할 수도 없었다. 하지만 일단 행사가 확정되어 대통령 비서실로부터 전달되는 연설문 초안과 행사내용 자료들을 보는 것만으로도 신경성 복통을 일으킬 정도였다. 준비를 한다고 여기저기 쉬어갈 곳, 높낮이가 필요한 곳 등을 표시까지 해가며 읽기 연습을 해 갔지만, 막상 행사장에서 연설문을 읽을 때에는 오히려 이상하게도 연습을 더 많이 한 날은 긴장도 곱절로 더했었다. '아, 실수를 하는구나.' 라는 생각이 들면 어느새 등에는 진땀이 흘러내리고 자신감이 사라졌다. 그런 일은 자꾸 경험을 쌓아가면서 시간이 가야만 긴장이 풀린다는 것조차 알지 못하던 초창기의 미숙함이었다. 그래도 다음번에는 좀 더 잘할 수 있을까 해서 행사에서 돌아오면 녹음해온 그날의 연설을 혼자 들어보곤 했는데, 그 작업이야말로 정말이지 고역이었다. 어떤 날은 너무 조심하느라 어눌하고 또 어떤 날은 너무 급해 흥분에 들뜬 목소리여서 혼자 듣기에도 부끄럽고 민망스럽기만 한 것이었다.

더구나 내가 참석했던 행사가 텔레비전 뉴스 시간에 보도되는 경우 실망은 더욱 컸다. 연설문만 너무 들여다 보면 청중에게 결례가 되는 것 같아 연설문에서 자주 눈을 뗀 날은 화면에 비친 나의 시선은 한없이 불안하고 분주해보였다. 긴장으로 눈을 심하게 깜빡거리는 날이 있는가 하면 강한 조명 때문에 눈에서 눈물이 흘러내리는 날도 있어 창피하고 민망했다. 평범한 화장은 카메라 조명을 받으면 번쩍거리기 때문에 훨씬 더 꼼꼼하게 분을 발라야 한다는 것을 알게 된 것도 반복되는 실수와 낭패한 심정 속에서 괴로워하다 깨달은 일이었다. 조언자가 없으니 결국 시행착오를

장애아동시설을 찾아가 아이들을 만나기도 했다.

대구 화성양로원을 방문했다.

유아교육에 대한 관심은 세새대육영회 사업으로 발전했다.

통해 스스로 배워가는 수밖엔 도리가 없었다. 또 사진기자들에 둘러싸여 있을 때도 어떤 자세를 취해야 할지 몰라 늘 쩔쩔맸다. 누군가 사진을 찍으려고 초점을 맞추는 모습이 보이면 나도 모르게 무심결에 얼굴을 돌려버렸고, 그러다 보니 늘 각이 진 내 옆모습만이 강조되기 일쑤였다. 이런 각종 공식행사에 따라오던 괴로움들이 되풀이되자 얼마 후엔 공식행사가 예정된 행사 표만 봐도 가슴이 뛰고 머리가 아파오는 소위 '고3병 증세'가 나타났다. 긴장, 복통, 불안, 가슴을 졸이는 연습과 열의, 그리고 다시 반복되는 실수들. 어느새 체중은 43킬로그램으로 줄어 얼굴도 몸도 점점 날카롭게 모가 나며 말라가기만 했다.

그런 힘든 생활 중에도 내게 보람 있는 경험으로 가슴속에 간직할 기억

새마을부녀회
봉사활동에 참여했다.

국무위원 부인들과
적십자 봉사활동에
정기적으로 참여했다.

을 많이 남겨준 일도 있었다. 그 중 하나가 사회복지시설을 방문하는 일이었다. 취임식이 있던 그해 초가을부터 12월말까지의 짧은 기간 동안 나는 모두 48개소의 사회복지시설을 방문했다. 사실 청와대로 들어가기 전의 내 삶은 비록 하루하루를 열심히 살았다고 해도 내 집과 내 가족밖에는 모르는 울타리 안의 이기적인 안주였다. 오로지 내 가족을 돌보고 우리 식구들이 좀 더 잘 살았으면 좋겠다는 타성적인 사고 속에 가정 밖의 세상은 채 돌아보지 못하는 삶이었다. 그러는 동안 바깥세상에는 잊혀지고 불행한 사람들이 많다는 사실에 관심조차 갖지 못했었다. 그러다 대통령 부인 자격으로 불우한 처지에 놓인 사람들을 직접 찾아가 만나면서 나는 그동안 생각하지도 경험하지도 못했던 새로운 사회를 발견할 수 있었

조선시대 사대부 가정의 사랑채처럼 만들어놓았던 영부인 접견실

다. 그동안 내 가족, 내 가정에 연연해 살면서 나는 그것이 견실하고 단정한 삶이라고 생각했었다. 그러나 복지시설을 방문하면서 내가 너무 내 가정의 행복에만 급급해왔다는 반성이 내 안일한 의식을 일깨웠다. 복지시설을 방문할 때마다 마치 하나의 충격같이 다가오던 불우한 사람들과의 만남 때문이었다. 어쩌면 불우한 처지에 있다는 것만큼이나 다른 사람들에게 잊혀져 지낸다는 사정없는 고독이 그들의 슬픔인 것 같았다.

처음에는 즉흥적인 동정심에서 비롯되었지만 불우시설을 찾아가는 횟수가 잦아지면서 그들과 손을 맞잡고 있으면 그들의 고통과 슬픔이 마주 잡은 손의 체온을 통해 내게 또렷이 전달됐다. 왜 좀 더 일찍 찾지 못했던가. 후회하며 뒤늦게나마 내게 그런 귀한 기회가 주어진 것에 깊이 감사했다. 청와대에 있는 동안만이라도 되도록 자주 불우시설을 찾으려고 노력했다. 식품이나 의류, 연탄 등의 일용품과 텔레비전과 침구 같은 것들을 준비한 후 그들을 찾아가 고독과 절망이 습관이 되어버린 듯한 그들의 반가워하는 얼굴과 손을 부여잡는 것이 내게는 점점 고대하며 기다려지는 간절한 일이 되어갔다.

처음 청와대에 들어가 영부인 생활에 적응하는데 무엇보다 큰 역할을 한 곳은 결혼 이후 처음 가져본 나만의 공간인 '영부인실'이었다. 웬만한 가정의 주부들이 다 그렇듯 결혼 후에도 그분과 아이들을 위해 방을 따로 마련하는 일에는 늘 신경을 썼지만 나만을 위한 공간이 필요하다는 생각은 해본적이 없었다. 물론 '내 집 마련'에 전력투구하고 있던 입장에서 감히 그런 공간을 가질 여유도 없었지만 그 필요성조차 느끼지 못한 것도 사실이었다. 그런데 운 좋게도 원래 1층에 있던 영부인실이 2층으로 옮겨지면서 손님접대를 위한 방과 나 자신을 위한 서재로 나누어 꾸밀 수 있는 기회가 주어졌던 것이다. 나만의 공간이기도 했지만 국내외 손님들을 맞는 영접장소가 될 접견실을 한국적으로 꾸미는 것이 좋을 것 같아 최순우 국립박물관장에게 자문을 구했다.

그는 내가 우리나라 조선조 민가의 사랑채 풍경에 관심을 가지고 있는 것을 알고 뛰어난 안목의 건축가 김수근 씨에게 설계를 맡기셨다. 그분의 도움으로 마침내 창덕궁 후원의 연경당 사랑채를 연상시키는 단아한 방을 완성할 수 있었다.

그 아름다운 방 뒤쪽 벽에는 용비어천가의 영인본을 그대로 옮겨 만든 문자병풍을 둘러놓아 외국손님과의 대화에서 우리나라 문화에 대한 이런저런 이야기에 곁들여 세종대왕의 선정(善政)과 문화적 치적을 화제로 삼을 수 있었다. 공식 행사를 위한 준비나 저명한 교수님들을 모시고 역사와 철학 강의를 들을 때에도 그 한실이 주는 침착함과 진솔함으로 마음이 안정되곤 했다.

긴장과 조바심, 보람과 감동이 엇갈리던 대통령 부인으로서의 수습기간. 그것은 나와는 비교할 수도 없는 힘겨운 국가적 과제들과 맞서 싸워야 했던 남편 곁에서 국가와 그 국가의 공복으로서의 엄숙함을 순간마다 호흡하며 살아야 했던 벅찬 시간이기도 했다.

제7장

마흔 두 살의
첫 해외여행

검은색 수트에 푸른 바다색 넥타이의 레이건 대통령이
내가 팔짱을 낄 수 있도록 왼팔을 내밀며 정중하게
"제가 오찬장으로 모시겠습니다. 영부인님."이라고 했다.
우리 뒤에서 그분과 낸시 여사도 팔짱을 낀 채
유쾌하고 정다운 모습으로 따라왔다.
온통 탐스러운 튤립으로 장식되어 있는 오찬장은
정상회담 결과에 만족한 사람들이 만들어내는
축제의 분위기로 달아올라 있었다.

정상회담의 기억

1981년 새해는 새로운 과제와 함께 찾아왔다. 미국 레이건 대통령과의 정상회담을 위해 워싱턴을 방문하기로 결정된 것이다. 레이건 대통령의 당선자 시절이던 1980년 11월부터 이미 추진되었던 미국 방문 계획이 성사되어, 레이건 대통령의 취임 후 첫 번째 국빈으로서 백악관을 찾게 된 것이다. 그 당시 한반도의 안보 정세와 한미관계, 그리고 5공화국이 출범하던 국내 정치상황 등에 비추어 한국의 대통령이, 미국을 방문해서 갓 취임한 레이건 대통령과 정상회담을 연다는 사실은 '역사적'이라고 할만큼 중요한 의미를 갖고 있었다. 워싱턴 외교가에서도 이 소식은 놀라움으로 받아들여졌다고 한다.

그분으로서는 취임 5개월 만에 갖는 첫 외국 방문이고 정상회담이어서 '정상외교 무대'로의 첫등장이라는 성격도 있었지만, 방문국이 미국이고 상대가 레이건 대통령이라는 점에서 과거 그 어느 정상회담보다 중요한 의미를 띠고 있었다. 우리나라와 미국의 전임 대통령이었던 박정희 대통령과 카터 대통령 시절 양국관계는 매우 불편한 관계였다. 당시 동서냉전 체제하에서 우리의 안보 환경은 결코 방심할 수 없는 위험 요인을 안고 있었다. 주한 미지상군의 철수를 추진하던 카터 대통령이 계속 재임 중이었고, 10.26 이후 빚어진 국내의 혼란을 대남도발의 기회로 이용하려는 북한의 위협이 상존하고 있었다. 이러한 상황에서 남편이 대통령에 취임하자 바로 한미관계의 강화에 집중적인 노력을 기울인 것은 필연적인 수순이었던 것 같다. 한국의 대통령이 한미 동맹관계의 회복을 위한 방안을 모색하고 있는 가운데, 미국에서 공화당의 레이건 후보가 대통령에 당선되자 곧바로 비공식 라인을 통한 미국방문 계획을 추진했던 것이다.

내게도 전달된 공식 방문 일정표와 접견인사 자료집 속엔 나를 위한 별도 일정도 준비되어 있었다. 공식 발표가 있은 날로부터 출국예정일인 28일까지는 겨우 1주일밖에 남아 있지 않았다. 준비하기엔 시간이 촉박했다. 방문에 앞서 준비 현황에 대한 세밀한 보고도 받아야 했다. 미 당국과 협조해 확정된 모든 행사와 진행 절차들에 대한 상세한 설명도 들어야만 했다. 긴 시간 동안 치밀한 내용으로 진행된 브리핑에는 대통령과 나를 포함해 부총리를 비롯한 공식 수행원들이 모두 참석했다. 공항 영접행사, 기내 영접인사, 행사 소요시간, 별도 일정 등 세밀한 부분까지 매우 섬세하게 보고되었다.

촉박한 시일 동안에 준비를 하려니 대통령 부인으로서 장소와 격에 어울리는 의상 준비가 가장 어려운 일이었다. 격식에 맞게 입어야 하는 양장도 신경이 쓰였지만 특히 한복의 경우는 더욱 힘들었다. 늘 입는 한복이었지만 막상 국가 공식행사용으로 준비하려고 보니 격식을 제대로 갖춰 입는 일이 쉽지 않았다. 한복은 제작과정부터 손이 많이 가는 매우 섬세한 의상이다. 너무 화려해보이거나 반대로 너무 절제돼 초라해보이지 않도록 해야 한다.

공항 행사 때 입어도 무난한 한복, 그리고 화려한 서양식 이브닝드레스에 견주어도 손색이 없을 한복이 따로 필요했다. 참고가 될까 해서 지난 시절 영부인들의 자료를 찾아보았다. 아쉽게도 이승만 대통령 영부인 프란

체스카 여사나 윤보선 대통령 영부인 공덕귀 여사의 자료는 거의 남아 있지 않았다. 박정희 대통령 영부인 육영수 여사나 최규하 대통령 영부인 홍기 여사의 경우도 흑백 텔레비전 시절의 자료여서 별 도움이 되지 않았다. 결국 복식전문가 유희경 교수의 조언을 듣기로 했다. 그의 권유대로 정중한 예복으로는 당의(唐衣)를 결정해 슬라이드로 된 자료를 참고해서 두벌을 준비했다. 백악관 행사를 위해서는 전통자수가 수놓인 것 한 벌, 붓으로 동양화를 그려 만든 것 한 벌, 그렇게 두 벌의 한복을 따로 준비하기로 의견이 모아진 것이다. 유엔본부 방문 행사에는 한복보다는 서양식 정장이 좋겠다는 의견을 받아들였다.

한복이 중요행사의 의상으로 결정된 후 한 가지 문제가 생겼다. 목적지에 도착하는 즉시 마련된 한복을 입고 행사장에 입장할 수 있도록 하는 세부과정이 중요했다. 큰 손질 없이 신속하게 입을 수 있도록 보관해야 했기 때문이었다. 그래서 생각해 낸 것이 평평한 양은궤짝이었다. 궤짝 속에 여러 칸을 만들어 행사 순서 별로 한복을 분류해 색인 카드처럼 넣어두어 새로 다림질을 하지 않아도 바로 입을 수 있게 구겨지지 않도록 보관하는 방법이었다. 만에 하나 내 개인 준비가 늦어져 국빈행사에 지장을 초래하는 일이 생긴다는 것은 상상도 할 수 없는 일이었다. 예상치 못한 준비과정의 디테일들이 힘겹게 느껴지는 순간이었다.

지금 돌이켜보면 순방 중 나를 도와 줄 수행원으로 업무와 접견을 도울 비서관 한 사람과 머리손질을 하며 복장을 도울 수 있는 미용사 한 사람만을 고집했던 내 원칙은 무리한 것이었다. 출발 전에는 모든 것이 조심스러워 가능한 한 적은 인원으로 규모를 최소화시키는 것이 내가 할 수 있는 최선이라고 생각했었다. 그러나 막상 미국 현지에서 진행되는 행사현장에서 보니 나의 경험부족에서 나온 실수라는 것을 절실히 깨달을 수 있었다. 결과적으로 미국 방문기간 내내 불평 한마디 없이 그 고된 작업들을 묵묵히 수행해 낸 두 사람—김동연 비서관과 박금자 씨에게 본의 아니게 지나친 격무를 안긴 셈이 되고 말았었다. 지금 돌아보아도 여전히 고맙고 미안한 마음이다.

네 아이의 엄마로서 집을 비우려니 잔걱정이 많기도 했다. 다행히 그해 서울대학교에 입학한 딸 효선이 동생과 집안을 돌보겠다며 나서주었다. 두 아들도 날 격려해주어 안심이 되었지만 막내 재만을 떼어놓고 가는 일은 여간 마음이 쓰이는 것이 아니었다. 늦둥이로 태어나 다른 형제들과 나이 차이가 많은 막내는 형들과도 어울리기가 힘들어 외로움을 타는 편이었다. 하필이면 초등학교 3학년이던 막내가 가장 부모의 손을 많이 필요로 하는 시기에 우리 내외는 청와대로 들어가게 되었다. 그러다 보니 청와대 시절 내내 그분과 내가 집을 비우는 공적인 일이 생기게 되면 어린 재만이 항상 마음에 걸렸다.

아이들에겐 몇 번이고 재만에 대한 당부를 남겼다. 가장 친한 친구가 집에 와 함께 생활할 수 있도록 친구 어머니에게 부탁해두고도 마음은 편치 않았다. 무려 12년 만에 이루어지는 한국 대통령의 미국 방문인 만큼 참가하는 모든 수행 장관들과 수행원들도 온갖 능력과 정성을 쏟아 붓고 있었다. 무엇보다도 내게는 난생 처음해 보는 외국여행이기도 했다. 어떻게 실수 없도록 준비를 해야 할지 긴장으로 온 신경이 곤두서 내내 가슴이 쿵쾅거리며 방망이질하는 나날이었다. 저녁 식사 후에도 접견인사 자료로부터 만찬 자료까지 모든 자료를 마치 시험을 앞둔 수험생처럼 철저하게 공부했다.

외국여행이 일상화된 요즘에 와서 보면 장군의 아내였던 내가 그때까지 외국여행 한 번 해보지 못했다는 사실이 잘 믿어지지 않을 수도 있을 것 같다. 그러나 30여 년 전 당시 국민소득이 겨우 800불이었던 것이 우리 경제의 실정이었으니 당시로서는 이상한 일도 아니었다.

우리 가족은 외국여행은 고사하고 국내여행도 그분이 장군으로 진급하고 나서야 난생 처음으로 떠날 수 있었다. 나라 형편이 조금 나아져 장군들에게도 여름휴가가 주어지기 시작했을 무렵이었다. 몇몇 동료 군인가족들과 함께 한려수도로 휴가를 떠나 온 가족이 바다냄새와 한려수도의 아름다운 경관에 흥분하며 즐거워했었다. 지나가던 멸치잡이 어선을 운 좋게 만나 아이들은 펄펄뛰는 멸치가 가득 담긴 어망을 당겨 올리며 환호성을 지르기도 했고 금방 잡은 생선을 회로 떠서 바로 배 위에서 먹는 경험을 해본 것도 그때가 처음이었다. 그리고 이후 제주도에도 처음 갔었다. 그때 비행기를 타고 바다를 건넜으니 해외에 온 것이라고 하던 그분 농담에 온 가족이 웃음꽃을 피우기도 했었다.

LA에서 워싱턴 블레어하우스까지

1981년 1월 28일 출발의 날, 하늘은 청명했다. 오후 2시 김포공항에서 환송행사가 있었다. 그분과 수행원 전원은 대한항공으로부터 전세내어 대통령 특별기로 꾸민 보잉 707기에 올라 방미여행길에 올랐다. 국내용 대통령 전용기가 있었지만 미국이나 유럽 같은 먼 나라를 갈 때엔 항공사의 전세기를 이용하는 것이 당시 관례였다. '날으는 청와대'라 불리던 전용기는 대통령 집무실로서의 실질적 기능을 갖추고 있었다.

이륙하자마자 남편은 쉬지 않고 국내 정무 사항을 보고받는 등 업무처리에 매달렸다. 숨 쉴 틈도 없는 빡빡한 방미 일정을 소화하려면 기내에서는 휴식을 취할 필요가 있었다. 그러나 내 안절부절은 아랑곳없이 이번에는 수행원들에게 미국 방문에 대한 최종 점검을 당부하고 있는 그이의 분주한 모습이 보였다. 곧이어 정상회담 준비 자료와 연설문들을 읽어내려가며 점검하기 시작했다. 그 지점까지 남편을 바라보다 나는 억지로라도 휴식을 취해야 한다는 생각에 서둘러 멀미약을 먹고 잠을 청했다. 긴장

정부 수립 후 1980년대까지는 대통령의 해외 방문에
시민들이 거리에 나와 환송 환영하고는 했다.

때문에 불면에 시달릴 수 있으니 멀미약을 먹으라는 조언을 받았다. 첫 기착지인 로스앤젤레스까지는 1만 2백 킬로미터였다.

　미국땅에 처음 발을 딛었을 때 우리를 맞이한 사람은 톰 브래들리 로스앤젤레스시장 부부였다. 서른 송이의 찬란한 붉은 장미를 품에 안겨주며 우리를 맞아주었다. 그들은 공항 환영행사 후에도 우리 내외 숙소인 플라자호텔까지 동행하며 영접자의 예의를 갖춰주었다. 숙소로 가는 도중 나는 처음 경험하는 미국 경호원들의 요란한 경호에 깜짝 놀랐었다. 백악관에서 특별 파견되었다는 경호원들은 임무수행에 거침이 없고 철저해서 인상적이었다. 모든 차량을 통제해 그 넓은 도로들이 텅 비어 있었고 공중에는 헬리콥터가, 지상에는 경찰의 사이카와 경호 차량들이 우리 내외가 탄 차를 에워싸고 있었다. 호텔에 도착한 후에도 정문을 사용하지 않았다. 완

공항으로 우리를 영접 나온 브래들리 LA 시장 부부

전히 비워놓은 지하 차고로 곧장 안내해 차가 승강기 앞에 멈추자마자 경호 차량으로 즉시 바리케이드를 치는 것이었다. 그런 후에도 또 다시 건장한 경호원들로 사람의 숲을 만들고 나서야 비로소 우리를 차에서 내리게 하여 승강기에 옮겨 타도록 이중삼중의 삼엄한 경호를 보여주는 것이었다. 그러나 내겐 그 극진한 경호마저도 나라가 분단된 채 늘 북한의 테러 위협 속에 살아야만 하는 우리의 현실 때문이란 생각이 들어 착잡한 심정이 들기도 했다.

  2박 3일, 정확히 45시간에 이르는 로스앤젤레스에서의 체류는 분주했다. 도착 첫날 열린 브레들리 시장 주최 만찬은 레이건 대통령이 취임 사흘 전 당선 축하 만찬을 가졌던 빌트모어 호텔의 연회장에서 개최됐다. 이튿날 오전에는 비가 오는 산페드로 시를 방문해 '우정의 종'을 타종했다. 아름다운 이름의 그 종은 다섯 해 전 미국 독립 2백주년을 맞았을 때 한국 국민의 이름으로 헌정된 것이어서 상징적 의미가 컸다. 저녁이 되자 우리는 숙소인 플라자 호텔에서 6백 명의 우리 교포들을 만나 격려와 대화의 기회를 가졌다.

로스앤젤레스를 출발해 5시간의 비행 끝에 도착한 뉴욕의 케네디 공항은 영하 10도의 추운 날씨였다. 강풍까지 동반하고 있었다. 대서양으로부터 몰아치는 살을 에는 강풍 속에서도 1천여 명의 재미교포들이 공항에 나와 있었다. 그들은 태극기를 흔들며 고국의 대통령을 환영해주었다. 일조량도 적은 겨울의 한복판에 선 교포들의 꽁꽁 언 모습은 내 가슴을 뭉클하게 했다. 그 시절은 아직 미국 내에서 한국인의 위상이 견고하게 정립돼 있지 않은 때였다. 그런 상황 속에서도 고국의 대통령이 새 미국 대통령의 당당한 첫 번째 공식 국빈으로 찾아왔다는 사실에 그들은 남다른 자부심을 갖는 듯했다.

공항을 떠난 차는 롱아일랜드 고속도로를 달려 숙소인 뉴욕 월도프아스토리아 호텔에 도착했다. 마침 그날 뉴욕은 이란을 넘어 날아온 낭보 때문에 축제 분위기에 싸여 있었다. 오랜 인질극 끝에 이란에서 풀려난 미국인 인질들의 환영식과 축하행진이 있었던 것이다. 1979년 11월, 이란학생들이 테헤란의 미 대사관을 점거한 후 53명의 미국인을 인질로 삼는 참사가 일어났다. 외교적 해결 노력이 수포로 돌아가자 1980년, 당시 카터 대통령은 특공대를 투입한 비밀 인질구출작전까지 감행했지만 실패했었다. 우리가 뉴욕에 도착했을 때 마침 함께 도착한 미국의 국가적 경사가 우리를 기쁘게 했다.

뉴욕에선 세 가지 중요행사가 그분을 기다리고 있었다. 체이스 맨해튼 은행의 데이비드 록펠러 총재 주최의 만찬, 쿠르트 발트하임 유엔사무총장과의 회담, 그리고 뉴욕교민 리셉션 등이었다. 내게도 별도 일정이 예정돼 있었다. 유엔사무총장 부인의 예방, 유엔본부 방문, 메트로폴리탄 미술관에서 열린 한국미술 5천년전 관람이었다.

발트하임 유엔사무총장의 관저는 유엔본부로부터 5분 거리인 맨해튼 스턴플레이스 3번지에 있었다. 사무총장 부인 엘리자베스 발트하임 여사는 아름다운 들꽃무늬의 원피스 차림으로 현관까지 나와 나를 맞아주었다. 매우 지적이고 침착한 인상이었다. 접견실에 놓인 노을빛 비단 장의자에 앉아 나는 전쟁세대로서 한국전쟁 때 유엔연합군 16개국이 대한민국에게 준 신속하고 헌신적인 도움을 잊지 않고 있다고 말문을 열었다. 당시 한국에 파견된 참전용사는 모두 약 195만 명이었다. 이후 전사자는 약 3만 7천 명이었고 실종자 4천 명에 부상자 9만 명의 희생이 있었다. 약 14만 명의 한국군도 그 전장에서 목숨을 잃었다.

'세계의 평화'라는 인류의 최고의 목표를 위해 힘쓰는 유엔사무총장의 부인과 마주앉자 새삼 민족분단이란 우리의 시대적 상황이 슬프게 느껴졌다. 나는 우선 남북한 최고 통치자들이 상호 방문해 평화에 대한 국민들의 갈망을 확인하는 것이 중요하다는 우리 정부측의 입장을 그녀에게 전했다. 그리고 평화란 반드시 크고 거창한 정치적 사건을 통해서만 완성되는 것은 아닌 것 같다는 평소의 내 생각도 덧붙였다. 아주 작고 가능한 변화들로부터 과거를 서로 용서하고 신뢰를 키워간다면 남북 간의 평화공존은 물론 가까운 장래에 국가통일을 이룰 수 있지 않겠느냐고 조심스럽게 말했었다. 발트하임 여사도 연신 고개를 끄덕이며 내 의견에 적극적인 동감을 표시해주었다.

뉴욕 맨해튼 섬 이스트 강변에 있는 유엔본부에 도착하자 의전실장 티무어 씨 내외가 본부 앞에서 나를 맞아주었다. 총회의장에 있는 한국 유엔 수석 대표석은 우리처럼 비회원국이며 옵서버국인 스위스 대표석과 나란히 위치해 있었다. 1층 기도실 앞에는 한국전 참전 유엔 16개국의 전몰장병추모비가 서 있었다. 그 추모비 앞에 서자 다시 그분의 파월시절이 생

유엔사무총장 부인 엘리자베스 발트하임 여사와의 환담

유엔본부를 방문해 한국대표석에서 기념 사인을 하고 있다.

제7장 마흔 두 살의 첫 해외여행

각났다. 전쟁에서 쓰러진 전사자들의 소식이 조국으로 날아들던 일, 전쟁 없는 평화의 날들을 위해 타국인 월남 땅을 적셨던 고귀한 대한민국 국군의 젊은 피들. 그런데 유엔본부 기도실 앞의 그 추모비는 30여 년 전 우리의 땅에도 그런 고귀한 피흘림, 그런 희생이 있었다는 사실을 말없이 상기시켜주고 있었다. 미국인들은 그들을 '잊혀지지 않은 영웅들(Heros Remembered)'이라고 부르고 있었다. 무려 약 4만 명의 젊은 생명들이 타국인 한국 전장에서 전사하거나 실종된 것이다. 극동의 한국이란 나라의 자유 수호를 위해 자신들의 소중한 생명을 바쳐준 세계 각국의 젊은이들. 그들 가족들이 겪었을 비통과 슬픔이 가슴을 쳤다. 세계가 한자리에 모여 인류가 당면한 현재의 문제들과 미래를 토의하는 유엔본부에 서자 평소 피부로 느끼지 못하고 지내던 평화에의 염원이 새삼 가슴 깊이 파고드는 것이었다.

오후에는 뉴욕의 심장인 센트럴파크가 바라다보이는 메트로폴리탄박물관을 방문했다. 박물관 정문 거대한 알림판 속에는 한 마리 백색 학이 날고 있었다. '한국미술 5천년전' 플래카드였다. 2백 년의 짧은 역사를 가졌지만 세계의 대국인 미국의 심장부에서 우리의 장구한 5천년 역사가 남긴 유물들이 당당히 전시되고 있다는 사실은 가슴 뿌듯한 감격을 안겨주었다. 박물관 2층 전시실에는 정교함과 세련미가 돋보이는 353점의 우리 유물들이 세계적인 예술품으로서의 탁월함을 뽐내고 있어 가슴이 벅찼다.

이튿날 우리는 뉴욕을 떠났다. 전용기는 이번 방문일정의 정점인 워싱턴을 향했다. 한 시간 후 워싱턴 앤드류스 미공군기지에 도착했다. 세계 각국의 수많은 지도자들을 영접하고 떠나보내는 역사 깊은 미국 공군기지였다. 쿠킨 백악관 의전실장이 기내로 올라와 우리를 맞았다. 트랩을 내려서자 국무장관 알렉세이 헤이그 부부가 가장 먼저 우리의 손을 잡아 주었다. 영빈관인 블레어하우스에 도착했을 때 환영 나온 군중 속에서 귀에

'한국미술 5천년전'이 열리고 있었던 메트로폴리탄 박물관

익은 '서울의 찬가'가 들려왔다. 3층 게양대에선 벌써 대형 태극기가 힘차게 휘날리고 있었다.

블레어하우스는 백악관으로부터 3백 미터정도 떨어진 북서쪽에 위치해 있었다. 펜실베이니아 대로를 사이에 두고 백악관 맞은편에 있는 150년된 아름다운 크림빛 4층 건물이었다. 미국을 방문하는 외국의 국왕과 주요 국가원수들이 국빈자격으로 그곳에서 묵었고 레이건 대통령도 취임 전 일주일간 그곳에서 지냈다는 미국의 전통적 국빈 숙소이자 영빈관이었다.

우리 내외는 블레어하우스 2층으로 안내되었다. 큰 서재를 갖춘 거실과 침실이 있었다. 거실엔 이미 새 퍼스트레이디인 낸시 레이건 여사가 보내온 아름다운 꽃바구니가 도착해 있었다. 백악관의 세심한 손님 대접이었다. 온통 꽃으로 장식된 영빈관은 완벽하게 서정적인 분위기를 풍겼다. 150년된 건물이어서 꽃향기를 맡으려고 걸음을 옮기면 그때마다 발밑에서 고풍스런 목조건물이 내는 다정한 삐걱소리가 났다. 그분은 "역시 고풍스럽구려." 라며 블레어하우스가 간직하고 있는 시간의 깊이를 잠시 즐겼다.

영빈관인 블레어하우스에 도착해서

　유서 깊은 블레어하우스의 내부 장식은 우아함과 실용성을 겸비하고 있어 내게도 깊은 인상을 남겼다. 장서용 서가를 제외하고는 모두가 붉은 빛으로 꾸며져 있는 서재는 특히 정확한 지점에 설계된 벽난로와 개성적인 가구 배치가 인상적이었다. 정교함과 화려함이 돋보이는 의자들은 어느 것 하나 동일한 모양이 없었다. 장중한 분위기의 남성용 의자와 비단으로 봉제된 여성용 의자는 한눈에도 그 용도가 구별되었다. 침실의 설계도 중요한 일정을 앞두고 있는 국빈들의 숙면을 위한 섬세하고도 실용적인 배려가 구석구석 느껴지는 아늑한 분위기였다. 특히 침실 곁에 마련된 부인을 위한 여성용 방은 머무르는 동안 무척 편리하게 사용할 수 있었다.
　남편은 블레어하우스에 있는 동안에도 끊임없이 사람을 만나야만 했다. 정상회담을 앞둔 소리 없는 치열함이 분명하게 느껴졌다. 남편이 거실에서 일하는 동안 나는 옆에 따로 배치된 방에서 자유롭게 그날의 필요한 준비나 중요한 메모, 영빈관 실내의 빠른 스케치 같은 것들을 할 수 있었다. 화장실 곁에 위치한 드레싱 룸의 설계도 참 독특해서 문을 여는 순간 자동으로 옷장 안에 조명등이 켜지고 아랫부분에는 건조기가 달려 있는 등 사소한 디테일까지 기능적이고 우아했다.

청와대로 이주할 때까지 난 의도적으로 장롱이란 것을 마련하지 않고 살았었다. 대개 비싼 값에 비해 공간 차지가 많고 쓸모보다는 과시적 용도인 것에 개인적으로 거부감이 있었다. 또 타인의 집을 방문해 안방에 놓인 으리으리한 장롱을 볼 때면 그 거창함에 부담감이 앞서기도 했었다. 몇 가지 안 되는 가재도구를 가졌어도 실용성과 기능성 그리고 공간을 좀 더 크고 편리하게 쓰는 것에 늘 관심이 많았던 나는 첫 해외여행에서 본 블레어하우스의 공간 배치와 가구의 기능성들에 유난히 깊은 인상을 받았다.

블레어하우스에 도착하자마자 남편은 김용식 주미대사를 접견했다. 어디를 가도 중요한 보고들이 항상 남편을 기다리고 있는 것은 당연한 일이었다. 그날 워싱턴 힐튼호텔에서는 교민 리셉션이 있었다. 주미 대사관저에서는 그분과 미국 주변국 외교관들과의 만찬이 있었다. 모든 일정이 끝나고 블레어하우스로 돌아와 자리에 누운 것은 자정이 훨씬 넘은 시각이었다. 이튿날은 그 방미 여행의 정점인 한미정상회담이 열리는 역사적인 날이었다.

백악관 – 한미정상회담

2월 2일. 나는 이른 새벽에 잠이 깼다. 행사일정을 끝내고 전날 밤 늦게 잠자리에 들었지만 긴장 때문에 도무지 잠을 청할 수가 없었다.

오전 10시 45분. 쿠킨 백악관 의전실장이 블레어하우스에 도착했다. 남편을 태운 캐딜락이 출발한 후 나는 백악관 북쪽 현관을 통해 미국 대통령 부인 접견실인 레드룸으로 안내되었다. 레드룸 앞엔 낸시 레이건 여사

낸시 레이건 여사와 백악관 레드룸에서

가 이미 마중나와 있었다. 그녀는 정이 넘치는 미소와 함께 내게 뜨거운 포옹을 해주었다. 그녀 곁에 죠지 부시 부통령 부인 바바라 부시 여사와 헤이그 국무장관 부인 패트 헤이그 여사도 서 있었다. 60대의 나이에도 불구하고 녹색 비단원피스 차림의 경쾌한 모습의 낸시 여사에게선 독특한 미모가 느껴졌다. 바바라 여사와 패트 여사도 소탈하면서도 정겹게 나를 환대해줌으로써 잔뜩 긴장하고 있던 내 마음을 편안하게 해주었다. 낸시 여사는 내 손을 꼭 잡은 채 레드룸으로 들어섰다.

"미국 방문을 진심으로 환영합니다."

"취임 후 최초의 국빈이 되어 기쁩니다."

우리가 첫 인사를 주고받자 곧 환담이 시작됐다. 침착한 은발에 신중하고 덕성스런 인상의 바바라 여사가 테이블에 동석했다. 낸시 여사는 수 년 전 한국을 방문했던 추억을 말하며 반가움을 나타냈다. 환담 내내 얼마나 다정하고 편안하던지 손님을 맞는 그들의 조용한 열정과 대화 능력에 난 가만히 탄복하고 말았다. 통역을 통해 중요한 대화가 오갔지만 간간이 소탈하게 표현하는 낸시 여사의 내적 감정은 여과 없이 내게 전달되었다. 첫 국빈으로 방문하는 나 자신만큼이나 그녀도 자신이 백악관 안주인이 되어 처음 치르는 국빈 맞이에 기분좋게 흥분해 있었고 그 흥분을 도무지 감추려하지 않는 것이 친근하고 인간적이기만 했다.

얼마 후 정상회담이 끝났다는 전갈이 레드룸에 도착했다. 단독회담에 이어 진행된 본격적인 정상회담은 각료회의실에서 열렸다는 전언이었다. 그 회담에서 레이건 대통령은 그이에게 공개적으로 이렇게 명료하게 말했다고 했다.

"이번 전두환 대통령의 미국 방문은 한미 양국 간의 우호관계를 확인하고 상징하는 것입니다. 미국은 태평양지역에서의 미국의 방위의무를 준수할 것을 천명합니다. 그리고 한반도 내에서의 미군 철수에 관한 그 어떤 논의도 앞으로는 없을 것을 다짐합니다. 미국은 한반도에 대한 방위공약을 재확인합니다. 미국은 북한과 일방적으로 접촉하는 일은 결코 없을 것이며 접촉해야 할 경우가 있게 되면 그때는 반드시 한미 양국이 다같이 나란히 갈 것입니다."

나와 낸시 여사도 오찬장인 스테이트 다이닝룸으로 가기 위해 레드룸에서 일어났다. 행사 시작 전인데도 오찬장 입구는 흥분감와 생동감이 감돌아 막 끝난 정상회담이 성과가 컸음을 짐작하게 했다. 그때였다.

"제가 오찬장으로 모시겠습니다, 영부인님."

검은 정장에 푸른 바다빛 넥타이를 맨 노신사 레이건 대통령이 내가 팔짱을 낄 수 있도록 왼팔을 내밀며 정중하게 건네는 말에 난 그만 당황하고 말았다. 의전과 관련한 많은 자료를 꼼꼼히 읽었지만 전혀 예상치 못했던 일이었다. 낯선 남자와 팔짱을 낀다는 것이 유교적 집안의 주부였던 나

오찬장으로 나를 에스코트해주고 있는 레이건 대통령

로서는 너무도 뜻밖의 일이었기 때문이었다. 그러나 미국인의 문화풍습으로는 호의에 찬 정중한 예법이었으므로 거절하는 것은 결례인 것 같아 자연스럽게 제의에 응했다.

"한복이 정말 아름답습니다."

적절한 찬사로 내 긴장감을 풀어주던 69세 노(老)대통령의 세련된 제스처는 아내인 낸시 여사만큼 다정한 분위기를 지닌 듯했다. 우리 뒤에서 그이와 낸시 여사도 팔짱을 낀 채 유쾌하고 정다운 모습으로 따라왔다. 오찬장은 온통 탐스러운 튤립으로 장식되어 있었다. 레이건 대통령과 나는 한 쪽에 있는 테이블로, 그이와 낸시 여사는 반대편 쪽 테이블로 각각 안내되었다. 오찬장 테이블엔 화려한 성찬이 차려져 있었다. 곧이어 레이건 대통령이 특유의 쾌활하고 정력적인 어조로 환영사를 시작했다.

"우리 내외는 이 백악관에서 그리 오래 살지 않았습니다. 그리고 각하는 우리의 첫 손님입니다. 진심으로 환영합니다."

그이도 또한 활기찬 어조로 화답했다.

"지난날 한국에 제공한 미국의 도움은 헛되지 않았습니다. 지금은 두 나라 모두 새 시대, 새 시간을 향해 나아가려는 위대한 순간입니다."

'위대한 순간'. 그분이 사용하고 있는 이 말이 정상회담 결과에 대한 좋은 성과를 증명하고 있는 듯 느껴졌다. 오찬은 시종일관 부드러운 분위기 속에 진행됐다. 시간이 흐르면서 양국 대통령 간의 우의가 더욱 드러났고 축제적인 격조가 분위기를 돋구었다. 레이건 대통령의 품위 있는 유머에서는 소년과 같은 그의 독특한 낙천성이 엿보이기도 했다.

"영부인께서도 북한이 파놓은 땅굴을 보신 적이 있습니까?"

레이건 대통령이 대화 중 내게 물었었다. 그가 땅굴에 대해 관심을 갖고

오찬장에서
레이건 대통령과
환담하고 있는 모습

오찬장에서
낸시 여사와 환담을
나누는 그이의 모습

있다는 사실 자체가 반갑기만 했다. 정치에 대해 별로 아는 것은 없었지만 그래도 이번 미국 방문에서 주한미군 철수가 가장 예민한 핵심 현안이라는 것은 수행한 사람들 모두가 그야말로 치열하게 가슴에 새기고 있는 일이었다. 레이건 대통령의 땅굴에 대한 질문 자체가 이미 한국이 지니고 있는 아픈 상처에 대해 공감한다는 것을 말해주는 것이라고 생각되어 가슴이 뭉클했다. 두 나라가 각각 국익이라는 실리를 위해 만나는 것도 중요했다. 그러나 한편 서로의 상처와 통증에 대해 공감하고 이해해줄 수 있는 것만으로도 진정한 우호의 길이 열릴 수 있을 것이라는 생각을 했다. 오전 내내 열렸던 한미정상회담의 성공을 알리는 북소리가 들려오는 것만 같아 가슴이 뛰기 시작했다. 오찬이 끝나고 마침내 레이건 대통령과 그분은 수많은 세계 유수의 보도진들 앞에 나란히 섰다.

"미국은 아시아 지역에서 신뢰받는 동반자로 남을 것이며 미국의 병력을 태평양에 유지할 것입니다."

"주한 미군을 철수시킬 의사가 전혀 없다는 레이건 대통령 각하의 말씀을 본인은 대단히 만족스럽게 생각합니다."

레이건 대통령의 육성을 통해 미국 측의 새롭고 단호한 입장 표명은 그렇게 선포되었다. 그 핵심은 '주한미군 철수 백지화'였다. 주한미군 철수 계획의 백지화는 우리에게 충격적이도록 긍정적인 낭보이고 남편이 거둘 수 있었던 최선의 수확이었다. 그에 대해 그분도 대단히 만족한다는 우리 측의 소감으로 화답했다.

미국 동부에 쏟아진 겨울비가 멎고 날씨는 겨울답지 않게 환희에 찬 영상 12도의 날씨로 돌변했다. 폭포처럼 쏟아져내리는 눈부신 햇살 아래 우리는 레이건 대통령 내외와 백악관 발코니에 나란히 서서 기념촬영을 했다. 두 정상은 마치 백년지기처럼 어깨를 부둥켜안은 모습으로 선 채 양국의 새로운 우호관계를 과시했다. 기적 같은 정상회담의 성공 때문이었을

레이건 대통령 부부와
함께 백악관 발코니에서

까. 모든 행사가 끝난 후 벌어진 백악관에서의 석별의식은 더 융숭하고 더 정중하게 진행되는 듯 느껴졌다. 진정이 담긴 뜨거운 악수와 함께 작별을 고한 후에도 레이건 대통령 부부는 나란히 선 채 우리를 태운 리무진이 움직여 보이지 않게 될 때까지 오랫동안 손을 들어 작별인사를 전함으로써 극진한 호의를 아낌없이 보여주었다.

"축하합니다!"

차 안에서 난 남편에게 조용히 축하인사를 건넸다. 정상회담의 성공은 외교적 성과로서도 큰 경사임이 분명했다. 그리고 그분 개인적으로도 큰 의미가 있는 일이었다. 그이는 그 중대한 시기에 레이건 대통령 같은 유쾌하고 개방적이고 현실적인 정치 파트너를 만난 것이 큰 행운이었다고 말했다.

레이건 대통령은 미국이라는 초강대국의 대통령은 되었지만 전략적인 관점에서 한반도 문제를 미처 구체적으로 생각해본 적은 없는 것 같은 인상을 받았다고 남편은 말했다. 그러나 레이건은 그분의 설명과 헤이그 장관의 보좌를 받아 곧 우리의 사정과 전략상 미국의 국익이 공생공존해야 하는 관계에 있다는 것을 즉각 이해했고 일단 이해가 되자 결정하는데 주저하거나 지체하는 것이 없었다는 것이다.

"이렇게 직접 만나 얘기를 나눠보니 레이건 대통령은 역시 대국의 대통령다웠소. 전략문제를 설명하면서 한국의 국방을 위한 부담이 크다는 사실도 강조해 설명했는데 그 얘기를 경청한 레이건 대통령이 앞으로 미국 정부는 한국의 방위산업을 위한 기술제공에 협력함은 물론 정치적 경제적으로도 명실상부한 동반자가 되겠다고 약속을 해주는 것 아니겠소. 레이건 대통령은 상대의 말을 경청했고 상대의 눈을 깊이 응시하며 말하는 원숙하고 노련한 지도자입니다. 어찌나 명쾌한지 큰 감동이 몰려옵디다. 이 성공이 있기까지 수고한 우리측 사람들이 얼마나 많은지 모르오."

남편의 감격은 곧 수행원들과 나의 감격이었다. 갑자기 여독이 밀려왔지만 난 결코 피곤하지 않았다.

교민들과 뜨겁게 포옹하다

이튿날, 그토록 포근하던 날씨는 영하 12도로 급강하했다. 남편은 날씨만큼이나 사람들을 움츠러들게 만든다는 전 세계 유수언론인들의 모임인 내셔널 프레스 클럽 오찬에 참석했다. 세계 각국의 신문, 방송, 통신 특파원들의 친목 단체인 그 클럽은 미국의 국내 요인들 혹은 방미 중인 외국 원수들을 점심 식사에 초대한 후 연설을 듣고 기자회견을 하는 전통을 갖고 있다고 했다. 그러나 내용상 점심 초대라기보다는 '세계 언론의 심판대'에 주요인물을 세운다는 말이 더 어울리는 자리였다. 국제외교무대에서의 경험은 물론 국내 언론과의 접촉도 별로 없었던 그분에게 내셔널 프레스 클럽 기자들과의 대면은 사실 마음을 위축시키는 일이었을 것이다. 그러나 내가 걱정했던 것은 기우였음을 금방 알 수 있었다. 그분은 모든 질문에 대해, 매우 예민하고 고통스럽게 느껴지는 부분까지도 정직과 열의를 다해 답변했다. 더구나 그이의 적절한 유머와 건강한 자신감이 오찬장을 놀랍도록 활기차게 만들었다. 결국 내셔널 프레스 클럽의 오찬은 유쾌하고 열기 넘치는 분위기 속에서 시작보다 몇 배 더 우렁찬 기립박수를 받으며 끝났다. 걱정이 기쁨으로 돌아온, 감사한 한나절이었다.

내셔널 프레스 클럽에서의 오찬을 끝으로 남편은 힘겨운 과제들이 버티고 있어 마치 격전지 같았던 워싱턴과 작별했다. 오후 3시, 워싱턴 기념탑 광장에서는 미군 의장대가 21발의 예포를 쏘아 올림으로써 국빈이었던 대한민국 대통령에게 최고의 환송 예우를 보여주었다. 그날 오후 우리는 레이건 대통령이 보내준 미국 대통령 전용헬리콥터 편으로 앤드류스 공군기지를 향해 떠났다.

미국 방문에서 결코 잊을 수 없는 감동은, 오랜만에 찾아준 고국의 대통령을 반기는 미국 교민들과의 뜨거운 만남이었다. 로스앤젤레스를 비롯해 방미 일정 동안 들른 각 도시에서 남편은 고국의 체취를 그리워하는 교민들과 만날 수 있었다. 먼 이국땅에서 살며 갖은 고난과 역경을 이겨내고 있는 교민들을 만나는 일은 반가움에 앞서 새삼 한국인의 긍지를 느끼게 해주는 감격적인 행사였다. 언어와 풍습이 완전히 다른 타국 사회 속에서도 한국인의 자부심을 지키며 훌륭하게 정착에 성공한 교민들 모습에서 남편은 우리나라의 미래를 발견하고 기뻐했다. 로스앤젤레스, 뉴욕, 워싱턴의 교민들 중에는 과거 반체제 활동 경력으로 고국 방문이 허용되지 않는 사람들도 많았다. 그런 상황에서 교민들을 만나는 행사마다 과거 반체제 인사의 모국 방문을 조건 없이 허용하겠다고 약속했다.

"새로 시작한 5공화국 속에선 반(反)체제도 찬(贊)체제도 있을 수 없습니다."

　모두가 하나가 되어 새 시대 새 역사를 창조할 때임을 그분은 강조했다. 과거지사는 더 이상 문제삼지 않겠다는 대화합의 의지를 그분은 가는 곳마다 뜨거운 심정으로 역설했다. 그 결심은 지체없이 실천에 옮겨져 워싱턴 교민 모임에는 '반정부 인사'들도 참석할 수 있게 했다. 그분은 그 몇 달 전 북한의 제6차 노동당 대회에 참석했던 재미교포와도 악수를 나누었다. 하와이 호놀룰루에서의 만남은 조금 달랐다. 교포사회가 그토록 발전하기까지 조국이 거의 도움을 주지 못했던 곳에서는 나라를 대신해 교민들에게 사과하는 것도 오랜만에 방문한 고국의 대통령의 할 일이었다. 우리나라 대통령이 하와이 교민들을 찾은 것이 무려 20여 년 만의 일이라는 사실을 남편은 결코 잊지 않았고 교민들 앞에서 공식적으로 진정한 사과와 유감의 심정을 전했다.

　그러나 미국에 살고 있는 교포사회 전체가 그이를 이해하고 새 시대를 향한 그분의 각오와 약속을 긍정적으로 받아준 것은 결코 아니었다. 미국 방문 도중 우리 내외는 몇몇 장소에서 반정부 단체들의 거센 시위와 대면해야만 했다. 심지어 정상회담이 있던 날도 백악관 밖에서는 반정부 세력들의 시위가 계속되는 서글픔이 있었다. 당연히 친북 세력의 선동도 있었으리라. 그러나 그 중에는 북한과는 아무 상관없이 새 지도자가 된 남편에 대해 깊은 오해와 비판의 감정을 지닌 사람들도 많았던 것으로 짐작되었다.

　하와이와 괌을 거쳐 열하루 만에 서울로 돌아왔다. 서울은 청명한 하늘 아래 매서운 북서풍이 불고 있었다. 열흘 전 출발성명을 발표하던 공항의 바로 그 자리에 귀국 환영식 연단이 준비되어 있었다. 길지 않은 열하루 동안의 시간이었지만 나는 마치 몇 년의 세월을 통과한 것만 같았다. 연단에 올라 선 남편도 출발성명을 낭독하던 그날에 비해 얼굴 표정과 목소리에 한층 무게가 실려 있다고 느껴졌다. 한미정상회담이 기대 이상의 성과를 거두고 한미관계의 새 시대를 여는 계기를 마련해 주었다는 만족감 외에도, 처음 경험한 정상외교를 통해 보고 배운 것이 많았기 때문인 듯 했다.

무엇보다도 국제사회가 국가 이익을 앞세운 치열한 각축장이라는 냉엄한 현실을 일깨워준 것이다. 화려한 연미복을 입고 깍듯한 의전 절차와 미소 띤 얼굴로 마주 선 각국 최고지도자들의 가슴속에는 각기 국익을 최대한 수호 신장하려는 욕구가 가득차 있고, 그들의 손에는 보이지 않는 무기들이 쥐어져 있다는 생각이 들었다. 적대국과 우방을 가리지 않고 도덕주의의 잣대를 들이댔던 카터 대통령의 인권외교가 실패로 끝날 수밖에 없었고, 카터 대통령 스스로도 재선에 실패한 이유를 알 수 있을 것 같았다. 우리의 첫 손에 꼽히는 우방이요, 공동의 적을 상대로 함께 피흘려 싸운 혈맹과의 정상회담에서조차, 국가 간의 관계가 철저한 계산에 따라 규정된다는 냉엄함을 일깨울 수 있었다는 것은 나에게 적지 않은 충격이었다.

제8장

대통령 영부인으로서의 삶

유신헌법을 개정한 제5공화국 헌법이
1980년 10월 27일에 공표되었다.
그이는 새 헌법이 규정한 절차에 따라
1981년 2월 25일 실시된
제12대 대통령선거에서 당선되었고
그해 3월 3일 정식으로 취임했다.
취임사에서 그이는 시련과 고뇌를 넘어
성장과 성숙을 통한 자기완성의 시대로서
1980년대의 역사적 의미를 특히 강조했다.

7년 후 평범한 가장으로 돌아가겠다

방미 일정을 마치고 돌아온 지 보름 후인 1981년 2월 25일 그이는 대한민국 제12대 대통령으로 당선되었다. 대통령 선거는 1980년 10월 27일에 공포된 새 헌법이 규정한 절차에 따라 실시되었다.

대통령 취임식은 3월 3일에 거행되었다. 취임사에서 그이는 5공화국의 출범과 함께 맞이한 1980년대의 역사적 의미를 강조했다.

"우리는 장구한 세월에 걸친 시련과 고뇌의 시대를 넘어서서 이제야말로 성장과 성숙을 통해 자기완성의 시대를 형성해야 할 80년대에 들어서고 있습니다."

1980년대에는 안정과 화합의 바탕 위에 국민적 전진을 이룩하고 자손대대로 물려줄 복지의 기틀을 창조하는 시대로 만들어야 한다고 국민에게 호소했다. 그것은 스스로의 다짐과 각오이기도 했다. 희망만큼 중요한 것이 있었다. 그분은 그 희망을 위해 당시만 해도 생소하게만 들리던 권력의 선순환(善循環)—단임의 실천과 평화적 정부이양을 국민과 역사 앞에 서약했다. 그분은 이렇게 말했다.

"한 사람의 특정인이나 소수의 지도층만으로 역사를 창조하는 시대는 지났으며 지속적인 창조와 개혁 그리고 발전을 이룩하기 위해서는 반드시 주기적으로 새로운 지도자가 등장해야만 할 것입니다."

1981년 3월 3일, 그분이
제12대 대통령 취임식에서
취임선서를 하고 있다.

그 선언은 훗날 '단임실천과 평화적 정권교체 전통수립'이라고 평가받게 된 제5공화국 최고의 정치적 가치였고 최대의 정치공약이었다.

취임식 이후에도 나는 그 약속의 의미를 곱씹으며 취임사를 몇 번인가 반복해 읽었다. 취임사에서 남편은 '주기적으로 새로운 지도자가 등장해야만 할 것'이라고 강조했었다. 그 대목이야말로 남편이 가장 소중히 지켜야 할 국민과의 신성한 약속이며 시대가 요구하는 절대과제였다. 또한 남편이 자신에게 내린 역사적 지상명령이었다. 그 약속은 내게도 의미가 깊었다. 그분은 아내인 나에게 임기가 끝나는 대로 이전의 평범한 생활로 돌아가겠노라고 약속했었다.

제5공화국 헌법은 1인 장기집권을 원천적으로 봉쇄하는 조항을 명시하고 있다. 건강한 권력순환의 원칙을 확립해나가겠다는 그이 결심이 그렇게 문서화된 것이다. 단 하루도 더하거나 덜 하는 일없이 임기가 끝나는 대로 새로운 지도자에게 통치권을 넘겨주고 청와대를 떠나겠다는 그이의 약속을 순수하게 믿어준 국민은 얼마나 되었을까. 그때까지 국민들은 대통령이 국민의 요구에 의해 임기 중 물러나거나, 주검으로 청와대를 떠나는 모습만 보아왔다. 곧 타의에 의해 청와대를 떠나는 것, 그것을 '한국적 정권교체 방식'으로 경험하고 있었던 것이다. 임기가 끝난 대통령이 청와대를 떠난다는 그 당연한 상식조차 믿을 수 없었던 국민들의 불행한 불신-그것이 취임 후 7년간 그분이 녹여버려야 할 거대한 빙벽(氷壁)이었다.

조용한 투쟁은 그렇게 시작됐다. 만성화된 불신으로부터 신뢰를 얻어내는 힘든 싸움이 시작된 것이다. 남편은 통치의 최고 덕목은 민심을 얻는 것이라고 믿었다. 그러나 당시 상황으로서는 민심을 얻는다는 것이 결코 쉬운 일이 아니었다. 우리 헌정사의 굴절된 진행과 그로인한 상처는 국민으로 하여금 마음을 닫게 만들었던 것이다. 그래도 남편은 결코 실망하거나 좌절하지 않았다. 자신이 묵묵히 진심과 정성을 바친다면 국민들은 언젠가 반드시 자신을 향해 마음의 문을 열 것이라는 낙관적인 믿음을 그분은 갖고 있었다. 다행히 시간이 가면서 민심은 서서히 변화되고 안정되어 갔다.

취임 초의 미션—나라의 쌀독을 채워라

"윤기 흐르는 쌀밥을 앞에 놓고 있지만 선뜻 수저를 들게 되지 않는구려."

12대 대통령에 취임한 직후인 그해 3월 퇴청해서 식탁에 마주 앉은 남편이 근심어린 표정으로 말문을 열었다. 그날 그분은 정부 보유의 쌀 비축량이 군량미를 제외하면 5월까지도 버티기 힘들 정도라는 보고를 받았다는 것이다. 그것은 그날로부터 두 달 후면 정부 비축미가 바닥이 난다는 말이었다. 그리고 한 달이 지난 후 정말이지 전국의 쌀 창고가 바닥이 나기 시작했다. 집안 살림도 그렇지만 나라의 살림 가운데서 가장 긴요한 과제는 식량을 확보하는 일일 것이다. 그런데 당시 식량을 자급할 수 없었던 형편 인 가운데 나라 안팎으로 악재들이 겹쳤다. 한 해 전인 1980년은 냉해로 수십 년 만의 흉년이었다. 쌀값이 치솟을 것을 염려한 사람들이 쌀을 미리 사두려는 불안심리까지 생겨나자 쌀 수급에 어려움이 생겼다. 외국에서 쌀을 도입해야 하는데 사정이 여의치 않았다. 쌀이 남아 돌고 있는 일본은 국제식량농업기구(FAO)의 규정에 묶여 있어 우리에게 팔 수도 없게 되어 있었다. 국제 곡물상을 상대로 쌀을 구매할 수밖에 없는 형편인데 그들은 우리의 다급한 사정을 악용해 엄청난 폭리를 취하려고 농간을 부리고 있었다.

그이는 미국 의회 등에 포진해 있는 로비스트들을 동원해 압력을 가해오는 거대 곡물상을 상대로 힘겨운 싸움 끝에 미국 쌀 회사끼리 경쟁입찰을 붙여 거의 반값에 쌀을 도입할 수 있었다. 그 과정에서 신병현 경제기획원장관 겸 부총리와 김주호 조달청장의 애국심과 책임감에 따른 건의와 비장한 결의가 없었다면 도저히 불가능했을 것이라고 말했다.

"세상은 참으로 비정하다는 생각이 절로 듭디다. 국내 상인들이나 외국 상인들이나 다 같은 사람인데 어쩌면 그렇게 국민들이 굶어죽을 위기를 당하는걸 보고도 눈 하나 꿈쩍 않는지 말이요. 그러니 누구를 원망하겠소. 못나고 힘 없으면 24년이라는 긴 시간 동안 철저히 당할 수밖에 없었던 세상이니 하루빨리 국력을 키우는 수밖에 다른 처방이 없소. 나는 반드시 물가를 절대 안정시키고 적자의 구덩이 속에 빠져 있는 무역수지를 반드시 흑자로 바꿔놓겠소. 외채 없는 탄탄한 나라로 발전시켜놓고 말겠단 말이요. 누가 뭐래도 강해지는 것만이 유일한 정답이오. 대통령인 나부터 세계를 상대로 세일즈맨이 되어서 우리 물건을 내다 팔 수 있도록 세계 각국으로 달려 나가야겠소. 청와대에 주저앉아 신세한탄이나 하고 의자나 지키는 대통령으로는 아무것도 이룰 수 없는 세상이라는 것을 다시 한 번 뼈저리게 느꼈소."

1980년대 초 당시의 상황은 비단 식량 문제 뿐만 아니라 국가경제가 전반적으로 위기를 맞고 있었다. 만성적인 인플레는 생활풍속도 바꿔버렸다. 끝없이 오르는 고물가에 저항하는 국민들은 너도나도 쌀, 설탕, 화장지 같은 생필품을 가격이 더 오르기 전에 사두려고 무진 애를 썼다. 둘 곳이 마땅찮은 화장지 다발들을 끈에 묶어 장롱 위에 얹어놓곤 했다. 우리 집도 그 풍속도에서 결코 예외일 순 없었다. 그동안 국가의 주력사업이라고 일시에 과중하게 투자된 중화학공업은 가동률이 거의 바닥을 헤매고 있었다. 게다가 생산성이 높아진 것보다 더 많이 올라버린 임금으로 수출상품의 경쟁력은 위험하도록 약화돼 있었다. 유일한 살 길인 수출마저도 극도의 부진을 면치 못하고 있었던 것이다. 사회불안으로 기업의 투자심리 마저 크게 위축되어 있는 어려운 상황에 또 하나의 재앙이 덮쳤다. 제2차 오일쇼크였다. 그런 형편에서 국가경제의 새 경영자가 된 그분은 그 밤 내 눈엔 마치 빚더미에 깔려 있는 파산자처럼 보였다.

식량파동으로 시름에 젖어 있던 그분이 혼잣말처럼 털어놓았다.

"내가 보안사령관 때 일이요. 어느 만찬모임에서 야당의 황낙주 의원을 만난 적이 있었소. 황 의원이 말합디다. '다음에 누가 대통령이 될지 모르지만 나라가 경제공황 직전이니 골병깨나 들 것이다.' 그 사람, 그때는 물론 대권을 놓고 싸우던 세 김 씨를 염두에 두고 한 말이었겠지요. 그런데 엉뚱하게도 내가 바로 그 새 대통령이 되어 이렇게 골병이 들고 있으니 세상사란 참 알다가도 모를 일이구려."

굴욕적이고 비정했던 쌀 파동의 경험을 통해 그분은 경제도약을 위해 솔선해서 세계를 상대로 뛰는 세일즈맨이 되겠다는 의지와 결심을 다짐했다. 쌀 파동을 통과하고 3개월 후인 그해 6월, 그분은 결심을 실행에 옮기는 일에 첫발을 내딛었다. '아세안 순방'이었다.

세일즈맨을 자청한 아세안 5개국 순방

1981년 6월, 그이는 여드레 동안 전국의 34개 시와 군을 직접 방문하는 지방시찰을 완료했다. 시간 절약을 위해 육로 대신 헬리콥터를 이용하는 초강행군이었다. 그리고 헬리콥터 프로펠러 소리의 잔향(殘響)이 채 가시기도 전인 6월 25일, 아세안(ASEAN) 5개국 순방길에 올랐다. 그날은 마침 6.25 동란 31주년이 되는 날이었다.

14박 15일간의 아세안 순방길. 그것은 쌀 파동이 최종 매듭지어짐과 동시에 세계의 시장을 겨냥한 세일즈맨이 되기를 자청한 그분의 첫걸음이었다. 턱시도를 입고 떠난 세일즈맨의 여행이었다.

"겁먹은 얼굴이군, 당신."

첫 방문국인 인도네시아로 가는 전용기 안에서 내게 자리를 권하면서 그분이 했던 말이다. 나도 모르게 꽤 긴장된 표정을 하고 있었던 모양이다. 정상외교라는, 상대방 나라의 최고지도자들과의 만남은 떠나기 전부터 예외 없이 내 마음을 움츠러들게 했다. 마치 연기에 자신 없는 단역배우가 무대에 등장하기 전 자신이 맡은 작고 보잘 것 없는 배역에 대해서도 혼자 긴장하고 노심초사하는 심정이라고나 할까.

전용기에 올라도 나는 그분의 자리 맞은 편에 놓여 있는, 푸른 덮개 위에 황금실로 무궁화가 수 놓인 영부인용 의자에 선뜻 앉지도 못했다. 그저 '이번 정상등반도 성공할 수 있을까' 라는 불안과 염려로 가슴은 조여들기만 했다.

"지난 겨울 미국 방문 때도 잘 해내지 않았소."

담담하게 나를 격려해주는 그분에게선 불안감이나 초조감 같은 것이 전혀 보이지 않았다. 매번 경험해도 신기하기만 한 그분의 모습이었다. 평범한 가정주부에서 한 나라의 대통령 부인이라는 갑작스런 자리 바뀜이 내겐 여전히 어색하고 난처했었다. 그분은 대통령이니 나보다 훨씬 더 치열한 부담과 힘겨움이 있을 텐데도 그분은 임기 초기부터도 도무지 주춤하거나 머뭇거리는 모습을 보인 적이 없었다. 특히 내 가슴을 졸이기만 하던 그런 정상외교를 향해 뛰어들 때면 그분은 오히려 한층 더 의연하고 당당했다.

자신이 짊어지고 있던 책임 탓이었을까. 나처럼 안절부절못할 여유조차 없었던 것이 그분이 서 있는 지점이었는지도 모르겠다. 나는 무슨 일이든 당사자를 만나 직접 확인하고 적극적으로 문제를 해결하는 방법을 늘 선호하던 그분에게 정상외교라는 형식은 천성적으로 잘 맞는다는 생각도 하게 되었다.

최초로 경험한 한미정상회담 때에도 그분은 레이건 대통령과 의기(意氣)가 통해 극적인 관계전환을 이루어냈었다. 이후에도 정상외교 때마다 아무리 어려운 여건에 처해 있어도 현지에서 막상 일이 진행되면 항상 의외의 성과를 얻어내곤 했던 것이 그분이었다. 정상외교라는 격식을 갖춘 만남에서도 그분은 언제나 자신의 방식대로 가식 없이 솔직하고 실용적으로 세계 지도자들을 대했다. 그분의 그런 정직하고 투명한 성품에 호감을 보내온 상대국 지도자들에 의해 뜻밖의 이해와 놀라운 협력이 가는 곳마다 생겨났다.

이륙 직후 부산하던 기내 분위기가 가라앉자 그이는 그동안 미뤄뒀던 얘기를 털어놓듯이 말을 시작했다. 이번 아세안 순방외교의 중요한 목표가 1988년 하계올림픽대회의 서울 유치를 위한 지지를 얻어내는 일이라는 것이다. 남편의 어조에서는 열의가 느껴졌다. 나도, 정부가 올림픽대회 유치를 위해 움직이고 있다는 사실은 알고는 있었지만 그이가 그 일에 강한 집착을 가지고 있는 줄은 짐작하지 못하고 있었다. 그이의 진지한 설명을 들으면서도 나는 쉽게 고개가 끄덕여지지 않았다. 제일 먼저 떠오른 일은 아시아경기대회를 유치했다가 감당할 수 없어 대회를 반납해야 했던 부끄러운 과거사였다. 그때에 비해 우리의 국력이 많이 신장되었다고는 하지만 '선진국들의 잔치'로 알려진 올림픽대회를 개최할만한 능력이 있을까 하는 회의가 들었던 것이다. 나는 조심스럽게 말씀드렸다. 만약 일을 추진하다가 뜻대로 되지 않으면 국민들이 실의에 빠질 수 있고, 무엇보다도 국민 앞에 맹세한 다른 약속들마저 불신당할 것이 걱정되었다.

그러자 그이는 나의 그러한 우려를 예상하고 미리 답변을 준비하고 있었던 것처럼 올림픽 유치 필요성을 역설했다. 국내적으로 피로감에 빠져있는 국민들에게 새로운 희망과 의욕을 불어넣고 싶다고 했다. 또 세계를 향해서는 거듭되는 불운을 거뜬히 극복하고 일어선 패기에 찬 모습으로 세계무대에 재등장하는 대한민국의 기적을 만들고 싶다는 것이었다. 그러자면 올림픽 개최보다 더 좋은 기회는 없다고 말했다. 그이는 우리 민족이 인정받지 못한 채 상습적으로 과소평가되고 굴절된 모습으로 비춰지고 있다는 사실을 참기 어려워했다. 그날 그 순간에도 우리 경제는 수출을 해야만 먹고 살 수 있으며 그래서 대한민국을 세계인들에게 알리는 것은 선택이 아니라 필연이라고 말하고 있었다.

비행기가 첫 방문국인 인도네시아의 수도 자카르타 공항에 착륙하자 수하르토 대통령 부처는 할림 국제공항까지 나와 우리 부부를 영접해주었다. 트랩을 내려오자 화동이 다가와 '칼룽 얌둥이'를 우리 목에 걸어주었

아세안 순방 첫 방문국인 인도네시아의 자카르타 공항에 마련된 환영식장에서 애국가 연주에 맞춰 태극기에 경례를 하고 있다.

자카르타 시내 거리에 수하르토 대통령 내외와 우리 내외의 대형 초상화가 걸려 있었다.

다. '칼룽 얌둥이'란 인도네시아어로 화환을 의미했다.

"뜨리마까씨."

그이는 인도네시아어로 고맙다고 인사했다. 그분과 수하르토 대통령은 대통령 전용차에, 나는 수하르토 여사의 차에 동승해 대통령관저인 메르데카궁으로 향했다. 수하르토 여사는 과묵하면서도 자상한 인상을 주었다. 인도네시아는 우리 내외의 대형 초상화를 도심 가로에 걸어놓아 우리를 놀라게 했다.

"실물보다 밉게 그려져서 미안합니다."

수하르토 여사의 겸손한 인사에 나는 그만 무안해져서 "아닙니다. 아주 훌륭합니다." 라고 얼른 답례했다.

2박 3일로 예정된 인도네시아 방문은 인구 2억의 주요 산유국이라는 점 외에도 또 두 가지의 중요한 의미가 있었다. 우선 아세안 5개국 순방의 첫 방문지여서 자카르타에서의 회담 결과가 다른 방문국에도 큰 영향을 미칠 것이라는 점이었다. 또 하나는 비동맹그룹의 창설멤버로서 수하르토 대통령은 비동맹국 정상들 중 리더격이라는 사실이었다.

과거 인도네시아를 식민통치했던 네덜란드 총독부의 대통령궁인 메르데카는 우리나라의 중앙청을 닮은 애수어린 건물이었다. 대통령 접견실에 앉자 두 정상은 농사얘기부터 시작했다. 승용차 속에서의 반 시간 동안 어떤 의기투합이 있었는지 두 사람은 벌써 오랜 지기처럼 친숙해보였다. 두 나라가 정식으로 국교를 수립한 후 만 9년 만에 처음으로 갖는 정상들 간의 회동이었다. 그동안 양국 사이에는 불편한 상황들이 많았다. 남북한 동시 수교국이면서도 사실은 친북한 성향을 보인 인도네시아의 전임 대통령 수카르노와 김일성은 평양과 자카르타를 상호방문할 정도로 친밀한 교류를 해온 관계 때문이었다. 이튿날 오전에 정상회담이 열렸다. 그리고 다음

저녁 만찬 전
하지 아마드 국왕 내외와 함께

날에는 2시간 남짓 진행된 골프회동에 이어 일정에 없던 2차 정상회담이 골프복 차림으로 수하르토 대통령의 사저에서 이루어졌다. 두 나라 사이에 존재했던 그동안의 거리감이 일시에 무너지는 파격적 회동이었다. 예기치 않게 성사된 회담에서 그이가 인도네시아 정부로부터 유엔과 비동맹회의 등 국제회의에서 한국을 전폭 지지하겠다는 긍정적인 약속을 얻어내는 등 기대 이상의 성과를 얻어내는 동안 나는 인도네시아 대통령 부인 수하르토 여사의 안내를 받아 민속촌과 박물관을 방문하고 전통요리 경연대회를 참관하는 등 분주한 일정을 소화해냈다.

인상적이었던 것은 자국을 방문한 외국국가 원수를 환영하기 위해 참석한 각료 부인들이 영어를 구사하는 데 망설임이 없다는 점이었다. 당시만 해도 우리나라에서는 최소한 6년 이상 영어공부를 한 사람일지라도 많은 사람 앞에서 영어로 연설하다가는 흉잡힐지 모른다는 염려 때문에 나서려하지 않고는 했다.

그런데 대부분 고졸 출신이라는 그곳 각료 부인들은 기회 있을 때마다 참석자 모두가 돌아가며 연설을 한다는데 단어가 제때에 생각이 안 나도 옆에 사람들이 도와주어서 걱정을 안 한다는 것이었다. 내가 참석한 그 모임에서도 한 부인이 단어가 생각이 안 나 망설이고 있을 때 알려주자 "땡큐"하고는 아무 일도 없었다는 듯 연설을 계속하는 모습이 참 아름다웠다.

이튿날 오전에 공식 정상회담이 열렸다. 양국 간의 첫 정상회담에서는 세계와 동남아 정세 및 한국과 아세안의 경제협력 증진 방안 등이 진지하게 논의되었다. 특히 수하르토 대통령은 남북한 유엔동시가입을 위한 상호 협력에 흔쾌히 합의해주었다.

다음날 이른 아침 수하르토 대통령은 그분을 골프에 초청했다. 2시간 남짓 진행된 골프회동이었다. 수하르토 대통령 내외와 작별 포옹을 할 때 할림 공항에는 건기인 6월에는 드물게 만난다는 소나기가 쏟아져 내렸다.

두 번째 방문국인 말레이시아의 수도 쿠알라룸푸르의 수방공항에 도착한 것은 6월 29일이었다. 공항까지 마중 나온 후세인 온 수상의 영접을 받은 후 하지 아마드 국왕을 상면한 것은 환영행사장인 국회의사당에서였다.

정상외교에서는 사실상 그 형식이 회담 내용에까지 중요한 영향을 미친다. 그리고 그 형식 속에는 환영식에서부터 환송식까지의 세밀한 의견들이 포함되기 마련이다. 공항에서 영빈관까지 안내하는 차 속에서의 대화, 영빈관 안내 도중 오가는 대화 속의 느낌, 초청자를 예방해 감사 인사를 전하는 일, 만찬장에 들어서기 전에 친밀하게 나누는 가족적 친교, 그리고 만찬 식탁에서 느껴지는 심정적 신뢰감 등은 정상 간의 공식적인 대좌(對

坐)에서 오가는 정중한 대화 못지않게 의미 있는 교감을 만들어낸다.

하지 아마드 국왕 내외의 환영식에서부터 네가라 왕궁에서의 만찬과 송별예식까지 말레이시아에서의 모든 절차는 양국의 우호관계가 어느 정도인지를 가늠할 수 있을 만큼 품격과 정성을 다한 것이었다.

한 가지 특이한 것은 현지 수상 대신 15일 후 수상 직을 맡게 될 마하티르 부수상과 정상회담을 가졌다는 것이다. 정상회담에 수상이 아닌 부수상을 회담 당사자로 정하는 것은 파격이었지만, 실질적으로 수상 직을 계승할 후임자가 정상회담의 당사자가 되어 두 나라 간의 현안을 협의하는 것이 바람직하다는 판단 아래 배려해준 수상의 넉넉한 마음 씀씀이가 느껴져 인상적이었다.

정상들의 공식 회담이 진행되는 동안 내겐 늘 별도 일정이 준비되어 있었다. 그럴 때면 나는 늘 유아복지시설을 돌아보곤 했다. 처음에는 외국을 방문하는 대통령부인들의 방문지로 각종 복지시설이 선택되는 관례에 따른 것이었다. 그러나 차츰 시간이 지나면서 그 중에서도 우선 유아시설을 돌아보는 것이 나의 작은 원칙이 되었다. 유아시설 운영에 각별한 관심이 있었던 나는 각국의 유아시설을 방문하는 일정을 선택해야했다. 아무리 규모가 작은 시설이라도 그곳에서는 어린이를 향한 그 나라의 철학과 배려를 측량해볼 수 있었다. 그것은 어떤 의미에서는 그 나라의 앞날을 짐작해 볼 수 있게 해주는 일이었다. 그 다음으로 방문하는 곳은 박물관이었다. 각 나라의 대표적인 박물관에는 그 나라 문화의 절정이고 백미인 문화재와 예술품들이 전시되어 있어 그 나라 역사와 전통을 조감해보고 파악할 수 있어 좋았다. 말레이시아 국립박물관에서는 중국, 인도, 이슬람, 인도네시아의 네 가지 각기 다른 문화가 하나로 어우러져 공존하고 있는 모습이 유물과 전시품 속에 나타났던 것이 이채로웠다. 마치 온갖 수종(樹種)의 나무들이 번창한 밀림을 이룬 것처럼 하나의 문화 속에서 네 가지 다른 문화가 절묘한 균형을 이룬 채 도도히 맥을 이어가고 있었던 것이 인상깊었다.

말레이시아에 이어 방문한 나라는 도시국가 싱가포르였다. 싱가포르는 정결한 물, 정결한 시가지, 정결한 정부관리라는 세 가지 부러움을 가진 곳이었다. 그분은 싱가포르 통치자 리콴유 수상에게 특별히 개인적 관심을 갖고 있었다. 리 수상의 청렴함, 성실성, 강인한 지도자적 카리스마야말로 싱가포르의 장점들을 이룩한 원동력이라고 그분은 믿고 있었다. 인구 2백만에 3백 명의 육군, 3천 명의 해군과 공군을 소유한 마치 모의국가와 같이 작은 싱가포르였다. 그런데도 그 나라가 한 해 2백억 불 이상을 수출하는 아시아 제2의 부국이라니 놀라운 일이었다. 리콴유 수상을 만난 것은 백색의 이스타나궁에서였다. 궁전의 주인인 요김셍 대통령 권한대행과의 인사를 끝내고 국빈실로 들어섰을 때 거기 이미 리콴유 수상이 기다리고 있었다. 은발에, 그 은발과 같은 색의 정장을 입은 그는 마치 키 큰 모범생 같았다. 깃 높은 중국식 정장 차림의 리셰룽 수상 부인은 인상적인 맑은 눈빛을 지니고 있었다. 몸가짐은 침착했고 지적인 분위기를 보여주었다.

리콴유 수상과의 단독회담은 특별선박 버카스호를 타고 싱가포르 항을 시찰한 직후 시작되었다. 하루 2백 척의 상선이 드나든다는 싱가포르 항에는 갈매기 떼처럼 수많은 상선들이 바다수면을 온통 덮고 있어 동남아 최고의 국제 자유무역항으로서의 면모를 유감없이 보여주고 있었다. 바로 이 상선들이야말로 싱가포르의 역동적 경제를 이끄는 견인차 같은 존재였다. 우리처럼 자원빈국인 싱가포르는 광물자원도 농업자원도 풍부하지 못한 악조건 속에 있었다. 그러나 기계, 조선, 자동차 조립과 같은 중공업을 일으켜 세웠고 자유무역항을 중심으로 한 창고업, 금융업, 해운업의 활력으로 국부를 축적한 것으로 알려져 있었다. 싱가포르의 오늘을 있게 한

국정의 비결을 반드시 배워가야만 한다며 의욕이 대단했던 그분은 리콴유 수상과의 만남에 벌써부터 기대가 컸었다.

회담을 위해 리콴유 수상이 우리가 체류 중인 영빈관에 도착했을 때 그분은 2층 계단을 빠르게 내려서며 정중하게 영어로 인사했다. 밝은 크림빛 정장 차림의 리콴유 수상도 같은 인사로 답례했다. 그분도, 리콴유 수상도 오직 단 두 사람만의 단독회담을 원했다. 예정되어 있던 모든 공식 참석자들이 제외되고 통역을 위해 김병훈 의전수석비서관의 배석만이 유일하게 허락되었다. 이 자리에서 리콴유 수상은 10.26 이후 우리나라가 국가적 위기를 신속히 수습하고 다시 힘찬 출발을 할 수 있었던 과정에 대해 깊은 관심을 표명했고, 예정시간보다 1시간이나 더 길어진 단독회담에서 두 정상간에는 자신들이 이루려고 하는 국가경영에 대한 기본 철학과 소신, 또 세밀한 통치 문제들이 솔직하고 허심탄회하게 논의되었다고 한다. 자신의 집권 22년 동안에 얻은 정치 경험담을 많이 들려준 리콴유 수상의 말들은 취임 9개월에 불과했던 그분에게는 값진 정치 수업이 되었을 것 같다는 생각이 든다. 사람과 사람이 만나다 보면 첫 만남에서 수십 년 묵은 우정보다 더 깊은 신뢰를 경험하게 되는 일도 더러 있다고 한다. 그날 두 지도자의 모습을 보며 나는 두 사람 사이에 바로 그런 작은 기적이 일어났었음을 육감으로 예감할 수 있었다.

그 다음날 난 연구를 위한 식물원을 방문해 신종(新種) 난(蘭)에 '레나난타 이순자'라고 명명하던 일도 기억에 남는다.

이튿날 저녁, 리콴유 수상은 그분을 위해 예정에도 없던 비공식 만찬을 열어 주었다. 그이는 검은 정장, 나는 은은한 금박무늬 한복을 입고 만찬에 참석했다. 리콴유 수상 부인은 아름다운 바다 빛 중국 예복을 입어 더욱 우아했다. 만찬장으로 들어가기 전부터 다시 격의없는 대화를 주고받

신종 난에
'레나난타 이순자'라고
명명해주었다.

던 그이와 리콴유 수상은 생기가 넘쳐보였다. 한국은 운명적으로 막대한 국방비 부담을 끌어안은 채 경제발전을 해야 하는 2중의 고통이 있다고 그분이 말했다. 국방비라는 재정적 부담만큼 김일성이라는 호전적 인물에 대한 정신적 부담도 크다고도 말했다. 과장이나 가상이 아니라 김일성은 언제라도 국지전을 일으킬 수 있는 인물이며 한국에서의 국지전은 아시아와 세계를 최악의 상황으로 몰고 갈 수 있다는 점을 지적한 우려였다. 이 염려가 과장이나 가상이 아니라고 말하는 그분의 의견에 리콴유 수상도 정색을 하며 진지하게 말했다.

"동감입니다."

그리고 리콴유 수상은 이어 김일성이 파견한 특사에 대한 자신의 경험을 얘기했다.

"북한의 김일성은 정말 고정관념에 사로잡혀 있지요. 제 견해로는 북한

만찬장에 입장하기 전
리콴유 수상 부부와 함께

이야말로 가장 비합리적이고 비현실적이며 비상식적인 집단이라고 생각합니다. 그런 형태로 정치를 운영하고 있기 때문에 북한은 적자생존의 법칙에 따라 반드시 도태당하게 될 것입니다. 그 사람들은 모든 형식이 어처구니없도록 어리석어요. 언젠가 한번은 김일성의 특사라는 자가 내 사무실에 들어와 김일성의 친서를 낭독하겠다는 겁니다. 나도 글을 읽을 줄 아는 사람이니 놓고 가라고 했지만 굳이 고집대로 알아듣지도 못하는 말로 낭독하고 갑디다. 막대한 돈을 들여 신문에 광고를 내는 일, 영사관 현관 앞에 김일성 초상화를 걸어놓고 길 가는 사람들로 하여금 쳐다보게 하는 일 등 촌스럽고 비능률적인 일들이 한 둘이 아닙니다. 이런 모든 것들로 보아 북한은 세계의 적자생존 원칙에서 살아남을 수 있는 체제가 도저히 못됩니다. 문제는 바로 그런 북한으로부터 돈을 받아먹고 국제사회에서 이런저런 표를 찍어주는 부도덕한 일부 비동맹국들입니다."

시종 화기애애한 분위기에서 진행된 만찬은 예정시간을 훨씬 넘겨 자정이 임박해서야 끝났다. 만찬이 끝날 무렵 그분은 자리에서 일어나 즉흥적으로 리콴유 수상에게 감사 인사를 했다. 그러자 리콴유 수상도 일어나 이렇게 답사했다.

"오늘밤 저는 전두환 대통령각하 내외분을 모시게 된 것을 영광으로 생각합니다. 저는 원래 조심성이 많은 사람이라 사람을 사귈 때는 그 사람이 과연 믿을 수 있는 사람인가 의심도 해보고 자세한 이력서도 들여다보곤 합니다. 전 대통령 각하를 만나뵙고 저는 놀랐습니다. 서면으로 보고된 각하에 관한 자료를 자세히 들여다보아도 드러나지 않았던 각하의 솔직하고 직선적이고 진지하신 대의적 성품, 형식적인 의전을 무시한 채 저에게 건네시는 각하의 직관과 진실됨에 저는 깊이 매료되었습니다. 전 대통령 각하를 좋아하고 존경한다는 오늘 본인의 이 실토는 미리 계산된 정치가로서의 얘기가 아니라 가슴속으로부터의 솔직한 인간 고백입니다. 본인이 한국을 방문하고 돌아온 엿새 만에 10.26사태가 발생했습니다. 한국으로부터 들어오는 속보는 우려에 찬 것이었습니다. 한국이 정상 궤도에서 이탈해 세계무대로부터 탈락해버리는 것이 아닌가 하는 위기감과 근심이 일었습니다. 그러나 세계의 근심이 곧 안도감으로 바뀌었습니다. 위기 속에서 보여주신 각하의 용기와 결단이 한국을 절대위기로부터 구해냈습니다. 구국의 결단이셨습니다. 한국은 이제 염려할 필요가 없게 되었습니다. 여러분, 한국과 전두환 대통령 각하를 위해 건배합시다!"

수많은 사람들이 지켜보는 가운데 뜻밖에 이루어진 공개적인 리콴유 수상의 열렬한 지지선언은 그분뿐만 아니라 내게도 깊은 감동을 던졌다. 가슴을 뜨겁게 달아오르게 하던 싱가포르 지도자의 우리나라에 대한 진지한 우정을 힘찬 건배로 답례했을 때 싱가포르 방문의 마지막 밤은 저물어 가고 있었다.

네 번째 방문국인 태국에 도착했을 때 푸미폰 아둔야뎃 국왕은 직접 방콕 돈무앙 공항까지 나와 이례적인 환영의 예로 우리를 맞아주었다. 전 각료와 장녀 마하차크리 시린돈 공주까지 대동한 뜨거운 환영이었다.

"제가 영웅으로 생각해온 전 대통령 각하를 모시게 되어 정말 기쁩니다. 이것은 외교적 인사가 아니고 진심입니다."

카오산 로드 북쪽에 있는 찬란한 왕궁, 두싯궁으로 국왕 부처를 예방했을 때 씨리킷 왕비의 인사말에 우리는 또 한 번 놀랐다.

태국 국민들의 절대적 존경을 받고 있던 국왕은, 주로 거처하는 두싯궁 외에도 다섯 개의 별궁을 더 소유하고 있었다. 우리 내외의 숙소로 제공된 영빈관은 국왕의 조부인 라마 5세의 치세 말기에 황태자를 위해 특별히 지어졌다는 서양식 건축물이었다. 국왕과 왕비의 침실이 지나치게 멀리 떨어져 있어 이상하게 느껴졌던 두싯궁은 한때 버마까지 지배했었다는 태국의 풍모가 증명되는 웅장한 규모의 궁전이었다. 푸미폰 국왕은 그랜드 팰리스 왕궁에서 우리 내외를 위해 환영 만찬을 열어주었다. 황금 장식들과 아열대 꽃으로 꾸며진 왕실다운 화려한 만찬이었다.

푸미폰 국왕과 함께 국민들의 사랑을 한 몸에 받고 있는 씨리킷 왕비는 국왕이 나라걱정 때문에 도무지 편한 잠을 이루는 날이 없다고 걱정했다. 파격적으로 마음을 열어 보여주는 국왕 내외에게 깊은 감명을 받은 그분은 태국의 나라걱정에 함께 빠져들어갔다.

이튿날 그이는 동행해 달라는 국왕의 청을 수락했다. 모든 일정을 바꾸고 태국의 크롱사이 전략촌을 향해 떠난 것이다. 전략촌은 헬리콥터와 자동차를 바꿔 타고 장시간 가야하는 캄보디아 접경 지역에 있었다. 당연히 공산주의자들과 총을 맞대고 있는 위험하기 짝이 없는 지역이었다. 그러나 그 전략촌에 쏟고 있는 국왕부처의 정성은 지극한 것이었다. 각별한 우의를 보여주던 국왕과 이심전심으로 태국에 대해 걱정하게 된 그분은 예

공항으로 영접 나온
푸미폰 아둔야뎃
태국 국왕

국왕이 몸소
지니고 다닌 것이라며
불상 목걸이를
선물하는 왕비

제8장 대통령 영부인으로서의 삶

정에 없던 위험지역 방문을 우려하는 수행원들의 반대에도 불구하고 기꺼이 동행했다. 웅덩이에 고여 있는 흙탕물을 식수로 사용하고 있는 전략촌. 그곳에서 직접 눈으로 확인할 수 있었던 국왕부처와 국민들 사이의 깊은 사랑은 우리에게도 부럽기만 한 것이었다. 상상 이상으로 비참한 그곳에 국왕은 저수지를 파주고 쌀과 의약품을 전달해주며 국민들에게 사랑과 신뢰를 쌓아가고 있었다. 또 그렇게 직접 국민들 속으로 뛰어들어가 따스한 손길을 전하는 국왕 부처에게 태국의 국민들도 맨땅에 그대로 머리를 대고 엎드려 절을 하며 존경과 사랑을 표시하고 있었다. 참으로 아름다운 모습이었다.

방문 마지막 날 오전, 18개항으로 된 양국 정상의 공동성명이 발표되었다. 이별의 시간이 되자 다정다감한 왕비는 '자기가 아끼는 불상'이라며 정교하게 만든 조그마한 불상을 내 손에 쥐어주며 각별한 정을 표시했다. 태국에서 필리핀으로 가는 특별기 속에서 나는 내가 지쳐 있음을 알았다. 열하루 동안의 일정 속에 긴장도 많았고 생각지도 못했던 감동도 많았었다. 기뻐하고 흥분하며 안도하는 중에도 내 소심한 신경은 많이 시달렸음이 분명했다.

아세안국가 순방의 마지막 일정인 필리핀의 마닐라 국제공항에는 찌는 듯한 열기 속에 페르디난드 마르코스 대통령과 이멜다 마르코스 여사가 우리를 기다리고 있었다. 지병을 앓고 있던 마르코스 대통령은 고유 의상인 빠롱 차림이었다. 이멜다 여사는 노을빛 드레스를 입고 노을빛 양산 아래 서 있었다. 그날 저녁 환영만찬은 대통령궁인 말라카낭궁에서 열렸다. 인도네시아의 경우와 마찬가지로 3백여 년간의 식민지 시절 스페인 총독 관저로 사용되었다는 침울한 역사를 지닌 대통령궁이었다. 그러나 그런 어두운 과거를 감히 떠올릴 수 없도록 궁전은 매우 섬세하게 손질되어 있

마지막 방문국 필리핀. 공항으로 영접 나온 마르코스 대통령 내외

어서 장려한 느낌조차 갖게 했다.

만찬장에는 공연을 위한 무대도 마련되어 있었다. 주빈석에 앉아 주위를 둘러보면서 나는 청와대에도 이렇게 넉넉히 큰 홀이 하나쯤 있었으면 좋겠다는 생각을 했었다. 청와대는 가장 큰 영빈관에도 겨우 2백여 명의 초대손님밖에 수용할 수 없어 국빈을 모실 때 마다 많은 인원을 한꺼번에 초대하지 못하고 있었다. 차례를 정해 행사 때마다 순번제로 초청하는 불편이 일상이었다. 그러나 국빈이 오실 때마다 이토록 많은 손님을 모셔야 한다면 예산이 두 배로 들것이었다. 누적된 우리나라의 외채를 생각한다면 어림없는 일이었다.

"한국의 국가 원수가 필리핀을 공식 방문한 것은 두 나라 역사상 처음 있는 일입니다."

잠시 혼자만의 생각에 잠겨 있을 때 마르코스 대통령의 만찬사가 시작되었다.

"아시아에는 두 개의 분쟁 가능 지역이 있습니다. 인도지나반도와 한반도입니다. 박 대통령 시해 이후 관측통들은 한국에서의 걷잡을 수 없는 혼란을 예상했습니다. 그러나 신비한 일이 일어났습니다. 위대한 국민은 국가 위기이거나 무정부 상태일 때 용기와 열정과 책임이 합쳐진 위대한 인물을 만들어냅니다. 오늘 만찬에 모신 우리의 귀빈이 바로 그분이십니다. 한국인은 위대한 국민입니다."

소문대로 마르코스 대통령의 연설은 듣는 사람의 마음을 움직이는 힘과 매력이 있었다. 우리 국민 예찬에 대한 답사에 나선 그분은 필리핀의 정신적 지주인 애국지사 호세 리잘의 명언을 인용하며 마르크스 대통령과 필리핀 국민들의 위대함에 경의를 표했다. 리잘의 명언은 이러했다.

'나는 어둠을 찾는 것이 아니라 빛을 구한다.'

정교한 솜씨로 만들어진 왕관처럼 화려한 만찬장에 울려 퍼진 애국지사의 그 잠언은 감동을 자아냈다.

이튿날 두 개의 회담이 동시에 열렸다. 대통령 궁인 말라카냥궁의 2층 뮤직 룸에서는 정상회담이 열렸다. 대회의실에서는 각료연석회담이 열렸다. 그때 놀라운 소식이 도착했다. 바로 그 궁전으로 마르코스 대통령 암살기도 첩보가 날아든 것이었다. 비엔나, 베른, 워싱턴으로부터 날아온 모든 자료의 내용이 일치하고 있어 신빙성이 매우 높은 정보였다. 나로서는 필리핀 내정의 깊은 내막은 알 수 없는 일이었다. 암살계획 소식이 전해지자 예정된 행사는 모두 변경되었고 경계가 강화되었다.

우리는 그분이 주최한 답례 만찬에서 다시 마르코스 대통령을 만날 수 있었다. 암살기도 소식이 그를 더 늦게 만들었는지 마르코스 대통령은 한결 더 병색이 짙은 모습이었다. 행사를 녹화 중이던 필리핀 국영 방송팀의 카메라 광선이 얼굴을 비추자 그의 서글프도록 노쇠한 모습이 보다 뚜

만찬장에서 마르코스 대통령 부부와 함께

렷이 드러났다. 반면 남편 마르코스에 의해 당시 필리핀의 수도 마닐라 시장직과 주택환경장관직에 임명되어 두 개의 중직을 겸임하고 있다는 12세 연하의 부인 이멜다 여사는 생기가 넘쳐보였다. 절대휴식이 필요해보이는 마르코스 대통령과 분주하고 의욕이 넘쳐보이는 이멜다 여사의 대조적인 모습이 왠지 안타깝게 느껴졌다. 신병 속에서 그의 신화도, 카리스마도 병들어가고 있다는 생각이 들었다. 그의 모습을 보며 나는 '아름답게 등장하고 아름답게 퇴장할 수만 있다면 정치도 예술일 수 있지 않을까' 라는 생각을 했다. 병 중인 마르코스 대통령과 나란히 앉은 채 나는 대한민국 대통령인 그분이 국민에게 했던 약속을 다시 한 번 떠올렸다.

"국민이 헌법으로 허락한 임기 동안만 대통령자리에 있겠습니다. 임기를 끝내고 반드시 청와대를 나서는 최초의 대통령이 되겠습니다."

한국정치사에서 권력 순환의 바퀴를 처음으로 돌려야 하는 그분의 역할과 책임에 대해 나는 또 한 번 생각했다. 별도의 특별일정으로 내가 방문한 필리핀 아동의료원은 훗날 언젠가 어린 세대를 위한 일을 하고 싶어 늘 구상하고 메모해오던 내게 좋은 견학장소가 되어주었다. 건물도 훌륭했고 동물 모양의 병상, 벽화, 놀이 시설 등이 어린이들의 심리와 발달단계를 치밀하게 고려해 조화시킨 모범적인 형태였다. 그 병원이 동남아 일대의 심장병 어린이들의 수술을 담당하고 있다는 보고는 내게 신선한 충격과 함께 깊은 인상을 남겼다.

방문일정 마지막 날, 두 정상의 이름으로 공동성명이 발표되었다. 상호 말뿐이 아닌 진실한 의미에서의 명실상부한 혈맹이기를 원한다는 것이 19개 항으로 된 공동성명의 핵심이었다. 마르코스 대통령 부처는 또 다시 마닐라 공항 환송대까지 나와 떠나는 우리에게 최고의 예를 표시해주었다. 14박 15일만의 귀로에 특별기는 서울까지 4시간 동안 날았다.

김포에 도착해 트랩 위에 서자 다정한 7월의 바람이 내 모시적삼을 흔들었다. 성과가 많은 순방 결과 때문인지 그분은 국민들께 자신 있게 귀국인사를 드렸다.

"우리가 버리지 않는 한 우방은 우리 곁에 있을 것입니다."

'우리가 버리지 않는 한'이란 말은 우리도 버림당하지 않을 정도로 성숙해야 한다는 비장한 역설이 담겨 있었다.

트랩을 내리자 열 달 전 처음 입주할 때 그토록 낯설고 서먹하던 청와대 살림집이 문득 사무치게 그리워졌다. 내게 주어진 책임과 의무가 그곳에 있었고 무엇보다 사랑하는 아이들이 그곳에 있었다. 서울이었다.

이기고 돌아오라― 88서울올림픽 개최권을 따내다

1981년 9월 30일 밤, 믿을 수 없는 일이 일어났다. 그날 서독의 휴양지 바덴바덴에서 열린 국제올림픽위원회(IOC)총회에서 대한민국의 수도 서울이 1988년 제24차 하계 올림픽 개최지로 최종 결정된 것이다. 개표 결과는 서울 52표, 나고야 27표였다. 아시아 대륙에서 올림픽 대회가 열린 것은 1964년 일본의 동경대회 한 번뿐이었다. 6.25전쟁의 참화를 딛고 일어나 맨손과 근면만으로 나라를 일으켜 세운 지 30년이 채 되지 않아 이루어낸 민족적 쾌거였다. 서울올림픽 신화는 이렇게 탄생됐다.

대통령 취임 직후인 1981년 2월 26일, 그분은 IOC에 올림픽 유치신청서를 접수시키도록 지시했었다. 한미정상회담이 열린지 한달 후, 아세안 순방을 떠나기 4개월 전의 일이었다. 그때부터 그분은 기회 있을 때마다 반드시 1988년 올림픽 서울 유치를 성공시켜야 한다는 강력한 의지를 되풀이 강조했다. 관계자들은 이후 올림픽에 대한 그분의 의지를 '대통령의 기필코 유치 지시'라고 불렀다. 올림픽 서울 유치 결정은 취임 후 그분이 거둔 그 어떤 성공보다 커다란 보람과 기쁨을 가져다준 수확이었다. 올림픽의 서울유치가 확정되기까지에는 그분의 집념과 독려에 더하여 수많은 사람들의 눈물겨운 노고가 있었다. 정부 관계부처 공무원들, 체육계 인사들, 재계인사들 모두가 한마음으로 최선의 노고와 최고의 열정을 아끼지 않았었다.

일본은 1964년 동경올림픽을 성공리에 치러냄으로써 패전의 상처를 씻어내고 경제강국으로 도약할 수 있었다. 그분은 1988년 올림픽을 서울로 유치시킬 수만 있다면, 또 평화적 정권교체의 전통을 만들고 경제의 안정적 성장을 이룰 수 있다면 우리는 더 이상 동북아시아의 주변국으로만 머물지는 않을 것이라고 자신하고 있었다. 그런 의미에서 서울올림픽은 2천년대를 맞아 우리나라가 세계의 중심국으로 발돋움하는 중요한 계기를 마련해줄, 그 무엇과도 바꿀 수 없는 절호의 기회가 아닐 수 없었다.

그러나 바덴바덴에서의 경쟁 도시는 하필 일본의 나고야였다. 만약 나고

아에 그 절호의 기회를 빼앗긴다면 올림픽대회 대륙순회라는 지역안배 원칙 때문에 1992년과 1996년에는 기회가 없었다. 더구나 2000년 대회는 발상지인 그리스가 그 상징성 때문에 개최지로 결정될 가능성이 높았다. 20세기 안에 우리나라가 올림픽을 개최한다는 것은 거의 불가능한 일이 될 것은 거의 확실했다. 서울 52표, 나고야 27표. 손에 땀을 쥐고 결과를 주시하던 모든 사람들이 그 압도적 승리에 두 손을 번쩍 들어 벅찬 감격으로 환호했던 것은 그런 이유였다.

'위대한 대한민국을 위하여!'

실무자들은 떨리는 기쁨과 흥분 속에 밤늦도록 잠을 이루지 못했다. 그 순간만은 그 누구도 올림픽 준비라는 산적한 과제를 두려워하거나 걱정하지 않았다. 불가능을 가능으로 바꾸는 일, 그것이야말로 바로 지난 세월 '한강의 기적'을 이루며 '위대한 대한민국'이라는 꿈을 사정없이 밀어부쳤던 우리 민족의 광채였다.

사실 그 당시 서울올림픽 유치에 대한 반대론은 거셌다. 반대론자들의 주장도 합리적 근거를 가지고 있었다. 그들은 우선 우리의 심각한 경제적 현실을 생각할 때 올림픽을 위해 막대한 자금을 투자할 능력이 없다고 단정했다. 또 투자를 한다하더라도 경제에 타격을 주어 절박한 경제회생을 심각하게 지연시킨다는 것이었다. 또 하나의 이유는 서글픈 열등의식이었다. 막강한 경제력과 국제적 영향력을 가진 일본 나고야와 대결해보았자 승산이 없다는 것이다. 당시 일본은 표 대결에서 나고야의 절대 승리를 장담하고 있었다.

또한 그 시절 국민들 가운데 많은 사람들이 정부의 올림픽 유치계획은 '그저 한번 시도해보는데 의미가 있는 것' 정도로 생각하고 있다고 했다. 그러니 그해 4월 16일 남덕우 국무총리 주재로 열린 대책회의에서는 반대

의견이 절대 다수였다는 것이다. 다만 대통령의 의지가 강력하다는 점이 고려되어 '대통령의 결심을 다시 받아보자'는 선에서 회의를 마쳤다. 말하자면 대통령인 그분이 재고(再考)해야 한다는 결론이었던 것이다.

그러나 그이의 생각은 달랐다. 올림픽 유치경쟁은 결코 경제력과 국제무대의 영향력 싸움만은 아니라는 확신을 갖고 있었다. 우리가 국제무대에서 도약할 수 있는 그 천재일우의 기회를 놓치지 않는 것, 그것이 우리 민족의 시대적 도전이며 자신의 숙제라고 그분은 확신했다. 그분은 세계를 향해 우리 국민이 얼마나 올림픽 유치를 열망하는지 보여주기로 했다. 또 우리 국민의 우수성과 잠재력은 반드시 탁월한 올림픽을 실현할 수 있음을 홍보했다. 그분은 또 일본의 올림픽 유치에 대한 열정이 우리보다 약할 것이라고 확신했다. 일본은 이미 동경올림픽을 개최한 경험이 있었으므로 유치하려는 의지의 강도가 우리보다 약할 수밖에 없다는 심리적 상황을 파고들었다. 무엇보다 그들이 우리 대한민국의 경쟁력을 낮게 보아 방심할 것이 분명하다는 심증을 그분은 갖고 있었다. 그야말로 심리전 수준이었다.

82명의 IOC위원들 중 14명의 공산권 진영을 제외한 61명 위원들에 대한 적극적이고 열정적인 스포츠외교가 시작됐다. 우리 측의 접촉과 설득이 시작된 것이다. 모든 교섭결과는 신속하게 그분에게 곧장 보고되었다. 올림픽 개최지 결정 한 달 전 그분은 안보소회의를 소집했다. 그리고는 이렇게 말했다.

"1988년 제24회 올림픽은 어떤 일이 있더라도 서울로 유치해야만 합니다. 무슨 일이 있더라도 올림픽을 개최할 수 있도록 모든 부처가 총력을 기울여 추진하십시오. '지성이면 감천이다.'라는 무서운 진리를 믿으십시오."

열흘 후 우리국민은 마침내 바덴바덴에서 날아온 승전보를 들었다. '지성이면 감천'이 증명되는 낭보였다. 서울 52표, 나고야 27표의 압도적 지지였다. 이미 승리를 장담했던 일본의 나고야를 누르고 한국의 88서울올림픽 유치가 결정된 것이다. 두달 후인 11월, 연달아 경사가 겹쳤다. 올림픽 유치성공의 영향력으로 86년 아세안게임도 서울에서 개최하기로 결정된 것이다. 외무장관으로서 현장에서 올림픽 유치를 위해 맹활약했던 노신영 장관은 그의 회고록에서 이렇게 쓰고 있다.

"나는 올림픽 유치에 대한 찬반양론이 오래도록 그치지 않는 상황 하에서 전두환 대통령의 확고한 의지와 지도력이 없었더라면 이같은 큰 일을 해낼 수 없었을 것이므로 88올림픽 서울유치의 제일 큰 공로자는 전두환 대통령이라고 생각한다."

개방과 다양화의 물결

그분의 취임 3년째가 되는 1982년 새해는 또 새로운 시대정신과 함께 왔다. 우선 학생들의 두발과 교복자유화가 실행되었다. 수십 년 동안 지속되어 온 야간통행금지도 완전히 해제되었다. 너무도 당연한 일들이 그제서야 하나씩 이루진 것이다. 처음엔 반대도 많았다. 밤 12시가 넘으면 통행금지가 실시되고 일제시대의 잔재인 교복과 획일화된 머리 모양으로 학생들을 구별하던 것이 너무 오랜 세월 익숙한 일상으로 변해 있었기 때문이었다. 그런 이유로 상당수의 사람들이 통제불가능한 혼란과 무절제를 예상하기도 했다.

그러나 시대는 무섭도록 신속하게 변화하고 있었다. 텔레비전마저 흑백시대가 퇴장하고 컬러시대가 열렸다. 다양화의 시대, 세계화의 시대, 확장된 자유의 시대가 꿈틀대고 있었다. 수동적이 아닌 능동적인 자세로 2000년대를 열며 위대한 조국의 미래를 힘 있게 꿈꾸기 위해서는 '자유화의 물결'도 '책임 있는 자율화'로 소화해낼 수 있어야 한다는 것이 그분의 그 시대에 대한 해석이었다.

 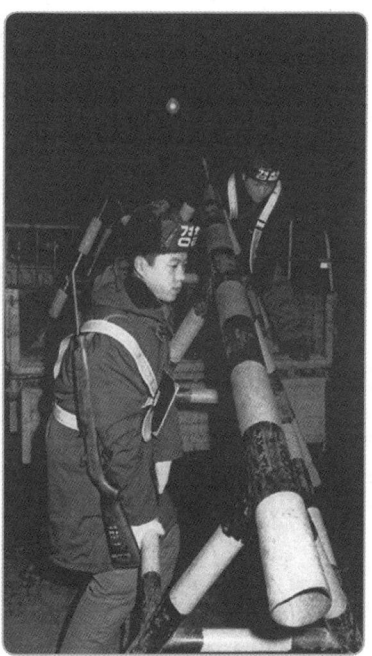

야간통행금지가 해제되면서 시가지 주요지점의 바리게이트가 철거되었다.

야간통행금지가 36년 만에 전면해제되자 야경은 관광거리가 되었다.

학생 교복과 두발 자유화가 시행되자 어떤 머리 모양을 선택할지 즐거운 고민거리가 되었다.

1983년 1월 1일부터 50세 이상의 해외여행이 자유화되자 여행사 창구마다 관광객 유치 안내문이 나붙었다.

아프리카 순방 외교 – '킬리만자로 플랜'

아프리카대륙 순방계획이 극비리에 세워진 것은 1981년이 저물어가던 12월경의 일이다. 그 계획은 아프리카를 상징하는 성산(聖山)인 케냐의 킬리만자로의 이름을 차용해 '킬리만자로 플랜'이라는 암호명으로 불렸다. 그 계획은 관계관들 사이에 상당한 주저와 우려를 불러일으켰다. 바로 얼마 전 아세안 순방 당시 캐나다 교포를 이용해 그분을 위해하려고 했던 북한의 암살기도 계획이 캐나다 정부에 의해 밝혀졌기 때문이었다. 그런 민감한 시기에 북한이 제3세계외교를 위해 가장 심혈을 기울여 공략하고 성공을 거둔, 북한 외교의 압도적 우세지역인 아프리카 대륙을 방문한다는 것은 마치 전용기를 몰고 적진 한가운데로 기습해 들어가는 것 같은 위험한 시도라는 우려가 있었던 것이다. 관계자들의 걱정은 매우 심각했다. 그러나 그 대륙이 북한의 외교영지이며 동시에 우리의 적지라는 바로 그 이유 때문에 반드시 방문해야만 한다며 이미 결심을 굳힌 그분의 마음은 흔들리지 않았다.

외교의 지평(地平)을 확대 다변화해야 한다는 구상 아래 추진한 아세안 순방을 마치고 돌아온 이후, 그분은 본격적으로 제3세계에 대한 적극적이고 공세적인 외교 강화를 추진해나갔다.

대통령이 직접 최전선에 서서 치러내는 전투 같았던 킬리만자로 플랜의 목적지는 사하라 사막 이남 국가인 케냐, 나이지리아, 가봉, 세네갈 등 4개국이었다. 스와힐리어로 '번쩍이는 산정'이라는 뜻의 킬리만자로에는 사시사철 녹지 않는 만년설이 쌓여 있다고 했다. 한국과 아프리카 사이에도 당시에는 만년설이 쌓여 있다고 해도 과언이 아니었다. 모든 계획은 극비리에 진행되었다. 마치 특공작전을 방불케하는 긴장과 흥분을 동반한 순방 계획이었다.

51개의 국가로 이루어져 있는 아프리카는 사하라 사막 북쪽의 7개국을 제외한 나머지 44개 나라가 블랙 아프리카를 구성하고 있었다. 1950년대 후반부터 식민지 종주국들로부터 독립을 시작한 아프리카 신생국들은 당연히 반서방(反西方), 반식민주의를 표방하고 있었다. 그들의 이런 강력한 정서에 가장 효과적으로 파고들어간 나라가 소련과 중공이었다. 북한이 우리에 비해 외교적 우세를 차지할 수 있었던 이유도 바로 그런 역사적 배경 때문이었다. 공산주의 종주국인 소련과 중공측에 기울어져 있던 아프

아프리카 순방 첫 방문국 케냐에 도착해 화동들로부터 꽃다발 환영을 받고 있다.

케냐공화국의 모이 대통령과의 정상회담

케냐의 주요 관광자원인 마사이마라 국립공원

리카 국가들은 주저 없이 미국을 새로운 형태의 제국주의 국가로 간주하고 있었다. 아프리카 대륙을 흐르는 그 반미정서, 그 친사회주의정서를 적극적으로 이용해 북한은 제3세계의 중심세력인 아프리카의 지지를 확보한 후 한국을 국제 사회에서 고립시키겠다는 전략을 갖고 있었다. 그 전략은 이미 결실을 거두어 북한은 그즈음 이미 아프리카 대륙의 지지를 바탕으로 유엔에서의 열세를 눈에 띄게 만회해가고 있었다. 그 결과 언제부터인지 한국은 각종 국제사회의 표 대결에서 우리의 우위를 더 이상 장담할 수 없는 쫓기는 상황에 직면해 있었다. 그리고 그 성과에 자신감을 얻은 북한은 아프리카를 향한 외교 공략에 한층 더 열을 올리고 있었다.

북한은 많은 수의 아프리카 국가원수들을 평양으로 초청해 환대를 하고 선물공세를 했다. 그 해 봄 북한은 아예 37개 아프리카 국가들에 대규모 사절단을 파견하는 공격적인 아프리카 집중외교에 외교자원과 자금을 쏟아 붓고 있었다. 그 결과는 숫자로도 나타났다. 동시수교국이 29대 40, 단독수교국은 4대15로 우리가 북한에 현저하게 뒤지고 있었다. 북한과 아프리카는 그야말로 밀월관계의 절정을 이루고 있었다. 아프리카는 우리 외교의 취약지역으로 남아 있었다.

순방 일정은 1982년 9월 초, 이라크의 바그다드에서 열릴 예정이었던 비동맹정상회의를 겨냥해 결정됐다. 순방 일정은 바로 그 직전인 8월 16일부터 9월 1일까지 16박 17일로 정해졌다. 출발 15일 전 뜻밖의 보고가 도착했다. 케냐에 군사쿠데타가 일어나 정세가 몹시 불안하니 순방을 보류하는 것이 좋겠다는 외무부와 안기부의 황급한 건의였다. 그이는 급히 외무차관과 안기부 관계관들을 파견해 현지 대사와 협조해 가능한 한 계획대로 순방 일정을 실현시키라고 지시했다. 아프리카 대륙에서 남북한 외교전쟁의 지도를 바꾸겠다는 야심을 갖고 떠나는 여행이었다. 그러나 북한의 압도적 거점인 아프리카 방문 속엔 심각한 암살과 테러 위험이 잠복해 있음을 결코 잊지 않고 있었다.

결국 남편은 떠나기 전날 큰아들 재국에게 큰 봉투 한 개를 남겼다. 아버지가 돌아올 때까지 잘 보관하되 만약 아프리카 순방 중 자신에게 무슨 일이 발생하면 즉시 열어보라는 당부도 남겼다. 순방 전 그분이 큰아들에게 남긴 그 봉투 안에는 두 통의 유서(遺書)가 들어 있었다. 한 통은 가족들 앞으로, 또 한 통은 국가비상시를 대비해 국무총리 앞으로 적은 친필 유서였다.

8월 16일 오전 10시 30분 김포공항을 출발한 특별기는 이틀날인 8월 17일 오후 2시 첫 방문국인 케냐의 수도 케냐타 국제공항에 도착했다. 케냐는 우리나라와 단독수교를 맺고 있는 몇 안 되는 친한(親韓)국가 중 하나였다. 단독수교란 북한과 등거리 외교를 하지 않음을 의미한다. 국토의 10퍼센트를 야생동물 보호구역으로 지정하고 있는 목가적인 나라. 1년에 50만 명 정도의 외국관광객이 찾아오고 그 관광수입이 국가의 주요 수입원인 나라가 케냐였다. 케냐의 다니엘 아랍 모이 대통령은 아프리카 단결기구의 의장직을 맡고 있었다. 그분과의 첫 만남에서 모이 대통령은 공산권과 사회주의 국가들에 둘러싸여 있어 늘 공산화에 대한 불안으로 걱정이 많다고 호소했다. 북한의 적화야욕에 대한 경계를 잠시도 늦출 수 없는 긴장 속의 분단국인 한국의 지도자인 그분과의 만남이었기 때문이었으리라. 놀랍게도 그분과 모이 대통령 두 지도자는 만나자마자 의기투합했다. 두 정상은 경제 발전만이 공산화의 불안과 유혹을 이길 수 있는 가장 결정적이고 효과적인 방법이라는데 동의했다. 그리고는 당장 가능한 것부터 시작해 경제 협력의 문호를 개방하기로 합의를 보았다. 세계적으로 유명한 마사이마라 국립공원을 시찰해 대평원을 달리며 뛰노는 야생동물과

샤가리 대통령이
라고스 국립극장에서
주최한 공식만찬

나이지리아
교민을 위한 리셉션

케냐의 장려한 자연을 인상깊게 둘러본 일은 두고두고 잊지 못할 일이다.

3일간의 케냐 방문을 마치고 도착한 곳은 나이지리아였다. 세후 샤가리 대통령은 나이지리아 전통복장으로 공항에서 우리를 맞아주었다. 1960년 10월 1일 영국으로부터 독립한 나이지리아는 1976년부터 북한과 단독수교를 유지해오다가 1980년에 와서야 우리와 외교관계를 맺은 인구 1억의 산유국이었다. 사가리 대통령은 10년간의 군정을 종식시키는 선거에 당선되자마자 사회주의를 버리고 친서방노선을 선택했다. 우방국으로 종전의 북한 대신 한국을 선택한 것도 개혁적 지도자인 샤가리 대통령 스스로의 결단이었다. 그러나 여전히 북한과 남한 사이에서 사안에 따라 입장정리를 해오던 불안정한 상황이었다.

"한국과 나이지리아는 식민, 분단, 내전이라는 세 가지 똑같은 아픈 역사를 갖고 있습니다."

그것이 샤가리 대통령의 영접인사였다. 두 정상이 만나자 샤가리 대통령은 두 나라가 똑같이 전쟁의 역사와 상처를 안고 있으므로 우리나라와 함께 호흡할 수 있다는 호의를 표현하려 애썼다.

"우리 나이지리아는 그 어떤 선진공업국보다 바로 각하의 나라인 한국으로부터 배우고 한국과 협력하고 싶습니다."

1차 정상회담을 마치며 샤가리 대통령은 그렇게 말했다. 그리고 이어 2차 정상회담도 열렸다. 방문 마지막 날에 발표된 공동성명은 성공적이었다. 샤가리 대통령은 이제 한반도 문제에 관한한 나이지리아는 한국의 모든 입장을 강력히 지지한다고 공식선언했던 것이다. 그 선언은 한반도 문제에 관한한 나이지리아가 처음으로 명백하게 북한이 아닌, 오직 한국만을 지지한다는 입장을 공식화한 것이었다.

나이지리아 방문 일정이 진행되는 동안 당황스럽게도 나는 지쳐갔다. 아프리카 사막으로부터 불어오는 뜨거운 모래바람 때문이었는지 호흡기관들이 극도로 건조해지는 증세에 시달렸다. 당연한 일정이지만 도착하자마자 시작된 무명용사 헌화, 국립박물관 시찰, 교민을 위한 리셉션, 부통령 부인 주최 오찬, 외교사절단 접견, 나이지리아 중부에 있는 '베누아'라는 곡창지대 방문과 같은 벅찬 과정 때문에 몹시 지쳐 있었던 것이다. 샤가리 대통령이 라고스 국립극장에서 주최한 공식만찬에서의 일도 잊을 수 없다. 만찬은 민속공연을 관람하면서 진행되었다. 공연은 나이지리아의 3대종족인 '하우스', '이보', '요루바' 종족의 고유음악과 찬란한 춤으로 펼쳐졌다. 그것은 다종족 국가인 나이지리아가 그분의 국빈방문을 거국적으로 환영한다는 뜻을 담고 있다고 샤가리 대통령은 친절하게 설명해주었다. 그러나 나는 그동안 참았던 지독한 몸살에 시차마저 겹쳤던지 만찬공연을 보면서도 한꺼번에 쏟아지는 졸음 때문에 눈을 제대로 뜰 수조차 없어 절절 맸다. 잠을 쫓으려 애를 쓰면 쓸수록 더 내려앉는 눈꺼풀, 허벅지를 손톱으로 꼬집다 못해 옷핀을 꺼내 찔러댔지만 막무가내였다. 견디다 못한 나는 만찬사가 인쇄된 종이로 얼굴을 가리고 위기를 겨우 모면했을 정도였다. TV카메라 앞에서도 사정없이 쏟아지던 졸음 때문에 안간힘을 쓰던 그때의 절박했던 심정을 생각하면 지금도 등에서 식은땀이 흐르는 것 같다.

세 번째 방문국인 가봉의 오마르 봉고 대통령은 1975년 우리나라를 방문한 후 2년 뒤인 1977년 5월에는 북한도 방문해 등거리외교를 펼치고 있던 정치가였다. 로페즈만 북쪽에 있는 방사선 모양의 프랑스 풍의 도시 리부르빌에는 북한이 보낸 선물이라는 봉고 대통령의 거대한 동상이 서 있어 두 나라 간의 정치적 밀월관계를 증언해주고 있었다. 봉고 대통령이 말했다.

"김일성의 간절한 초청이 있어 평양을 방문했습니다. 방문해보니 분명히 알 수 있었습니다. 김일성은 공화국 대통령이 아니라 공산왕조의 창건자로 존재하고 있었습니다. 저는 이제껏 그토록 낙후되고 전근대적이며 온종일 정치선전만이 난무하는 나라를 본 적이 없습니다. 세상에서 가장 폐쇄된 땅이었습니다. 방문 1년 후 우리는 평양에 있던 우리 공관을 폐쇄시켜 버렸습니다. 그런데도 북한은 이곳에 있는 그들의 대사관을 지금까지 철수하지 않고 있습니다. 이곳에 파견된 북한대사 역시 정치선전 이외에는 하는 일이 없습니다. 이번에도 북한 대사관 요원들은 의도적으로 한국 정부를 비방하는 벽보를 여기저기 붙여놓았습니다. 한국과 가봉의 정상회담에 대한 북한의 저항은 대단합니다."

북한 요원들이 온 도시를 자기 집 안방처럼 돌아다닌다는 봉고 대통령의 말은 옳았다. 도착하던 날 레옹 움바 공항에서였다. 공항 환영행사 때

레옴옴바 공항으로 영접 나온 봉고 가봉 대통령

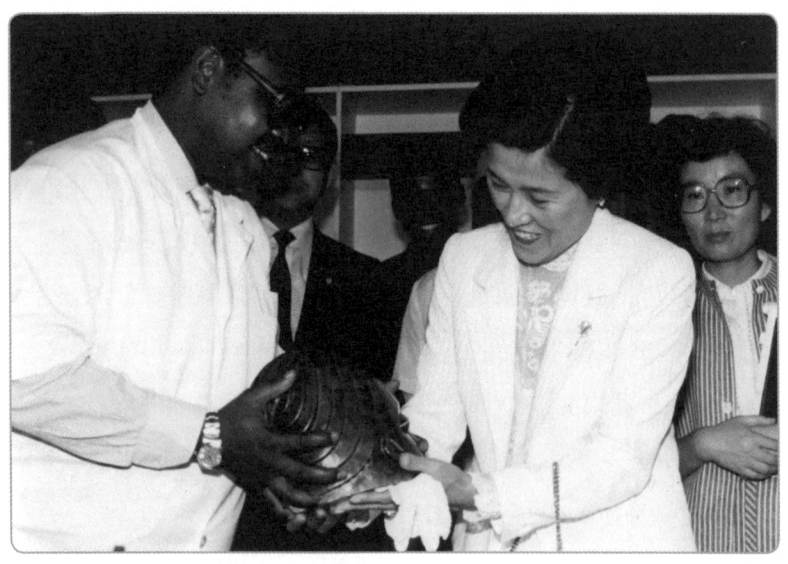

가봉 박물관을 방문해서

참 이상한 일이 발생했다. 그때 난 잠시 생각했다.

"참 이상한 나라도 있군. 왜 국빈 환영행사에서 자기나라의 국가를 먼저 연주하는 것일까."

환영행사 중 가봉 국가 군악대가 연주한 것은 우리의 애국가가 아니라 낯선 음악이었다. 북한의 국가를 연주하고 있었던 것이다. 그러나 나도, 우리 일행 대부분도 그것이 북한의 국가인지 알지 못하고 있었던 것이다. 다행히 6.25를 서울에서 직접 겪었던 김병훈 의전수석과 황선필 대변인이 그 심상치 않은 참사를 재빨리 알아차리고 단상에서 뛰어 내려가 군악대 지휘자의 지휘를 중지시킨 일은 참으로 적절한 일이었다.

"북한측 공관원이 악보 인쇄소를 여러 번 출입했다는 제보가 있습니다."

가봉 국가 군악대는 실수로 애국가 대신 북한의 국가를 연주하고 말았던 것이다. 북한 요원이 악보 인쇄소를 들락거리며 악보를 바꿔치기하는 그런 시도를 했었는지는 분명히 밝혀지지 않았다. 그러나 아프리카 대륙을 누비는 한국의 지도자인 그분의 대담한 외교를 바라보는 북한의 뒤틀린 심사를 드러낸 치졸한 사건이었다. 앞으로 또 무슨 짓을 해올지 큰 걱정이 아닐 수 없었다.

그러나 인간만사는 새옹지마라는 말이 있듯 그 일로 봉고 대통령은 북한의 소행에 격분해서 "완전히 진절머리가 나버렸다."고까지 했다. 그는 만찬사를 통해 반복해서 공항 영접행사에서 벌어진 실수에 대해 공식적으로 그분에게 사과를 했다. 그 일에 대한 미안함도 한몫했던 것일까. 봉고 대통령이 뜨거운 열정으로 임한 가봉에서의 정상회담은 가장 중요한 목표였던 두 나라간의 외교적 상호지지와 그리고 경제협력에 대한 거의 완벽한 합의를 이끌어냈다. 작별 때 봉고 대통령은 의전상의 관례를 깨고 특별기 안까지 따라 들어와 그분을 얼싸안으며 진한 우정을 보여주었다. 그 모습이 곁에 있던 보도진들을 열광시켰던 것은 물론이다.

"자, 마지막 방문지까지 초심을 가지고! 당신도 참 잘 해주었소."

기대를 넘는 방문 성과와 함께 각 나라에서의 일정들이 순조롭게 진행되어 가자 그분은 기분이 고조되고 흥분되는 듯했다. 이륙을 위해 비행기가 활주로로 접어들자 그이는 공로도 없는 나에게 '초심을 가지고!' 라고 속삭이며 기운을 북돋아주는 것이었다.

마지막 방문지인 세네갈로 가는 데 걸린 비행시간은 4시간 40분이었다. 그 비행시간 동안 남편은 내게 아프리카에 대해 많은 것을 설명해주었다. 2백년간 프랑스 식민지였던 세네갈은 가봉처럼 불어를 공용어로 사용하는 나라였다. 중요한 것은 세네갈도 가봉처럼 한때 친북한 노선을 선택했던 나라였다는 점이 그분을 긴장시켰다는 것이다. 20년간 집권했던 전임 생고르 대통령은 평양에 초청되었을 정도로 오랫동안 북한과 깊은 교류를 가졌던 인물이었다. 그러나 5년 후 서울을 방문한 이후 친한국적 인물이 되었다는 것이었다. 그이는 이제 아프리카도 어제의 아프리카가 아니니 정상회담 성과에 희망을 갖자고 했다. 그 예로 1979년 아프가니스탄 사태로 소련의 노골적인 팽창주의를 목격하게 되면서 좌경화됐던 많은 나라들이 우경화로 선회하고 있음을 강조했다. 즉 우리가 정상회담을 통해 북한의 공허한 선전 대신, 실질 이익을 보장해 줄 수 있는 구체적이고 실천적인 협력방안을 제시한다면 아프리카 국가들도 우리의 우방으로 만들 수 있을 것이라는 믿음을 갖게 되었다고 했다.

전세기가 다카르 요프 국제공항에 도착했다. 비행기 트랩 위로 사하라 사막으로부터 생성된다는 하르마탄이라는 이름의 건열풍이 사정없이 몰려왔다. 마치 타오르는 불이 바람 속에 살아있는 듯 끔찍하도록 뜨거운 열풍이었다. 그 트랩 아래 신장 2미터의 세네갈의 신임통치자인 압두 디우프 대통령이 서 있었다. 프랑스 박사학위 소지자라는 디우프 대통령은 지적

디우프 대통령이 주최한 만찬에서

인 분위기의 중년신사였다.

"아름다운 귀국을 방문하게 되어 무척 기쁩니다."

그렇게 인사를 하면서도 나는 키다리 디우프 대통령을 까맣게 올려다보아야만 했다. 대통령궁에서 열린 만찬 도중 뜻하지 않은 경사가 있었다. 7년간 계속된 가뭄을 뚫고 세네갈에 반가운 비가 쏟아져 내린다는 낭보였다. 단비는 만찬 내내 힘차게 내렸다. 티암 수상 부인은 그분이 비를 몰고 왔다며 감격의 눈길로 인사했다. 인구의 8할이 농업에 종사하고 있는 세네갈이었으니 그 단비가 주는 환희는 대단한 것이었다. 단비에 환호하며 거리로 달려나와 기쁨의 축제를 벌이는 사람들의 소리가 만찬장까지 들려왔다. 덕분에 만찬장도 온통 축제 분위기였다. 좋은 시작이었다.

"세네갈에는 '한 여성이 금 1g'이란 표어가 있습니다."

디우프 대통령의 말에 따르면 세네갈의 모든 여성들은 금 1g을 모으는 정성으로 장신구나 돈을 모아 그들의 최우선 과제인 수자원 개발을 위해 내놓는다는 것이었다. 나라 발전을 위해 자신의 돈이나 장신구를 아낌없이 바치는 그 나라 여성들의 미담은 진취적이고 향기롭게 느껴졌다. 여성들의 깨어 있는 의식수준 때문인지 세네갈에는 유난히 여성 정치인들이 많았고 당연히 여성 각료와 국회의원도 적지 않았다.

이튿날 그분이 디우프 대통령과 단독 정상회담을 갖는 동안 나는 다카르 근교의 SOS고아원을 방문해 침실, 공부방, 재단실, 옷 보관소 등을 둘러보았다. 원내에서 9명 단위로 가족을 형성해 생활하는 것이 특이했다. 그곳에서 돌아와 보니 정상회담에서 많은 일들이 이미 합의되어 있었다. 총 19억불짜리 세네갈 제6차 경제개발계획, 다카르 상수도 관개 공사에 한국의 참여, 또 세네갈에 우리의 철도 차량을 수출하는 일이 타결되었다.

"아프리카로 날아오기로 한 결정은 옳았습니다."

아프리카 정상회담을 마치고 떠나기 전 수행 기자단과 만난 그분은 힘찬 어조로 말했다. 도처에 북한 인공기가 휘날리는 적진과 같은 아프리카 지역으로 함께 달려와 정상회담과 각종 순방행사를 취재보도하느라 숨 가쁜 수행기자들도 그분에게는 마치 전우들 같았다. 목숨을 건 실행력과 팽팽한 긴장감으로 현기증이 날 것만 같던 그 아프리카 여행에는 미국에서 유학 중이던 딸 효선이 동행해 내게 큰 도움이 되어주었다. 거리상으로도 멀었지만 여러 의미에서 진실로 장정(長征)이었던 아프리카 순방은 좋은 성과를 거두며 종료되었다. 그러나 장정은 아직 끝나지 않았다. 귀로에 캐나다와의 정상회담이 기다리고 있었다.

"이제 아프리카를 졸업하게 되었으니 여러분도 좀 쉬도록 하십시오."

그분 말대로 그분도 수행원들도 기자단도 휴식이 필요했다.

귀로의 휴식처는 아프리카 서해안으로부터 1백여 킬로미터 떨어진 화산섬, 스페인령 카나리아 제도의 항구도시 라스팔마스였다. 귀로에 방문이 예정된 캐나다 일정까지는 사흘이 남아 있어 2박 3일간의 체류시간이 주어졌던 것이다.

대서양의 거친 파도와 싸우면서 일하고 있는 선원들과 만나 뜨겁게 악수했다.

카나리아 제도의 일곱 개 섬 중 왕관인 그 섬과 우리나라와의 인연은 1966년 최초로 그곳에 닻을 내린 한국 선박, 거문호로부터 시작됐다. 그로부터 이미 만 15년, 이제는 부산항에서 라스팔마스까지의 엄청난 거리에도 불구하고 우리 원양 어선의 중요한 전진기지가 되어 있었다. 그곳을 그이가 그냥 지나칠 리 없었다.

우리가 도착했을 때 그 섬엔 한국의 원양 어선 1백여 척이 그날도 대서양에 출어해 있었다. 라스팔마스 최대의 선단을 이끌기 위해 5천여 명의 우리 선원과 가족이 그 섬에 체류 중이었다. 그들은 라스팔마스 사람들로부터 어떤 상태에서든 가치 있는 일을 만들어내는 기적의 사람들이라고 칭송받는 '자랑스러운 한국인들'이었다. 멀고 먼 대서양에서 거친 파도와 싸우며 놀라운 어획고를 기록하고 있는 위대한 한국 선원들과 만나 그분은 갑판에서, 조타실에서, 어획한 참치상자 앞에서 형제처럼 다정하고 열렬하게 손을 부여잡으며 뜨겁게 악수했다. 너무나도 감격적인 순간이었다.

오타와 공항으로
영접 나온
슈라이더 총독 내외

맹렬한 추위가 몰아닥친 캐나다의 오타와에서는 에드워드 슈라이어 총독 부처가 공항에 나와 우리를 맞이해주었다. 슈라이어 총독 부인의 붉은 모자와 멋지게 어울리던 감청색 원피스 코트가 생각난다. 캐나다는 아세안 방문 당시 그분에 대한 암살 계획이 있었던 곳이었다. 북한이 캐나다 거주 교포를 교사해 암살 계획을 세웠던 것을 다행히도 실행 이전에 캐나다 경찰이 적발해 사전에 막을 수 있었던 사건이었다. 북한과 손을 잡고 아세안 방문을 저지하려고 했던 바로 그 세력들이 이번에는 공항에서 반한(反韓) 플래카드를 들고 우리를 막았다.

"칸두(원자로)를 한국에 팔지 말라."
"부산 미문화원 방화 살인 사건의 범인을 풀어놓아라."
분단은 그렇게 세계 곳곳에서 민족의 치부와 아픔을 드러내고 있었다.
피에르 트뤼도 수상과의 정상회담이 그분을 기다리고 있었다. 그 일정에 앞서 그분은 한국전 참전용사들이 입원해 있는 쌩뜨안느 원호병원을 방문했다. 헬리콥터로 도착한 병원 2층 강당에는 휠체어를 탄 백발의 노인들이 기다리고 있었다. 30년 전 한국전쟁에서 입은 상처로 아직도 병실에서 휠체어 신세를 지고 있는 캐나다 참전용사들의 가슴 아픈 광경이었다. 실명한 참전용사도 있었다. 옆의 동료가 그에게 말했다.

"한국 대통령이 오셨어. 자네와 악수하려고 기다리고 계시네."

그 말에 앞을 보지 못하는 그 참전용사는 울음을 터뜨렸다. 우리나라의 평화와 자유를 위해 먼 이국땅에서 달려와 피를 흘렸던 캐나다의 용사들이었다. 많은 부상자 외에도 캐나다는 한국전에서 516명의 장병이 생명을 바친 뜨거운 혈맹이었다. 용사에게 다가가 침묵 속에 악수를 나누던 남편의 눈가도 붉어져 있었다. 대체 어떤 말로 그들의 고귀한 희생에 응답할 수 있을 것인가. 위로도 격려도 부질없는 일로 느껴지는 가슴아픈 순간이었다.

피에르 트뤼도 캐나다 수상과 그분은 이미 구면이었다. 한 해 전 그분은 청와대에서 트뤼도 수상과 만났었다. 소중한 재회인 탓일까. 두 나라 정상회담은 일정까지 바꿔가며 2시간에 걸쳐 진행되었다.

그날 캐나다 석간신문은 한국을 '제3세계 국가들에게 하나의 빛나는 모범'이라고 써주었다. '뱅쿠버 선'지는 논설에서 그분을 '주목할 만한 손님'이라고 표현했다. 그 신문은 북한이 국제 테러조직을 위한 주요 훈련장임도 폭로했다. 회담 중 트뤼도 수상은 다음 달 캐나다에서 열릴 국제통화기금 연차 총회에서 그분의 말을 인용해 연설해도 좋겠느냐고 물었을 정도로 뜨거운 우의를 감추지 않았다. 그분도 트뤼도 수상에게 국제무대에서 쌓은 세련된 식견과 통찰력을 배우고 싶다는 말로 수상의 호의에 화답했다. 트뤼도 수상과 슈라이어 총독 부처는 우리 내외를 품격과 정성을 쏟아부은 오찬과 만찬에 차례로 초대했다. 극진한 호의와 성의를 다한 감동

총독 관저에서의
만찬에서
총독 부부와
트뤼도 수상

생트안느
원호병원에서
6.25 참전용사들을
찾아

노병들에게
감사의 선물을
전달하며

적 현장이었다.

이제 귀향 시간이었다. 지구를 한 바퀴 돌았던 무려 4만 6백 65킬로미터의 여행길이었다. 학창시절 지리부도에서 본 기억밖에 없는 나라들이었다. 낯설고 물선 땅이지만 그곳 사람들과의 만남을 통해 우리는 지구촌에서 함께 살아가고 있는 이웃임을 실감할 수 있었다. 아프리카 대륙의 뜨거운 대지에 삶의 뿌리를 내리느라 구슬땀을 흘리고 있는 자랑스러운 한국인들을 만날 때마다 대담하게 뻗어나가는 우리의 국력도 느낄 수 있었다. 내가 그분의 장정에 동행하며 목격하고 확인한 대한민국은 더 이상 동북아시아에 웅크리고 있는 작은 반도국이 아니었다. 아직은 미숙했고 정교하게 다듬어지진 않았지만 무엇인가 크게 기지개를 켜며 몸을 일으키는 분명한 거인의 기상을 우리는 갖고 있었다. 귀국하는 비행기 안에서 이제는 우리도 우리 자신에게 자부심을 가져도 될 것 같다는 생각을 했다. 남편은 귀로에도 특별기를 잠시 앵커리지에 세웠다. 그리고는 그곳 교민들과 뜨겁게 만났다.

그분 발걸음이 조국의 땅으로 옮겨지기기도 전, 아프리카 순방에 대한 평가가 시작되었다. 태평양을 통과하고 있던 비행기 안으로 각국의 외신 보도들이 연속 날아들었다. 30억 달러 상당의 각종 사업을 아프리카로부터 얻어냈다는 보도, 서울측과 외교관계를 거부해온 아프리카의 친북한 국가들에게 던진 충격과 호감이 매우 컸다는 긍정적인 평가, 또 이번 순방으로 제3세계 국가들의 국제무대에서의 한국 지지에 결정적인 영향을 미칠 것이라는, 바로 우리가 소원했던 결실들에 대한 보도들이었다. 감격스럽기만 한 소식들이 전해질 때마다 흥분으로 상기되던 수행장관들, 수행원들, 수행기자들을 보면서 나는 비로소 킬리만자로 플랜이 완성되었다는 사실에 깊이 감사했다.

청와대에 도착하자마자 그이는 곧장 서재로 갔다. 그리고 유서를 파쇄기에 넣었다.

제9장

대통령 가족으로
살아간다는 것

언제까지나 어리고 철없을 것만 같은 아이들은
어느덧 푸른 수목처럼 자라
가정이라는 사랑의 성(城)을 지키는
든든한 울타리가 되어주었다.
청와대에 머물러 있던 동안 우리 가정을 튼튼히 지켜준 것도
권력의 자리를 미련없이 박차고 나올 수 있도록 해준 것도
그 후 닥친 고난의 세월을 견뎌낸 것도
모두 가족, 그 사랑의 힘이 있어 가능했다.

유혹에 흔들리는 친인척들을 어찌할 것인가

1981년 봄, 시어머님의 기일에 있었던 일로 기억된다. 그날 유난히 많은 친척들이 큰댁에 모여 있었다. 대통령이 된 그이 얼굴을 한번 보려고 했는지는 알 수 없지만 평소 왕래가 거의 없던 사람들까지 모여 큰댁은 그야말로 발 디딜 틈이 없었다. 제사를 마치고 집으로 돌아오는 길 내내 남편은 몹시 침울해보였다.

"사람들이 모두 변했어."

난 무엇이라 대꾸할 말이 생각나지 않았다. 잠시 어색하고 무거운 침묵이 흘렀다. 군 지휘관 시절 내내 바쁘기도 했지만 공직자로서 처리해주기 어려운 크고 작은 청탁이 잦다고 해서 그이는 고향 친척 분들과는 그다지 왕래가 많지 않았다. 그렇다고 해도 유교적 가풍의 집안에서 성장해 문중에 대한 애정과 책임의식이 남달랐던 그이는 어떤 경우든지 자신의 일가 친척들에 대해 그런 식의 표현을 해본 적은 결코 없었다. 신혼 초 대구에 사시던 시부모님을 모시고 함께 고향을 방문했을 때도, 넉넉지 못한 살림이었을 테지만 서울에서 온 새색시라며 온갖 정성을 베풀어주던 주위 친척분들을 그이는 고맙고 자랑스러워 했었다. 가난이 어쩔 수 없는 현실이었던 당시, 짧은 시집살이와 왕래를 통해 내가 느낄 수 있었던 것은 그이 친척들 모두가 하나같이 넉넉지 못한 생활 속에서도 헛된 욕심 부리지 않고 성실하게 사는 맑고 순박한 심성의 사람들이라는 것이었다.

그런데 유감스럽지만 그날은 달랐다. 큰댁에 모였던 분들은 눈길마저 너무도 달라져 있어 실망감과 답답함으로 가슴이 막혀왔다. 우리는 본능적으로 미처 예상치 못했던 일들이 이미 친척들 주변에서 벌어지고 있음을 그날 분위기에서 직감할 수 있었다. 대통령에 당선된 지 겨우 1년 만에 목격하게 된 권력 주변의 어두운 그림자였다.

순박하기만 하던 고향의 친척분들이었다. 그들에게 언제부터인가 낯선 사람들이 찾아오기 시작했다는 것이다. 대개 최고급 승용차를 타고 등장하는 외지 방문객들은 가까운 친척들에게 자기 회사의 높은 자리, 심지어 사장이나 회장의 직책으로 모시겠다며, 시골 사람들 귀에는 일확천금으로밖에는 들리지 않는 믿기지 않는 대우를 제의한다는 것이었다. 말로는 대통령을 존경한다느니 하면서 단지 대통령 친척에 대한 예우인 것처럼 가장하며 유혹의 손길을 뻗쳐왔던 것이다. 그이는 요즘 세상에 그런 말을 하는 사람이 제정신이냐며 조심하라고 충고했다. 그래도 사람 좋기만 한 그들에게는 그 충고를 심각하게 받아들일 수 있는 의심마저 없는 무방비상태여서 우리를 한숨짓게했다. 이미 상당수 친척들이 그런 유혹에 서서히 끌려들어가고 있다는 예감을 그날 우리는 분명히 받았다. 그들의 흥분된 눈빛은 그분에겐 충격이었다. 그날 그이가 확인한 그 현상은 흔히 권력 주변에 기생하는 악질적 풍토병 같은 것이었다. 도대체 어떤 부류의 사람들이 시골에서 순박하게만 살아온 그분 친척들을 이용하려고 하는 것일까. 평생 농사지으며, 깊지 않은 수준의 한학밖에 모르는 문중 사람들을 앞세워 대체 뭘 하겠다는 것인가.

시어머님 제삿날 저녁, 오랜만의 만남 속에서 너무도 변해버린 친척분들을 보면서 불길한 육감 같은 것이 스쳤다. 들려오는 말대로 실제 그런 일들이 그분 고향에서 벌어지고 있다면 과연 몇 사람이나 그런 끈질긴 유혹을 거절해낼 수 있을 것인가. 생계가 어렵다보니 터무니없는 유혹에 굴복하기도 하고 황급한 마음에 신기루 같은 유혹에 넘어가는 어리석음을 저지르고 있는 셈이었다. 그날 저녁 모인 그 많은 친척분들이 처해 있을 갖가지 상황을 일일이 짐작하기는 어려웠다. 그러나 그들 모두가 크고 작은 유혹들과 싸우거나 무너져가고 있을 것이라는 사실은 쉽게 추측할 수 있었다.

귀로에 그이는 낙담하고 탄식했다. 그이는 국가와 국민을 위해서라면 누구에게도 뒤지지 않을 정성과 열의를 쏟아붓겠다며 자신을 독려했었다. 또 주변의 작은 실수 하나도 용납하지 않겠다는 불 같은 의지로 국정에 임하고 있을 때였다. 우리는 그날의 불안한 예감이 단지 기우로 그쳐주기만을 바랐다. 다시 말하지만 대통령에 취임한 지 겨우 1년이 지나고 있는 시점이었다.

우리의 예감은 불행하게도 결국 현실이 되어 나타났다. 저도 휴양지에서 돌아온 지 얼마 되지 않은 여름이었다. 남편은 자신의 사촌동생이 '노인복지자조회 사건'에 연루되어 수사 중이라는 보고를 받았다. 조사를 받고 있는 사람은 그분 고향인 내천리 서당에서 무릎을 나란히 하고 앉아 숙부님으로부터 함께 천자문을 배우던 두 살 아래의 사촌동생이었다. 그의 부친은 그분 집안의 어른이며 스승이셨고 그분이 친부모처럼 따랐던 숙부님이었다. 그는 사기꾼들의 감언이설에 속아 '노인복지자조회의 임원'이라는 감투를 얻어 쓴 채 실컷 이용당한 것으로 드러났다. 당연히 수사기관에서는 몹시 부담스러워했다. 그러나 그이는 단호했다. 법 앞에선 누구도 예외일 수 없다며 법대로 처리할 것을 강력하게 지시한 것이다. 결국 사촌동생은 구속되고 말았다. 게다가 그 일은 그분이 몹시 아끼고 좋아했던 후배를 당시 수도경비사령관직에서 전격적으로 해임시켜야 했던 가슴아픈 일이 있은 지 불과 며칠 뒤에 일어났다.

"나 같은 사람은 대통령이 되지 말았어야 했어."

남편은 자신이 대통령만 되지 않았더라면 구속은커녕 일생 동안 파출소 유치장 신세 한 번 지지 않고 살 수 있었던 사촌동생이라고 했다. 그러나 자신이 대통령이 되었기 때문에 그에게 그런 일이 생겼다고 자책했다. 단호한 의지로 자신의 살을 베어내는 아픔을 감수해야 했던 그이는 일과 후 혼자 있을 때면 아들을 감옥에 보내고 괴로워했을 숙부를 생각하며 몹시 참담해했다.

이후 대통령비서실 조직 안에 친인척들의 동태를 살피는 전담업무가 신설되었다. 그날부터 그이 재임기간 내내 친인척에 대한 관리는 민정비서실의 주요 임무 중 하나가 되었다. 그러나 그런 노력에도 불구하고 퇴임 후 친인척 문제는 여전히 그분 통치기간 중의 취약점으로 그분을 괴롭혔다. 슬프고 한스러운 일이었다.

시련-차라리 그분 곁을 떠나버릴까

1982년 봄의 일이다. 나는 한 친척으로부터 참 이상한 이야기를 듣게 되었다. 말을 꺼내기가 무척 힘이 드는 듯 어렵게 전해준 그 이야기는 나와 관련된 시중의 이상한 소문에 관한 것이었다. 내 측근이라고 사칭하는 한 여자가 서울 한복판의 특급호텔 한 층을 세내어 쓰면서 큰 규모의 사업을 벌이고 있다는 것이었다. 세간 풍문에 의하면 내가 그녀를 통해 온갖 사치품들을 구해다 쓰고 또 사적인 심부름도 시키고 있다는 내용이었다. 세간에는 이미 그 여자의 정체에 대한 소문이 비온 뒤 죽순이 솟아나듯 무성하고 그 소문의 내용 때문에 그녀의 영향력과 위세가 대단하다고 했다. 소문의 진상을 내게 들려주며 그 친척은 가만히 내 눈치를 살피는 것이었다. 그 풍문의 여주인공은 나의 작은 아버님의 처제이며 이름은 '장영자'라는 것이었다.

　장영자라는 그 이름을 들었을 때 분명 들은 적이 있는 것 같다는 것이 내 첫 느낌이었다. 친척이 돌아가고 난 뒤 나는 한참동안 장영자라는 이름에 대한 기억을 더듬어보았다. 작은 아버님의 처제라면 분명히 한 번 정도는 들은 적이 있을 것이었다. 그동안 청와대 생활을 통해 어지간한 세상의 유언비어나 뜬소문은 한 귀로 듣고 한 귀로 흘리는 일에 웬만큼 익숙해지던 시점이었다. 그러나 이번 일만은 소문의 내용이 나와 직접 관계가 있고 또 그 소문의 질이 너무 악성이라 그냥 넘길 일이 아닌 것 같다는 직감이 왔다. 무엇보다 대통령 부인인 나에게 기분 좋은 일도 아닌 그런 부정적 소문을 직접 찾아와 전해준다는 것은 사실 용기와 애정을 가진 사람만이 할 수 있는 일이었다. 그런 사람이 경솔하게 전혀 근거 없는 얘기를 내게 귀띔해줄 이유가 없었다. 한참을 곰곰 생각한 끝에야 나는 겨우 장영자라는 사람을 기억해낼 수 있었다. 언젠가 친정어머님의 심부름으로 작은댁에 들렀을 때 작은 어머님 여동생이 막내 사촌동생을 돌봐주러 그 집에 와 있었다. 그녀는 단발머리에 얌전해보이던 처녀로 당시에는 '장영자'라는 이름으로가 아니라 그냥 '아무개 이모'로 소개를 받았던 것 같다.

　좀 더 자세한 내용을 알아보기 위해 다음날 나는 다시 한 번 그 친척을 불렀다. 그리고 소문의 보다 상세한 내용을 물었다. 그러나 그도 더 이상 구체적으로 알고 있는 것은 없었다. 그래도 좀 더 들을 수 있긴 했다. 소문의 여자 장영자가 상당한 재력을 갖고 있는 것 같다는 것, 첫 결혼에 실패하고 지금은 3공화국 당시 중앙정보부의 요직에 있던 이철희라는 사람과 재혼해서 여러 가지 사업을 하고 있는 것 같다는 것 정도였다. 그날 그는 또 내게 솔직한 고백도 했다. 그런 소문이 자신의 귀에까지 들어온 것을 보면 장영자라는 사람의 위세가 보통이 아닌 것 같고 또 자신도 대통령 부인인 나와 연결되어 있다는 그 소문이 어쩌면 사실일지 모른다는 생각을 해보기도 했다는 고백이었다.

　소문의 충격성 때문에 무력감이 몰려왔다. 대체 어떻게 해야만 하는 것일까. 이런 경우 대통령 부인으로서의 올바른 처신은 정말 어떤 것인지 고민하느라 또 며칠이 지났다. 무슨 사건이 터진 것도 아닌데 소문만 듣고 소란을 일으켜 그분과 정부에 폐가 될지도 몰라 극도로 조심스러웠다. 좋은 대통령이 한 번 되어 보고 싶다며 옆에서 지켜보기에도 안쓰럽도록 자신의 한계까지 내달리고 있는 그이에게 어떤 연유이건 내 친정집과 관련된 일로 신경쓰게 하고 싶지 않았다. 그러나 아무리 생각해봐도 왠지 소문의 내용도, 직감도 좋지 않았다. 그이의 힘을 빌리지 않고는 그 악성 추문의 진실을 알아볼 수 있는 길도 없었다. 결국 어느날 나는 남편에게 송구하다는 말과 함께 내가 소문을 전해들은 자초지종을 설명했다. 그리고는 제발 좀 더 확실한 것을 알아봐달라고 부탁하기에 이르렀다.
　내 이야기를 경청한 그이는 그저 담담했다. 권력자 주변에서 권력의 이름을 팔며 허풍떠는 엉뚱한 사람이야 항상 있게 마련이고 정말 작은아버님 처제라면 무슨 큰일이야 저질렀겠느냐며 걱정하지 말라고 우선 나를 안심시켰다. 개인적인 교분이라곤 전혀 없고 아주 오래 전 한번 스쳤을 뿐인, 작은아버님의 처제이던 장영자라는 이름의 그 소문 속의 주인공. 당시 우리 내외는 그 여자의 경천동지(驚天動地)할 사기행각이 얼마나 많은 사람의 피눈물을 흘리게 하고, 겨우 안정되어가던 청와대 생활과 나라 경제를 뿌리채 뒤흔들어 놓을지는 상상도 하지 못하고 있었다.
　그이의 지시로 청와대 민정팀의 내사가 시작됐다. 내가 그이에게 소문에 관한 조사를 부탁한지 얼마 되지 않은 그해 4월말 경이었다. 남편은 청와대 민정팀이 아닌 검찰 계통을 통해 보고를 받았다며 말을 꺼냈다. 그때 그이의 얼굴은 이상하게 상기되어 있었다. 보고에 의하면 장영자 부부는 경영상 자금악화로 곤란을 겪고 있는 기업체들을 대상으로 돈을 빌려주겠다고 유인해서 거액의 어음을 발행하게 했다는 것이다. 그렇게 해서 결과적으로는 해당 기업에 치명적인 손해를 입히고 자신들은 엄청난 이득을 챙겨왔다는 것이다. 그 과정에서 기업들을 유인하고 안심시키기 위해 최고위층, 특히 청와대의 특별한 비호를 받고 있는 듯 적극 위장해왔다는 것이다.

본격적 내사가 시작되면서 장영자 부부는 지속적인 사기 행각이 어려워졌던 모양이다. 청와대 쪽에서 사태 파악에 나섰다는 사실이 사채업자들과 금융계에 알려지면서 여기저기서 문제가 터져나오기 시작했다는 것이다. 어이없는 것은 이미 드러난 사건의 규모만 해도 상당한데도 불구하고 도무지 그들이 저질러놓은 사건의 전체 규모가 대체 어느 정도인지 그때까지는 전혀 짐작이 되지 않는다는 사실이었다. 궁금해하는 내게 조사결과에 대해 설명해주던 그이는 한동안 말없이 먼 곳을 바라보았다.

사실 은행에서 몇 억씩이나 되는 돈을 빌려본 일도, 어음이라는 것을 단 한 번도 구경해본 적 없는 나였다. 그러니 장영자를 통해 도대체 무슨 일이 어떻게 일어났다는 것인지조차 잘 이해가 가지 않았다. 하지만 납덩이처럼 무거워진 그이 표정에서 나는 지금 나에게 설명해주는 내용뿐만 아니라 또 다른 무엇인가가 그분 마음을 괴롭히고 있다는 것을 짐작할 수 있었다. 한참의 침묵 뒤 그이가 다시 말문을 열었다.

"그런데 말이요, 여보. 오늘 보고한 사람이 아주 묘한 소리를 한 마디 합디다. 시중에 퍼진 소문이라며 이야기를 해주는데, 그 장영자라는 사람 뒤에는 당신의 작은아버지인 이규광 씨가 있고, 또 그 뒤에는 청와대와 민정당이 있는데 우리가 그 장 씨를 통해 비밀리에 정치자금을 마련하고 있다는 거요. 뒤를 봐주고 있다는 청와대라는 것이 대체 뭐겠소? 바로 나 아니면 당신을 지목하는 것이 아니겠소?"

정신이 아득해지는 것 같았다. 갑자기 많은 생각들이 떠올랐지만 말문이 막혀 아무 말도 할 수 없었다. 남편의 목소리는 차분했지만 솟구치는 분노를 억지로 참느라 파르르 떨리곤 했다. 퇴청할 때 그이가 평소같지 않게 어두운 모습을 띠고 있었던 일이 비로소 이해가 됐다.

"내가 가장 당황한 것은 소문 그 자체가 아니라 그 소문을 전하는 그 사람의 태도 때문이었소. 뭔가 확신이 없는 듯 마치 나를 떠보는 듯이 말하던 그 사람의 모습이 바로 무엇을 의미하는 것이겠소? 그토록 정의구현과 개혁을 외치며 그것을 정권의 가장 커다란 역사적 소명으로 삼고 여기까지 어렵게 밀고온 나를 사람들은 여전히 신뢰하고 있지 않는다는 방증이 아니겠소. 정말 기가 막히는 일이 아니오?"

그토록 애를 썼건만 자신과 함께 일하는 사람들조차도 아직 자신의 진심과 의도를 제대로 이해해주지 못하는 것에 그이는 깊은 충격을 받은 듯했다. 사기행각의 그 여자가 나와 몇 촌이나 되고 또 무슨 관계가 있다고 대체 이런 일이 생길 수 있단 말인가. 참으로 충격적이고 억울하기만 했다. 하지만 그 여자가 작은아버지의 처제라고 하니 무력감이 왔다. 남편은 보고를 한 사람들에게 '청와대와는 단연코 아무 상관도 없는 일이니 소신을 갖고 원칙대로 철저히 조사하라.'는 강력한 지시를 내렸다고 했다. 그리고 내게는 직접 작은아버지에게 내용을 좀 확인해보라고 부탁했다. 혼돈스럽고 당혹스럽기만 했다.

아무리 그런 소문이 나돈다고 해도 집안 어른이신 작은아버지를 뵙고 대체 무엇을 어떻게 여쭈어야 할지 망설여져 내가 고민하고 주저하는 동안 사건은 더욱 확대되었다. 5월에 들어서자 드디어 장영자, 이철희 부부가 구속되는 상황이 벌어졌다. 언론은 연일 청와대와 집권 여당에 의혹에 가득 찬 시선을 보냈다. 그리고 무슨 까닭에서인지 처음부터 소문의 방향이 그렇듯 이규광 작은아버지가 그들 범죄의 숨은 배후자로 거론되고 있었다.

그런 언론의 보도를 보고 그이는 격노했다. 분노의 이유는 단순했다. 대통령의 처삼촌으로서 처제가 그처럼 엄청난 일을 저지르고 다녔다면 누구보다 앞장서 막아야 했을 텐데 대체 어떤 처신을 했길래 오히려 그 일에 관련되었다는 혐의를 받고 있느냐는 것이었다. 고통스러운 날들이 계속되었다. 그이는 재차 더욱 철저한 수사를 관계기관에 지시했다. 결국 30여명에 이르는 사람들이 구속됐다. 그리고 많은 기업의 도산이라는 참혹한 종말이 있고서야 그 사건은 종결되었다.

구속자 중에는 작은아버지도 포함되어 있었다. 그 사건으로 갓 틀을 잡기 시작한 새 정부는 뿌리 채 뒤흔들리는 것만 같았다. 마치 거센 돌풍처럼 갑자기 닥쳐와 모든 것을 파괴하고 황량한 폐허만을 남겨놓고 사라진 허리케인 같은 재앙적 사건이었다. 그 경제 범죄의 흉물스러운 내막을 전혀 모른 채 처제가 돈이 많아서 형부 빚도 갚아주고 생활비도 좀 보태어준 것도 죄가 되느냐고 순진하게 물어오시던 친정어머님의 눈물어린 호소에도 나는 아무런 할 말이 없었다. 그 사건으로 친정 집안에도 심각한 풍파가 닥쳤다. 작은집과 친정집은 왕래가 끊어졌다. 심지어 제사 때조차도 일절 발걸음을 하지 않게 되었다. 세상에는 시간이 지나면서 잊혀질 수 있는 일이 있고 또 쉽게 잊을 수 없는 것이 있다. 장영자는 자신의 탐욕으로 스스로를 망쳤지만 그의 경제 범죄로 인해 열심히 살아가고 있던 많은 성실한 사람들을 파산시켰고, 삶의 의미를 빼앗았고, 그들 가슴에 오래도록 지워지지 않을 화상을 남겼다.

그 사건 이후 남편은 오랫동안 웃음을 잃었다. 나는 나대로 깊은 절망감과 좌절 속에서 허덕였다. 눈을 감으면 수갑을 찬 작은아버지의 모습이 떠올랐다. 그 작은아버지를 어릴 적부터 친자식처럼 키워온 친정어머니의 젖은 눈빛도 함께 떠올랐다. 인정 많고 호탕하시던 작은아버지는 젊은 우리가 대구에서 결혼식을 올릴 때도 당신의 집에서 그이와 그이의 친구들을 따로 불러 또 한 번 잔치를 열어주실 만큼 우리 내외를 사랑해주신 분이었다. 그러다 5.16 군사혁명 이후 박정희 장군에 반대하는 역쿠데타 사건에 연루되어 17년에 가까운 세월동안 낭인생활을 하셔야만 했었다. 그이는 대통령이 되고 난 뒤 작은아버님께 일하실 수 있는 자리를 마련해드렸었다. 지난날 입었던 많은 사랑에 대한 보답이었다. 그러나 권력 주변의 부나방들은 또 다시 작은아버님을 감옥이라는 나락으로 내몰고야 말았다. 그이는 처삼촌을 구속한 불행한 대통령이 됐다. 권력의 보이지 않는 칼은 그 봄 우리 가족 모두에게 그토록 깊고 예리한 자상을 남겼다.

가장 큰 문제는 바로 나 자신이었다. 열심히 내조를 해도 부족할 임기 초반에 친정과 관련된 일로 그분을 최악의 곤경에 빠뜨리게 했다는 사실은 나를 죄책감의 늪으로 밀어넣었다. 사실상 나도 생면부지나 다름없는 한 여자의 대담한 사기행각의 피해자였다. 그러나 내용이야 어찌됐건 남편으로서는 처삼촌이 연루가 되어 구속된 사건이었다. 눈물겹도록 애쓴 보람으로 조금씩 민심도 안정되고 경제도 생기를 되찾아 겨우 자신감을 얻고 있던 시점에 날벼락같이 찾아온 횡액(橫厄)과도 같은 사건이었다. 시간이 갈수록 나는 자책감에 시달렸다. 남편을 제대로 쳐다보기조차 송구한 나날들이 흘러갔다. 내조해보겠다고, 누를 끼치지 않겠다고, 숨을 죽이며 종종걸음치던 모든 노력들이 덧없게 생각되었다. 나는 사는 일에 자신감을 잃고 있었다. 한 여자의 사기행각이 내 의욕의 날개를 그렇게 사정없이 잘라버리고 있었다.

그러나 예기치 못했던 또 하나의 불운이 날 기다리고 있었다. 장영자 사건이 종결된 후였다. 어찌된 영문인지 기다렸다는 듯 갑자기 온갖 비난의 여론이 나를 향해 쏟아지기 시작한 것이다. 갖가지 억측과 악성 유언비어는 소극적 성격 탓에 언론을 멀리해 국민들에게 잘 알려져 있지 않았던 나의 모습을 시정 없이 일그러진 부정적인 모습으로 만들어버리고 있었다. 나라를 파국 직전까지 몰고간 대형 경제비리 사건의 주범인 장영자가 내 이름을 팔며 행세한 탓인지도 몰랐다. 아니면 의도적으로 치밀하게 조작된 듯 보이는 악의적인 악성 유언비어 속에서 보이지 않는 손은 나를 마치 장영자와 동일인물이나 되는 듯 거침없이 의도적으로 매도해나갔다. 그 악성 유언비어는 거의 민심을 장악했다고 할 정도였다.

권력을 이용해 엄청난 일을 저지르는 여자, '큰 손'으로 온갖 부도덕한 사치와 이권에 개입하는 여자, 하늘을 두려워할 줄도, 지아비를 섬길 줄도 모르는 안하무인의 여자, 탐욕으로 가득찬 권력형 부정부패의 온상. 그것이 바로 소문 속의 나였다. 내가 일생동안 가장 혐오했던, 그렇게 되지 않으려고 발버둥쳤던, 상상도 할 수 없는 한 악녀(惡女)의 초상이 거기 있었다. 소문의 내용도 너무 엄청나서 말문이 막혔다. 그것은 소문이 아니라 차라리 의도된 모함이었다. 우리를 오해한 세력이 장영자 사건을 계기로 기다렸다는 듯 나를 목표물로 삼아 정부에 복수를 시작한 기분이었다. 그러나 우박처럼 사정없이 쏟아지는 비난의 진원지가 어딘지, 과연 무슨 목적으로 그런 악성 소문이 만들어지고 있는 것인지 이성적으로 분석하고 대항해 볼 엄두조차 나지 않았다. 마치 한 여자의 사기행각으로 빚어놓은 어떤 망령이 나를 향해 달려드는 것만 같았다.

나는 점점 더 끝 모를 나락으로 굴러 떨어져갔다. 좌절과 절망의 밑바닥까지 내던져졌다. 한 나라의 대통령 아내의 이미지가 국민들에게 그런 부도덕하고 혐오스런 모습으로 비춰지고 있다면 대체 이 정부는 어떻게 전진할 수 있단 말인가. 듣기에도 민망한 소문을 참고 견디는 것도 고통스러운 일이었다. 그이가 받고 있을 오해와 상심을 옆에서 지켜보며 매일 청와대 사람들의 얼굴을 대할 용기는 더욱 나지 않았다. 모두들 나에 대한 조작된 소문을 들어 알고 있으려니 생각하면 얼굴이 화끈거려 도무지 고개를 들 수가 없었다. 그 소문이 악성 유언비어라고 일일이 변명할 의욕도 용기도 내겐 이미 없었다. 수많은 친척들을 신경써야 하는 것도, 내가 청와대의 안주인이라는 사실도 이제는 그저 두렵기만 했다.

"여보, 당신이 대통령 끝나실 때까지 만이라도 우리 따로 헤어져 있었으면 좋겠어요. 이곳에 제가 있어 당신에게 폐만 되는 것 같고 모든 것이 너무 힘들고 괴로워서 어떻게 해야 할지를 도무지 모르겠어요. 여보, 너무 억울하고 너무 미안해요."

절망적 상황에서 내가 유일한 탈출구라고 생각해낸 것을 그이에게 말하면서 나는 정말 그이를 위해서라면 이혼, 아니 목숨이라도 끊고 싶은 심정이었다. 지금 생각해 보면 그렇지 않아도 장영자 사건의 뒷수습으로 힘겨운 시간을 보내고 있던 그이에게는 어느 때보다 인내와 용기로 무장된 나의 내조가 필요했던 시기였다. 그런데 기껏 생각해냈다는 것이 그런 어이없는 제안이었으니 정말이지 나는 너무도 미숙하고 분별없는 아내였다. 나의 그런 소심한 말을 들으며 남편은 얼마나 기막히고 허탈한 심정이었을까. 지금도 기억할 때마다 부끄러움과 죄스러움에 그분을 바로 쳐다볼 수가 없다.

그러나 그런 시련 속에서도 그이는 다시 한 번 분발하며 상처를 딛고 새 항해를 준비했다. 당직 개편과 함께 대규모의 개각을 단행한 것이다. 군 시절부터 웬만한 잘못으로는 아랫사람들의 보직을 함부로 바꾸지 않는 것이 그이의 평생 조직운영 철학이었다. 다소 마음에 들지 않더라도 능력을 발휘할 수 있도록 기다려주어야 한다는 것이 그분 생각이었다. '영광은 부하에게, 책임은 나에게'라는 신념이 지휘통솔의 불문율이었다. 그 불문율마저 과감히 내던진 대규모의 때 이른 개각은 국민들 앞에 머리를 조아리는 그분의 사과와 국정쇄신의 의지를 나타내는 것이었다. 그리고 새로운 내각과 함께 새로운 노력을 기울여보겠다는 다짐이고 약속이었다. 닥쳐온 시련과 말 없이 정면대결을 벌이고 있던 그이 모습은 고독하지만 아름다웠다. 어려움을 당할 때마다 더 적극적으로 돌진해가곤 했던 예전의 모습대로 절망하고 상처받기보다는 문제해결을 위해 이미 저만치 앞서 달려나가고 있는 그이의 현실 적응력과 순발력에 나는 다시 한 번 머리를 숙였다. 그러나 내게는 상처를 치유하고 충격에서 벗어나기 위한 시간이 좀 더 필요했다. 지나간 사건에 대해 의도적으로 더 이상 언급하지 않는 그이의 깊은 배려가 고맙기만 했다. 우리는 다시 일어설 수 있을까. 태풍과 해일로 졸지에 폐허가 된 곡창을 바라보는 농부의 심정, 그것이 바로 내 심경이었다. 1982년 봄은 그렇게 와서 내 존재를 철저히 황무지로 만들어놓은 뒤 그렇게 가고 있었다.

다시 서기

계절이 바뀌고 여름이 왔다. 극단적인 충격과 상처 그리고 좌절을 안겨주었던 5월은 저만치 멀어져갔다. 청와대는 대통령 부인으로서 처리해야 될 일들이 산적해 있었다. 누적된 일들을 다시 시작하면서도 깊이 새겨진 마음의 상처는 쉽게 아물지 않았다. 가슴은 이미 상처로 시퍼렇게 멍들어 있었고 신경은 극단적인 피해의식으로 손상된 그야말로 정신적 공황상태였다.

그래도 주어진 과제를 위해 다시 나 자신을 일으켜 세워야 한다는 것은 쉬운 일이 아니었다. 가슴속으로는 피눈물이 흘러도 관객들을 위해 즐거운 듯 노래를 불러야만 하는 광대가 된 것만 같았다. 아무 일도 없었던 것처럼 일에 임했지만 상처 입은 마음으로는 그 어느 것도 제대로 감당하기 힘들었다. 행사가 끝날 때마다 밝고 의욕적인 심정으로 수행하지 못한 나 자신을 발견했고 그런 내 모습이 싫어 모든 굴레로부터 도망쳐 어딘가에 숨어버리고 싶다는 생각은 사라지지 않고 나를 계속 괴롭혔다. 지금 그렇게 포기하고 쓰러져 버린다면 고난과 영광을 가족과 함께 나누려고 했고 알게 모르게 보잘 것 없는 내게 의지하며 힘을 얻던 남편의 기대를 저버리는 것이라는 사실을 나도 잘 알고 있었다. 그때가 7년 임기에서 겨우 2년이 지난 시점이었다. 아직도 그의 임기가 5년이 넘는 세월이 남아 있다는 것이 아득하기만 했다. 그렇게 한숨과 상심의 나날을 보내고 있던 어느 날이었다. 걱정스러운 눈빛으로 나를 지켜보며 말없는 부탁을 하고 있던 그이에게서 분명하게 전해오는 한 가지 메시지를 난 읽을 수 있었다.

"지금까지의 시련은 앞으로 있을 태풍의 서곡에 불과할 지도 모르오. 당신이 지금 좌절해버린다면 나는 도대체 혼자 어떻게 하란 말이오?"

운명공동체—혼자서 쓰러져 가는 내 곁에서 그분은 내 도움을 절실히 필요로 하고 있었다. 그럼에도 불구하고 못난 나는 내가 없어지면 그이의 짐이 덜어지리라는 어리석은 자승자박의 자책감 속에 갇혀 있었던 것이다. 무슨 일이 있어도 다시 일어나야만 한다는 각성이 왔다. 이미 남편과 함께 운명의 한가운데로 깊이 들어와 있는 이상 내게 시련을 헤쳐나갈 힘과 용기가 있을까, 하고 의심하고 주저하는 일은 더 이상 의미가 없다는 자각도 들었다.

그 후 나는 청와대에 들어온 이후의 내 모습들을 세밀히 점검해보기 시작했다. '다시 서기'에 도전한 것이다. 터무니없는 억울한 유언비어로 인해 생겨난, 모함에 따른 부정적 시각은 어쩔 수 없다고 생각하기로 했다. 그러나 과연 지난 2년 동안의 내 모습은 대통령 부인으로서 합격점을 받기에 흡족한 것이었을까. 스스로에게 던진 반문에서 난 한 가지 결론을 얻었다. 지난 2년간 나의 청와대 생활이 성공적이지 못했다는 사실이었다. 공인의 생활이 시작된 후 내게선 청와대 생활이 주는 중압감에 눌려 웃음도 즐거움도 사라지고 없었다. 늘 명랑하고 활력에 찼던 예전의 나는 간 데 없고 세상에 대한 두려움, 슬픔, 미움으로 일그러진 내가 있었다. 체중도 40kg정도밖에 안 되어 심신이 모두 쪼그라들어 있었다. 그런 내 모습은 흔히 연상되는 후덕하고 편안한 인상의 퍼스트레이디의 상(像)과는 너무도 달랐다. 국민들이 기대했을 인자하고 부드러운 대통령 부인상(像)에 접근하기에는 너무 경직되고 불안한 모습이었다. 잘하려고 하면 할수록 부담만 가중되어 나는 더 긴장했고 더 자신감을 잃고 있었다. 변해야만 했다. 이미 난 더 이상 물러설 곳도 도망칠 곳도 없는 벼랑 끝에 서 있었다. 먼저 형편없이 쇠약해진 몸을 회복하는 일이 시급했다. 기력을 회복하고 난 후 나는 주위 분들에게 적극적으로 나에 대한 가식 없는 정직한 충고를 부탁했다.

내 간곡한 부탁에 주위사람들은 우선 주저했다. 그러나 곧 솔직하게 들려준 나의 부정적 이미지가 나를 놀라게 했다. 그들 말에 의하면 나는 '사치한 것을 좋아하고 나서기를 즐겨하는 권력지향형의 여자'로 보인다는 것이었다. 왜 그럴까. 어째서 사람들은 내게서 그런 인상을 갖게 된 것일까. 좀처럼 이해할 수 없었지만 그런 오해가 현실이라면 말도 안 된다고 부정만 할 일이 아니었다. 당시 전문가의 도움을 받는다는 것은 생각도 못했던 때였다. 달리 누구에게 대신 부탁할 수도 없다고 생각한 나는 그날부터 우선 저녁뉴스 시간이면 텔레비전 화면에 비쳐지는 내 모습을 관찰하기 시작했다. 그러자 전혀 짐작하지 못했던 사실들이 발견됐다. 우선 나는 내가 보기에도 거부감이 생길만치 TV 화면 속에 너무 자주 등장하고 있었다.

더구나 화면에 비친 내 한복 차림은 실제보다 훨씬 더 화려하고 자극적으로 보였다. 남편은 웬만한 공식행사, 특히 여성들이 참석하는 행사에는 반드시 내게 동석할 것을 요구했었다. 그것은 군 시절부터도 늘 남자들만의 모임보다는 부부동반, 가족전체의 모임을 더 권장하던 그분의 오랜 습관이었다. 그렇게 하는 것이 여성에 대한 올바른 대접이라고 믿고 있는 그분의 생활철학이기도 했다.

"주부들이 협조해주지 않으면 내가 무슨 수로 이 어려운 난국을 극복해낼 수 있겠소. 사람을 많이 만나 내가 직접 협조를 구하려고 해도 장소의 제한 때문에 어렵소. 그러니 당신이 힘들더라도 따로 사람들을 만나 당면한 현안을 설명하면서 협조를 부탁해보도록 하시오."

내가 사람 앞에 나서는 일을 꺼리고 낯설어하는 내성적 성격이라는 사실을 잘 알고 있으면서도 공인이 된 이상 자신에게 요구되는 역할은 해내야 한다고 말했다. 그것이 그이가 내게 지방출장이든 어디든 필요한 곳이면 함께 갈 것을 요구했었던 이유였다. 지금은 상상하기 어려운 일이지만 당시만 해도 대통령이 항상 동령부인(同令夫人)을 하고 다니는 것이 전혀 익숙치 않은 풍경이었다. 특히 육영수 여사 사후에 공식행사 때마다 대개 혼자 참석했던 박 대통령의 모습에 익숙했던 국민들은 대통령의 잦은 동령부인이 오히려 과시적인 요란한 행차로 느껴졌을지도 모른다는 반성이 왔다. 공적 행사에 그분과 동행할 때마다 난 여러 가지 걱정으로 안절부절했다. '나는 과연 사람들 앞에서 적절한 말을 제대로 해낼 수 있을까, 혹 실수라도 저질러 대통령의 위신을 실추시키는 것은 아닐까.' '옷은 어떻게 입어야 장소와 예의에 맞을까.' 하는 걱정과 강박감에 사로잡히는 것 말이다. 그런 고민 끝에 공식행사에는 대개 한복을 입기로 결정했었다. 양장을 하면 그렇지 않아도 왜소한 내가 너무 젊어보이는 것 같아서였다. 한복은 법도에 맞게 입어내기 어려운 의상이었다. 우리 옷에 대한 결례를 저지르고 싶지 않아 복식 전문 교수를 초빙해 어떻게 입어야 하는지를 꼼꼼히 배우면서 열심히 그 법도에 맞추려 애썼다. 그러나 한복은 경우에 따라, 보는 시각에 따라서는 부정적 인상으로 비치는 측면이 있다는 사실을 미처 생각지 못했던 것이다. 때마침 컬러텔레비전 시대가 열린 시점이었다. 침착하고 검박한 느낌의 흑백화면으로부터 모든 것이 갑자기 화려해지고 자극적으로 변한 색채혁명이 있은 직후였다. 색채화면 속에서 남편과 자주 동석 중인 나는 당연히 내 한복차림이 실제보다 요란하고 화려하게 비친다는 걸 감안했어야만 했다는 자책이 들었다.

더구나 당시 청와대의 의전 관례상, 손님 영접 때와 만찬 때 똑같은 옷을 입으면 결례가 된다는 조언을 듣고 있었다. 귀찮아도 하루에도 여러 번 옷을 바꿔 입어야 했던 청와대 의전의 속사정을 국민들은 알 리 없었다. 또한 내가 착용한 한복은 우선 생활용 한복이 아닌 외국 손님맞이 행사용 한복인 경우가 많아 결코 평범하지 않았다. 또 영접하는 외국인에게 한복의 장점을 돋보이게 하려고 의도적으로 신경을 써서 만들어졌다. 결국 그런 행사를 보도하는 텔레비전 속의 내 존재는 조용한 내조자가 아닌, 화려하고 사치한 성격의 주인공처럼 비추어졌음이 분명했다. 그것은 가장 일상적이고 직접적인 영상매체인 TV를 통한 국민 접촉에서부터 내가 철저히 실패하고 있다는 것을 말해주고 있었다.

군 시절부터 나는 그이와 상의 없이 그이의 아랫사람을 만난 일이 거의 없었다. 그러나 이번만은 예외라고 생각했다. 조용히 공보수석비서관을 만났다. 그리고 처음으로 개인적 부탁을 드렸다.

"대통령께 동령부인 횟수를 줄여 달라고 부탁했다가 꾸중만 들었습니다. 많은 생각 끝에 부탁드리는 것이니 그분께 누를 끼치고 싶지 않은 제 심정을 다른 비서관들께도 전해주셨으면 합니다. 가능하면 제가 참석해야 하는 행사 횟수를 과감하게 대폭 줄여주십시오. 그리고 부득이 제가 참석해야 할 경우에도 되도록 텔레비전 뉴스 화면에 제 모습이 나오지 않도록 신경써 주십시오."

살다보면 좌절과 실패는 피할 수 없는 삶의 한 과정이다. 대중스타는 아니어도 퍼스트레이디라고 불리는 대통령 부인이 국민들의 사랑과 존경을 받지는 못할망정 오해와 비웃음, 악성 추문의 대상이 된다는 것은 참으로 견디기 어려운 고통이었다. 겨우 마흔 두 살에 평범한 가정주부에서 대통령의 부인이 되어버린 나는 모든 것이 너무 서툴고 어렵기만 해서 건강도 자신감도 잃고 깊은 실의에 빠졌었다. 설상가상으로 덮쳐온 나에 대한 악성 유언비어도 나를 질식시키기에 충분했다. 그러나 출구를 찾기 힘들었던 그 고난의 순간들을 헤쳐오면서 개인적으로는 참으로 반드시 통과해야 할 소중한 숙제를 해냈다는 생각을 해본다. 타인의 용감하고 정직한 충고를 적극적으로 받아들여 나를 개선해나가는 실천과정은 참 고통스럽고 아팠다. 새롭게 태어나기 위한 안간힘이었다. 오랫동안 웃음을 잃고 지내던 남편도 그제에서야 내 변화에 안도하는 듯했다. 고통이 내게 깊이를 주고 있었다.

가족, 그 사랑의 성(城)

아프리카 순방 외교도 끝이 나고 나는 다시 청와대의 일상으로 돌아왔다. 아프리카를 여행하는 동안 내 곁에 있었던 외동딸 효선은 이미 미국 워싱턴의 학교로 돌아가고 없었다. 여름방학이라 잠시 서울에 돌아온 그 아이는 낯선 환경에서 홀로 지낸 1년간의 시간 속에 훨씬 독립적이고 과묵한 성격으로 변해 있었다. 장시간의 비행을 마치고 바로 이어지는 공식 일정들 때문에 곧 녹초가 되곤 했던 그분을 딸아이는 지극한 정성으로 보살폈다. 서툰 솜씨지만 그이 얼굴에 마사지도 해드리고 잠이 들 때까지 손과

발을 주물러 드리기도 했다. 아빠를 닮았다고 유독 아버지를 따르고 좋아했던 딸이었다. 마음이 여려서 아버지에 대한 온갖 비판이 학교 안을 채우고 있던 서울대학교에서의 대학생활이 여러모로 어려웠을 것이라고 짐작되었다. 그것이 그 아이를 미국으로 유학을 보낸 이유였다. 그러나 딸아이의 모습을 떠올리면 언제나 마음이 무거워지곤 했다.

대학에 입학한 뒤 효선은 이상하게도 내게 그전처럼 쾌활하고 사교적이지 않았다. 처음에는 그저 대학생활에 적응이 어려워 그런 것으로 생각했었다. 그러나 나는 차츰 딸아이의 내면에 많은 갈등과 변화가 일고 있다는 것을 알게 되었다. 성장하면서 다른 아이들에 비해 별로 투정이 없던 아이였다. 그래서 항상 분주했던 나는 건강한 데다 성적까지 늘 우수한 그 아이에게 잔신경을 제대로 써주지 못했었다. 청와대에 들어온 후에도 주변 환경의 엄청난 변화에 나 스스로 적응하느라 힘들어 무엇이든 잘 참아주는 딸아이도 속으로는 투정부리는 아이보다 더 힘들 것이라는 것을 미처 생각지 못했었다. 간혹 딸아이가 소탈한 옷이 좋다며 옷을 챙겨 입으려 하지 않는다든가 얼굴이 알려지는 게 싫다며 어디든 나타나지 않으려 할 때면 딸아이의 미묘한 감정을 제대로 알아차리지 못했던 나는 그 아이의 행동을 나무라며 화를 내기도 했었다. 세상에 둘도 없는 딸. 그 딸과 엄마 사이―그 사이에도 알 수 없는 일이 있고 이해할 수 없는 일이 존재할 수 있다는 것이 내겐 믿어지지 않았다.

나는 한참을 딸아이와 가까이 호흡할 수 있는 방법을 생각해낼 수 없어 안타까워했고 그러는 동안에도 시간은 계속 흘러갔다. 그런데 그 딸아이가 미국에서 잠시 귀국했다가 아프리카에 동행했을 때는 지난 1년간의 고독한 시간 때문인지 조금 더 성숙해진 얼굴로 우리 곁에 있었다. 조용히 그이의 팔 다리를 주무르고 있는 그 아이의 모습을 물끄러미 쳐다보면서 나는 가슴 한 곳에 답답했던 그 무엇인가가 조금씩 사라져가는 것을 느낄 수 있었다. 가족이란 그런 것인지도 모른다. 때론 이해할 수 없어 안절부절 못하고 상처를 입기도 하지만 그래서 더욱 서로에 대한 사랑의 확인과 위로가 필요해지는 것 말이다.

아프리카에서 돌아온 뒤 그이는 곧장 산적해 있는 업무처리에 빠져들어 갔다. 내게도 급한 과제 하나가 기다리고 있었다. 낙후되었던 외교관계의 숨통을 트기 위해 그이가 아세안으로 아프리카로 누비고 다니는 사이 둘째아들 재용이 벌써 고3 수험생이 되어 있었다. 우리나라에선 어느 가정이나 고3은 특별한 의미를 갖는 신분이 아닌가. 자녀가 고3이 되어 대학입시를 맞으면 집집마다 모든 일들이 수험생 중심으로 돌아가게 마련이다. 그러다 보니 수험생 본인은 과도한 스트레스에 시달리기도 하지만 집안에서는 일종의 작은 권력자가 되기도 한다.

5년 전 큰 아이 입시 때도 예외가 아니었다. 당시 그이는 1사단장으로 전방에 있을 때였다. 나는 관사와 살림집 사이를 번갈아 다니느라 큰아이에게 소홀한 점이 많았었다. 그래도 역시 입시를 맞은 큰아이 뒷바라지를 하기 위해 식구들끼리 텔레비전 시청도 삼가며 어려운 공부를 돕느라 애를 썼었다. 밤마다 큰아이 재국이 공부하면 옆에서 졸면서도 함께 그 시간을 보낸다는 것이 부모와 자식 간에 뿌듯한 일체감을 만들기도 했었다. 그 후로도 큰아이와 나 사이는 동아줄로 묶어놓은 것만 같은 든든함을 느끼며 살 수 있었다.

그러나 둘째인 딸아이 때부터는 상황이 많이 달라져 버렸다. 부모인 우리 자신조차 적응이 힘든 역사와 정치적 격변의 한가운데 서 있을 때 딸아이는 대학에 진학했고 또 이제 둘째 재용이 다시 대입시험을 앞두고 있었다. 다행히 큰아들이 대학 졸업 후 떠날 미국유학을 준비하면서도 시간을 쪼개어 동생을 직접 가르쳐보겠다고 나서주었다. 어려서부터 싹싹하고

잘 자라준 아이들과 함께하는 시간이 가장 행복했다.

명랑해서 형과 누나를 잘 따랐던 재용을 큰아이는 무척 아꼈다. 공적인 일로 바쁜 부모를 대신하겠다는 장남으로서의 책임감도 느끼는 것 같았다. 큰아이는 주말이면 동생들을 모아 같이 운동을 했고 동생들 담당 경호관들에게 여러 가지 힘든 점을 묻기도 하면서 우리가 미처 생각하지 못하는 부분까지 동생들을 챙기곤 했다.

아프리카에서 돌아와 어느 정도 여독이 풀리면서 나는 만사를 제치고 재용의 입시를 위해 많은 시간을 보내야겠다는 결심을 했다. 아무리 주위의 상황 탓이라 해도 딸아이의 입시 때 좀 더 신경을 써주지 못했던 것이 계속 마음에 응어리로 남아 있었다. 9월이 되자 우리 내외는 번갈아 입시생인 재용의 방에서 밤늦게까지 서류를 보며 시간을 함께 보내기 시작했다. 형의 입시 때에도 그렇게 했던 것을 보았기 때문인지 재용은 제발 그냥 주무시라고 하면서도 자기에게 관심을 쏟으려 애쓰는 우리 내외의 뜻을 이해하는 것 같았다. 저녁 식사 후 9시까지는 퇴청한 아버지가, 그 다

청와대 본관 앞에서 모처럼 온 가족이 정장 차림으로 기념사진을 찍었다.

음은 그동안 잠시 눈을 붙인 내가 밤늦도록 재용 곁에 함께 하는 일이 몇 달간 계속됐다. 그러면서 우리는 재용과 더욱 가까워질 수 있었다. 몇 달 뒤 재용은 자신이 원하고 목표했던 연세대학교 정치외교학과에 무난히 합격했다.

언제까지나 어리고 철없을 것만 같은 아이들은 어느덧 푸른 수목처럼 자라 문득 자기가 서 있는 그 자리에서 가정이라는 '사랑의 성(城)'을 지키는 든든한 울타리가 되어준다. 가정의 현재에 빛을 주고 미래에 대한 꿈을 꾸게 한다. 그이가 청와대에 머물러 있었던 시간 동안 그리고 단임을 실천하고 권력을 떠난 후 지금까지 우리 내외가 감당하기 어려웠던 그 숱한 시련들을 극복할 수 있었던 것은 바로 그 '사랑의 성(城)'인 가족의 힘이 있었기 때문이라고 난 확신한다.

대통령에게도 휴식이 필요했다.

아세안 순방에서 돌아와 보니 서울은 장마의 절정이었다. 봄에는 가뭄이 들어 그토록 애를 태웠었다. 6월 말에 내리기 시작한 비가 하늘에 구멍이라도 난 것처럼 한 달 내내 계속되었다. 시작되면 석달간 물을 퍼붓듯이 비가 내린다는 인도의 숙명적인 긴 장마인 몬순이 찾아온 것 같았다. 마침내 삽교천이 범람하고 전국 각지에서 소중한 농경지와 황금 곡창지대가 물에 잠겼다. 그칠 줄을 모르고 퍼붓는 빗줄기를 쳐다보며 그이는 하얗게 밤을 새웠다. '불행한 내용의 보고나 비보(悲報)는 아랫사람들이 전하기 싫어하는 법'이라고 생각하고 있는 그이는 어느 지역의 비 피해가 크다는 뉴스가 나오면 시간과 장소를 가리지 않고 즉시 그곳으로 달려갔다. 직접 현장으로 달려가 피해 상황을 확인하고 상황에 맞는 신속한 대책 마련을 직접 점검해야 마음이 놓이는 성품 탓이었다. 하지만 무리한 일정의 아세안 순방을 끝낸 여독이 아직 채 가시지도 않은 상태여서 계속되는 그이의 격무는 근심스럽기만 했다.

온 식구가 떼를 쓰다시피해서 여름휴가를 떠나기로 한 것은 다행히 장마가 멈춰준 7월 말 즈음이었다. 그이는 지휘관으로서의 체질화된 책임감 때문인지 도무지 쉰다는 것을 몰랐다. 결국 나와 아이들이 그이에게 말했다. 대통령이 휴가를 떠나지 않으면 다른 사람들도 짧은 여름휴가나마 누릴 수 없으니 집무실을 떠나 어디론가 자리를 피해주는 것이 미덕이라고 말이다. 그 설득으로 겨우 휴가 승낙을 받아낼 수 있었다. 대통령에 취임한 지 근 1년 만에 갖는 첫 공식 휴가였다. 온 가족이 함께 답답한 청와대를 벗어나 어디론가 여행을 간다는 생각만으로도 나는 이미 들떠서 장소는 아무 곳이라도 좋을 것 같았다. 얼마 후 경호실에서 정해준 장소는 경남 진해시 장목면에 있는 섬, 저도(猪島)였다. 저도는 일제강점기와 한국전쟁 때 탄약고로, 이승만 대통령 시절 대통령 휴양지로, 박정희 대통령 시절엔 대통령 별장으로 공식 지정된 약사를 갖고 있었다.

　기차여행은 낭만적인 기분을 만들어낸다. 대통령관저인 청와대에서 긴장감에 파묻혀 지내왔던 시간에서 탈출해 기차에 몸을 얹었을 때 나는 기차가 마치 요람 같다는 생각을 했다. 몸 전체로 전해지는 기차의 진동은 우리 가족이 비로소 청와대를 떠나 물결 같은 진동에 실려 어디론가 긴장과 근심 없는 곳으로 흘러가고 있음을 말해주고 있었다. 그 해 3월 서울대학에 입학한 후 영문학을 공부하기 위해 곧 미국으로 유학을 떠날 딸아이를 비롯해 아이들도 모처럼 온 가족이 여행을 떠나게 되자 들뜬 기분에 젖어 있었다. 오랜만의 홀가분함이었다. 목적지에 도착해도 긴장할 만한 그 어떤 숙제도 기다리고 있지 않다는 편안함에 젖어들며 나는 승무원이 제공해준 녹차를 맛있게 마셨다. 모든 것이 평화로웠다. 정말 모처럼만에 느껴보는 해방이고 자유였다. 이런 여행을 얼마나 간절히 꿈꾸어왔던가.

1981년 8월
대통령 전용열차로 떠난
취임 후 첫 휴가

그러나 차를 가져온 승무원과 몇 마디 나누고 난 후 그이는 턱을 괴고 창밖을 응시한 채 혼자 생각에 빠져드는 것이었다. 휴가 열차의 승객답지 않은 경직된 모습이었다.

서울에서 진해의 통제부역까지는 대략 6시간이 걸렸다. 대통령을 위한 전용 전동차는 검소해서 호화롭지 않았지만 아늑하고 편안해 마치 움직이는 작은 응접실 같았다. 진해의 통제부역에 도착한 후 목적지인 저도까지는 해군의 PK소형 쾌속정을 타고 갔다. 하얀 포말 속에서 바람과 물살을 가르며 쾌속정이 달리자 싱그러운 바닷바람이 온몸을 휘감았다. 날렵하고 신속한 배는 40분 후 아담하고 고요한 작은 섬에 도착했다. 수정처럼 기막히게 맑은 남해에 그림같이 솟아 있는 고요한 섬, 바로 저도였다.

그 섬에서 우리는 엿새를 보냈다. 대통령 별장이라고 하지만 그곳은 휴양지로서 그 어떤 특별한 시설을 갖추고 있지는 않았다. 선착장 옆 다소 거친 모래밭과 섬 안에 들어찬 제법 울창한 수림이 저도가 갖고 있는 휴양지로서의 매력의 전부였다. 수림 속엔 검푸른 해송과 팽나무, 동백들이 들어차 있었다. 그 외에 대통령 가족과 수행원들을 위한 한두 채 정도의 숙소가 눈에 띄었다. 아이들이 축구를 할 수 있는 꽤 넓은 잔디밭도 있었다. 섬 주위는 거의 전체가 거친 바위로 뒤덮여 있어 원래 바위섬이었던 흔적을 숨기지 않고 있었다. 무리진 바위 때문에 섬 복판으로 다가서기가 쉽지 않은 지형이었다. 대통령의 신변안전이라는 측면에서는 저도의 그런 성격이 장점으로 해석되어 대통령 휴양지로 공식지정된 것 같았다. 모래사장이 조성된 해변은 조금만 물 속으로 걸어 들어가면 수심은 급격히 깊어졌고 이내 거친 파도가 덮쳤다. 그런 탓에 수영을 좋아하는 아이들도 휴가 내내 거의 바닷물에서 수영을 즐기지 못했다. 그러나 그런 것들은 아무래도 좋았다. 모처럼 답답한 청와대를 벗어난 식구들은 해변을 거닐며 저

진해 해군통제부역에서 PK라는 쾌속정을 타고서야 도착한 저도

멀리 수채화처럼 정지해 있는 수평선을 바라보며 황홀한 바다향기에 취할 수 있었다. 매일 해가 뜨기 무섭게 뛰어나간 아이들은 숲속과 해변에서 산책도 하고 바닷가 모래사장에서 게임도 하며 맘껏 청와대의 닫힌 생활로부터의 해방을 즐겼다. 나도 오래간만에 얻은 휴가를 수림에서 이름 모를 물새들의 노래 소리를 경청하거나 섬 그늘 아래서 오후의 단잠을 청하며 보낼 수 있었다. 세상의 의무와 과제로부터 잠시 떨어져 보내는 우리 가족만을 위한 시간, 그것이 저도가 내게 준 최고의 선물이었다. 그러나 문득 며칠 후면 부모 곁을 떠나 먼 이국 땅에서 외로이 지낼 효선을 생각하자 가슴 한구석이 저려왔다.

어려서부터 부모인 우리에게 도무지 걱정거리라곤 안겨준 적이 없는 딸아이였다. 몸도 워낙 건강하고 또 운동을 즐겨서 감기조차 앓은 적이 없었다. 초등학교시절부터 숙제 한 번 봐줄 필요가 없도록 무엇이든 늘 독립적으로 책임 있게 해온 기특한 아이였다. 워낙 공부를 좋아하던 딸이었다. 중고등학교 시절에도 이렇게 재미있는 공부를 하면 되는데 왜 남들이 입시를 '입시지옥'이라고 부르는지 모르겠다고 고개를 갸우뚱거렸었다. 그러더니 10.26과 12.12사태 등으로 집안이 온통 정신이 없는 사이에도 슬그머니 서울대학의 인문계열에 합격해 가족들에게 큰 기쁨을 선사해주었다. 그래도 아쉽다면 남자형제들 틈에서 자라서인지 통 여성다움이나 예쁜 것에 관심이 없다는 점이었다. 하나밖에 없는 딸이라 예쁘게 키우고 싶은 욕심에 옷을 사줘도 싫다고 했고 그저 오빠나 동생들 옷을 아무렇게나 걸치고 앉아 책 읽는 것을 더 좋아해 나를 서운하게 만들기도 했었다. 그런 딸아이가 막상 며칠 후 우리의 품을 벗어나 자기 전공을 위해 먼 나라로 떠난다고 생각하니 그동안 어미 품에 뜨겁게 품어주지 못했던 것이 자책도 되고 불안하기도 했다.

딸이 떠나기 직전인데도 남편은 그런 가정적인 일에 신경을 쓸 겨를이 없어 보였다. 단 며칠만이라도 다른 일에 방해받지 않고 딸과 함께 즐거운 추억을 만들고 싶다는 내 작은 소망이 휴가의 목적이라는 것을 모르는 것 같았다. 당연한 일이었을까. 단 며칠만이라도 다른 일에 방해받고 싶지 않다는 내 간절한 바람은 결국 단지 희망사항으로 끝나고 말았다. 시간 나는 대로 아이들과 어울려 함께 시간을 보내면서도 그이는 휴양지 저도에서도 여전히 끊임없이 찾아드는 많은 사람들과 무거운 서류뭉치에 파묻혀 대부분의 시간을 보내야만 했기 때문이었다.

대통령이란 직책이 아무리 중요하다 해도 단 며칠 쉰다고 해서 무슨 큰일이 날까 하는 것이 내 솔직한 불만이었다. 그러나 이제 막 임기 1년을 지낸 대통령으로서 그이는 수많은 번뇌와 고민 속에 갇혀 있었다. 남은 임기 동안 반드시 무엇인가를 이루어내야만 한다는 강박감과 산더미처럼 쌓여 있는 국내외 난제들은 때로는 경험이 없는 대통령인 그이에게 큰 짐이 되고 있는 듯했다. 그이는 자신에게 주어진 그 며칠간의 저도 휴가마저도 부

저도에 머물렀던 동안 온 가족은 모처럼 몸과 마음이 휴식할 수 있었다.

곧 미국으로 떠날 외동딸 효선이와 물 속에서 이야기를 나누고 있는 그분

담스럽게 느끼는 것 같았다. 도착 다음 날 남편과 나는 해변가 그늘에 앉아 모처럼 아이들이 노는 모습을 바라보고 있었다. 그때 그이는 문득 모래를 한 줌 쥐어 올리며 내게 물었다.

"여보. 당신 이 모래가 대체 어디에서 오는 것인지 아시오?"

나는 갑자기 무슨 대답을 해야 할지 망설였다. 질문의 진의를 알 수 없었기 때문이었다. 내가 선뜻 대답을 하지 못하고 있는 사이 그이 시선은 다시 멀리 바다에 떠 있는 배들을 보고 있었다. 한참 후 다소 뜻밖의 말을 했다.

"여보. 우리, 앞으로 이 섬에는 다시 오지 말도록 합시다. 대통령이 이리로 오게 되면 너무 많은 사람들이 고생을 하게 되는데 당신은 그것을 모를 거요."

나는 그이를 바라보았다.

"내가 예전에 대통령 경호실에서 근무를 해봐서 그 내용을 잘 알고 있소. 원래 이곳은 변변한 해변이 없는 곳이라 대통령이 오게 되면 그 얼마 전부터 해군 함정들이 다른 곳으로부터 계속 모래를 파서 이곳에 뿌리는 것이라오. 물론 파도에 씻겨 자꾸 휩쓸려 내려가 없어지게 되니 시간 계산을 잘못하게 되면 몇 번이고 다시 반복해야만 하는 것이지. 또 그다지 중요한 내용이 아니라도 어차피 대통령에게 직접 보고하고 결재나 결심을 받아야 하는 사안이 있을 수 있는데 그럴 때마다 담당자가 자동차와 배를 번갈아 타고 이곳까지 일일이 와야 하는 것도 이만 저만 고단한 수고가 아니오. 그리고 무엇보다 우리가 이곳에 내려와 있는 동안은 해군에서 함정을 동원해 섬 주위를 계속 이중 삼중으로 에워싼 채 경비를 해야 한다오. 심지어 일부 병사들은 침투 간첩을 막기 위해 물 속에까지 배치되어 경호근무를 해야 한다오. 이런 내막을 누구보다 잘 알고 있는 내가 어떻게 이곳에서 다리를 뻗고 편히 쉴 수가 있겠소. 혹 나라의 형편이 좀 나아지면 나는 이곳 저도는 차라리 다른 용도로 바꾸는 결정을 하고 싶소. 적당한 다른 곳에 나뿐 아니라 미래의 대통령들이 부담 없이 쉴 수 있는 실용적인 장소를 물색해볼 생각이오."

상세한 설명을 듣고 보니 저도 도착 이후 그이의 불편한 심정을 이해할 수 있었다. 그것이 저도 해안 200여 미터짜리 인공백사장의 정체였다. 어느 행사든 대통령이 한번 움직이면 보이는 곳과 보이지 않는 곳에서 고생하는 사람들이 많은 것이 사실이었다. 그러나 늘 세밀한 부분까지 신경을 쓰고 수고하는 사람들을 배려하는 그이 천성으로서는 그런 사정을 너무도 훤히 알고 있는 입장에서 저도에서의 휴식이라는 것이 마음 편치 않은 부담으로 느껴졌을 수밖에 없었던 것이다. 그 후에도 그이는 저도 문제를 곧 해결하지는 못했다. 대통령 휴양지 같은 것은 사실 국가의 다른 시급한 과제에 비하면 중요한 것이 아니었으니 말이다.

대통령이 되기 전 그이는 늘 안보문제에 있어서는 1퍼센트의 가능성에도 대비해야 한다고 주장해왔었다. 1퍼센트의 가능성을 소홀히 여겼다가 안보가 무너지면 모든 것을 잃게 되므로 안보에 관한 한 완벽한 대응자세를 갖춰야 한다고 믿었기 때문이었다. 북한이 특공조를 남파해 청와대 기습을 노렸던 1.21사태 때는 수도경비사 30대대장으로 그들의 기습과 직접 맞서 그들을 소탕했고, 보병 제1사단장 시절에는 북한의 비밀위협인 땅굴을 발견해내기도 했던 그이었다. 대통령 재임기간 중에도 그이는 북한으로부터 세 번씩이나 암살위협을 받았었다. 필리핀, 캐나다 그리고 버마. 아니 외국 순방을 나갈 때면 거의 매번 그들의 암살위협이 따라다녔던 것이 사실이다. 아프리카에서도 북한의 입김은 방문지마다 따라다녔고 결국 버마에서 그들은 끔찍한 테러를 감행해 우리에게 치명타를 입히는 데 성공하기도 했었다. 그런 이유로 올림픽이 아니더라도 그이에게는 북한의 호전성과 테러는 더 이상 새로운 소식도 경험도 아니었다.

그이의 그런 인식은 심지어 청와대 안에서도 예외가 아니었다. 그 시절 우리 가족에겐 한 가지 규칙이 있었다. 반드시 옷과 손전등을 머리맡에 준비해두고 잠자리에 드는 특별한 규칙이었다. 프랑스 방문때 미테랑 대통령과의 오찬 도중 들려온 미국의 가다피 피격 소식은 레이더 망에도 걸리지 않는 저공기습 공격에 대한 경각심을 일깨워주었었다. 이후 그이는 북에서도 그런 식으로 청와대를 기습공격해올 것에 대비해 만반의 준비를 하도록 한 것이었다. 끊이지 않는 집요한 북의 위협으로 준전시상태인 현실 속에서 만일의 사태가 벌어져 전기가 들어오지 않을 경우 준비를 갖추고 즉

춘천공항에 불시착했던 중공민항기 탑승객들이 돌아가기 위해 비행기에 오르는 모습

시 뛰쳐나가 대처할 수 있도록 하기 위해 매일 밤 잠들기 전이면 확인하는 것이 손전등이었다. 또 기습공격일수록 그에 대한 대처도 신속해야 한다는 생각에 식구들의 방까지 청와대 상황실과 직접 연결된 스피커가 설치되기도 했었다. 그런데 1986년 5월 5일, 그 스피커가 실제상황에 사용되는 일이 발생해 온 가족이 놀라기도 했었다. 그날 오후 2시경, 청와대 안방 스피커에서 아나운서의 다급한 목소리가 흘러나왔다.

"수도권 일원에 적기가 공습해오고 있습니다. 속히 대피해주시고 라디오로 발표되는 민방위 본부의 지시에 따라 행동해주시기 바랍니다."

당시 우리와는 국교가 없던 중국민항기의 불시착사건이었다.

그 사건은 단순범죄 사건으로 밝혀져 다행스러웠다. 심양에서 상해로 가던 그 중국 여객기는 6명의 무장범들에 의해 공중납치되었던 것이다. 이후 민항기는 휴전선을 훌쩍 넘어 춘천부근 미군기지에 불시착한 것으로 확인됐다. 그러나 비행기의 정체가 확인되고 그 기체가 착륙하기까지의 위기상황만은 긴박하기 그지없어 모두 간담이 서늘했었다.

그이의 임기 중에도 북한의 간첩선은 끊임없이 침투해왔다. 대통령 취임 후 3년 동안 남해안을 통해 침투하다 사살된 간첩의 숫자만도 27명에 달했었다. 심지어 한 번은 남해 앞바다 깊숙한 경계선까지 들어와 경비 중이던 해군함정에 발각되자 결국 격침될 때까지 기관포 사격으로 남북이 맞서기도 했었다. 그 일은 때마침 우리가 저도로 여름휴가를 떠나려던 시기에 일어났다. 저도에 대한 그이의 부정적 생각에도 불구하고 따로 국내에서 일상과 격리되어 쉴 곳이 없던 우리 가족은 대통령 취임 후 2년간은 저도에서 여름휴가를 보냈었다. 하지만 그 간첩선 격침 사건으로 대통령의 휴양지로서 저도가 갖고 있는 문제점이 노출되자 다시 적합성에 대한 검토가 정식으로 시작됐었다. 그것이 바로 청남대가 생기게 된 이유였다.

휴가 중이라고 해도 대통령이 머무는 곳은 그곳이 어디건 국가의 최고 사령탑이 될 수 밖에 없었다. 크고 작은 나라 일의 결재를 위해 휴가 중에도 실무자들이 쉴 새 없이 결재서류를 갖고 찾아와야만 했고 또 경우에 따라 직접 실무담당자들과도 통화를 해야만 했었다. 장관과 비서관들은 보고를 위해 서울에서 진해까지, 진해에서 또 배를 갈아타고 저도로, 그리고 다시 돌아가는, 낭비도 많고 비능률적인 상황을 감수해야 하는 실정이었다. 더 심각하게 제기된 문제는 해저 케이블이 설치되어 있지 않아 IMTS 무선방식으로 타전되는 대통령 주변의 수많은 보고통신들이 북에 그대로 감청될 위험이 상존하고 있다는 치명적 사실이었다. 또 대통령의 안전을 위해 휴가 동안 진해 앞바다에 집중 배치되는 함정들은, 남해안과 더불어 간첩선 출몰이 심한 서해안 경비가 그만큼 허술해진다는 것을 의미한다는 것을 그이는 잘 알고 있었다. 그러나 그런 많은 문제점들 중 저도가 대통령 여름 휴가지로 적합하지 않다고 판단된 가장 중요한 이유는 '서울사수'라는 방어전략의 원칙과 어긋난다는 사실이었다.

우리나라 인구의 4분의 1, 경제와 문화의 거의 대부분이 집중되어 있는 수도권 서울은 유사시 방어전략의 최우선 핵심지역이었다. 6.25 때는 서울을 내주고 부산으로 정부가 대피했지만 이제는 그때와는 비교할 수도 없이 모든 것이 발전해 있는 상태였다. 적에게 서울을 내준다는 것은 나라의 기반이 무너질 정도의 큰 타격이었으므로 어떤 일이 있어도 서울을 사수해야만 한다는 것이 그의 절대적 안보방침이었다. 북한이 기습 남침하여 서울을 점령한 뒤 휴전협상을 하자고 할 가능성을 생각하지 않을 수 없었다. 휴전선 일대에서 이루어지는 북한측의 병력동원 상황에 각별한 주의를 기울여 이상한 조짐의 변화가 있을 때에는 즉각적인 상황파악을 지시하기도 했었다. 그러한 '서울사수의 원칙'을 생각한다면 저도와 서울의 거리는 치명적이도록 멀었다. 불운하면 국가의 위기상황에 '대통령 부재' 상황이 벌어질 수도 있는 일이었다. 결국 대통령의 제2집무실 겸 휴양지가 될 장소를 물색하도록 의견이 모아졌다. 서울로부터 가까운 거리에 있어야 한다는 조건에 따라 선정된 곳이 그분 퇴임 후에도 대통령 휴양지로 사용됐던 '청남대'였다.

저도의 밤

저도에 머문 지 사흘째 되던 날, 나는 내가 모든 의무와 압박감으로부터 벗어나 천천히 빈 배처럼 무엇인가를 담을 수 있는 여유가 생겨나고 있는 것을 느꼈다. 그리하여 나는 아이들과 모처럼 편안하게 마주앉을 수 있었다. 청와대에서도 우리 내외는 가능한 한 자주 아이들과 마주앉아 대화를 가지려 애썼다. 그러나 우리 마음은 늘 수행하고 달성해야 할 의무감으로 가득 차 있어 아이들이 우리 마음의 내부로 들어설 수 없었다. 하지만 저도의 그날은 달랐다. 부모는 자식을 낳아 기를 뿐 그 자식의 속을 채워주지는 못한다는 어느 시인의 말이 생각난다. 그 시인은 또 우리의 아이들

대통령을 위한
휴식공간으로
1984년 완공된
청남대

이 현실의 집이 아닌 미래의 궁전에 살고 있다고도 했다.

하늘은 그이와 내게 서로 다른 성격과 영혼을 지닌 네 명의 아이들을 축복의 선물로 주었다. 비록 부모가 자식의 속을 원하는 대로 다 채워줄 수는 없어도 우리는 오직 사랑으로 아이들을 채워주려 애써왔다. 추억해 보면 아쉬운 순간들이 없진 않았지만 그래도 아이들은 잘 자라주었다. 무엇보다 대통령의 가족이라는 이유 때문에 감내해야 하는 일상의 부자유를 잘 참아주었다. 적어도 어미인 내 눈에는 그렇게 보였다. 깊은 밤 창문을 열어젖히면 멀리 파도치는 소리와 풀벌레들의 울음소리가 가득했던 저도에서의 며칠간은 우리 가족에겐 휴식이라기보다는 차라리 요양이며 치료였는지도 몰랐다. 짧은 휴양이었지만 우리는 그동안 무심히 잊고 지내온 많은 것들을 다시 찾고 느낄 수 있었다. 부모와 자식으로서만이 아닌, 인간과 인간으로서의 마주보기—그 마주보기에서 부모와 자식으로서 서로의 상처를 이해하고 어루만질 수 있었던 것은 기대하지 않았던 저도의 선물이었다.

그이가 대통령에 취임한 이래 나와 그이는 참으로 고통스러운 날들을 보내야 했다. 말로 표현하기 어려운 압박감과 두려움들이 있었다. 마음 한 구석에는 항상 이 모든 것으로부터 벗어나 멀리 도망치고 싶다는 강한 충동이 간헐적으로 밀려들고는 했다. 그이가 국가에 대한 비전과 현실 사이에서 안간힘을 쓰고 있는 동안 아이들은 그들을 지탱해주던 아버지라는 든든한 항구를 잃어버리고 있었음을 뒤늦게 알게 되었다. 저도의 별빛 아래에서 큰아이가 우리 내외에게 털어놓은 짧은 고백이 그러했다.

재국은 자신들의 일상 생활에 대한 보고가 경호실을 통해 나에게 일일이 보고된다는 사실에 커다란 충격을 받은 것 같았다. 그것은 경호실에서 올라온 보고서를 잘 챙기지 못하고 책상 위에 놓아두어 아이들 눈에 띄게 했던 내 잘못이었다. 그 보고서에는 ○○시에 ○○를 만나서 무엇을 했다. 그 학생의 신원조회 결과는 어떻고…' 하는 식의 아주 세세한 내용들이 담겨 있었다. 그것은 내가 원했던 것은 아니었다. 경호 차원에서 과거부터 관례적으로 통상 해오던 일상 업무 중 하나였다. 그러나 우연히 그 보고서를 발견해 읽었던 아이들은 크게 상심했던것 같다. 큰아이가 말했다.

"어머니, 저는 제 자신이나 동생들이 아버지가 대통령직을 마치시고 연희동 우리 가족의 집으로 돌아가실 때 마치 우리가 이곳 청와대 생활을 하지 않았던 것처럼 아무 변화 없이 옛 생활로 돌아갈 수 있도록 하려고 노력하고 있습니다. 청와대에 들어왔던 그 최초의 날 모습을 그대로 간직한 채 변질되지 않은 모습으로 나가고 싶은 것입니다."

그러나 청와대 생활 1년 만에 이미 너무도 많은 것이 달라져 있다고 했다. 서로 자기 방에 틀어박혀 인터폰으로 상대를 호출하고 부모와 자식 사이에 경호실의 보고서가 끼어들고 있다는 것이다. 그런 사무적 상황이 부모 자식 관계를 결과적으로 변질시킬 수밖에 없다는 것이었다. 부모로서 궁금한 것이 있으면 보고서 대신 자식에게 직접 질문해달라는 것이었다. 문득 박정희 대통령 시절 박지만 군이 어머니 육영수 여사에게 제발 친구들과 평범한 캠핑 한 번만 가게 해달라고 하소연했다는 얘기가 생각났다. 이런 것들이었을까. 권력 주변의 이야기들은 항상 다 이런 식의 부정적 진화를 하는 것일까. 난 충격을 받았고 비감한 심정이 됐다.

사람은 결코 속성(速成)으로 기를 순 없는 법이다. 아이들은 스스로 자신이 흘려야 할 분량의 눈물과 땀을 흘리고 난 후에야 성숙할 수 있다. 대통령이나 대통령 부인이라고 해서 인간적으로 특별히 무엇이 달라지는 것도 아니었다. 오히려 모든 것이 더 어려워질 뿐이었다. 그러나 그분과 내가 인생의 어느 지점, 어느 플랫폼에 서 있든지 나는 나를 필요로 하는 네 자식의 어미이어야만 했다. 그날 나를 쳐다보는 큰아들의 눈에는 뭔가 깊은 좌절과 의미있는 분노마저 깃들어 있었다. 괴로운 학창시절이라고 했다. 모처럼 친구들과 어울려 소주 한 잔이라도 기울이다 보면 갑자기 형들—재국은 경호관들을 그렇게 불렀다—이나 또 그들을 기다리고 있을 경호관 가족들의 얼굴, 또 자신의 현 위치를 수시로 점검하고 있을 많은 사람들의 모습이 떠올라 부랴부랴 자리를 털고 일어서게 된다고 했다. 처음에는 신경이 쓰여 일어났지만 이제는 거의 버릇처럼 되어버렸다고 했다. 어차피 대통령의 자식으로서 감수해야 하는 부분이 많다고 해도 그 또래 학생들이 모두 한다는 미팅이라는 것도 한 번 나서기가 극도로 신경이 쓰이고, 또 모처럼 친구들과 함께 어울리는 경우가 있다 해도 나이가 훨씬 많은 경호원 형들이 고생하며 뒤쫓고 있는 것을 생각하면 절로 한숨이 난다는 것이었다. 자신도 그런 상황이 불가피한 일임을 잘 알고 있다고 했다. 그러나 아버님의 명예를 최우선으로 생각해 사람들의 시선을 늘 의식하며 살아야 하는 대통령 자식으로서의 속박감과 압박감을 이기기가 너무도 힘이 든다고 털어놓았다.

큰아들은 또 어느 날의 일화도 고백했다. 동행하던 경호원 형들을 모두

따돌리고 즉흥적으로 남대문 쪽으로 도망쳐본 적이 있다는 고백이었다. 특별한 볼 일이 있었던 것이 아니었다. 그저 사람의 물결 속으로 휩쓸려 그대로 익명의 인간이라는 절대자유를 누리고 싶다는 충동이 일었다는 것이다. 그렇게 해서라도 그림자처럼 따라다니는 경호관들, 즉 보호이며 동시에 감시인 그 부자유한 속박으로부터 무작정 자유롭고 싶었다고 했다. 그러나 생선 비린내 가득한 남대문 시장 어물전과 풋과일 쌓인 가게들을 가리지 않고 마구 돌아다니며 잠깐의 생동감과 희열 속에 정말 살 것 같다는 생각이 들 때쯤 자기를 찾아 정신없이 뛰어다닐 경호관 형들이 생각났다는 것이었다. 자기를 시야에서 잃어버리고 상사로부터 문책을 당하고 있을지도 모르는 경호관들이 생각나자 이번에는 자유가 아니라 자책감이 온몸을 조여왔다고 했다. 결국 오던 길을 돌아 형들에게로 발길을 옮겼다고 말하며 큰아들은 쓸쓸하게 웃었다. 아이의 얼굴을 보며 내 가슴속에서 무엇인가 뜨거운 것이 밀려 올라왔다.

"고생이 많구나. 그래도 그런 문제만이라면 아버지와 나는 너희들보다 몇 배나 더 부자유스럽다는 것을 기억해라. 비록 경호관 형들이 따라다닌다고는 해도 너희들은 그래도 가고 싶은 곳이면 어디든지 갈 수 있지 않니."

내가 듣기에도 내 대답은 궁색했다.

"글쎄요. 참고 견디는 것 외에는 별 도리가 없겠죠."

재국이 어른스럽게 대답했다.

저도에서의 그 밤까지 그이도 나도 아이들의 그런 고통을 거의 알지 못하고 있었다. 대통령의 자녀로서 살아가는 것이 대체 무엇인지 우리는 아이들의 처지나 입장을 생각해볼 심정적 여유조차 갖지 못했었다. 아버지의 직위와 명예를 위해 아무도 모르게 치르고 있던 대통령 자녀로서의 부자유, 불편함, 좌절감 등에 대해 우리는 그동안 단 한 번도 터놓고 대화를 나눠보지 못했었다. 아버지는 이미 자신들의 사적인 신변문제를 의논할 수 있는 여유가 없을 것이라고 그들은 이미 생각하고 있었다. 사실 어미인 나까지도 역할의 반은 이미 공적인 일에 빼앗기고 있었으니 그 생각도 무리가 아니었다. 아이들은 아버지가 좋은 대통령이 되기 위해서는 자신들에게 주어진 일이나 여건은 그것이 어떤 형태이건 무조건 참아내야 한다고 생각했던 것 같다. 연희동 집에서 청와대로 들어오던 첫 밤, 아버지가 가족실에 그들을 모아놓고 했던 당부를 한시도 잊지 않았던 아이들의 시행착오이기도 했다.

저도의 그 밤, 나는 아이들과 마주앉아 우리 가족 사이에 끼어들고 있는 균열과 상처를 돌아볼 수 있었다. 아이들이 털어놓은 그들만의 고통과 상처를 그제서야 비로소 경청하고 이해하고 함께 고통스러워했다는 것만으로도 저도의 밤은 충분히 감사하고 아름다웠다.

제10장

아웅산에서 있었던 일

대한민국의 국가 원수가 북한의 외교적 우세 지역인
제3세계 국가들을 순방하며 적극적인 정상외교를 펴나가자
초조해진 북한은 암살기도로 이에 대응했다.
서남아순방 첫 방문국 버마에서 만난 참극에서
우리는 기적적으로 살아남았지만
나라는 탁월한 인재들을 한꺼번에 잃고야 말았다.

'그분들의 충정과 희생을 길이 기리며
영전에 애도의 꽃을 올립니다.'

순국하신 분들에게 꽃을 바친다

무심한 일인 듯하지만 곰곰이 그 함의(含意)를 새겨보면 가슴이 서늘해지는 그이의 언행들이 떠오른다. 집 대문을 나서며 "나, 갑니다." 하는 출근인사, 공중 낙하훈련이 있는 날 책상 위에 수첩과 지갑을 정리해놓고 가는 일. 그리고 해외 순방외교를 떠나면서 장남 재국에게 유서를 맡겨놓는 일 등이다. 군인의 임무라는 것이 곧 전쟁에 대비하는 일이고, 언제 무슨 상황이 벌어질지 알 수 없으니까 출근길이 다시 못 올 길이 될 수도 있는 것이다. 그래서 군인의 출근 인사는 "나, 다녀오리다."가 될 수 없다는 것이 그분의 생각인 것 같다. 사실 이 인사말은 그이가 군복을 벗는 날까지 일상화됐던 일이어서 월남에 파병될 때라든가 하는 특별한 경우가 아니면 새겨듣게 되지는 않았다.

그이가 부대로 떠난 뒤 책상 위에 가지런히 놓인 수첩과 지갑을 발견하는 날이면 나는 그냥 무심히 하루를 보낼 수가 없었다. 보광동 집으로 이사한 뒤에는 낙하 훈련장인 한강 백사장이 내려다 보여서 집에서 지켜보면 됐지만, 효창동에 살 때에는 기도하는 마음으로 지내다가 기어코 한강 인도교로 달려가고는 했다. 그이임이 분명한 첫 번째 낙하산이 안착한 뒤에도 마지막 낙하산이 무사히 백사장에 내려앉는 모습을 확인한 뒤에야 집으로 돌아올 수 있었다. 지휘관이 직접 훈련 때마다 매번 낙하산을 타고 뛰어내릴 필요는 없지만, 그이는 힘든 훈련일수록 지휘관이 솔선수범해야 한다는 신조를 고집하고 있었다. '책상 위의 수첩과 지갑, 그리고 한강 백사장 지켜 보기' 의식은 그이가 공수부대를 떠나는 날까지 이어졌다.

10.26 이후의 국가적 위기 상황에서 정보책임자를 지내면서 그이는, 대통령의 안전은 국가의 안보와 직결된다는 사실을 새삼 일깨우게 됐다는 소회를 밝힌 적이 있었다. 대통령이 위해를 당하면 바로 국가의 위기로 이어지기 때문에 대통령은 조금이라도 위해 가능성이 있는 상황에 놓여서는 안 된다는 것이다. 그 말을 기억하고 있는 나에게 그이가 유서까지 써놓고 위험한 지역을 방문한다는 사실이 쉽게 이해되지 않았다. 1981년 여름 아세안 국가를 순방하던 때 북한이 그이를 위해하려던 공작이 캐나다 당국에 적발된 일도 있었다. 그런 이유로 그 이듬해에 북한의 외교적 우세 지역인 아프리카 순방을 추진하던 때에도 관계 당국의 반대가 있었다. 그러나 그이는 유서를 써놓으면서까지 순방 정상외교를 멈추지 않았다. 아프리카 콩고주재 북한대사관의 참사관이었고, 1991년 우리나라로 귀순한 고영환씨는 그이를 암살할 임무를 띤 북한 공작원들이 아프리카에 밀파되었었다는 사실을 확인한 바 있다. 그런데 1년 만에 또다시 친북국가인 버마(현재의 미얀마)를 포함한 서남아시아지역국가 순방에 나선다는 것이다. 바로 한 달 전인 9월에 대한항공 여객기가 소련 전투기의 야만적인 미사일 공격으로 격추된 참사를 겪은 뒤였다. 나는 또 그 '유서 의식'이 떠올라 가슴이 조여왔지만, 출발에 앞선 브리핑을 통해 순방 계획의 목적이나 중요성 등에 관해 설명을 듣고는 그이에게 아무런 내색도 할 수 없었다. 출국하기 전날 그이는 국무총리와 장남 앞으로 된 두 통의 유서를 장남 재국에게 남겨놓았다.

소련 전투기에 의한 대한항공 여객기 격추 사건이 한달 뒤 발생한 북한의 아웅산묘소 폭발테러와는 아무런 연관이 없는 일이지만, 지금 와서 돌이켜 볼 때 불길한 전조(前兆)였는지도 모른다는 생각이 든다. 불길한 예감은 틀리지 않는다는 것은 빈말이 아님을 증명하듯 '국화계획'이라는, 이름도 아름다운 서남아순방 계획은 첫 방문국에서 비극을 만났다. 그 참극에서 우리는 살아남았지만 참모와 각료들, 그리고 나라의 탁월한 인재들이 한꺼번에 희생당했다. 한반도를 적화통일하려는 망상에 사로잡혀 수단 방법을 가리지 않는 도발을 획책해온 북한공산집단이라고는 하지만, 같은 민족에게 어찌 이토록 야만적이고 잔혹한 테러를 자행할 수 있단 말인가. 온 국민은 넋을 잃었다. 오로지 국가와 민족을 위한 외교적 사명을 띠고 해외순방길에 나섰다가 순국의 불꽃이 되어 산화하신 분들, 그리고 그 참사로 사랑하는 이와 말로 표현할 수 없는 많은 소중한 것들을 잃은 유족 여러분들, 그분들의 한스러운 아픔에 어떤 위로의 말을 올릴 수가 있을까.

삼가 합장하여 순국하신 소중한 열일곱 분의 명복을 빌며 함께 아픔을 나눌 뿐이다. 그분들의 충정과 희생을 길이 기리며 영전에·애도의 꽃을 올린다.

아웅산묘소 테러사건

1983년 10월 8일, 우리는 버마 랭군 국제공항에 도착했다. 버마는 서남아시아와 대양주 순방의 첫 방문국이었다. 버마, 인도, 스리랑카와 호주, 뉴질랜드, 브루나이 등 모두 6개국을 순방하는 이 계획은 그동안 북한에 비해 열세에 놓여 있던 우리와 제3세계 국가들과의 관계를 강화하기 위해 추진되었다. 비동맹권 외교강화에 힘을 기울이던 우리 외무부는 1981년의 아세안 순방, 1982년의 아프리카 순방에서의 알찬 성과에 크게 고무되어 있었다.

그즈음 마침 우리의 외교적 노력이 결실을 거두어 오랫동안 친북한이었던 버마가 그이를 국빈으로 초청했다. 우리 국가원수로서는 최초로 이루어지는 버마 방문은 그렇게 결정됐다. 버마는 수산자원과 귀금속이 풍부해 경제협력의 좋은 조건과 잠재력을 갖고 있었다. 그러나 더 중요한 것은 남북한 등거리외교를 유지했던 버마를 우리의 우방으로 만드는 일이었다. 버마와 북한의 관계는 끈끈했다. 북한의 김일성과 버마의 권력자 네윈 버마사회주의계획당 의장은 랭군과 평양을 교환 방문했고 그해만도 이종옥 북한총리가 버마를 공식 방문했을 정도였다.

지금은 미얀마로 불리는 버마의 수도 랭군은 도심 한복판에 황금탑인 '쉐다곤 파고다'가 불교 성지임을 상징해주는 종교적 분위기의 도시였다. 황금탑의 몸에 입혀진 순금은 옛 왕조의 여왕이 보시했다는 이야기가 전

1983년 10월 8일. 서남아 순방 계획 첫 방문국인
버마의 랭군 밍가라돈 국제공항에 도착해 우산유 대통령의 영접을 받았다.

해져오고 있다고 한다. 도시 저편에 인야 호수가 아늑하게 자리잡고 있었다. 영빈관은 호숫가에 세워진 영국풍의 백색 건물이었다. 수행원들은 아름다운 호수정경이 바라다보이는 인야레이크 호텔에 여장을 풀었다. 도착한 날 저녁 그분과 수행원들은 아무런 공식 일정이 없어 여유 있는 저녁시간을 보낼 수 있었다. 당초에는 버마 도착 첫날로 예정되어 있었던 아웅산묘소 참배가 다음날 아침으로 미루어졌던 것이다.

이튿날 10월 9일 오전 6시, 그이와 나는 각자의 그날 일정을 확인하고 행사장에 늦지 않도록 준비를 서둘렀다. 그분에게는 버마의 독립 영웅인 아웅산의 묘소 참배 일정이 잡혀 있었다. 아웅산묘소는 랭군 황금탑 북문 정면 언덕에 자리잡고 있는 버마의 국립묘지였다. 버마의 독립영웅들과 국가유공자들이 묻혀 있는 곳이어서 버마를 방문하는 외국의 국빈들이 반드시 참배하는 국가적 성지였다. 나에게는 아웅산묘소 참배 대신 별도 일정이 잡혀 있었다. 랭군의 한국학교 학생들을 영빈관으로 초청해 만

우리가 묵었던 영빈관 전경

나는 행사였다. 아웅산묘소로 출발하기 전 그분은 경호실장과 공보수석을 불러 계획된 몇 가지 사항들을 다시 챙기고 확인했다. 일을 시작하기 전 모든 준비사항을 다시 한 번 더 세밀하게 챙겨 보는 것은 그이의 예외 없는 불문율이었다.

이제 버마에서의 첫 일정이 시작되고 있었다. 그이가 영빈관 현관으로 내려간 것은 출발 예정시간 2분 전이었다. 그런데 국빈행사의 의전상 적어도 통상 출발 15분 전까지는 도착해 대기하고 있어야 할 버마 외무장관이 보이지 않았다. 외교의전 관례상 결코 있어서는 안 될 일이었다. 얼마 후 버마 외무장관이 헐레벌떡 나타났다. 그이가 영빈관을 떠난 것은 예정된 출발시각보다 3분이나 지연된 후였다. 그 3분이라는 시간이 그이 운명 속에 과연 무엇을 의미하는지 아는 사람은 아무도 없었다.

내가 공식일정대로 랭군 한글학교 학생과 학부모들을 만나 이야기를 나누기 시작한지 10분쯤 지났을 때 쪽지 한 장이 내게 전달되었다. 급하게 흘려 쓴 듯한 글씨로 이렇게 쓰여 있었다.

"각하께서 행사를 중단하고 돌아오시니 영부인께서도 행사를 마무리해 주십시오."

영문을 알 수 없었지만 공식행사를 중단했다는 전갈은 심상치 않은 일이 생겼음을 말해주고 있었다. 나는 황급히 학부모들에게 짧은 인사를 남기고 경호관 뒤를 따랐다. 경호관은 영빈관 별채로 가고 있었다. 그리고는 나를 다시 별채의 어느 구석진 방으로 안내했다. 문을 여니 그곳에 그이가 앉아 있었다. 얼굴이 백지장 같았다. 가슴속에서 무엇인가 쿵하고 내려앉으며 심장이 사정없이 뛰기 시작했다. 그때 장세동 경호실장이 내게 다가왔다.

"아웅산묘소에서 폭발사고가 발생했습니다. 각하께서는 그 사고 지점으로부터 겨우 1.5km 전방에서 급히 차를 돌려 돌아오셨습니다. 영빈관 숙소에도 시한폭탄 장치가 있을지 모르는 상황이어서 할 수 없이 별채로 각하를 모셨습니다."

그날 아침 10시경, 아웅산묘소에는 랭군 인야레이크 호텔에 투숙해 있던 공식 수행원 전원이 이미 도착해 있었다. 영빈관에 머물던 함병춘 비서실장, 민병석 주치의, 심상우 총재 비서실장이 뒤따라 도착했다. 그 뒤를 이어 이계철 버마주재 대사가 도착했고 이제 그이만 도착하면 참배 행사가 시작될 참이었다. 수행원들이 참배대형인 두 줄로 정렬했다. 그 순간 갑자기 엄청난 폭음과 함께 폭발이 일어났다는 것이었다. 수행원들이 잇달아 도착한 뒤 태극기를 단 이계철 대사의 승용차가 도착하자 테러범들은 대통령이 도착한 것으로 오판했다는 것이 경호팀의 사후 분석이었다.

핏기 하나 없는 창백한 얼굴로 묵묵히 보고를 듣고 있던 그이의 눈에서 눈물이 흐르고 있었다. 말할 수 없이 애통하고 참담한 가운데에도 그이에

버마의 아웅산묘소 참배를 위해 도열해 있는 공식 수행원들의 생전의 마지막 모습

게는 정신을 차리고 처리해야 할 일들이 있었다. '국화계획'의 전면 중단과 귀국이 결정됐다. 그이는 내각이 침착하게 나라의 비극에 대처할 것을 서울의 국무총리에게 지시했다. 그리고는 랭군 시내 호텔에 분산해 투숙 중이던 우리 경제인들과 비공식 수행원들에 대한 보호조치를 취하도록 지시했다. 그들의 숙소 역시 테러 목표에서 제외되어 있다는 보장이 없는 상황이었으므로 모두 전용기로 옮겨 대기하도록 한 것이다.

무엇보다 시간을 다투는 일은 버마 국립병원으로 이송되어 응급치료 중인 부상자들을 살리는 일이었다. 또한 희생당한 분들의 시신을 운구할 수 있도록 서울에서 급히 비행기를 보내오도록 하는 문제였다. 일단 긴급한 사항들을 조처한 후에는 취소된 순방계획에 따른 외교문제도 조속히 뒤처리를 해야만 했다. 정작 그 일을 맡아 해야 할 외무부장관은 희생자 가운데 한 사람이었다. 대통령을 수행해서 함께 행사장으로 출발해야 했던 김병훈 의전수석, 장세동 경호실장, 그리고 지시사항을 챙기느라 1~2분 늦게 출발한 황선필 공보수석 등 세 사람만이 남아 있었다. 그 황망하고 긴박한 순간에 겨우 내가 할 수 있었던 일은 살아남은 세 분 수행원들에게 비상약으로 준비해왔던 청심환을 건네는 일뿐이었다.

사건 발생 1시간 20분쯤 지났을 때 우산유 버마 대통령이 영빈관으로 찾아와 통절한 표정으로 몇 번이고 거듭 사죄했다. 이어 오후 3시경, 정계 실력자인 네윈 버마사회주의계획당 의장이 수상과 함께 찾아왔다. 네윈 의장 역시 거듭 사죄하며 "무슨 일이든 말씀하시면 버마 정부는 모든 필요한 조치를 취하겠다."고 했다. 우산유 대통령과 네윈 의장은 테러가 버마 내부의 소행으로 판단한다고 말했다. 그러나 그이는 범행 수법 등에 비추어 북한의 소행으로 보아야 한다면서, 테러범들이 국외로 탈출하지 못하게 시급히 국경을 봉쇄해야 한다고 강조했다. 그러자 네윈 의장은 그 자리

버마의 정계실력자 네윈의장(오른쪽 흰 모자 쓴 사람)이 찾아와
사건 수습을 위해 최선을 다 하겠다고 다짐했다.

에서 바로 수상에게 국경으로 통하는 도주로를 수색하도록 지시했다.

　네윈 의장이 떠난 후 우리는 우산유 대통령 부부와 함께 사망한 분과 중상자들이 이송된 육군병원을 향했다. 도착했을 때 눈에 들어오는, 비참하도록 형편없는 병원의 모습에 우리는 또 한 번 충격을 받았다. 육군병원이라는 이름 때문에 한국의 육군병원을 떠올렸던 것과는 달리 허름하고 낡은 퀸셋 건물이었다. 분향대는 이미 마련되어 있었다. 순국사절들은 흰 시트에 덮여 안치실에 누워 있었다. 분향을 하는 순간 또 다시 눈물이 쏟아져내렸다. 그이와 나는 먼저 중환자실로 갔다. 말이 중환자실이지 그 더운 날씨에도 병실에는 냉방시설조차 없었다. 열린 창문으로는 열대의 더운 바람이 사정없이 쏟아져 들어오고 있었다. 부상자들의 모습은 말로 설명할 수 있는 정도가 아니었다. 차마 눈 뜨고 볼 수 없는 처참함, 그 자체였다. 현대적 시설이라곤 찾아볼 수 없는 초라한 병원 마루방은 온통 중

상자들의 신음소리로 가득 찼고 상처가 너무 심해 얼굴을 알아볼 수조차 없었다. 우리 대사관 직원 가족들과 현지에 나와 있는 우리 기업의 가족들이 달려와 시트를 찢어 상처를 동여매어주었다는 설명인데 그 모습들이 정말 기가 막힐 뿐이었다. 자신이 누구라고 말해야만 부상자들의 신원을 알 수 있는 그 참혹한 모습. 아아, 방을 들어서면서부터 눈에 들어오는 그 참상 앞에서 나는 할 말을 잃고 오열하기 시작했다.

대체 이럴 수가 있단 말인가. 우리 국가의 자랑이요, 또 그 탁월한 능력으로 세계를 향한 조국의 위대한 도전을 이끌기 위해 함께 온 인재들, 나라의 동량들이 모두 희생되어 안치돼 있고 생존자조차 신원확인도 어려운 그런 모습으로 신음하고 있다니 믿을 수 없는 일이었다. 내 가슴은 무엇이라 표현되지 않는 슬픔으로 터질 것만 같았다. 얼굴과 온몸을 붕대로 동여매어 누가 누구인지 신분조차 알 수 없는 상황인데 우리가 다가가자 수혈병을 매단 채 몸을 일으켜 세우며 누군가 울며 말했다.

"각하가 무사하셔서 정말 우리 한국의 홍복입니다."

자세히 보니 최재욱 비서관이었다. 말문이 막혔다. 그 와중에도 나라 걱정을 하다니. 그의 상처난 손을 붙잡고 그분도 참고 참았던 눈물을 쏟았다.

"냉방기를 구할 수 없다면 영빈관에 있는 에어콘이라도 떼내어 이곳에 설치하면 안 될까요? 이렇게 상처를 입고 있는데 더운 바람 때문에 상처에 화농이라도 생기면 어쩌죠?"

차마 그냥 볼 수가 없어 내가 애원했다. 머릿속은 생존자들을 한시라도 빨리 제대로 된 치료시설로 옮기지 않으면 큰일나겠다는 생각으로 꽉 차 마음이 조급하기만 했다. 신음 중인 중상자들을 남겨두고 떠나오는 차 속에서 나는 곁에 우산유 대통령 부인이 있다는 사실도 잊은 채 통곡했다. 부축하던 우산유 대통령 부인의 눈에서도 눈물이 흘렀다.

짐을 챙긴다는 것은 생각조차 할 수 없는 상황이어서 모든 짐을 영빈관

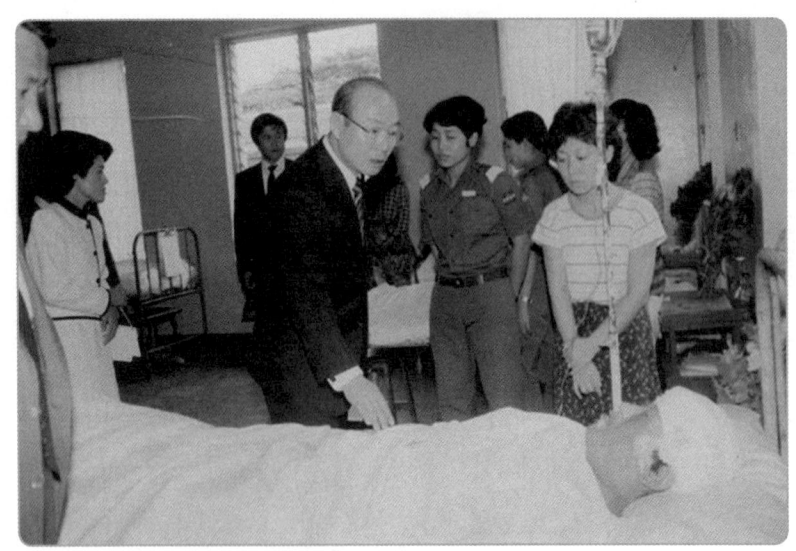
버마 우산유 대통령의 안내로 육군병원을 찾아 부상자들을 위문했다.

에 남겨둔 채 우리는 특별기에 올랐다. 출발 직전 남편은 홍순영 외교담당 정무비서관을 대리대사로 임명하고 "국무총리에게 연락해서 폭발사고로 인한 중환자 치료에 필요한 의료진과 의약품 등 일체를 비행기로 가장 빠른 시간 내로 버마에 도착시키도록 하라."고 지시했다. 특별기는 사건 발생 6시간 만에 버마를 떠났다. 다음날 새벽 3시 40분경, 나는 울어서 퉁퉁 부은 얼굴로 김포공항에 도착했다. 도착하자마자 공항 귀빈실에서 김상협 국무총리의 보고를 받았다. 청와대 도착 즉시 국무회의를 주재했다.

　10월 13일, 여의도 광장에서 아웅산묘소 테러사건으로 희생된 순국 외교사절들을 위한 합동국민장이 거행되었다. 온 국민이 애통해하는 가운데 하늘마저도 비를 뿌렸다. 여의도 광장을 가득 메운 인파들은 통분을 삼키고 결의를 다짐하며 북한의 만행을 규탄했다. 그날 신문에서 보았던 한 소녀의 모습을 나는 결코 잊을 수가 없다. 순국 사절의 유자녀로 생각되는 한 소녀가 국립묘지의 나무에 몸을 기댄 채 혼자 애절하게 눈물을

귀국 즉시
국무회의를 소집해
대책을 논의했다.

서울대병원에
마련된
합동영현안치소

합동영현안치소를
찾아 분향했다.

삼키고 있는 사진이었다.

천행(天幸)이었던 두 가지 우연

국민장이 끝난 후 그분은 아끼고 의지하던 인재들을 잃은 슬픔으로 밤에도 일어나 혼자 눈시울을 적시는 일이 많았다. 어느날 새벽인가는 홀로 비서실을 찾아가 그들이 앉았던 자리에 멍하니 앉아 있기도 했다. 하지만 나는 정신없이 밀려드는 사후 처리와 슬픔 사이에서 휘청거리는 남편을 조금이라도 위로해드릴 수가 없었다. 귀국 후 충격으로 앓아누워 나 자신조차도 몸을 가누기 어려웠다. 식도와 위장에는 좁쌀 같은 것이 잔뜩 돋아올라 물 한 모금도 삼킬 수가 없었다. 주사에 의존해 버티면서도 숨쉬기조차 힘든 심각한 증세로 운신할 수가 없었다. 더 큰 슬픔과 아픔을 당한 유족들을 위로하는 일이 무엇보다 시급했는데도 속수무책으로 마음만 태울 뿐 심신에 닥친 공황상태로 안타까운 나날이 힘겹게 지나갔다.

결국 세계 테러 기록에서도 그 유례를 찾아보기 힘든 이 끔찍한 만행은 북한 특수공작원들의 계획된 테러임이 확인됐다. 범인 3명 중 한 명은 사살되고 두 명이 체포됨으로써 북한의 테러임이 명백하게 밝혀졌다. 이후 범인 중 한 명은 랭군에서 처형됐고 한 명은 옥사했다. 만일 그이가, 버마 내부의 소행으로 판단한 네윈 의장 등 버마 당국에 북한의 소행이 분명하니까 국경을 봉쇄하라고 요구하지 않았더라면 북한 공작원들은 버마를 빠져나갈 수 있었을 것이고, 아마도 이 사건은 영구 미제가 되었을지 모를 일이다.

그이는 한참 세월이 흐르도록 사건의 충격에서 벗어나지 못하는 모습이었다. 무엇보다도 국가의 탁월한 인재들을 잃은 애통함과 상실감 때문에 평소의 그 왕성한 의욕을 회복하지 못하고 있었다. 나는 스스로를 가누기도 어려운 가운데서도 애써 힘을 내어 그이에게 말씀드렸다.

"돌아가신 분들의 한을 풀어 드리기 위해서도 슬픔을 딛고 일어나셔야죠. 당신이라도 살아 있게 남겨놓은 것은 그분들 몫까지 열심히 하라는 하늘의 뜻이라고 생각하세요."

사실 지금 와서 돌이켜볼 때 그 가공할 테러에서 그분이 살아남을 수 있었던 데에는 천행(天幸)이라고 할 수 밖에 없는 두 개의 사정 변경이 있었다. 중공(그 시절에는 중국을 그렇게 호칭했다) 등 공산권을 근접해서 지나는 항로를 변경하는 것이 좋겠다는 우방 관계 당국의 조언으로 우회 항로를 택했기 때문에 아웅산묘소 참배 일정이 도착 다음날로 바뀐 일이 그 하나다. 당초 일정대로 도착 직후 아웅산묘소를 참배했다면 일행이 동시에 움직였던 만큼 아무도 참화를 면할 수 없었을 것이다. 또 하나는 행사장 출발 시간이 늦춰진 일이다. 영빈관으로 찾아와서 우리를 행사장까지 안내해야 할 버마 외무부장관이 지각한 것이다. 국빈 행사의 의전상 있을 수 없는 실수였다. 더욱이 그 이유가 승용차 고장 때문이었다니 어이없는 일이다. 그러나 그 3분의 지체가 남편을 죽음의 문턱에서 돌려세운 것이다. 그이와 나는, 그 천행이 남은 임기 동안 나라를 위해 목숨 바쳐 열심히 일하라는 하늘의 뜻이라고 받아들였다.

제11장

정상 간의 신뢰와 우정을 경험하다

대한민국 국가원수가 국빈으로 초청받아
일본을 공식 방문한 것은 처음이었다.
그이의 일본 공식 방문이 실현된 데에는
나카소네 총리의 개인적인 신뢰가 결정적으로 작용했다.
정치나 외교도 모두 사람이 만나 창조해내는 작품이라고
그이는 믿었다. 그이가 대통령에 취임한 후
미국과 일본에 의기투합할 수 있는
새 지도자가 등장한 것을 행운으로 받아들였다.

일본 나카소네 총리의 '수제외교(手製外交)'

"저는 대통령 각하께서 일본에 오시는 날을 손꼽아 기다렸습니다."

1984년 9월6일 대한민국 대통령으로서는 처음으로 일본을 국빈 방문한 남편을 맞아 나카소네 야스히로 일본 총리가 건넨 인사말이다.

나카소네 총리 부인 스다꼬 여사도 나지막한 목소리로 말했다.

"각하께서 오신다니까 나카소네 총리는 마치 친동기간이 오시는 것처럼 좋아하며 하루하루 손꼽아 각하를 기다리고 있었답니다."

그분의 일본 방문은 20개월 전인 1983년 1월 나카소네 일본 총리의 방한에 대한 답방의 성격을 띠고 있었다. 나카소네 총리의 한국 방문은 그이로 하여금 일본에 대한 새로운 시각을 갖게 해준 사건이었다.

나카소네 총리가 우리나라를 방문하기 6개월 전인 1982년 여름 양국관계는, 일본 제국주의시대의 역사적 사실을 왜곡 기술한 일본 문부성의 역사교과서 문제로 냉각되어 있었다. 그때 일본내각은 스즈키 젠코 총리가 이끌고 있었다.

그해 11월 총리에 취임한 후 첫 방문국으로 우리나라를 찾아 온 나카소네 총리는 1박2일의 짧은 일정이었지만 성실하고 겸손한 자세로 한국에 대한 일본의 사죄를 몸으로 보여주었다. 나카소네 총리는 그분에게 "우리 일본은 과거를 겸허히 반성한다. 이 말은 결코 외교적 언사가 아니다."
고 강조했다. 그이와 한국정부에 보여준 나카소네 총리의 겸손과 과거사
에 대한 사죄의 진정성은 매우 인상 깊은 것이었다. 그것은 적어도 일본
정부와 지도층이, 일본이 과거에 저질렀던 과오에 대해 한국에 용서를 구
할 만큼 성숙해 있을 것이라는 희망을 갖게 했던 것이다. 남편은 총리 취
임 후 미국 방문에 앞서 한국을 첫 방문국으로 선택해주었던 나카소네 총
리의 판단, 마치 한일 역사 앞에 옷깃을 여민 것 같은 그의 겸손한 진정을
깊이 신뢰하고 있었다. 나카소네 총리의 방한은 또한 2년을 끌어온 한일
간의 경제협력 문제를 성공적으로 해결해준 실질적 계기가 된 것이었다.
40억불 규모로 최종 합의된 일본의 우리나라에 대한 경협자금 지원 문제
는 당초 1981년 2월 한미정상회담 때 그분이 발의(發意)했던 사안이었다.
처음 일본과 협상을 시작할 때 1백억불을 제시했지만, 그동안 일본의 스
즈키 총리가 나카소네 총리로 바뀌는 등 우여곡절을 겪은 끝에 나카소네
총리의 방한을 계기로 협상이 타결된 것이다. 나카소네 총리의 방한은 한

1983년 1월.
나카소네 일본 총리가
처음으로 우리나라를
공식 방문했다.

일 경협문제의 타결이라는 공식적인 성과 못지않게 두 나라의 새 지도자들 사이에 인간적 신뢰와 친화(親和)가 이루어졌다는 점에서 특별히 기록될 만한 만남이 되었다. 두 정상 간의 친교가 단지 개인 간의 우정에 그치지 않고 두 나라 정부와 국민 사이의 화해와 친선을 증진하는 촉매제가 되었던 것이다.

사실 그이의 일본 방문이 실현될 수 있었던 데에는 나카소네 총리에 대한 개인적인 신뢰가 결정적으로 작용했다. 정치나 외교도 모두 사람과 사람이 만나 창조해내는 작품이라고 그분은 믿었다. 동시대에 재임하게 된 각국 정상들의 개인적 정치철학과 가치관 그리고 인품들이 국가간의 관계에까지 결정적 영향을 미치게 마련이라고 그이는 굳게 믿고 있었다. 나카소네 총리는 확대 정상회담 자리에서 자신의 외교방식을 '수제식(手製式)'이라는 말로 소개했다. '수제식 외교'란 사람과 사람간의 마음의 연결을 가장 소중하게 여기는 타산 없는 방식이라고 그는 설명했다.

"저는 바로 그런 방식으로 순간마다 각하를 대하고 있으며 레이건 대통령과도 그 방식으로 교제하고 있습니다."

마치 평상시 그분을 겸손과 정성으로 대하는 것처럼 나라간의 관계는 그 나라를 대표하는 지도자들 사이에 교류되는 인간적인 감정이 이끌어가는 것이라고 그는 설명하는 것이었다. 그리고 그는 또 이렇게도 말했다.

"제 생각 중에서 틀린 것이 있다면 각하께서 즉시 그 자리에서 지적해주시고 시정해주시기 바랍니다."

두 지도자가 의기투합이 되어 만나는 즉시 깊은 신뢰와 우정으로 서로의 정치신념을 실현시키는 것은 보기에 아름다웠다. 36년 동안 열네 번이나 선거를 치른 베테랑 정치가이자 경제대국 일본의 지도자인 나카소네 총리의 겸손과 정성이 밴 한결같은 모습에 그이는 이유 있는 감명을 받았고 마음을 열어갔다.

"지금까지 2년 동안 나카소네 외교는 한국에서 시작해서 한국에서 끝이 났다."

일본 언론은 한국 대통령인 그이의 일본방문을 맞는 나카소네 총리의 각별한 정성을 두고 주저 없이 그렇게 표현할 정도였다.

나카소네 총리와의 두 차례 정상회담이 있고 난 뒤 총리 부인 스다코 여사는 일본에서의 마지막 식사인 오찬을 사적으로 마련하고 싶어했다. 여느 평범한 가정집의 후덕한 할머니 같은 인상을 지닌 스다꼬 여사였다. 그러나 나카소네 총리의 열네 번의 선거 중 무려 열 번을 그녀 혼자서 치러냈다고 하니 그 능력과 열성이 놀랍기만 했다. 총리공관은 부국 일본의 내공을 보여주듯 검소하고 단정하게 꾸며져 있었다. 동경 시내 중심부에 자리 잡고 있는 그 공관 내 살림집에서 총리 부부는 진심어린 환대로 우리를 맞아주었다. 총리 가족들만이 참석한 애정어린 점심과 차 대접이었다. 뜰 안 연못가에서 나카소네 총리는 그분에게 잉어를 보여주고 싶어 여러 번 손뼉을 치기도 했다. 총리 내외의 진심이 그대로 드러나는 소박하고 화기(和氣)로운 한때였다. 정성을 다해 한국 지도자를 대접하는 두 사람의 모습에서, 나는 새로운 일본의 지도자들도 두 나라 국민들 사이의 진정어린 화해와 우정을 염원하고 있음을 온몸으로 느낄 수 있었다.

남편이 대통령에 취임한 후 마침 미국과 일본도 새 지도자가 등장한 것을 그이는 행운으로 생각하고 있었다. 레이건 대통령과 나카소네 총리는 그분 재임 중 국제무대의 유능하고 실질적인 상대역들이 되어주었다. 정치나 외교에 관한한 초년생에 불과하던 그이와는 달리 레이건 대통령과 나

일본 방문 일정을 마치고
귀국하기 전
나카소네 총리 공관에서
마련해준 오찬

총리 가족의 진심이
그대로 드러나는
소박하고 화기로운
한때의 기억

카소네 수상은 오랜 정치 경력을 지닌 노련한 정객들이었다. 더구나 그들은 훌륭한 인품과 세계관까지 소유하고 있어 그분에겐 이상적인 국제파트너가 되어주었다. 그이는 자신의 임기 내내 모든 면에서 극진한 호의와 신뢰를 보여주던 그 두 우방 정치 지도자의 등장은 국가적으로도 개인적으로도 행운이었다고 말하곤 했다. 겸손하면서도 결단력을 지니고 있는 뛰어난 정치가인 나카소네 총리의 진보적이고 긍정적인 현실 인식은 그이에게 큰 신뢰감을 갖게 했다.

돌이켜보면 그이가 대통령으로 재임했던 1980년대에 세계 각국의 주요 지도자들은 자국의 역사에서는 물론 현대국제사회에 굵직한 족적을 남긴 거인(巨人)들이었다. 미주(美洲)의 레이건 미국 대통령, 트뤼도 캐나다

나카소네 총리 부인
스다코 여사와
함께한 서도회

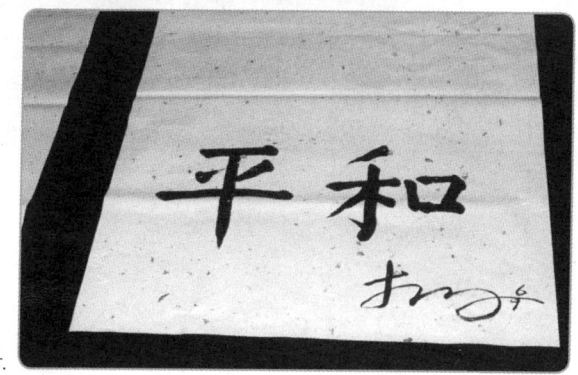

나는 '평화'라는
의미 있는 글귀를 남겼다.

총리, 유럽의 대처 영국 총리, 콜 독일 총리, 미테랑 프랑스 대통령, 그리고 아시아의 나카소네 일본 총리, 리콴유 싱가포르 총리, 마하티르 말레이시아 총리 등이 모두 세계사적 인물로 평가되고 있는 것이다. 이들이 모두 그이의 정상회담 상대역이었다는 사실은 그이에게는 물론 국가적으로도 행운이었다.

히로히토 천황의 사죄

환영행사장은 영빈관 앞뜰에 마련되어 있었다. 히로히토 천황은 영빈관 앞뜰에 환영행사를 위해 펼쳐져 있던 붉은 주단 위에서 우리를 맞았다.

식민지 조선의 열네 살 소년이었던 그분은
독립된 대한민국의 대통령이 되어 일본 천황의 영접을 받았다.

검은 정장에 은청색 넥타이 차림의 천황은 약간 굽은 어깨 때문인지 키가 작아 보였지만 은발은 권위를 간직하고 있었다. 조용히 서 있는 작은 체구의 천황에게서 나는 젊은 시절 아시아대륙을 불행으로 몰아갔던 제국주의 일본 천황의 모습을 도무지 찾을 수 없었다. 패전 후 인간선언을 해야 했을 정도로 신과 같은 대접을 받았던 존재로서의 흔적 같은 것은 더욱 발견할 수 없었다. 몇 권의 저서를 출간한 생물학자라고 했지만 내 눈에는 그저 고요하게 남은 생을 지키고 있는 전형적인 일본 노인의 모습으로만 비쳤다. 일본 천황은 그날 과거의 식민통치를 사죄하기 위해, 종전 39년 만에 처음 일본 땅을 밟은 한국의 대통령을 영접하러 노구를 이끌고 나와 서 있었다. 격세지감이 몰려왔다.

그날 오후 3시 반 우리 내외는 다시 황궁에서 히로히토 천황을 만났다. 천황은 궁성 현관까지 나와 서 있다가 궁성 2층 접견실로 안내했다. 저녁

8시, 천황 주최의 공식 궁성만찬회에서 우리는 세 번째로 천황과 다시 만났다. 궁성 풍명전으로 들어서자 실내악단이 연주하는 대통령 찬가가 은은히 들려왔다. 약간 상기된 모습의 천황은 아름답게 장식된 만찬장으로 그이와 나란히 입장했다. 어깨가 거의 닿을 정도로 가까이 걷고 있는 일본 천황과 대한민국 대통령—가장 가까운 거리에 있으면서도 국민의 정서로는 서로 가장 싫어한다는 두 나라 간의 숙명적 거리가 만찬장으로 함께 걸어 들어가는 두 사람 사이에 가로놓여 있었다. 한 사람은 진정으로 사죄해야 할 역사적 채무가, 또 한 사람은 그 사죄를 정식으로 받아내고 용서해야 할 시대적 의무가 있었다. 천황은 그분을 장미와 난초로 장식된 축제의 자리로 손수 안내했다. 만찬사를 하기 위해 천황이 자리에서 일어섰다.

"우리나라는 귀국과의 교류를 통해 많은 것을 배웠습니다."

연로한 천황이었지만 그의 음성에서는 열기가 느껴졌다.

"기원 6~7세기에 우리나라가 국가를 형성하게 되었을 당시 귀국의 사람들이 많이 와서 우리나라 사람들에게 학문, 문화, 기술 등을 가르쳤다는 중요한 역사적 사실이 기록으로 남아 있습니다."

천황이 잠시 숨을 고르며 말을 멈추었을 때 만찬장 참석자들은 이제 만찬사가 가장 중요한 대목에 이르렀음을 느꼈다.

"오랜 역사에 걸쳐 양국은 깊은 이웃관계에 있었던 것입니다. 그러나 이와 같은 관계에도 불구하고 금세기의 한 시기에 있어 양국 간에 불행한 과거가 있었던 것은 진실로 유감스러운 일로서 다시 되풀이되어서는 안 된다고 생각합니다."

'진실로 유감스러운 일'이라고 히로히토 천황은 사죄의 심정을 전했다. 그 한 마디 사죄의 말을 하는데 그토록 많은 세월을 필요로 했단 말인가. 만찬장에는 잠시 정적이 감돌았다. 답사를 위해 그이가 자리에서 일어났다.

"지난날 양국관계사에 있었던 불행한 과거에 대해 말씀하신 것을 본인

일본 천황은 불행한 과거사가 있었다는 것은 '진실로 유감스러운 일'이었다고 말했다.

은 우리 국민과 함께 엄숙한 마음으로 경청하였습니다."

그이 역시 약간 상기된 듯 보였다.

"우리 양국 간에 있었던 불행한 과거는 이제 보다 밝고 가까운 한일 간의 미래를 여는 데 소중한 밑거름이 되어야 할 것입니다."

그이와 히로히토 천황은 축배를 위해 마주 본 채 술잔을 들어 올렸다. 그토록 고대했던 '화해의식'은 그렇게 이루어졌다.

"천황 폐하께서는 잇몸에 출혈이 있어 몹시 괴로우신 중이었습니다. 그럼에도 대통령 각하를 영접하시겠다는 일념으로 모든 행사를 몸소 정성껏 주관하셨습니다."

총리 공관에서 가진 오찬 때 나카소네 총리의 설명이었다.

그분은 "지난날 양국관계에 있었던 불행한 과거에 대해 말씀하신 것을 본인은 국민과 함께 경청하였다."고 답했다.

"각하께서 아셔야 할 일이 또 한 가지 있습니다. 천황 폐하께서 만찬사에서 각하와 한국인에게 드린 말씀은 궁내청 관리가 작성해 올린 것을 그냥 읽은 것이 아니고 천황 폐하가 직접 자신의 정성과 마음을 쏟아 내면에서 우러나온 가슴속의 말을 그대로 전하신 것입니다. 그것이 그대로 천황의 마음입니다. 개인적으로 천황께서는 각하께 드리고 싶은 말씀이 더 많으셨을 것이 분명합니다. 그러나 국가의 상징적 존재라는 위치 때문에 마음속에 있는 말을 다 털어 놓지 못한 것이 아닌가 생각합니다"

나카소네 총리는 이날 기분이 흡족한지 여러모로 우리 내외를 즐겁게 하려는 듯한 제스처를 보여주었다.

"영부인의 한복 입은 모습이 TV에 나온 후로는 한복에 관심을 기울이는

백수를 바라보는 요즘에는 가족을 보내 안부를 전하는 나카소네 전 총리. 연희동 집을 방문한 그의 아들 내외

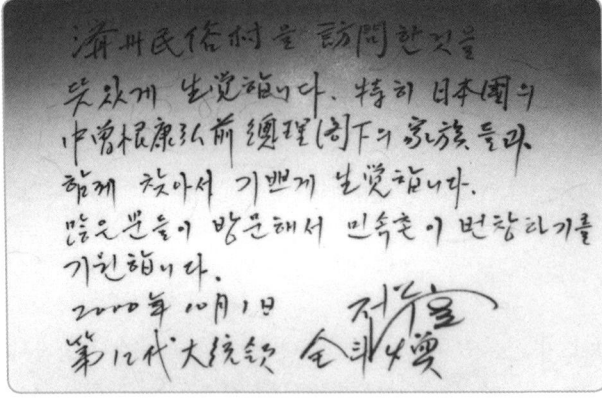

남편은 나카소네 총리 가족과 우리 가족이 제주도를 함께 여행한 기쁨을 방명록에 남겼다.

일본인이 많아졌음은 물론 한국 사람들에 대한 대접도 달라져 요즘 살맛이 난답니다."

"공항에 내리시는 두 분의 모습이 어찌나 다정한지 보기에 너무 좋았습니다."

일본 체류 둘째 날 영빈관 별관에서 시행됐던 서도(書道) 시범회에서 나는 일본 서도의 대가인 마치순소 여사가 쓴 '용호(龍虎)'라는 글귀에 붓을 들어 '평화(平和)'라고 연을 이었다. 동행한 스다코 여사는 내가 왜 평화라는 말로 연을 이었는지 깊이 이해하는 듯 했다.

 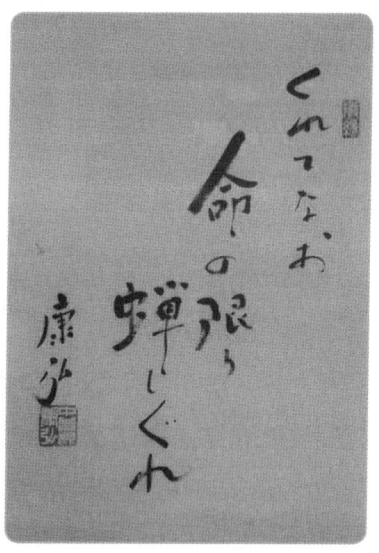

나카소네 전 총리의 미수연에 초청되어
일본을 방문했다.

그분의 팔순을 축하하며
나카소네 전 총리가 보내준 액자

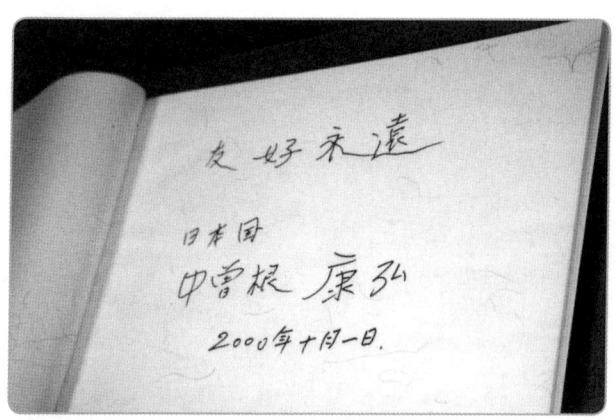

나카소네 전 총리는 두 나라 국민 사이의 영원한 우의,
두 분 간의 변함없는 우정을 기원하는 글을 남겼다.

영빈관으로 찾아와 고별인사를 하는 일본 천황

작별의 날 히로히토 천황은 다시 한 번 영빈관까지 직접 찾아와 그분에게 다음과 같이 고별인사를 하였다.
"평안히 돌아가십시오."

제12장

청와대 시절의 기쁨과 보람

청와대 시절 '새세대육영회'와 '새세대심장재단'
두 단체가 탄생하고 성장하고 나라에 기여하는 데
나의 힘을 보탤 수 있었다는 것은 큰 행운이었다.
그것은 내가 바로 대통령 부인이었기 때문에
가능한 일이었다. 그런 이유로 이 두 단체를 회상할 때마다
나는 그 시절, 나를 그 자리에 있게 해주신 신(神) 앞에
옷깃을 여미며 뜨거운 감사를 드리곤 한다.

청와대의 첫 혼사

'화려한 감옥'인 청와대 생활 4년이 지날 무렵의 일이다. 우리 가족에게 큰 경사가 있었다. 큰아들 재국의 결혼이었는데, 청와대 역사상 첫 혼사라고 했다. 그때 재국은 이미 대학을 졸업하고 미국 유학 준비에 여념이 없던 때였다. 재국의 배필이 될 정도경은 딸 효선과 창덕여고에서 두 해 동안 같은 반에서 공부했던 단짝친구였다. 고운 외모에 밝고 활달하면서도 사려깊은 성품을 지닌 도경을 딸아이는 늘 칭찬하곤 했었다. 고등학교 때부터 도경은 곧잘 우리 집에 놀러왔지만 워낙 얌전한 성품이어서 효선의 말로는 오빠인 재국과 단 한 번도 이야기를 나눠본 적이 없다는 것이다. 바로 그 도경을 효선은 대학 입학 후 처음 맞는 학교 축제 때 오빠인 재국의 파트너로 소개했다. 그것이 두 사람의 첫 정식 만남이 되었다. 당시 도경은 이화여대에서 신문방송학을 전공하고 있었다. 그 이후 두 사람의 만남은 계속되었다. 이화여대 정문 앞 찻집에서, 혹은 덕수궁 돌담길을 걸으면서 그들은 사랑을 키워나갔다. 나중에 재국은 도경이 동생의 친구라서 오히려 많이 망설여졌다고 고백하기도 했다. 그러나 온유하면서도 자기할 일을 야무지게 해내는 장점이 많은 도경에게 재국은 깊은 사랑을 느꼈다.

천성적으로 나는 무슨 일에 까다로운 편이 아니었다. 그러나 한 가지 예외가 있었다면 바로 며느릿감에 대한 것이었다. 아들이 셋이나 되다 보니 평소에도 늘 걱정이 됐다. 가족 간의 우애를 효심 다음의 중요한 덕목으로 여기는 남편도 아이들이 결혼 후에도 형제간의 우애가 지속될 수 있을 배우자를 만나게 되기를 바라는 마음은 마찬가지였다. 언젠가 아이들과 우연히 배우자감에 대해 이야기를 나눈 적이 있었다.

"어머니, 양같이 순하던 여자가 결혼하고 나면 갑자기 호랑이로 돌변할 수도 있다면서요."

농담처럼 슬그머니 물어보는 세 아들의 질문이 왜 그날따라 예사롭지 않게 들렸을까.

"글쎄, 뭐 그렇게 사람이 돌변이야 하겠니. 하지만 연애할 때는 어떤 사람인지 잘 알 수 없는 것만은 맞는 말같기도 하구나."

자기는 엄마 마음에 꼭 드는 사람이 아니면 결혼을 하지 않겠다고 형들 사이에서 한 마디 거들던 막내 재만조차도 어느덧 변성기의 중학생이 되어 있었다.

"엄만 말이다. 자기 일을 열심히 할 줄 모르는 여자가 제일 싫단다. 너희들이 시끄럽고 남의 일에 참견이나 하고 남을 위할 줄 모르면서 자기만 위하라고 투정이나 하는 여자를 만날까봐 겁이 난단다."

오직 사랑 하나로 시작한 그이와 나는 결혼에 관한 한 누구 못지않은 사랑지상주의자였다. 모든 것에 앞서 아이들이 사랑하는 사람이라면 받아들인다는 것이 우리 부부의 대원칙이었다. 사실 걱정도 적지 않았다. 아이들이 사랑에 빠져 장님이 되어버리기 전에 사람 보는 능력을 갖도록 도와주어야만 할 것 같았다. 그러던 우리에게 큰아들의 마음을 차지한 도경은 내 마음에 들었다. 1983년 5월경 도경의 어머님께서 재국을 불러 심중에 두고 있던 말씀을 털어놓았다고 한다. 자신이 생각하기에 대통령 집안의 장남인 재국이가, 아버지도 안 계시고 여러모로 집안이 기우는 도경과 좋은 결과를 맺기는 어렵겠다고 결론을 내렸다면서 이런 경우 공연히 사귀던 여자만 커다란 상처를 받게 될 터이니 이쯤에서 그만 만났으면 좋겠다는 뜻을 밝혔다는 것이다.

서로 좋아하기는 하지만 대학원도 가야 하고 군대도 가야 하는 스물여섯 살의 재국은 사돈댁의 그 말씀에 충격을 받았는지 그이와 나에게 어쩌면 좋으냐고 상의해왔다.

"너무 사랑하는 여자고 좋은 사람이지만 세상의 기준에서 보면 조금 기우는 면이 확실히 있는 것도 사실인 만큼 부모님의 뜻을 거스르면서까지 계속 교제해서는 정말 도경 어머니 말씀대로 도경에게 큰 피해가 될 수도 있겠다는 생각이 드니 두 분께서 심사숙고하셔서 돌이킬 수 없는 상황이 되기 전에 말씀해주시면 좋겠습니다."

이때 그분이 명쾌하게 정리해주셨다.

"우리는 가진 것 없이도 사과궤짝에 도배지 말라서 가구 만들어 살면서 너희들 키우고 잘 살아왔다. 나야 바깥사돈이 없으니 술 한잔 나눌 친구가 없어 아쉽지만 도경이는 너무 마음에 드니 너희만 좋다면야 아무 문제 될 것 없다."

사실 혼사를 이야기하기에는 아직 어리고 아무 준비도 없던 처지였지만 도경 어머님의 불안해하는 마음을 헤아려 미국으로 유학가기 전 약혼이라도 하자는 쪽으로 갑자기 결정이 이루어졌다. 양가의 직계가족만 모인 저녁식사가 상춘재에서 있었고 이것이 약혼식이었다.

자식은 눈에 넣어도 아프지 않은 존재라고들 흔히 말한다. 재국은 정말 내게 그런 존재였다. 첫 아이라서 우리 내외가 젊은 시절 시행착오를 겪으면서도 열성을 다해 구구단도 번갈아 가르치고 수영도 직접 바닷물에 뛰어들어 가르치며 온갖 정성을 들였었다. 넉넉하지 못한 살림이었으므로 어린 시절 나중에 낳은 아이들만큼 여러 가지 특별수업 같은 것은 시키지 못했지만 우리 내외의 노력과 정성만은 단내나도록 쏟아부었던 첫 아이였다. 재국은 성격이 무던하고 참을성이 많았다. 입시 때도 선생님들로부터 '정말 소같이 공부한다.'는 말을 들을 정도로 일년을 하루같이 성실하고 꾸준한 모습으로 공부해주었다. 청와대에 들어와서는 나이답지 않게 속 깊고 신중한 조언으로 그이와 내게 큰 도움을 주기도 했다. 사실 그런 재국이 어느새 청년으로 자라 내 마음에 쏙 드는 며느리감을 맞게 된다고 생각하니 너무나 대견하고 흐뭇하게 느껴졌다. 새로운 날개를 달고 넓은 세상으로 비상하려는 아들과 예비며느리. 나도 어느새 세월의 흐름과 함께 늙어 그 지점에 도달해 있다는 자각이 나를 한층 들뜨게했다. 내 귀한 맏아들의 사랑을 차지하게 된 며느리가 생각할수록 너무도 소중하게 느껴졌다. 그리고 뭔가 오래 간직할 수 있는 것을 주고 싶었다.

"여보, 그동안 곰곰이 생각해봤는데 내가 제일 애지중지하던 그 반지를 도경에게 줄까 해요."

그 반지는 특별한 사연을 담고 있어 내게는 무엇과도 바꿀 수 없는 귀중한 것이었다. 결혼 때 시부모님께 받은 금 쌍가락지 한 벌이 혼수의 전부였던 나였다. 그러나 결혼 후 남편이 특수전 교육을 받기 위해 미국으로 가고 없을 동안 시동생의 대학 등록금을 마련할 길이 없어 그 결혼반지를 팔아 등록금에 보탰었다. 그리고 그 뒤로 12년 동안 결혼반지도 없이 지냈었다. 그러던 중 남편은 월남전에서 돌아오던 길에 홍콩에 들러 샀다며 내게 반지를 하나 선물했었다. 시동생을 위해 결혼반지까지 팔았다는데 감동했다며 사 온 선물이라 우리 사정으로는 무리였던 좋은 반지였다. 나를 위한 선물에 너무 큰 돈을 쓴 것 아니냐고 따지는 내게 남편은 나중에 딸에게 물려주면 되지 않느냐고 했었다. 평소에는 아까워 모셔 두었다가 외출할 때만 잠깐씩 끼며 아꼈던 남편의 소중한 정표였다.

가슴 설레며 기다리던 재국의 약혼식 날, 그이는 놀라고 당황스러워 어쩔 줄 모르는 사부인께, 당사자인 재국과 도경에게조차 말하지 않고 두 집안 어른들이 상견하는 자리를 약혼식으로 준비한 이유를 설명드렸다. 분위기를 바꾸기 위해 나는 사부인의 손을 잡으며 다정하게 말했다.

"사부인, 전 도경이보다 예쁜 신부는 세상에 없을 것 같은데 사부인은 그렇게 생각하지 않으세요?"

서로가 서로를 깊이 위해주고 있다는 것을 마음속 깊이 느끼고 있었기 때문이리라. 난 그날 사랑하는 자녀들을 통해 맺어진 우리는 정말 소중한 한 가족이 될 것이란 예감을 받았다. 그날 저녁 나는 사연 깊은 그 소중한 반지를 도경의 손에 끼워주었다. 그리고 당부의 말을 잊지 않았다.

"도경아, 이건 내가 너무 아끼는 것이어서 딸에게 주려고 했던 것이다만 널 꼭 내 딸같이 여기고 싶다는 증표를 보여주고 싶어 너에게 특별히 주는 것이란다."

결혼식은 그날로부터 무려 1년 7개월이나 지나 치러졌다. 혼삿날이 다가오자 괜시리 마음이 두서없이 바쁘고 경황이 없었다. 그렇게 사돈댁에 부담을 드리지 않으려 애를 썼건만 사돈댁에서는 우리가 경험 부족으로 미처 생각지도 못했던 고민으로 힘들어하고 있었다. 결혼식을 앞둔 어느 날 안사돈과 만났을 때였다.

"아니, 얼굴이 반쪽이 되셨네요!"

정혼 때만해도 훤하던 사부인의 얼굴이 그 사이 무척 상해 있었다.

"혼인날이 다가오면서 걱정이 많아 잠이 안 오더니 그런가 봅니다. 사람마다 의견이 어찌나 다른지 이 사람을 만나면 이 사람 말이 옳은 것 같고 저 사람을 만나면 그 말이 옳은 것 같아 통 갈피를 잡을 수가 없습니다."

혼수문제였다. 그제서야 나는 사부인이 여위게 된 이유를 알 수 있었다. 곱게 기른 자식이 다른 가문에 들어가 흠 잡히지 않도록 살게 해주려니 걱정거리가 어디 한 두 가지였을까. 내가 말했다.

"사부인, 죄송합니다. 저 역시 이런 경험이 처음이어서 사부인의 그런 근심을 미처 살피지 못했군요. 이런 경사에 부질없는 걱정으로 여위시다니요. 양가가 서로 의논하면 쉽게 해결될 일인데 말입니다."

우리는 그 자리에서 함께 머리를 맞대고 혼수문제에 대한 의논을 마무리했다. 결혼하고 곧 미국으로 유학을 떠나야 하니 가구도 살림살이도 필요치 않았다. 예단도 그저 잔치 기분이나 내는 정도로 간단히 하는 것이 좋을 것 같았다. 그리고 양가에서 각각 새 식구에게 정이 드는 기회를 갖도록, 필요한 것을 함께 다니며 마련해주는 쪽으로 결정했다. 사랑으로 맺어지는 두 사람의 혼사에 혼수문제 같은 것이 끼어드는 것을 난 진정 바라지 않았다.

"제 마음에 쏙 드는 며느리를 얻는 것만으로도 저는 만족합니다. 선물을 해야 한다면 도리어 제가 해야지요. 저는 며느리를 얻었다고 생각하기보다는 딸을 하나 더 얻었다고 여길 생각이에요. 사부인께서도 아들을 하나 얻었다고 생각해주세요."

막상 결혼식에 대해서도 주위에서는 청와대의 첫 경사이니 성대하지는 않더라도 초라하게는 치르지 말아야 한다는 의견을 내놓기도 했다. 그러나 그분은 청와대의 첫 결혼식인 만큼 그 때문에 더 검소하고 더 모범적인 결혼식이 되어야 한다고 고집했다. 또 가족들은 결혼식만이라도 '청와대식'이 아닌 '우리식'으로 하고 싶다는 이유에서 식구들끼리만 정겹게 치르는 결혼식을 간절히 원했다.

결혼식은 재국의 겨울방학 때 치렀다. 외부에서 결혼식을 하기는 복잡해서 그냥 청와대의 행사가 늘 열리는 영빈관에서 공식행사가 없는 날을 골라 가족과 가까운 친지들만 모인 단출한 결혼식을 치렀다.

고려대학교 총장을 지낸 김상협 국무총리가 주례를 맡아주셨고 별다른

청와대 영빈관에서 간소하게 치른 결혼식

대추를 던지시며 폐백을 받는 모습

장식도 없이 꽃바구니 몇 개만으로 장식을 한 평범한 결혼식이었다. 신혼집은 당시 재국이가 있던 대학원 기숙사(방 1개짜리)였다. 대학원이 한 학기만 남아 있던 상태라 한 사람만 거처할 수 있었기 때문에 반 년 동안 기숙사방에 신방(新房)을 차릴 수 있었다. 피로연은 로비에 마련된 케이크를 잘라 나누는 것으로 대신했다. 검소한 피로연에서 나는 사부인의 손을 잡고 벼르던 인사를 건넸다.

"따님을 정성껏 길러주신 은혜 잊지 않겠습니다."

피로연이 끝난 뒤 친척들과 상춘재에 다시 모여 흥겨운 폐백행사를 치렀다. 서양식 건물인 영빈관과는 다른 우리식 한옥인 상춘재의 정경이 가족과 하객들이 차려입은 한복과 잘 어우러졌다. 전통 혼례복을 차려입고 큰절을 하는 신랑과 신부. 새 아기의 치마폭에 한웅큼의 대추를 던져주며 남편은 당부의 말을 잊지 않았다.

"너희 부부는 우리 집안은 물론 사회와 나라를 위해 도움이 되는 가정을 꾸려가야 한다는 점을 명심하도록 해라."

미국으로 돌아갈 날짜가 임박했던 아들 내외는 새해를 우리와 함께 보낸다며 신혼여행에서 서둘러 돌아왔다. 그리고는 그렇게 사흘을 지낸 후 미국으로 떠나갔다. 이제 어른이 되어 사랑하는 아내와 함께 가는 길인데도 큰아들을 떠나보내는 것은 안타깝기만 했다. 떠나기 전 나는 며느리에게 부탁했다.

"아가, 먼 외국에서 남편 공부 뒷바라지하고 살림 배우려면 짬을 내기가 어렵겠지만 한 달에 한 번만은 꼭 편지를 써 보내다오. 우리가 한 가족이 되려면 서로 정을 쌓고 이해의 폭도 넓혀야 하지 않겠니. 형식적인 안부편지 말고 너희 내외에 대한 것들을 상세하게 얘기해주면 좋겠구나. 그럼 여기서도 너희가 어떻게 지내는가 알 수도 있으니 덜 궁금할 것 같구나. 또 이 어미에게 전하고 싶은 말이 있으면 허심탄회하게 적어 주렴. 나도 꼭 답장을 쓰마. 내 부탁은 그뿐이다."

며느리는 고맙게도 이 부탁을 정성과 진정을 다해 지켜주었다. 덕분에 우리는 긴 편지에 담긴 사연을 읽으며 아들 내외가 바로 곁에 있는 듯 사랑의 화음을 들을 수 있었다.

"어머님, 처음엔 긴 편지를 쓰는 일이 무척 어려웠어요. 그런데 자꾸 쓸수록 왜 어머님께서 제게 그런 당부를 하셨는지 알 것 같았어요."

훗날 서울에 돌아와 책장에 꼼꼼하게 정리되어 꽂혀 있던 자신의 편지를 보면서 며느리가 내게 했던 고백이다.

꿈 같은 일이었다. 사랑, 결혼, 아이들. 내가 가꾸고 지켜야 할 다섯 식구, 그 태어남과 성장이 주는 가정 속의 순환만으로도 가슴벅차하던 내게 이제 또 하나의 경이로운 순환이 시작되고 있었다. 아이들 세대로 이어지는 새로운 사랑, 그리고 결혼. 이제 곧 머지않아 손주도 가슴에 안아볼 수 있을 것이다. 한 세대에서 다음 세대로 이어지는 이 끊임없는 삶의 순환에 따라 가장 먼저 큰아들 재국이 내 품을 떠나 자신의 길을 떠난 것이다.

부모님의 회혼식

퇴임이 가까워오던 1987년 12월 24일, 우리는 친정부모님의 회혼식을 청와대에서 마련해드렸다. 친정 부모님께서는 퇴임 준비로 힘든 일이 많은 사위에게 자신들의 회혼식을 준비하게 하다니 그럴 수는 없다며 손사래를 치셨다. 부모님들다운 처신이었다. 그러나 남편은 결혼해서 60년을 해로하여 맞는 회혼식은 아주 복이 많은 사람들이나 누릴 수 있는 흔치 않는 축복이라며 두 분의 회혼식을 격식에 맞춰 축하해드리고 싶어했다. 사실 친정부모님은 그이에게는 여느 장인 장모하고는 다른 특별한 분이셨다. 그이는 8년간 처가살이를 할 때나 그후 독립해서 따로 살 때에도 늘 "아무 장래성도 없는 나를 사위로 맞아주시고 돌봐주셨다."며 입버릇처럼 말하

청와대에 차려드린 친정부모님의 회혼식

고는 했다. 남편은 아들이 친부모를 모시는 것 이상으로 장인 장모님을 받들었고 두 분 은혜는 죽는 날까지 갚을 길이 없다며 감사해했다.

마침 크리스마스이브와 겹쳤던 친정 부모님의 회혼식날 아버님과 어머님이 잔칫상을 마주하고 기뻐하시는 모습은 우리를 눈물겹게 했다. 가까운 친척들만 모인 가족 모임이었지만 4대에 걸친 자손들이 한자리에 모여 축하해 드렸다. 사모관대를 갖추셔서 청년 같으시던 아버님과 연지 곤지 찍고 새색시가 되어 수줍음으로 볼이 발갛게 물드신 어머님을 단상으로 모시고 어린 손주, 증손주들은 그동안 연습한 재롱스런 축가를 불러드렸다. 이어 열을 지어 올리는 당신 자손들의 축하 인사와 절을 받으시며 부모님께서는 감개무량해하셨다.

"딸도 이리 좋은데 왜 딸만 낳으면 그리 서럽게 울었어."

"누가 이리 좋게 될 줄 알았어야지요."

일곱 남매의 장남인 아버님께 시집가 고생을 많이 하신 어머니셨다. 열

여덟 어린 나이에 넷이나 되는 시동생들 뒷바라지를 다 하셨고 또 딸과 동년배인 시누이도 둘이나 자신의 손으로 키우다시피 하셨으니 얼마나 말 못할 고충이 많으셨을까. 그러나 아버님도 그 시절의 여느 어른들과는 달리 자상한 남편이셨다. 그토록 금실이 좋으셨길래 60년 해로가 가능했던 부부였다. 요즈음은 너무 나이가 들어 시집 장가를 갔기 때문에 회혼식을 하기가 힘들 것이라는 그이 농담에 모두 파안대소를 했다. 그러면서 다시 젊게 태어나는 노부부의 아름다운 사랑에 축하를 드렸고 부러워했다. 팔순을 바라보는 나이가 되어서도 고령의 시어머니를 모시고 손수 병구완을 해내신 어머님은 늘 소녀 같은 모습이었고 인생의 짐을 불평 한 번 하지 않고 견뎌내셨다. 언젠가 벼르고 별러 우리 집에 놀러오신 어머님이 집에 계신 할머님이 걱정된다며 서둘러 일어서시는 것을 보고 난 속이 상했었다.

"잘못하다간 엄만 평생을 할머님 시집살이로 끝내시는 거 아니에요? 팔순을 바라보는 노인이신 엄마가 시어머니 시집살이에 딸네집도 자주 못 오시니 속이 상해요."

이제는 본인도 좀 편안히 며느리의 시중을 받아야 할 연세에 잠시를 마음 편히 쉬지 못하시는 어머님이 안쓰럽기만 해 내가 했던 말이었다.

"할머니가 시집살이 시키시는 건 없어. 예전에야 무서우셨지만 이제는 서로 함께 늙어가는 처지에 나만 바라보고 계시는 것이 측은하단다."

딸만 낳는다고 젊은 시절 할머님으로부터 엄한 시집살이를 살아오신 어머님이셨다. 그러나 당시 세상 풍습 때문이지 할미님이 자신을 미워해서 그러신 것이 아니라고 항상 비호하기만 하셨다.

"그래도 하늘이 무심치 않아 우리 창석이를 낳아 대를 잇게 되지 않았니. 내가 가끔 볼일이라도 있어 외출을 하면 할머님이 말씀하신단다. 밖에 나간 며느리가 어찌나 기다려지는지 아마도 어릴 적 어머니를 기다리던 심정쯤은 될 거라고. 그러니 내가 어떻게 오래 나가 있겠니."

그런 어머니께 '천사'라는 별명을 붙여드리고도 어머니가 가신 후까지 나는 한동안 목이 메었었다. 중풍으로 운신을 하지 못하시던 할머니. 그 할머니가 자신을 기다리고 계시는 형편이 측은해서 발걸음을 재촉해 집으로 돌아가시던 어머니. 어머니와 할머니 사이에는 이미 시어머니와 며느리의 정을 넘어서는 다른 차원의 진하고 고결한 그 무엇이 흐르고 있었다. 중한 중풍으로 고생하시면서도, 정정하기만 하신 할머님보다 자신이 먼저 가면 누가 할머님의 시중을 드느냐며 걱정하시던 어머니. 그런 어머니는 할머니가 세상을 떠나셨을 때 무척이나 섧게 우셨다.

"여보, 아버님, 어머님께서도 살아 계셨더라면 얼마나 좋았을까요."

친정 부모님의 회혼식이 있던 날 밤, 나는 돌아가신 시부모님께 효성을 다하지 못했다는 생각이 절로 나서 가슴이 아렸다. 어려운 살림에도 친정 부모님들만큼이나 금실이 좋으셨던 시부모님이셨다. 무릎까지 내려오는 허연 수염에 위풍이 좋으셨던 시아버님께 사모관대 차림은 정말 제격이셨을 것이고 뽀얀 피부에 달걀형 얼굴의 시어머님도 족두리에 혼례복을 입으셨으면 또 얼마나 고우셨을까. 신혼 초, 서툰 살림을 한다고 총총거리던 시절 그렇게 며느리인 나를 사랑해주시던 모습. 그 후 찾아가 뵐 때마다 그 정겹게 대해주시던 모습. 또 병이 나서 괴로워하시던 모습. 노쇠해가며 서글프게 무너져가시던 모습들. 두 분이 남겨주신 기억들이 주마등처럼 스쳐가자 격한 그리움으로 눈시울에 눈물이 어렸다.

"돌아가신 후 후회한들 무슨 소용이 있겠소. 어쨌거나 노인들께서 조그만 정성에도 그렇게 감동하시고 기뻐하시는 것을 보니 괜히 목이 메어 눈물이 나려고 해서 애를 먹었소. 고생만 하시다 돌아가신 부모님을 생각하면 가슴이 아프지만 그래도 장인 장모님께나마 늦기 전에 이런 잔치라도 열어드릴 수 있었으니 고마운 일 아니오."

때가 지난 후에 후회하지 않도록 살아계신 분들을 잘 모시자는 그이의 쓸쓸한 음성에서 이미 가신 분들에 대한 가슴 사무치는 회한이 전해져왔다. 청와대에 들어와 처음 맞는 시부모님의 기일 때도 그이는 돌아가신 부모님 생각에 가슴 아파했었다. 쏟아지는 업무 속에서도 그이는 늘 고생만 하시다 병으로 일찍 돌아가신 부모님에 대한 한스러움을 잊지 못했고 그런 만큼 마음껏 효도할 수 있는 장인 장모님에게 정성을 쏟았었다. 그런 남편의 마음을 깊이 이해하고 있었기 때문이리라. 아니, 나 자신도 나를 아껴주시던 시부모님을 몹시 사랑하고 있었기 때문이리라. 언제부터인가 나는 시부모님의 제사를 청와대에서 모시면 좋겠다는 생각을 하게 되었고 그이와 큰댁 아주버님 내외분께 의논드리게 되었다. 돌아가신 시부모님의 혼백이나마 청와대에 모시고 싶다는 소망은 나만의 것이 아니었던 모양이었다. 결국 그이와 큰댁 어른들께서도 흔쾌히 내 제안을 받아들였고 시부모님의 명절제사를 청와대에서 모실 수 있게 해주셨다. 식구들이 모두 상춘재에 모여 제사를 지내며 부모님을 추모하던 그때의 그 감동은 지금도 내 가슴에 아름다운 위안과 추억으로 남아 있다.

청와대의 첫 생명—손녀 수현의 탄생

바로 그해 여름, 미국 펜실베이니아대학 와튼스쿨에서 경영학 석사학위를 받은 재국이 첫 아이를 임신한 며느리와 함께 귀국했다. 결혼 후 총총히 헤어졌던 큰아들 부부와 모처럼 함께 생활하면서 나는 시간이 갈수록 며느리 사랑에 빠져들어갔다. 말이 많지 않으면서도 매사에 사려가 깊었고 큰아이와 금실이 좋아 우리 내외의 마음을 든든하게 해주었다. 외모가 나와 닮은 며느리를 두고, 아버지를 닮은 효선은 우리가 모두 함께 있으면 모르는 사람들은 아마 올케언니가 엄마의 딸인 줄 착각할 것이라고도 했다. 사람은 참 작고 사소한 칭찬에도 약해지는 것일까. 아이들이 이따금 진지한 모습으로 "나는 엄마를 닮은 여자가 좋아요."라고 말할 때면 왠지 감동스러웠다. 그럴 때면 그이도 곁에서 진지한 표정으로 "그래, 너희 엄마 같은 사람만 만나면 괜찮지."라며 장단을 맞춰 나를 띄워주곤 했다.

얼마 후 귀국한 재국이 임신한 아내를 우리에게 맡겨두고 군에 입대했다. 그이가 포트 브랙에서 귀국하던 날 이 세상에 태어나 우리 내외의 사랑을 독차지했던 큰아들 재국이 어느새 군에 입대할 정도의 장정이 되어 있었던 것이다. 며칠 후 우리 내외는 재국으로부터 한 통의 편지를 받았다.

그리운 아버님, 어머님께.

제가 부모님의 품을 떠나 이곳에 온 지도 벌써 여러 날이 흘렀습니다. 예전부터 부모님 곁에서 군인들을 많이 보며 자란 저이지만 푸른 제복을 입고 서 있는 제 모습을 보면 감회가 새롭습니다. 서로 다른 성격과 배경을 지닌 젊은이들이 '군(軍)'이라는 거대한 용광로 속에서 분해되고 재결합되어, 하나의 명령 체계로 뭉쳐져가는 과정을 바라보면서 저는 많은 것을 느끼고 배우고 있습니다. 하루의 일과가 힘이 들고, 행군의 거리가 길어지면 길어질수록, 저희들보다 앞서 이 길을 걸어가셨을 많은 선배들을 생각하며 마음을 가다듬어 봅니다. (…)

제가 이곳에서 열심히 하는 것만이 현 시점에서 제가 할 수 있는 효도임을 잘 알고 있습니다. 아무쪼록 더욱 건강하시어 돌아오는 모든 날들이 행복과 희망으로 가득하시길 기원합니다.

1985년 10월 24일
장남 재국 올림

두 달 후, 청와대 경내에는 새 생명의 탄생을 알리는 우렁찬 울음소리가 울려퍼졌다. 큰며느리가 첫 손녀 '수현(修賢)'을 우리 내외의 품에 안겨준 것이다. 12월 19일, 때마침 흩날린 눈꽃 속에 청와대는 이제 행복의 보금자리, 꿈의 둥지가 된 것만 같았다. 초산이라 오랜 진통은 했지만 손녀도 며느리도 다 건강한 순산이었다. "수고했다." "애썼다."를 연발하며 고맙고 신통하기만 한 며느리의 손을 잡은 내 가슴에는 청와대에 첫 발을 내디뎠을 때 나를 감싸오던 막연한 불안 같은 것은 이미 사라지고 없었다.

청와대가 세워지고 처음 그곳에서 태어난 생명, 수현. 기어다니기가 무섭게 안아서 무릎에 세워 두 손을 잡아주면 그 조그만 다리를 접었다 폈다 하며 하루에 천 번도 넘게 깔깔대며 뛰어대던 수현은 그야말로 생명력 그 자체였다. 할아버지가 된 남편은 첫 손녀 수현에게 흠뻑 빠져들었다. 손녀를 무릎에 앉혀놓고 얼려주거나 두 손을 잡고 몸살이 나도록 뛰어오르는 손녀에게 박자를 맞춰주는 것이 그이의 또 하나의 새로운 일과가 되었다.

새세대육영회

일생을 살다 보면 누구나 한번 쯤 자신을 다 바쳐 무엇엔가 몰두하고 싶다고 느낄 때가 있는 것 같다. 그러나 대개 그저 생각에만 그칠 뿐 실현의 기회가 쉽게 주어지는 것은 아니다. 취학 전 아이들의 보육 문제는 국가적 과제였지만, 나 개인적으로도 관심이 많은 일이었다. 내가 청와대 시절 '새세대육영회'를 만들어서 그 당시 후진적 상태에 머물러 있던 유아 교육 환경을 크게 개선시킬 수 있었던 것은 나의 삶에 큰 보람으로 남는 일이다. 나에게 그런 기회가 주어진 것은 내가 대통령 부인이었기 때문에 가능했던 일이었다는 점에서 나는 국가와 남편에게 감사한다.

제5공화국의 시작과 함께 청와대에 교육문화비서실이 신설됐다. 1981년도 국정연설에서도 취학 전 아동교육을 강화하겠다는 뜻을 밝힐 정도로

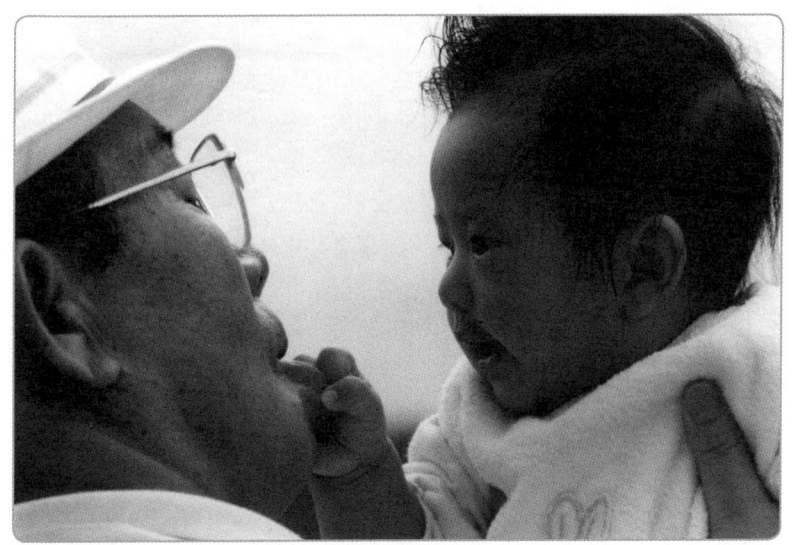

할아버지에게 안겨 재롱을 부리는 첫 손녀 수현이

손녀를 유모차에 태운 채 보내는 한가로운 한때

제12장 청와대 시절의 기쁨과 보람

남편은 교육문제에 남다른 관심을 갖고 있었다. 그럼에도 불구하고 산적해 있는 국정의 시급한 일들을 처리하느라 미처 교육에 대해 손 쓸 겨를이 없었다.

그러던 어느날 남편이 내게 말했다.

"여보, 나 오늘 문교부 장관으로부터 충격적인 보고를 받았소."

취학 전 유아교육 혜택을 받는 아이들의 비율이 프랑스가 100%, 미국이 83%, 일본이 68%인데 우리나라는 겨우 5%에 불과한 실정이라는 것이다. 돈이 드는 사립기관과 국가사업인 공립기관을 다 합쳐도 5%밖에 안 된다는 것은 곧 극소수를 제외한 대다수의 유아들이 아무런 교육혜택을 받지 못하고 방치되어 있다는 의미였다. 나도 어려운 살림에 큰맘 먹고 큰아들 재국을 유치원에 보내려다 추첨에 떨어져 낙심했던 경험을 갖고 있었다. 세월이 흘렀어도 나아진 것이 없는 유아교육의 실태였다.

평소 세 살 버릇이 여든까지 간다며 어려서부터의 인성교육이 중요하다고 늘 강조하던 그이가 유아교육에 대해 직접적인 체험을 하게 된 것은 제1사단장 재임시절이었다. 그즈음 1사단 지역은 군사분계선과 가까운 관계로 교육의 사각지대였다. 부임해 보니 초등교육을 위한 학교는 있었지만 미취학 어린이들을 위한 유치원까지는 생각조차 할 수 없는 실정이었다. 그이는 부대장병들의 가정이 편안해야 군이 국토방위에 전념할 수 있다는 신념을 갖고 있었다. 그런 이유로 어느 부대든지 부임을 하면 최우선으로 부대주변의 생활문제를 돌아보곤 했었다. 제1사단장에 부임한 후 그런 교육여건을 알게 된 그이는 당장 부대 인에 있는 퀀셋 건물 내부를 고쳐 유치원을 열어주었다. 군인 가족들 중 자격증이 있는 부인들을 선생님으로 모셨다. 그이 자신은 직접 유치원 원장이 되어 문 앞에서 코흘리개 유치원생들을 맞았었다. 사단 식구들은 물론이고 인근 부락의 아이들까지도 유치원에 다닐 수 있게 된 것이다. 아침이면 사단의 차를 보내 인근 부락으로 내려가 군인 자녀들과 인근 지역 주민의 아이들을 태워왔다. 그 시절에도 그이는 내게 종종 말하곤 했었다.

"나중에 예편하면 우리 가난한 동네에 집을 한 칸 마련해 아이들을 돌보며 삽시다."

그리고 그해 가을이었다. 그이가 마음에 두고 있었다는 듯 내게 중요한 제의를 해온 것이다.

"여보, 옛날 일이지만 내가 예편하면 달동네에 조그만 집이라도 한 칸 마련해 어려운 아이들을 돌보며 살자던 약속 기억나오? 그런데 청와대 들어와서 보니 우리나라 유아교육의 실태가 말이 아니지 않소. 그래서 생각한 것인데 당신이 앞장서서 유아교육을 위한 민간단체를 하나 만들면 어떻겠소? 나라에서도 애를 쓰겠지만 대통령 영부인이 나서서 유아교육을 위한 민간단체를 만들면 국민들의 관심도 높아져서 훨씬 빠른 시일 내에 큰 효과를 낼 수 있겠다는 생각이 드는구려. 당신도 진작부터 아이들 교육에는 늘 관심이 있다지 않았소? 옛날에야 우리 형편껏 작은 규모로 소박하게 해보길 꿈꿨지만 이렇게 뜻하지 않게 대통령이 된 걸 보면 어려운 사정 아래 있는 나라의 교육을 위해 한번 제대로 기여를 해보라는 하늘의 뜻이 아니겠소?"

너무도 갑작스런 제의였다. 나는 한동안 어리둥절하기만 했다. 하늘의 뜻이라며 강력하게 권고해오는 남편의 열성에 절로 가슴이 뛰었다. 그러나 사회경험도 전혀 없고 무슨 '사업'이라는 말 자체가 내게는 아직도 한없이 낯설게만 생각되었다. 물론 그이 말대로 양질의 유아교육은 국가 장래는 물론 삶의 질의 근본을 바꾸는 일이었다. 더구나 '유아교육'이란 말조차 사치스럽게 느끼고 있을 계층이 여전히 우리 주위에 많다는 사실을 가슴 아프게 확인한 일이었다. 그러나 남편이 한 가지 모르고 있는 것이 있었다. 학창시절 이후 집에서 살림만 하던 나 같은 여자에게 세상을 상대로 신념에 찬 공적 사업을 한다거나 공중 앞에 나서서 의미 있는 일을 수행한다는 것이 얼마나 두려운 일인가 하는 사실 말이다.

자신감이 없었다. 그저 백옥 같은 빨래, 구김살 없는 다림질, 먼지 없는 창틀 같은 것에나 온 신경을 쏟으며 살아온 내 생활이었다. 더구나 청와대에서도 모든 것이 어렵기만 한 처지의 나였으므로 아무리 믿고 따르는 남편의 제안이라 해도 금방 반응할 수가 없었다. 잔뜩 겁을 먹는 내게 그이가 말했다.

"여보, 왜 겁을 먹는 거요? 청와대에 들어 왔으니 무엇인가 다른 사람을 위해 보람 있는 봉사를 해야 하지 않겠소? 나라에도 꼭 필요한 일이요. 내가 모든 것을 다 지원하고 가르쳐 줄 테니 열심히 당신 땀과 정성을 바치면 되는 것이오. 한번 해보시오."

확실히 사람의 삶에는 어떤 운명적 계기라는 것이 있는 것 같다. 소심하게 불안감에만 휩싸여 한편으론 무조건 겁을 내고 또 한편으로는 잘못하면 어쩌나하는 미숙한 조바심에 빠져 있던 나 같은 사람도 결국 시간이 가면서 한번 해보자는 용기를 낼 수 있었으니 말이다. 내게 계속 귀중한 국가사업이라며 끈기 있게 설득해오는 남편의 집요함이 없었다면 감히 생각도 하지 못했을 것이다. 그런데 신기하게도 일단 마음을 먹자 나는 마치 평생을 그 일만을 생각하며 살아온 것만 같은 기분이 들었다. 어떤 의미에서 그동안 나 자신에게 많은 실망을 안겨주기도 했던 대통령 부인으로서의 역할에 대해 처음으로 보람을 느끼게 해주는 기회같기도 했다. 결국 그이 손에 이끌려 익숙한 가정 일에서 낯선 사회의 일로, 가족만의 세계에서 넓은 의미의 이웃들과 어우러지는 세계로 건너가게 된 셈이었다. 그런 곡절을 거쳐 어린이 양육을 후원하는 순수 민간단체인 '새세대육영회'는 창립되었다.

발기인 대회가 있었던 1981년 5월 21일부터 창립총회까지는 반 년이라는 시간이 걸렸다. 그 반 년 동안 '새세대육영회'의 정신과 목표가 만들어졌고 육영회의 취지와 성격도 결정되었다. 단체의 이름을 정하는 일과 사업계획, 정관과 회칙 등 모든 것이 한 가지 기본정신 아래서 진행되었다. 그 기본정신이란 오직 이 나라 어린이들을 잘 키우는 데에만 전념하는 단체라는 것이었다. 기왕 일을 시작한 이상 영아와 유아를 포함해 어린이는 물론 청소년에 이르기까지 범위를 넓혀 많은 새 세대들에게 골고루 혜택을 주도록 하자는 방향에 따라 '새세대육영회'라는 이름이 채택되었다. 나의 세대는 달의 표면을 여행했고 이제 새세대는 화성과 목성, 그리고 더 먼 별까지 여행하게 되리라. '새세대육영회'라는 이름 속에서 바로 그런 우리의 미래를 꿈꿀 수 있고 확인할 수 있어 가슴이 설레었다.

새세대육영회는 세종문화회관에 사무실 한 칸을 세를 내어 문을 열었다. 가장 먼저 시작한 첫 사업은 유아교육 교사와 원장들을 위한 교육이었다. 당시 유아교육 기관에서 일하는 교사 중 의외로 무자격 교사가 많았다. 그런 이유로 한편으로는 자격을 갖춘 교사들을 교육해 길러내고 다른 한편으로는 유자격 교사들의 재교육을 실시했다. 이듬해 9월, 마침내 육영회 전용건물인 시범 교육원이 준공되었다. 이 건물은 교육 현장에 있는 유아교육 담당자와 전공자들을 위한 연수와 재교육을 목적으로 설립되었다. 그러므로 교육원은 소그룹 위주의 강의와 워크샵을 위한 강의실, 공개 강의와 토론을 위한 강당, 각종 교육 자료들을 보여주는 자료전시실, 그리고 연구와 이론을 적용해보는 시범 유치원으로 구성되었다.

교육 기간 동안 연수자들이 교육 과정에 몰입하고 집중할 수 있도록 숙식을 제공하는 숙소와 식당도 마련했다. 2년 후에는 불우한 환경의 청소년들을 위한 새세대 생활관이 송파구 장지동 숲 속에 건립되었다. 고아원 같은 보육시설에서 유년기와 소년기를 보낸 청소년들이나 일찍 부모를 잃고

잠실벌에 설립된
육영회의
시범 교육원에서
어린이들과 함께

어린 몸으로 생활을 꾸려나가는 소년소녀가장 등 정상적인 가정생활을 해보지 못한 청소년들에게 그들의 외로움을 달래주고 상실된 가정생활의 경험을 교육을 통해 복원해주자는 것이 장지동 생활관 설립의 꿈이었다. 생활실과 거실, 부엌, 식당, 세면장을 갖춘 48개의 '준 가정'이 생활관에 준비되었다. 더불어 예절실, 자료실, 교사실도 마련되었다. 생활관에 입소한 청소년들은 6명 혹은 8명이 한 가족이 되어 부모의 배역을 맡은 교사들로 부터 장보기에서부터 바느질까지 각 방의 기능에 따른 여러 가지 실질적인 의식주에 관한 세세한 부분들을 배웠고 예절교육도 받게 되었다. 또 외로운 그들의 어깨를 감싸줄 따스한 교류와 위로의 시간, 그리고 각자가 갖고 있는 고민에 대해 전문가와 상담을 할 수 있는 시간도 교육 일정 속에 마련되었다. 그분 퇴임직전까지 교육원을 통해 연수를 받은 사람들은 4만 5천여 명에 이른다. 그리고 교육원의 시범 유아원에서는 좋은 교육 이론들이 현장에 어떻게 적용되는가에 대한 충실한 연구가 끊임없이 이루어졌다. 지역에 따른 교육 시설의 모델을 구체적으로 연구하기 위해 각 지역마다 직영 유아원이 운영되기도 했다. 낡고 영세한 유아원에는 시설보수비와 운영비를 지원했다. 또 교육 현장에 필요한 프로그램과 교재의 꾸준한 개발, 그리고 5천여 명의 청소년들에게 장학금을 지급한 일도 새세대육영회 사업에서 빼놓을 수 없는 중요한 일이었다.

착실하게 성장해가는 육영회의 일에 나는 기꺼이 빠져들어갔다. 평생 처음 국가장래에 도움이 되는 보람 있고 의미 깊은 육영사업을 이끌고 있다는 사실이 날마다 나를 가슴 설레게 했다. 교육원과 생활관을 건립할 때는 연희동 집을 설계했던 개인경험을 살려 직접 설계를 검토하기도 했다. 그렇게 마련된 교육원에서 4만5천명에 이르는 유아교육 관계자들이 연수를 끝내고 돌아갈 때면 만사를 제쳐놓고 찾아가 일일이 그들의 손을 잡고 격려와 축하를 나누곤 했었다. 교육의 질은 교육을 담당할 교사들과 관계자들의 열의에 따라 좌우될 것이라는 믿음을 가졌던 것이다. 그렇게 육영회 발전을 위해 쏟아붓던 그때의 내 열정은 지금 생각해도 뿌듯하고 자랑스럽다.

하지만 그 단체의 대표가 대통령 부인이었고, 또 5%에 불과했던 유아교육을 단기간에 50%대 이상으로 끌어올리겠다는 대통령의 집념에 따라 만들어진 단체였다는 이유로 대통령이 퇴임하자마자 비리단체로 지목되어 상처를 입게 된 일은 두고두고 가슴아픈 일이다.

유아교육을 선진국 수준으로 끌어올리는 데 일조하겠다는 순수한 목적으로 창립된 육영회는 대표인 내가 사퇴한 후에도 한꺼번에 들이닥친 감사와 여소야대 국회가 마련한 '5공 비리 청문회'로부터의 무서운 추궁까지 견뎌내고 살아남았다. 그리고 그 단체는 정부로부터 압력 때문에 단체 이름을 '어린이 육영회'를 거쳐 '아이 코리아'로 바뀌긴 했어도 2016년까지도 나와 육영회 회원들이 추진하던 사업을 계속해서 계승 발전시켜나가고 있다. 참으로 뿌듯하고 보람되다.

새세대심장재단

1998년 11월 5일, 교통회관 대강당에서는 '15,000명 새 생명 탄생'을 자축하는 기념식이 열렸다. 그 자리에 나는 새세대심장재단 창립 이사장의 자격으로 초청되었다. 기념사를 낭독하면서 나는 벅차오르는 감격을 주체하기 힘들어 떨리는 음성으로 14년 전 일을 회상했다.

"한용철 이사장님과 한국 심장재단 임직원 여러분. 이 자리에 참석해주신 후원자와 의료진 여러분. 그리고 환자와 가족 여러분. 오늘 한국심장재단의 1만 5천명 새 생명 탄생을 경축하는 뜻깊은 모임에 참석하게 된 것을 기쁘게 생각하며 먼저 여러분께 깊은 감사와 경의를 드리고자 합니다. 한국심장재단이 설립되어 오늘에 이르기까지 여러 가지 우여곡절도 없지 않았지만 여러분의 도움이 없었다면 쓰러져 숨져갔을 1만 5천명의 고귀한 생명이 밝고 희망찬 새 삶을 영위해 나가고 있다는 사실을 생각할 때 저는 창립 이사장으로서 가슴 벅찬 감회를 억누를 길이 없습니다."

1981년, 어느 일요일 새벽의 일이다. 우리 내외는 청와대에서 우연히 한 편의 라디오 드라마를 들었다. 선천성 심장병으로 죽어가는 아이의 생명을 구하기 위해 안간힘을 쏟고 있는 김옥희 수녀에 관한 이야기였다.

드라마가 끝났을 때 우리 내외의 눈은 붉게 물들어 있었다. 그이도 나도 공교롭게도 새파란 입술로 숨을 헐떡이며 살다 죽은 남동생과 가족에 대한 슬픈 기억을 갖고 있었기 때문이었다. 그이는 형제들 중에서도 가장 인물도 잘 생기고 어려서부터 유난히 총기가 뛰어났던 그 동생을 무척 아꼈다고 했다. 마음결도 착해 창백한 얼굴로 누워 괴로워하면서도 형이 먹을 것이라도 생겨 가져다 주면 "형 먹지 왜 가져왔냐."며 미소를 띠던 모습을 그이는 긴 세월이 지난 후에도 잊을 수가 없다고 했다. 그렇게 사랑하는 동생이 숨이 끊어진 것을 제일 먼저 발견한 것도 그이었다는 것이다. 그날 아침 라디오의 이야기는 그이에게 그 옛날 죽은 동생을 끌어안고 엉엉 울던 가슴 아픈 그 상처를 되살려놓은 것이었다.

김 수녀의 이야기로 마음아파하던 그이는 곧 심장병의 실태조사를 관계기관에 지시했다. 그 결과 우리나라에 매년 6천 명이나 되는 어린이들이 선천성 심장병을 갖고 태어난다는 사실을 알게 되었다. 더구나 그들 중 절반 가량이 가난한 가정에서 태어나 시한부 삶을 살고 있다는 것이었다. 즉 가난 때문에 수술을 받지 못하고 방치된다면 만 20세를 넘기지 못하고 요절할 수밖에 없다는 통계 내용을 담고 있던 슬픈 보고였다. 보험혜택조차 받을 수 없는 영세민 환자의 경우 1인당 수술비용은 무려 1천만 원이라는 거액이었다. 그 보고를 받고 난 그이는 시시각각으로 생명을 잃고 있는 심장병 어린이들을 그대로 방치할 수 없다는 심정이 됐다. 그분은 내게 국가의 별도 대책이 세워질 때까지 새세대육영회에서 심장병 어린이를 지원하는 것이 좋겠다는 제의를 해왔다. 새세대육영회는 기꺼이 그 제의를 받아들였고 새로운 사업에 착수했다.

1981년 11월, 정덕기라는 만 8세의 어린 소년이 심장 수술을 받기 위해 수술대에 올라 새 삶을 얻게 되었을 때의 감격을 난 잊을 수 없다. 그것이 육영회가 시작한 첫 심장수술이었다. 그날부터 수술이 급한 심장병 어린이가 있으면 육영회는 언제나 조건 없이 그 현장으로 달려갔다. 그렇게 해서 그때 이미 2백 21명의 어린이가 수술을 받고 새 삶을 얻었을 무렵이었다.

레이건 미국 대통령 부부가 한국을 공식 방문했다. 귀국 길에 낸시 레이건 여사는 우리나라 심장병 어린이 두 명을 데리고 전용기 트랩에 올랐다. 두 어린이를 미국으로 데려가 그곳에서 수술해주기 위해서였다. 그 일은 충격적인 사건으로 그날 우리나라 석간신문을 장식했다. 곧 나를 향해 화살이 날아왔다. 국력성장에도 불구하고 아직도 한국의 고아가 입양을 위해 외국으로 떠나고 한국의 심장병 어린이가 외국 대통령 부인 손에 의해 수술도움을 받으러 미국으로 떠난다는 소식에 국민들은 상처를 받았다. 그리고는 우리나라의 대통령 부인은 도대체 무엇을 하고 있느냐는 힐책이 쏟아진 것이다.

그때는 육영회에서도 열성을 쏟아 이미 2백 21명의 심장병 어린이를 수술해 새 생명을 얻게 하고 있던 시점이었다. 그러나 조용히 일을 수행하느라 전혀 홍보하지 않았던 까닭에 일반국민들은 그 사실조차 모르고 있었던 것은 당연한 일이었다. 얼마 후 김정례 보사부장관으로부터 내게 심장재단을 설립해 달라는 정식요청이 들어왔다. 난 정말이지 그 제의를 당장 수락하고 싶었다. 생명이 경각에 달린 아이들을 구하는 일에 그동안 여력이 되는 대로 도와온 육영회의 힘으로는 역시 역부족이라는 것이 낸시 여사의 일로 확인되었기 때문이었다. 그러나 심장재단의 설립은 엄청난 재원이 필요한 일이었다. 단지 내 뜨거운 가슴만으로 대답할 수는 없는 일이었다. 내가 상의를 하자 그이는 지체 없이 명쾌하게 대답했다.

"국가재원에 한계가 있다는 이유만으로 시한부 삶을 사는 어린 생명을 살리는 일을 미룰 수는 없는 일이 아니오? 지금 이 시간도 어디선가 죽어가는 아이가 있다는데 장관의 건의를 받아들이는 것이 좋겠소. 한번 노력해봅시다."

그렇게 해서 1984년 2월 27일, 수많은 열정에 찬 적극적인 후원자들의 도움으로 '새세대심장재단'이 탄생했다. 심장재단 설립 당시 국내에는 놀랍

한국 방문을 마치고
심장병 어린이들과
함께 귀국길에 오르는
레이건 대통령 부부

지만 무려 6만여 명이나 되는 시한부 심장병 환자들이 도움의 손길을 애타게 기다리고 있었다. 아무것도 더 논의할 필요가 없었다. 수술만 받을 수 있다면 즉시 죽음에서 삶으로 구해낼 수 있는 일이었다. 마음이 급하기만 해서 생각 같아서는 대기 중인 6만여 명의 시한부 환자를 한꺼번에 수술시켜주고 싶었지만 현실은 여의치 않았다. 당시 우리 의료기술로는 가슴의 갈비뼈를 잘라 열어놓고 시행하는 대수술인 심장수술을 해낼 수 있는 병원은 극소수의 대학병원뿐이었다. 설립 당시 심장재단이 겨우 9개 병원과 계약을 맺을 수 있었던 것도 그 때문이었다.

결국 재단 설립 후 시간을 다투며 발을 동동 굴렀지만 첫 해의 수술 실적은 고작 428명에 불과했다. 그런데 결과적으로 심장재단의 설립은 당시 낙후되어 있던 국내 의료계에 새로운 자극과 도전을 가져다주었다. 즉 심장재단은 거액의 수술비로 소수의 환자만이 병원을 찾을 수 있는 현실, 소수의 의사가 초래하는 시술경험 부족과 시술능력의 한계, 그런 후진적인 악순환이 점차 해소되고 한국 심장학계의 잠재된 의욕과 능력에 결정

제12장 청와대 시절의 기쁨과 보람

심장병환자 지원을
논의하는 새세대육영회
이사진들

새세대심장재단이
태어나던 날

적인 도약의 계기를 마련해준 것이다. 줄지어 수술을 기다리는 환자, 최대한으로 가동되는 수술실. 그럼에도 불구하고 한 해 4백여 명밖에 시술하지 못하던 형편의 심장학계가 14년이 지난 시점엔 55개나 되는 병원에서 심장수술을 시행해내고 있고 수술 성공률도 95%가 넘어 심장수술에 관한한 선진국 수준에 도달해 있었던 것이다. 그 결과 14년 후 '새세대심장재단'의 도움을 받아 새 생명을 얻은 사람은 모두 1만 5천명에 이르게 된 것이다. 그것은 선천성 심장질환을 앓는 환자들의 고통, 그리고 가난 때문에 죽음에 방치될 수밖에 없었던 환자들에게 사랑을 베풀어준 수많은 후원자들의 신념에 찬 뜨거운 지원과 의료진 그리고 재단 관계자들의 열렬한 헌신이 이루어낸 숭고한 인간승리였다. 지금 이 순간에도 새세대심장재단의 도움을 받아 하루 4명의 시한부 환자들이 건강과 새 생명을 꿈꾸며 수술실로 들어가고 있다는 사실 하나만으로도 나는 감격 때문에 목이 잠겨 온다.

나는 지금 '새세대육영회'와 '새세대심장재단'의 일로부터 떠나 있다. 그이 퇴임 후 나는 우리 부부에게 쏟아지던 비난의 물결 속에서 소중한 두 단체가 상처 입는 것을 원치 않았으므로 임직원들의 양해를 구해 그 임무와 작별했기 때문이다. 그러나 그 일을 시작하던 날의 두근거림은 아직도 내 생애의 가장 빛나는 순간의 하나로 내 가슴속에 그대로 살아 있다. 사람들은 모두 자신이 살고 있는 시대가 특별하다고 느끼는 법이다. 나도 그 시절에는 두 단체를 필요로 하는 상황이 남다른 것이며 그것이 그 시간 내게 찾아온 빛나는 사명이라고 느꼈었다.

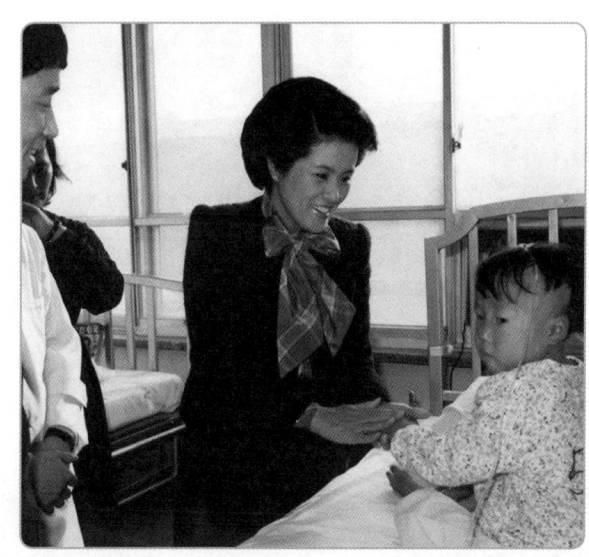

아픈 아이들이
수술을 통해 건강하게
자라날 수 있기를
진심으로 바랐다.

심장병어린이 1만 명 새생명탄생 기념식에 초청되었다.

심장재단의 도움으로
새 생명을 찾은 어린이들이
접어 보낸 천 마리의 학

청와대 시절을 회상할 때마다 그 시절 내가 대통령 부인이라는 그 힘겨운 자리에 있어서 참 좋았다고 기억하게 되는 일은 솔직히 별로 없다. 열심히 해보려던 남편 곁에서 내조를 하는 일도 보람이 느껴지는가 하면 곧 그 무게에 가슴이 눌려버렸고 살림이나 공부 외에는 특별히 해본 일이 없던 나를 붙들고 놓아주지 않던 끝 없는 의무의 계절이었다. 그러나 즐거운 예외가 있다. 바로 '새세대육영회'와 '새세대심장재단' 두 단체가 탄생하고 성장하고 나라에 기여하는 데 나의 땀과 열정을 쏟을 수 있었다는 행운이 그것이다. 그것은 내가 바로 대통령 부인이라는 자리에 있었으므로 가능했던 일이었다. 그런 이유로 이 '육영회'와 '심장재단'을 회상할 때마다 나는 나를 그 시절 그 자리에 있게 해주신 신(神) 앞에 옷깃을 여미며 뜨거운 감사를 드리곤 한다.

제13장

종착점이 보이는 길목에 서다

국내 정국이 개헌 논란으로 한창 시끄러운 가운데에서도
대통령이 보름 이상 나라를 비우고
해외 순방에 나서기로 한 것은
두 가지 분명한 목적이 있었기 때문이었다.
하나는 2년 앞으로 다가온 서울올림픽의 성공을 위해
유럽 국가들의 확실한 지원 약속을 다져놓는 것이었고,
다른 하나는 개헌 논의와 관련한 그분의 생각을
확고하게 정리하는 것이었다.

순방외교의 마무리 수순 – 유럽 순방

1986년 봄, 영국, 독일, 프랑스, 벨기에 등 유럽 4개국을 순방하는 계획이 준비되고 있다는 소식을 들었을 때 내 마음은 다소 설레기까지 했다. 황금 천사의 조각이 빛나는 버킹검 궁전, 세느강가의 에펠탑의 모습이 눈앞에 어른거렸다. 푸른 숲속을 가르며 아우토반을 쾌속 질주하는 벤츠 승용차의 모습이 떠오르기도 했다. 그러나 눈 한번 깜박이자 꿈결 같은 그 순간은 사라지고 이내 걱정이 찾아왔다. 국력과 국가적 위상이 우리보다 한참 앞서 있는 선진국들의 지도자들과 정상회담을 갖는 그분을 뒷바라지하려면 준비해야 할 일이 많을 것이라는 생각이 들었다. 그동안 동남아시아, 아프리카 국가들을 순방했고 미국과 일본을 국빈 방문했을 때에도 한국의 퍼스트레이디로서의 역할을 큰 손색없이 해냈다고 생각하고 있었지만, 유럽 선진국들을 방문한다고 하자 새삼 긴장이 됐다. 외국에 나갈 때 마다 나에게 각별한 당부를 잊지 않는 그이가 이번에는 무슨 말씀을 하실까 궁금해지기도 했다.

며칠 지나지 않아 유럽 순방계획을 준비해야 한다는 보고가 있었고, 그이는 군 시절 부하들에게 임무를 부여하듯 예외 없이 다시 나에게 당부를 했다.

"이번에 방문하는 나라들은 그동안 순방했던 아시아, 아프리카 국가들보다 정치 경제 문화적으로 선진국인만큼 각국 정상들과의 회담에서 좋은 성과를 거두기 위해서는 사전에 공부를 많이 해두어야 할 거요."

"또 그 네 나라가 입헌군주국이거나 내각책임제를 채택하고 있는 나라여서 국가원수와 행정수반을 모두 만나야 하므로 일정이 바쁠 겁니다."

외국 순방 때마다 그이는 내게 공식적인 브리핑에 참석하게 하는 것 외에도 순방의 내밀한 목표나 치밀한 진행 방법에 대해 자세히 설명해주곤 했다. 경험 없는 내가 실수하지 않도록 하겠다는 배려와, 기회가 있는 대로 내게도 내 나름의 역할을 분담시키려는 뜻이었다. 세계 정치무대의 냉혹한 국익경쟁에 대해 실감하지 못하고 있는 나를 붙잡고 하나라도 더 가르쳐주려고 열의에 찬 목소리로 차근차근 설명해주던 그이 모습이 지금도 떠오른다. 때로는 설명만으로는 마음이 안 놓였는지 아예 내가 상대자를 만나 언급하고 말해야 할 것들을 미리 꼼꼼히 적어주기까지 했다. 그런 준비과정을 거친 후 방문국 사람들로부터 그분에게서 설명들은 내용과 같은 질문을 받을 때면 남편과 우리 팀 모두가 지금 소리 없는 외교전쟁을 치르고 있다는 엄숙한 현실을 자각하며 나도 열심히 모범답안을 제시하곤 했었다. 그때마다 웃고 있는 내 얼굴 위로 남모르는 식은 땀이 배어나오곤 했었다.

1986년 4월 5일, 우리는 유럽 4개국 순방길에 올랐다. 임기가 아직 2년 가까이 남아 있던 시점이었지만, 취임 초부터 의욕적으로 전개해온 순방 정상외교를 사실상 마무리하는 일정이었다. 그이는 출국을 한참 앞둔 때부터 그 어느 때보다 정상회담 준비자료를 꼼꼼이 검토하고 있었다. 나는 그밖에 별도로 마련된 일정을 소화해야 한다. 그이가 이번 순방 일정에 그처럼 각별히 신경을 쓴 것은 나중에 알게 되었지만, 순방국 정상과의 쌍무적 외교 활동 이외에 국내의 개헌 논의와 관련한 구상도 가다듬으려는 생각을 하고 있었던 것이다.

경유지인 캐나다의 밴쿠버를 거쳐 4월 7일 첫 방문국인 영국에 도착했다. 대한민국 국가 원수가 영국을 공식 방문한 것은 수교 100년 만에 처음이었다. 도착 다음날 우리 내외는 엘리자베스 여왕을 예방했다. 윈저성 현관 앞에서 엘리자베스 여왕의 부군 에딘버러 공은 그분과 다정하게 포옹했다. 에딘버러 공의 푸른 와이셔츠가 눈부셨다. 엘리자베스 여왕은 의전 관례에 따라 2층 응접실에서 우리 내외를 맞았다. 여왕은 장미빛 원피스에 진주목걸이를 하고 있었다. 여성적 우아함이 돋보이는 기품의 소유자였다. 오찬을 위해 마련된 방은 한눈에도 유서 깊은 유물들이 잘 진열되어 있어 마치 작은 박물관 같았다.

"작년 가을에는 부군 전하를 서울에서 뵙고 오찬을 함께하는 기회를 가졌었는데 오늘 이렇게 여왕께서 베푸시는 성찬을 대접받게 되어 영광입니다."

그이는 먼저 여왕에게 감사인사를 했다. 영국 외무성 관리들은 우리에 대한 여왕의 배려를 왕실의 의전 전통에 새로운 선례를 만든 각별한 환대라고 평가했다. 여왕이 외국 원수를 위해 사저인 윈저성에서 오찬을 주최하고 기념 촬영을 한 것은 처음 있는 일이라는 것이었다. 오찬이 시작되자 그이와 여왕은 올림픽을 주제로 대화를 시작했다. 에딘버러 공은 내게 타인의 주목을 받으며 부자유스럽게 성장해야 하는 왕실 자녀들 이야기를 구체적으로 들려주었다. 늘 세계 뉴스의 중심이고 위엄과 존귀함의 상징처럼 여겨지는 여왕 내외지만 자녀 걱정에 관한한 여느 소박한 부모의 모습과 다를 것이 없었다.

오찬 중 나를 당황하게 했던 순간도 있었다. 그날의 오찬은 대개의 경우처럼 요리가 이미 정해진 식단의 순서대로 나오는 것이 아니었다. 대접할 모든 음식을 모두 그릇에 담아와 손님이 선택하도록 하는 방식이었는데 나로서는 처음 경험하는 것이었다. 그런데 식사의 매 순서마다 최초의 선택권을, 여성 주빈(主賓)인 나에게 내어주는 것이 아닌가. '레이디 퍼스트'(lady first)가 서양의 오랜 전통 예법인 것은 알고 있었지만, 이 경우에는 참으로 당황스러웠다. 그래도 정찬 코스는 무난히 넘길 수 있었다. 아름답게 차려진 음식 중에서 예를 갖춰 선택할 수 있었기 때문이었다. 그러나 정찬 코스가 지나고 후식 순서가 되자 난감한 상황을 맞게 됐다. 물 위에 꽃을 띄운 멋진 그릇이 접시에 받쳐져 등장했을 때 난 도무지 그 물의 용도를 알 길이 없었던 것이다. 무엇인가를 씻기 위한 것까지는 짐작할 수 있었지만, 손을 씻어야 하는지 또 그렇다면 어떤 식으로 시작해야 하는지 도무지 알 수가 없었다. 격식과 매너가 까다로운 자리에서 혹시 실수를 할까봐 함부로 행동할 수도 없었다. 결국 잠시 고민하다가 옆 좌석의 에딘버

엘리자베스 영국 여왕은 사저인 윈저성에서 오찬을 베풀었다.

러 공에게 살그머니 물어보았다.

"한국에서도 식사 예법이 지방마다 다릅니다. 영국에서는 어떻게 다른지 전하께서 저에게 보여주실 수 있으시겠습니까?"

에딘버러 공은 이내 내 말의 진의를 알아채고 미소로 답했다. 그리고는 식탁의 가위로 포도 몇 송이를 잘라내 일단 접시 위에 올려놓고 포도 알을 딴 후 바로 그 볼(bowl)에 담긴 물에 포도알을 씻어 보이는 것이었다. 정중하고 유연한 동작이었다. 나도 자연스레 그 예법을 따르며 간신히 진땀나는 순간을 넘길 수 있었다. 오찬이 끝나자 여왕 내외는 우리 내외에게 직접 궁정 내부를 세밀히 안내해주며 뜨거운 호의를 베풀어 우리를 즐겁게 했다.

저녁에는 런던 다우닝 가 10번지, 영국 총리 관저를 방문했다. 대담하고 능숙하게 영국을 이끌어가고 있던 '철의 여인' 마가렛 대처 총리와의 만남이었다. 우리가 도착했을 때 현관 앞엔 이미 대처 총리가 서 있었다. 61세라는 나이가 믿어지지 않을 정도로 활달하고 정력적인 아름다움이 넘치는 사람이었다. 여성총리가 베푼 공식만찬에서도 만찬을 같이 하며 나는 '여성이 영국을 이끌어가는 데에는 다 그럴만한 이유가 있구나.' 하는 생각을 했었다.

4월 10일 두 번째 방문국인 서독의 쾰른 본 공항에 도착한 우리는 헬기로 바꿔 타고 서독 연방대통령궁을 방문했다. 빌라 함머슈미트궁의 뜰에는 비가 내리고 있었다.

"우리는 그 어느 민족보다 한민족의 분단의 고통을 잘 이해합니다."

은발의 서독 리하르트 폰 바이츠제커 대통령의 첫 인사말이었다. 그는 우리와 서독은 2차 대전의 유산으로 국토 분단이라는 고통을 안게 되었다는 점, 그리고 전쟁의 폐허 위에 이룩한 경제 부흥으로 세계를 놀라게

메린랜드
어린이집을 방문해
그곳의
유아교육시설을
살펴보았다.

영국주재원과
교민가족의
어린이들에게
한글로 된 책을
선물해 우리말을
잊지 않도록
당부했다.

영국에 거주하는
교포들과 함께했다.

하고 있다는 점 등 공통점을 갖고 있음을 상기시켰다.

도착 당일 저녁 헬무트 콜 총리 내외는 공식 만찬장이던 레두트 연회장의 문 앞에서 정겨운 포옹으로 우리를 맞아주었다. 한네로어 콜 여사는 동양적인 비취색 드레스 차림 속에서 아름다웠다. 거인풍의 콜 총리는 용모처럼 사람을 대하는 방식도 대범하다는 인상을 남겼다.

남편은 콜 총리에게 우선 두 가지 일에 감사를 표했다. 먼저 지난해 본에서 열린 서방 7개국 정상회담에서 한국 조항을 포함시켜준 독일의 성의에 대한 것이었다. 그리고 88년 서울 하계올림픽을 결정한 바덴바덴의 지원에 대해서였다. 그날의 만찬은 콜 총리의 감동적인 연설과 함께 끝났다. 그의 연설은 이렇게 시작됐다.

"수십 년 간의 예속과 희생, 그리고 잿더미만 남긴 동족상잔의 전쟁을 딛고 이제 고도로 성장된 산업국가 한국이 걸어온 이 길이 얼마나 어려운 것인가를 짐작할 수 있습니다. 40여년 전 독일도 완전히 새로운 출발을 하지 않으면 안 되었습니다. 그리하여 우리 두 나라는 경제에 있어 기적이란 있을 수 없다는 사실을 말할 수 있게 되었습니다. 양국의 번영은 기적이 아니라 국민 개개인의 각고, 내핍, 근로로 창조된 것입니다. 두 나라 협력의 제2기인 21세기를 위해 우리가 한국의 동반자가 되도록 해주십시오!"

2박 3일간의 서독 방문을 마침으로써 4개국 순방 일정의 전반을 소화한 우리는 4월 12일 스위스 로잔에 도착했다. 다음 방문국은 프랑스였는데 휴일인 주말에 외국을 방문하는 일은 외교의전상 피해야 했으므로 스위스에서 주말을 보내기로 한 것이다. 주말이었지만 그분은, 긴급한 용무가 있다며 찾아온 손님을 맞이해야 했다. 후안 안토니오 사마란치 국제올림픽위원회(IOC) 위원장이 스페인으로부터 급히 날아온 것이다. 북한은 서울올림픽을 '평양-서울올림픽'으로 하자는 등 터무니 없는 주장을 하다

콜 서독 총리 부부가 레두트 연회장에서 주최한 공식만찬

가 받아들여지지 않자 노골적으로 서울올림픽을 훼방놓겠다고 위협함으로써 사마란치 위원장을 불안하게 했다. 사마란치 위원장은 서울올림픽이 북한의 전쟁 도발 위협을 받는다면 재앙이라며 두려움을 나타냈다. 사마란치 위원장은 또 그분의 대통령임기가 올림픽 개최 6개월 전에 끝난다는 사실이 걱정스럽다고 토로해왔다. 그러자 그분이 말했다.

"위원장님, 나에게 있어 단임 약속은 올림픽보다도 더 우선하는 가치이며 대단히 중요한 개인적 사명이므로 임기가 끝나면 나는 반드시 퇴임합니다. 그러나 한국에는 탁월한 인재들이 많아서 내가 아니더라도 나의 후임 대통령에 의해 서울올림픽은 반드시 성공할 것이니 걱정하지 않으셔도 됩니다."

이튿날 우리는 로잔 교외의 자그마한 세페 마을에 갔다. 스위스 농촌 마을에서 하루를 보내는 것은 색다르고 의미있는 경험이 될 것으로 생각

바이츠제커
독일연방 대통령
주최 오찬장

재독 교민들과의
만남

됐다. 우리는 고요한 시골 마을에 깃든 평화와 여유에 흠뻑 젖어들 수 있었다. 저녁 무렵 그이는 가까운 수행원들과 숙소 거실에 둘러앉아 국정경험에서 느꼈던 대통령중심제의 폐단과 유럽식 내각책임제의 장점에 대해 얘기를 나누던 일이 생각난다.

스위스 로잔에서 주말을 보낸 뒤, 우리는 4월 14일 세 번째 순방국인 프랑스 파리의 오를리 공항에 도착했다. 우리나라 대통령의 프랑스 방문은 그때가 처음이었고, 1986년은 마침 두 나라가 수교한지 1백주년이 되는 해

스위스 농촌 마을
세페에서
잠시 머물렀다.

세페 마을의 농가를
방문하기도 했다.

였다. 프랑수아 미테랑 대통령은 오를리 공항에 의전관례상 보기 드물다는 의장대 사열을 준비했고 모터케이드로 영빈관까지 특별경호를 해주는 각별한 환대로 우리 내외를 맞아주었다. 도착 당일 파리 엘리제궁에서 정상회담이 열렸다. 회담이 끝나갈 무렵 미테랑 대통령이 말했다.

"괜찮으시다면, 내일 예정된 공식 오찬 전에 시간을 내어 각하와 좀 더 환담할 수 있었으면 좋겠습니다."

미테랑 대통령의 제의로 예정에도 없던 2차 정상회담은 그렇게 제안되었는데 이 사실에 미루어볼 때 미테랑 대통령은 그이와의 회담에 만족했

프랑스 외무성 대연회장에서의 만찬장을 들어가고 있다.

던 것 같다. 사회주의자인 미테랑 대통령은 취임하자 바로 북한과의 수교 움직임을 보였고, 그분은 단교까지 각오한 강경대응으로 그러한 기도를 포기하게 만들었던 불편한 과거가 있었지만, 정상회담에서는 세계정세 전반에 관해 허심탄회한 의견 교환이 있었다는 것이다.

그날 저녁, 쟈크 시락 총리가 주최한 만찬은 프랑스 외무성 대연회장에서 열렸다. 그해 프랑스는 정치사상 최초로 국가 원수와 행정부가 서로 다른 정당에서 탄생한 '좌우동거정부(左右同居政府)'를 구성하고 있었다. 그럼에도 불구하고 국가의 기본 정책에 관해서는 언제나 초당적인 의견 일치를 보고 있다는 것이다. 그야말로 성대한 만찬석에서 시락 총리는 3년 전 한국과 프랑스 정부 간의 북한 수교문제를 둘러싼 갈등에 대한 자신의 소신을 솔직하게 피력해 그이를 감동시켰다. 시락 총리는 말했다.

"그 당시 저는 사회당 정부가 취한 경솔한 조치에 대해 비난했습니다. 미테랑 대통령께도 총리를 한국에 보내 공식적인 사과를 해야 한다고 완강하게 주장한 사람이 바로 제 자신입니다. 이제 제 자신이 이끄는 프랑스 신정부는 결코 한국과 그런 식의 불편한 관계가 재현되는 일이 없도록 할 것을 분명히 약속드립니다."

역시 당사자들이 직접 만나니 그토록 멀리 떨어진 서울에서는 극도로 난처했던 문제들도 이렇게 명쾌하게 해결된다는 생각이 드는 속시원한 시락 총리의 말이었다. 내 곁에 앉아 있던 시락 총리의 이어지는 다음 발언은 우리에게 더욱 반가운 것이었다.

"88년 서울올림픽에 이어 우리 파리시는 1992년 올림픽을 파리로 유치하기 위해 백방으로 분투하고 있습니다. 92년은 올림픽 창시자인 우리 쿠베르탱 남작의 1백주기가 되는 해이기도 해서 프랑스 정부의 올림픽 유치 의욕은 매우 뜨겁습니다. 우리는 88년 서울올림픽에서 얻어지는 경험을 배우고자 합니다. 파리 시장을 겸직하고 있는 저는 각하께 우리 파리시의 92년 올림픽 유치를 적극 지원해주실 것을 정식으로 부탁드립니다."

활기와 수확이 넘친 만찬은 밤 11시가 넘어서야 끝이 났다. 미처 예상치 못했던 좋은 일들이 미테랑 대통령과 시락 총리를 직접 만나 나누는 대화 중 일어나는 기적을 나는 보고 있었다. 그이에게는 드문 행운의 날이었다.

그날 밤 난 몹시 앓았다. 걱정했던 프랑스 방문이 성공적이었다는 안도감 때문이었던 것 같다. 아니면 내 딴에는 실수하지 않으려고 잔뜩 긴장했던 탓인지 고열에 전신통증까지 겹쳐 저절로 신음이 터지며 정신을 차릴 수가 없었다. 그러나 내가 낸 신음소리에 놀라 깨어보니 몹시 피곤한 듯 땀에 흠뻑 젖어 잠들어 있는 그이 모습이 눈에 들어왔다. 자정이 훨씬 넘은 시각이었다. 순간 나는 정신이 번쩍 들어 얼른 옆 방으로 옮겨갔다. 이튿날 그분의 일정이 극도로 분주한 것을 난 알고 있었다. 파리 개선문의

유럽 순방에 때맞춰
파리에서 열린
매듭전시회와
한복전시회를
참관할 수 있었다.

외교사절
부인들과의
만남도 가졌다.

무명용사비 헌화, 파리 시청에서의 환영 행사, 엘리제궁에서의 2차 정상회담과 오찬, 파리 교외의 첨단우주산업시찰, 교민 리셉션, 대사관 직원 격려모임 등, 너무나 과중한 행사들이 그이를 기다리고 있었다. 옆 방에서 신음하며 밤새도록 앓다가 새벽녘에야 연락을 받고 달려온 주치의에게 주사 한 대를 맞고 나서야 나는 다음날 행사를 치러낼 수 있었다.

다음날 오전, 엘리제궁 현관에 도착했을 때 미테랑 대통령 부부는 따뜻한 악수로 우리 내외를 맞았다. 그이와 미테랑 대통령의 표정에서는 오랜 지기(知己)를 만난 듯 친밀함이 묻어났다. 2차 정상회담이 진행되고 있는 동안 다니엘 미테랑 여사는 나를 그녀의 거실로 안내했다. 거실은 아늑하고 우아했다.

"영부인께서는 심장병 어린이들을 보살핀다고 들었습니다. 그 문제에 관심을 가진 특별한 동기라도 있으십니까?"

미테랑 여사는 내가 열성적으로 일하고 있는 새세대심장재단에 관해 물었다.

"제 남편과 저는 가난 때문에 동생과 가족을 심장병으로 잃은 쓰라린 아픔을 갖고 있습니다. 그 아픔이 가난의 이름으로 더 이상 어린이들의 귀중한 생명을 빼앗아가지 못하게 해야 한다고 생각하게 한 것 같습니다."

우리는 마주앉아 사회복지와 유아교육 그리고 자녀문제들에 대한 구체적 얘기들을 심도 있게 나눴다. 양질의 민주시민을 양성하기 위해 프랑스는 유아교육에 의도적으로 많은 투자를 하고 있다는 미테랑 여사의 말은 인상적이었다. 회담 후 그녀는 내 손을 잡고 오찬장인 대통령궁 소연회실로 향했다. 그날 미테랑 대통령 부부는 거실과 오찬장 사이에 놀라운 선물을 마련해 둠으로써 그이를 놀라게 했다. 파란만장한 경로를 통해 프랑스 국립도서관까지 흘러들어온 원본 직지심경과 원본 왕오천축국전이었다. 보관상태가 좋은 그 고서(古書)들은 서구보다 훨씬 앞섰던 우리의 비

프랑스 미테랑 대통령과의
2차 정상회담

정상회담이 진행되는 동안
영부인실에서 미테랑 부인과
여러 이야기들을 나눴다.

범한 금속활자와 인쇄기술을 유감없이 뽐내고 있었다. 그러나 선조들의 뛰어난 유물조차 제대로 지켜내지 못했던 조선 왕조말기의 쇠약함이 생각나 우울해지기도 했다.

대통령궁 오찬의 주식은 야생 메추리였다. 산채로 잡는 일이 어렵기 때문인지 미식으로 유명한 프랑스 사람들은 야생 메추리를 특급 요리로 꼽는다고 했다. 벽난로에는 장작불이 타고 있는 낭만적인 분위기의 오찬이었다. 오찬 중 전날 저녁에 있었던 미국의 리비아 공격 사건에 화제가 집중되었다. 미테랑 대통령은 국제 테러를 뿌리뽑아야 한다는 점에는 동의하면서도 미국의 프랑스 영공 통과 요청 과정에 대해서는 불만이 대단했다. 강대국 지도자만이 가질 수 있는 불만으로 흥분하던 미테랑 대통령의 곁에서 그이는 똑같은 식탁에 앉아서도 리비아에 남아 있는 2만 5천 명의 우리 근로자의 신변안전을 초조하게 염려해야만 했다. 힘 있는 강대국과 국제정치 역학상 불리한 위치의 한국 지도자의 동상이몽이 새삼 서글프게 느껴지는 순간이었다. 최고급요리에 깃든 큰 상심(傷心). 내게도 곧 리비아에 있는 우리 근로자들의 신변안전 걱정이 엄습해왔다.

4월 16일 유럽 순방의 마지막 방문국인 벨기에의 브뤼셀 공항에 도착하자 보드왱 국왕 부처가 영접나와 있었다. 보드왱 국왕의 국빈 영접 방식은 전통적이면서도 섬세했다. 영접 행사 의장대를 특별히 한국전에 참가했던 제3공수단으로 구성한 것부터 그러했다. 그것은 한국과 벨기에가 전장에서 함께 피를 나눈 오랜 혈맹임을 감격적으로 상기시켜주었다. 또한 한껏 단장한 100여 명의 기마대로 하여금 우리 내외를 영빈관인 왕궁까지 에스코트하게 했다. 자신의 부관 두 사람을 특별 수행원으로 배정해준 일도 우리에게는 감명 깊었다.

보드왱 국왕은 동화 속의 여주인공 같은 파비올라 왕비와 꿈의 궁전 라

브뤼셀 악기박물관에 우리 전통악기를 기증했다.

콜 왕궁에 살고 있었는데 도착한 날 오찬과 만찬을 마련해주었다. 영빈관 대연회장에서의 만찬행사는 그곳이 벨기에라는 것을 명백히 증명하고 있었다. 유럽공동체 본부와 나토 본부가 있는 나라답게 수많은 외교 사절들과 귀빈들이 참석했다.

체류 마지막 날 나는 벨기에 왕립 맹아농아학교를 방문했다. 그곳에서 나는 순방을 떠나기 전 미리 시간을 내어 배워둔 수화로 아이들과 인사하고 대화하는 기회를 가질 수 있었다. 또 브뤼셀 악기박물관도 방문했다. 세계 각국의 악기가 전시된 그곳에 한국 전통악기 두 점을 기증할 수 있어 기뻤다.

이제 가방을 싸야 할 시간이었다. 일정의 파도에 휩쓸려 표류자처럼 정신없이 일정을 소화해냈던 17일간의 여정이었다. 순방 동안 옷을 너무 간소하게 챙겨와 대사 부인의 코트를 빌려 입어야 했던 일도 있었다.

"생전 처음 유럽에 나온 촌사람인 당신에게 관광 한 번 시켜주지 못해서 미안하오. 임기가 끝나면 자유스럽게 세계를 여행해봅시다."

귀로의 특별기 속에서 그이가 건네던 말에 나는 이제 정말 그분 임기가 끝나고 평범한 시민으로 돌아갈 날이 다가오고 있음을 실감할 수 있었다. 곧 '자유스럽게' 여행도 떠날 수 있게 되겠구나. 긴장이 체질이 되어버린 내게 곧 청와대를 떠나 그리운 연희동 집으로 돌아가 다시 예전의 '나'를 살 수 있다는 것이 최고의 덕담처럼 가슴을 쳤다. 그분 임기 중 마지막 외국 순방인 유럽 순방이 그렇게 막을 내리고 있었다.

취임 6주년—1년 앞으로 다가온 퇴임

1987년 3월 3일 아침 책상위에 놓인 일정표를 보니 '제12대 대통령 취임 6주년 기념 행사'라는 글자가 눈에 띄었다. 벌써 그날이 6년 전의 일이었나…. 1981년 새해 벽두 정신 없이 치러낸 미국 국빈 방문과 한미정상회담의 여운이 채 가시기도 전에 맞이했던 취임행사였기 때문인지 그날 하루를 어떻게 보냈는지 특별히 기억에 남아 있는 일이 없었다. 그런데 일정표 속의 '취임'이라는 말은 나에게 '퇴임'을 떠올리게 했다. 아, 그렇지, 취임한지 6년이 됐다는 것은 1년만 있으면 퇴임하게 된다는 말 아닌가. 퇴임한다는 것은 임무에서 해방된다는 것을 의미하는 것 아닌가. 국어사전에 '퇴임: 비교적 높은 직책이나 임무에서 벗어 남'이라고 풀이해 놓은 것은 정말이지 정곡을 찌른 해석인 것 같다는 생각이 든다. 취임 6주년을 맞이한 그날도 나에게는 청와대 생활 6년에 대한 회고보다는 '임무로부터의 해방' '연희동 집으로의 귀환'이 더 절실히 와닿는 말이었다. 그이의 대통령 재임 6년이 국가와 역사, 그리고 그이 개인에게 가져온 변화가 무엇이든 간에, 나는 한 가정의 아내로, 네 아이의 엄마로 돌아갈 날을 고대하고 있었던 것이다.

그날 저녁 청와대 영빈관에서 그이의 취임 6주년을 축하하는 행사가 열렸다. 노신영 국무총리는 잔을 들어 축배를 제의했다. 당연한 일이었지만, 국무총리는 1년 후의 일보다는 지난 6년의 성과와 남은 1년의 의미를 강조했다.

"각하, 잠깐 제가 인사의 말씀을 드리겠습니다. 오늘 존경하는 대통령 각하의 취임 6주년을 맞이하여 저희들이 한자리에 모여 지난날을 회고하고 앞날을 다짐할 수 있게 된 것을 큰 기쁨으로 생각합니다. 10.26사태로 야기되었던 위기와 혼란을 수습하시고 제5공화국을 출범시킨 후 안정 속에서 국력을 획기적으로 신장시킴으로써 부지런한 대통령, 일 많이 하는 대통령으로 국민들 마음속에 자리 잡게 되었습니다. 경상수지 적자가 53억불, 물가상승률은 42%, 경제성장률은 마이너스 5.2%로 뒷걸음치던 차에 설상가상으로 냉해로 인한 흉작까지 겹쳤던 지난 1980년도를 회고합니다. 작년도에 이룩한 47억불의 경상수지 흑자와 33%의 국민저축률, 그리고 1.3%의 낮은 소매물가상승률과 12.6%의 높은 경제성장률에 6년째 계속된 풍작 등을 생각하면 실로 크나큰 격세지감이 느껴져 감회가 큽니다. 우리는 작년에 아시안경기대회를 성공적으로 치러 국민적인 자긍심을 고취하고 자신감을 일깨웠으며 지난 6년 동안 북한이 쉬이 넘볼 수 없을 만큼 안보를 다졌을 뿐 아니라 여러 차례에 걸친 순방 정상회담을 통하여 국제적 지위를 크게 향상시켰습니다. 또한 통일문제에 있어서도 남북한 당국 최고책임자회담을 비롯한 주도적인 제의로 우리의 평화통일 의지를 더욱 구체화하였으며 분단 이후 처음으로 이산가족 고향방문단과 예술공연단의 교환방문을 실현시킨 바 있습니다. 이제 우리는 그동안 다져놓은 안정과 쌓아올린 업적을 바탕으로 내년에 평화적 정부이양과 올림픽의 성공적 개최를 위한 준비에 만전을 기해야 하겠습니다. 금년도 국정연설 때

각하께서 지적하셨듯이 앞으로 남은 1년은 결코 짧은 시간이 아니며 그렇다고 잠시나마 허송할 여유가 있는 시간도 아닙니다. 긴 역사의 방향을 가름하는 천금 같은 1년이라고 하신 각하의 말씀을 명심해 성과 열을 다하여 각하를 보필하고 국리민복을 위해 최선을 다할 것을 저희들 공직자 일동은 이 자리를 빌어 다짐합니다. 우리 다같이 대한민국의 무궁한 발전과 번영, 그리고 대통령 각하 내외분의 건안하심과 행복을 위해 축배를 들기를 제의합니다."

박수소리와 함께 다 같이 잔을 높이 들어 올렸다. 지난 일을 회고하는 노 총리의 음성을 들으며 내 가슴속엔 만감이 교차했다. 그의 감회에 찬 답사가 이어졌다.

"감사합니다. 국사에 다망하신데도 본인의 취임 6주년을 축하해주기 위해 이렇게 시간을 할애해주신 여러분께 감사의 말씀을 드립니다. 조금 전 총리께서 과분한 찬사의 말씀을 해주셨습니다만, 임기를 불과 1년 남겨놓은 오늘 저녁, 1980년 당시를 회고하는 말씀을 듣고 보니 암담했던 환경 속에서도 위기상황임을 정확하게 인식하고 허리띠를 졸라매고 각자가 맡은 임무를 훌륭하게 수행해주신 국민 여러분께 감사한 마음이 들어 마음이 한동안 벅찼습니다. 부족함이 많은 본인에게 과분한 영광과 보람을 안겨주신 국민들께 보답할 수 있는 길은 이제 남은 임기 동안 최선을 다하는 길뿐이라고 생각합니다. 이제 저는 남은 1년 동안 묵묵히 제가 해야 할 일들을 챙겨나가겠습니다. 늘 염원해왔던 선진국의 기틀을 다질 수 있도록 최선을 다하기 위해서 말입니다. 반드시 선진국 대열에 들어설 수 있다는 소신을 갖고 그동안 우리는 얼마나 열심히 함께 뛰어왔습니까? 그리고 그 노력의 보람으로 모든 분야에서 기대 이상의 성과를 얻게 된 것은 또 얼마나 큰 하늘의 축복입니까. 그러나 그 모든 성과는 선진국으로 들어가기 위한 문고리를 잡게해준 시작에 불과할 뿐 결코 완성이 될 수는 없습니다. 누구나 다 인정하는 선진국이 되기 위해서는 평화적 정부이양의 선례를 남기는 일이 무엇보다 중요한 만큼 저는 임기가 되면 꼭 물러나겠다는 약속을 지켜 내년이면 이 자리를 떠나야 합니다. 그러나 떠나야 할 사람이 마음이 들떠서 제대로 챙기지 못한다면, 그리고 공직자들이 다음 들어설 정권의 향방에 마음을 쓰느라 자신이 맡은 일을 소홀히 한다면, 그동안 피와 땀으로 이룩해 놓은 성과는 물거품이 될 것이고 선진국의 꿈도 한낱 헛된 것이 되고 말 것입니다. 임기를 제대로 끝내고 물러난 대통령이 한 분도 계시지 않았던 것이 우리의 현실인 만큼 모든 것이 어렵고, 어떻게 하는 것이 옳은 일인지 알기 힘들 때도 많지만 앞으로 우리가 해나가는 일이 이 나라 정권 교체의 새로운 전통이 될 것이라는 사명감으로 열심히 해나가도록 하십시다. 여러분께서도 오늘의 이 모임을 계기로 더욱 더 분발하고 더 단결해서 금년 한 해를 영광스러운 역사창조의 기반을 확실히 다지는 보람찬 해로 만들 수 있도록 도와주실 것으로 믿고 또 기대하겠습니다. 감사합니다."

그이의 답사가 끝나고 다시 한 번 힘찬 축배 제의가 있었다. 그 축배가 지난 6년간 국민과 그이가 흘린 땀을 축하하는 것이라는 생각에 나는 가슴이 뜨거워졌다. 그리고 바로 그 시간 나는 이미 그이의 하산 시작을 알리는 은은한 종소리를 들었다. 그이는 발걸음도 가볍게, 겸허한 퇴임자로서 운명의 임지인 청와대를 떠나고 싶어했다. 정말이지 청와대에 들어오던 날부터 나가게 될 날을 손꼽아 기다리며 살아온 한 해 한 해가 모여 어느덧 6년이었다.

"여보. 저는 오늘 저녁 총리께서 하시는 말씀을 들으며 얼마나 하늘에 감사했는지 몰라요. 조목조목 짚어가며 말씀하시는 것을 듣고 있으려니 모든 것이 너무도 감사해 눈물이 나오려고 했어요."

"정말 그렇소. 하지만 그동안 당신이 신경을 너무 많이 써서 고생이 너무 심했소. 주말마다 번번이 영양주사를 맞아야 했으니 미안하기만 하구려. 하지만 그래도 보람은 있지 않소. 이제는 잘만 하면 선진국이 될 수 있겠다는 확신도 서게 되었고 1년 후에는 청와대의 다음 주인에게 마음 놓고 나라를 넘겨 줄 수 있는 형편까지 되었으니 얼마나 다행한 일이오. 이제 남은 기간도 있는 힘을 다해 열심히 뛰도록 합시다. 끝나고 난 후에는 좀 더 잘 할 걸 하고 후회해도 소용이 없지 않겠소."

세월이 흘러 다시 1년이 지나면 나는 그이와 함께 꿈에도 그리던 연희동 집 대문을 밀고 들어서게 될 것이었다.

그리운 연희동 집을 수리하다

청와대에 살면서도 마음이 괴롭거나 외로운 생각이 들 때면 내 마음은 언제나 연희동 옛집으로 달려가곤 했었다. 그래서인지 연희동 집으로 돌아가는 일이 내게는 분명한 '귀향'으로 느껴졌다. 단순히 청와대에서 연희동으로 이사가는 것이 아니라 내 마음의 고향으로 돌아가는 것으로 느껴졌기 때문이었다. 결혼 후 오직 남편과 아이들에게만 몰두해 살던 세월이 차츰 안정을 찾을 무렵 우리는 연희동에 집터를 마련할 수 있었다. 그리고 그 터에 처음으로 우리 가족이 영원한 둥지를 틀 집을 지으면서 나는 그래도 그동안 바깥세상을 기웃거리지 않고 가족에게만 몰두해 살았던 내 삶이 결코 헛되지 않았다는 확신을 갖게 되었다. 비범한 사람들은 결혼 후에도 사회활동 등을 통해 주위에서 자신을 인정받곤 했다. 그러나 나처럼 집에서 살림만 하던 주부가 나름대로의 평생소원을 이루는 심정이 얼마나 감격스러운지 이해하기가 어려울지도 모른다. 연희동 집은 집 안팎과 외진 구석구석, 마당 한 자락까지도 내 손길과 정성 그리고 종종걸음의 진한 땀이 배어 있는, 나만의 성채와도 같은 그리운 장소였다.

더구나 청와대로 가기 전 그 연희동 집에서 살던 시절이 우리 가족에게는 남편 임지 때문에 헤어지는 일 없이 함께 생의 목표를 향해 열심히 달려가던 시간이기도 했다. 평생 열정을 바쳐온 군에서 장성이 된 그분이 청명한 기상으로 국가에 충성을 쏟고 있던 곳도 그곳이었다. 우리 부부 사이에도 어느새 중년의 따스함과 일체감이 흘러 편안함이 느껴지던 시절이었다. 더구나 나에게는 가정의 자리가 잡히자 틈을 내어 연세대학교 어학당에서 가슴의 한으로 남았던 향학열을 불태우고 있던 꿈 같은 장소이기도 했다.

그러나 청와대의 삶은 너무 달랐다. 연희동 집에 넘치던 그 생동감, 둥지로서의 그 따스한 체온, 항구 같은 그 안식의 기능 같은 것은 아예 없었다. 공적 장소인 청와대와 사적 공간인 청와대 2층 사이엔 한 가정이 그들의 둥지를 위해 필요한 최소한의 차단기능, 최소한의 보호막 같은 것도 없었다. 그러니 청와대 밖에서 휘몰아치던 온갖 정치, 사회, 경제, 안보의 위기나 긴장감들은 여과 없이 우리의 둥지인 그 청와대 2층집을 향해 해일처럼 물결쳐 들어왔었다. 그러므로 우리 가족의 일상이란 곧 국가의 일상에 직접적으로 노출된 채 일희일비하면서 살아야하는 매우 불안정한 것이었다. 청와대 2층집 삶이란 그분의 공무장소인 청와대의 연장 숙소로서의 삶, 그것 이상도 이하도 아니었다. 가정이라는 온화한 둥지로서의 기능은 정지되고 의무의 엄숙함과 잘해내야만 한다는 긴장 사이에서 매일 등장과 퇴장을 거듭하는 고된 삶이었다. 오직 남편과 아버지를 위해 숨을 죽인 채 온 신경을 곤두세우며 그래도 그 상황을 수락해야 하는 제약투성이의 삶, 그것이 청와대 2층집 식구로서의 우리의 생활이었다. 만약 연희동 시절 누군가 청와대 가족의 삶이 그런 것이라고 귀띔만 해주었어도 질려버렸을 그 생활을 우리 가족은 이미 7년 동안 운명으로 여기며 인내해 가고 있었다.

귀향을 한다고 내가 즐거운 기대에 부풀어 날듯이 이삿짐을 싸자 주위 사람들은 연희동이 예전같지 않다며 새로운 곳으로 이사하기를 권고를 해 왔다. 연희동이 예전과 달리 주변도 너무 발전하고 새로 난 터널로 도심에 가까워져서 더 이상 한적하지도 않다고 했다. 또 집만 해도 아이들이 어렸을 때 지은 집이라 성인이 된 아이들과 우리 내외가 함께 살아가기에는 너무 비좁을 것이라고도 했다. 그러나 나는 그 건의를 받아들일 수 없었다. 대통령 부인 역할을 하는 것에는 끝나는 날까지도 무엇 하나 적응이 되지 않아 늘 확신이 없던 나였지만 청와대를 나가면 다른 곳이 아닌 바로 그 '연희동 옛집'으로 돌아간다는 것에 대해서는 나는 단 한 순간도 망설여본 적이 없었기 때문이었다. 하고 싶은 말이 많았겠지만 꾹꾹 참고 아버지의 임기가 끝나기만을 기다리던 아이들과 함께, 떠나온 옛집으로 되돌아가는 것, 그것 하나만을 고대하며 지난 7년간을 살아왔다고 해도 과언이 아니었다. 그런데 청와대를 떠나 정겨운 옛 추억과 옛 이웃이 있는 연희동으로 돌아가지 않고 다른 그 '어느 곳'으로 간다면 그것이 어떻게 진정한 의미의 귀향이 될 수 있겠는가 말이다. 아무리 더 넓고 더 근사한 집이라고 해도 낯선 곳에서 낯선 사람들 사이에 살아가야 한다면 난 도저히 잃었던 가정생활을 다시 일궈낼 수 있을 것 같지 않았다.

1986년 봄날로 기억된다. 오랜 기간 비워 둔 연희동 집의 수도관이 녹슬어 터졌다. 당장 수리를 해야 한다고 했다. 집 전체가 관계되는 수도관 수리로 상당한 공사가 필요하다는 설명이었다. 그 일이 계기가 되어 우리 내외는 연희동 집을 앞으로 어떻게 할 것인가에 대한 결정을 내려야만 했었다. 그즈음 퇴임 후를 위해 강남 양재동에 집을 새로 짓자는 주위의 강력한 건의가 있었다. 급한 수도관 수리를 하기에 앞서 연희동 집의 차후 용도가 결정되어야 했던 순간이었다. 그 때 결정된 것이 퇴임 후 연희동으로 나간다는 것, 그리고 단임 의지를 국민들에게 보인다는 측면에서도 이 기회에 연희동 집수리를 시작하자는 것이었다. 퇴임 후 살 집을 고치고 있다면 국민들도 말로만 반복하는 다짐보다는 더욱 현실감이 있게 대통령의 단임 약속을 믿게 될 것 같아서였다. 사실 당시는 그런 식의 잔신경까지 써야 할 만큼 정권교체에 대한 불신이 깊었었다. 그러나 그 집 수리 작업으로 인해 이후 '연희궁'이라는 부정적 풍문이 생기리라는 것은 생각지도 못한 일이었다.

연희동 집을 다시 들어가 살도록 헐어 고치는 일은 내겐 즐거운 기억으로 남아 있다. 앞날에 대한 구체적인 계획과 함께 이 방 저 방을 다시 설계하고 꾸미면서 마음은 벌써 옛집에 돌아가 있었으니 말이다.

"집에서 가장 많은 시간을 보내게 될 당신이 원하는 대로 한번 꾸며 보는 것도 좋을 것 같구려."

남편은 그렇게 말하며 집수리에 대한 모든 권한을 내게 넘겨주었다. 나에게 집안에 틀어박혀 집 단장을 하는 취미가 있다는 것을 그이는 잊지 않고 있었던 것이다. 사실 나는 젊은 시절부터 그분 임지를 따라 옮겨가는 곳마다 사과 궤짝에 도배지를 발라 서랍장으로 사용하는 것부터 시작해 처음으로 보광동에 내 집을 갖게 된 후 방 세 칸을 혼자 도배하다 탈진해 병원 신세를 지는 것 까지 집 단장, 살림 단장을 하는 데 재미를 느끼며 살았었다. 그 당시 주부들이 모두 그랬듯이 비용절감을 위해 직접 도배를 하는 등 억척을 떨며 매달렸던 집안 가꾸기였지만 나로서는 즐겁게 몰두한 일이었다. 같은 집에 살면서도 식구들에게 늘 새로운 느낌이 들도록 하고 싶어 한 번 씩 가구 위치를 바꾸는 궁리를 하느라 밤잠까지 설치곤 했었다. 그러나 퇴임을 앞두고 연희동 집을 수리하는 것은 그 감회가 남달랐다. 이번에 고쳐 들어가 살면 그 연희동 집은 당연히 내 생애 마지막 보금

자리가 될 것이고 또 마지막 집 단장이라는 생각이 들었기 때문이었다.

그이의 서재를 집안에 설계해 넣는 것을 시작으로 퇴임 후를 위한 연희동 집 수리는 시작되었다. 청와대 시절을 제외하고는 난생처음 갖게 될 그이의 개인 서재였다. 그동안 이사하면 최우선으로 남편의 방부터 정리해놓는 것이 내 원칙이었다. 그러나 한 번도 그이를 위한 정식 서재까지 마련할 여유는 없었다. 그분의 서재에는 남쪽으로 커다란 창을 냈다.

"남(南)으로 창을 내겠소."

감동적인 김상용 시인의 시구(詩句)를 떠올리며 그 남쪽 창 앞에서 책을 읽거나 회고록을 집필할 그이의 여유로운 모습을 상상하는 것만으로도 난 행복해졌다. 서재에서 바로 침실이 연결이 되도록 했고 침실 곁에는 좁고 작은 공간이기는 하지만 옷장을 바닥에서 천정까지 2층으로 짜 넣어 그런대로 옷들을 정리를 할 수 있는 옷방을 만들었다. 그리고 가족이 자주 모이는 거실은 통풍이 잘되어야 할 것 같아 식당과 같은 공간에 앉힌 후 창문을 통해 정원의 바람이 드나들 수 있게 했다. 옛집과 다르게 수리 중 새롭게 앉힌 것이 거실과 응접실 사이의 한실(韓室)방 한 칸이었다. 낮에는 사람들이 모여 한담을 나누는 사랑방 역할을 해주고 날이 저물면 손님들이 자고 갈 수 있는 객실로도 쓸 수 있는 한실방은 아늑하기도 하지만 무척 기능적이어서 이후 내가 특별히 좋아하게 된 방이었다.

그러나 역시 집수리 중 가장 신경이 쓰이던 곳은 시민으로 돌아간 그이가 손님들을 맞게 될 응접실이었다. 그이에게는 개인적으로 서재 다음으로 많은 시간을 보내게 될 공간이었다. 우선 침착하고 부드러우면서도 은연중 경쾌함이 느껴지는 고전적인 분위기로 꾸미고 싶어 가능한 한 한실의 기분이 나도록 해보았다. 문살무늬의 창문을 달고 창호지 대신 자주 갈아줄 필요가 없어 경제적인 명주를 발라 아늑한 채광이 드리워지게 했다. 그리고 그에 어울리는 문양이 있는 마루로 마무리했다. 소파도 같은 느낌의 나무틀에 연한 크림색 소재를 사용했다. 또 벽에는 그림 대신 8폭병풍을 걸었다. 그것은 그분의 대통령 시절 국민과 함께 갈망했던 시대정신이 담겨져 있는 '제5공화국 대통령 취임사'가 적힌 병풍이었다. 모두 5,400자로 된 그 글은 그이가 꿈꾸었던 '정치적 이상향(政治的 理想鄕)'의 밑그림이라고나 할까. 세월이 흐를수록 노란빛으로 익어갈 창살의 명주, 그리고 시간 속에서 점점 더 아련한 기억으로 바래갈 8폭병풍 위의 취임사가 배경으로 놓인 그 응접실 속에서 그분 퇴임 후의 생활이 보람되고 활기찬 내용으로 가득 채워지길 나는 소원하고 있었다. 그 외에도 막내를 위한 방과 내 공부방으로 조그만 방이 두 개 더 마련되었다. 그래도 마당에서 보면 연희동 집의 옛 모습과 별 차이가 없는 미니 2층집이었다. 마당 아래로 비서실이 한 칸 있고 마당에는 소나무, 창포, 작약, 목련, 철쭉 등 옛 화단에 있던 낯익은 것들을 기억해 심도록 했다. 어떤 의미에서 집수리라기보다는 차라리 추억의 복원작업같이 느껴지던 귀향 준비였다.

그러나 이삿짐을 싸고, 또 연희동 집에 오래 버려두었던 옛 살림살이들을 다시 꺼내 손질하면서 흥분에 들떠 있던 내 모습을 보며 그이는 아무래도 마음이 놓이지 않았던 모양이었다.

"당신 참 흥겨워보이는데 내가 이런 말로 그 신나는 기분에 찬물을 끼얹고 싶진 않지만 권력이란 비정한 것이요. 앞으로 섭섭한 일을 많이 보게 될 것이란 점을 알아야 해요. 아무리 친한 사이라도 권력을 넘겨주고 나면 그 사람 처분에 맡기는 수밖에 없는 것이 세상 이치요. 세상사란 다 그런 거니까. 이제부터는 죽은 자의 심정으로 살아야 할 거요."

권력의 축이 옮겨지는 순간은 물론 긴장된 격변의 순간이 될 것이다. 더구나 한국 현대사 최초로 이루어지는 권력의 축의 평화적 이동이 아닌가. 그러나 그날도 역시 난 남편의 엄숙한 근심을 이해하지 못했다. 드디어 이

남쪽으로 큰 창이 나 있어 언제나 아늑한 우리의 연희동 옛집을
수리하며 귀향을 준비하기 시작했다.

삿짐을 챙겨 연희동 옛집으로 돌아간다는 흥분에만 싸여 엉뚱한 말을 하다 한 번 더 남편의 충고를 들어야만 했다.

"여보, 노 대표가 올림픽을 잘 치러내겠지요?"

"당연하지. 체육부 장관은 물론 올림픽조직위원장까지 맡아 직접 준비해온 책임자인데."

"아무리 생각해도 당신이 그동안 전력투구해 준비해온 88올림픽을 직접 치르지 못하고 나가는 것, 그 한 가지만은 진심으로 섭섭하고 걱정이 돼요."

내 말에 남편은 정색을 하며 말했다.

"여보, 내말을 잘 들어요. 내가 아니면 안 된다는 생각은 독선이라고 내가 항상 말하지 않소. 권력에 중독된다는 것도 바로 그런 생각에서 시작되는 거요. 내가 만일 이번에 애지중지하던 올림픽을 남에게 맡길 수 없다고 이곳을 떠나지 못한다면 올림픽을 치른 후에는 또 다른 일 때문에 떠나지 못하는 것이 권력의 마성이요. 물론 정열을 바쳐 하던 일에 대한 미련을 떨쳐버리는 것이 쉽지는 않소. 막상 퇴임하려니 생각했던 것보다 어렵고 솔직히 정치보복에 대한 두려움도 있소. 그래도 한 나라의 지도자였던 사람이 한낱 정치보복 따위가 두려워 계속해서 권력을 잡고 놔주지 않는다면 그것이 바로 정치적 악이고 재앙이오. 독한 결심 없이는 절대 떠날 수 없는 것이 최고 권력의 자리요. 그리고 사람이건 권력이건 바뀌지 않고 그 자리에 있으면 반드시 썩는 거요."

남편의 솔직한 고백과 단호한 결심에 난 감사했다. 그이는 그때 이미 두 가지 모습을 하고 있었다. 그이는 퇴임하면서 다가올 정치보복의 가능성을 심각하게 예감하고 있었다. 다른 한편으로는 그 두려운 예감 속에서도 권력의 자리를 떠나는 데 주저하지 않는 단호한 용기를 보여주고 있었다.

"내가 작년에 동생 경환이에게 새마을 회장직을 그만두고 주변을 정리하라고 하며 들려준 얘기가 있소."

그이는 동생에게 장래에 대한 자신의 비장한 심정을 이렇게 솔직히 털어놓았다고 했다.

"세상 사람들이 뭐라고 하든 나는 나간다. 한 순간도 이 자리에 더 있고 싶어 한 적이 없었으므로 개인적으로는 추호의 미련도 없다. 그러나 한 가지 걱정은 있다. 내가 자리에서 물러난 뒤 내 측근이나 가족들이 정치보복을 당할지도 모른다는 사실이다. 권력이란 무서운 것이어서 내가 믿는 사람이 대통령이 된다 해도 걱정되기는 마찬가지다. 그러니 서둘러 맡았던 직책의 주변을 깨끗이 정리하고 자리에서 물러나도록 해라. 어떤 모습으로든 다음 대통령에게 부담을 주어서는 안 된다는 사실을 반드시 명심해야만 한다."

우리가 입주했을 때 청와대는 불행하고 암울한 내력으로 얼룩져 있었다. 또 권력의 절정과 몰락이라는 두 극단적인 모습도 또렷하게 함께 공존하고 있었다. 그런데도 그동안 난 알지 못하고 있었다. 그 권력의 집, 청와대에서 일어난 사건들이 나에게 과연 무엇을 말해주고 있는지를. 그분은 이미 권력의 잔인한 본성과 비극적 속성에 대해 알고 있었다. 그러나 난 남편의 거듭된 충고에도 불구하고 청와대를 떠나 연희동 집으로 귀향할 기쁨에만 취해 그분 조언 속에 존재하는 소중한 본질을 놓치고 있었다. 내가 소녀 같은 심정으로 이삿짐을 꾸릴 즈음 연희동 집의 수리도 끝이 났다.

제14장

민심을 따르다

1987년 6월 29일.
훗날 '6.29선언'으로 불리게 된 혁명적인 대국민선언이
노태우 대표에 의해 발표되었다.
엄청난 환호의 물결이 나라를 뒤덮었다.
언론들은 모두 민주화 요구가 수용된
함량 만점의 선언이라고 평가했다.
40년 헌정사 속에 누적된 과제를 단번에 해소시킨
'명작(名作)'이라고도 했다.

민심이 흘러드는 작은 도랑

그의 취임 6주년을 넘긴 1987년 봄, 나는 이제 한 해 뒤 청와대 생활을 마치고 나면 무엇을 할 것인가 이런저런 계획을 세워보며 작은 행복에 젖어보곤 했다. 마음을 두고 왔던 연희동 옛집의 수리가 본격화되면서 나의 그러한 바람은 차츰 현실감을 갖게도 되었다. 그러나 나의 마음과는 달리 바깥세상의 일은 점점 복잡해지고 거칠어져갔다. 대통령을 직접 내 손으로 뽑아보겠다는 국민들의 바람이 직선제 개헌 요구로 나타나면서 갈수록 그 열기가 더해졌다. 야당과 재야세력의 연합이 조직적으로 움직이면서 직선제 개헌은 거스를 수 없는 시대적 과제가 되어갔다.

임기 후반으로 접어들면서 그는, 자신이 거듭거듭 다짐했던 단임 약속을 실천함으로써 헌정 사상 처음으로 평화적 정권교체의 전통을 세워나가게 될 것이라는 데에는 일말의 주저나 회의도 갖고 있지 않았다. 그리고 이에 그치지 않고 우리 헌정사의 아픈 경험을 통해 드러난 대통령 중심제 권력구조의 폐단을 개혁해보겠다는 마음을 갖고 있었던 것 같다. 1986년 유럽 4개국 순방도 오랜 경험과 시행착오를 거쳐 내각제를 정착시킨 정치 선진국들의 사례를 살펴보겠다는 목적도 있다고 남편은 말해주었었다.

그러나 야당과 재야운동권이 주도하고 있는 개헌 여론은 대통령 직선제를 외치며 내각제 개헌 구상을 단호히 거부하고 있었다. 내각제 개헌을 추진하다가 4.13호헌조치로 개헌불가(改憲不可)로 방향을 급선회한 정부와 여당은 수세로 몰렸다. 상황을 반전시킬 획기적 조치가 없는 한 계속 코너로 몰릴 수밖에 없는 국면이었다. 그것이 임기를 겨우 8개월쯤 남겨놓은 1987년 6월의 정국상황이었다. 단임 실천으로 헌정 사상 처음으로 평화적 정부이양의 선례가 만들어질 것이라는 전제 아래 시작된 개헌 논의였음에도 불구하고 국민들은 대통령 간선제를 '유신체제'의 연장으로 간주하고 있었다. 뿐만 아니라 장기집권의 욕심이 있는 것 아니냐는 의심의 눈길을 보내고 있었다. 아직 예순도 되지 않은 젊은 대통령이 스스로 물러날 리 있겠느냐는 상투적 의심이었다. 그런 부정적인 시각에 내각제 개헌 구상을 '숨겨져 있던 장기집권을 위한 포석'으로 왜곡하는 야권의 주장이 불을 붙임으로써 직선제 개헌요구의 불길이 거세게 타올랐다. 직선제와 간선제의 장단점을 비교 분석해보면서 우리의 정치 현실과 미래를 위해 가장 적합한 제도를 선택해야 한다는 주장은 장기집권에 대한 의심으로부터 풀려나지 못한 국민들에게는 설득력이 없었다. 애를 태우는 그분과, 정부를 믿지 못하는 국민들을 바라보며 내겐 가슴을 앓는 나날이 시작됐다. 작은 불씨 하나에도 곧 폭발음을 일으킬 것 같은 긴장된 분위기 속에서 6월의 나날이 흘러갔다.

어떤 길을 택할 것인가. 공격적으로 변해가는 시위세력의 강도만큼이나 잠 못 이루는 불면의 밤도 늘어만 갔다. 남편은 잠 못 이루는데 곁에 누워 생각하니 가슴이 막혀왔다. 청와대 생활이 시작되고부터 많은 어려움이 있었지만 참으로 잘 견뎌온 세월이었다. 아무리 어려운 시절에도 단 한 번의 군 동원 없이 남편은 고비마다 침착하게 위기를 관리해왔었다. 그러나 겨우 임기 8개월을 남겨놓은 중요한 시점에서 최대의 정치위기를 맞고 있었다. 그 위기가 그이가 그렇게 원하던 평화적 정권교체의 실현에 치명적인 장애가 될 수도 있다는 생각이 들자 갑자기 심한 현기증이 몰려왔다. 평화적 정권교체는 그분에게는 바로 그 시대 속에서 스스로 찾아낸 정치적 목표이자 역사적 소명이었다. 그리고 아내인 내게는 국가에 바쳐졌던 남편을 돌려받고 무사히 아이들과 함께 옛집으로 돌아가는 귀향이며, 우리 가정의 복원을 의미했다.

밤새도록 나는 고민했다. 그날까지 나는 남편의 열렬한 지지자로 살아왔었다. 남편이 밖에서 하는 일에 그 어떤 간섭의 말도, 비판적 발언도 하지 않는다는 것이 내가 아내로서 평생 지켜온 대원칙이었다. 그러나 그때 우리 앞에 밀어닥치고 있던 일들은 나로 하여금 그런 원칙을 넘어서게 하고 있었다. 그야말로 태풍전야의 정적과도 같은 나날이었다.

정치적으로 남편은 집권여당과 대통령으로서는 물러서기 어려운 호헌이라는 배수진을 이미 쳐놓은 상태였다. 그러나 대통령 개인의 소신이나 체면 때문에 무리한 수단을 동원해서라도 정부의 입장을 관철시키려 한다면 엄청난 국민적 저항에 직면하게 될 것은 불을 보듯 뻔한 상황이었다. 어쩌면 우리 가족 모두의 신앙과도 같았던 평화적 정권교체, 즉 단임 실천과 평범한 일상으로의 복귀가 불가능해지는 상황이 올지도 모른다는 위기감에 난 온몸이 떨렸다. 온 가족이 살아서 평화롭게 손을 잡고 청와대를 걸어 나가는 것, 그 간절한 마지막 약속, 마지막 명예만은 빼앗길 수 없다는 외침으로 내 가슴은 터질 것만 같았다. 물리적인 힘에 의존하는 것은 진정한 해답일 수 없다는 생각만이 뇌리를 맴돌았다. 절망적인 기분이 들었다.

민정당 전당대회가 열린 그 이튿날 나는 그분께 매달렸다. 중대한 결정을 앞둔 남편에게 내가 그런 식으로 반응한 것은 평생 처음이었다. 내가 말했다.

"여보, 아무리 좋은 약이라도 환자가 결코 먹지 않으려 한다면 소용없는 일이 아닌가요? 당신의 주장이 아무리 옳고 선의로 가득차 있다 해도 국민에게 강요해선 안 되고 국민이 선택하게 해야 한다고 생각해요. 직선제에 결함이 많다 할지라도 국민들은 그걸 원해요. 저는 제발 당신이 무사히 임기를 끝내고 우리 가족이 손을 잡고 이 청와대를 떠날 수만 있다면 더 이상 소원이 없겠어요."

그 일이 있기 얼마 전이었다. 나는 친교가 있는 교수들로부터 많은 사람들이 대통령 직선제를 열망하고 있다는 얘기를 들었었다. 나를 아끼는 분들이 바깥 여론의 흐름을 정직하게 조언해주었던 것이다. 그 조언에 힘입어 나는 그날 남편에게 "직선제는 나름대로 결함이 많지만 국민들은 지금 그걸 원해요."라고 주저 없이 말할 수 있었던 것이다. 내 돌연한 호소에 그이는 약간 놀라는 표정이었다.

"박영수 비서실장, 김윤환 정무수석, 김용갑 민정수석 등도 개별적으로 나를 찾아와 당신과 비슷한 뜻을 전하며 내 눈치를 봅디다."

그이가 다시 말했다.

"나라의 장래에 막중한 영향을 끼칠 일이니 나도 사심 없이 결정할 생각이오."

'사심 없이…'. 이 말이, 이번에도 그분은 반드시 옳은 결정을 내릴 것이라는 예감과 안도감을 주었다. 남편은 분명 자신의 정치적 이해득실을 따지지 않고 진정 나라와 국민을 위하는 길을 따를 것이다. 그러자 이번에는 내가 덜컥 겁이 났다. 나는 내 안의 그 모순된 심정을 숨기지 않고 말했다.

"그렇다면 직선제를 받아들이겠다는 뜻인가요? 그런 후에도 과연 선거에서 이길 수 있을까요?"

침묵이 잠시 우리를 감쌌다. 이제 막 선진국으로 발을 들여놓으려는 중요한 시기에 노태우 대표가 후임을 맡아야만 나라 일을 망치지 않고 제대로 마무리할 수 있다고 굳게 믿고 있는 그이었다. 국민들의 요구를 수락한 후 간신히 마련된 이 기회를 놓치는 일이 생기면 대체 어떻게 할 것인가. 그러자 그이가 대답했다.

"필사즉생(必死卽生)이요, 필생즉사(必生卽死)라는 말이 있지 않소? 그것이 지금의 내 심정이오."

지금도 나는 그날 밤 그 말 속에서 풍기던 확신과 열기를 잊지 못한다.

"직선제를 하면 여당이 불리하다고 보는 사람도 많지만 나는 그 반대요. 제도가 승리를 보장해 주는 것은 아니니까 말이오. 어떤 상황에서도 이길 수 있는 사람만이 승자가 되는 것이라고 나는 믿고 있소. 나는 지역감정이 심한 우리나라에서 직선제가 가져올 후유증 때문에 신념을 갖고 반대해 왔지만 국민들이 직선제를 그토록 원한다니 어쩌겠소. 기꺼이 받아들이고 우리의 국운을 믿는 수밖에. 당신 말대로 아무리 선의의 것이라도 강요해서는 안 되는 법 아니오."

"그럼 김대중 씨도 풀어주실 건가요?"

"물론 그럴 생각이오."

거침 없는 대답이었다. 나는 잠시 남편을 바라보았다. 1980년 당시 얼마나 많은 사람들이 김대중 씨의 사면을 반대했던가. 그러나 남편은 일말의 주저도 없이 김대중 씨에 대한 사면을 단행했었다. 1982년 12월 김대중 씨를 형집행정지로 석방시켜 미국으로 보낸 것도 남편이었다. 남편은 그보다 훨씬 전부터 이미 심중에 김대중 씨의 석방을 고려하고 있었다. 당시 안기부장이었던 노신영 전 국무총리는 자신의 회고록에서 이렇게 쓰고 있다.

"전두환 대통령은 1982년 8.15 특사 때에도 김대중 씨의 석방을 고려하였으나 주위의 반대로 뜻을 이루지 못하였다. (…) 지금까지 김대중 씨의 석방과 미국신병치료를 극비리에 추진하여 오던 전 대통령은 김대중 씨를 서울대학병원으로 이송하기 전날 관계 장관과 측근인사들을 청와대 회의실로 불렀다. 저녁 6시가 조금 지난 시간이었다. 전 대통령은 모인 사람들과 차 한잔 씩을 나눈 후 자리에서 일어서면서 엄숙한 표정으로 "김대중 씨를 석방하여 미국으로 보내기로 했습니다." 라고 말했다. 일체 그 어떤 반론도 듣지 않겠다는 단호한 태도였다. 예기치 않았던 대통령의 말씀에 참석자들은 모두 놀랐다. 1982년 12월 16일에 서울대학병원으로 이송된 김대중 씨는 12월 23일 형 집행정지로 석방되어 부인 및 두 아들과 같이 미국으로 떠났다."

김대중 씨에 대한 내 질문에 남편은 말했다.
"스스로 정치를 그만두겠다고 약속하고 신병치료를 위해 도미했던 사람이지만 정치를 그만두겠다는 말은 방편상 할 수 있는 말일 뿐 결코 정치를 그만둘 수 없는 것이 정치하는 사람들의 생리라는 것을 난 잘 알고 있소. 나는 이번 기회에 국민으로부터 직접 심판받을 수 있는 기회를 줘 누구든 군소리 못하고 승복하게 만들 작정이오."
남편은 위기를 우회하지 않고 정면으로 돌파해 나가겠다는 자신의 태도를 이미 결정해놓고 있었다.
"국민들은 직선제를 원하고 있소. 국민이라고 해서 내가 알고 있는 직선제의 폐단들을 모를 리 없소. 그런데도 국민들은 바로 그 결함투성이의 직선제를 원하고 있소. 국민들의 이 역설적인 요청 속엔 분명한 메시지가 있소. 국민들은 적잖은 결함에도 불구하고 바로 그 직선제를 요구함으로써 오랜만에, 참으로 오랜만에, 여야가 모든 것을 걸고 한판 승부를 벌이고, 내가 던진 한 표가 그 승부를 가르는 그런 선거를 국민들은 보고 싶어 하는거요. 요즈음 나도 밤잠 설치며 참 많은 생각을 해보았소. 여러모로 간단한 일은 아니지만 이왕 일이 여기까지 온 이상 내 생각은 다 잊어버리고 온 국민이 다 후련하고 시원해하도록 진짜 페어플레이하는 여당 모습을 한번 보여줄 생각이요."

허허로이 평야로 나서겠다는 참 엄청난 이야기를 듣고 있었지만 왠지 내 가슴은 무척 편안해졌다. 바꿔야 한다고 생각되면 주저 없이 자신을 수정하고, 옳다고 생각되면 수정된 길로 내달리는 행동력, 그것이 남편의 기질이고 탄력성이었다. 바로 그런 성품이 남편으로 하여금 자신의 체면이나 정치적 이해 따위를 훌훌 털어버리고 국민이 요구하는 변화를 수용할 수 있게 하고 있었다. 성품도 운명이라고 했던가. 결국 또 한 번 남편의 성품은 자신의 운명을 결정하고 있었다. 더구나 이번에는 그 성품이 자신과 가정, 그리고 나라의 운명까지 결정하고 있었다.

"이 기회에 모든 분야에 걸쳐 풀어야 할 필요가 있는 것들은 모두 과감하게 풀 생각이요."

결심이 곧 행동인 것, 그것이 그분이었다.

후계자

평화적 정권교체는 제5공화국의 출범과 함께 그분이 국민에게 선언한 가장 중요한 약속 중 하나였다. 자신의 임기가 끝나면 후임자에게 법이 정한 바에 따라 권력을 이양하겠다는 지극히 당연한 이 말이 대통령의 취임 공약이 되어야 했다는 사실은 당시 우리의 정치 상황을 웅변적으로 상징해준다. 10.26 이후의 격동기에 대임을 맡게 된 남편은 우리 헌정사의 가장 긴요하고 시급한 과제가 평화적 정권교체의 전통을 만들어나가는 일이라는 점을 거듭거듭 확인하고 다짐했다. 그러나 권력의 순환을 이룬다는 그 약속과 다짐 한가운데에는 폭풍의 눈 같은 후계자 문제가 있었다. 1980년대 우리의 정치 환경 속에는 누가 후계자가 되느냐 하는 문제 못지않게, 후계자 문제가 등장하는 시기 자체가 매우 민감한 사안이었다. 대통령직 수행을 위한 환경과 여건이 완비되고 국정이 안정된 궤도에 올라섰다고 판단되는 어느 시점에서 그분은 자신의 뒤를 이어 국정을 이끌어갈 후계자 문제를 생각하게 되었던 것 같다.

그분의 심중에 '동지 노태우'가 권력의 후계자로 자리 잡기 시작한 것이 정확히 언제부터였는지 그 구체적 시기와 계기를 나로서는 짐작할 길이 없다.

남편과 노태우 대표와의 인연은 길고 질긴 것이었고, 그 친분은 깊고 두터웠다. 그러나 후계자에 대한 그이의 의중을 짐작하고 있던 사람들은, 권력은 후배나 부하에게는 물려줄 수 있지만 친구나 동지에게 넘겨주는 것은 위험한 일이라는 경구를 일깨워주었다. 권력이란 부자(父子) 사이에도 나눠 갖기 어려운 것이며 새로운 집권자는 권력 독점을 위해, 물러난 전임자를 무력화시킬 수 밖에 없다는 것이다. 그러나 남편은 바위처럼 요지부동이었다. 권력 앞에서는 우정도 의리도 변질되고 만다는 권력의 속성, 권력의 운명에 대해 잘 알고 있었지만 자신들의 경우는 예외적일 것이라고 그분은 굳게 믿고 있는것 같았다. 적어도 40년간 모든 희로애락을 함께하며 키워온 우정이었으므로 자신과 노태우 사이의 우정은 통념을 뛰어넘는 순수한 것이라고 그이는 자신했던 것이다. 당연히 후계자 노태우에 대해 수많은 견제와 모략이 있었다. 그러나 어떤 집요한 견제나 모략에도 친구 노태우에 대한 그분의 신뢰는 확고부동한 것이었다. 그분은 40년 친구였으므로 누구보다 자신이 인간 노태우를 잘 알고 있다고 자신했고 노태우야말로 자신의 뒤를 이어 그분이 못다 이룬 핵심 정책들을 더욱 성장 발전시킴으로써 선진국 도약이라는 자신의 국정목표를 완수할 수 있는 적임자라고 확신했던 것 같다.

노태우 대표가 그분의 마음에 후계자로 자리 잡았을 때, 그는 이미 친구로서가 아니라 나라를 위해 헌신하며 남편이 못다 이룬 국가목표를 완수해 줄 훌륭한 '정치적 2세'로서의 위상을 갖게 된 것이다. 그러나 그를 일단 후계자로 결정하자 남편은 노태우 대표에게 후계자로서의 준비 과정을 거치도록 기회를 만들어주었다. 자신은 아무런 준비도, 계획도 없이 어느 날 갑자기 대통령직을 맡게 되었지만 자신의 후계자는 준비 없이 그 자리에 올라 자신이 겪어야 했던 시행착오와 고충을 겪지 않을 수 있게 해주고 싶어했던 것이다. 남편은 오랜 기간을 두고 후임자가, 적절한 경험과 경륜을 쌓고 지도자로서의 자질을 키울 수 있게 해주려고 세심하게 배려했다. 1983년의 어느 날, 남편이 내게 했던 말이 생각난다.

"내가 아무런 경험도 준비도 없이 대통령이 되는 바람에 얼마나 고생을 했는지는 아무도 모를 거요. 노태우에게는 그런 고생시키지 않으려고 이런저런 요직을 거쳐 내무부 장관을 시켰는데 내무부엔 산하기관이 많아 혹시 사고라도 나서 책임져야 할 일이 생기면 큰 상처를 받게 될까 걱정이 됩니다. 또 아부꾼들이 몰려 2인자라고 야단들이니 정말 정성들여 조심스럽게 키워주기도 여간 힘 드는 게 아니구려. 이젠 웬만큼 국내정치 경험을 얻게 해주었으니 안전하게 보호해주는 일에 신경을 써야 할 것 같소. 올림픽 조직위원장직을 맡게 되면 아마 국제감각도 상당히 생기게 될 거요."

남편은 후계자 노태우에게 자신이 갖지 못했던 다양한 국정경험의 깊이를 심어주고 싶어했다. 말하자면 후계자에게 장기간에 걸친 단계적인 '대통령 수업'을 시키고 있었던 셈이다. 그이는 후계자가 자신을 뛰어넘는 더 유능한, 더 복 많은 대통령이 되기를 진심으로 원했다. 생각만 해도 환상적인 팀웍이 아닐 수 없었다. 임기 동안 나라를 위해 전력투구했고 자신이 못 다한 일은 유능한 후임자가 이어받아 완성하게 함으로써 나라 중흥을 위한 지속적인 발전을 설계했던 그이. 어쩌면 그이는 불가능하고 너무 감미롭기까지 한 백일몽(白日夢)을 꾸고 있었던 것은 아닐까.

청와대를 평화 속에서 이별하는 것은 쉬운 일이 아니었다. 정부수립 이후 우리의 현대사는 예외 없이 청와대를 정상적으로 떠나지 못했던 지도자들의 어두운 그림자가 드리워져 있었다. 집권여당의 공식적인 대통령 후보 문제는 여권에 몸 담고 있는 사람들에게 있어서는 입에 올려서는 안 될 금기사항과도 같았다. 대통령의 속마음을 정확하게 알지 못한 채 후계자 문제를 거론했다가는 자칫 예상치 못한 피해를 입을 수도 있다는 것은 이미 권력의 생리를 알만한 사람들 사이에선 상식에 속한 일이기도 했다. 사람들에게 박 대통령 시절의 '윤필용 사건'의 기억이 선명하게 남아 있는 것이다. 여전히 많은 사람들이 젊고 기운 넘치는 현직 대통령의 단임 약속을 액면 그대로는 받아들이지 않고 있었다. 정치권 사람들조차 예외는 아니었다. 야당이 제기한 개헌문제로 점차 여론과 민심이 흔들리기 시작하고 있었지만 대통령 선거를 불과 6개월 남겨놓은 시점에서도 집권여당은 정작 후보문제조차 결정짓지 못한 채 심한 무력감에 빠져 있었다.

1987년 6월 2일 밤, 그분은 청와대 내의 전통 한옥인 상춘재로 민정당 주요간부들을 초청했다. 퇴임하는 대통령으로서 민정당의 후임 대통령 후보문제와 관련한 모든 불확실성을 종식시켜야 한다고 생각한 것이다. 그러니까 그날 그 자리가 비록 공식적인 모임은 아니었지만 그이에 의해 노태우 민정당대표가 대통령 후보로 지명되는 순간이었다. 그이의 기쁨은 정말 컸다. 마치 당장 그 순간부터 대통령직의 무거운 짐을 벗어놓기라도 한 사람처럼 홀가분해했다. 이상도 하지. 그날 이후 그분에게선 자다가 갑자기 눈을 뜨고 일어나는 습관이 사라져버렸다. 드디어 어려운 과제를 해냈다는 안도감과 자신이 미처 끝내지 못한 미완의 일들을 잘 매듭지어줄 훌륭한 후계자를 자신의 의도대로 지명할 수 있었다는 만족감 때문이었을 것이다.

6.29선언

6월 17일 그이는 노태우 대표를 조용히 불렀다. 스스로 모든 것을 던져 난마처럼 얽힌 정국을 정면으로 돌파해나가려는 결심을 이미 굳힌 그이었다. 그러나 일단은 동지이자 후계자인 노 대표를 설득하고 자신감을 심어주는 일이 무엇보다 시급했다. 집무실에서 노 대표와 마주앉은 그이의 첫 마디는 이러했다.

"국민의 뜻이 직선제라면 그것을 받아들여야 하지 않겠소."

노 대표의 처음 반응은 분명한 거부였다. 노 대표의 놀라움과 거부감은 당연한 것이었는지도 모른다. 노 대표의 반대 이유는 두 가지였다고 한다. 하나는 민정당이 그동안 내각책임제의 장점을 홍보해왔는데 이제 와서 직선제를 받아야 한다면 어떻게 민정당 동지들을 설득시킬 수 있겠느냐는 것이었다. 또 다른 이유는 더욱 절실했다. 직선제 아래에서 과연 선거에 승리할 수 있겠느냐는 것이었다. 노 대표는 그날 그이에게 이렇게 단호하게 말했다는 것이다.

"직선제 개헌을 선택할 경우, 대통령 후보직을 사퇴하겠다."

정치권과 가두에서 벌어지고 있는 개헌 투쟁이 긴박한 양상을 띠고 있는 상황에서 그이가 직선제 수용을 거부하고 있는 노태우 대표를 설득할 시간은 많지 않았다. 이틀의 시간을 주어가며 직선제 수용의 불가피성과 직선제 선거에서도 노태우 후보가 충분히 승산이 있다는 점을 조목조목 설명해나간 끝에 6월 19일 노 대표의 결심을 얻어낼 수 있었다. 그이는 아울러 직선제를 비롯하여 야당과 국민이 요구하는 모든 민주화조치를 적극적으로 수용하는 과감한 구상을 노 대표가 책임지고 만들고 그로 인해 거둘 수 있는 모든 수확과 영광을 노 대표에게 양보한다는 점을 분명히 했다고 했다. 노 대표는 자신이 그러한 구상을 담은 선언을 하게 되면 그이가 크게 노해서 호통을 치며 반대하는 제스처를 보여 달라고 했지만, 그런 일은 국민과 역사에 속임수를 쓰는 결과가 되므로 거부했다고 알려주면서 씁쓰레한 표정을 지었다.

6월 27일 새벽, 큰아이 재국이 미국에서 돌아왔다. 큰아이는 그동안 긴박한 국내정치상황의 변화에 무척이나 마음이 쓰였던지 공부하는 틈틈이 나름대로의 의견을 정리해 아버지에게 보내오곤 했었다. 그이와 노 대표와의 마지막 비밀회동의 날이 왔다. 비밀회동 장소는 청와대 옆 안가였다. 왜 그랬을까. 그 비밀회동 장소로 갈 때 그분은 재국을 데려갔다. 사안의 성격상 회동의 보안유지와 기록을 위해 재국만을 배석시키기로 결정한 것이다. 노 대표의 시국수습방안 발표일은 유동적이기는 해도 대략 6월 말로 결정되어 있었다.

그 자리에서 노 대표는 자필로 써서 준비해온 발표문을 보고한 뒤 공식 발표 이후 자신이 취할 일련의 행보에 대해 그분에게 상세하게 설명했다. 그이도 노 대표에게 시국수습방안의 공식적 발표 직후 자신이 취하게 될 여러 가지 조치들에 대해 설명했다. 만약 예상치 못한 돌출상황으로 부득이 약속된 모든 조치를 연기해야만 하는 경우가 생긴다면 그날 배석한 재국을 통해서 상호 연락을 취하기로 잠정 약속하고 그날 회동은 끝이 났다. 그날 이후 그이는 노 대표를 만나지 않았다. 공적이든 사적이든 노 대표의 청와대 출입은 더 이상 보안유지에 도움이 되지 않는다는 판단에 따라 내려진 금족령이었다.

"어머니, 아버지의 심정은 이런 것 같았습니다. '노 대표, 나를 밟고서라도 성공해라. 어차피 내가 직접 대통령선거에 출마해서 심판을 받을 수는 없는 일이 아닌가? 또 누가 뭐래도 노 대표 당신은 제5공화국과 나의 정치적 분신이 아닌가? 싸워 이겨서 나 대신 집권기간 동안 우리가 국가에 바친 땀과 순정에 대한 당당한 평가를 얻어내야만 한다.'는 뜻 아니겠습니까"

"노 대표, 나를 밟고서라도 성공해라." 두 사람의 비밀회동을 지켜보면서 그것이 그런 일련의 조치를 준비하는 아버지의 신념과 심정으로 이해했다며 돌아온 재국이 내게 했던 말이다. 그러나 재국은 내게 자신은 아버지의 방식에 전적으로 동의할 수는 없다는 가슴저린 얘기도 했다. 아무리 나라를 위한 일이라고 해도 굳이 그런 방식으로 아버지 자신이 스스로 국민들을 위해 선택한, 그야말로 '아버지 자신이 준비해 국민에게 바치는 파격적이고 역사적인 민주화의 선물'을 굳이 노 대표의 것으로 만들면서까지 자신을 희생시키고 왜곡시켜야만 하는 것일까 하는 깊은 회의가 들었다고 했다. 그토록 중요한 시기에 그토록 민감한 악역을 자청하고 있는 남편을 지켜보면서 나 역시 재국처럼 내심 적지 않은 불안과 우려를 느끼고 있었다. 그러나 본인의 굳은 신념이니 우리 모자는 그저 상황을 지켜볼 수밖에 없었다.

나는 노 대표가 그이가 제안한 민주화조치에 대해 거부감을 보이면서 자신은 대통령 후보를 사퇴하겠다던 발언을 생각했다. 노 대표가 일언지하에 반대했던 그 민주화조치가, 바로 그 노 대표의 작품이 되어 노 대표의 이름으로 선언되는 그 '정치적 부조리(不條理)', 앞장을 선 사람이 뒤따라온 사람 뒤에 서야 하는 '역사의 배리(背理)'를 어떻게 받아들여야 할지 난감하기만 했다. 그날도 내 가슴속엔 그이가 내게 했던 말이 또렷하게 남아 있었다.

"노 대표 말이 내가 구상하고 결심한 민주화조치를 자신이 건의해오면 내가 크게 노해서 호통을 치는 모습을 보여주면 좋겠다는구먼."

그분이 자신의 친구이며 동지인 노태우에게 주었던 그 화산 같은 우정과 순정에 내가 감히 무슨 말을 더 보탤 것인가. 누가 뭐래도 자신의 손으로 만든 자기 최고의 정치적 작품을 그렇게 동지 노태우에게 줄 수 있었던 남편의 순수는 그 순간 신성불가침이었다.

그러나 직접 그이를 보좌하는 비서관들의 생각은 달랐다. 일요일인 6월 28일 아침, 그이는 김성익 비서관에게 발표일이 다음날로 확정되었으니 필요한 준비를 서두르라고 지시했다. 지시를 받은 김 비서관은 깊은 고민 끝에 재국을 찾아왔다. 그리고는 대통령인 그이의 이 엄청난 희생을 만류해 줄 것을 요청했다. 요청이 아니라 차라리 간청이었다. 그이가 직접 준비한 그 민주화조치야말로 이제 곧 권력의 갑옷을 벗고 혈혈단신 황야로 걸어나갈 그이 자신이 집권과정에서 빚어진 여러 가지 오해와 의심의 고리를 한꺼번에 풀 수 있는 마지막 결정적인 기회라는 것이었다. 이 기회에 국민이 환호할 그 파격적인 결단을 내린 그이가 왜 그 역사적 결단과 업적을 그 결정에 분노하고 반대했던 노 후보에게 안겨주어야만 하느냐는 질문이었다. 그러나 그이 본인의 뜻은 바위 같았다. 남편은 김 비서관에게 지시했다.
"이 발표는 노 대표를 부각시키고 우리의 정치를 획기적으로 한 단계 발전시키기 위한 나의 마지막 카드이자 선택이다. 나의 이 선택이 얽히고 설킨 모든 것을 풀고 국가 미래와 올림픽을 성공시킬 수 있는 계기가 되기를 빌 뿐이다. 가슴 아프더라도 모든 준비에 열과 성을 다해주기 바란다."

그것이 더도 덜도 아닌 바로 그이의 본 모습이었다. 그이가 결심한 민주화조치는 당시 국민들이 원하는 거의 모든 민주화 요구를 담고 있는 것이었다. 김 비서관은 대통령 그이의 그 민주화조치가 한국현대사의 정치 환경을 혁명적으로 바꾸게 될, 새 시대를 여는 그분의 업적으로 평가되어야 할 당위성을 확인하고 있었던 것 같다. 그러나 그이는 이미 스스로 활 시위를 당긴 후였다. 나와 큰아이는 그저 그 화살이 도착할 곳을 막연하고 불안한 시선으로 쫓을 수밖에 없었다.

6월 29일. 노 대표에 의해 혁명적인 대국민선언이 발표되었다. 엄청난 환호의 물결이 나라를 뒤덮었다. 노 대표는 자신의 강력한 라이벌이 될 김대중 씨에 대한 규제를 풀어주는 것은 물론, 직선제를 포함한 8개 항에 달하는 엄청난 파격적인 민주화조치의 약속을 선언문 속에 담았다. 언론들은 모든 민주화 요구가 수용된 함량 만점의 선언이라고 평가했다. 40년 헌정사 속에 누적된 과제를 단번에 해소시킨 '명작(名作)'이라고도 했다. 국민들과 야당은 물론, 외국 언론들도 찬사를 아끼지 않았다. 규제가 풀린 김대중 씨도 노 대표에게 인간적인 신뢰감을 느낀다고 환희의 일성을 보냈다. 하나의 선언이 국민, 야당, 언론을 그토록 한꺼번에 감격시킨 예는 없었다. 한 개인의 선언이 그토록 완전하고 신선한 충격으로 사회를 흥분시킨 적은 없었다. 더구나 그 선언이 여당의 대통령 후보에 의해 발표되었다는 형식의 파격이 국민들을 감동시켰다. 6.29선언과 함께 민주화를 위해 자신의 모든 기득권을 내던질 수 있는 용기, 민의를 올바로 읽어내는 현실감각, 시국의 극한 상황을 적기에 풀어나가는 노련함, 이 모든 찬사가 단번에 노 대표의 것이 되었다. 그 찬사는 그럴 만했다. 그 선언은 국민과 야당이 기대할 수 있는 예상을 훨씬 뛰어넘는, 그 시절로서는 거의 완벽한 정치적 명작이었기 때문이었다.

결국 그 선언은 노태우라는 새로운 영웅을 탄생시켰다. 최루탄과 화염병은 일시에 사라졌다. 아무도 그것이 현직 대통령인 그이 자신의 결단과 희생으로 만들어진, 그이의 고심 끝의 작품이고 업적이라는 것을 아는 사람은 없었다. 그이의 희생이 뜨겁고 아름답게 열매맺은 6월의 창공은 그야말로 '쾌청'이었다. 마치 메마른 대지를 적시는 청량한 봄비처럼 그렇게 6.29선언은 역사 속에 등장했다. 단 하루 사이에도 세상은 거짓말같이 달라질 수 있다는 것을 나는 그때 처음 실감했다. 거리마다 마치 우리가 다른 의미의 광복이라도 맞은 것처럼 기쁨으로 가득찬 사람들로 넘쳤다.

제15장

귀향

노태우 대통령의 취임식장으로부터
다시 청와대로 돌아왔을 때
청와대 주인은 이미 바뀌어 있었다.
집무실로 간 남편은 자신이 7년 반 동안
일했던 자리를 노 대통령에게 물려주었고
노 대통령 내외는 청와대를 떠나는
전임 대통령 내외를 전송했다.
만감이 교차하는 역사적인 순간이었다.

40년 헌정사의 숙원을 풀다

6.29선언이 발표된 뒤 6개월 동안 치열한 혈전을 치른 13대 대통령선거는 민정당 노태우 후보의 승리로 끝났다. 그이가 예상했던 대로 야권은 후보단일화에 실패함으로써 1노 3김(一盧三金)의 4파전(4巴戰)이 되었다. 선거과정에서는 우리 정치문화의 고질적 병폐로 간주되는 지역감정의 망령이 살아나 상처의 골을 더욱 깊게 했다. 후보도 유권자도 출신 지역별로 나뉜 채 격렬하게 싸웠다. 노 후보는 호남을 제외한 전국에서 골고루 득표해 2위 득표자인 김영삼 후보보다 2백만 표를 더 얻어 당선됐다. 1987년 12월 17일 우리는 40년 헌정사상 처음으로 현직 대통령과 대통령 당선자가 공존하는 축복된 순간을 맞게 된 것이다. 그날은 우리의 정치권력도 비로소 정상적인 순환을 시작했다는 기념비적 의미를 갖는 날이었다.

그날 밤 그이는 혼자 취했다. 원래 그분은 사람과의 만남, 그 만나는 자리의 분위기를 위해 술을 마시지 집에서 혼자 술을 마실 만큼 술을 좋아하는 분이 아니다. 그러나 그날만은 홀로 잔을 기울이며 대취(大醉)했다. 아무리 기쁘고 즐거운 일이 있어도, 몹시 슬프고 속이 상하는 일이 있어도 집에서 술을 찾는 일이 없었던 그이에게 친구 노태우의 대통령 당선은 자작(自酌)이라도 하지 않을 수 없을 만큼 기쁜 일이었다.

"여보, 이 세상에서 나보다 더 행복한 사람은 없을 거요."

노 후보의 당선은 그이에겐 참 많은 것을 의미했다. '40년 친구 노태우'가 맞이한 개인적 홍복(洪福)일 수만은 없었다. 가장 믿을 수 있는 후계자에게 권력을 물려줄 수 있게 되었다는 것은 그이에게도 홍복이요 행운이었다. 무엇보다도 우리 헌정사의 오랜 숙제였던 평화적 정부이양의 전통을 만들어나갈 수 있게 되었다는 것은 국가적 경사이기도 했다.

그날 나에게 술을 내오라고 했을 때 그이 표정에서는 자부심과 안도감 같은 것이 느껴졌다. "7년 뒤 평범한 가장으로 돌아오겠다."고 했던 나에 대한 약속이 떠올랐던 것이 아닐까. 어느날 운명은 그이를 감히 꿈꿔 보지도 못했던 대통령이라는 자리까지 밀어붙였었다. 그 자리는 맡기도 어려운 자리였지만 떠나기는 더 어려운 자리였다. 그 자리를 약속대로 떠나기 위해 노심초사했던 그이를 생각하자 나도 감개무량했다. 인간의 의지나 신념보다도 더 높은 차원의 힘이 필요하다고 느껴질 만큼 떠나는 발길을 어렵게 했던 대통령이란 자리는 참 무서운 자리였다.

직접 선거를 통해 당선됨으로써 아무런 정통성 시비를 받지 않아도 될 노 대표의 당선은 그이에게 이제는 홀가분하게 자리를 떠날 수 있다는, 떠난 후 뒷일을 걱정하지 않아도 된다는 확실한 담보로 여겨졌다. 더구나 그 역사적인 일을 수십 년간 우정을 나눠온 가장 친한 친구와 손을 잡고 함께 성취해냈다는 사실에 깊은 감회에 젖기도 했다. 노태우 대통령의 탄생은 두 분에게 자신들이 그동안 가꿔온 우정의 절정, 우정의 완성을 의미하는 순간이었다.

그러나 지금 와서 돌이켜보면 그것이 그 두 분 우정의 절정이긴 했어도 우정의 완성은 결코 아니었다. 어쩌면 모든 것은 절정에 이른 후에야 비로소 제 모습을 드러내는 것인지도 모른다. 그이와 노 후보가 나눈 우정은 바로 그 절정의 순간에서 부터 이미 무너져내리기 시작했지만, 그 순간 정작 그이나 나는 전혀 그런 조짐조차 알아채지 못하고 있었다.

"나는 극도의 혼란과 파산상태의 나라를 건져내기 위해 인기 없는 일을 너무 많이 할 수밖에 없지 않았소? 그러나 노태우는 달라요. 그의 시대는 태평성대를 이룰 거요."

그이는 친구 노태우의 대통령직 수행은 자기와는 달리 편안하고 멋진 일로 채워질 것이라며 그렇게 혼자 덕담하며 기뻐하고 있었다. 그러나 그이는 이미 알고 있었던 것일까. 운명이 자신과 노태우 당선자에게 각각 다른 역할을 맡길 것이라는 사실을. 자신은 파산에 직면한 나라를 인계받아 살림을 일으켜 세우느라 국민 앞에 아름답고 품격 있는 자태를 보여줄 수 없었다. 웃음기 없는 얼굴, 땀에 젖은 이마, 기름 묻은 손, 상처난 팔뚝이 겉으로 드러난 그이의 모습이었다. 그리고 험난했던 고비를 다 넘긴 바로 그 시점까지가, 시대가 그이에게 맡긴 역할이었다. 열정을 바친 88올림픽도 그즈음에서 손을 떼고 미련 없이 떠나야 하는 것이 시대가 허락한 그이 역할의 한계였지만 그 일에 대해서도 그이는 명확한 인식을 갖고 있었다.

"케네디가 죽고도 미국은 변함없이 굴러갔소. 내가 아니면 안 된다는 생각은 오만이고 독선이오."

진취적 기상으로 달 탐험을 이뤄내고 소련과의 냉전에서도 쿠바사태의 도전을 당당하게 이겨냈던 케네디 대통령의 국정스타일을 평소 좋아했던 그이였다. 정권교체를 준비하면서 주변에서 우려나 아쉬워하는 이야기가 나올 때면 그이는 늘 스스로를 경계하며 단호한 의지를 가슴에 새기곤 했었다.

예정된 행복한 작별

그날 밤 기분 좋게 취해 자리에 누운 그이는 마치 오랜 출장을 끝내고 고향집에 돌아온 사람처럼 보였다. 절반의 여독과 절반의 안도감이 그분을 감싸고 있었다. 그러나 그이 얼굴 속엔 이미 청와대에 들어올 때 그이를 가득 채우고 있던 팽팽함 같은 것은 없었다. 대신 또래보다 십 년은 더 늙어보이게 만드는 과로의 흔적들과 피로감이, 깊게 패인 주름 사이에 증거물이라도 되는 양 고여 있었다. 그 모습 속에서 나는 우리의 시간을 보았다. 이제 귀향의 시간이었다. 그이는 누운 채 어둠 속에서 내게 말했다.

"이 순간 내가 당신에게 꼭 해줘야 할 얘기가 있소. 우리 당에서 후임 대통령이 나오고 그가 아무리 내 친구라 해도 퇴임 후 반드시 안락한 생활이 우리를 기다린다는 보장은 없소. 권력이란, 개인적 욕심에 물들게 되면 마성이 드러나기도 하는 것인 데다 권력에서 스스로 물러나는 첫 경험인 만큼 누구도 퇴임 대통령이 임기 후 대체 어떤 대접을 받게 될런지 장담할 수 없는 불확실한 실험적 상황인 거요. 다만 확실한 것이 있다면 이제 우리는 우리를 보호해주던 권력의 갑옷을 벗어버리고 황야로 나서야 한다는 사실이요. 이제부터 나보다 앞섰던 대통령들에게 권력이양이 왜 그토록 어려운 것이었던가를 우리 스스로 알아내고 치러내야 하는 한 가지 관문이 더 남아 있다는 사실을 잊지 마시오."

솔직히 말해 그날 그이의 말은 운명적일만치 깊은 예언의 뜻을 담고 있었다. 그러나 그날 나는 경고 같던 그이의 충고를 전혀 긴장감 없이 듣고 있었다. 나는 그이 말이 그저 권력을 내어주고 떠나가는 사람의 입장에서 당연히 느껴지는 감상이나 노파심 같은 것으로 여겨졌다. 이제부터는 더욱 겸손하고 검소한 자연인으로 살아야 한다는 뜻을 왜 저토록 비극적 대사 같은 언어로 표현하는 것일까, 의아했을 뿐이었다.

"여보, 당신이 그토록 믿어온 소영 아빠가 새 대통령이 되실 텐데 무슨 걱정이세요."

선거 전 폭풍 전야와 같던 위기의 숨 막힘을 무사히 넘겼다는 안도감 속에서 나는 그저 청와대를 떠난다는 기쁨에만 온통 마음을 빼앗기고 있었다. 그런데 그 장밋빛 기분 속에서도 그날 남편의 말은 웬일인지 내 뇌리에 새겨져 영 잊혀지지 않는 것이었다. 내가 그 밤 그이의 그 짧은 충고가 기막힌 예언이었다는 것을 알게 된 것은 백담사 단칸방에서였다.

'친구 노태우'의 대통령 당선을 한껏 기뻐하고 있는 가운데 우리에게는 청와대와 작별할 시간이 다가오고 있었다. 우리가 연희동 집을 떠난 것이 1980년 8월 28일 오전 8시였다. 7년 반의 세월이 흐른 1988년 새해가 되자 나는 본격적으로 이삿짐을 꾸리기 시작했다. 이제 55일만 지나면 우리는 청와대를 떠나야 한다. 그것은 피할 수도 없는 일이지만 한편 나로서는 학수고대하던 일이었다.

집무실을 비워야 할 날이 손가락으로 헤일 만큼밖에 남아 있지 않게 되자 일정이 단출해지는 가운데, 그이는 임기 마지막 날을 하루 앞두고 태릉선수촌을 찾았다. 88올림픽은, 유치를 결심하는 일부터 막바지 준비까지 그이가 글자 그대로 심혈(心血)을 기울여온 과업이었다. 재임 중 흘린 땀의 절반은 올림픽의 성공을 위해 바쳤을 것이란 생각이 든다. 그날 선수촌 곳곳을 살피며 6개월 앞으로 다가온 서울올림픽의 성공을 위해 비지땀을 흘리고 있는 선수들과 관계관들을 바라보는 그분의 눈길이 애틋했다.

임기 마지막 날인 2월 24일. 그날도 자명종은 정확히 오전 5시 30분 그분 머리맡에서 울렸다. 이제 그이의 대통령 임기가 채 20시간도 남아 있지 않았다. 그이의 집무는 여느 때와 같이 오전 8시 30분 등청으로 시작됐다. 비서관들의 아침보고가 있었고 10시에는 국무회의를 주재했다. 그분이 12대 대통령 자격으로 주재한 마지막 국무회의였다. 그이가 말했다.

"오늘 본인에게는 두 가지 기쁨이 있습니다. 단임 약속을 지킬 수 있게 되었다는 지극히 큰 기쁨과 임기 중 세운 국가목표에 좋은 성과와 성취가 있었다는 기쁨입니다. 오늘 국민이 맡겨준 대임으로부터 떠나는 나와 여러분은 이제 새로 열리는 시대의 OB팀 응원부대입니다. 부족하기 짝이 없는 본인을 도와 국가도약의 한 시대를 이루도록 헌신해주신 여러분의 노고와 충정에 깊은 감사를 드립니다. 제5공화국의 성공적 마무리를 축하하며 제6공화국의 무한한 발전을 마음껏 기원합니다."

모두가 숙연해지는 순간이었다.

새 대통령의 취임식이 있기 전날 밤이었다. 우리 가족은 청와대에 들어오던 첫날처럼 또 그렇게 거실에 모여 앉았다. 그리고는 밤 늦게까지 서로 가슴에 담아둔 이야기를 나누었다. '청와대의 마지막 밤'이라는 사실과 그 밤만 지나면 그토록 그리운 연희동 집으로 돌아간다는 사실에 우리 가족은 모두 흥분과 감회에 젖어 있었다. 나는 남편을 바라보았다. 남편 얼굴 위에 무너지어 있는 주름이 새삼 눈에 띄었다. 나라를 위해 흘린 땀이 그분 얼굴에 주름을 만든 것이 아닐까 하는 생각에 마음이 애잔해졌다. 아이들은 나라를 위해 헌신해온 아버지에 대해, 또 그이는 말없이 자신의 임기를 인내해준 가족에 대해 서로가 깊이 고마운 마음을 전하며 밤은 그렇게 깊어갔다. 자리에 누워도 내일이면 새 대통령이 탄생한다는 생각에 가슴이 벅차 잠이 오지 않았다. 그러자 노태우 대통령 당선자의 부인 김옥숙 여사가 생각났다. 언제나 사과처럼 빨간 뺨을 한 그녀는 취임식을 앞둔 이 밤 무슨 생각을 하고 있을까.

7년 반 전 나는 청와대로 들어오기 전날 밤을 낯선 세계에 대한 두려움으로 떨며 보냈지만 그녀는 다를 것 같았다. 준비가 없던 우리와는 달리 많은 것을 경험할 충분한 시간이 있었던 노 당선자 부부였다. 어쩌면 치열했던 대통령 선거를 당당히 치뤄내고 맞이하는 취임식이고 청와대 생활이니까 우리와는 사뭇 다른 감회가 많겠다는 생각이 들었다. 김 여사에게 기회가 되면 나의 경험담을 들려줘야겠다고 난 생각했다. 아무 경험이 없었던 나의 시작은 얼마나 실수투성이였던가.

"내일은 새 대통령 내외분을 마음껏 축하해 드려야지."

"할아버지, 어디로 가는 거예요?"

이런 저런 생각으로 늦은 밤이 되어서야 잠이 들었던 우리 내외가 눈을 뜬 것은 1988년 2월 25일 새벽 5시 30분이었다. 이 시간, 남편의 신분은 이미 임기를 마친 전직 대통령의 신분이었고 노태우 당선자는 대통령의 임기가 시작되고 있었다. 그이와 나는 청와대를 예방해준 노 대통령 내외와 함께 여의도 국회의사당 앞에 마련된 대통령 취임식장으로 향했다. 차 속에서 나는 참을 수 없이 터져나오는 내 안의 음성을 들었다.

"아아! 우리는 이 날을 얼마나 목마르게 기다려왔던가."

그러자 어제 밤 힐튼 호텔에서 베풀어졌던 고별연이 생각났다.

"국민 여러분! 본인은 제12대 대통령의 7년 임기를 마치고 고별의 인사를 드리기 위해 이 자리에 섰습니다."

그것이 고별사를 통해 털어놓은 그분의 심정이었다.

"나는 우리나라 민주주의의 꽃밭을 가꾸는 농부의 심정으로 모든 노력을 기울여왔습니다."

국민을 향한 고별사를 시작했을 때 그분의 음성은 감격으로 떨리고 있었다. 역사의 무대에서 퇴장할 때면 누구나 그런 감격과 떨림이 내면에서 굽이치지 않을 수 없으리라. 어떻게 감격과 경건한 두려움 없이 역사의 무대에서 퇴장할 수 있을 것인가. 남편의 대통령 퇴임 인사말을 들으며 나는 이미 고인이 된 시부모님을 생각했었다. 찢어지도록 가난했지만 그분에게 세상에 대한 올바른 가치와 유교적 예의, 정직과 신념의 씨앗을 심어주신 분들이었기 때문이었다.

"참 행복한 사람이야."

정말 오랜만에 난 그이가 행복한 사람이라는 생각을 했었다. 그 작별의 순간이 오기까지 혼신의 힘을 다 바쳐 일할 수 있었다는 그이의 비범한 행운 때문이었다. 고별사가 끝나면 책임자의 고독으로부터 해방되어 범부의 소박한 생애로 옮겨질 것이었다.

내가 잠시 퇴임 행사의 상념에 잠겨 있는 사이 그이와 40년간 우정을 나눈 둘도 없는 그분 친구는 새 대통령직에 취임하기 위해 단상으로 향했다.

"나는 헌법을 준수하고 국가를 보위하며 대통령으로서의 직책을 성실히 수행할 것을 국민 앞에 엄숙히 선서합니다."

7년 반 전, 그분이 했던 똑같은 대통령 취임선서가 이제 후임자가 된 노대통령의 음성을 통해 국민들 앞에 울려 퍼졌다. 마침내 대한민국 13대 대통령이 탄생한 것이다. 남편도 나도 진심으로 노태우 대통령의 취임을 축하했다. 그 순간 그이와 신임 대통령인 두 사람이 젊은 시절 즐겨하던 말이 생각났다.

"조국은 하나, 충성을 바칠 곳도 하나."

그렇게 젊은 장교 시절, 나라를 위해 목숨 바치자고 다짐하던 두 사람이 다시 하나뿐인 조국 앞에 최고의 책임과 의무를 인계해주고 인계받은 후 함께 손을 높이 들어 인사하고 있었다. 40년간 우리 현대사가 학수고대해 온 단임 실천과 평화적 정권교체가 마침내 우리 눈앞에서 그렇게 실현되고 있었다.

우리 내외가 취임식장으로부터 다시 청와대로 돌아왔을 때 청와대 주인은 이미 바뀌어 있었다. 집무실로 간 그이는 그곳에서 자신이 7년 반 동

우리의 귀향을 반기는 수많은 사람들과 취재진들이 연희동 집 앞에 모여 있었다.

안 일했던 자리를 노 대통령에게 물려주었다. 대통령 집무실을 인계하고 인계받으며 두 사람은 뜨거운 포옹과 악수를 나누었다. 만감이 교차하는 역사적 장면이었다. 노 대통령 내외가 우리를 전송했다.

우리가 탄 승용차는 청와대를 뒤로 하고 옛집을 향해 출발했다. 군악대의 연주가 경쾌하게 울려퍼졌다. 청와대 입구부터 줄지어 선 시민들은 우리 내외를 향해 태극기를 흔들어주었다. 바람 속에 휘날리는 태극기는 꽃밭 같았다.

"할아버지, 어디로 가는 거예요?"

청와대에서 태어나 연희동 옛집에 대한 추억이 전혀 없는 손녀딸 수현이 차 속에서 물었다. 남편은 사랑하는 손녀와 자신에게 가장 소중한 이취임의 순간을 함께 나누고 싶어 했었다.

"연희동으로 가는 것이란다. 네 아빠와 고모, 삼촌들이 다 성장하고, 막내 삼촌이 태어났던 우리의 진정한 집이 거기 있단다. 이제는 할아버지도 바쁘지 않을 테니 연희동 집에 가면 우리 수현이와도 많이 놀아줄 수 있겠구나. 기대해도 좋다."

할아버지가 들려준 의외의 약속에 수현은 금세 표정이 밝아졌다. 곁에 앉은 내 가슴은 뛰었다. 잠시 후 차는 그리운 연희동 옛 골목으로 접어들었다. 골목을 지나 조금 더 들어가면 우리의 옛집이 있었다. 연희동 골목 하늘 높이 걸린 현수막들이 거대한 방패연처럼 바람에 펄럭이고 있었다. 현수막엔 이렇게 쓰여 있었다.

"수현이 할아버지 할머니, 수고 많이 하셨습니다."

우리 내외를 마중하기 위해 나와준 고마운 연희동 이웃들이 우리에게 보내는 선물이었다. 우리 내외의 귀향을 감격적으로 맞이하는 동네 주민들의 뜨거운 심정이 바람 속에서 마치 합창하는 듯 느껴졌다. 대통령 시절, 그분이 가는 곳마다 들려오던 '대통령 찬가'보다 더 장엄하게 느껴지는 합창이 펄럭이는 그 현수막으로부터 폭포처럼 쏟아져내리는 것만 같았다. 우리는 반가운 이웃들과 인사를 나누기 위해 골목 입구에서 내려 수현의 손을 잡고 옛집까지 걸어갔다.

이 길을 걷기 위해 얼마나 기다렸던가.

누가 뭐래도 우리에겐 휴식이 필요했다.

청와대에서 나고 자란 수현이를 안고
우리 내외는 그리운 연희동 옛집 골목으로 들어서고 있다.

제16장

수난의 시작, 백담사 유폐(幽閉)

서울을 떠나지 않을 수 없는 상황에 몰려
설악산 백담사 법당에 나가 앉아 있어야 했지만
유폐생활을 강요받게 된 배경과 이유를
납득할 수 없었던 우리는
주체할 수 없는 낙심과 울분 때문에
그 겨울, 그 법당, 그곳이 요구하는
마음의 고요에 다다르기에는 무리였다.

순간의 행복

청와대를 떠나 많은 사람들의 박수를 받으며 연희동 집으로 돌아오던 그해 2월의 감격을 나는 잊을 수 없다. 그날 연희동 집 대문을 들어섰을 때 나는 마치 꿈을 꾸는 것 같았다. 그날 옛집 마루에 귀향의 첫 발을 내딛으며 내가 했던 독백은 이것이었다.

"결국 남편은 해냈습니다!"

그리고 난 다시 반복했다.

"결국 남편은 해냈습니다!"

나는 그것으로 그이 임기의 최대공약이며 통치철학이었던 평화적 정부 이양이 완성된 것이라고 굳게 믿었다.

그러나 내 기쁨은 오래 가지 못했다. 옛집에 돌아와 미처 이삿짐을 풀 겨를도 없이 정치적 비난의 화살이 남편을 향해 날아들었다. 근거 없는 악성소문들, 갖가지 '비리'에 대한 보도들이 광풍처럼 거리를 휩쓸고 있었다. 그이가 순정을 바쳐 일했던 7년 반의 임기는 삽시간에 7년 반짜리 비리의 쓰레기장으로 변했다. 그 악몽은 무려 9개월 동안이나 집요하게 이어져 결국 그이를 백담사 유폐까지 밀어붙였다. 권력의 보호망 밖으로 나오는 일이 서러운 일이 될 것이라고 각오는 했었지만 이렇게까지 처참할 줄은 미처 몰랐다. 그 무참한 추락이 주는 공황감에 난 거의 실신할 정도였다.

    그 9개월 동안 세상은 그이에게 너무나 많은 경험을 하게 했다. 그 세월은 그이를 청와대라는 극단에서 백담사라는 극단으로, 대통령의 신분에서 귀양자의 신분으로 그렇게 거침없이 바꿔놓고 있었다. 그것은 온 나라를 발칵 뒤집어놓은 '5공 청산 회오리'의 엄청난 결과였다. '5공 비리 정국'이 '5공 청산 정국'으로 이어지면서 그이를 모욕에 찬 유폐의 길로 내몬 그 무서운 회오리는, 퇴임 후 그이가 맡게 되어 있던 국가원로회의 의장직에 대한 부정적인 언론 보도로부터 시작됐다.
    그이 재임시 여야가 합의한 개정헌법에 규정된 원로회의는 최규하 전 대통령과 곧 퇴임을 앞둔 그이를 비롯해 앞으로 계속 생겨날 퇴임 대통령들이 국가의 원로로서 그들의 통치경험과 경륜, 재임 중 형성된 외교적 자산을 활용하자는 뜻에서 마련된 국정자문기구였다. 그런데 정치권과 언론은 무슨 근거에서인지 원로회의가 퇴임 후 상왕 노릇을 하기 위해 마련한 제도라며 비판의 강도를 높였다. 그리고는 곧이어 그이 동생이 회장직을 맡고 있던 새마을본부가 엄청난 비리의 온상인 것처럼 앞다투어 보도했다.
    새로 출범한 6공화국의 빠른 안정과 국정의 정상화를 걱정하던 그이는 마침내 새 정부의 부담을 덜어주어야 한다고 생각했다. 그리하여 퇴임 50일도 채 안 되는 4월 13일, 국가원로회의 의장직 사퇴를 발표했던 것이다. 그러자 기세가 오른 야권과 언론매체는 한층 더 비난의 강도를 높였다. 연일 경쟁적으로 온갖 '소문'과 '유언비어'를 확인된 사실처럼 보도하기 시작했던 것이다. 그러한 주장대로라면 5공화국은 집권기간 내내 계획적으로 비리만을 저질러온 정권이고, 나라를 망친 하나의 거대한 범죄조직이라고 해야 더 어울릴 정도였다. 그 선동적 보도를 사실로 믿은 국민들은 당연히 흥분했고 분노를 터뜨렸다. 끓어오르는 울분을 삭히기 힘들 정도의 온갖 비리에 대한 성토로 달아오르던 '5공 비리 정국'은 곧 '5공 청산'이라는 엄청난 회오리바람으로 이어졌다.

평화적으로 정권을 이어받은 새 정권이, 그것도 동일한 정당에서 태어나 함께 신념을 모아 집권에 성공한 새 지도자가, 왜 집권하자마자 전임정권이자 자신의 모태인 제5공화국의 청산을 그토록 부르짖어야 했는지는 이해하기 어렵다. 다만 당시 온 나라를 휘몰았던 무서운 기세의 민심과 인민재판식 청산 열풍을 두고 사람들이, 5.16 군사혁명 이후 30년 가까운 세월 동안 누적되어온 과거 정치사 전체에 대한 한풀이를 하는 것이라고 말하는 것을 들은 적이 있을 뿐이다. 그러나 그이는 스스로 권력을 내놓고 단임 실천을 완성하고 나온 이상 어떤 뭇매라도 묵묵히 맞으며 참고 기다려야 한다고 생각하는 것 같았다.

올림픽 개최를 한 달 앞둔 그해 8월의 어느 날이었다. 한 여성 언론인이 연희동 집으로 나를 찾아왔다. 그녀는 당시 언론인들 사이에서 나돌고 있다는 '이상한 내기'를 들려줬다.

"요즘 우린 동료들과 재미있는 내기를 하고 있답니다."

그 재미있다는 내기의 내용은 참 기이한 것이었다. 새로 들어선 정부가 과연 남편이 어렵게 유치해 7년간 심혈을 기울여 준비해온 88서울올림픽 개막식에 그분을 참석시킬 것인가 하는 것과, 올림픽 개막식 치사에서 서울올림픽을 유치하고 준비한 남편의 공로를 언급할 만큼 용기 있는 사람이 과연 있을 것인가에 관한 것이었다. 그 얘기를 들으며 나는 속으로 참 이상한 내기들을 하고 있다고 생각했다. 둘도 없는 친구이며 평생 동지인 노태우 대통령이 건재하고 있지 않은가. 그이의 모든 진심과 진실을 가장 잘 알고 있는 노 대통령은 분명 그이를 모욕과 수모에서 건져내 진실과 진심을 밝혀내 주리라는 믿음 때문이었다. 그러나 다음 순간 나는 얼굴을 붉히고 말았다. 지도자들이 시험받고 있다는 생각이 들었기 때문이었다.

그들의 관심은 과연 요즘 같은 각박한 정치현실 속에서 올림픽을 유치하고 준비한 전임 대통령의 공로를 치사 내용에 포함시켜줄 용기 있는 지도자를 볼 수 있겠느냐는 것에 쏠려 있었던 것이다. 올림픽에 쏟은 전임 대통령의 정열과 노고를 누구보다도 잘 알고 있는 사람이 바로 5공화국에서 올림픽 조직위원장까지 지냈던 노 대통령인데 대체 사람들은 왜 그런 경솔한 걱정들을 하고 있는 것일까.

그러나 정작 1988년 9월 17일, 화창한 가을 하늘 아래 88서울올림픽 개막식이 장엄하게 펼쳐지던 날, 이상하다고 생각했던 그 내기의 결과는 현실로 나타났다. 자신의 임기 중 정열과 신념을 바쳐 서울올림픽을 유치하고 준비한 그이는 올림픽 개막식에 참석할 수 없었던 것이다. 바로 조국의 땅, 서울 하늘 아래에서 열리고 있는 그 대망의 서울올림픽 축제를 집에서 TV를 통해 지켜봐야 했던 그이에게 그 가을은 정말 잔인했다. 날씨는 쾌청이었다. 잠실 주경기장에선 화합의 무대가 펼쳐지고 서울올림픽의 노래 '벽을 넘어서'가 울려퍼지고 있는데, 긴 세월, 그 역사적인 순간을 만들기 위해 그야말로 혼신의 힘을 다 쏟았던 그이의 모습은 개막식장 어디에도 찾아볼 수 없었다.

40억 세계인이 하나가 되어 자신이 그토록 원하던 대로 바로 대한민국의 수도 서울에서 이념과 체제, 반목의 벽을 뛰어넘어 인류화합이라는 대용광로 속에 융화되는 감격스러운 축제에 막상 올림픽 유치와 준비를 총지휘한 그이의 모습은 보이지 않고, 서울올림픽을 '나치 히틀러의 베를린 올림픽'이라고 비난했던 야당 정치인들이 귀빈석을 차지하고 있었다. 우리나라가 세계를 깜짝 놀라게 한 저력으로 160개 참가국 중에서 당당히 4위를 차지했을 때도 그이의 남다른 감격의 외침 소리를 들어준 것은 함께 거실에 있던 가족들뿐이었다.

"정말 잘했어! 대단하지 않소! 우리 민족은 역시 굉장한 민족이오!"

올림픽 기간 내내 아시안게임 때처럼 북한의 테러가 있을까봐 노심초사하던 그이는 행사가 무사히 끝나는 것을 보고서야 비로소 안도했고, 사상 최대의 올림픽을 성공적으로 마치게 된 것을 기뻐했다. 그런 그이의 모습을 보며 눈시울이 붉어진 내게 그이는 오히려 위로의 말을 건넸다.

"여보, 너무 그러지 말아요. 집에서 이렇게 TV로 보니 더 잘 보이고 아주 좋은데 뭘 그러시오?"

그이는 집으로 찾아온 가까운 분들과 함께 만감이 차올라 상기된 모습으로 축배를 들었다.

"내가 올림픽 행사에 참석하지 못했다고 슬퍼하지들 마시오. 내가 행사에 참석했느냐, 불참했느냐는 중요한 것이 아니지 않습니까? 가장 중요한 것은 우리가 그토록 고대하고 땀을 쏟았던 올림픽이 정말 멋지게, 아주 성공적으로 바로 대한민국 서울 한복판에서 완벽하게 이루어졌다는 그 사실 아닙니까. 나는 정말이지 내 평생에 TV 앞에서 이렇게 행복해 보기는 처음입니다. 그리고 원래 세상의 이치란 것이 그런 것 아닙니까? 씨를 뿌리는 사람이 따로 있고, 열매를 거두는 사람이 따로 있게 마련 아닙니까. 내가 뿌렸으니 당연히 내가 거둬야 하며 집착한다면 얼마나 속 좁은 생각입니까? 그러니 각자가 시간이 자기에게 맡겨준 역할만 충실하게 수행해내면 되는 겁니다. 오늘은 정말 우리나라에 큰 축복이 주어진 날입니다. 경사 중의 경사인 이 좋은 날에 내가 그 자리에 참석하지 못했다는 사소한 일에 얽매이지 맙시다. 우리 거시적 안목으로 세상을 보며 위대한 조국 대한민국을 위해 건배합시다."

그러나 그이가 힘차게 선창했던 '조국 대한민국을 위한 건배' 제의도 그날 그이 앞에서 간신히 끓어오르는 감정을 억누르고 있던 주위분들과 가족들의 참담한 심경을 끝까지 자제시키지는 못했다. 모두가 그이를 괴롭게 하지 않으려고 함께 잔을 들며 애써 감정을 억눌렀었다. 그러나 그 '건배!' 소리 뒤로 결국 억제되지 않는 울먹임들이 터져 나왔었다.

  올림픽 기간은 그래도 가족들과 TV라도 볼 수 있어 행복했던 셈이다. 남편은 올림픽을 계기로 국정이 어두운 '5공 청산'의 질곡을 벗어나 올림픽 성공의 부가가치를 최대한 활용하며 발전적인 미래로 전진해 나가기를 바랐었다. 그러나 그 염원은 다시금 무참히 깨져버렸다. 잠시 주춤했다 다시 불어오는 회오리바람처럼 모든 언론들이 다시 그이 재임 중의 일들을 왜곡해 보도하기 시작한 것이다. 사람들은 성공적인 올림픽에 대한 그이와 5공화국의 최소한의 땀과 공적마저도 외면한 채 왜곡된 과거에 대한 분노만으로 그이와 지난 정부를 몰아세우며 성토해댔다. 그러나 그이는 아무리 억울하고 원통한 소리를 들어도 여전히 침묵을 지키고 있었다. 그 길만이 지금 상황에서 노 대통령을 위해 가장 도움이 되는 일이라고 믿었기 때문이었다. 그이는 여소야대의 정국을 맞아 노 대통령이 정치적으로 어려운 입장에 처해 있음을 잘 알고 있었다. 새 정부로서 새로운 출발, 더 높은 도약을 위해 과거사를 짚고 넘어가는 과정이 불가피한 모양이라고 이해하며 성원하고 있었다. 다만 '5공 청산'에 몰두하느라 올림픽의 성공이 가져다줄 국운번창의 힘찬 동력, 그 천재일우의 황금 같은 타이밍을 놓칠까봐 염려하며 안타까워했을 뿐이었다.

  그런데 여론의 비판이 극심할 즈음이었다. 언론보도 속에서 그이의 '외국추방', '은둔', '낙향'이라는 단어들이 등장하기 시작했다. 나는 그 낯선 말들 속에 잠복해 있는 그 어떤 음모 같은 것이 느껴져 엄청난 충격을 받았다. 그러나 그것은 곧 현실이 되어 연희동 집 문을 두드렸다. 곧 정부측에서 한 사람이 그이를 찾아온 것이다. 그리고는 그이에게 보도내용과 똑같은 요구를 해오는 것이 아닌가. 도저히 이해할 수 없는 경악할 내용의 요구였다.

평소 그분은 후진국의 지도자들이 권력을 이용해 치부하고 재임기간 동안 그 재산을 해외로 빼돌려두었다가 권좌에서 물러난 후에는 외국으로 도망가 사치스런 생활을 하며 자기 조국을 망국으로 치닫게 한 사례들을 극도로 증오했었다. 그런데 이제는 마치 자신마저도 그런 매국적인 지도자인 양 해외로 내몰려고 하는 새 정부의 발상 앞에서 그이는 전율했다. 그이가 택할 수 있는 길은 한계가 있었다.

죽어도 이 땅에서 죽는다는 것이 그이 신념이었다. 어떤 극심한 모욕이 주어져도 이 땅에 남아 자신의 눈물과 신고(辛苦)까지도 이 땅 어딘가에 거름이 되고자 했던 것이 그이 의지였다. 그날 그이는 결국 외국으로 가는 것을 제외한 모든 방법으로 임기 중 발생했던 과오들에 대해 자신이 무한 책임을 지겠다는 뜻을 밝혔다. 정부의 요구대로 그 방법만이 어지러운 정국과 악화된 민심을 수습하는 길이라면 국민 앞에 엎드려 사죄하고 어디든 가라는 데로 가겠다는 결심이었다. 이같은 그이의 결심이 알려지자, 그분 주변에선 여론재판식의 질타가 있다고 해서 한때 소신을 갖고 국정을 운영했던 전직 대통령이 무조건 항복하는 형식의 사과를 할 수는 없다며 강력히 만류해왔다. 그러나 더 이상 '5공 청산 정국'이 지속되게 할 수 없다는 그이의 신념은 확고했다.

그이는 어렵게 주변의 반대를 설득했다. 청와대의 요구를 수용해 연희동을 떠나기로 결심한 것이다. 그런 그이에게 또 한 번 믿을 수 없는 충격적인 요구가 전달됐다. 청와대측에서 다른 정치인들도 재산을 공개하니 담화문에 우리의 재산내역을 포함시켜 달라고 했다. 그런데 대국민 담화문을 준비하고 있을 즈음, 청와대에서 갑자기 또 다른 요구를 추가해왔다. 청와대는 밀사를 보내 그이에게 '재산내역 공개'가 아닌 '전 재산 헌납'을 요구하고 나온 것이다. 정치광풍 속에서 최소한의 해명과 정당한 입장표명

기회도 얻지 못한 채 오직 청와대의 입장을 도와주기 위해 살고 있는 집마저 떠나 정처 없이 어디론가 가야한다는 현실만으로도 우리 내외에겐 아연한 일이었다. 그런 우리에게 청와대가 그이가 영관장교 시절부터 살던 집을 포함한 모든 재산을 헌납하지 않으면 안 된다고 강요해오다니 경악할 일이었다. 청와대 밀사는 전 재산을 국고에 헌납하겠다는 바로 그 내용을 대국민담화문에 반드시 명시해 달라고 떼를 썼다. 그이는 전 재산 헌납 강요는 있을 수 없는 요구라며 거절했다. 밀사가 떠나자 그이와 난 심한 허탈감에 빠졌다. 당시 청와대 밀사는 이원조 씨였다.

"이럴 수는, 정말 이럴 수는 없어. 그분의 총애를 받으려고 앞을 다투던 사람들이 우리에게 이토록 가혹한 짓을 할 수는 정말 없어."

그런데 그런 압력을 받은 것은 그이만이 아니었다. 장세동, 안현태, 이양우 씨 등 이른바 그이 측근들도 모두 각각 노 대통령의 측근들로부터 유사한 압력을 받았다고 그이에게 전해왔던 것이다.

그러나 가장 커다란 경악은 그 다음에 닥쳤다. 이원조 씨가 떠난 직후 받아본 그날의 석간신문이었다. 담화발표가 있기도 전인 데다, 엄연히 '전 재산 헌납'이라는 강요를 말도 안 되는 소리라며 물리치고 난 직후인데 모든 뉴스와 신문들이 그분의 '전 재산 헌납'을 일제히 일면에 보도하며 이미 기정사실화시키고 있었던 것이다. 그이에 대한 전광석화 같은 타격이었다. 도대체 어떻게 이런 일이 일어날 수 있단 말일까.

그때서야 우리는 깨달을 수 있었다. 그동안 '비리 정국'과 '청산 정국'이라는 정치광풍 속에서 그것이 언론을 통해 표출된 민심이고, 야당의 요청이라면서 청와대 쪽에서 가해오던 온갖 압력들이 사실은 청와대가 만든 치밀한 시나리오에 따라 연출되어온 것이라고 믿지 않을 수 없었다.

진작부터 일말의 의구심이 없었던 것은 아니었다. 우선 그이의 형님, 동생, 사촌과 조카들까지 줄줄이 구속되어 집안을 온통 폐허로 만든 '친인척 비리 척결'로 그이의 도덕성은 이미 회복할 수 없는 상처를 입고 있었다. 연이어 측근들도 곧 대거 구속시킨다는 말들이 전해왔다. 그리고는 내 남동생이 납득할 수 없는 이유로 전격 구속되었다.

그러자 내 안에서 비로소 여론을 따를 수밖에 없다는 청와대의 명분에 대한 최초의 의구심이 시작됐다. '비리정국'이 사실은 그이를 향해 차츰 포위망을 조여 오며, 의도적으로 단계적 수순을 밟고 있는 청와대의 정략이 아닌가 하는 의문이 들기 시작했던 것이다. 그러나 그이의 의견은 달랐다. 그때까지도 그이는 그 모든 것이 여소야대 상황에서 비롯된 새 정부의 어려운 정국운영 탓이라고 굳게 믿었었다. 결국 청와대 '5공 청산'의 최종목표가 바로 자신이라면 기꺼이 그 요구를 들어주어 하루빨리 나라의 안정도 되찾고 소중한 측근들도 보호해야 한다는 생각에서 그 어떤 것도 달게 받겠다고 결심한 '낙향 은둔' 요구의 수용이었다.

사실 친인척과 측근들에 대한 조사와 구속의 소용돌이가 수개월에 걸쳐 집요하게 계속되자 그이 주위의 많은 사람들이 "그 움직임의 발원지가 다른 곳이 아닌 바로 청와대"라는 말을 해왔었다. 그러나 그이는 매번 그 주장을 강하게 일축했다. 그리고는 오히려 그렇게 말하는 사람들을 설득했었다. 즉 불미스러운 일로 노 대통령에게 누가 되어 미안한 심정이니 절대 그런 생각을 해서는 안 된다며 주변을 타이르곤 했던 것이다. 그러나 전 재산 헌납 요구를 통해 드러난 청와대 측 의도에 대한 그 명확하고도 비정한 증거 앞에서 남편은 할 말을 잃고 말았다.

그즈음엔 무슨 까닭에선지 집 주위의 경비가 돌연 허술해지면서 데모대가 집 가까이까지 접근하는 일도 일어났다. 두려운 일이었다. 그러자 날이 갈수록 격앙되는 분위기 속에서 우리 내외의 신변조차 장담할 수 없으니 일단 외국으로 피신해야 훗날 5공 비리와 5공 청산으로 매도된 5공의 정치적 진실을 밝힐 수도 있지 않겠느냐는 의견을 말하는 사람들도 생겨나기 시작했다.

남편은 그날 처음으로, 자신을 보호하고 싶지만 정치적 상황 때문에 불가피하게 어려운 결심들을 하고 있다고 철썩같이 믿었던 친구 노 대통령이, 어떤 이유에서건 자신이 서울을 떠나 사라져주기를 원한다는 사실을 비로소 알게 되었다. 그날 밤 허탈한 모습으로 밤 새워 생각에 잠기던 그이는 나에게 서울을 떠나자고 말했다. 그리고 기왕에 가는 것, 사람들이 찾아오기 힘든 첩첩산중으로 가자고 했다.

그러면서 그이는 노 대통령이 어차피 나라를 위해 자신이 없어져줘야만 일을 하기가 좋다는 생각을 가졌다면, 자신에 대한 걱정을 할 필요도 없는 곳으로 서슴없이 떠나주는 것이 어서 나랏일에 전념할 수 있도록 돕는 길이 아니겠느냐고 말했다.

"그동안은 다른 사람들의 주장과 어려운 정치 상황에 떠밀려 노 대통령이 나에 대해 계속 어려운 결정을 내리게 했다고 미안하게 생각했는데, 이제는 바로 그것이 노 대통령 자신이 원하는 것이라는 것을 명백히 알게 된 이상 한 순간도 주저할 필요가 없소. 내가 빨리 떠나야 더 이상의 무의미한 희생도 막을 수 있을 것이오."

모든 것이 명백해졌다. 청와대의 요구사항, 그것은 더도 덜도 아닌 그이의 '은둔'이었다.

은둔지 선정은 쉽지 않았다. 그동안 백담사는 그 험한 지형과 열악한 시설 때문에 마지막까지 망설여지던 곳이었다. 그러나 그날 밤 그이는 백담사가 가장 열악한 시설과 가장 험한 지형, 즉 설악산 깊숙한 곳에 위치하고 있다는 바로 그 이유 때문에 그곳을 스스로 은둔지로 결정했다. 바위처럼 굳은 우정이라고 믿었던 바로 그 우정에 배신당했다는 경악 때문인지 백담사행을 결심하던 그이 얼굴에는 예전의 순수한 패기, 신념에 찬 자신감은 사라지고 없었다. 마지막 순간까지 그이는 자신의 결정을 반대하는 측근들을 다독거렸다. 다음 날 아침, 그이는 국민들 앞에 서서 진심을 다해 사죄한 후, 내 땅, 내 조국에 남아 받는 벌이라면 어떤 벌도 달게 받겠다는 대국민 담화문을 낭독한 후 백담사를 향한 은둔의 길에 올랐던 것이다.

백담사 요사채에서의 첫 밤

1988년 11월 23일 오전 10시.

그이와 나는 연희동 집 대문을 나섰다. 집 앞에는 우리를 태우고 낯선 곳 백담사로 떠날 차 한 대가 서 있었다. 그이가 대통령직 퇴임으로 청와대를 떠난 지 만 9개월이 지난 때였다.

1980년 8월 연희동 집 앞에는 그날과 똑같이 검은 차 한 대가 서 있었다. 싱그러운 바람이 불던 그 여름날 아침, 우리 내외는 엄숙한 사명감에 잔뜩 긴장한 채 청와대라는 이름의 새로운 임지를 향해 희망찬 출발을 했었다. 그리고 8년 3개월이 지난 지금, 바로 연희동 그 집 앞엔 다시 검은 승용차 한 대가 침울한 시동소리를 내며 서 있었다. 골목엔 초겨울 특유의, 탄식 같은 북풍이 불고 있었다. 소리 죽여 흐느끼는 정든 이웃들을 뒤로 한 채 우리는 가본 적이 없는, 미지의 산사를 향해 떠났다. 행장(行裝)도 꾸리지 못한 황망한 출가, 임지가 아니라 은둔지로 우리를 실어갈 차는 마치 옛 왕조시대에 귀양지로 떠나던 수레처럼 그렇게 애절한 첫 바퀴를 돌리고 있었다.

떠나기 전 남편은 정든 집 연희동 응접실에서 참담한 심정으로 '국민 여러분에게 드리는 말씀'을 발표했다. 국민이 내리는 형벌이라면 어떤 고행도 받아들이겠다고 그분은 말했다. 국민이 가라고 명령하는 곳이면 그것이 조국 대한민국을 떠나라는 요구가 아닌 한 어디라도 가겠다고 말했다.

"지금 이 순간은 생업을 위해 부지런히 길거리를 오가는 시민들, 가을걷이를 끝낸 들녘을 거니는 농민 여러분의 평범한 일상과 행복이 한없이 부럽게 느껴집니다."라는 쓸쓸한 말로 끝을 맺었을 때, 모여 있던 많은 지인들이 모두 눈물을 쏟았다.

기약 없는 유폐생활은 그렇게 시작됐다. 가족과 사회와 과거로부터의 처절한 단절, 최선을 다해 일했던 7년 5개월의 재임기간이 통째로 '존재해서는 안 되었던 통치의 시간'으로 추락되어버린 그 무참함, 명예가 목숨보다 더 소중했던 남편에게 쏟아진 오욕(汚辱)의 언어들. 그분은 그렇게 죽음보다 더한 형벌의 시작 앞에 서 있었다.

백담사는 참 멀기도 했다.

오랫동안 무서운 불면증에 시달려온 데다 빈속이어서 은둔지를 향한 출발부터 나는 지독한 멀미를 했다. 도시락이 준비되어 있었지만 단도에 찔린 것 같은 가슴의 통증 때문에 몸을 가누기조차 힘들었다. 남편이 겪고 계신 절망과 고통이 생각나자 걷잡을 수 없는 슬픔과 서러움이 나를 덮쳤다.

"곁에 계신 분을 생각해야지."

나는 몇 번이고 다짐했지만 쏟아지는 눈물을 억제할 수 없었다.

"아아, 나는 왜 이다지도 어리석단 말인가. 피눈물을 삼키며 침묵하고 계신 저분은 대체 어떻게 하라고 이렇게 속절없이 울고 있단 말인가."

자신의 추락하는 모습만으로도 견디기 힘든 그이에게 나마저 무너져내리는 모습을 보여서는 안 된다고 다짐하고 또 다짐을 했지만 속수무책이었다. 대체 아직도 나의 어느 구석에 그토록 절망할 기력이, 그토록 절망에 울고불고할 여력이 남아 있단 말인가. 말 없이 눈을 감고 있는 그이의 처연한 숨소리에 내 가슴은 산산이 찢어져내렸다.

국토분단의 상징 같은 38선 표지판을 지나고도 차는 북쪽으로 북쪽으로 한참을 더 달렸다. 산사로 가는 길을 알리는 이정표로부터 다시 수십 리 외길이 험난한 절벽을 배경으로 끝없이 뻗어 있었다. 차 한 대가 겨우 빠져나갈 수 있었던 그 외길이 끝나는 계곡 사이에 통나무로 엮어 만든 외나무다리가 걸려 있었다. 그 뒤로 초라하게 퇴락한, 작은 절 한 채가 바라다 보였다.

외길의 종착지인 그 외나무다리. 눈앞에 다가왔다 멀어져가는 낡은 산사의 모습. 그 모든 것들은 이 세상의 것이 아닌 저승의 것인 양 느껴져 서러움이 더했다. 다시는 되돌아 나올 수 없을 것만 같은 그 외나무다리를 건너자 산사 앞에는 스님 몇 분과 먼저 도착한 기자들이 우리를 기다리고 있었다. 아니, 그 한사(寒寺) 앞에서 가장 먼저 우리를 맞아준 것은 내설악 특유의 한랭한 바람, 살을 에는 지독한 추위였다. 아직도 초겨울인 11월이었지만 백담사 계곡은 이미 영하 20도를 오르내리는 매서운 추위가 찾아와 있었다. 혹독한 추위 때문이었을까. 슬픔과 눈물로 녹아버린 내 마음도 삽시간에 얼어붙어 얼음덩어리가 되어 있었다. 백담사 유폐생활은 그렇게 시작되었다.

절에서 우리에게 내어준 두 평 남짓의 작은 골방은 덧문도 없었다. 내설악의 바람에 삭아 낙엽색이 된 창호지문 두 개가 그 옹색한 방 앞뒤로 달랑 매달려 있을 뿐이었다. 백담사 요사채의 방 가운데 가장 형편이 낫다는 그 방은 오래도록 사람이 거처하지 않았는지 방 안에 들어서자 바닥에서 치솟는 냉기로 온몸이 떨렸다. 뒷곁 낡은 마루를 들치고 아궁이에 군불을 때자 화산처럼 매운 연기가 솟아올랐다. 연기는 삽시간에 그 애절한 작은 골방을 메웠고 나는 눈도 마음도 뜰 수 없어 두 팔에 얼굴을 묻었다. 매정한 것은 연기뿐이 아니었다. 외풍은 얼마나 센지, 창호지 문이 열릴 때마

사람이 살지 않아 방구들마저 꺼져 있던 백담사 요사채

손에서는 담배를 놓을 수 없을 만큼 그분은 힘들어하셨다.

제16장 시련과 깨달음

다 강풍에 방 전체가 곤두박질치는 것 같았다. 초라한 그 방에는 전깃불조차 없었다.

눈을 뜰 수 없도록 매운 연기를 막기 위해 우선 뒷문을 테이프로 봉하고 담요에 끈을 매달아 걸어 외풍을 막았다. 그렇지 않아도 좁고 어두운 방은 담요로 문을 막아버리자 더욱 어두워 동굴 같았다. 어둡고 침침한 방 가운데 초 한 자루를 밝히고 그이와 나는 드라마 '전설의 고향'에서나 나옴직한 깊은 산골 외로운 산사의 외딴 방에 마주 앉았다. 벽에 걸친 담요 위로 그분의 긴 그림자가 외로운 고목처럼 드러나 일렁이는 촛불 속에서 흐느끼듯 흔들렸다. 그래도 연기는 자꾸 치솟아 그분 그림자 위로 어른거렸다.

"아, 산다는 것은 바로 이 연기 같은 악몽이며 저 담요자락 위에 춤추는 그림자 같은 것인가."

입을 열고 그이에게 뭔가 위로가 될 말을 해야 한다고 내 이성은 안간힘을 쓰고 있었지만 그 어떤 것도 말이 되어 나와주질 않았다. 가장 참혹한 순간, 남편에게 위로의 말 한 마디 할 수 없다니, 아내된 내 모습이 너무도 무력하게 느껴졌다.

"여보, 연기가 매운데 밖에나 나가볼까?"

결국 그이가 먼저 말을 건네주었다. 나는 말없이 그이 뒤를 따라 나섰다. 그러나 연기와 기침에 쫓겨 문 밖을 나선 우리를 기다리고 있는 것은 산사의 고즈넉한 애수나 적막함이 주는 쓸쓸한 위안이 아니었다. 그것은 살을 에는 영하 20도의 한랭한 바람과, 서울로 타전할 기삿거리를 얻기 위해 방한복 차림으로 우리를 기다리고 있는 기자들의 고단한 모습들이었다. 우리 때문에 많은 사람들이 추위 속에 떨고 있다는 사실이 송구하게 느껴졌다. 그날, 마음은 눈물로 가득한데 웃음으로 얼버무리느라 애를 쓰던 내 모습이 기억난다. 그러나 그날 나의 그 억지웃음은 '웃고 있는 전 대

호롱불로
방을 밝히고
글을 쓸 수 있었다.

두 평 반짜리
좁은 방이
거실이고 내실이고
서재였다.

제대로 된
칸막이조차 없이
판자로 엮어놓은
화장실

슬픔과 고통을 감추려 애써 웃음을 지어보이자 기자들은 '반성 없이 웃고 있다.'고 했다.

통령 부부'라는 제목으로 단번에 신문 1면을 장식했고 나는 다시 조롱의 대상이 되었다. 허망한 일이었다.

깊은 밤 비좁은 절간 방에 요를 깔고 고단한 몸을 눕히자 내 꺼질 것 같은 육신 위로 바람에 실려 무엇인가 한줄기 노래 같은 것이 들려왔다. 길고 애절하며 신비한 진동에 떠는, 여류 명창의 만가(輓歌) 같은 소리였다. 숨을 멈춘 채 나는 그 소리를 들었고 그 소리는 이내 나의 흐느낌으로 이어졌다.

"아아, 풍경(風磬) 소리—삶의 끝자락 같은 그 밤, 어둡고 적막한 산사의 처마에서 슬프게 우는 저 풍경소리."

그 풍경소리가 결국 내게 서울에 두고 온 막내아들에 대한 그리움을 실어 날랐다. 그것만은, 막내아들에 대한 생각만은 지금 내게 닥쳐와서는 안 되는 일이었다. 그것은 내 가슴 가장 깊은 곳을 찌르는 비수였고, 내가 견딜 수 있는 슬픔과 고통의 한계점 같은 것이었다. 그애가 그리워지고 안타까워지기 시작하면, 나는 결국 인간이기 이전에 어미라는 한 마리 짐승이 되어, 내장이 상해 이 유배지 생활을 이겨낼 수 없으리라. 갑작스레 쫓겨오느라 이별의 말 한 마디 나누지 못한 채 남겨놓고 온 막내아들이었다. 한창 어미의 손길이 필요한 초등학교 3학년 때 청와대로 들어가 어미 노릇 한 번 제대로 해주지 못한 아이였다. 청와대를 떠나 연희동 집으로 돌아가기만 하면 못 다한 정성을 쏟으리라 결심했었다.

고대하던 그날이 오고 옛집으로 돌아왔을 때 막내는 대학 입시를 눈앞에 둔 아이로 자라 있었다. 그 아이에게 원 없이 정성을 다하리라 별렀던 어미, 그러나 그 어미는 지금 서슬퍼런 서울에 그 아이를 남겨두고 머나먼 귀양살이를 떠나오고 말았다. 인생의 중요한 전환기. 어느 때보다도 부모의 관심과 보살핌이 필요한 시기에, 속수무책으로 떠나야 했던 부모. 그 부모를 떠나보내며 그 아이는 얼마나 큰 충격과 절망감에 떨었을까. 친가도 외가도 모두 무서운 정치 소용돌이에 휩말려 있어 떠나오는 순간까지 마땅히 그 애를 부탁할 만한 곳조차 없었다. 무서운 기세로 악화되던 서울 소식을 듣고 학업을 중단하고 귀국하려던 큰아들 재국과 둘째 재용은 그분의 강한 만류 때문에 미국에서 발만 동동 구르고 있었다. 그나마 딸 효선 내외가 그분이 퇴임할 즈음 첫아이 출산을 준비하느라 서울에 머물면서 재만의 공부를 돌봐주고 있었다. 부부가 유학 중인 미국에서 아이를 출산하면 자동적으로 미국 시민권을 얻게 되지만 딸 내외는 그 일을 원치 않아 일부러 서울로 나왔던 것이다. 첫딸 서연(瑞涓)을 낳자마자 계속되던 정치 소용돌이에 나는 딸아이의 몸조리도 제대로 챙겨주지 못했었다. 엄청난 정신적 충격을 받았을 어린 동생과 정처 없는 길을 떠난 부모 걱정에 잠 못 이룰 효선을 생각하자 단장의 슬픔이 다시 파도처럼 밀려왔다. 전화조차 할 수 없던 그 처절한 밤, 내 가슴은 한 덩이 검정 숯 같았다.

풍경소리에 다시 목탁소리가 겹쳤다. 내 오관에 비수를 긋는 저 풍경소리, 저 목탁 소리, 주체할 수 없는 막내아들에 대한 연민. 대체 나는 무슨 힘으로 이 처참한 비극을 견뎌낼 수 있단 말인가. 백담계곡의 물소리마저 처량하던 그 밤, 도저히 잠을 이룰 수 없어 나는 일어나 앉았다.

재만이에게.
"새벽 3시 50분. 목탁 소리에, 너에 대한 그리움이 사무쳐 촛불을 켜고 앉아 네게 편지를 쓴다."

훗날 '만해당(萬海堂)'으로 헌액(獻額)된 백담사 골방에서의 첫 밤은 그렇게 시작되었다.

'5·6공 단절'이라는 태풍의 눈

우리가 백담사로 쫓겨오던 시점에서, 우리는 그동안 청와대가 국민과 야당의 요구라며 끈질기게 우리를 압박해온 '5공 청산'의 목록들—친인척 구속, 사죄, 재산 헌납, 해외 망명, 은둔 등이 사실은 청와대의 감춰진 본심이라는 것을 어느 정도 짐작할 수 있었지만, 백담사 생활 8개월이 되던 때 슬프게도 그 사실을 확인하게 되었다. 그분이 퇴임 후 상왕(上王) 노릇을 하려는 집념을 가지고 있으므로 6공 정부는 '5공'과 단절하지 않을 수 없다는 것이 6공 청와대의 인식임을 노 대통령의 영부인 김옥숙 여사가 직접 언명한 것이다. 그러니까 그이가 퇴임하자마자 불어닥친 '5공 청산' '5·6공 단절'이라는 태풍의 눈은 청와대였던 것이다.

1989년 7월 14일 김옥숙 여사가 문득 큰아들 재국을 찾았다. 재국은 그

때 아버지의 만류에도 불구하고 학업을 중단한 채 막 귀국해 있었다. 그이가 백담사행을 결심했을 때 재국은 미국 펜실베이니아대학교 와튼경영대에서 경영학 석사과정을 마친 후 행정학 박사과정을 밟고 있었다. 재국이 아버지 소식을 접하고는 당장 귀국하겠다고 했을 때 우리 내외는 강하게 만류했었다. 그러나 아버지의 백담사 유폐생활이 길어지자 재국은 더 이상 참지 못하고 귀국한 것이다. 재국은 생애 가장 어려운 시기를 보내고 있는 아버지 곁을 자신이 지키고 있어야 한다고 생각했을 것이다. 더구나 연희동 집에 혼자 남게 된 막내 재만의 일뿐만 아니라 자신이 돌봐야 할 집안 대소사가 한두 가지가 아니라는 것도 알고 있었다.

"우리 걱정하지 말고 학업에나 전념하라고 했더니만…"

자신에게 몰아친 정치광풍에 자식들의 장래가 희생당하는 것을 원치 않았던 그이는 착잡해하며 그렇게 말했다. 결국 재국의 결심은 옳았다. 막상 아들의 귀국일이 다가오자 그토록 만류하던 그이도 마음 한편으론 든든하고 기뻤던지 부쩍 생기가 나보였다. 특히 손녀 수현에 대한 정이 각별한 그분이 큰손녀를 다시 만난다는 생각 때문에 도착 전날 밤은 마음이 설레어 거의 뜬 눈으로 새우다시피했다.

김옥숙 여사의 초청에 재국은 기대감을 갖고 찾아 갔다. 그러나 그날 재국은 김옥숙 여사로부터 놀라운 내용의 전언(傳言)을 듣고 왔다. 그 내용은 너무도 충격적이어서 어려운 백일기도를 통해 모처럼 마음의 평정을 되찾아가고 있던 우리 부부에게 치유할 수 없는 타격을 가했다. 내용은 이러했다

"각하에 대한 노 대통령 내외의 심정과 우정은 옛날과 조금도 변함이 없다. 그러나 주변 사람들은 주장한다. 전임 대통령은 퇴임 후에도 실질적인 권력을 거머쥔 채 국정을 좌지우지하려 했다고. 그 모델로 선택한 것이 버마의 독재자인 네윈 장군이었기 때문에 버마 순방을 계획했다고 말하는

사람도 있을 정도다. 또 국가원로자문회의와 일해재단도 모두 퇴임 후 권력을 휘두르기 위한 의도로 준비한 것이라는 시각이다. 국가원로회의의 권한을 대폭 강화해 수시로 내각으로부터 보고를 받으면서 실질적인 섭정을 하려고 했다는 의견들이다. 퇴임 전에 있었던 87년 군 인사도 모두 그런 계획 아래 이루어진 것이었다. 이런 주장들이 많아서 결국 전임 대통령이 백담사로까지 유폐를 가는 비극이 발생하게 된 것이다. 우리로서도 어쩔 수 없었다."

큰아들이 전해준 김 여사의 말은 너무 어이가 없어 처음에는 도저히 믿어지지 않았다. 주위 사람들이 아무리 새 대통령 내외에게 충성심을 보이고 싶어 온갖 소리를 다 한다 해도 노 대통령 내외만은 그런 말에 흔들릴 사람들이 아니라고 굳게 생각해왔었다. 아무리 많은 사람이 주장한다 해도 이 세상엔 믿을 수 있는 일이 있고 그렇지 않은 일이 있는 법이 아닌가. 그이와 노 대통령의 40년 우정은 결코 평범한 것이 아니었다. 혈육과 같은 정을 나눠온 형제 같은 친구였고, 그분이 제5공화국을 이끌어오는 동안 노 대통령은 바로 옆에서 그이의 진심과 신념을 지켜보았던 명실상부한 5공의 제2인자이고 목격자였다.

그런 노 대통령이 어떻게 친북한 국가인 버마로까지 달려가지 않으면 안 되었던 당시 우리의 외교적 환경을 모를 수 있단 말인가. 단지 버마의 네윈처럼 대통령직을 떠난 후에도 실권을 잡고 국정을 좌지우지하려는 생각이 있었다면, 그 네윈을 자신의 섭정모델로 삼겠다고 생각했다면, 몇 쪽 짜리 보고서만 받아보면 될 일이다. 무엇 때문에 유서를 써놓고 가야 하는 해외순방길에 나섰겠는가.

우선 노 대통령에게 조언했다는 사람들의 그 발상 자체가 너무도 어이가 없었다. 그리고 그처럼 무서운 오해가 노 대통령의 마음을 사로잡을 수 있었다는 현실이 도무지 믿어지지 않았다. 노 대통령은 누구보다도 친구의 천성과 신념을 잘 알고 있는 사람이었다. 그런 식의 치졸하기 짝이 없는 발상은 아예 그이 존재 속에 끼어들 수 없는 불가능한 것이라는 것을 노 대통령은 알고도 남음이 있을 막역지우였다. 그런데도 노 대통령은 그이를 의심했다는 것이다. 그이를 권력욕에 눈먼 사람으로 간주하는 말에 귀를 기울였고 그 말을 굳게 믿고 있었다는 것이다. 더구나 그 말을 얼마나 확신했으면 김 여사가 직접 재국을 불러 백담사라는 유배지 복판에 내던져진 우리 내외에게 그 의심을 전달해올 수 있었을까. 극심한 허탈감 속에서 나는 천천히 수면으로 떠오르는 진실의 정체를 보았다. 그이는 이미 오래 전부터 무서운 오해의 덫에 걸려 자신도 모르는 사이에 친구 노 대통령 마음 속에 제거되어야 할 최고의 정적(政敵)이 되어 있었음을 말이다.

돌이켜보면 그동안 미심쩍은 일들이 아주 없었던 것이 아니었다. 대통령선거가 끝나고 우리 내외는 기쁨에 차 당선자인 노 대표 댁을 방문했었다. 모처럼 찾아간 친구 집에서 그이는 노 대표와 응접실에서 기분좋게 취했다. 김 여사와 나도 안방에 앉아 그야말로 못다한 이야기꽃을 피웠었다. 선거의 승리가 주는 기쁨 때문이었으리라. 선거전의 무용담을 들려주던 그녀는 원래 사과처럼 잘 붉어지던 뺨이 그날따라 유난히 더 발갛게 상기된 매우 행복한 모습이었다.

내가 그녀를 처음 만난 것은 여고시절이었다. 언니가 없는 나는 다정다감하던 네 살 위의 그녀에게서 친언니 같은 정을 느꼈었다. 성격은 서로 달랐지만 자녀교육에 열성적인 것, 무엇이든 진지하게 배우기를 좋아하는 것 등 비슷한 점이 많아 그녀와 난 늘 단짝친구로 어울렸다. 결혼 후 10년 동안 함께 영어공부를 하면서도 말다툼 한 번 없이 마음이 잘 맞던 그녀와 나였다. 그래서 나는 우리의 우정이 남편들 간의 우정에도 중요한 공헌을 했다며 뿌듯해하기도 했었다. 내가 아플 때면 언제라도 달려와주고, 잠시만 못 봐도 보고 싶다며 눈물을 글썽이던 정겨운 그녀였다.

그런데 그렇게 다정하던 김 여사가 노 후보의 대통령 당선이 확정된 그날 밤은 조금 달랐다. 선거전 무용담을 들려주면서 빈말로라도 현직 대통령인 그이 덕분에 당선되었다는 인사말 한 번 하지 않는 것이 참 이상하기만 했었다. 그뿐 아니라 "민정당이 국민에게 어찌나 인기가 없는지 하마터면 떨어질 뻔했어요." 그녀의 말 속에서 왠지 싸늘한 냉기마저 느껴져 내심 놀랍기만 했었다.

그이와 함께 민정당을 창당한 주역이었고, 그 민정당의 대통령 후보로 선거를 치른 노 대표에게, 민정당은 싫든 좋든 자신의 정치생명이 잉태된 산실이었다. 그런데 그녀는 그날 밤 바로 그 민정당을 사정없이 비난하고 있었다. 그리고 그녀는 계속해 말했다. 이번 대통령 선거의 승리는 민정당이 아니라 오직 노태우, 김옥숙의 개인적 인기와 사조직의 힘으로 이룩된 것이라고.

"민정당은 사실상 선거전 내내 우리에게 도리어 짐이 되었답니다. 민정당 사람 중 80%는 잘라내야 한다고들 하더군요."

대선 때 노 후보 선거 포스터에 민정당의 당명이 보이지 않아 참 이상하다고 생각하면서도 난 이유를 묻지 않았었다. 그것이 과연 기쁘고 흥분된 마음으로 당선 축하를 하기 위해 달려간 우리 내외에게 그녀가 할 수 있던 최선의 인사였을까. 김 여사 말대로 설사 그이가 인기 없는 대통령이고, 민정당이 인기 없는 정당이라고 해도 노 대표 당선을 위해 자신이 줄 수 있는 모든 것을 다 넘겨준 그이와 자신의 정치적 모태인 당을, 당선 즉시 그렇게 싸늘하게 내쳐도 되는 것일까. 뭔가 석연치 않은 기분은 그날 이후 오랫동안 내 가슴 한 구석을 차지하고 있었다. 그런데도 난 그이와 노 대통령, 그리고 나와 그녀 사이에 흐르고 있는 오래 묵은 형제애 같은 그 견실한 우정과 신뢰에 대해 손톱만치도 의심하지 않고 있었다. 김 여사를 만나고 온 재국의 말을 듣고 보니 그제야 어렴풋이 그 어떤 안개가 걷히는 느낌이 들었다. 그날 밤 나는 잠을 이룰 수가 없었다.

87년 12월 그날로부터 2년이 지난 지금, 그들 내외는 통치자로서 청와대에, 우리 내외는 귀양객으로서 백담사에 살고 있었다. 재국 편에 전해온 김 여사의 그 충격적인 전갈을 받고서야 나는 비로소 바로 2년 전 당선의 그 밤, 그녀가 내게 당당하게 던졌던 말 속에 이미 우리 내외가 백담사에 있어야 하는 지금의 운명이 예정돼 있었는지도 모른다는 생각에 이르렀다. 당선되자마자 민정당 사람 중 80퍼센트는 잘라내야 한다고 했던 그녀의 말에서 나는 바위 같던 40년 우정과 민정당이 깨어지는 5공 청산의 경보음을 들었어야 했던 것은 아니었을까. 그날 밤 내가 김 여사로부터 들은 이야기를 노 후보가 당선된 기쁨에 들떠 있던 그이에게 전하지 않고 내 가슴에 묻어두었던 것이 잘못이었을까. 그녀의 말이 몹시 섭섭했지만 여자들 간에 무심결에 나온 말이려니, 혹은 고단했던 선거전 후일담이려니 생각해서 혼자 가슴에만 묻어두었던 것이다. 그러나 그것이 어리석도록 순진했던 나의 잘못이었는지 모른다는 생각이 그날 밤의 김 여사의 모습과 함께 내 가슴을 짓눌렀다.

백담사 골방까지 쫓겨와 치욕의 시간을 보내면서도 친구 노 대통령을 향한 그이의 애정과 신뢰는 변함이 없었다. 그러나 그이의 믿음과는 달리 둘도 없는 친구 노 대통령과 그이 사이에는 이미 오래 전부터 상상도 하지 못했던 깊은 오해의 심연이 놓여 있었던 것이다.

고통의 의미

남편은 현실 적응력이 확실히 남다르게 특출한 분이었다. 한 순간 정상에서 나락으로 추락한 듯 몸도 마음도 추스리기 어려운 상황에서도 그분

부처님 앞에 나가기 위해 목욕재계를 하기 위해서는
큰 고무대야에 물을 받아 수건을 적셔 몸을 닦아야 했다.

은 자리를 잡아가고 있었다. 귀양이든 은둔이든 절에 왔으니 불가의 법도를 따르는 것이 머무르는 자의 도리라면서 스님들의 일과표를 받아 오도록 한 뒤 그대로 따라 하자고 했다. 남편의 뜻에 따라 사흘 후부터 우리 내외는 새벽 예불에 참석하기 시작했다. 예상치 못했던 삶의 파도에 떠밀려 속세와 탈속의 접경지대라고 할 수 있을 수도의 장(場), 백담사를 찾던 그날까지 우리 내외에게는 특별한 신앙이 없었다.

시어머님을 비롯한 시댁 식구들은 대부분 독실한 불교신자였다. 친정 고모님과 이모 내외분은 각각 천주교와 개신교에서 돈독한 신앙생활을 하고 있었다. 그야말로 모든 종교가 평화롭게 공존하고 있는 집안환경 탓으로 우리는 특정 신앙에 대해 편견이 없었다. 우리는 아이들에게도 종교의 자유를 허락했다. 아이들 혼사에도 종교를 문제삼지 않아 큰며느리와 사위는 천주교, 둘째며느리는 불교신자일 정도로 모든 종교에 대해 마음을 열어놓고 있었다. 군 생활을 하면서도 지휘관인 그이는 어떤 종교에도 치우치는 일 없이 모든 종교행사에 고루 참여함으로써 종교로 인한 갈등을 없애려 노력해왔다.

그러다 백담사 첫 새벽예불에 나가던 날 우리는 불교의 새벽예불이란 것이 무엇인지, 대체 어떻게 해야 하는지 예불의식의 내용조차 모르는 상태였다. 아무 것도 모르고 참석하는 새벽예불은 당연히 어색하기만 했고 괴로운 심신상태로 매일 참여하자니 그야말로 고역이 아닐 수 없었다. 매일 새벽 3시면 일어나 단칸방 아랫목에 놓아둔 대얏물에 수건을 적셔 몸을 닦고 법당으로 향했다. 제대로 정성을 갖추자면 목욕재계를 한 후 불당에 들어서야 했지만, 당시의 절 형편으로는 목욕이란 엄두도 낼 수 없었다. 천근같이 무거운 몸을 이끌고 영하 20도 추위에 꽁꽁 얼어 있는 법당에 들어가 앉으면 아무리 내의를 겹겹이 껴 입어도 마루와 방석에 올올이 배어 있는 냉기가 사정없이 온몸으로 파고들어 뼛속까지 얼어붙는 것만 같았다. 게다가 주체할 수 없는 절망과 울분이 가슴속에 탁류처럼 거칠게 흘러, 내 고통의 정체를 알게 해줄 신심이나 묵상이 일어나는 대신 만 가지 상념과 슬픔, 분노 따위가 내부로부터 솟아나 마음의 벽을 만드는 것이었다. 그런 상황에서는 목탁소리도, 염불소리도 내 곁에 접근하지 못했다. 예불을 하며 얻어야 할 잔잔한 신심이나 묵상의 몰아지경(沒我之境) 같은 것과는 너무도 거리가 먼 우리의 마음상태 때문이었으리라. 주체할 수 없는 낙심과 울분 때문에 우리는 도저히 그 겨울, 그 법당, 그 사원이 요구하는 마음의 고요를 얻을 수 없었다.

기도를 위해 눈을 감으면 일평생 편한 잠 한번 실컷 자보지 못하고 고단하게만 살아온 그분의 모습이 영상처럼 펼쳐졌다. 청와대 7년 반의 세월은 그 고단함의 절정으로 채워진 하루하루의 연속이었다.

"임기 후 청와대를 떠나시면 가장 먼저 하고 싶은 일이 무엇입니까?"

퇴임할 때가 다가오던 어느 날 기자들이 그렇게 물었을 때 그분은 오래 생각할 것도 없이 웃으며 대답했었다.

"우선 잠이나 실컷 자고 싶습니다."

대통령이란 직분, 그것은 이미 직업의 차원을 뛰어넘는 것인지도 모른다. 특히 겨우 40년의 짧은 민주주의 역사, 아직도 근대화라는 과제가 해결되지 않은, 설상가상으로 민족분단이란 비극 속에서 안보의 위협까지 극복해야 하는 우리나라의 경우, 대통령이란 직업은 국가를 위해 순교 직전까지 내달려야 하는 것이 숙명인지도 모른다. 임기 동안 그분은 막중한 책임 속에서 거짓말처럼 빠르게 늙어버렸다. 그분 표현대로 젖 먹던 힘까지 다 쏟아부으며 그렇게 자신을 소진시켰었다. 사람이 늙을 수 있는 보통 속도보다 두 배는 더 늙어버린 그분 모습이 내 가슴을 저리게 했었다. 그래도 그 늙음이 훈장이라면 훈장이라고 스스로 위로했었다. 그래서 정말로 더 많은 꿈을 안고 맞았던 그분의 퇴임이었다. 평범한 시민으로 돌아와 보내는 노후에는 아이들에게 못 다한 엄마 노릇도 하고, 못 만났던 친구들도 만나고, 이따금 창가에 앉아 안부편지도 쓰고, 손주들을 무릎에 앉힌 채 "옛날에 한 소금장수가 살았는데…" 하며 옛날얘기도 들려주고 싶었다.

순진하게 콧노래를 부르며 이삿짐을 쌀 때 그분이 넌지시 알려주던 예언적 경고의 말을 마음에 새겨 마음의 준비를 했어야 옳았다. 권력 중심으로부터 떠난다는 것이 대체 무엇을 의미하는지 모르고 있다가 너무 많은 것을 한꺼번에 잃고 나서야 정신적 공황상태에 빠져 있는 내가 한스럽도록 어리석게 느껴졌다. 구속된 형제들. 가장을 감옥으로 보내고 하염없이 넋을 잃고 있을 가족들. 특히 귀하게 얻은 소중한 외아들을 수갑 채워 보내고 겨우내 울고 계실 팔순 친정어머니의 얼굴이 떠오르면 그만 내 가슴은 돌이 되어 굳어버리는 것 같았다.

영하 20도를 오르내리는
새벽. 법당에 들어가
앉으면 뼛속까지
얼어붙는 것 같았다.

절에 들어왔으니
일단 절의 규칙에 따라
새벽예불을
드리기로 했다.

새벽예불을 위해 법당에 나가 앉으면 내 마음은 언제나 배신감과 분노로 가득 찼다. 그분을 위해 목숨이라도 내놓을 것처럼 충성을 외치던 사람들은 어디론지 사라지고 없었다. 세상이 바뀌자 그들은 상황과 이익을 쫓아 제 갈 길을 찾아가기에 바빴다. 그분이 그토록 헌신했던 임기 전체가 송두리째 거대한 비리의 쓰레기장으로 변해가는데도 어찌된 셈인지 진실을 알고 있는 실무자들 중 어느 누구도 해명하려 들지 않았다. 아니, 자기 보호를 위해 용감하게 나서지 못하는 것까지는 이해할 수 있었다. 그러나 어떤 사람들은 누가 시키지도 않았을텐데 5공을 비난하는데 앞장섬으로써 새 정부를 향해 차별성을 부각시키려는 속물적 얼굴을 감추지 않았다. 권력이 대체 무엇이기에 신의와 양심을 그토록 거침없이 내던지게 하는 것일까. 그분은 내게 거듭 세상이란 다 그런 것이니 살기 위해 어쩔 수 없이 돌아앉은 사람들을 탓하지 말라고 나를 달랬다. "오늘 동대문에 장이 서면 동대문으로 장보러 가고, 내일은 남대문에 장이 서면 남대문으로 장보러 가는 것이 세상살이 아니냐"고 했다.

새벽예불을 위해 매일 법당에 나가도 마음속엔 언제나 분노와 배신감, 억울함, 그리고 걷잡을 수 없는 성난 고립감으로 가득 찼다. 그것은 법당을 떠난 후에도 마찬가지였다. 어느 날 법당 문을 나와 뒷산을 걸으면서 영하 30도까지 내려가는 혹한과, 대청봉으로부터 불어오는 거센 바람에도 꿋꿋이 버텨왔던 거인 같은 나무들이 밤사이 소리 없이 쌓인 눈의 무게를 감당하지 못하고 주검으로 쓰러져 있는 것을 보았다. 쓰러진 고목들 중에는 썩어서 텅 빈 속을 드러내놓고 있는 것도 있었다. 무정물(無情物)인 나무들조차 수백 년 긴 세월을 사노라면 아무도 모르는 사이에 그토록 속이 썩어야만 하는구나 생각하니 사람이건, 나무이건, 모든 생명 있는 존재들이 겪어내야 하는 고통의 모습들이 서럽게 생각되었다.

내 마음도 그 쓰러진 고목 같았다. 그러나 나는 내부에서 뒤범벅이 되어 있는 그 극한적인 마음의 혼란을 그분 앞에서 결코 내색할 수 없었다. 분노와 배신감, 삶의 환멸이라면 그분이 더 깊었을 것이다. 그분의 재임기간 동안 불이익을 당한 분들에 대한 마음의 통증도 그분이 몇 갑절 더 깊었으리라.

그분은 믿을 수 없게 표변하는 사람들과 세상 모습에 말을 잃어갔다. 날이 갈수록 점점 더 말이 없어졌고 침묵 속에 돌처럼 굳어져 화석이 되어가는 것 같았다. 지금도 난 잊을 수 없다. 아니, 결코 잊지 못할 것이다. 며칠 밤인가를 혼자 앉은 채 밤을 지새우던 어둠 속에서의 그분 모습을. 칠흑 같은 단칸방 어둠 속에서 그분은 이미 고통에 먹혀 아예 바위가 되어버린 듯 미동도 하지 않았다.

두려웠다. 저러다 저분이 결국 폐인이 되는 것은 아닐까. 백담사를 나갈 수 있는 날이 온다고 해도 다시는 일어설 수 없도록 분해돼버리는 것은 아닐까. 오히려 소리 지르며 분노의 불을 토해내는 것이 나을 것만 같았다. 어떻게든 자신을 백담사까지 밀어붙인 사람들을 이해하고 미워하지 않으려는 의지력으로 자신의 분노를 안으로 안으로만 삼키던 그분은 그 마음의 불덩어리로 인해 스스로 타버려 잿더미가 되어 무너져내리는 것 같았다.

그날 이후 우리는 달라져야만 한다는 한 가지 생각에 매달렸다. 그 외진 산사에서 스스로의 분노 속에서 파멸하지 않기 위해서 우리는 변해야만 했다. 스님들이 권해주신 반야심경, 천수경을 시간만 나면 읽고 붓으로 써가며 암송하기 시작했다. 분노로 타들어가던 우리를 지켜보시던 스님들은 "그 깊은 뜻은 다 이해하지는 못해도 무조건 외우고 쓰면 마음의 불을 가라앉히는 데 도움이 될 것"이라고 권유했던 것이다.

새벽예불 시간에도 보다 절박한 심정으로 참여했다. 예기치 않게 인생의 한 시기에 당신의 품, 산사에 몸을 의지하게 해주신 부처님께 무조건 옷자락을 잡고 매달리는 심정이 됐다. 그러나 여전히 끓어오르는 분노와의 싸움은 그칠 줄을 몰랐다. 기도 중에도, 불경을 외울 때도 우리는 좀처럼 마음을 다스려, 그것을 기도와 불경 속에 담아 넣을 수 없었다. 더 이상 무너져버리지 않기 위해 우리는 그 외로운 백담사에서 할 수 있는 모든 몸부림을 다했다. 예불에 참여하지 않는 시간은 불경의 경구를 쪽지에 적어 밤낮으로 입시생들처럼 암송하거나 먹을 갈아 한 자 한 자 필사하는 일로 채워갔다.

침침한 골방에 쭈그리고 앉아 먹을 갈 때면 이따금 칠흑처럼 검어지는 액체를 넋을 잃고 바라보곤 했다. 마음이 너무 괴로우면 몸 속의 혈액조차 고통으로 멍들어 검은 먹물빛으로 변하는 것일까. 갈면 갈수록 검어지는 먹물, 그것은 마치 내 심사 같았다. 가느다란 붓에 먹물을 묻혀 화선지에 한 자 한 자 반야심경, 천수경, 신묘장구대다라니를 써내려갈 때면 종이에 번지며 글자를 이루던 그 모습은 내 가슴속 보이지 않는 저 피안으로부터 흘러나오는 격렬한 출혈 같았다. 온종일 경전 쓰는 일에 몰두하는 것. 그것만이 세상을 향해 열려 있는 우리의 눈과 귀를 닫아 걸 수 있는 유일한 구원이었다.

그렇게 치열하게 부처님께 매달려 몸부림치는 동안에도 분노의 파도는 더욱 높고 세차져 그 파도가 우리를 멋대로 모욕하고 멋대로 공격하는 대로 우리는 능욕당했다. 증오와 분노는 더 깊어져 우리 내외는 마치 내설악 계곡에 던져진 병든 산짐승처럼 신음했다. 고통의 새벽예불은 그렇게 한 달간 계속됐다. 그리고 어느 날 번개처럼 새해가 찾아왔다. 그러자 우리는 놀라운 사실을 발견했다. 백담사 은둔 이후 한 달 내내 우리가 해온 일이라고는 증오, 분노, 원망뿐이었다는 사실이었다. 돌아본 우리의 모습은 원망을 말자면서도 원망으로 세월을 보냈고, 분노와 싸운다면서도 분노가

스님이 권해준
반야심경, 천수경을
붓으로 쓰고 또 썼다.

우리 가슴을 채우도록 허락하고 있었다. 백담사 은둔 후 한 달을 철저히 죽음의 강 같은 분노의 늪에 빠져 허비해온 것이다.

홑겹 창호지문 밖에 친 바람막이 비닐자락이 세찬 바람 속에 펄럭였다. 그 초라한 방에 마주 앉은 우리 내외의 모습은 그 골방보다 더 초라해보였다. 자기 마음 하나 다스리지 못하고 분노와 불면에 시달리며 형편없는 모습으로 변해버린 우리 부부가 거기 있었다. 불과 일 년 전만 해도 나랏일을 걱정하고 희망과 꿈에 부풀어 온 정열을 바쳐 세계를 상대하는 일로 아침을 맞고 저녁 해를 보내던 정력적인 대통령 부부의 모습은 온 데 간 데 없었다. 일그러진 마음으로 증오를 키우기 위해서라면 힘겹게 새벽에 일어나 예불에 나갈 필요도, 추운 법당에 웅크리고 앉아 불경을 외울 이

수험생처럼 부처님
말씀을 들고 다니며
읽고 암송했다.

생활여건보다
더 힘들었던 건
서울에 두고 온 고3
아들 걱정이었다.

전기도 들어오지
않는 방, 나오는 건
한숨뿐이었다.

분노를 안으로만
삼키던 그분은 끝내
말을 잃어만갔다.

산 속을 정처없이 헤매고 다니기도 했다.

장작을 패며 분노를 삭이기도 했다.

유도 없지 않은가 하는 그 본원적 질문이 마침내 우리에게서 터져나왔다.

우리의 정신을 그토록 황폐하게 하고 녹초가 되게 만든 것, 그것은 다름 아닌 우리가 악착같이 쌓아올린 마음의 벽(壁)이었다. 우리를 이 상황으로 몰아낸 사람들이 가해자라는 생각도, 대체 어떻게 이런 억울한 일이 우리에게 일어날 수 있느냐고 울분을 터뜨리는 생각도 모두 마음의 벽이었다. 우리 안에 튼튼하게 자리잡고 앉아 우리를 압도하는 이 분노의 형상을 겸손하게 분석해볼 이성 없이는, 또 배신도 굴욕도 삶의 한 부분이라는 각성 없이는, 결코 이 무서운 추락의 고통으로부터 빠져나올 수 없다는 사실이 서서히 명료해졌다.

"누릴 것 다 누려본 대통령 내외께서 이 깊은 절까지 찾아와 수도하시게 된 걸 보면 전생에 복을 지어도 무척 많이 지으신 모양입니다."

백담사 생활을 시작하고 며칠이 안 되어 찾아오신 서암 큰스님의 말씀이 생각났다. 그때는 스님의 말씀이 상처투성이인 우리 마음에 닿아, 마치 우리의 곤경을 비웃는 말처럼 들려 아팠었다. 그러나 신심도 없이 참석했던 한 달간의 새벽예불을 통해 마침내 우리는 그 말씀 속에 깊은 뜻이 있음을 예감하게 되었다. 이해할 수 없던 스님의 그 수수께끼 같은 말씀 속에 이 고통으로부터 확실히 배울 것이 있다는, 배워야만 한다는 삶의 고귀한 명령이 담겨 있는지도 모른다는 예감 말이다. 그 의미를 깨우치지 못한다면 지옥이 따로 없어 지금 서 있는 이 자리가 바로 우리의 지옥이 될 것이라는 비장한 각성이 찾아왔다.

그 끔찍한 분노의 불길도 처음처럼 가슴속에서 날뛰지 않았고 새벽 법당에 울려퍼지는 목탁소리에서도 조금씩 청량한 기운이 느껴지기 시작하는 시간이 왔다. 그즈음 서석보살이라는 사람이 그분을 찾아왔다. 보살은 1985년 경 큰동서로부터 시주를 받아 백담사 대웅전의 주춧돌 밑에 그분의 이름을 써넣은 사람이 자신이라는 것이었다. 그러니까 우리가 아침마다 기도드리는 백담사 대웅전의 어느 기둥 아래엔 그분의 이름이 또렷이 새겨져 있다는 것이 아닌가. 난 인연의 힘에 전율했다.

음력 정월 초하루, 우리는 백일기도를 시작하기로 결심했다. 웬만한 인내심이나 신심 없이는 할 수 없다는 백일기도. 우리는 그것을 이제 우리가 반드시 도전해야만 할 새로운 과제로 덥석 끌어안았다.

국태민안과 영가천도를 위한 백일기도

백일기도의 제목을 무엇으로 하겠느냐고 스님은 물었다. 그분은 당연하다는 듯 나라가 하루빨리 평안해져야 하지 않겠느냐고 대답했다.

'국태민안과 영가천도를 위한 백일기도.'

그렇게 정해진 기도 제목에 난 실망하지 않을 수 없었다. 영하 30도를 오르내리는 오지, 백담사까지 쫓겨와서 바치는 백일기도인데 아직도 기도의 제목이 국가와 민족이라니. 죽어도 변치않는 그분 삶의 테마에 난 질리고 말았다.

내 심정은 솔직히 기왕 힘들게 백일간 공을 들여 기도드리기로 했으니 아무리 마음을 닦기 위해 결심한 기도지만, 부처님 앞에 우리 힘으로는 도저히 감당할 수 없어 불가항력처럼 느껴지는 진실해명이나 명예회복 같은 급박한 개인의 소원을 빌고 싶었다. 그러나 내 불만과 항의는 다시 가슴 속에만 남았다. 군에 있을 때나 군을 떠나 대통령이 된 후에나 그분에게 변함없는 우선순위는 항상 나라에 대한 충성이었다. 늘 목숨을 내놓고 살다시피해온 그분이 아무리 자신의 처지가 힘들고 억울하다 해도 나라가 어지러운 때에 자신의 명예나 안위만을 위해 기도하지 않으리라는 것은 너무도 분명한 일이었다. 결국 그분의 뜻에 따라 우리는 그 귀중한 백일간을 '국가에는 번영을, 지도자에게는 능력을, 국민들에게는 평안함을 달라'는 기도를 드릴 수밖에 없었다. 국태민안과 영가천도의 기도는 그렇게

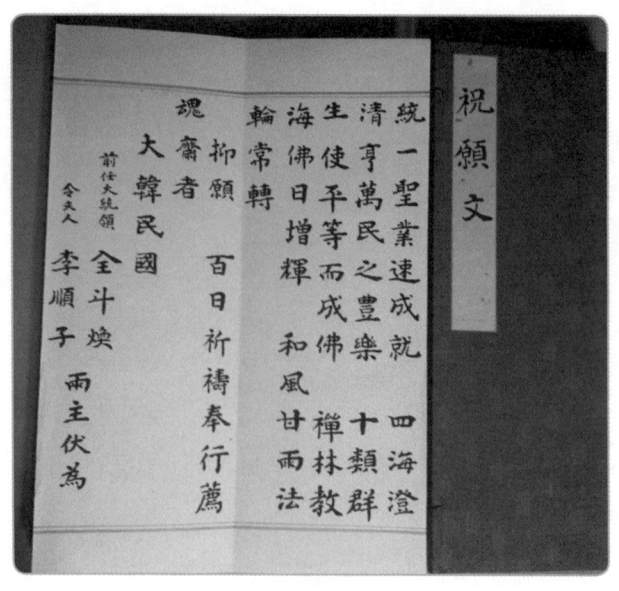

백일기도 발원문

시작됐다.

 기도가 진행되면서 마음속 깊은 곳의 질긴 울화를 좀처럼 놓지 못하던 내게도 서서히 변화가 일기 시작했다. 처음엔 도무지 가슴에 절실하게 와 닿지 않던 나라에 대한 기도가 서서히 가슴속을 파고들면서, 애초 그분의 기도 제목에 공감할 수 없었던 내 조급함과 작은 그릇이 부끄러워지기 시작했다. 대통령중심제인 우리나라의 대통령 자리란 강력한 통치의 힘이 주어진 자리였다. 그러니 재임기간 동안 그분이 미처 깨닫지 못하는 사이 정부의 과오나 실수 때문에 피해를 당한 사람들이 많이 있었을 것이라는 사실에 생각이 미쳤다. 더구나 나라의 기강을 튼튼하게 다져 반드시 선진국을 만들어야 한다며 고집스럽게 인기 없는 정책도 마다 않던 제5공화국이 아니었는가. 해직 공직자들, 해직 언론인들, 정리된 기업인들, 데모하던 학생들. 국정에 대해 알지 못하는 내가 생각해도 7년 넘는 그분 통치기간 동안 크고 작은 불이익을 당한 사람의 수가 적지 않았을 것 같았다. 재임기간 중 그분은 이따금 자신이 선택하게 되는 정책 중 국민의 70퍼센트에게 유익하고 30퍼센트가 불이익을 당하는 정책이 대부분이라며 정부정책이 갖는 필연적 양면성에 괴로워했었다. 고민 끝에 선택된 정책 이면엔 소중한 것을 잃고 불이익을 당하고 상처받는 소수의 국민들의 슬픔과 진통이 있게 마련이었다. 그럼에도 불구하고 그들을 감싸안고 다독거릴 여유와 여력을 갖지 못했었다. 그러자 '국태민안'과 '영가천도'를 위한 기도는 바로 지금 우리가 반드시 드려야 할 일이라는 자각이 왔다. 그분 재임기간 동안 본의 아니게 희생되었거나 피해를 입었던 사람들의 상처를 어루만지는 기도, 그것은 사실상 청와대 퇴임 후 그분이 가장 먼저 했어야 할 일이 아니었을까 하는 간절한 심정이 들었다.

재임 중에는 나라의 일을 추진하기 위해 앞으로만 달려 나가느라 미처 돌아보지 못했던 것들에 대하여, 그리고 '조국발전'이라는 영광의 뒤편에 숨겨져 있던 아픈 이들의 눈물에 대하여 겸허하게 머리 숙여 기도했다.

'국태민안과 영가천도 기도.'

기왕에 마음과 정성을 모아 드리는 기도라면 그분 통치기간인 제5공화국 시절 뿐만 아니라, 건국 이래 한 많은 우리 현대사 속에서 상처 입은 수많은 영혼들을 위한 영가천도 기도까지도 함께 이루어지면 최선의 기도가 되겠다는 스님들의 제안은 우리에게 새삼스런 감명으로 남았다.

회향(回向), 그 머나먼 길

기도의 시작은 마음을 한 곳에 모으는 일로부터 출발했다. 하지만 마음을 한 곳에 모으려고만 하면 어디서부터 몰려오는지 잡념의 무리가 사나운 야수같이 몰려와 지친 마음을 짓밟아버리곤 했다. 그 사나운 잡념의 횡포를 잠재우고 평온지심을 이루는 일은 결코 쉬운 일이 아니었다. 기도 중에도 두 번 다시 생각하고 싶지 않은 악몽 같은 기억들이 반복해 떠오르곤 했기 때문이었다. 눈을 감으면 어느새 펼쳐지는 '5공 청산 파노라마' 광풍은 법당의 탱화보다도 더 원색적으로 내 마음의 눈과 증오를 자극했다. 겨우내 눈이 덮여 사람 하나 찾아오기 힘든 고독한 산중에서 우리는 화살에 치명상을 입은 들짐승처럼 신음하고 포효하며 기도에 매달렸다. 좀처럼 우리를 놓아주지 않던 그 끝없는 번민, 그 끝없는 업장 고리와의 싸움은 백일기도를 완성하고 회향에 이르는 과정에서 가장 넘어서기 힘든 관문이었다.

심신의 수도가 이루어져야만 얻을 수 있다는 평온지심은 마음뿐 아니라 육체적으로도 간단한 일이 아니었다. 삼분정근(三分精勤)에 따라 하루 세 번씩으로 진행되던 백일기도에는 기도 때마다 불전에 올리는 백팔배(百八拜)의 과정이 포함되어 있었다. 백일 동안 매일 새벽 4시부터 시작되는 하루 세 번의 기도에서 단 한 번이라도 빠지면 회향을 할 수 없는 백팔배였다. 그 백팔배는 우리 마음속에 들어앉은 증오, 분노, 배신감 같은 것들을 덜어내기 위한 몸부림에 참으로 알맞았다. 일어나 다시 꿇어앉고, 일어나 다시 꿇어앉기를 일백여덟 번. 어느 날인가 나는 이 동작이 주는 상징성에 혼자 눈물을 삼킨 적도 있었다. 누구나 서 있는 시간이 지나면 꿇어앉아야 하는 시간이 오는 법이 아닌가.

처음 백팔배를 시작했을 때에는 다리가 후들거리고 떨려 이틀쯤 계속하고 나자 과연 백일 동안 혹독한 추위 속에서 진행되는 모든 의식을 실수 없이 해낼 수 있을지 더럭 겁이 났다. 더구나 백일기도를 시작하던 때는 음력설, 혹한의 한가운데였다. 여전히 영하 30도를 오르내리는 격렬한 추위는 법당 다기(茶器)에 물을 부으면 붓기가 무섭게 얼어버렸고, 어느날은 극단적 추위에 온도계 자체가 아예 파열돼버렸을 정도였다. 그런 추위 속에서 시작한 백일기도는 이른 새벽에 빠지지 않고 잠자리에서 몸을 일으키는 것부터가 자신과의 싸움이었다. 또 법당에 나가 앉으면 발 밑으로부터 무서운 냉기가 뼛속을 타고 올라와 절을 하지 않고 앉아 있던 사람은 몸이 얼어버려 일어설 때 다른 사람이 부축을 해줘야 할 정도였다.

기도를 시작하고 20일쯤 지나자 견디기 힘든 첫 번째 고비가 찾아왔다. 몸살로 온몸이 다 부서지는 듯한 지독한 통증이었다. 누우면 당장 땅으로 꺼져버릴 듯 꼼짝을 할 수가 없는데 하루 세 번 치러야 하는 예불시간은 왜 그리 빨리 돌아오는지…. 겨우 끝났구나 하고 방에 들어와 다리 뻗고 앉으면 어느새 또 기도시간이 돌아오는 것이었다. 그야말로 숨이 턱에 차게 되풀이되는 혹독한 기도시간이었다.

억지로 몸을 일으켜 법당에 들어가서는 후들거리는 다리로 백팔배를 하고 뿌옇게 어지러운 머리로 겨우 불경을 따라 외는, 마치 끝이 보이지 않는 터널 속을 걷는 것같이 아득한 날들이 계속되었다. 그러다 얼마 후에는 피곤하면 입 안이 자주 헐어버리는 증세마저 도져 날이 갈수록 사정없이 악화되는 것이었다. 물만 마셔도 고통스러운 나날이었다.

기도 시작 후 50일 정도가 지나자 이번에는 육기(肉氣)를 끊었을 때 온다는 비위병마저 닥쳤다. 신기하게도 우리 부부가 똑같은 증세로 거의 같은 시기에 겪은 비위병이었다. 절에서 생활하면서 우리는 이미 채식일체인 '절밥'을 먹고 있었다. 그러나 백일기도를 시작하면서 우리는 그래도 기운을 내기 위해 마시던 우유나 멸치국물조차도 절대 밥상에 올리지 못하게 하는 완전 채식생활을 유지하고 있었다. 비위증은 참 지독했다. 식욕이 없어지더니 빈혈, 구토, 어지럼증이 하루 종일 우리를 사로잡았다. 나중에는 온몸의 세포 하나하나가 총궐기하는 듯 고통의 절정을 향해 달렸다. 평생 처음 경험하는 비위병 때문에 하마터면 그 고비를 넘기지 못하고 기도를 중단할 뻔했었다. 날이 갈수록 나아지기는커녕 오히려 악화되기만 하는 괴로움을 스님들께 조심스럽게 호소해보니 비위병이라 조금 지나면 괜

기도를 하면서
마음속 깊은
곳으로부터
서서히 변화가
일기 시작했다.

불경을 읽으면
부처님 말씀이
마음에 와닿기
시작했다.

심지어 눈 치우는
일조차도
수행이었다.

찮아질 것이라고 대답해주셨다. 그러나 그 말이 믿기지 않을 정도로 통증은 오래 우리를 괴롭혔다.

과연 이 기도를 백일까지 채워낼 수 있을 것인가. 일생 학교든 학원이든 결석 한 번 해본 적이 없는 나였지만 백팔배로 땀에 젖은 몸으로 법당을 나서며 두려움에 차 종종 그렇게 자문하곤 했었다. 온 존재를 다해 뛰어넘어야 할 기도의 벽, 초월의 벽을 온몸으로 느끼던 나날이었다. 그렇다고 어렵게 시작한 기도를 도저히 중단할 수는 없었다. 반드시 백일기도를 마쳐야 한다는 생각에 죽을 각오로 계속했었다. 그러나 사실 그때 우리가 그 기도를 계속할 수 있었던 것은 인생 최고의 좌절 앞에서 시작한 그 기도마저 실패할 수 없다는 궁지에 몰린 심정 때문이었다. 그야말로 '절벽 위의 기도'였다.

어느날 너무도 신기한 일이 일어났다. 몸과 마음의 괴로움이 날이 갈수록 심해져 도저히 이대로는 더 이상 견딜 수 없다고 느끼던 시점이었다. 기도 시작 후 70일 정도 경과된 때였다. 어느날 돌연 그동안 우리 안에서 그토록 날뛰던 모든 증세가 씻은 듯 사라져버린 것이다. 그 변화 역시 그분과 내게 거의 동시에 일어났다. 그리고 그날 이후 상상도 못할 현상들이 찾아왔다. 그 전과는 정반대로 몸이 날아갈 것만 같았다. 머리는 맑아졌고 몸은 가뿐해졌으며 마음까지 평온해져 아무리 절을 드려도 피곤하지 않은 믿을 수 없는 시간이 온 것이다. 오히려 기도시간이 돌아오는 것이 기다려졌고 그제서야 소중한 기도 제목에 깊이 집중을 할 수 있었다. 갑자기 몸과 마음을 옭아매고 있던 사슬이 풀린 것만 같았다. 기도시간마다 어김없이 우리를 짓누르던 증오, 배신감, 억울함 같은 절절한 번뇌로부터 문득 자유로워지는, 우리가 갈망하던 그 평화가 찾아온 것이다.

설명할 수 없는 그 격렬한 변화가 나를 찾아오던 날, 나는 가슴 벅차오

회향의 날이 오자
조계종의
월산스님이
증명법사가
되어주셨다.

많은 스님과 부산
불교신도회들이
회향법회에
참석해주셨다.

백일기도가 끝나고
나흘 후 봉정암
사리탑 앞에서
기도를 드렸다.

르는 감동 속에서 기도시간 내내 눈물을 쏟고 말았다. 날마다 나는 피해자고 타인은 가해자라고 그 억울함을 저울에 달아보며 분노해하던 혼돈의 시간이었다. 그러나 그 긴 기도의 과정을 통해 이 모든 감정의 격랑을 일으키는 것의 정체는 바로 내 마음 자체였다는 것을 알았다. 멈출 수도 없이 온 얼굴을 적시며 흘러내리는데도 이상하거나 부끄럽지도 않고 도리어 온 가슴 후련해지는 눈물의 폭포였다. 그날 나는 견딜 수 없는 괴로움으로부터 날 건져주신 부처님의 자비에 감사하며 그저 불전에 수그린 머리를 들 수조차 없었다. 물론 그 이후에도 다시 반복해 절망과 원망이 내 안으로 들락거렸다. 그러나 적어도 기도시간 동안만이라도 증오심과 분노의 사슬로부터 풀려나 이 고통 저편에서 우리를 손짓하는 다른 차원의 각성이 있다는 것을 분명하게 느낄 수 있었다. 몸과 마음을 조이고 있던 고통의 족쇄로부터 풀려난 그 감격스런 날로부터 우리는 기도시간마다 목청을 돋우어 부처님의 가르침을 받아들였다. 스님들이 가르쳐주신 단전으로 숨을 쉬는 것도 계속되는 훈련과 함께 점점 익숙해져갔다. 하루를 여는 종소리가 산사에 울려퍼지면 머리가 맑아지고 가슴이 평안해지는 해방감과 기쁨의 시간이 왔다. 결국 암흑 같던 좌절의 터널 끝에는 고난의 시간이 주는 선물인 상승의 길이 우리를 기다리고 있었던 것이다.

1989년 5월 16일, 백일기도가 끝나고 마침내 회향의 날이 왔다.
우리 부부의 기도 소식을 소문으로 전해들은 많은 스님들과 불자들이 특별히 백담사를 찾아와주었다. 무사히 마친 백일기도의 회향을 축하해주기 위해서였다. 백일기도는 내게 오르기 어려운 빼어난 명산(名山)의 산정과 같은 것이었다. 증오와 절망으로 방황하던 나를 1백일 동안 곁에서 붙잡아준 그분에게 난 진심으로 감사했다. 자기 자신조차도 가누기 어려운 거대한 마음의 고통이 그분께 있었으리라. 자신의 전 생애가 삽시간에 파괴되는 듯한 파멸감과 비애가 그분께 있었으리라. 그러나 당장 급한 자신의 명예회복 대신 기도의 제목을 국태민안과 영가천도로 확정한 그분의 모습은 기도의 시작부터 내겐 작은 경이였다. 힘겨웠던 만큼 측량할 수 없는 보람을 느낄 수 있었던 회향의 날. 우리 부부는 서로 은둔지에서 얻은 그 최초의 승리를 축하했다.

대청봉의 키 작은 나무들

백일기도를 끝낸 지 나흘 후 우리는 그동안 늘 한번 올라보겠다고 벼르기만 하던 대청봉 등정에 나섰다. 백일기도로 고단했던 몸을 회복시키기 위해 사흘을 쉬었는데도, 내설악의 산세는 당차고 험준해서 백담사에서 봉정암에 이르는 산행에 무려 네 시간이 넘게 걸렸다. 긴 산행에 몸은 지쳤지만 석양을 품은 아름다운 봉정암 사리탑 앞에서 소녀처럼 목청을 높여 기도할 때는 마음의 모든 노고가 다 사라져버렸었다. 다음날 우리는 설악산의 주봉(主峰)인 대청봉 등정길에 올랐다.

소문대로 내설악의 정상인 대청봉에 오르는 길은 시작부터 험난했다. 소청봉을 지나 중청봉에 이르자 바람의 속도는 더욱 거세져, 서로 손을 맞잡고 있지 않으면 금방이라도 강풍에 날려버릴 것만 같았다. 올려다 보면 5월인데도 대청봉 정상엔 또렷한 잔설이 남아 있었다. 바위에 걸터앉아 쉴 때는 흐르는 계곡물을 물통에 담아 자연이 주는 축복을 마셨다. 계곡물을 마셔가며 쉬엄쉬엄 네 시간 반 정도를 걸은 후였다. 우리는 마침내 대청봉 정상에 도달했다. 순간 난 대청봉 정상이 상상과는 너무도 다른 모습을 하고 있는 데 놀라고 말았다.

탁 트인 최상의 고지에서 수백의 봉우리들을 굽어보며 자리잡고 있을 장엄한 모습의 거대하고 우람한 나무들을 상상했던 내 기대와는 달리 정상의 나무들은 모두 거의 기는 모습으로 누워 있었다. 세월의 만고풍상이 느껴지는 깊은 연륜의 그 키 작은 나무들을 보며 난 그때까지도 아직 내 내면에서 정돈되지 못한 채 소용돌이치고 있던 한 가지 물음에 대한 결정적 대답을 얻었다.

나무건 사람이건 몸을 낮추어야만 존재할 수 있는 곳이 '정상(頂上)'이라는 엄숙한 사실을 말이다. 그날 대청봉 정상의 나무들, 예외 없이 몸을 낮춘 그 작은 나무들은 거센 바람에 흔들리며 내게 목청을 높여 가르쳐 주고 있었다. 삶의 정상은 몸을 낮춘 겸손한 자만이 머물 수 있는 곳이라고, 그것은 철학 이전에 준엄한 자연의 존재법칙이라고 말이다. 그날 그 광경은 그 자체로 내게 대청봉이 주는 가르침이었다.

그날 우리는 일행을 금방이라도 날려버릴 듯 불어대는 바람 때문에 그토록 도착하기를 갈망했던 산 정상에 오래 머물지 못했다. 아쉬움을 남기고 서둘러 하산해야만 했던 것이다. 그 아름다운 산의 정상에 몰아치는 바람은 결코 예사 바람이 아니었다. 그것은 강하고 단호한 데다 위엄에 차 있었다. 산의 정상은 그 누구도 오래 머물게 하지 않았다. 정상을 밟은 자는 반드시 서둘러 다시 하산해야만 했다. 설악산 정상인 대청봉은 우리 내외에게 소중한 진리를 다시 일깨워주었다. 대청봉이 주는 그 침묵의 설법에 나는 가슴이 막혀왔다. 그때 난 내 안의 외침을 들었다.

"아아, 우리는 과연 청와대라는 권력의 정상으로부터 내려오는 '하산의 길'에 대해 얼마나 이해하고 있었던가?"

오를 때 우리의 발길을 가로 막았던 똑같은 계곡, 절벽, 벼랑들이 도처에서 자객처럼 튀어나와 하산 길을 막고 있었다. 등정의 길 못지 않게 하산의 길에도 수많은 장애물이 잠복해 있었던 것이다. 청와대를 나와 연희동 집에 도착했을 때, 우리는 그것으로 평화적 정권교체는 완성됐다고 굳게 믿었었다. 그러나 그날 대청봉 하산길은 우리의 권력 정상으로부터의 하산은 아직도 완성되지 않았음을 말해주고 있었다.

백일기도 후에 대청봉에 올랐다. 정상 위 나무들은 모두 키가 작았고 낮은 자세로 서 있었다.

대청봉 정상에서 깨달은 것은 '정상에 오른 자는 반드시 내려가야 한다는 사실'이었다.

하산길에도 많은 어려움은 도사리고 있었다.

우리 내외를 청와대에서 백담사까지 가게 한 그 모든 곡절들이 바로 권력의 정상으로부터 하산하는 한 과정이고, 평화적 정권교체의 남은 절차이며, 권력의 정상에 있었던 사람이 1989년 한국 정치사의 바로 그 지점에서 인내하며 겪어야 할 필연적인 시련이라는 사실을 말이다. 백담사 유폐의 시간도 대통령 퇴임의 분명한 한 과정이라는 각성이 일자 그동안 그 사실을 알지 못하고 방황했던 나의 우매한 생각과 분노들이 부끄럽게 느껴졌다. 그 밀의(密意)를 알지 못해 난 얼마나 절망하고 몸부림쳐왔던가.

어느새 우리는 백담사 어귀로 들어서고 있었다. 저만치 계곡 사이에 가로놓인 외나무다리가 시야에 들어왔다. 문득 백담사를 찾아오던 첫날 일이 생각났다. 나는 그날 내 생애 가장 처절한 절망감에 떨며 저 외나무다리를 건넜었다. 마치 이승과 저승의 접경지대에 놓여 있는 듯 느껴지던 그 애잔한 다리를 건너며 나는 내가 세상과 영원히 격리되는 것 같은 허망함과 절망감에 전율했었다. 그러나 이젠 달랐다. 외나무다리 저편으로 초승달처럼 걸려 있는 백담사를 바라보자 마치 정든 집에 당도한 것 같은 반가움과 안도감을 느꼈다. 그날부터 백담사는 더 이상 우리의 유배지가 아니었다. 백담사는 어느새 우리의 정겨운 안식처로 변해 있었다. 그날 밤 그분은 내 손을 꼭 잡으며 말했다.

"우리가 겪는 이 고통도 모두 평화적 정권교체의 남은 과정이라는 생각이 드는구려. 최고의 권력을 내놓고 한 시민으로 돌아가는 일이 어떻게 수월할 수 있겠소? 더구나 우리가 가는 이 길은 우리 정치사에선 아무도 가보지 않은, 처음 가는 길이오. 누군가 올바른 각성을 갖고 반드시 닦아놓아야 하는 새로운 길이오. 괴롭고 벅차더라도 우리 한 번 우리 정치사에서 아무도 가보지 않은 이 미답(未踏)의 길을 완주해봅시다."

갑자기 눈앞이 환해졌다. 오욕과 절망의 세월로 간주했던 지난 시간들이 이제는 단순한 고통의 세월이 아닌 새로운 의미로 성큼 다가왔다. 우리 정치사에서 아무도 가보지 않은 미지의 길. 그러나 이제는 두려움도 망설임도 없었다. 이것이 그분 앞에 놓인 그분의 몫, 그분의 마지막 과제, 마지막 관문이라면 함께 손을 잡고 기필코 통과해내야 하리라.

제17장

백담사에서의 769일

우리 내외가 백담사에서 머물렀던 2년여 동안
참으로 많은 분들이 다녀가셨다.
덕망 높은 스님들의 법문도
수많은 불자들의 성원도 평생 잊을 수 없다.
종교가 달라도 부처님의 집까지 찾아와 기도해주신 수녀님들,
어렵게 모은 성금과 성원의 카드를 들고
먼 이곳까지 찾아와주신 부산 장로교 신도님들.
두고두고 기억해야 할 고마운 분들이다.

장손 우석의 돌잔치

백담사로 유배의 길을 떠나던 그날까지 우리는 백담사에 대해 아는 것이 없었다. 청와대의 요구사항인 은둔을 결정한 후 장소를 물색하면서 전국에 있는 사찰지도를 조계사로부터 급히 구해와 검토하던 중 가장 외진 곳 백담사로 정한 것은 떠나기 바로 전날 밤의 일이었다.

"백담사는 거처하실 만한 곳이 못 됩니다."

그분의 결정에 주위분들은 만류했다. 그러나 깊은 계곡 안에 있어서 사람들이 찾아오기 아주 힘들다는 말에 그분은 선뜻 백담사로 가자고 했었다. 밤이면 멀리서 살쾡이 울음소리가 들려오고, 칠흑 같은 밤, 멀리 떨어진 화장실을 가려면 손전등 불빛에 의지해 불안한 발걸음을 옮겨야만 했던 백담사. 그 백담사의 첫 해는 유난히 눈도 많이 내렸다. 큰 눈만 한 번 오고 나면 차는 물론 사람 지나기도 힘들 만큼 눈이 많이 쌓여 백담사는 바깥세상과 완전히 격리되어버리곤 했다. 밤새 눈이 오는 날은 나무 부러지는 소리가 홀로 밤의 적막을 깨곤 했었다. 사람도 신문도 보기 힘들었고 심지어는 라디오 전파까지도 잘 잡히지 않아 그런 날이면 나쁜 소식도 끊겨서 좋았었다. 주체하기 힘들었던 마음의 고통을 딛고 백일기도를 끝낸 후, 회향하던 이듬해 5월도 아름다웠다. 신심도 약한 우리 내외가 고독한 산사에서 난생 처음 생의 빛을 구하고 싶어 겁도 없이 감행했던 백일기도였다. 그 어려운 회향을 축하해주시기 위해 전국 각지에서 오신 고승들의 뜻 깊은 법문들을 들으면서 나는 내 깊은 내면으로부터 새 차원의 세계가 열리는 축복을 경험했다.

생각해보면 우리가 백담사에 머물렀던 2년여 동안 참으로 많은 분들이 찾아주셨다. 전국에서 먼 길을 마다 않고 찾아와 들려주시던 덕망 높은 스님들의 법문은 값진 것이었다. 수많은 불자들의 성원도 평생 잊을 수 없는 감격으로 남아 있다. 또 종교가 달라도 멀고 먼 부처님의 집까지 찾아와 함께 기도해주시던 수녀님들도 계셨고, 어렵게 모은 성금과 성원의 카드를 들고 찾아와주신 부산 장로교 신도들의 종교와 종파를 뛰어넘은 뜨거운 격려도 있었다. 이루 헤아릴 수 없는 고마운 순간들이었다.

처음 열 명, 스무 명씩 드문드문 찾아오던 방문객들은 백담사에서의 첫 겨울이 가고 봄이 오자 점점 그 숫자가 늘어나 연일 백담사 마당을 가득 채웠다. 백일기도의 회향일 후 방문객이 타고 온 관광버스가 열 대, 스무 대로 늘어나고 있었다. 매일같이 절을 찾는 엄청난 사람들의 발길이 끊이지 않자 다행히 백담사 살림도 많이 나아졌다. 마루에 문도 해 달고 방구들도 고칠 수 있었다. 방충망도 달아 극성스런 모기나 등에 시달리지 않아도 되었다. 그 중 가장 반가웠던 것은 전깃불이었다. 가느다란 한 촉 촛불 아래서는 책 한 줄 읽기가 힘들어 식구들이 구해다 준 낚시등을 놓고 책을 보기도 했고, 경운기 엔진으로 만든 발전기로 불을 밝혀보려 애를 쓰기도 했었다. 호롱불을 켜고 지내다 전기가 들어와 형광등을 달게 되자 그 밝은 세상의 경탄스러움이란 이루 형언할 수 없는 것이었다. 밤새 아랫목에 놓아둔 대얏물에 수건을 적셔 몸을 닦던 번거로움이 끝나고 비록 고무양동이 속에서 치르는 목욕이지만 목욕을 할 수 있게 된 것도 그즈음이었다. 돌이켜보면 6.25전쟁의 고생은 물론, 식생활도 해결하기 어려운 그분 봉급으로 살던 그 지독한 가난 속에서도 행복해했던 우리에게 그때의 사정과 크게 다르지 않은 백담사의 옹색한 살림이 그토록 견디기 어려웠다는 것이 믿을 수 없게 느껴지기도 했다. 외진 산사까지 그분을 찾아준 수많은 방문자들과 만나면서 그동안 시련에 찌들려 사납게 일그러진 내 마음결을 발견하고 놀라던 통절한 반성의 시간도 있었다.

처음에는 우리를 격려해주기 위해 멀고 힘든 길을 찾아온 고마운 분들조차도 골방에서 나가 얼굴을 대해야 한다는 것이 나로서는 끔찍하게 느껴졌었다. 내 괴로움이 턱까지 차올라 다른 사람들의 위로나 격려도 반갑지가 않았고 어디론가 아무도 찾아오지 않는 곳으로 숨어버리고만 싶었다. 그 못난 마음이 달라지기 시작한 것도 사실은 백일기도를 시작한 후 조금씩 내 고통의 정체를 이해하기 시작하면서부터였다. 미움과 두려움에서 벗어나 목탁소리의 청아함이 가슴에 스며들기 시작하면서 함께 기도해주러 오신 분들, 찾아와주시는 분들의 성의와 진심을 감사히 받아 안을 수 있었다.

백담사에서 맞은 첫 여름인 7월, 작은 축제도 있었다. 장손 우석의 돌잔치가 열린 것이다. 쏟아져내리는 장대비 속에서도 우석을 위해 백담사까지 찾아주신 손님들이 빗길에 겪었을 고생을 생각하니 참 민망하기도 했지만 모처럼 기쁜 시간을 보낼 수 있었던 날이었다. 장손의 돌잔치라고 식구들과 가까운 분들이 모두 축하해주러 오시기로 되어 있어 무척이나 기대가 컸다. 할아버지인 그분은 축시를 쓰셨고 할머니인 나는 돌상을 준비했다.

백담사 청정도량에 돐잔치 꽃피우고
스님들의 목탁소리 시방에 축원하니

제불보살 화엄신중 미소로 감싸주네
설악산 산신님도 우석이를 보살피니
천세만세 누리면서 충효의 기둥되리
구름 같은 선인들도 우석이에 취하네

장손 우석이를 위하여
기사년 초복 백담사에서
조부 일해 전두환 지음

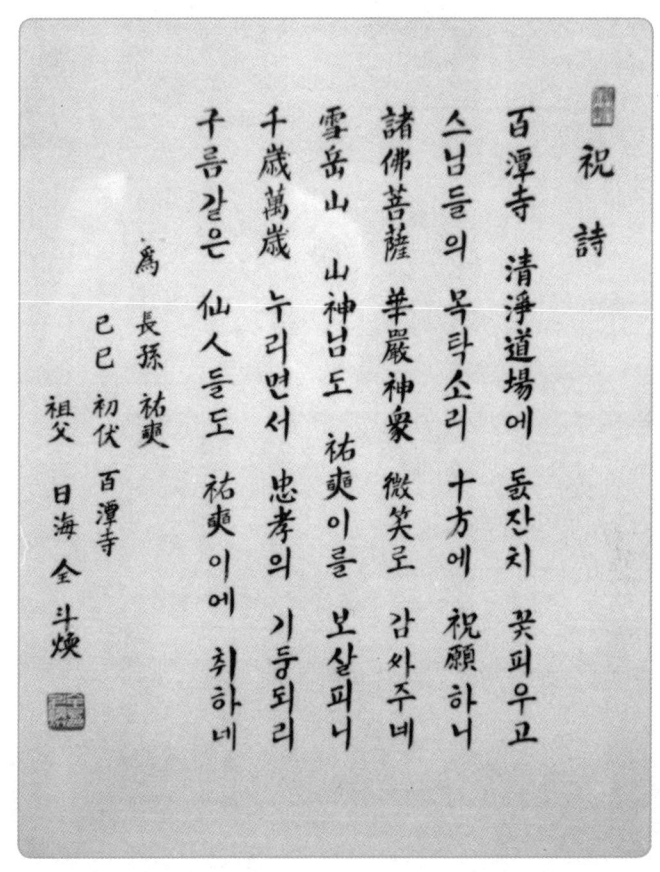

외나무다리 자리에
돌다리가 놓이자,
마음을 닦는다는
의미로 '수심교'라는
이름을 지었다.

그분이 한자로
직접 쓰신 修心橋

큰며느리 도경이 아들을 낳는다고 몇 달씩이나 채식만으로 생활하는 정성을 들인 끝에 가진 귀한 손자였다. 그런데 무슨 심술인지 태풍 주디호가 지나간 지 오래인데 하필이면 돌잔칫날 억수 같은 비가 산을 몽땅 삼킬 듯 쏟아졌다. 먼 길을 오실 손님들 걱정에 애가 타 전혀 그칠 기색이 아닌 빗속에 그분과 난 몇 번이나 계곡으로 나가 불어나는 계곡물을 살펴보았었다. 그러나 무심한 비는 오전 내내 쉬지 않고 내리더니 결국 무서운 기세로 불어나 급류로 변한 계곡물은 간신히 걸려 있던 그 외나무다리, 백담사와 바깥세상을 연결하는 그 유일한 오작교마저 주저 없이 휩쓸어가 버렸다. 그렇게 되니 바깥세상으로부터 고립된 백담사로 들어올 수 있는 길은 청룡재를 넘어오는 길뿐이었다. 하지만 청룡재는 밧줄을 붙들고서야 올라올 수 있는 험한 등반코스 같은 고갯길이어서 낭패가 아닐 수 없었다.

점심 때가 가까워오자 잔치를 위해 곱게 차려입은 손님들이 여전히 그치지 않는 비에 흠뻑 젖은 채 속속 도착했다. 비에 젖어 물이 줄줄 흐르는 옷차림으로 청룡재를 넘어오던 아슬아슬한 무용담을 상기된 표정으로 들려주던 손님들 모습에 난 민망하기 그지없었다. 다행히 오후엔 비가 그쳐 그런대로 잔치 기분을 낼 수 있었다. 절 생활이라 절 풍속대로 과일과 산나물만 풍성한 돌상이었다. 그날 우석은 아장아장 걸으며 그 돌상에서 연필과 실을 잡아 목에 걸었고 우리는 모두 웃음과 박수로 맘껏 축하해줄 수 있었다.

"황룡 띠 아기의 돌날에는 비가 와야 좋답니다."

빗속에 산길을 오르는 고생까지 해야 했던 손님들에게 미안해 어쩔 줄 몰라하던 우리 내외에게 누군가 재치 있는 덕담으로 애잔한 내 마음을 단번에 풀어주었다. 잔치가 끝났을 때 계곡의 물은 더 많이 불어나 있어 손님들 모두 서둘러 또 다시 청룡재를 넘어 돌아가야만 했다. 하지만 팔순의 친정부모님께 청룡재의 험한 길은 무리였다. 하는 수 없이 백담사에서 계

주말마다
우리 내외를
찾아와준
큰며느리와
장손 우석

주말이면 찾아오는
외손녀와 함께

곡물이 빠지기를 며칠간 기다리시다 결국 장정들의 등에 업혀 간신히 청룡재를 넘어가시던 모습도 죄송한 추억으로 남아 있다.

백담사에 들어온 지 꼭 1년이 되던 1989년 11월 23일에는 8천명이나 되는 많은 신도들이 백담사를 방문해 우리 내외를 깜짝 놀라게 했다. 쾌청한 날씨 속에 부산에서 이른 새벽에 출발해 먼 산 속까지 찾아와 준 합창단원들이 아름다운 찬불가로 귀중한 사시예불을 열어주었다. 전국 각지에서 모여든 신도들로 좁은 절 마당은 그야말로 인산인해였다. 백담사로 들어오는 산길은 하루 종일 사람들의 행렬로 미어졌다. 진심으로 감격과 감

백담사의 마당을
가득 채운
전국 각지에서
오신 신도들

전국 각지에서
백담사로
우리 내외를
찾아와준
차량의 행렬

동이 넘치던 하루였다.

그날 오후 또 한 통의 낭보가 산사로 날아들었다. 그분이 그토록 아끼는 장세동 전 안기부장이 석방됐다는 소식이 또 하나의 감격을 보탠 것이다. 장 부장은 석방되자마자 곧바로 백담사로 달려왔다.

"각하, 잘 다녀왔습니다."

장 부장은 마치 먼 나들이나 다녀온 사람처럼 가볍게 말하며 큰절을 올려 그분의 눈시울을 뜨겁게 만들었다. 교도소 생활 10개월 만의 해후였다.

"장 부장, 내가 오늘을 위해 멋진 장소를 준비해두었는데 가보지 않겠

고3 동생이 걱정돼 귀국한 외동딸 효선과 손녀 서연, 막내아들 재만

나?"

그렇게 해서 두 사람은 백담사를 나와 설악산 산길을 따라 한참을 걸어 올라갔다. 그리고는 산기슭 어느 채소밭 옆 비닐하우스로 갔다. 바닥에 가마니를 깔고 그 위에 상을 마련했다.

"장 부장, 정말 미안해. 내가 너무 세상물정을 모르고 못나서 임기 뒷마무리를 제대로 못해 이 모양이 되었으니 무엇이라 할 말이 없네."

"아닙니다, 각하. 각하께서 고생하시는 것이 마음 아플 뿐입니다. 이젠 곁에서 마음껏 모시겠습니다."

장 부장을 비롯해 자신이 아끼는 측근들을 감옥으로 보내지 않기 위해 떠나온 은둔의 길이었다. 그러나 결국 장 부장은 구속을 피할 수 없었다. 아랫사람들의 고통에 그분은 가슴이 찢어지는 듯 신음했었다. 특히 장 부장은 수감기간 내내 의연하고도 단정한 모습을 보여 주위의 감탄을 자아냈다는 말이 들려와 그분을 감동시켰다. 그날 나는 진짜 사나이들의 우정과 눈물을 보는 것 같아 말 못할 감회에 젖었다.

대통령 재임 중 그분이 잃어야 했던 가장 소중한 것 중 하나가 친구였다. 대통령이란 자리는 절친한 친구나 선후배마저도 직책상의 상하관계가 아닌 순수한 우정으로만 만나는 것을 어렵게 했다. 평생을 친구와 선후배들 사이의 절절 끓는 뜨거운 정 속에 파묻혀 살았다 해도 과언이 아닌 그분은 대통령이 되고 나서도 변함없이 예전의 친구들과 후배들을 몹시 그리워했다. 그러나 시간이 가면서 직책상 아랫사람이 된 그들과 격의 없이 술 한잔 기울이는 일이 어렵다는 것을 깨닫고는 임기내내 그런 처지를 가장 힘들어했다. 사실 그분은 생활의 기반도 어느 정도 잡히고 한창 마음이 맞는 친구들 그리고 선후배들과 인생의 즐거움과 풍요를 나눠야 할 중년이라는 나이에 청와대라는 '화려한 감옥'으로 입성한 것이다.

그분은 매일 몰아치는 격무 속에서 사느라 평소에는 자기 마음속의 허전함을 돌아볼 여유를 갖지 못했었다. 그러나 호젓한 밤 시간, 중대한 임무와 선택 앞에서 깊은 숙고와 번민에 빠질 때면 허심탄회하게 대화를 주고받을 수 있는 상대를 자주 그리워했다. 임기의 중반이 넘어서자 옛 친구들에 대한 그리움은 더 깊어졌다. 청와대 시절 어느 저녁의 일이었다. 그분은 무슨 일인지 혼자서는 좀체 마시지 않는 술을 찾았고 과로한 탓이었는지 몇 잔에 금방 취기가 오는 듯 했다.

"여보, 취하신 것 같아요. 이젠 그만 드세요."

늘 친구나 후배들과 호탕한 대화를 하며 술보다는 좋아하는 사람들과 마음을 나누는 것을 더 즐기는 그분이었으므로 혼자 술을 마시는 그 예사롭지 않은 모습을 보는 것이 난 가슴 아팠다.

"당신은 모르지. 여보, 사나이라는 건 말이오, 한 번씩 술을 마셔야 하는 거요. 대통령을 한다는 게 쉬운 것이 아니거든. 무서운 자리야. 모든 걸

책임져야 하는 것이 대통령이란 말이오."

독백처럼 중얼거리며 거듭 술잔을 기울이던 그분은 그날만은 자신을 말리지 말아달라고 했다. 왜 그날따라 난 그분 모습에서 절대고독을 보았을까. 잠시 후 만취한 그분은 갑자기 한 친구의 이름을 부르며 방을 나섰다. 한밤중에 그 친구를 찾아가겠다는 것이었다. 그분답지 않은 일이었다. 혼자서는 좀체 입에 대지 않던 술을 마신 것도, 또 친구를 찾아 가겠다고 고집하는 것도 그분답지 않았다. 난 그분을 만류했다. 연락도 없이 한밤중에 불쑥 친구를 찾아 나선다는 것도 결례였지만 도중의 신변안전도 걱정이 됐다. 그렇게 취한 상태로 외출하기에는 그분 직책이 너무도 막중했다. 또 그분이야 친구가 보고 싶다고 찾아가는 것이지만 갑작스럽게 한밤중에 대통령의 방문을 받는 상대방은 얼마나 당혹스럽겠는가. 그런데도 이상하게 그날 밤 그분은 고집을 꺾지 않았다.

"아니야. 여보. 나는 가야 해. 그 친구를 꼭 만나야 한다니까."

난 차라리 울고 싶었다. 강철같이 버텨 온 그분 심정 어느 곳에 그런 사무치는 그리움이 숨겨져 있었을까. 청와대에서 외롭기는 나도 마찬가지였다. 그분의 그런 심정을 알고도 남았지만 그 밤중에 친구를 찾아가겠다고 나서는 그분을 만류할 방법이 없었다. 내 무력함이 한스러웠다. 또 한창 나이에 청와대에 갇혀 밤낮 없이 책무에만 시달리는 그분이 가여워서 눈물이 났다.

"여보. 제발 부탁이에요. 오늘 밤엔 나가지 마세요. 취한 상태로 나가시면 안 된다는 걸 잘 아시잖아요?"

인터폰으로 자동차를 대기시키고 막 계단을 내려서는 그분을 잡기 위해 필사적인 심정으로 그 계단을 막고 앉았다. 잠시 침묵이 흘렀다. 그리고는 계단을 막고 앉아 울고 있던 나를 한동안 물끄러미 바라보던 그분이 돌아서서 방으로 들어갔다. 그날 밤 잠든 그분의 얼굴을 보고 있자니 가슴이 찢어지는 것 같았다. 어서 빨리 임기가 끝나 자유인으로 돌아갈 그 날이 사무치게 기다려졌다. 그리운 친구들, 보고 싶은 사람들과 만나 맘껏 취해도 보고 위로와 격려를 주고 받으며 우정과 사람의 정이 실컷 굽이치는 삶. 그분 앞에 그런 날이 빨리 오기를 나는 고대했었다. 그러나 그분을 위해 내가 품었던 그 간절하고 평범한 기대는 실현되지 않았다. 백담사에 들어온 지 1년이 되던 그날, 그분은 정든 집도 아닌 깊은 산 속의 처량하기 짝이 없는 비닐하우스 안에 가마니 한 장을 깐 채 갓 출감한 장세동 부장과 마주앉아 비감스런 술 한잔을 기울이는 처지가 됐으니 말이다.

섣달 그믐날의 철야기도

세월이 흘러 다시 반 년이 지났다. 1989년 12월 31일 새벽의 일이다. 백담사 생활 1년 1개월이 되는 그날, 그분은 눈 덮인 백담사 일주문을 나섰다. 의정 사상 유례가 없는 전임 대통령의 국회증언을 위해 여의도로 떠난 것이다.

증언 전날 밤, 우리 가족은 모두 법당에 모여 철야기도를 하며 밤을 새웠다. 누가 권한 것은 아니었지만, 절벽 같은 암담한 현실에 기도라도 해야 견딜 수 있어서였다. 절실하게 구하고 싶은 것이 있을 때에는 삼천배를 한다는 스님의 말씀에 아이들 모두가 아버지를 위해 삼천배를 하겠다고 자청했다. 그 마음을 백담사 주지 도후스님께서 받아주셨다.

"지난 해 11월 참회의 고별사를 드리고 산간벽지 한사(寒寺)에서 반성과 수도의 길을 걸어온 제가 오늘 이처럼 국회에 나와 다시 한 번 국민 여러분께 언짢은 문제들에 관해 말씀드리게 된 것을 매우 송구스럽게 생각합니다."

엄숙한 사죄의 인사로 시작된 그분의 이 국회증언을 생각하면 지금도 가슴이 저리고 눈가가 젖어온다. 1989년 12월 31일. 1989년의 마지막 날이었고 1980년대를 마감하는 시간이었다. 그분에게는 1989년이라는 한 해가 저물고 있는 것만이 아니라 1980년대라는, 그분이 국정을 책임졌던 격동의 한 시대가 막을 내리고 있음을 의미했다. 최고의 영광과 최악의 치욕이 현기증이 나도록 번갈아가며 그분과 우리 가족을 덮쳐왔다가 사라져간 1980년대였다. 결국 제야의 그 국회증언은 1980년대가 그분에게 요구한 마지막 역할이 되었다.

한 시대가 저무는 그 마지막 날, 나는 하루 종일 TV 앞에 앉아 있었다. 자동차 배터리를 이용한 자가발전기에 의지해 겨우 흐릿하게 돌아가는 백담사 골방 TV의 안개 같은 화면은 그즈음 우리가 처해 있는 밑바닥 삶을 그대로 보여주고 있었다. 그 화면 위로 흐릿한 그분 모습이 떠올랐다. TV는 종일토록 그분을 향해 날아드는 온갖 욕설과 고함을 쉬지 않고 토해냈다. 처음부터 증언이 필요해 마련한 자리가 아니라는 것을 너무도 명확히 보여준 국회증언대였다. 증언대에 세워 모욕을 주려는 의도였던 만큼 그분을 향해 고함치고 삿대질하는 야당의원들은 경쟁적이었다.

증언이 필요해 마련한 자리였다면, 그래서 진실이 무엇인지 알아내기 위해 그분을 국회로 불러냈다면 답변할 수 있는 기회를 준 후, 시시비비를 가려도 늦지 않았을 것이었다. 그러나 그날 증언대에 선 그분에게는 무엇 하나 제대로 설명할 기회가 주어지지 않았다. 온 국민이 보는 앞에서 공개적으로 모욕과 한풀이를 당한 그날, 그분의 국회증언을 이끌어가는 국회 풍경은 그분이 경험했던 모든 모욕의 정점이기도 했다. 그분을 수행해 의사당까지 간 이양우 변호사가 울분에 차 어쩔 줄 몰라하는 모습이 TV화면을 통해 보였다. 평소 조용한 성품으로 특별한 감정표현을 잘 하지 않으면서 중요한 외국순방때마다 탁월한 보좌역할을 해오던 김병훈 전 의전수석비서관도 백담사의 한 구석방에서 무릎 사이에 얼굴을 묻은 채 울고 있었다. 내 곁에서 함께 TV를 보고 있던 가족들은 물론 이제는 정이 들어 한 식구 같던 백담사 식구들, 그리고 그분 측근들과 비서관들. 모두가 TV 수상기 화면 위로 펼쳐지던 그 기막힌 장면에 오열하고 있었다.

1년 전 백담사행을 요청하며 청와대로부터 그분에게 전해졌던 약속은 이러했다.

"어려움에 처해 있는 나라를 구해줄 분은 각하 한 분뿐입니다. 야당에선 계속 5공문제를 물고 늘어지는데 여소야대 정국 하에 있는 정부로서는 속수무책입니다. 각하께서 5공문제 전반에 대한 해명성 사과를 해주시고 연희동을 떠나 2, 3개월만 은둔해주십시오. 그렇게만 해주시면 5공문제를 더 이상 확대시키지 않고 잘 마무리지은 후 연희동으로 다시 모실 수 있도록 하겠습니다."

물론 그 약속은 지켜지지 않았다. 백담사 유폐 후 정부에서는 오히려 그분 주변에 대한 수사를 확대해 검찰에 특별수사본부까지 설치했다. 그리고는 그분이 청와대의 모든 요구를 들어주면서까지 반드시 보호하려고 했던 그분 측근들을 전격 구속했다.

백담사 생활 반 년이 지나도 청와대로부터는 전화 한 통 없었다. 청와대가 그분의 증언을 간청하기 위해 백담사로 밀사를 보낼 것이라는 말이 들려온 것은 이미 수개월 전이었다.

청와대가 5공 청산이라는 이름으로 그분의 국회증언을 요구하게 될 것이라는 소식을 처음 들었을 때 그분의 충격과 분노는 대단했다. 전임 대통령의 국회증언이라는 것이 전례에도 없을 뿐 아니라 헌법정신을 훼손하고 좋지 않은 선례를 만들게 된다는 점을 우려하지 않을 수 없었던 것이다. 그분의 완강한 반대를 예상했던 것일까. 그분 증언에 대한 방법들은 비공개 방문증언에서 방문증언으로, 방문증언에서 다시 국회증언으로 천천히 그 모양을 바꿔가고 있었다. 그러나 그분이 '국회증언'에 대해 분노했던 또 하나의 이유는 그 요구 속에 깃들어있는 정부와 정치권의 '불순한 의도' 때문이었다. 그들은 그분의 국회증언 내용 자체보다도 그분을 국회증언대로 끌어내어 그분과 그분 통치시대에 대해 공개적으로 모욕을 주는 정치단막극을 준비하고 있었던 것이다.

그러던 그해 5월 30일, 청와대로부터 파견된 밀사 한사람이 백담사를 찾아왔다. 김윤환 민정당 원내총무였다. 김 총무는 그분 재임시절 마지막 대통령비서실장이었다. 예상대로 김 총무가 들고 온 청와대 전갈은 국회증언을 받아달라는 요구였다. 다시 한 번만 더 나라를 위해 희생해달라는 것이었다. 김 총무는 그분과 마주 앉자 시종 눈물만 떨어뜨릴 뿐 도무지 말문을 열지 못했다. 그는 여러 번 오열했고 그래서 몇 번이고 대화가 중단될 정도였다. 예나 지금이나 아랫사람들의 딱한 모습을 보지 못하는 그분이었다. 자신을 똑바로 쳐다보지도 못하고 그렇게 계속 울기만 하는 옛 비서실장의 모습을 물끄러미 바라보던 그분은 잠시 후 선선히 청와대의 요청을 수락했다.

"김 총무, 노 대통령께 가서 전하시오. 우선 세상에 둘도 없던 친구이며 동지인 노 대통령과 나 사이에 이런 깊은 균열이 생기게 된 것이 애통하다는 것과 나는 이미 만신창이가 된 몸, 노 대통령이 나라를 안정시키는데 꼭 필요하다면 국회증언뿐 아니라 지금 여기서 내가 무얼 더 못하겠소. 돌아가 분명히 전하시오. 5공문제에 대해서는 통치자였던 내가 무한책임을 질 것이오. 비겁하게 누구에게 떠넘길 생각 같은 것은 없소."

그것이 그 치욕적인 국회청문회의 시작이었다.

12월 15일, 청와대에서 여야 영수회담이 열렸다. 바로 2년 전 대통령 선거전에서 치열하게 경쟁했던 1노 3김이 함께한 자리였다. 만찬을 겸해 초저녁부터 시작된 회담이었지만 밤 12시 30분 TV 방송이 끝날 때까지도 어떤 합의를 이루었다는 뉴스는 나오지 않았다.

"여보, 이제 그만 주무세요. 저렇게 4당 총재들이 모여 오래 머리를 맞대고 있는 걸 보면 뭔가 합리적인 결론이 나오지 않겠어요."

"나도 동감이오. 국민들도 5공 청산 문제는 이제 그만 끝내자고 한다는데 노 대통령이나 노련한 세 김 씨가 그것을 모를 리 있겠소. 시간이 좀 걸리는 걸 보니 분명 뭔가 이루어질 것 같소."

정국안정을 위해서라면 모욕적인 전임 대통령의 국회청문회까지도 수락하겠다는 그분의 진정은 그분을 아끼는 측근들의 맹렬한 반대에 부딪쳤었다. 그러나 다음날 아침 발표된 회담결과는 놀랍게도 야당측의 일방적인 승리였다. '전임대통령의 국회증언'으로 결론이 난 것이다. 6공의 출범 초기부터 야당이 줄곧 주장해온 것들을 거의 그대로 받아들인, 합의라기보다는 정부여당의 항복에 가까운 결론이었다.

그날 저녁, 백담사로 달려온 그분 측근들은 몹시 흥분해 있었다. 그들은 분노와 배신감으로 어쩔 줄 몰라했다. 그분 역시 4당 총재회담에서 수긍할 수 있는 결론이 날 것으로 기대했었다. 흥분한 그들을 위로하고 격려하는 것도 그분의 몫이었다.

"내가 국회에 나가 당하는 걸 두려워하지 마시오. 모든 것을 대국적으로 생각하도록 합시다. 어차피 정치권에서 시작한 5공 청산인 이상 정치권 책임자들이 합의해서 끝내는 것이 바람직한 것이라고 생각합니다. 또 여러분의 우려대로 이것으로 설사 끝맺음이 되지 못하고 새로운 시작이 되고 악순환이 되어 내가 감옥에 가게 되는 일이 생긴다 해도 두려워하지 맙시다. 나 한사람 희생해서 나라가 안정이 되고 발전해나갈 수 있다면 어떤 일이고 못할 일이 있겠소. 이제 더 이상 정치권에서 5공문제를 당리당략적 차원에서 악용하는 일을 막아야 합니다. 그런 차원에서도 이번 증언을 해야 할 것 같습니다. 그러니 부족한 시간이나마 준비에 최선을 다해주십시오."

12월 23일, 국회광주특위와 5공특위는 12월 30일에 최규하 대통령의 증언을, 31일에는 그분의 증언을 청취하기로 결정했다. 다음날 서울의 이양우 변호사는 국회에서 파견된 특사로부터 출석요구서와 질문서를 송달받았다. 그분에게 보내진 질문서는 무려 125항의 질문들로 이루어져 있었다. 이 변호사는 국회특사에게 준비기간의 촉박으로 31일 그분의 국회증언이 불가능할 수도 있음을 통고했다. 그러나 그 소식을 들은 그분은 답변서를 준비하는 데 날짜가 촉박하다하더라도 국회증언 일정에 동의하겠다는 답변을 서울로 보냈다. 이튿날 이 변호사는 백담사를 방문해 그분 답변 결심을 확인한 뒤 기자회견을 통해 그분이 31일 국회에 출석하여 증언할 것임을 발표했다. 나흘 후 최 대통령은 국회증언에 응할 수 없다고 통고했다. 국회광주특위는 최 대통령을 고발하기로 했다고 발표했다.

그분도 증언에 나설 준비를 서둘렀다. 문제는 시간이었다. 주위의 반대를 잠재우고 증언을 결심한 22일부터 증언일인 31일 오전 10시까지는 겨우 8일간의 시간이 있을 뿐이었다. 더구나 그때는 아직 질문서도 도착하지 않아 대체 무엇을 준비해야 할지도 모르는 상황이었다. 또 질문서가 도착한다 해도 자료가 없어서 충실한 내용으로 답변서를 준비하기란 어려운 형편이었다. 정부측에 자료를 요청하자는 의견이 나왔다. 그러나 정부측에서 제대로 제공해줄지도 알 수 없는 일이었다.

12월 23일 오후 7시경, 청와대의 노 대통령이 백담사로 전화를 걸어왔다. 그는 그분에게 유럽을 다니며 곰곰이 생각한 결과 영수회담 쪽을 택하게 되었다는 사정을 설명했다. 대화내용을 적어본다.

노 대통령: 이양우 변호사는 연내 증언이 어렵다고 하지만 각하께서 어떻게든 금년내에 마무리짓도록 도와주십시오. 영수회담에서 마무리 증언으로 합의가 되기도 했지만 만약 금년을 넘기면 내년에는 더 어려운 일이 생길 것 같아 하는 말입니다.

그분: 마무리 증언으로 합의가 되었다면 5공문제가 명실공히 종결되어야 하는데 그렇게 된다는 보장을 할 수 있겠습니까? 종결이라면 5공 인사들의 자유와 원상회복을 뜻하는 것이 아니겠습니까?

노 대통령: 보장합니다. 종결선언을 함으로써 원상회복할 것을 보장합니다. (중략)

그분: 이번 증언에서 말이죠. 나는 5공의 당위성을 주장하지 않을 수 없는데 그 점에 대해서 노 대통령께서는 어떻게 생각하십니까?

노 대통령: 당연히 그렇게 하셔야지요.

그분: 5.18사태에 대해서는.

노 대통령: 당시 처리를 잘못한 것 같습니다. 지휘책임이 있는 윤흥정과 정웅을 군법회의에 회부했어야 했는데 이희성 계엄사령관이 동기생이라고 봐주고 장관까지 시키는 통에 문제가 이상하게 되었더군요. 광주 희생자 문제만 해도 M16(계엄군이 소지했던 총)에 의해 희생된 자는 몇 명 안 되고 자기들끼리 싸워 희생된 자가 많았기 때문에 명확한 구별을 했어야 하는데 구분 없이 사상자 전부를 희생자라고 해놓아서 문제가 심각하게 되었습니다. 그래서 광주문제에 대해선 작년 11월 23일에 발표하신 것 같이 대통령으로서 후속조치를 잘못한

> 데 대한 도의적 책임을 느낀다는 선에서 해주시면 되지 않을까 생각합니다.
>
> 그분: 신문에 보니 질문사항이 무려 1백 25개 항이나 되고 5.18사태에 대한 것만 해도 1백여 개나 된다고 하던데요. 5.18사태의 성격에 대해서 정부 입장을 1백여 개나 정리해놓은 것이 있을 텐데 자료를 좀 보내주시면 좋겠습니다. 어떻게 된 셈인지 12.12사태에 관련된 김재규 수사기록을 달라고 보안사에 요청했는데 지금껏 소식이 없어요.
>
> 노 대통령: 각하, 어떻게 하든 연내에 마무리짓도록 도와주십시오. 내년에 들어가면 상황이 또 달라집니다.
>
> 그분: 우리측에는 사람도 없어서 물리적으로 될지는 모르겠습니다만 아무튼 노력해봅시다.

답변서 작성을 위한 작업이 본격적으로 시작된 것은 12월 26일이었다. 준비작업에 필요한 인력도 문제였다. 주위를 아무리 둘러봐도 이양우 변호사, 안현태 전 경호실장, 김병훈 전 의전수석비서관, 그리고 민정기 비서관이 전부였다. 1백 25개 항의 질문에 대한 성의 있는 답변을 준비하기에는 어림도 없는 인원이었다. 결국 가족들까지 소매를 걷어 붙이지 않을 수 없었다. 고양이 손이라도 빌려야 할 사정이었다. 큰아들 재국과 사위 윤상현, 그리고 미국에서 방학을 맞아 인사차 와 있던 지인 김승환 박사가 합류했다.

지금도 그때의 일을 생각하면 아득해진다. 12.12와 5.18사태 등 당시의 일을 직접 겪었거나 가까이에서 지켜본 사람들은 다 어디로 가고 그 상황과는 아무 관계도 없는 안현태, 이양우, 김병훈, 민정기 씨 등이 모여 자료를 뒤지며 답변서를 쓴다고 꼬박 며칠 밤을 새워야 했으니 말이다. 더욱 난처한 것은 증언내용을 준비해야 하는 사람들의 생각이 각각 너무도 분명하고 다양해서 서로 입장조율을 하기가 몹시 어렵다는 사실이었다. 즉 전임 대통령의 국회증언은 역사적 기록이 될 것이므로 현재의 정치상황에 대한 고려 없이 사실을 사실대로만 증언해야 해야 한다는 의견과, 진실하다고 해서 정치상황에 대한 고려 없이 우리의 시각과 입장만을 고집하면 정치권을 자극해 5공 청산 정국이 마무리되기 어렵다는 현실론이 팽팽히 대치했다. 마음은 급하고 손발은 제대로 움직여지지 않는 중에도 시간은 흘러갔다. 25일 큰아들 재국과 김 박사가 백담사에 들어와 망연자실해하던 일, 바로 그날 저녁, 김병훈 수석이 워드프로세서를 갖고 들어와 모두가 천군만마를 얻은 듯 기뻐하던 일, 26일 안현태 실장과 민정기 비서관, 그리고 이양우 변호사가 도착해 그날 저녁부터 겨우 증언서 작성을 위한 캠프가 진용을 갖추던 일 등이 지금도 생생히 떠오른다.

드디어 첫 회의가 열렸다. 우선 답변서 작성의 방향부터 결정되어야만 했다. 그리고 곧 철야작업이 시작됐다. 29일까지는 무슨 일이 있어도 대략적인 답변서가 준비되어 그분이 독회(讀會)라도 한 번 할 수 있어야만 했다. 그러나 4박 5일이라는 짧은 기간에 125개 항에 달하는 질의에 대한 답변서를 작성한다는 것은 처음부터 무리였다. 그 많은 양의 자료를 다 읽는다는 것도 어려움없는 일이었고, 복잡한 과거사들을 분석하고 정리해서 정확하게 서술해야 하는 작업을 그 짧은 기간에 끝낸다는 것은 더욱 불가능했다. 부족한 일손, 엄청난 분량의 일, 4박 5일이라는 시간의 제약이 주는 압박감. 가족들까지 합세해 밤샘을 계속했지만 도저히 기간 내에 해낼 수 있을 것 같지 않았다.

급한 대로 대략적인 답변서가 준비된 것은 30일 오후였다. 팀 전체가 며

답변서 준비를 도와주신 고마운 분들(민정기, 김병훈, 장세동, 이양우, 안현태, 허문도 씨)과 함께

칠 동안 매일 24시간 밤샘 작업을 했던 결과였다. 워낙 짧은 시일에 방대한 자료를 정리하느라 미흡한 부분이 많았던 것은 어쩔 수가 없었다. 마지막 정리를 위해 민정기 비서관과 김병훈 수석이 꼬박 밤을 새웠지만 원고는 그분이 출발하기 직전에야 겨우 완성되어 교정작업은 미처 끝나지도 못한 상태였다. 그분이 완성된 답변서를 다 읽어본 것은 백담사를 출발한 차가 춘천을 막 통과하던 동틀 무렵의 일이었다.

국회증언이 끝날 무렵이었다. 나는 울어서 퉁퉁 부은 눈으로 TV 화면 속의 그분을 바라보고 있었다. 그때 전화벨이 울렸다. 청와대의 김옥숙 여사였다. 오랜만에 그녀의 음성을 듣자 그리움이 밀려왔다.

"마음이 아파 전화했어요."

그녀가 말했다. 그녀도 아마 우리처럼 TV를 통해 그분의 처절하고 기막한 국회증언 장면을 지켜보면서 차마 내게 아무 말도 하지 않고는 견디기 힘들었던 모양이었다.

　나는 목이 메어 말이 나오지 않았다. 간신히 고맙다는 뜻의 말을 몇 마디 건넬 수 있었을 뿐이었다. 그러자 김 여사는 수화기 저편에서 문득 '5공 청산'의 당위성을 차근차근 설명해나가기 시작하는 것이었다. 그녀는 벌어지고 있는 작금의 상황에 대해 내게 이해를 구하고 싶었겠지만 내 귀에는 그저 전화선 저편으로부터 진동해오는 아득한 메아리처럼 들렸다. 김 여사의 말은 이러했다.

　"두 분께서는 당시에 청와대에 계셔서 잘 모르셨겠지만 두 분과 민정당이 하도 인기가 없어 5공 청산을 선수쳐 주장하지 않았더라면 대선 결과를 장담할 수 없는 형편이었답니다. 선거를 치르면서 보니 국민들이 5공에 대해 얼마나 분노하고 있는지를 피부로 느낄 수 있었습니다. 나라를 구하기 위해서는 부득이 5공 청산 작업을 서두르지 않을 수 없었어요."

　그때서야 진실이 바라보고 싶지 않은 알몸을 드러내고 있었다. 김 여사의 말처럼 5공 청산을 선수쳐서 주장하고, 서둘러 5공 청산 작업에 가혹한 칼을 들이댄 것은 바로 노 대통령 자신이었던 것이다. 그것이 진실의 정체였다. 파란만장했던 1980년대가 그렇게 가고 있었다. 우정도 사업이 될 수 있다더니, 그분이 노 대통령과 함께 가꿔온 40년 우정도 권력의 마성 앞에서 그렇게 보기좋게 침몰해 버리고 있었다.

　1980년 9월 대통령에 취임했던 그분은, 1989년 제야(除夜)에 국회증언대에 선 최초의 전임 대통령으로서 1980년대가 자신에게 맡긴 마지막 소임을 치러내고 있었다. 그분과 나는 우리 앞에서 철썩이는 그 무서운 역사의 파도와 광풍을 넘어가야만 했다. 생애 가장 지독하게 길고 힘든 하루를 치러낸 후 먼 눈길을 달려 그분이 다시 백담사로 돌아온 것은 1990년대의 첫 날이 시작되던 1990년 정월 초하루 새벽 4시경의 일이었다.

산사에 들려오는 정가 소식

국회증언을 끝내고 맞이한 1990년은 새해 벽두부터 백담사를 찾아온 방문객들로 붐볐다. 손님들은 그분 증언으로 맺혀 있던 국민들의 응어리가 상당히 풀렸을 것이라도 했다. 더러는 박 대통령 시절부터 누적되어왔던 한이 한꺼번에 분출된 것이라고도 하며 우리를 위로했다. 백담사의 전화는 전국 각지에서 그분에게 걸려오는 위로의 전화로 불이 났고 한적했던 절은 연일 방문객들로 붐볐다.

그 중 1월 3일 찾아왔던 박근 전 유엔대사의 말이 기억에 남는다. 박 대사는 교회에서 김영삼 씨를 만났다고 했다. 김영삼 씨 말이 그분이 6.29 같은 조치를 노태우 대표가 아닌, 자신과 손잡고 했더라면 보호를 받았을 텐데 노 대표에게 주어 이렇게 당하는 것이라는 말을 하더라는 것이었다. 당시 그토록 완강하게 직선제를 반대했던 노 대표를 설득하는 대신, 노 대표와 3김 씨를 모두 청와대로 불러 직접 6.29선언을 제안하면서 '나는 경제적으로는 부도 직전에 있던 나라를 건졌고, 정치적으로는 단임을 실천해 민주발전을 도모하겠다'는 점을 강조하고, 정치인들에게 페어플레이정신을 당부하는 모습을 국민들 앞에 보였더라면 모든 것이 완전히 달라졌을 것이라는 말이었다. 그렇게만 했다면 우리나라 민주주의 발전의 공로자가 되는 것은 물론이고 세계의 찬사를 한 몸에 받아 어느 누가 후임 대통령이 되어도 정치보복을 할 수 없었을 것인데 아쉽다는 말도 덧붙였다고 했다. 그 말을 들은 그분은 그러나 후회는 없다며 이렇게 말했다.

"김영삼 씨의 말이 맞을지도 모릅니다. 그렇게 했더라면 백담사에서 겪은 고초나 지난 31일 증언대에 서서 당한 수모 같은 것은 면할 수 있었겠지요. 그러나 지금도 변함이 없지만 당시 내 소신은 나 자신의 보신을 위해서 내가 만든 당이나 함께 일한 동지들을 배신한다는 것은 상상도 할 수 없는 일이었소. 또 경제만 해도 그렇습니다. 그동안 우리 경제가 매우 좋아져서 GNP도 두 배로 성장했지만, 당시의 상황에서 완전히 선진국 수준으로 올라가느냐 아니냐 하는 것은 향후 5년을 어떻게 국가 경영을 하느냐에 달려 있다고 난 보았지요. '노 후보는 그동안 군과 정부의 몇몇 부서에서 충분한 경험을 쌓았고 당의 책임자도 해보았기 때문에 서울올림픽 여세를 몰고 전 세계와 교류를 확대해나간다면 4, 5년 사이에 우리나라 국민의 개인소득이 8000불이 넘게 될 것이다. 보수적으로 계산하더라도 6000불은 쉽게 될 것이다. 그렇게 되면 GNP 2400억불 정도, 국방예산은 GNP 5%정도만 내려잡아도 100억불이 넘게 된다. 그렇게만 된다면 우리의 군사력이 북의 군사비 대비 70% 이상이 되어 군사력 면에서도 안심이 된다. 그때부터는 누가 대통령이 되어도 걱정이 없다.'고 생각했던 것입니다. 국가 미래만을 위해 소신을 갖고 한 선택이니 후회는 없습니다. 다만 나라가 어지러워 걱정이 많았는데 이제 5공문제도 종결되었으니 하루빨리 국정이 정상화되기만을 바랄 뿐입니다."

그로부터 19일 후인 1월 22일, 백담사에서 저녁 7시 뉴스를 보니 노 대통령이 성명서를 발표하고 있었다. 민정, 민주, 공화 3당이 합당을 한다는 발표였다. 온건, 중도, 보수 세력의 대화합을 위한 '3당 합당'이라고 했다. 우리나라 정치사에 놀라운 변화가 진행되고 있었다.

"여보, 당신한텐 물론 사전에 연락이 있었겠죠? 당신으로부터 민정당을 인수받아 대통령이 된 사람인데."

"민정당 창당 기념일이라며 지난 16일에 전화통화를 할 때도 아무 말이 없었던 것을 보면 아마 당을 통합하는 중대한 일이라 보안이 필요했던 모양이오. 나야 민정당을 창당한 사람이니 당연히 당이 없어진다는 것이 섭섭하기 그지 없지만 국민화합을 위한 조치라면 이해해야 하지 않겠소?"

그해에는 참 눈도 많이 내렸다.

백담사에서 시작된 나의 글쓰기

 생각이 곧 행동인 그분은 24일, 노 대통령에게 직접 전화를 걸어 축하의 말을 전했다. 하지만 그 후 그분은 몹시 앓았다. 자신이 창당해 평화적 정부이양과 올림픽 성공 등을 이룩한, 애정을 쏟았던 정당이 후계자에 의해 맥없이 해체되는 모습을 혹독한 몸살 없이 보아 넘기긴 어려웠을 것이다. 그렇게 그 해 겨울이 갔고 다시 봄이 왔다.

 백담사에서 맞는 봄은 우선 춥지 않아 좋았다. 그러나 겨우내 쌓였던 눈이 녹아내리기 시작하자 지붕에 쌓인 눈의 무게를 이기지 못해 깨진 기

눈의 무게에 못이겨 기와마저 깨지는 날이면 천장에서 떨어지는 눈 녹은 물을 받기 위해 대야를 갖다놓기 바빴다.

스님들의 일과표에 따라 시간을 쪼개며 하루를 보냈다.

와 사이로 눈 녹은 물이 흘러들어 방 안은 온통 빗물 받는 양재기들로 을 씨년스러웠다. 그 와중에도 그분은 독서와 서예, 바둑 등으로 소일했다. 특히 불교서적을 탐독했다. 그 곁에서 난 글 쓰는 일에 열중했다. 한 해 전 백일기도를 끝내면서부터 본격적으로 다시 시작한 글쓰기였다. 백일기도로 가슴속 화기를 어느 정도 달래긴 했지만 여전히 들려오는 바깥소식이나 끝없이 닥치는 가족들의 수난으로 마음이 번거로워 매일 글을 쓰지 않고는 밤에 잠을 청할 수가 없을 정도로 난 글쓰기에 빠져들었다.

불행은 혼자 오지 않는다

옛날 친정어머님이 하시던 말씀이 생각난다.

"나쁜 일은 혼자 오는 법이 없단다. 꼭 짝을 지어 찾아오지."

둘째아들 재용이 이혼한 것이 1990년 5월, 우리가 백담사로 들어온 지 1년 반이 되던 때였다. 시련의 연속이던 1989년을 보내고 새해를 맞아 더 이상 추락하지 않으려 안간힘을 쓰고 있던 우리 앞에 어머니의 말씀처럼 또 다른 불행이 예외 없이 문을 두드렸다. 주변의 친인척들이 제사 모실 사람 하나 남기지 않고 모두 구속되고, 부모인 우리 부부마저 백담사로 유배되자 아이들은 결국 계속되는 불행 속에 비틀거렸다.

그분 퇴임을 몇 개월 앞둔 1987년 12월에 결혼식을 올렸던 둘째 부부가 파경을 맞은 것이다. 둘째의 파경 소식을 처음 들었을 때 난 마치 하늘이 무너지는 것 같았다. 아무리 세상이 변해 이혼이 점차 늘어가는 추세라 해도 이혼은 당사자들은 물론 양가 집안에도 큰 상처를 남기는 불행이었다. 그런 이유로 난 기도할 때마다 애처로운 그들 내외가 어떻게든 다시 잘 화합되기를 간절히 빌고 또 빌었다. 같은 여자 입장에서, 또 딸자식을 가진 부모 입장에서 둘째며느리를 향한 내 안타까움은 이루 말로 다 형용할 수 없었다.

그러나 그 일은 내게 세상에는 정말 인력으로 되지 않는 일이 있다는 것을 절감하게 했던 가슴 아픈 경험이었다. 보기 드물게 현숙하고 착하던 며느리. 마지막 작별인사를 하러 눈물에 잠겨 백담사로 찾아왔을 때 나와 며느리는 서로 부둥켜안고 얼마나 울었는지 모른다. 깊이 사랑하는 아들이고 듬뿍 정을 쏟았던 며느리였다. 인생을 알기에는 아직 어리기만 한 그들이 고통의 늪에 빠져 허덕이다 불행의 급류에 떠내려가는 것을 나는 백담사에 앉아 그저 속수무책으로 바라볼 수밖에 없었다. 고통 속에서도 자신들보다는 부모의 마음을 더 생각하는 속 깊은 아이들이었지만 결코 막을 수 없었던 불행이었다.

하지만 허망하게도 각자 제 갈 길로 떠나가는 두 아이를 지켜보면서 나는 또다시 시련의 절벽을 느껴야만 했다. 자식의 고통과 불행은 부모에겐 가장 참기 힘든 형벌임이 분명했다. 자신에게 닥친 어떤 시련에도 좀처럼 흔들리지 않던 그분도 먼 이국땅에서 이혼서류에 도장을 찍고 뼈만 남은 피폐한 모습으로 돌아온 아들의 눈물 앞에서는 슬픔으로 무너져내리고 말았다. 우리가 백담사에 쫓겨와 있지 않았더라면, 외국에서 유학 중이던 그 아이들을 연희동 집으로 불러들여 살펴주고 도와줄 수 있었더라면, 혹시 파경을 막을 수 있었지 않았을까. 그 일은 오래도록 내게 화상(火傷)처럼 지워지지 않는 회한으로 남았다.

둘째의 이혼 후 해질 대로 해져 만신창이가 됐던 내 가슴 위로 또 하나의 형벌이 찾아왔다. 그해 겨울에 있었던 충격적인 소식, 막내 재만의 대학입시 실패였다. 재만의 대학 실패는 정말로 상상도 하지 못한 것이었다. 재만은 어려서부터 늘 성실하고 성적이 우수해서 집안의 자랑거리였었다. 초등학교 시절부터 새벽 6시면 일어나 학교 가기 전에 한 시간씩 테니스나 수영, 합기도 등을 배웠고 누가 시키지 않아도 방과 후 숙제는 물론 예습 복습도 빼놓지 않아 형과 누나들이 신기해하곤 했었다.

"재만아, 우리는 네 나이 때 놀 생각밖에 안했는데 넌 어떻게 된 애가 매일 새벽에 일어나서 온갖 걸 다 배우고 다니니? 도대체 무슨 생각을 하고 있는지 궁금하구나."

그 말에 늘 책읽기를 좋아하던 재만은 "응, 책에서 보니까 위인이 되려면 그렇게 열심히 해야 된대."라며 자못 진지하게 대답하곤 했었다.

그런 재만이 방황하고 있었다. 백담사로 들어온 지 얼마 후의 일이었다.

돌도 되지 않은 손녀를 데리고 우리를 찾아온 효선은 울며 말했었다. 어느 날 학교에서 돌아온 재만이 그날따라 이상하게 눈자위가 붉게 상기되어 무슨 일인지 물어도 도무지 대답이 없었다고 했다. 잠든 후 살펴보니 몸에 심하게 맞은 자국이 있었다는 것이었다. 며칠 후 경호관이 들려준 보고에 의하면 재만이 수업 중 친구들 앞에서 아버지에 대한 험담을 하는 선생님에게 대들다 맞았다는 것이었다. 정말 그런 일이 있었느냐고 아무리 물어도 재만은 입을 꾹 다문 채 분노로 이글거리는 눈동자로 방바닥만 내려다보고 있었다는 것이다. 대학입시 시험 당일에도 기자들이 시험장 안까지 따라 들어와 인터뷰를 하고 사진을 찍어대는 통에 시험에 집중해야만 할 재만에게 큰 충격과 마음의 상처를 입혔던 모양이었다. 어찌해야 좋으냐며 나를 안타깝게 쳐다보는 딸아이를 보며 나는 억장이 무너지는 듯했다. 백담사에서 달려나가 보살펴줄 수 없는 처지로 애만 태우고 있는 사이, 방풍벽도 없는 세상에 혼자 내던져진 채, 아버지의 명예가 산산이 실추되는 무서운 세상을 목격하면서, 재만은 대학공부는 왜 필요하며 대체 무엇을 위해 세상에 나가 일을 해야 하는 것이냐며, 아버지를 백담사로 보낸 세상에 대한 분노로 미래의 꿈을 접고 있었다. 막내 재만이 대입 낙방이라는 인생의 뼈아픈 실패를 겪은 후, 예전의 맑고 순진하던 얼굴 대신 세상에 대한 반감으로 일그러진 모습으로 어미 품을 찾았을 때 그 모습은 그대로 내 가슴에 한이 되어 맺혔다.

여름이 오자 절 앞의 텃밭과 산길 옆에 나 있던 채소밭에 나가 손주들과 함께 감자도 캐고 오이도 땄다. 그 해는 너무 자주 내린 비 때문에 감자 농사가 신통치 않아 알이 작고 보잘 것 없었다. 아이들은 작은 감자알이 귀엽다고 탄성을 올렸지만 농사걱정에 마음이 편치 않던 그분 얼굴은 어두웠다. 감자를 담아 들고 돌아오는 둑길에서는 잠자리랑 개구리를 보며 환호하는 아이들의 작은 발걸음을 따라다니기도 했고, 계곡에서 물놀이로 더위를 식히기도 했다. 나는 매일 저녁 돋보기를 끼고 앉아 글 쓰는 일에 매달렸다. 그러나 종종 그분과 함께 절 옆 빈터에서 절 식구들과 배드민턴을 치는 일도 잊지 않았다.

어느날 그분 한복의 동정을 갈다가 내가 돋보기를 벗으며 말했다. 그즈음엔 백담사를 찾는 손님들이 날이 갈수록 많아져 그분은 손님들을 만나기 위해 기도복 외에도 한복이 필요했었다.

"여보, 두 해 전 이곳에 왔을 때는 마치 지옥으로 추락한 기분이었는데 요즘은 이곳 생활에 익숙해지니까 살 만하네요."

"그렇게 말해주니 고맙소. 어렵더라도 좀 더 참고 견뎌봅시다. 아직 서울에 나갈 때가 아닌 것 같아 하는 말이오."

"노 대통령이 자꾸만 여기를 떠나 제3의 장소인가 뭔가 하는 곳으로 옮기라고 독촉하는 눈치던데 우리를 여기 그냥 있도록 내버려둘까요?"

묻기엔 조심스런 문제였다.

"글쎄, 백담사에 있는 나를 찾아오는 사람들이 상상 외로 많아지자 신경이 쓰여서 그러는가 보오. 하지만 연희동 집으로는 돌아가지 말고 별장을 구해준다며 나오라니 영 마음이 내키지를 않소."

"그래도 나오라고 할 때 어디든지 가는 것이 낫지 않을까요? 나오라는데 나가야지 말을 안 듣다가 또 무슨 해코지를 당하면 어떻게 해요?"

"너무 걱정하지 마시오. 잡혀갈 사람 다 잡혀갔는데 여기서 당하면 뭘 더 당하겠소."

불안했던 예감은 이번에도 예외 없이 맞아 떨어졌다. 청와대측 제의에 그분이 거절 의사를 표시한 얼마 후 집행유예로 풀려나 있던 내 남동생이 또다시 구속됐다. 누구도 상상치 못했던 일이었다. 5공 청산 회오리 속에서 처음 구속되었던 동생은 1년 8개월 만에 한 사건으로 두 번, 그것도 법

난을 치면
괴로움을
잊을 수 있었다.

여름이면 손녀를
데리고 텃밭에
나가 감자를 캤다.

손주들을 자전거에
태워주는 일은
할아버지로서
큰 즐거움이었다.

큰아들은 아버지의
바둑상대가
되어주기도 했다.

동네아주머니들과
어울려 채소를
다듬기도 했다.

오세암
가는 길에서

정구속되는 선례가 없는 진기록의 주인공이 됐다. 청와대 제의란 우리 내외에게 백담사를 나와 연희동 집이 아닌, 청와대가 구해주는 별장, 즉 제3의 장소로 은둔지를 옮기라는 것이었다. 그것은 제의라기보다는 차라리 지시였다. 많은 사람들의 추측대로 동생의 구속이 정치보복이었는지, 아니면 우리를 제3의 장소로 가게 하기 위한 압력수단이었는지 정확한 정황은 알 길이 없었다.

그 일로 친정부모님은 엄청난 충격을 받으셨다. 충격으로 인해 친정어머님이 지병인 심부정맥의 급작스런 악화로 입원하셨던 것이다. 친정아버님은 절망감 속에서 그때부터 법을 배우시겠다고 육법전서를 사들고 법조문과의 씨름을 시작하셨다.

"여보, 나는 말이오. 노 대통령의 임기가 끝나기 전에는 결코 이 백담사를 떠나지 않을 작정이오!"

8년 가까이 처가살이를 하며 장인, 장모를 친부모 이상으로 모셨던 그분이었다. 친정부모님의 상처는 곧 그분의 상처였다.

몸과 마음이 몹시 괴로웠던 그 8월이 지나자 백담사는 마치 물결처럼 밀려드는 손님들로 붐볐다. 매일 4천 명이 넘는 방문자들이 전국 각지에서 주야로 우리 내외를 찾아주었다. 정성스럽게 준비한 음식물을 우리에게 전해주는 사람들도 있었다. 10월에는 방문자 수가 매일 5천여명을 넘었다. 그렇게 방문자는 점점 늘어나 그 무렵 연 인원이 무려 40만명을 넘어서고 있었다. 온종일 차로 달려와야 하는 그 멀고 먼 백담사까지 오는 길의 번거로움도 마다하지 않고 우리 내외를 찾아주던 그 많은 분들의 정성에 목이 멘 적이 한두 번이 아니었다. 폭우로 외나무다리마저 끊기면 절 옆의 험한 청룡재를 넘어와 글썽이는 눈으로 우리 내외의 건강을 당부해 주던 고마운 분들, 그분이 악수라도 청하면 비에 젖은 손을 다시 젖은 옷자락에 닦고 나서야 손을 내밀던 그 인정 많고 순진한 사람들. 멀어지는 버스 창 밖으로 언제까지고 손을 흔들어주던 그 수많은 분들이 주던 따뜻한 위로를 난 결코 잊을 수 없다.

온 국민이 축제 분위기로 들떠 있던 1990년 크리스마스이브였다. TV 뉴스에서 그분에 대한 노 대통령의 연희동 귀가 제의가 흘러나오고 있었다.

"여보, 노 대통령이 연희동으로 내려와 평화롭게 살라는데 내려가실 생각인가요?"

그 말을 하면서도 내 가슴은 뛰었고 마음은 벌써 서울 집에 있는 막내 재만을 향해 달렸다.

"그렇게 해야지요. 어서 가서 우리 막내도 다시 일으켜 세워 대학에 보내야 하고 버려져 있던 집도 돌봐야 하고 할 일이 많지 않소. 차라리 노 대통령 말 듣지 말고 나 한사람, 교도소 갔으면 당신이라도 연희동에 남아 막내를 돌봤을 것이고, 그랬으면 막내가 지금처럼 방황하는 일은 없었을 것 아니오. 당신, 그동안 못난 남편 만나 마음고생 정말 많이 했어요. 연희동으로 돌아가도 좋다는 청와대의 통보를 받고 나도 참 많은 생각을 했소. 당신이 마음 아플까봐 내색은 안 했지만, 지난 11월 4일에 대구공고 후배들이 날 보기 위해 백담사를 찾아오다가 끔찍한 교통사고를 당하지 않았소. 그것도 부부동반으로 오다가 말이요. 사실 그 사고 이후 한시도 마음 편할 날이 없었소. 또 그런 불행한 일이 다시 생길까봐 걱정인데 그렇다고 마음먹고 찾아오는 사람들을 내 마음 편하자고 오지 말라고 할 수도 없는 일 아니오. 노 대통령이 하도 괘씸해서 그 사람 임기가 끝나기 전에는 결코 백담사에서 떠나지 않을 작정이었지만 아무래도 나가야 할 것 같소."

연희동 집을 떠나 백담사로 들어오던 서럽던 그날로부터 꼭 2년 1개월 8일 만에 결정된 귀향이었다.

잠시만 가 있으면
된다고 했던
백담사를
769일 만에
떠나게 되었다.

떠나기에 앞서
스님들께 감사의
인사를 올렸다.

우리 내외의
귀향소식에
사람들이
몰려들고 있다.

백담계곡에 고마움을 남기고

국회청문회 증언이 있은 지 꼭 1년 후인 1990년 12월 30일, 우리는 백담사를 나와 서울을 향한 귀로에 올랐다.

몸을 에이는 삭풍 속에 백담사로 떠나오던 날은 지나가는 바람에도 신경이 곤두설 만큼 마음에 찬바람이 불었었다. 그러나 세속과 떨어진 청정한 도량에서 2년을 지내고 귀향하는 그날은 여전히 뺨을 얼리는 설악의 입김 속에서도 마음은 한없이 푸근했다. 우리를 향한 바깥세상의 눈길이 달라진 것도 아니고 고독한 산사에서 무슨 도(道)를 깨우친 것은 더욱 아니었지만 백담사에서 세 해 겨울을 보내며 삶의 순환과 고통을 묵상하고 재해석하는 시간을 보내면서 생각지도 못했던 소중한 것들을 얻을 수 있었다.

차창을 통해 멀어져가는 정든 산사의 모습이 보였다. 아쉬움과 기쁨이 교차하는 표정으로 우리 내외의 손을 잡아주며 작별의 정을 나누던 백담사 스님들의 정겨운 모습도 멀어지는 산사와 함께 작은 점이 되어갔다. 머무는 시간 동안 물이 흐르듯 순리에 따라 불도의 가르침과 향기를 느끼게 해주고, 우리 내외의 서툰 손을 잡아 한 걸음 한 걸음 걸음마부터 가르쳐주신 고마운 분들이었다. 언제쯤 다시 이 산 속의 청정도량을 찾을 날이 있을까.

두 해 전 우리 내외가 속세의 고통 속에서 길을 잃고 찾아왔던 백담사. 그러나 그곳은 이제 우리 내외에게 고통의 집이 아니라 '깨달음의 집'이 되어 있었다.

제18장

제자리를 찾아서

4월의 아름다운 봄 햇살이
신랑 신부, 두 사람을 축복해주는 가운데
축하 연주가 연희동 집 정원에 울려퍼졌다.
초록빛 정원에 태양은 눈부셨고
그들에게 보내는 하객들의 축하도 뜨거웠다.
봄이 대지에 따스한 체온을 불어넣듯
우리 가정에도 새로운 생명력이 감돌고 있었다.

폐허 그리고 복원

백담사에서 돌아와보니 연희동 집은 폐가나 다름없이 변해 있었다.

2년 넘게 주인 없이 버려두었던 집은 온통 먼지투성이에 벽지는 여기저기 갈라지고 군데군데 얼룩까지 져 있었다. 침실 천장엔 거미줄까지 출렁대 그 황량함에 가슴이 철렁 내려앉았다. 딸 내외가 막내동생과 함께 집을 지키다 큰아들 내외가 미국에서 돌아오자 백담사를 오가며 집을 돌보기는 했지만 주부의 손길이 닿지 않은 집은 제 모습을 유지할 수 없었다. 수도관도 목이 메었는지 수도꼭지마다 물이 잘 나오지 않았고, 얼룩진 벽도 주인의 손길을 기다리고 있었다. 대체 어디부터 손대야 할지 엄두가 나지 않았다.

구석구석을 치우고 닦을 겨를도 없이 이틀 밤이 지나자 새해가 왔다. 새해 첫날 연희동 집은 찾아오는 손님들로 붐볐다. 아침부터 저녁까지 방문객들의 발길은 끊어지지 않았다. 그 귀한 손님들을 접대하는 것이 너무 기뻐 난 피곤한 줄도 몰랐다. 이상한 것은 그분과 내가 그토록 그리워하던 집에 돌아와 한없이 기쁜데도 돌아온 날부터 왠지 마음이 안정되지 않아 잠을 이룰 수 없다는 사실이었다.

무슨 병에 걸려서 그런 것일까. 이유를 알 수 없는 이상한 증세에 병원을 찾아가 진료를 받아도 건강엔 아무 이상이 없다고 했다. 문득 연희동에서 청와대로 옮겨가 살던 초기에도 똑같은 증세로 고생했던 일이 생각났다. 갑자기 청와대로 들어가자 온통 변해버린 생활에, 집도 상대적으로 너무 크고 썰렁해 하루 종일 뭔가 불안하고 산란해 나는 심한 불면증에 시달렸었다. 반 년 동안이나 계속된 그 불안한 증세로 극심한 수면부족과 설사에 시달렸고 그 일로 체중이 7킬로그램이나 줄었었다.

그 후 7년 반 청와대 생활을 끝내고 연희동 집으로 돌아왔을 때는 그와는 반대로 연희동 집이 좁고 답답하게 느껴지기만 했었다. 그런데 이번에는 백담사에서 연희동 집으로 돌아오자 상대적으로 휑하게 느껴져 불안한 것이었다. 아무리 백담사의 두 평짜리 방에서 생활을 하다 그에 비해 넓은 공간을 가진 연희동 집으로 돌아왔다고 해도 이 집은 우리가 내내 생활하고 구석구석 손때가 묻은 우리의 옛집이 아닌가. 그 낯섦이 어이없었다. 그것이 내겐 청와대, 연희동, 백담사, 그리고 다시 연희동에 도착한 격동의 시간이 일으키는 멀미였다. 그러나 환경 변화가 주는 불면과 불안은 연희동에서 우리를 기다리고 있던 다른 문제들에 비하면 아무 것도 아니었다.

"대학에 가선 뭐합니까, 어머니. 훌륭한 사람이 된다고 알아주는 세상도 아닙니다."

우리 집안의 자랑이던 막내 재만은 대학입시 실패 후 자포자기 상태에 빠져 있었다. 세상을 비판적으로 보기 시작한 그 아이의 얼굴에서 예전의 밝고 씩씩한 기상 같은 것은 찾아볼 수가 없었다. 대학입시 재도전을 포기한 듯한 재만의 좌절한 모습을 지켜보며 우리는 깊이 낙담했다.

백담사에서의 일이다. 대학입시 재수를 위해 종로학원에 등록했던 재만이 학원 가기를 거부한 채 잠적해버렸었다. 행방을 알 수 없는 아들을 직접 찾아 나서지도 못하는 처지의 나는 백담사 좁은 방에서 타는 가슴을 진정시키지 못한 채 속만 끓이고 있었다. 기도를 해도 불경을 읽어도 가슴속의 불은 식지 않았다. 결국 내 가슴속의 그 불은 서울로 돌아온 뒤에도 한동안 사라지지 않아 결국 고통스러웠던 두드러기 증세를 얻고 말았다. 온몸에 콩알 같은 두드러기가 솟아나 방바닥을 데굴데굴 구르도록 가려운 증세는 아무리 약을 먹어도 차도가 없었다. 나중엔 내장과 기도에까지 퍼져 심한 호흡곤란을 가져왔다.

아무리 괴로운 일이 있어도 묵묵히 견뎌내는 그분과는 달리 나는 마음에 충격을 받으면 몸마저 바로 타격을 받고는 했다. 몸에 잔뜩 부기를 일으키는 부작용이 심한 스테로이드제까지 사용한 후에야 간신히 가라앉힐 수 있었다. 그 두드러기에 밤낮으로 시달리면서 나는 좀처럼 비관의 늪에서 빠져나오지 못하는 막내를 부둥켜안고 그저 울 수밖에 없었다. 문제는 대학입시에 그치는 일이 아니었다. 부모의 일로 인해 세상에 대한 배반감으로 꿈을 잃은 재만은 인생에 대한 근본적인 다시 서기가 필요했다. 그분은 밤마다 아들의 손을 잡고 애타게 설득하며 자식의 마음을 이해하려 노력했다.

"그래, 네 말대로 대학을 가는 것만이 능사는 아니다. 네가 진정으로 원하는 것이 있다면 아버지와 어머니는 힘닿는 데까지 밀어주마. 원하는 것이 무엇이냐?"

그러나 한 번 방황을 시작한 막내는 쉽사리 마음을 잡지 못했다. 그 아이의 마음이 다시 돌아오기를 기다리는 우리에게는 하루가 천 년처럼 느껴졌다.

그러던 재만이 재기를 결심한 것은 우리가 백담사로부터 돌아온 지 두 달이 조금 지난 2월 6일이었다. 그분의 회갑연을 갖기보다는 고향 선영을 찾아보는 것이 더 의미가 깊겠다는 생각에 시골을 다녀온 지 보름 후쯤의 일이었다. 그즈음 조금씩 예전의 모습을 되찾기 시작하던 재만이 우리를 찾아와 말했다.

"아버님, 어머님, 저 오늘부터 다시 시작하겠습니다. 그동안 하도 불민하여 제 결심을 믿어주실지 모르겠지만 호랑이의 자식은 호랑이라는 것을 꼭 보여드리겠습니다."

우리는 막내의 그 결의에 찬 말에 너무 감동되어 그 아이가 했던 말의 내용은 물론 날짜까지 또렷이 기억하고 있다. 나중에 들어 알게 된 일이지만 재만의 아픔에 관심을 쏟아주고 그의 고통을 끌어안아준 것은 형들이었다. 그 아이가 새롭게 출발할 수 있도록 일으켜 세운 데에는 형들의 노력이 컸다. 어려서부터 재만은 형들을 무척 좋아하고 따랐다. 형들 역시 재만을 어찌나 귀여워하고 예뻐했는지 볼 때마다 뽀뽀를 해 볼이 부르틀 지경이었다. 형들이 유학을 떠난 후에는 방학 때나 돌아오는 형들을 그리워하며 방학이 오기를 눈이 빠지게 기다리곤 하던 재만이었다. 다행히도 그 아이가 혼돈에 빠져 방황하고 있을 때 큰형 재국이 서울에 나와 있었고 작은형 재용도 미국생활을 정리하고 주식회사 대우에 입사해 수출업무 담당부서에서 근무하고 있었다.

두 형들은 고등학교와 대학시절 내내 운동권학생들의 공격 표적이 되었던 대통령 아버지를 어떻게 이해하고 어떻게 극복해나갔는지에 대한 절실한 경험의 소유자들이었다. 그런 형들의 충고와 격려로 아버지의 인고를 이해할 수 있었고 자신의 위치를 돌아보게 되었다는 것이다. 재국은 재국대로 그 어려운 시기에 출판사업을 시작하면서 숱한 고충과 싸워가고 있었고 재용도 회사에 근무하면서 퇴임 대통령 아들로서의 애환을 헤쳐나가고 있었던 것이다. 다시 분발해야겠다고 결심한 막내는 아버지에 대한 세상의 평가가 바르지 않다고 해서 자포자기로 세상을 등지고 사는 것은 어리석은 일임을 깨달았다는 것이다. 이제는 더 늦기 전에 스스로의 인생을 개척해야 한다는 것을 뼈저리게 느꼈다고 재만은 말했다.

그 결심의 날로부터 열 달 후, 재만은 우수한 성적으로 연세대 경영학과에 합격하는 놀라운 모습을 보여주었다. 절벽의 밑바닥으로부터 다시 일어나 스스로의 힘으로 세상을 바르게 보는 법을 터득한 막내 재만에게 그 어두웠던 절망의 순간들은 분명 인생의 가장 값진 경험이 되었으리라. 그 일 이후 우리 부부의 가슴속에 얹혀 있던 분노와 고통의 응어리들이 서서히 사라져갔다.

어머니와의 이별

연희동으로 돌아와 이틀 뒤 맞이한 1991년은 우리 가정에 기쁨과 슬픔이 엇갈린 해였다. 1월 그분의 회갑 때에는 세상의 불필요한 관심과 번잡을 피해 서울을 떠나 백암온천을 찾았다. 그 먼 곳까지 찾아온 측근, 친지들이 차려준 간소한 잔치상만을 받은 뒤 근처 산을 올라 지난 세월을 돌아보는 시간을 가질 수 있었다. 군인의 길을 택했을 때, 그분의 목숨은 이미 나라를 위해 내놓은 것이었다. 언제라도 나라가 요구하면 바쳐야 할 목숨이 회갑을 맞도록 이어져왔다는 것은 그분에게는 행운이었고 나로서도 축복이었다. 나는 낯선 산길을 오르며 그러한 행운과 축복에 감사했다.

그해 가을에 슬픔이 찾아왔다. 친정어머님이 쓰러지신 것이다. 여느 때와 같이 아버님과 아침식사를 하시던 어머님이 갑자기 쓰러지셨다는 것이었다. 소식을 듣고 급히 강남성모병원으로 달려갔지만, 중환자실에서 뵐 수 있었던 어머님은 이미 우리의 손길이 닿을 수 없는 곳으로 떠나버리신 후였다. 뇌사상태의 어머님은 호흡은 있으신 데도 손을 잡아도 얼굴을 만져도 아무 반응이 없으셨고, 아무리 소리쳐 '어머니'를 애타게 불러도 아무 응답이 없었다. 허망하고 기막힌 이별이었다. 한 마디 작별의 말도, 마

부모님께 그동안 심려를 끼친 데 대한 사죄의 잔을 올리고 있다.

서울을 벗어난 곳에서 간소한 회갑상을 주위분들이 마련해주셨다.

제18장 제자리를 찾아서

지막 눈길도 나누지 못한 채 몸만 만지며 눈물로 헤어져야 했던 사랑하는 어머니. 어머님은 그 후 아흐레를 더 그렇게 우리 곁에 계셔 주셨다. 영영 우리 곁을 떠나시던 그 슬픔의 날, 어머님은 81세의 아까운 연세였다.

    딸 여덟을 낳고서야 마흔 한 살의 늦은 나이에 얻은, 그것도 전쟁 중에 간신히 얻은 아들이 정치광풍 속에 끌려가 감옥에 구속되었을 때에도 송구스러워 얼굴을 들 수 없던 우리 내외를 오히려 위로하시던 어머님이셨다. 엄하기 그지 없는 시어머니 밑에서 아들 못 낳는다는 설움도 많이 받으셨고, 칠순이 넘는 나이까지도 그 시어머니 밑에서 시집살이를 하시면서도 원망은커녕 오히려 늙어 기운이 없는 노인네가 측은하다며 딸네 집에 들르셨다가도 서둘러 돌아가시곤 하던 비단 같은 마음으로 일평생을 보내셨던 분이셨다. 아무리 어려운 일이 있어도 늘 잔잔한 웃음을 띤 얼굴로 언성 한번 높이신 적이 없으셨다. 그러나 그렇게 온유하신 어머님도 친자식 이상으로 아끼는 사위인 그분이 세상의 매질을 당하고, 귀한 외아들이 두 번씩이나 연거푸 구속되는 비극이 닥치자 마음의 평화를 잃고 결국 병을 얻으셨다.

    가만히 누워 말씀 한 마디 못하고 계신 어머님을 바라보자 그분이 대통령이 되었을 때 믿고 아꼈던 사위가 대통령까지 되었으니 이제 죽어도 여한이 없다 하시며 눈물을 글썽이시던 모습이 생각나 나는 슬픔을 가눌 수 없었다. 우리 내외가 어려울 때 누구보다 우리 걱정에 잠 못 이루시고, 가난으로 힘겨운 세월을 보내던 그분을 마치 당신 배로 낳으신 자식처럼 종종걸음치시며 한 끼라도 더 먹이고, 편안히 해주고 싶어 애를 쓰시던 세상에 둘도 없는 어머님.

    세상과 작별하고 누워계신 어머님의 모습을 보며 그분은 어쩔 줄을 몰라했다. 그분은 사위가 온 줄도 모르시는 어머님의 손을 만지고, 얼굴을 만지며 허망한 이별에 그토록 가슴아파했다. 부모는 자식을 기다려주지 않는다는 말이 가슴을 쳤다. 언제까지 곁에 계실 것만 같던 어머님이 그렇게 떠나시고 나서야 그동안 다른 거창한 의무에 종종걸음치며 마음으로만 계획하고 미처 해드리지 못한 온갖 일들이 생각나 내 가슴은 산산히 부서지는 것만 같았다.

어머님의 빈소가 차려진 병원 영안실로 많은 문상객들이 찾아와주었다. 옛날 그분과 함께 일했던 분들, 혜택받은 것도 없는데 어려울 때 지성으로 도와주시던 분들, 또 정치상황 때문에 보고 싶어도 찾아오기 어려웠던 분들이었다. 묘하게도 살아생전에 끔찍하게도 그분을 돌보시던 어머님은 돌아가신 후까지도 그렇게 사랑하는 사위를 도와주고 계셨다. 당시의 여러 가지 복잡한 정치상황 때문에 우리가 백담사에서 돌아온 후에도 연희동으로 인사도 오지 못하고 있던 많은 분들이 어머님의 장례를 계기로 부담 없이 우리를 찾아올 수 있었던 것이다. 그때서야 그분은 보고 싶던 분들과 만나 감격에 찬 회포를 풀 수 있었다. 그 중엔 그분 얼굴 대하기가 면목 없다며 제대로 고개를 들지 못하는 분들도 많았다. 그러나 그분은 오히려 정겨운 말로 문상을 와주신 분들의 마음의 수고가 더 값진 것이라며 손님들의 마음을 흔쾌히 풀어주려 노력했다. 그분이 말했다.

"무슨 그런 말씀을 하십니까. 세월 따라, 바람 따라, 인연 따라 사는 것 아니겠어요. 다 내 책임입니다. 와주셔서 감사합니다."

청와대로부터는 김옥숙 여사가 문상을 와주었다. 그 옛날 그분의 단짝 친구로 함께 어울려 다니던 시절. 그 누구보다도 어머님이 반갑게 맞아주었던 사람이 노 대통령이었다. 노 대통령이 김 여사와 함께 오지 않은 사실이 내 마음속에 섭섭함을 남겼던 것 같다. 최상의 예의를 갖춰 김여사를 맞이하면서도 한스러운 심정을 금할 길이 없었다. 그녀와 나 사이로는 그 어떤 말로도 표현할 수 없는 착잡한 순간들이 흘러갔다. 그러나 그 착잡함 속에서도 반가웠던 심정은 수십 년간 나눴던 진실한 시간들 때문이었으리라.

슬프기만 했던 가을이 끝나가던 화창한 날, 하늘은 어머니를 여읜 슬픔으로 휘청거리던 나에게 두 번째 외손녀, '정연(禎延)'을 안겨주었다.

제자리 찾기

언제나 한가롭게 있지 못하는 것이 그분의 성격이다. 그분은 정말 어렵게 얻은 시간이라면서 각 분야의 전문가들을 초빙해 새로 공부하는 즐거움에 빠졌다. 어려서 배웠지만 다 잊었다는 일본어 공부를 시작했고, 논어 강의를 들었으며 경제와 통일, 특히 역사에 관한 서적들을 추천받아 체계적으로 탐독해나갔다. 그분은 특히 일본의 식민통치를 받게 되기까지의 우리나라 근세사, 유럽의 권력구조의 진화에 관심이 많았다. 다른 분야는 이미 따로 독립해 나가 출판업에 몰두해 있던 큰아들 재국이 책 선정의 자문역할을 해주었다. 물론 감명 깊었던 책이라며 방문하시는 분들이 직접 그분을 위해 들고 오거나 저자들이 우편으로 보내주는 책들도 끊이지 않았다.

그분이 그렇게 모처럼 재충전의 시간을 갖고 있는 동안 내게도 과제가 있었다. 마음을 정돈하고 백담사에서 시작한 글쓰기에 본격적으로 덤벼든 것이다. 백담사를 떠나던 날 내 보따리 속에는 비록 보잘 것 없는 수준이긴 했지만 꽤 많은 분량의 원고가 담겨 있었다. 나의 글쓰기는 고독한 산사의 유폐공간 속에서 처음 손에 넣을 수 있었던 용수철 달린 손바닥만한 노트에 순간순간 다급한 역사적 상황을 메모하는 것으로부터 시작됐다. 그리고 어느날부터인가 난 절간의 둥근 밥상 위에서 대학노트에 적어나가는 것으로, 그리고 어느날부터는 원고지에 그분 유폐와 관련된 진실들을 적어나가는 것으로 확대되어갔다. 언젠가 세상을 떠나기 전에 역사의 결정적 진실 몇 줄은 반드시 남겨야만 한다는 책임감마저 갖게 되었다.

연희동 집에 돌아와 원고 꾸러미를 펼쳐보니 원고는 이미 꽤 많은 분량을 넘고 있었다. 페이지를 넘기자 문장들은 몹시 격앙되어 있었다. 유폐라는 고통스런 상황에서 그분의 진실과 정직을 변호하겠다고 쓴 글이니 그 격앙된 감정도 이해할 만했다.

글쓰기를 통해 나는, 내가 그분의 아내일 뿐 아니라 그분 재임기간 내내 최단거리에서 권력의 진실된 얼굴을 바라본 가장 중요한 목격자 중 하나라는 사실을 알았다. 나는 연희동에 마련된 내 방, 내 책상 앞에 앉아 원고 속의 격앙된 문장과 어조들을 침착하게 다듬어나갔다. 그러자 나는 내가 글쓰기 속에서 스스로 그 끔찍한 경험, 분노와 화해하고 있음을 알게 되었다. 그렇게 나는 다시 글쓰기라는 행복한 과제 속으로 빠져들었다.

둘째 재용의 재혼으로 아들 삼형제가 모두 든든한 자기 기반들을 갖게 되면서 우리 가족의 제자리 찾기는 순풍을 타고 있었다. 그분의 백담사행 충격으로 박사학위 과정을 중단하고 귀국했던 장남 재국은 자신의 천직을 찾아 기반을 닦아가고 있었다. 어려서부터 맹렬한 독서가였고 예술분야에 관심이 많았던 재국이었다. 출판업을 시작한 재국은 91년에는 '시공사(時空社)'라는 작은 출판사를 설립했고 그즈음에는 출판사가 제법 자리를 잡아 간혹 베스트셀러를 내고 있었다. 집안에서 처음으로 새로운 분야의 일을 시작한 장남은 아버지를 에워싼 정치바람의 영향으로 보이지 않게 힘든 일이 많은 것 같았다. 그러나 힘든 내색 한번 없이 재국은 한편으로는 집안일도 돌보고 또 한편으로는 꿋꿋하게 출판사도 꾸려나가 우리 내외의 마음을 흐뭇하게 해주었다. 출판업을 하면서 얻게 된 새로운 안목과 경험을 토대로 우리에게 문화계 소식과 세상 돌아가는 사정을 설명해주기도 하고 각계 인사들을 소개시켜주기도 했다.

재혼한 이듬해 봄, 일본의 게이요대학에서 석사과정을 시작한 둘째 재용 내외는 그해 여름 손자 '우성(祐成)'을 우리 품에 안겨주었다. 그들 내외는 둘 다 다정다감한 성격이라 정감어린 편지로 자주 내 가슴을 울렸다. 미국 체류 중인 딸 효선도 사위가 논문을 쓰는 과정으로 접어들자 심중의 계획이었던 영문학 석사과정을 시작했다는 반가운 소식을 전해왔다. 결혼 후 미국에서 대학을 우수한 성적으로 졸업하고도 서울에서 동생 돌보랴 남편 뒷바라지하랴, 5년이 넘도록 집에서 살림만 했던 딸이었다. 처음에는 석사과정에 도전하는 것에 무척 자신 없어하던 딸에게 다시 한 번 도전해 보라며 용기를 준 것은 우리 내외였다. 특히 내게는 두 딸을 돌보고 남편 돕는 일로 힘들어하면서도 늘 공부에 대한 미련을 버리지 못해 가슴속 열망을 앓던 그 아이의 마음이 남달리 와닿았다. 나 역시 결혼생활을 통해 별다른 후회는 없지만 공부에 대한 미련만은 놀랍게도 그때까지 남아 있었다. 어린 나이에 유학을 떠나 온갖 어려움을 겪으며 공부를 해낸 효선이 이제는 그 고생의 수확만 하면 되는 시기에 날개가 꺾여야 하는 것이 못내 안타깝기만 했었다. 다행히 안사돈도 결혼으로 학업을 중단하신 경험 때문인지 동병상련으로 며느리의 꿈을 적극 이해해주셨다. 그리하여 미국과 일본에 있던 둘째와 효선가족들이 서울로 나오는 방학 때가 우리 내외에게는 일 년 중 가장 기다려지는 시간이었다.

집에서 치른 막내의 결혼식

대학에 입학하자 바로 군에 입대했던 막내 재만의 군 제대가 임박한 어느날의 일이다. 여느 때와 달리 콧노래까지 흥얼거리며 방으로 들어온 재만이 중요한 약속이 있다며 내게 옷을 좀 골라달라고 했다. 평소 과묵한 막내의 들뜬 모습에 무슨 좋은 일이 있는 것 같아 물었더니 좋은 아가씨를 소개받기로 했다며 밝게 웃었다. 이것저것 예의를 지킬 것을 당부해 보낸 그날, 만나보고 온 아가씨가 '상당히 괜찮은 편'이라는 말로 흥분을 숨기던 재만은 그날 밤 벌써 그 아가씨와 오랫동안 전화통화를 시작했다. 그날 이후 우리 집 전화기에는 형들과 형수들이 '공포의 불'이라고 놀리던 재만이 방 전화기의 불이 밤마다 켜져 있었다. 늘 어린 막내였던 재만이 어느새 성인이 되어 제 짝을 찾은 것이다.

생각하면 할수록 늦둥이로 태어나 늘 혼자 크다시피 한 막내가 일찍 마음에 드는 짝을 만나게 된 것이다.

더욱 고마운 것은 내가 그 아이에게 일찍 짝을 찾아주려고 애쓴 것도 아닌데 느닷없이 선물처럼 기회가 찾아왔다는 점이다.

세상사 모두가 인연으로 이루어지는 것이라지만 우리 부부가 제2의 고향인 대구를 찾을 때면 늘 고맙게 해주시는 분이 계셔서 집으로 초대를 했는데 마침 외출 나온 막내를 보게 되었던 것이다. 그날 그분은 막내가 너무 잘 생겼다고 칭찬을 하셨고 나도 그냥 인사치례로 좋은 신부감 있으면 소개하라고 지나치는 말로 덕담을 한 것뿐인데 본인들이 만나는 순간부터 좋아해서 일이 잘 풀렸던 것이다.

얼마간의 시간이 지난 후 재만이 사귀는 아가씨라며 윤혜를 데리고 와 우리 내외에게 인사를 시켰다. 한눈에 가풍 있는 집안에서 곱게 자란 규수라는 것을 알 수 있었다. 수수한 차림에 귀염성 있는 말투며 몸가짐이 반듯하고 잘 교육받은 자태를 지닌 훌륭한 윤혜가 우리 마음에 꼭 들었다.

결혼식은 연희동 집 정원에서 열렸다.

막내며느리가 우리 집을 처음 방문한 지 1년 3개월이 되던 1995년 4월 28일이었다. 정원이 크지 않아 불편한 점은 있었다. 그러나 집에서 올리는 결혼식이 의미 있고 아늑하다고 가족들이 모두 집에서의 예식을 원했었다. 특히 신랑인 막내가 집에서 하는 결혼식을 적극 원했었다.

연희동 집 정원에서 치른 막내아들 재만의 결혼식

 4월의 아름다운 봄 햇살이 두 사람을 축복해 주는 가운데 언니를 위한 사돈아가씨와 친구들의 축하연주가 연희동 집 정원에 울려 퍼졌다. 우아함이 돋보이는 신부의 기품과 한껏 상기된 신랑의 앳된 모습이 싱그러운 봄바람 속에 눈부시도록 아름다웠다. 정원은 많은 축하객들로 넘쳤다. 장소가 좁아 하객들이 대부분 서 계셔야 했으므로 송구스러웠던 것이 기억난다. 초록빛 정원에 태양은 눈부셨고 새출발하는 젊은 부부에게 보내는 하객들의 축하도 뜨거웠다. 그 봄은 수려했다. 봄이 대지에 따스한 체온을 불어넣듯, 우리 가정에도 가정의 복원(復元)을 알리는 생명력이 감돌고 있었다.

제19장

계엄령처럼 선포된
'역사바로세우기'

1995년 12월 3일 일요일 새벽 6시 34분경,
그분은 여장을 풀었던 합천 장조카 집에서
급파된 경찰 수사관들에 의해 강제 구인되었다.
수사관들은 그분을 깨운 후 서둘러 옷만 걸치게 하고는
그분의 양팔을 잡아 낀 채 연행 차량으로 끌고 갔다.
고통과 시련은 계속됐지만
그분은 언제나 의연하고 당당한 모습이었다.

잠자리에서 끌려간 전직 대통령

1995년 12월 1일 오후 2시.

검찰소환장이 그분 앞으로 날아들었다. 모처럼 얻은 평화 속에서 평범한 행복 가꾸기로 기뻐하던 우리 가족을 향해 또 한번 정치보복의 광풍이 불어닥친 것이다.

그해 6월 27일 실시된 지방자치제선거에서 김영삼 대통령이 이끄는 민자당은 참패했다. 정국은 다시금 혼돈 속으로 빠져들었다. 그즈음 연희동 집을 방문한 주영복 전 장관이 그분에게 참 이상한 소식을 전해주었다. 선거에 참패한 후 기분이 영 좋지 않은 김 대통령에게 '국면돌파를 위한 보고서'라는 것이 올라왔는데 그것이 보통 내용이 아니라는 것이었다. 그 내용은 이러했다.

'소수의 민주계 의원들을 이끌고 3당 합당을 통해 집권 민자당의 후보로 대통령에 당선되는데 성공한 김 대통령은 집권 후 민정계 출신이 수적으로 우세한 당을 끌어가는데 많은 어려움을 겪고 있다. 현재와 같은 당내 역학구도를 더 이상 방치할 수 없다. 즉 지금의 구도 아래서 총선을 치르게 되면 인지도나 재력 면에서 민주계측 인사가 5, 6공 출신의 거물에게 밀릴 수밖에 없다. 6.27 지자체선거의 참패가 바로 그것을 말해주는 증명이다. 따라서 15대 총선에서 반개혁적인 인물들이 다수 당선되어 김 대통령의 개혁정책이 원점으로 돌아가게 되는 것을 막기 위해서는 약간의 무리가 따르더라도 다음과 같은 조치가 불가피하다. 즉 12.12와 5.17, 5.18을 다시 문제삼아 두 전직 대통령을 사법처리하고, 5, 6공 세력들을 수구세력으로 몰아 총선에 출마하지 못하게 한 후 새로운 정계개편을 통해 민주계 중심의 정권재창출을 성공시킨다.'

얼른 듣기에도 믿기 어려운 엄청난 내용이었다. 그러나 그 내용이 너무도 자세하고 구체적이어서 그냥 넘겨버리기 어려웠다. 주 장관이 돌아간 후 내가 그분에게 물었다.
"여보, 뭔가 심상찮은 엄청난 일이 벌어지고 있는 것 같아요. 주 장관의 사위가 김 대통령 아들 김현철 씨의 심복이라던데 그 쪽에서 들은 것이 아닐까요?"

그분은 그런 구상 자체야 가능할 수 있지만 현실적으로 불가능한 일이니 걱정할 일이 아니라며 나를 안심시켰다. 설혹 참모들이 김 대통령에게 그런 발상을 보고할 수는 있겠지만, 국익을 최우선으로 생각해야 하는 자리에 있는 대통령으로서 그렇게 국력소모가 많은 일을 감행할 리가 없다는 것이 그분의 판단이었다. 그분은 노 대통령 임기 내내 계속되었던 '5공 청산 작업'으로 얼마나 많은 국력소모가 있었던가를 지적했다. 올림픽 유치 후 '아시아의 네 마리 용' 중 하나로 불리며 전 세계의 주목 속에 부러움을 샀던 우리 경제가 그 불필요한 국력소모로 인해 너무도 어려워졌던 것이다. 그런 사실을 잘 알고 있는 김 대통령이 바로 자신의 전임자가 저질렀던 잘못을 똑같이 되풀이하여 나라를 망칠 리 없다고 그분은 확신하고 있었다.

그러나 가을로 접어들면서 그분의 확신을 비웃는 듯한 일들이 벌어지기 시작했다. 가을프로그램을 새로 시작하는 TV 방송사들이 마치 서로 약속이나 한 것처럼 10.26부터 12.12, 그리고 80년 봄에 이르는 정치상황을 드라마로 제작해 일제히 방영하기 시작한 것이다. MBC의 '제4공화국'과 SBS의 '코리아게이트'가 바로 그것이었다.

화면 속에선 있을 수도 없고 믿을 수도 없는 장면들이 재현되고 있었다. 등장하는 인물들의 대부분이 실존해 있는 역사적 사건을 다루면서, 또 사법적으로 이미 무혐의로 처리된 사건을 다루면서, 그 드라마들은 최소한의 사실 확인 노력도 하지 않은 채 유언비어만을 근거로 만들어낸 이야기를 엮어내고 있었다. 즉 그분을 위시하여 당시 합동수사본부측 인사들은 모두 철저히 악한 인물로, 김재규, 장태완, 그리고 3김 씨 등은 모두 선의 상징으로 묘사되고 있었다. 충격적인 것은 생존자들의 실명(實名)을 써가면서 만들어진 드라마였으므로 시청자들은 화면속 장면들이 모두 사실이라고 믿을 수 밖에 없다는 점이었다.

국민들은 겨우 15년 전에 일어난 역사적 사건을 공영방송을 포함한 주요 방송사가 동시에 다루는 것을 보면 적어도 최소한의 확인과정이 있었고 이 시점에서 다루어도 될 충분한 근거가 있을 것이라고 생각할 수 밖에 없었다.

계엄군이 광주시민을 잔인하게 학살하는 모습으로 그려진 장면을 보고 분노한 나머지 TV수상기를 때려 부쉈다는 사례가 보도될 만큼 두 드라마의 선동효과는 파괴적이었다. 일부 언론들조차 '날개 떨어진 권력을 짓밟는 드라마', '역사를 모르는 사람들이 저지르는 무책임한 영상테러'라고 비판할 정도였다. 우리의 국군과 국민들이 우롱당하고 있다고 개탄하는 보도도 있었다.

날조 왜곡된 드라마의 내용 때문에 피해를 입은 당사자들이 방송사에 자료와 증거를 제시하며 시정해줄 것을 요구했지만 방송사측의 반응은

무책임 그 자체였다. '이 방송은 다큐멘터리가 아니다. 드라마니까 사실과 다를 수 있는 건 아닌가.'

돌이켜보면 노태우 정부도 그분을 백담사행이라는 절벽까지 몰고 가기 위해 언론을 이용해 소위 조직적인 '언론플레이'를 했었다. 그분 퇴임 직후부터 시작해 수개월간 단 한 마디 변명의 기회도 주지 않고 대중매체를 통해 계획적이고 줄기차게, 악의적으로 그분 명예를 훼손했었다. 그리고는 마침내 해명할 수조차 없게 얽어매어놓고는 항복을 받아내는 방법이었다.

국민들의 분노가 절정에 이르던 10월 19일, 국회본회의에서 노태우 전 대통령의 비자금계좌가 폭로됐다. 그 사건은 격앙될 대로 격앙된 국민감정에 기름을 부었다. 예정된 수순을 밟고 있던 김영삼 대통령의 공작적 정치보복극은 그렇게 국민들의 감정에 편승해 마침내 제 얼굴을 드러냈던 것이다. 11월 24일, 김영삼 대통령은 이른바 '역사바로세우기'라는 미명 아래 '12.12와 5.18사건 관련자를 처벌하기 위한 특별법의 제정'을 선언했던 것이다. 우리 헌법은 물론 세계인권선언이 천명하고 있는 소급입법금지와 형벌불소급의 원칙을 정면으로 훼손하는 위헌적 폭거였다.

1주일 후 검찰의 소환장이 날아들었다. 그분은 그 소환에 불응하기로 결심했다. 김영삼 정권의 작태는 '역사바로세우기'가 아니라 역사를 파괴하고 말살하려는 폭거라고 판단했다. 역사와 국민을 볼모로 하는 그런 위험한 발상에 대해서는 한때 국정을 책임졌던 사람으로서 어떤 대가를 치르더라도 정면대응할 수밖에 없다고 결심했던 것이다. 그분은 김영삼 대통령의 이 무모한 행위에 맞서 대국민성명을 준비했다. 그리고 성명발표 전날 밤 내게 당부의 말을 남겼다.

"당신도 이미 감지하고 있겠지만 일이 돌아가는 것이 심상치 않소. 내일 내가 집을 떠나게 되면 당분간 돌아오지 못하는 일이 생길지도 모르오.

큰아이와 동행할 테니 당신은 따라오지 말고 남아 집안단속을 잘 해주시오. 어떤 어려운 일이 생기더라도 마음 단단히 먹고, 눈물 흘리는 약한 모습 보이지 말고, 당신답게 잘 처신해주리라 믿소. 고생도 이젠 어지간히 끝난 것 같아 좀 마음 편하게 살아보려고 했더니만 그것도 마음대로 안 되는구려. 당신과 아이들에게 정말 미안하오."

미안하다는 그분 목소리엔 비장함이 배어 있었다. 이번 광풍은 그 이전 것들보다 더할 것만 같다는 두려움과 예감으로 나는 온몸이 마비되는 것 같았다.

이튿날인 1995년 12월 2일 오전 9시.

그분은 연희동 집 앞에서 훗날 '골목성명'이라고 불린 '대국민성명'을 낭독했다. 그분 음성은 비장하고 결연했다.

"저는 오늘 이 나라가 과연 지금 어디로 가고 있고, 또 어디로 가고자 하는지에 대한 믿음을 상실한 채 심히 비통한 마음으로 이 자리에 섰습니다. 지난 11월 24일, 김 대통령은 이 땅에 정의와 법이 살아 있는 것을 국민에게 보여주기 위해 5.18특별법을 만들어 나를 포함한 관계자들을 내란 주모자로 의법 처리하겠다고 합니다. … 국민 여러분도 잘 아시는 바와 같이 저는 13대 국회 청문회와 장기간의 수사과정을 통해 12.12, 5.17, 5.18사건과 관련하여 제가 할 수 있는 최대의 답변을 한 바 있고, 검찰도 이에 의거해 적법절차에 따라 수사를 종결한 바 있습니다. 그럼에도 불구하고 현재의 검찰은 대통령의 지시 한 마디로 이미 종결된 사안에 대한 수사를 재개하려 하고 있습니다. 현 정부는 과거 청산을 무리하게 앞세워 이승만 정권을 친일정부로, 3공화국, 5공화국, 6공화국을 내란에 의한 범죄 집단으로 규정하여 과거 모든 정권의 정통성을 부정하고 있습니다. 현 정부의 이념적 투명성을 걱정하는 우려를 불식시키기 위해서라도 김 대통령은 이번

연희동 집 앞에서 '역사바로세우기'의 부당성을 지적하는 대국민성명을 낭독하고 있다.

기회에 자신의 역사관을 분명히 해주시기를 기대합니다. 저는 대한민국의 전임 대통령 자격으로 김 대통령의 취임식에 참석해서 격려를 아끼지 않았고, 김 대통령이 저를 방문했을 때에는 조언도 했던 기억이 납니다. 그런데 취임 후 3년이 다 되어가는 지금에 와서 김 대통령은 갑자기 저를 내란의 수괴라 지목하며 과거 역사를 전면부정하고 있습니다. 만일 제가 국가의 헌정질서를 문란케 한 범죄자라면 이러한 내란 세력과 야합해 온 김 대통령 자신도 이에 대한 응분의 책임을 져야하는 것이 순리가 아닙니까?"

성명문 낭독은 8분 만에 끝났다. 김 대통령에 대한 그분의 당당한 공개 질문이었다. 김영삼 대통령의 역사관을 따져 묻고 '군사반란세력'과 야합한 김 대통령의 행적을 추궁하는 내용의 성명은 당시의 상황에서 하나의 충격으로 받아들여졌다. 대국민성명을 발표한 그분은 현충원 국립묘지를 참배했다. 그리고는 곧장 고향인 합천으로 내려가 선친의 묘에 절을 올렸

고향으로 가기에 앞서 현충원을 찾아 충혼탑 앞에서 묵념을 올렸다.

다. 중요한 결정이나 신상의 변화가 있을 때면 선친의 묘를 먼저 찾아뵙고 인사를 올리는 것은 오랜 세월 그분이 지켜온 예식이었다.

예상치 못했던 그분의 대국민성명으로 청와대가 진노했다는 소문이 들려왔다. 그 소문을 뒷받침하듯 그분에 대한 전격적인 '체포작전'이 자행되었다. 성명이 있은 바로 다음날인 1995년 12월 3일, 일요일 새벽이었다.

만물이 어둠에 쌓여 있던 새벽 6시 34분경, 그분은 여장을 풀었던 합천 장조카 집에서 급파된 검찰 수사관에 의해 강제 구인되었다. 수백 명의 경찰병력이 장조카 집을 에워싼 가운데 5.18특별수사본부에서 파견된 아홉 명의 수사관이 그분 방으로 들이닥쳤다. 수사관들은 잠옷 바람으로 있던 그분을 깨운 후 서둘러 옷만 걸치게 하고는 곧 수사관 서너 명이 그분의 양팔을 잡아 낀 채 연행차량으로 끌고 갔다. 어느새 집 주위에 모여든 많은 고향 친척들과 주민들이 그처럼 거칠게 끌려가는 그분 모습에 눈물을 흘리며 흥분했다. 그 새벽, 그 어이없는 상황 앞에서 함께 그분 곁을 지켰던 장남도, 또 혈기왕성한 고향 청년들도 안타까운 눈물만 삼킬 뿐, 그분을 끌어가는 수사관들에게 순순히 길을 내어줄 수밖에 없었다.

그분을 태운 호송차량은 4시간을 쉬지 않고 달렸다. 그분은 호송차량 속에서 수사관들 사이에 끼여 앉은 채 그 사나운 압송과정을 견디고 있었다. 4시간 후 호송차량이 도착한 것은 안양교도소였다. 구속 직후 물 한 모금도 마시지 못한 상태에서 다시 11시간에 걸친 신문이 이어졌다.

온 국민이 휴식을 취하는 일요일 새벽, 잠자리에 있던 그분을 덮쳐 압송해간 그날은, 김영삼 대통령이 대국민담화문을 발표했던 1993년 5월 13일로부터 꼭 2년 반이 지난 날이었다. 김 대통령은 그 담화에서 이렇게 말했었다.

"광주문제가 정쟁의 수단으로 이용되어서는 안 된다."
"5.18 진상규명은 역사에 맡기도록 하자."

백담사에서 연희동 집으로 돌아온 지 겨우 5년, 단임 약속을 지키고 스스로 청와대를 걸어나온 날로부터는 7년여 세월이 흐른 때 벌어진 기습적인 역사의 역류였다.

단식 소식에 다시 찾아간 백담사

안양교도소에 수감된 다음날 이양우 변호사가 그분을 면회한 뒤 찾아왔다. 이 변호사는 교도관한테서 들은 그분의 근황을 전해줬다.

간밤에 거의 잠을 이루지 못한 그분이 아침에 일어나 가장 먼저 한 일은 잠자리를 정리하는 일이었다. 교도관이 다가와 인사를 하자 "나 때문에 고생이 많다."고 위로했다.

그분은 또 식사에 전혀 손대지 않고 있어 걱정이 된 교도관이 식사할 것을 권하면 웃으면서 "밥맛이 없어서."라고 가볍게 말했다. 교도관은 '수감

생활에 잘 적응하지 못해 식사를 못하는 것 같다.'고 상부에 보고했고 기자들에게도 그렇게 전했다.

그러나 그분은 단식을 하고 있는 것이었다. 12월 6일 이양우 변호사가 면회하고 나와 단식 사실을 발표했다.

"전두환 전 대통령은 안양교도소에 구속 수감되신 직후부터 단식 중입니다. 전두환 전 대통령은 제5공화국의 정통성이 전면부인되는 현재 상황을 결코 승복할 수 없으며 제5공화국의 정통성을 수호하기 위해 모든 것을 바칠 결의이며 그때까지 단식을 계속할 것임을 밝혔습니다. 전두환 전 대통령은 역사정리를 빌미로 한 현 정치보복은 자신에 국한되어야 하며, 역사적 비극인 광주문제는 이번 기회에 반드시 올바른 진상규명이 이루어져 광주시민의 아픔이 치유되기를 희망한다고 밝혔습니다."

이 변호사의 발표를 듣는 순간 나는 그분이 또 다시 무엇인가를 위해 자신의 목숨을 걸고 단식하고 있다는 사실을 알았다. 그러자 순간 온몸의 피가 역류하는 것만 같았다. 그래도 군 지휘관 시절이나 대통령 재임 중에는 목숨과 맞바꿀만한 위대한 포부와 목표가 있었다. 그러나 지금은 교도소의 감방에 갇혀 있는 무력한 미결수 신분인데 그런 처지에서 또 무엇을 위해 목숨을 걸어야 한단 말인가.

변해버린 처지의 비참함 속에서도 또 한 번 목숨을 거는 그분의 모습을 생각하자 내 가슴엔 단번에 무서리가 내리고 있었다. 자신이 '반란수괴'로 매도당하는 것이나 제5공화국이 전면부정당하는 것, 그 모두가 그분으로서는 진실로 견디기 힘든 일이었을 것이었다. 게다가 김영삼 대통령에 대한 자신의 신뢰가 무너져 내린 것도 그분을 당황하게 했으리라. 김 대통령과는 개인적인 친분을 쌓을만한 접촉은 없었지만 그래도 그동안 몇 차례의 만남을 통해 김 대통령에게 나름대로 호감을 갖고 있었다. 임기 말 그분은 당시 야당 지도자였던 김영삼 씨를 청와대로 초청해 정국운영에 대해 심도 있는 대화를 나누었다. 대통령 선거기간 중 연희동을 찾아왔던 김 대통령은 당선 직후에도 연희동 집으로 찾아와 대통령직 수행을 위한 조언도 요청했었다. 또 취임 후 김 대통령은 전직 대통령들을 청와대로 초청해 국정에 관한 의견을 나누는 사려 깊은 모습을 보여주기도 했었다.

  5.18 13주년인 1993년 5월 13일, 김 대통령이 '대국민 담화문'을 통해 5.18사태는 절대 정쟁의 수단으로 이용되어서는 안 된다는 성명을 발표하자 그분은 이를 긍정적으로 평가했었다. 사나운 압송 끝에 내던져진 안양교도소 독방에서도 그분이 김 대통령에 대한 그런 믿음을 여전히 가지고 있었는지 나로서는 알 길이 없다. 신뢰가 컸던 만큼 상처도 깊었으리라.

  단식에 임하는 비장한 심정에도 불구하고 언론은 그것이 병보석과 여론의 동정을 얻기 위한 제스처라며 그분의 의도를 주저 없이 비하했다.
  "무슨 양심수라도 되는 줄 아는가."
  목숨을 건 그분의 비장한 각오를 언론은 '단식 쇼'라는 말로 비웃으며 잠시 떠들썩하다가 곧 슬그머니 중단할 것이라고 냉소를 보냈다. 그러나 난 그분 각오가 심상치 않음을 알고 있었다. 단식이 쉽사리 멈추지 않을 것이라는 확신과 불길한 예감에 가슴이 떨려왔다.
  수감된 후 사흘이 지나도록 그분으로부터는 단 한 마디의 전갈도 오지 않았다. 신문지상을 통해서만 소식을 접할 수 있을 뿐이었다. 단식을 한다는 소식에 밥은 고사하고 물조차 넘기지 못하고 안절부절 못하는 내게 큰아이는 아무래도 단시일 내에 끝날 일이 아닐 것 같으니 백담사를 찾아가 기도를 드리면 심정적 인내심을 얻을 수 있지 않겠느냐고 제안했다. 큰아이의 말이 옳았다. 도저히 그대로는 있을 수 없어 그 제안을 따르기로 했다. 둘째 재용 그리고 세 며느리와 함께 집을 나선 것이 그분 단식 시작 나흘째인 12월 7일 새벽이었다.

7년 전 그분과 함께 백담사로 떠나던 날을 떠올리게 하는 지독히도 서글픈 행장이었다. 내 마음을 아는 듯 날씨마저 잔뜩 찌푸렸다. 내 기억은 다시 1992년 11월 23일, 연희동으로 귀환한 지 두 해가 되던 날에 그분과 함께 백담사를 방문했던 때로 달려갔다. 그날 우리는 만감에 젖어 2년이 넘는 세월 동안 우리가 머물렀던 만해당도 둘러보고, 스님들의 청에 따라 그분이 직접 써드린 '극락보전(極樂寶殿)' 현판 앞에 서서 지난 날을 회상하며 깊은 감회에 잠겼었다.

정말 한치 앞도 내다볼 수 없는 것이 인생살이란 말인가. 그때 누가 또 이렇게 갈갈이 상처입은 외기러기 신세가 되어 내가 백담사를 찾게 되리라고 상상이나 할 수 있었을까. 산사가 가까워지자 생명을 내건 그분의 고독한 투쟁이 생각나 참았던 눈물이 쏟아져내렸다. 그렇게도 울지 말라고 당부하던 그분이 생각나 다시 송구한 심정이 됐다.

아무리 애써도 힘들기만 한 극기의 길이었다. 지난날 백담사를 나서며 이제는 불도에 입문한 것 같다고 기뻐했던 마음이 모두 교만이었음을 깨달았다. 절 입구에까지 나와주신 도후스님과 현담스님은 내 마음을 아시는 듯 조용히 맞아주셨다. 현담스님이 꺼내주신 백담사 시절의 내 법복을 다시 챙겨 입고 극락보전에 들어가 첫 예불을 올렸다. 신비한 미소를 얼굴 가득 머금은 채 그윽하게 내려다보고 계시는 부처님 앞에 엎드리자 다시 통절한 눈물이 쏟아졌다. 엎드려 눈물을 삼키고 있는 내게 모든 것을 알고 계시는 부처님께서는 "왜 왔느냐" "왜 우느냐" 묻지 않으셨다. 부처님은 자신의 하해와 같은 품으로 떠내려온 익사체 같은 내 모습을 그저 말없이 내려다볼 뿐이었다. 내 나이 어느덧 57세. 장성한 네 아이들의 어미이고 손자 손녀까지 거느린 할머니였지만, 나에게 삶은 아직도 이해하기 어려운 그 무엇이었다. 더욱 서러운 것은 반복되는 시련에도 불구하고, 내가 삶이

백담사 시절의 내 법복을 다시 챙겨 입고 새벽예불을 올렸다.

그분의 단식 소식을 듣고 동서들과 시누님들이 모두 달려와 함께 기도를 드렸다.

주는 가르침을 깨닫지 못한 채 번번이 삶을 놓치고 있다는 처절한 각성이었다.

  기도하는 동안만이라도 나는 그분과의 추억이 남아 있는 만해당에 머물고 싶었다. 그러나 스님께서는 보일러 순환펌프가 고장나 추운 날씨에 도저히 머물기 힘들다며 만류하셨다. 따뜻한 잠자리와 내 걱정을 해주시는 스님들께 감사해하면서도 차디찬 옥중에 계신 그분의 고생을 함께 나누고 싶은 내 마음을 몰라주시는 것 같아 그 배려마저 야속하게 느껴졌다. 스님께서 정성껏 차려주신 소반 앞에 앉았어도 수저를 들 수가 없었다. 함께 온 둘째가 호소했다.
  "어머님, 두 분이 함께 단식을 해서 해결될 수 있는 상황이 아니잖아요? 기운을 내셔야죠."
  그분을 위한 기도에 당신들도 빠질 수 없다며 급히 달려온 큰동서, 작은동서와 막내 시누님도 곁에서 간곡히 말씀하셨다. 단지 남편인 그분과 고통을 함께하고 싶다는 내 소박한 심정과는 상관없이 내가 음식을 거절한다는 것이 주위분들의 큰 근심거리가 되고 있었다. 그때처럼 가족과 주위 사람들의 깊은 애정이 불편하고 원망스러운 적은 없었다. 어쩔 수 없이 난 기도기간에도 되도록 슬픈 마음을 나타내지 않아야만 했고 식사 때면 억지로라도 수저를 들어야 했다. 굶고 있는 그분을 생각하면 미음 한 모금도 목으로 넘길 수 없는 참혹한 심정이었지만 내색할 수도 없는 것이 내 처지였다. 그분이 계신 서울로 서둘러 아이들을 내 보낸 후 소식을 듣고 달려와주신 시누이들과 함께 나는 다시 기도에 몰입했다. 천주교신자인 안사돈들까지 함께 기도에 동참해준 것은 두고두고 잊을 수 없는 감사한 기억이다. 그러던 중 12월 8일, 교도소로 면회를 간 큰아이를 통해 그분의 처절한 심정이 전해졌다.

"5공화국이 전면부정당해 국가를 위해 진력을 다한 우리의 치열했던 진정과 땀이 소멸될 수밖에 없다면 나는 차라리 감옥에서 죽어 나갈 것이다."

그분은 큰아이에게 혼신을 바쳐 일했던 5공화국의 7년이 역사 속에서 부정된다면 자신도 살아 있어야 할 이유가 없다고 단식의 이유를 밝힌 것이다. 그분 단식의 이유는 단순한 정치보복에 대한 배신감이나 분노 따위가 아니었다. 그분은 대한민국 건국 후 현대사 50년이 한꺼번에 위협받고 부정당하는 그 반역사적 정치광풍 앞에 목숨을 걸고 항거하고 있었다.

그분의 단식은 계속됐다. 남자만 면회를 허락하는 교도소의 규칙 때문에 세 아들만이 면회가 가능했다. 그런 이유로 면회 다녀온 아이들이 그분의 뜻과 그분의 상태에 관해 들을 수 있는 나의 유일한 창구였다. 재국, 재용, 재만 세 아들이 전해오는 그분의 용태는 날이 갈수록 안타깝기만 한 것이었다.

12월 12일, 단식 열흘째. 심적으로 괴로운 상태에서 준비도 없이 갑자기 시작한 무모한 단식은 급기야 그분을 무너지게 하고 있었다. 가장 먼저 탈수현상이 닥쳤다. 혈압이 떨어지고 맥박이 빨라지는 이상증상도 나타났다. 단식 열이틀째인 12월 14일, 그분의 안색이 황색을 띠기 시작했다는 소식이 전해졌다. 그런데도 그분은 면회 온 재용과 재만에게 휴전선의 북한 병력이 이동했다는 보도를 보니 혹 북에서 남침을 위한 움직임을 시작한 것은 아닌지, 관계기관에서 제대로 대비를 하고 있는지 걱정스럽다는 말을 했다는 것이었다. '답답한 사람. 언제까지 나라 걱정만 하고 있을 참인가.'라는 절규가 내 안에서 솟아올랐다. 그것이 더도 덜도 아닌 그분이었다.

그분 안색이 급하게 황색을 띠기 시작했다는 아이들의 말에 난 그분 몸에 심상치 않은 상황이 다가오고 있음을 예감했다. 황급한 심정으로 그날부터 철야기도를 시작했다. 새벽 3시 예불을 시작으로 하루 네 차례 예불에 동참하는 것 외에 밤 10시부터 새벽 4시까지 6시간 동안 계속되는 철야기도였다. 옥중에서 목숨을 걸고 세상과 싸우고 있는 남편에게 내 마음을 보태기 위한 기도였다. 안타까운 마음으로 기도에 매달리다보니 오랫동안 잊고 살았던 젊은 날의 각오가 새삼 떠올랐다. 너무 가난해서 나를 고생시킬 수 없으니 결혼할 수 없다던 그분에게 나는 무엇이라고 다짐했던가. '당신을 위해서라면 어떤 고난도 치를 각오가 되어 있어요' 라고. 얼마나 강하게 다짐하고 맹세했던가. 그 옛날 그분에게 바친 내 사랑의 맹세를 생각하자 가슴속에선 혈관들이 터져 출혈하는 기분이었고, 온 몸은 열에 들떠 기도를 하다 쓰러져 죽어도 좋다는 생각뿐이었다. 철야기도를 시작한 지 사흘째 갑자기 목이 잠겼다. 나오지 않는 목소리로 나는 있는 힘을 다해 기도문을 외웠다. 기도하다 죽어도 좋다는 각오로 기도에만 매달려 있는 동안, 많은 기자들이 백담사를 다녀갔다. 그리고 나는 신문기사 속에서 어느새 '7년 만에 또 백담사에 간 가엾은 이순자'가 되어 있었다. 어느 신문에는 이런 기사도 실려 있었다.

"그녀의 기도내용은 무엇일까? 정확한 것은 5.18 영령들에 대한 죄의식이 전혀 없다는 사실이다."

그 기사를 쓴 기자는 대체 무슨 근거로 그런 경박한 단언을 하고 있는 것일까. 그 기자가 쓴 '죄의식'이란 말 속에서 난 또 다시 세상의 악성 유언비어와 왜곡된 보도들이 만들어낸 무서운 오해와 편견을 보았다. 검찰이 5.18사건을 불기소처분하고 수사를 종결하는 발표문에서도 밝힌 바 있지만, 그분은 5.18 당시 현지 작전지휘와는 전혀 관련이 없었다. 그분이 국회 청문회 등에서 5.18과 관련해 사과한 것은 5.18 당시의 정보책임자로서 정치적, 도의적 책임을 통감한다는 의미였을 뿐이다. 발포명령에 그분은 관련되지 않았다는 사실은 검찰도 인정하고 있는 것이다.

그 순간 내가 할 수 있던 것은 오직 언젠가는 반드시 진실이 밝혀지게 되리라는 실낱 같은 믿음을 안고 기도에 정진하는 일 뿐이었다. 주위에서 아무리 만류해도 그분의 단식 의지를 막을 수 없자 가슴을 끓이던 가족들은 맏손녀 수현이를 할아버지께 데려가 그분을 설득하도록 하는 방법을 생각해냈다. 손자 손녀들에 대한 사랑이 끔찍하던 그분은 특히 맏손녀 수현에 대한 사랑이 유별났다.

만약 수현이가 할아버지에게 단식을 중단할 것을 간곡하게 청한다면 혹시 수락할런지도 모른다는 생각까지 한 것이다. 하지만 그 계획마저도, 열두 살 이하 어린이의 면회는 허용하지 않는다는 교도소의 규칙에 따라 무산되고 말았다.

그분이 설사 수현을 만났다 해도 성공하지 않았을 확률이 더 높다. 그분에게 손주들은 진실로 소중한 존재이긴 했다. 그러나 그런 소중한 후손들에게 오해와 모욕으로 얼룩진 불명예, 잘못된 역사관을 물려줄 수 없다는 결심에서 결행하던 비장한 단식이 아니던가.

얼마 후 수감 전 74kg이던 그분의 체중이 64kg까지 내려갔다는 소식이 전해져 왔다. 체중이 64kg이하로 내려가면 심각한 후유증이 우려된다는 의료진의 진단도 있었다. 아이들도 주변 사람들도 단식을 중단시키기 위해 갖은 노력을 다 기울이고 있었지만, 그분은 여전히 제5공화국의 정통성이 부인된다면 살아 있을 이유가 없다는 결연한 태도였다. 사람들이 단식 중단을 간청해오면 그분은 허허롭게 말했다.

"나는 아웅산묘소 폭발사고 때 이미 죽은 목숨이었소. 덤으로 사는 인생, 죽고 사는 일이 뭐 그리 중요하겠소?"

그런 그분에게 우리가 더 무슨 말을 할 수 있었을까. 12월 17일, 단식 보름째. 그분 몸무게가 12kg이나 줄어들었고 체력이 급속도로 떨어지고 있었다. 오한에 탈진증세가 몰아쳤다. 돌연 시력이 약해져 유일한 일과인 독서도 중단했다. 목소리도 제대로 알아들을 수 없을 만큼 미약해졌다는 소식도 들었다. 더 급한 소식은 그 후에 왔다. 급기야 근육손상현상이 일어나기 시작했다는 것이었다.

성탄절 경찰병원에서의 첫 면회

그분의 구속 사실을 보도하면서 어느 기자는 이렇게 썼다.

"전 전 대통령은 한 인간이 먹을 수 있는 욕은 다 먹었으니 이젠 더 당할 것이 없는 밑바닥 삶으로 떨어졌다."

더 떨어질 곳이 없는 곳이라고 표현된 그 밑바닥 삶으로까지 추락하고서도 그분은 한 가지 양보할 수 없는 소신만은 끝까지 간직하고 있었다. 그것은 지금의 시련과 혼란까지도 모두가 그분의 정치적 이상이었고 우리의 역사적 과제였던 '평화적 정부이양'의 완전한 성취를 위한 마지막 과정이라는 굳은 믿음이었다.

심각한 탈진상태에서 몸무게가 하루에 1kg씩 줄어들자 교도소측에서도 긴장했다. 12월 20일, 단식을 중단시키기 위한 법무부의 정식 요청이 있었다. 법무부 요청으로 백담사 도후스님께서 면회해 단식 중지를 간청한 것이다. 그러나 그분의 의지는 변함없었다. 하루 3컵의 물만 마시는 단식은 계속되었다.

20일 오전, 교도소로 면회 갔던 아이들은 그분의 상태가 아주 심각해 보였다고 전해왔다. '앉아 있기가 힘드니 그만 가보라.'며 다른 날과 달리 일찍 면회를 마쳤다는 것이다. 결국 오후가 되자 혈압이 급격히 떨어지고 시각장애, 청각장애, 심한 탈진현상이 다시 겹쳤다. 의료진은 단식으로 인해 그분의 체내 지방분이 모두 소모되었고 다음 단계인 단백질 소모현상이 오고 있다고 했다. 근육손상의 진행이 빨라지기 시작했다는 심각한 진단을 내린 것이다. 의료진이 긴장하고 있는 혼수상태가 다가오고 있었던 것이다. 혼수상태에 빠지기 직전에도 그분은 손녀 수현에게 생일축하 편지 쓰는 것을 잊지 않았다. 하루 전날인 19일은 수현의 생일이었다.

"수현아 몹시 보고 싶구나.
 이 할아버지는 수현이가 태어나기 전 용감하고 정의로운 일을 했단다. 그런데 16년이 지난 지금 큰 잘못이라도 저지른 사람처럼 수현이의 생일도 축하해줄 수 없는 곳에 와 있다. 하지만 걱정하지 마라. 이 할아버지는 나라와 국민을 위해 명예스럽게 살아왔다. 그리고 또한 할아버지는 수현이와 우석이를 정말로 사랑한다. 잘 모르는 아이들이 학교에서 놀리면 화내거나 싸우지 말고 우리 할아버지는 나라가 어려울 때 최선을 다해 일한 훌륭한 대통령이었고, 어린이를 몹시 사랑한 대통령이었다고 자랑스럽게 말해다오."
 편지 겉봉엔 '안양교도소에서 할아버지가'라고 씌어 있었다.

단식 19일째로 접어들던 21일 0시 10분경.
 그분을 실은 구급차가 안양교도소를 떠나 국립경찰병원에 도착했다. 보도진이 진을 치고 있는 정문을 피해 병원 후문으로 들어가 7102호 입원실로 옮겨졌다. 교도소측의 공식발표가 있었다.
 "현재 전 씨의 건강은 혼수상태 직전으로 보면 된다."
 그 시간에도 난 여전히 백담사에서 철야기도를 하고 있었다.
 21일 새벽, 예불을 마치고 법당을 나서는데 서울에서 둘째 재용으로부터 전화가 걸려와 있었다. 병원으로 이송될 것이라는 뉴스를 듣고 경찰병원으로 달려가 지키고 있었지만 뵙지는 못했다면서 둘째는 더 이상 말을 잇지 못했다. 내가 어떻게 그 전화통화를 끝낼 수 있었는지 모른다. 이러다 정말 그분을 잃을지도 모른다는 공황감이 닥쳤다. 난 가져온 짐을 백담사에 남겨둔 채 승복 차림으로 정신없이 서울로 향했다. 집에 도착한 시간은 오후 5시 10분경이었다. 그분을 만날 수 없던 나는 또 다시 석간신문을 통해 병원으로 이송된 그분의 상태를 확인할 수밖에 없었다. 석간신문들은 이렇게 적고 있었다.

-전씨, 영양제 주사도 거부.
-병원에서 단식 계속.

다음날인 12월 22일은 그분이 단식을 시작한 지 20일째가 되는 날이었다. 이미 체중이 61.5kg까지 줄어든 그분을 병원에서 면회하고 돌아온 재국은 그분이 심한 탈수증세와 현기증으로 입에다 귀를 갖다 대야만 겨우 알아들을 수 있는 음성으로 말했다며 침통해했다. 그런데도 그분은 여전히 "구속집행정지 신청을 절대 하지 말라."는 단호한 모습이었다는 것이다.

단식 21일째인 12월 23일. 면회 간 둘째와 셋째는 의료진으로부터 이미 17%를 넘어선 체중감소가 더 진행되어 20%를 넘긴다면 정말 극히 심각한 후유증이 우려된다는 소견과 염려를 전해듣고 돌아와 말을 잇지 못했다. 하루하루 자신을 죽여가는 그분. 하늘은 정말 그분을 이런 식으로 내게서 앗아가시려는 것일까. 피를 말리는 하루하루가 느릿느릿 흘러갔다.

"할아버지, 저도 단식할 거예요."

단식이 23일째 계속되고 있던 시점이었다. 그분 상태는 이미 한계체중에 도달해 체내 단백질이 급속히 분해되어 절박하고 위급한 상태로 접어들었다는 의사의 공식 경고가 있었다. 가족들이 애타게 걱정해도 그분은 여전히 요지부동이었다.

"알았다. 내가 알아서 하겠으니 걱정 말라."

그 비장한 대답이 그분 반응의 전부였다. 정말로 자신을 죽여가고 있는 그분을 보며 더 아득했던 것은 나도 자식들도 그런 그분의 완강한 의지를 결코 만류할 수 없다는 무력감이 주는 절대절망이었다.

그동안 난 그분의 면회를 망설여왔었다. 재국이 맨 처음 교도소를 찾았을 때 나는 그분이 아들을 외면했다고 들었기 때문이었다. 가장으로서, 또 무엇보다 한 시대 나라 운명을 책임졌던 전임 대통령으로서의 위상을 박탈당해 버린 채, 미결수로서 수의 차림으로 옥중에 수감되어 있는 자신의 치욕적인 모습을 자식에게마저도 보이고 싶지 않아 했던 것이다. 마지못해 아들을 만난 그분의 첫 마디는 "손자 놈이 나를 어떻게 생각할까."였다. 아버지의 그런 착잡한 모습을 보면서 재국은 굳게 결심했다는 것이다. 우리 가족에게 어떤 불행이 닥치더라도 결코 이 땅을 떠나지 않겠다는 결심이었다. 이 땅이 아무리 자신을 외면한다 해도 아버지, 자식들과 함께 끝까지 남아 "너희 할아버지는 누가 뭐래도 훌륭한 분이다."라고 가르치겠다고 했다.

이미 그 사이 손녀 수현이 일주일 동안 등교하지 못하는 가슴 아픈 일이 일어났다. 수현은 할아버지를 욕하는 몇몇 학교 친구들에게 "우리 할아버지는 그런 분이 아니야."라고 설득하느라 애를 태웠지만 그런 충격을 이기기엔 너무 어린 초등학교 4년생이었다. 평소에도 늘 몸가짐을 단정히 하고 명예를 중시하는 그분이 자식과 손자 손녀들은 물론 아내인 내게조차 수의 차림을 한 자신의 모습을 보이고 싶지 않아 하리라는 것을 쉽게 짐작할 수 있었다. 그러나 비록 그분이 원치 않는다 해도 난 그분을 만나야만 했다. 더구나 면회가 금지된 교도소가 아니라 병원 아닌가. 더 이상 시각을 다투며 그분 목숨을 위협하는 단식을 그대로 방치할 수는 없었다.

구속 후 내가 그분을 처음 만난 것은 그해 성탄절이었다. 세 아들과 함

성탄절날, 나는 세 아들의 부축을 받으며 경찰병원 현관으로 들어섰다.
단식 22일째를 맞은 그분이 7층 병실에 누워 계셨다.

께 경찰병원에 도착하면서 나는 이 악몽 같은 일들이 악몽이 아닌 엄연한 현실임을 확인할 수 있었다. 이 모든 일이 지독히도 나쁜 꿈의 일부이며 내가 악몽을 꾸고 있는 것이라며 난 최악의 현실에 저항했었다. 그러나 아이들의 부축을 받으며 입원실로 올라가는 엘리베이터 안에서 내 마음은 이미 무중력상태가 되어 휘청거렸다. 엘리베이터가 7층에서 덜컹 소리와 함께 멈춰서자 문이 열렸다. 그러자 두려움과 가슴 떨림으로 머리가 텅 비어버린 것만 같았고 귓속마저 윙윙거렸다. 백담사에서 철야기도 때 쏟았던 희망의 담력은 다 어디로 갔는지 난 휘청거렸다. 두려움과 불안한 예감들로 내 심장은 새까맣게 타들어가고 있었다.

병실 안으로 들어서자 서쪽 창가 침상에 환자복을 입은 한 창백하고 쇠약한 얼굴이 나를 응시하고 있었다. 그 환자가 바로 그분이었다. 그 와중에도 그분은 나를 향해 아주 잠깐 간신히 오른손을 들어 인사해주었다. 그분은 그렇게 단식 23일째의 미결수로서 압송 이후 처음 아내인 나를 맞고 있었다. 그분의 지독하게 창백한 얼굴을 두 눈으로 보고서야 난 의료인들이 말하는 그 '한계체중'이라는 것이 대체 무엇을 말하는지 알 수 있었다.

현기증 때문에 안경도 벗은 채 하루 종일 침대에 누워 지내야 하는 그분으로서는 내가 온다고 탈진한 몸을 간신히 일으켜 세워 날 맞아주는 것마저도 힘겨운 듯했다. 14kg이나 빠져나간 야윈 얼굴 위로 두 눈동자만이 촛불처럼 꼿꼿이 타고 있었다. 그제서야 정신이 든 나는 얼른 달려가 그분의 두 손을 감싸 안았다. 그분의 손이 떨리고 있었다. 평소에도 추위를 잘 타는 그분이 불면증에 갑상선기능 저하증세까지 겹쳐 심한 오한에 시달리고 있다던 의사의 설명이 생각났다. 우리는 한동안 서로 말없이 바라만 보았다. 그분이 먼저 친정아버님의 안부부터 물어왔다. 음력으로 지내는 친정아버님의 생신이 공교롭게도 그해에는 성탄절이기도 했다. 그보다 더 중요한 것이 있었다. 그분이 구속되고 얼마 후 그 충격으로 친정아버님께서 쓰러지셨기 때문이었다.

그분은 자신으로 인해 장인과 장모가 모두 쓰러지신 일을 무엇보다 가슴 아파했다. 우리가 백담사에서 나온 후 닥친 어머님의 죽음도 따지고 보면 사위사랑이 끔찍했던 어머님께서 그분 고초에 충격을 받으신 여파였다. 그런데 이번에는 아버님까지 그분의 구속 충격으로 쓰러지셨던 것이다. 압송 후 마주 바라보는 기막힌 첫 대면인데도 우리 내외는 그저 아버님의 안부를 나누고 있었다. 병실 바닥이 눈에 들어오자 나는 그분과 내가 아직도 지진 중인 대지 위에 서 있다는 생각에 다시 한 번 캄캄한 심정이 되었다.

사흘 후인 28일, 단식 26일째에는 결국 그분 신장에 통증이 닥쳤다. 심한 현기증으로 일어나 앉을 수도 없었다. 그분은 누운 채로 아이들을 만났다. 혈액이 크게 줄고 혈당과 심장박동이 현저하게 저하되고 있었다. 체내 저항력은 위험수위에 달했는데도 전날 계속된 검찰의 조사로 혈압까지 올라 화장실도 부축을 받은 채 가야만 했다. 오전에 그분을 면회한 이양우 변호사는 그분의 건강상태가 여간 심각하지 않음을 솔직히 알렸다. 고통이 심해 거의 말을 하지 못한다고 했다. 이미 호흡 곤란이 시작되고 있었던 것이다. 담당의사였던 경찰병원 진료 1부장인 이권전 박사는 기자들에게 그분의 상태를 다음과 같이 전했다.

"전 씨는 아직도 단식중단 의사를 보이지 않고 있다. 그는 스스로 발생할지도 모를 신체적 극한상황을 이미 각오하고 있는 것 같다."

다음날인 단식 27일째인 12월 29일 오전.

그분은 결국 경찰병원 화장실에서 쓰러졌다. 아슬아슬하게 악화일로를 걷고 있던 그 치명적인 순간, 탈진한 그분이 육체적 한계상황을 이기지 못한 채 결국 화장실에서 쓰러져버렸던 것이다. 올 것이 오고야 만 것이다. 충격적인 혼절은 그분의 무서운 정신력에도 불구하고 생리학적으로 이미 예정된 것이었다. 혼절해버린 그분에게 당장 산소호흡기가 씌워졌고 정맥주사가 처치되었다는 소식이 내게 날아들었다.

내 첫 반응은 '하늘도 무심치 않으셨다'는 것이었다. 소식을 듣는 순간 난 그분이 혼절한 것을 하늘의 도움이라고 감사해하고 있었다. 남편이 혼절한 것을 감사해하는 역설, 그것을 하늘의 도움이라고 기뻐해야하는 그 역설적 상황이 그때 내 처지의 절박함을 설명해주고 있다.

경찰병원측에서 만일의 사태를 대비해 산소호흡기와 정맥주사를 준비해둔 상태라는 것을 난 알고 있었다. 그러나 난 또 단식투쟁에 담긴 그분의 결연하고 단호한 결심도 알고 있었다. 그것은 누구도 만류하거나 중단시킬 수 없는 그 무엇이었다. 그분은 죽음을 각오하고 있었던 것이다. 솔직히 나는 돌이킬 수 없는 상황이 되어 죽음이 찾아들 때까지 그분 특유의 의지력으로 버텨낼 것을 너무도 우려하고 있었다.

주위로부터 단식 중에도 검찰의 집요한 수사가 무리하게 강행되어 그분의 탈진을 더욱 재촉한 것 같다는 말을 듣자, 난 원망스럽던 수사관들의 가혹함조차 오히려 고맙게 느껴지는 것이었다. 윗사람들의 추상 같은 지시를 따르자니 검찰로서도 그분의 건강상태와는 상관없이 수사를 밀고 나갈 수밖에 없었을 것이고 그 비인도적 강박수사가 그분을 사정없이 혼절상태까지 몰고감으로써 역설적으로 그분을 살린 전화위복이 되었던 것이다. 다음날인 12월 30일, 이양우 변호사는 그분의 단식중단을 발표했다.

"전 전 대통령은 28일간 지속된 단식으로 건강이 극한상황에 이르렀으므로 가족과 의료진의 간곡한 권유에 따라 단식을 일단 중단하기로 했습니다."

미친 듯 병원으로 달려가 면회자 자격으로 들어선 날 보자 그분은 탄식했다. 자신이 정신을 잃고 혼절한 사이, 병원에서 응급처치로 산소마스크를 씌우고 정맥주사를 놓아버렸으니 주사를 맞으면서 계속하는 단식이 대체 무슨 의미가 있겠느냐는 탄식이었다. 통탄스러워하는 그분의 손을 잡고 나는 혼절한 그분에게 신속한 응급처치를 함으로써 그분의 단식을 중단시켜준 의료진과 하늘의 도우심에 마음속으로 깊은 감사를 올렸다. 산소마스크가 씌워지고 정맥주사가 처치됨으로써 그분 의지와는 상관없이 마침내 28일간의 비장하고 질긴 단식은 그렇게 중단된 것이다. 정말 다행이라는 말만을 되풀이하던 내 곁에서 큰아이는 전날 그분이 쓰러지셨다는 소식을 듣고 손녀 수현이 새벽에 일어나 썼다는 편지를 그분의 허약해진 귓가에 읽어드렸다.

사랑하는 할아버지께.

할아버지께서 새벽에 쓰러지셨다는 소식 어머니께 들었어요. 그동안 저는 할아버지께서 너무 단식을 하시다가 건강이 안 좋아지실까봐 걱정했는데, 이렇게 정말 쓰러지셨다는 얘기를 들으니까 마음이 너무 너무 아파요. 음식을 먹어도 잘 내려가지 않고 쓰러져 누워계실 할아버지 모습만 자꾸 떠올라요. 할아버지! 그래도 병원 의사선생님들이 잘 치료해 주시겠죠? 저는 할아버지의 그전의 건강하고 활기차고 멋진 모습으로 빨리 되돌아오셨으면 해요. 할아버지께서 주신 편지에서 건강하다고 하시지만, 저는 이제 그 말씀도 믿기지 않고 슬프기만 해요. 매일 인자하시던 할머님께서도 요즘은 우울한 표정으로 신문만 보고 계세요. 또, 늘 밝으시던 우리 엄마도 할아버지 걱정 때문에 매일 밤잠을 잘 이루시지 못해요.

할아버지! 할아버지께서는 늘 '나는 우리 수현이를 제일 사랑한다.'고 하셨죠? 그러니까 저를 위해서라도 제발 이제부터는 단식하시지 마세요. 할아버지께서 쓰러지셨는데 또 단식하시면 저도 단식할 거예요. 저는 이제부터 열심히 공부해서 우리학교 5학년에 다니는 김영삼 대통령 손자, 손녀보다 더욱 똑똑하고 훌륭한 사람이 되어서 나중에 할아버지를 잘 모실 거예요.

할아버지! 정말 보고 싶어요. 빨리 완쾌하세요.

95년 12월 30일
할아버지를 엄청나게 사랑하는 장손녀 수현 올림

1996년 정초에는 그분이 28일간의 옥중단식 끝에 혼절해서 산소마스크와 링거주사에 의지하고 있다는 소식을 들은 딸 효선이 미국에서 팩스로 긴급히 편지를 보내왔다. 온 식구가 그분이 또 다시 단식을 계속할까봐 걱정하며 노심초사할 때였다.

사랑하는 나의 위대한 아빠.

엄마한테 방금 아빠가 쓰러지셔서 응급조치가 취해졌단 소식을 들었어요. 하늘이 무심하지는 않다는 생각을 했어요. 아빠 단식이 계속되면서 너무 강한 정신력 때문에 응급조치를 취할 시기를 놓치게 될까봐 하루하루를 마음만 졸이고 있었거든요. 너무 처절하게 하시기 때문에 후유증도 걱정이고. 일단은 저희들로서는 한 고비 넘겼단 생각이 듭니다. 아빠가 병원으로 옮겨지신 후에도 단식을 계속하신다는 소식에 마치 모래시계의 모래 마지막 한 알 한 알이 빠져나가는 걸 보는 참혹한 심정이었거든요. 며칠 더 계속되면 아빠가 정말 위험하다는 생각에 공부도 못하고 그렇다고 일을 팽개치고 떠나지도 못하고 어쩔 줄을 모르고 지낸 시간들이었어요. 엄마도 아빠가 링거주사를 맞으신단 소식에 이제야 겨우 한숨 돌리시는 것 같아요.

어떤 상황에서고 아빠가 건재하셔야 하니까 이제 또다시 단식을 하지는 말아 주세요. 제발 부탁이에요. 종교적 이유로 마음 편히 기도하며 단식하는 경우에도 그렇게 장기간 단식을 하고 나면 후유증이 무척 심하다고 해요. 아빠께선 이미 30일 가까이 단식을, 단계적으로 하신 것도 아니고 급작스럽게, 그것도 어려운 정신적 상황 속에서 결행해 오셨기 때문에 다시 단식을 계속하시면 정말로 위험해요. 아빠 걱정에 안절부절 못하시는 엄마도 걱정이에요. 아빠가 건강을 해치시면 정신력 하나로 겨우 버티고 계신 엄마도 더는 버티기 힘들 테니까요.

아빠의 결심이 너무 확고하시니, 저희들은 마음속 깊이 그런 아빠를 존경하면서도 가슴만 타들어가서 견딜 수가 없어요. 손바닥으로 하늘을 가릴 수는 없는 게 세상의 이치잖아요. 지금 아무리 먹구름이 껴서 온 세상이 찌푸리고 있고 살을 에는 것 같은 삭풍이 몰아쳐도, 우리 가족 모두가 서로가 서로를 위하는 마음으로 똘똘 뭉치고 아빠만이 위험한 고비를 잘 넘겨주시면 모두 잘 해결될 것 같아요. 오빠도 말할 수 없이 강한 사람이고, 서연아빠도 아빠를 세상에서 둘도 없이 사랑하고 따르고, 우성아빠도 아빠 말씀을 따라 공부에 다시 정진하고. 막내는 언제나 다름없이 어떤 것에도 흔들림 없이 너무 의연히 자기 일을 잘하고 있어요. 수현이, 우석이, 서연이, 정연이, 꼬마 우성이까지 다 건강하고 씩씩하게 지내며 큰 아이들은 할아버님께서 나오실 날만을 기다리고 있어요.

사랑하는 아빠.
전쟁에서도 대장이 살아남아야 이길 수 있다면서요. 지금부터는 절대로 단식을 계속하셔서는 안 되셔요. 이제는 정말 싸워야 하니까요. 취조도 심해지고, 아빠께 가해지는 정신적 핍박도 커질 것이니까요. 하지만 호랑이는 소리를 내지 않고 있어도 맹수의 왕일 수밖에 없듯, 저희들의 영웅이신 아빠는 결국 이겨내시고 말 것이라고 믿어요. 그리고 상황도 그렇게 나쁘지만은 않아요. 저희들 주변에서도 사람들이 너무나 다들 잘해주고, 아빠의 의연하시고 당당하신 모습에 감탄과 존경을 보내고 있어요. 저희들은 아빠가 너무나 자랑스러워요.

저희들은 부모님을 잘 만나 평생 공부하고 싶은 것 못하지도 않고, 부족한 것 없이, 좋은 교육 받으며 이만큼 복 받고 살았는데 지금 어려움을 당했다고 해서 흔들려선 안 되지요. 또 제 아무리 서슬 푸른 권력이라 해도 저희들 능력까지 빼앗아갈 수는 없는 것이고 정치바람만 지나고 나면 저희들은 각자가 제 갈 길을 얼마든지 개척하며 인정받고 살 수 있을 테니까요. 그러니 아빠, 어떤 일에도 자식들 때문에 아버님의 평생을 걸고 나라 위해 지켜오신 신념은 흔들리지 마세요. 오빠도 결심이 대단하고, 오빠뿐 아니라 저희들 모두가, 설사 저희들 모두를 어떻게 한다 해도 전혀 개의치 않아요.

너무 힘드시겠지만 용기를 내세요. 아빠는 절대로 혼자가 아니니까요. 부창부수를 부르짖으며 철야기도로 아빠에 대한 붉은 마음을 불태우시는 엄마가 계시고, 이제는 다 커서 다들 제 앞가림 정도는 세상 어디에 떨어뜨려놔도 너끈히 다 해낼 만큼 장성한 자식들이 넷씩이나 있잖아요. 산 속 절 법당에서, 성당에서, 교회에서, 아빠를 위해 드리는 간절하고 진실한 기도가 얼마나 많은지 몰라요. 아빠를 위한 마음을 저희들에게 대신 표현하느라, 아빠 어려움 당하고부터는 옆에서 사람들이 김치도 담가다 주고, 반찬도 해다 주고, 미국생활 10년 만에 친정이 서넛은 되는 것 같은 호강을 하며 지낼 정도에요.

아빠, 너무 너무 보고 싶고 가슴이 아파요. 그래도 진실은 결국 승리할 거예요. 곧 만나뵈올 때까지 옥체보중하시고 다시 한 번 부탁드리지만 단식만은 중단해주세요. 부탁드려요.

1995년의 마지막 날인 12월 31일
워싱턴에서 효선 드림

면회 갔던 둘째와 셋째로부터 나는 그이가 미음과 배춧국을 들기 시작했고 기력을 조금씩 회복해가고 있다는 소식을 들었다. 1시간만 있으면 한 해와 작별하는 제야였다. 남편을 그 치욕스런 국회증언대로 보내고 귀양의 땅 백담사에서 삼천 배 기도를 하며 맞았던 1989년의 제야가 떠올랐다. 그때 나는 그날이 그이 자신의 생애에서 가장 고통스러운 날일 것이라고 생각했었다. 하지만 6년 후 맞은 1995년의 제야는 옥중 병실에서 산소호흡기의 도움으로 혼절에서 깨어나 맞는 비통하기 이를 데 없는 제야였다. 피폐한 모습으로 감방의 연장인 병실에 누워 있는 그이와 마찬가지로 그날은 내게도 생애 중 가장 처절한 날이었다. 다시는 태양이 떠오를 것 같지 않은 절대절망이 그이와 나를 억누르고 있었다.

처절한 일몰(日沒)의 날. 지독한 고통이 아쟁(牙箏)의 슬픈 활처럼 내 가슴을 긋고 있었다.

제20장

재판수첩

김영삼 대통령은 정식 재판이 시작되기도 전에,
12.12사건을 '우리 헌정사의 오점'이며 '치욕의 날'로,
정치자금사건에 대해서는 '상상을 초월하는 규모의 부정축재'로
5.17에 대해서는 '쿠데타의 망령'이라고 단정함으로써
재판에 앞서 유죄를 선포하는 폭거를 주저하지 않았다.
김대중 총재조차 "김영삼 대통령의 전, 노 씨에 대한 사법처리는
사실상 절반은 정치보복"이라고 했다.

병실에서 맞은 생일날, 출정(出廷)을 결심하다

산소호흡기를 떼어낸 이틀 후 새해 아침이 찾아왔지만 그분은 떡국 한 그릇조차 먹을수 없었다. 그 18일 후에는 65회 생일을 맞이했지만 미역국 한 수저도 뜰 수 없었다. 그럼에도 불구하고 그이에게는 다시 검찰의 신문이 시작되었고 뇌물수수혐의가 추가기소되었다는 소식만이 주어졌다. 이러한 검찰의 움직임을 보며 그분은 법정에 설 각오와 준비를 다지고 있는 것 같았다.

얼마 후 1차공판 일정이 2월 26일로 정해졌다. 그러나 그때까지도 단식 후유증이 심각해서 일정에 정해진 대로 법정에 설 수 있을지는 그때까지 알 수 없었다. 담당의사가 그이의 건강상태를 공식적으로 발표했다.
"전 씨의 현재 체력은 앉은 자세로 30분 이상, 선 자세로 10분 이상을 견디기가 힘든 상태다."
"전 씨가 단식과정에서 뇌를 다친 것 같다. 뇌의 영양공급이 이루어지지 않는 경우 뇌의 손상이 오고 현기증이 나타난다."
담당의료진은 그런 위급한 상태까지 도달한 단식인데도 가장 치명적이라는 장유착(腸癒着)현상이 일어나지 않은 것은 거의 기적이라고 했다. 점차 음식을 줄여 단식으로 들어가는 과정을 거치지 않고 그분처럼 갑자기 단식을 시작해 장기간 지속하면 열이면 열, 비어 있던 장이 붙어버린다는 것이었다. 이 장유착상태가 일어나면 그야말로 이후 회복은 거의 불가능하다고 했다. 그이의 경우, 다행히도 장유착상태는 피했지만 혈압이 떨어지고 몸의 단백질이 소모되면서 일어났을 수 있는 다른 치명적인 문제점에 대해서는 걱정하지 않을 수 없다고 했다. 그런 이유로 담당의사와 변호인들은 재판기일의 연기를 재판부에 신청하자고 건의했다. 그이의 건강이나 올바른 재판을 위해 합리적인 건의였다. 그러나 그이는 단호하게 거절했다. 죽음도 불사한다는 각오인데 살아 있는 이상 반드시 정해진 대로 재판에 임하겠다는 결심이었다. 그이가 말했다.

"나는 건강이 어떻든 예정대로 법정에 나간다. 절대로 재판 일정에 대한 연기신청을 내지 말라."

나는 그분이 서서히 기력을 찾아가면서 읽기 시작했던 논어와 금강경을 덮고 참선도 갑자기 중단했다는 소식을 들었다.

"아, 이분이 정말 출정준비를 시작하는구나."

이미 예상하고 있었지만 내 가슴은 또 다시 쿵 하고 내려앉았다. 두통과 현기증 때문에 고생하고 있는 분이 오랜 시간이 소요될 재판에 임하려하다니, 재판이란 건강한 사람도 강한 체력과 정신력이 요구되는 고단한 과정이 아닌가.

"출전(出戰)하는 심정으로 출정(出廷)하겠소!"

아이들을 통해 남편의 다짐을 전해듣고 나는 다시 가슴이 미어지는 것 같았다. 남편은 아직도 법정에 서기만 하면 자신의 무죄를 입증할 수 있으리라 굳게 믿고 있는 것일까. 남편의 그런 소망은 법정에 들어서자마자 깨지고 말 것이 아닌가. 수사재개와 구속, 기소로 이어지며 정치재판이 준비되고 있다는 사실을 인식하면서도 그분은 놀랍게도 진실이, 자신에게 썩워진 그 치욕과 누명을 씻어 구해내줄 것이라는 믿음을 포기하지 않고 있어 내 가슴을 더욱 아프게 했다.

'정치재판'임을 선언한 김영삼 정권

사실 재판을 앞두고 남편에게 행해졌던 일련의 행위들을 보면 굳이 재판이라는 절차가 왜 필요한 것인지 그 의도조차 의문스럽게 하는 것이었다. 16년 전의 역사에 대한 증거인멸과 도주의 위험이 있다는 이유로 남편을 구속하고는 재판이 시작되기도 전에 김영삼 대통령 스스로 부랴부랴 정치권과 언론을 통해 남편에 대한 단죄를 공표했기 때문이었다. 남편이 전격 구속된 열흘 후, 즉 첫 공판이 열리기 두 달 전, 김 대통령은 다음과 같은 담화문을 발표했었다.

"오늘은 우리 헌정사에 큰 오점을 남긴 12.12사태가 발생한 지 열여섯 해가 되는 날입니다. 이 치욕의 날을 맞아 저는 대통령으로서 국민 여러분께 우리 역사를 바로 세우려는 저의 비장한 각오와 의지를 분명히 밝히고자 합니다. … 우리는 군사문화의 잔재를 과감히 청산하고 쿠데타의 망령을 영원히 추방함으로써 우리가 피와 땀과 눈물로 이룩한 민주주의를 확고히 지켜나가야 합니다. 저는 국회가 이번 정기국회의 회기 내에 5.18특별법을 반드시 통과시켜줄 것을 충심으로 바라마지 않습니다."

이 담화문이 발표되던 그날도 12.12와 5.17, 5.18 이 세 사건은 기소와 재판을 앞두고 검찰의 조사가 진행 중이었다. 아무리 무소불위의 힘을 가진 현직 대통령이라 해도 두 사람의 전직 대통령을 법정에 세우는 특수상황에서는 좀 더 신중하고 사려깊은 처신을 했어야 했다. 그러나 애초 정치적 목적을 갖고 국민선동에 나선 김 대통령은 정식재판도 시작되기 전, 12.12 사건을 '우리헌정사의 오점'이며 '치욕의 날'로, 정치자금 사건에 대해서는 '상상을 초월하는 규모의 부정축재'로, 또 5.17에 대해서는 '쿠데타의 망령'이라고 단정함으로써 재판에 앞서 유죄를 선포하는 무지의 폭거를 주저하지 않았다. 결국 권력의 뜻에 따라 진행될 재판은 그저 형식적인 수순에 불과하다는 것을 스스로 만천하에 공표한 것과 다름없었다. 그런데도 그는 그런 재판을 '명예혁명'이며 '제2의 건국'이라고 의미부여를 했다. 당시 야당의 김대중 총재조차 그 일을 이렇게 평가할 정도였다.

"김 대통령의 전, 노 씨에 대한 사법처리는 사실상 절반은 '정치보복'이다."

사실 김 대통령의 이러한 담화 내용을 굳이 지적할 필요도 없이 '5.18특별법' 자체가 유죄를 전제로 만들어진 처분적 법률(處分的 法律)인 것이다.

첫 공판이 열리기 전 남편의 변호인단 — 전상석, 이양우, 석진강, 정주교 변호사 — 은 기자회견 도중 재판에서 이길 수 있다고 보느냐는 질문을 받고 다음과 같이 대답했다

"이 사건은 재판에 관계없이 무조건 유죄판결이 나오게 되어 있다. 정치적으로 그리고 여론을 통해 이미 유죄판결을 내려놓고 시작하는 불공정게임이다. 그러므로 이번 재판에서 이긴다는 생각은 한 번도 해본 적이 없다. 다만 재판과정을 통해 국민들에게 과연 무엇이 진실인지를 알린다는 데 의미를 두고 있을 뿐이다."

체념 섞인 이 대답 속에는 사실상 재판이라는 형식만을 빌린 정치보복 앞에 서 있던 남편과 남편 변호인단의 비장한 각오가 담겨 있었다.

그런 신념과 목표가 없었다면 남편도 변호인들도 이미 정해진 결론을 향해 달려가는 그 부당하기 짝이 없는 재판을 끝까지 참아내기 어려웠을 것이다. 경찰병원에 입원한 상태에서도 재판 준비를 시작하던 남편은 가

족과 변호인단에게 이렇게 말했다.

"현 정권과 검찰의 의지가 어떻든 나는 이제부터 내 회고록을 쓰는 심정으로 이 재판에 임할 것입니다. 누가, 어떤 의도로 나를 법정에 세웠든, 나는 이 기회야말로 많은 오해와 상처로 곪아 있는 사건들의 진실을 올바로 기록할 수 있는 마지막 기회라고 생각하고 있기 때문입니다. 혼자라도 그런 마음으로 임해야 하는데 이제 유능한 변호사들이 나를 돕기로 했으니 마음이 든든합니다. 사실 그동안은 언젠가 때가 되면 역사의 진실을 밝힌다는 생각으로 내가 아는 모든 것을 글로 남기려고 했는데, 이렇게 끌려와서 우리의 진실을 악용하려는 권력의 칼 앞에서 내 입장을 밝혀야 하는 일이 생겼으니 오히려 잘 됐다는 생각까지 듭니다. 내가 직접 회고록으로 남기면 잘 믿지 않을지도 모르는데 재판을 통해 모든 관계자들의 증언과 더불어 밝히게 된다면 그보다 더 확실한 일이 어디 있겠소? 또 모든 말이 재판기록으로도 남게 될 테니 이것이야말로 역설적으로 12.12와 5.18에 대한 이 시대 최선의 기록이 될 것입니다. 그러니 다들 역사 속에 보존될 사초(史草)를 남긴다는 사명감으로 최선을 다합시다. 재판과정의 숨소리 하나, 토씨 하나까지 속기록에 기록이 될 것입니다. 우리 겸허하게, 역사 앞에 섰다는 생각으로 임합시다. 내가 법정에 서면 수모도 당하고 어려운 일도 많을 것이오. 그래도 좌절하지 말고 끝까지 재판 결과에 연연하지 맙시다. 가해자도 피해자도 언젠가는 모두 죽게 마련이고, 후세에는 이 기록이 살아남아 진실을 올바로 증언해주지 않겠소? 우리가 처한 상황에서 최선을 다해서 어떻게든 한번 역사의 명작을 만들어내봅시다."

정해진 종착지를 향해 돌진한 1심 재판

1996년 2월 26일 월요일 아침 나는 TV화면 앞으로 바짝 다가 앉았다. 주말 내내 TV에서는 '세기의 재판' '역사적 재판'이 시작된다고 목청 높여 외쳐대고 있었다. 방청권을 얻으려는 사람들이, 공판정이 마련된 서울지방법원 정문 앞에 이른 새벽부터 길게 줄을 선 모습들을 비춰주기도 했다. 주위사람들이 모두 내가 방청 가는 일을 만류하는 바람에 나는 TV를 통해서나마 남편 모습을 볼 수밖에 없었다.

오전 9시 18분경, 남편은 경기 6도 1006호 호송차에 태워져 경찰병원 입원실로부터 서울지법 지하 1층 구치감에 도착했다. 10시 3분, 남편은 서울지법 417호 형사대법정에 들어섰다. 형사합의 30부 김영일 재판장이 '피고인 전두환'이라고 호명하자 피고인 가운데 제일 먼저 법정에 들어선 것이다. 재판의 시작이었다.

오랜 단식으로 몸은 형편없이 여위었지만 남편의 두 눈은 어느 때보다도 빛나서 차라리 형형했다. 남편은 하늘색 수의차림에 흰 고무신, 갈색 양말을 신고 있었고 왼쪽 가슴에 수인번호 3124를 달고 있었다. 그날 법정 주변에는 3백여 명의 내외신 기자들이 모여들어 취재경쟁을 벌었다. 법원 측은 공판에 대한 국민적 관심과 역사적 중요성 때문이라는 이유로 수의차림의 모습을 40초간 촬영할 수 있도록 허락했다.

정치자금 공판을 시작으로 문을 연 이 재판은 1년 2개월간 진행되었다. 모두 29차례의 공판이 열렸다. 그 사이 검찰의 조사를 받은 사람이 자그마치 600여 명, 기소된 사람만도 16명, 출석 증인은 41명에 달했다. 이 사건들이 우리 역사와 정치사 속에서 차지하고 있는 의미와 비중을 감안한다면 이 재판은 매우 신중하고 엄정하게 다루어졌어야 했다. 사실상 16년이 지난 이 사건들의 '진실'이 담겨 있을 엄청난 분량의 자료들을 검토하는데에는 적어도 한 사건에 1년 이상이 소요되어야 할 중대한 사안이었다. 자료의 분량만 해도 서울지검 특별수사본부가 제5차 공판을 앞두고 1차로 법원에 제출한 수사기록이 13만 7천여 쪽, 책으로는 155권의 분량으로,

그 중 가장 중요한 5.18사건의 기록만도 8만여 쪽에 달해 법원으로 옮기는 데 1.5톤급 화물트럭이 사용될 정도였다. 결국 재판이 진행되면서 제시된 수사기록은 총 17만 쪽에 달했고 그 많은 자료는 한 번 꼼꼼히 읽는 데만도 반 년이 걸릴 정도의 분량이었다.

또 이 재판은 한때 국가의 통치를 맡았던 두 전직 대통령과 국가의 요직을 맡았던 열네 사람을 심판하는 자리인 만큼 그 16명 피고인 개개인의 운명이 걸린 데 그치지 않고 우리의 현대사를 평가하는 의미도 있었다. 그 역사적 중요성 때문에 재판이 시작되면서부터 남편과 변호인단은 이 재판이 정치적으로 악용되지 않고 역사의 진실을 제대로 밝힐 수 있도록 재판부에 두 가지 사항을 요청했다. 재판의 전 과정을 생중계해줄 것과 특별검사제를 도입해달라는 것이었다.

재판의 완전한 공개가 이루어져서 재판의 전 과정을 일반 국민들이 지켜보아야만 그동안의 오해와 의혹의 안개 속에 숨겨져 있던 진실들이 명백히 드러나고 모두가 승복하고 동의할 수 있는 결과가 나올 수 있을 것이기 때문이었다. 재판의 직접중계를 허용하지 않는 이유는 피고인의 명예와 초상권 보호 때문이다. 그러나 이처럼 피고인 스스로가 그 보호받을 권리까지 포기하며 직접중계를 요청할 경우, 법원으로서는 사실상 반대할 명분이 없었다. 그러나 재판부는 예상대로 궁색한 변명을 내세웠다. 재판의 직접중계가 국민적 정서에 맞지 않아 허용할 수 없다는 것이었다. 또 그동안 야당에서도 줄곧 주장해오던 '특별검사제' 도입마저 무산됐다. 최소한 재판과정의 투명성만이라도 보장받고 싶어하던 남편과 변호인단의 기대는 예상대로 시작부터 무너지고 말았다.

뿐만 아니라 변론 준비를 위한 시간마저 제대로 주어지지 않았다. 검찰은 이미 2년 여에 걸친 수사 과정을 통해 작성한 방대한 양의 수사기록을 보유하고 있었다. 그 막대한 분량을 증거로 제시한 검찰과, 검찰이 제시한 수사기록을 단 한 번 제대로 읽어볼 시간도 허락받지 못한 채 재판을 시작해야 했던 변호인단 — 근본적으로 공정한 재판이 이루어질 수 없는 여건이었다. 시작부터 이미 결론을 내려놓고 진행한 요식상의 정치재판이 갖는 한계 때문에 변호인단이 그 막대한 분량의 검찰 수사기록을 받아볼 수 있었던 것은 제5차 공판이 열리기 바로 직전이었다.

재판은 사정없이 몰아치듯 속행됐다. 1심 공판을 단지 145일 만에 끝내기 위해 재판부는 시작부터 서둘렀던 것이다. 재판이 그 이상 길어질 경우, 피고인들의 구속기간 만료에 따라 피고인을 불구속 상태에서 공판을 진행해야 하기 때문이었다. 주 2회 공판도 모자란 듯 야간공판까지 강행하는 무리한 진행이었다. 우려했던 대로 그 몰아치듯 진행된 재판일정은 고령의 피고인들은 물론 변호인단 전원을 탈진상태로 몰아넣었다. 연일 밤을 새워 준비해가던 이양우 변호사는 한때 극심한 과로로 눈에 이상이 생겨 공판출석을 포기해야 했을 정도였다. 그런가 하면 재판이 진행 중인데도 검찰은 기자회견 등을 통해 재판에서 심리대상이 된 사항이나 증거에 대해 검찰측 주장을 미리 언급하거나 발표함으로써 재판도 하기 전, 의도적으로 언론을 통한 피고인들의 유죄여론을 이끌어냄으로써 그 재판이 정치재판임을 노골적으로 드러냈다.

언론보도도 편향의 정도가 심했다. 재판 과정에서 밝혀진 진실을 공정하게 보도하기보다는 검사가 증인이나 피고인에게 던진 질문 속의 내용을 마치 증인이나 증거에 의해 확인되고 검증된 사실이라도 되는 듯 왜곡보도했다. 이 모든 일들이 벌어지고 있는 현장을 국민들에게 여과 없이 보여줄 수 있었던 TV 중계를 허용하지 않은 이유를 알 수 있었다.

남편에 대한 사법처리의 이유를 12.12와 5.18이 반란이고 내란이라는 것이었다. 그러나 의도된 사법처리의 명분을 부각시키기 위해서는 시작부터 남편의 도덕성에 결정적 흠집을 내는 것이 필요했던지 나중에 기소된 비자금 사건에 대한 재판을 앞세웠다. 우선 남편을 비자금 문제로 엮어야만 국민의 관심이 돈 문제에 쏠리게 되고 여론이 나빠지면서 상대적으로 정치보복의 인상이 흐려질 것을 노렸던 것이다.

남편이 처음 법정에 선 날로부터 나흘 후, 법무부는 전격적 결정을 내렸다. 남편을 경찰병원에서 끌어내 다시 안양교도소에 재수감한 것이다. 그때 남편은 단식후유증이 심해 여전히 극도의 현기증과 두통에 시달리고 있었다. 또 정상적인 식사가 불가능해 죽으로 연명하고 있던 중이었다. 상식적으로도 의료진의 도움을 받는 것이 당연한 상태에도 불구하고 무슨 까닭인지 법무부는 부랴부랴 재수감 결정을 내렸다. 다시 안양교도소 독방으로 돌아온 남편은 심각하도록 침침해진 눈을 비비며 재판준비에 최선을 다했다. 남편은 이미 정치적으로도, 여론에 의해서도 철저히 고립된 옥중 미결수의 신분이었지만, 남은 생애 동안 이번 재판이 진실을 기록에 남길 수 있는 가장 좋은 기회라는 생각으로 재판에 임하고 있었다.

재판과정 중 변호인단에게 가장 중요한 것은 '증인신문'이었다. 주요 핵심 증인들의 진실한 증언이야말로 16년간 가려진 진실 속에서 역사를 바로 일으켜세우는 재판의 축이고 핵심이었기 때문이었다. 그러나 김영일 1심 재판장은 변호인에게 사실상 소송기록을 읽을 시간조차 주지 않은 채 재판을 강행했다. 그것은 변호권에 대한 중대한 제약이었다. 가령 증인 채택만 해도 그랬다. 재판부는 검찰측이 신청한 80명의 증인 중 거의 전부라고 할 수 있는 71명을 채택하면서, 변호인단이 신청한 35명의 증인 중 겨우 10명만을 채택하는 노골적인 편파진행을 보여주었다. 재판부의 편파적 진행을 견디다 못한 남편이 그날 공판이 끝난 후 이양우 변호사를 불러 다음과 같이 말했다.

"변호인단의 노력으로 내가 역사에 대해, 그리고 국민들에게 하고 싶었던 말은 다 하였소. 내가 말한 역사적 진실은 재판기록에 영원히 남아 후세의 역사가에 의해 그 옳고 그름이 정당하게 평가될 것이오. 좀 더 성실한 재판을 하기 위해서 노력하는 변호인들의 심정은 이해가 되나 재판부가 저렇게 졸속하고 불공정하게 나오는데 무슨 방법으로 이 파행재판을 참아낼 수 있겠소. 모든 것을 역사와 국민의 현명한 판단에 맡기고 재판을 포기합시다."

결국 제19차 공판이 열리던 7월 4일, 갈수록 더해가는 재판부의 편파진행에 더 이상 변호다운 변호를 할 수 없다는 결론에 도달한 변호인단 전원은 비통한 심정으로 재판부에 사임계를 제출했다. 그날 이양우 변호사는 기자들에게 사퇴할 수밖에 없는 재판현실을 이렇게 토로했다.

"재판은 올림픽과 달라 참가하는데 의의가 있는 것이 아니고 실체적 진실을 규명하는 데 있습니다. 재판부가 우리에게 한 주 1회 공판 약속을 스스로 깨고 주 2회 공판에 야간재판까지 강행하는 것이나, 매 기일마다 5명 내지 9명까지의 핵심 중요증인을 한꺼번에 부르도록 하는 것은, 의도적으로 변호인으로 하여금 변론을 할 수 없도록 만드는 것이라 볼 수밖에 없습니다. 특히 이번 사건들은 16년이나 지난 과거의 일이어서 당시의 상황 파악이 사실상 거의 불가능하기 때문에 관련자들의 진술과 자료를 광범위하게 조사하지 않으면 증인신문의 실효성을 기대하기 어렵습니다. 그럼에도 불구하고 재판부가 단 이틀간의 준비기간만을 주고 적게는 5명, 많게는 9명의 증인신문을 하라고 하는 것은 변호인의 반대신문권에 대한 사실상의 제한인 것입니다. 또한 '공지의 사실인데 무엇 때문에 증인신문이 필요하냐?'는 식의 재판태도라면, 그리고 유죄를 전제로 한 예단을 가지고 대답을 유도하는 식의 재판이라면 더 이상 변론이 필요 없는 것입니다."

검찰 주장의 허구성을 증인들의 증언을 통해 밝혀보려던 변호인단의 의욕에 찬 노력은 최소한의 변호 여건조차 허락하지 않는 재판부의 공정하지 못한 처사 앞에서 좌절되고 만 것이다. 노 대통령의 변호인단도 곧이어 사퇴에 동참했고, 그 뒤를 이어 다른 피고인들의 변호인단 다수가 동반 사퇴했다. 그러나 재판장은 나머지 공판을 피고인 면담조차 해본적 없는 두 명의 국선변호인을 요식행위로 출석시킨 가운데 강행했다. 여전히 주 2회 공판과 야간공판을 강행해가며 피고인들의 구속기간 만료시한을 넘기지 않겠다는 애초의 목표를 집요하게 달성해갔던 것이다. 당연히 반쪽재판이란 오명이 뒤따랐다. 스스로 자신을 변호해야 하는 상황에 처한 피고인들은 증인들과 직접신문을 주도하기도 하고, 자신들 스스로가 변론권을 행사해가며 진실을 밝히려 몸부림치기도 했다. 역사의 진실이 아닌 역사왜곡을 통해 오직 처벌의 길로만 미친 듯 달려갔던 '역사바로세우기 법정'의 실상을 보여주는 슬픈 풍경들이었다. 재판 진행과정을 변호인단과 지인들을 통해 들을 수밖에 없던 나에겐 — 왜곡되고 편향된 기사만을 보도하는 언론을 통해서는 정확한 재판 진행 상황을 알 수 없었다 — 근본적인 회의가 뇌리에서 사라지지 않았다.

'과연 무엇을 위한 재판인가.'

1996년 8월 5일, 결심공판인 27차 공판이 열렸다.

그날 검찰은 남편에게 반란과 내란수괴 등의 혐의로 법정최고형인 사형을 구형했다.

"역사바로세우기가 계엄령처럼 선포되었다. 과거의 역사들이 줄줄이 소환당했다. 역사는 문초되고 마침내 심판받았다. 쿠데타의 단죄를 위한 특별법은 가히 혁명입법의 성격이요, 재판은 혁명재판이나 다름없었다."

그즈음 어느 일간지에서 읽은 한 논객의 탄식이다.

회상해보면 참으로 무덥고 긴 여름이었다. 남편은 아직도 뚜렷하게 남아 있는 단식후유증과 재판 준비에 시달리며 무더위와 싸우고 있었다. 그런 남편을 바라보며 가족들은 연민과 안타까움 속에 그 여름을 보내야 했다. 내게, 그 해 여름의 장마가 유난히 길었고 더위는 참혹했다. 햇볕에 달아오른 슬라브지붕 바로 아래 감방에서 고생하고 있던 남편에 대한 염려 때문이었으리라. 낡고 오래된 안양교도소의 찜통 같은 열기 속에서도 남편은 재판 준비에 열심을 다했었다. 흘러내리는 땀 때문에 미끄러워 펜조차 제대로 쥘 수 없는 상황이었다. 그래도 거의 매일 받아보던 가족과 친지들의 편지에 남편은 빠짐없이 답장을 써주곤 했다. 일 주일에 한 번씩 어김없이 감옥으로부터 내게 날아드는 남편의 편지. 그 편지 속에는 위로와 격려, 그리고 남편의 깊은 사랑이 담겨 있었다.

사랑하는 할멈에게.
여보, 여러 가지로 미안합니다. 그러나 임자는 꿋꿋해야 합니다. 83년 10월, 버마에서 헤어졌을 사람입니다. 당시는 피할 수 없는 운명이 아니었습니까. 벌써 헤어졌을 사람이 그래도 일 주일에 두 번씩 만나서 손을 만져볼 수 있고, 눈을 들여다 볼 수 있으니 이 얼마나 고마운 일입니까. 억울하고 불쾌한 일이 있어도 우리가 아직 이 세상에서 고통을 받는 이 자체를 감사해야 할 것입니다. 나와 임자는 누구도 미워하지 맙시다. 마음속으로 용서하고 너그러이 생각합시다. 많은 사람의 화합의 밑거름이 됩시다. 그래야 아직 살아 있는 값을 할 것 같습니다. 권력의 무상함을 실감하지만 인간으로서 며칠을 살아도 보람 있게 살다가 반야선(般若船)을 타고 월고해(越苦海)합시다.
많은 분들께 안부 부탁합니다. 안녕히.

사랑하는 영감으로부터

젊은 시절 '사랑하는 순자'로 불리던 내가 어느새 '사랑하는 할멈'이 되어 있었지만, 남편의 사랑과 구김살 없는 반듯한 성품은 세월이 흐른 지금에도 변하지 않아 잠시나마 그 따뜻한 음성 속에서 난 행복감에 젖곤 했다. 선고일을 하루 앞두고 난 아이들과 함께 다시 백담사로 향했었다. 의외로 담담한 마음으로 대할 수 있었던 검찰의 구형이 있던 날과는 달리 선고일이 다가오자 천근 같은 압박감과 터무니 없는 막연한 기대감으로 가슴이 터질 것만 같이 혼란스러웠다.

"그래도 법정에서 꽤 여러 가지 결정적 진실들이 밝혀졌는데…"

어림없는 생각이라는 것을 너무 잘 알면서도 우리 가족은 끝까지 한 줄기 기대를 떨치지 못했다. 선고일은 가을장마를 예고하듯 하루 종일 비까지 내려 법당에서 기도하던 우리 마음까지 적셨다.

8월 26일 정오, 김영일 재판장은 검찰의 구형대로 남편에게 사형을 선고했다. 박준병 당시 20사단장을 제외한 열네 명의 피고인 모두에게도 중형이 선고됐다. 실낱 같던 기대와 믿음은 짓밟히고 사형 선고라는 비수가 내 가슴 복판에 꽂혔다. 숨가쁘게 몰아갔던 재판과정 속에서 조금이라도 진실을 밝히기 위해 혼신의 힘을 다한 남편과 변호인단, 또 열다섯 분 피고인들의 노력은 물거품이 됐다. 용기 있게 사실을 밝혀준 많은 증인들의 증언도 결국 수포로 돌아갔다. 마치 145일간의 재판과정이 한바탕 꿈처럼 느껴졌다. 누군가의 말처럼 '희망이란 진정 고통을 잠시 잊게 해주는 진통제'에 지나지 않는단 말인가.

사흘 후, 우리 가족은 안양교도소 면회실에서 남편과 마주 앉았다. 사형수가 된 후의 첫 만남이었다. 소중한 시간이 흘러갔지만 누구도 침묵을 깰 수가 없었다. 많은 사람들은 남편에게 내려진 사형선고가 오직 정치 제스처니 일단 목적을 달성하고 나면 어떤 형태로든 형 집행은 하지 않을 것이라고 했다. 그러나 도무지 상식 있는 사람으로선 할 수 없는 일들을 거침없이 벌이던 그들에게 과연 그런 이성과 상식이 아직 남아 있을 것 같지 않았다. 아무 것도 확신할 수도 기대할 수도 없는 현실이었다. 한참 후 남편이 아이들을 향해 어렵게 말문을 열었다.

"내가 사형선고를 받았다고 슬퍼하지 마라. 이 세상에 생명을 가진 것 치고 사형선고를 받지 않고 살아가는 존재란 없지 않느냐? 태어날 때부터 언젠가는 죽어야 하는 것이 사람의 목숨이니, 모든 사람이 이미 사형언도를 받고 살아가는 것이나 마찬가지인 것이다. 너희 모두 잘 기억하겠지만 아버지는 어차피 아웅산에서 한 번 죽었던 목숨이다. 이만큼 산 것도 참 많이 살았다고 생각한다. 그러니 누가 나에게 사형선고를 내렸다고 생각하는 대신, 단지 조물주가 우리에게 준 거센 파도를 넘어가고 있는 과정이라고 생각하도록 하자."

담담한 어조로 말을 이어가고 있던 남편 앞에서 아이들조차도 소리내어 슬픔을 나타낼 수가 없었다. 남편은 그렇게 아이들을 향해 슬픔이나 원망보다는 삶에 대한 겸허한 자세로 포용력을 가지라고 말하고 있었다. 그리고 내게는 절대 이 지점, 우리를 삼킬 듯 달려드는 살인적 파도가 덮친 이 지점에서 비명을 지르거나 평정을 잃어서는 안 된다고 호소했다. 그 말을 할 때 난 남편 눈 안의 침착한 불을 보았다. 천 길 낭떠러지로 추락하는 공황감 속에도 난 남편의 그 눈빛을 거부할 수 없었다.

1심 선고공판에서 사형을 언도받은 후 남편이 항소마저 포기하려 하자 난 절망할 수밖에 없었다. 1심 재판의 진행 과정과 내용에 대해 남편은 너무 깊은 실망감을 느끼고 있었다. 그래도 사법부는 권력과 이익에 의해 움직이는 정치권과는 조금은 다를 것이라고 남편도 나처럼 일말의 기대를 갖고 있었던 것이다.

"이런 식의 재판이라면 더 이상 의미가 없소. 진실을 밝히려는 것보다 나 한 사람 처벌하려는 것이 이 재판의 목적이라면 나 한 사람이 제물이 되는 것으로 일단락짓도록 합시다."

항소심 역시 1심 재판과 별로 다를 것이 없을 테니 더 이상 재판을 계속해서 세상을 시끄럽게 할 필요가 없다는 것이었다. 남편은 재판을 통해 최소한의 진실 규명이라도 해보려고 했었다. 그것이 남편에겐 그 재판의 존재 이유였다. 그런데 법정에서 명백히 밝혀진 진실도 맥을 못추는 상황에서 이미 정해진 판결을 수용하지 않고 다시 항소를 한다면 그렇지 않아도 재판으로 어수선해진 나라와 국민 정서를 빨리 수습하는데 전혀 도움이 되지 않는다고 남편은 믿고 있었다. 자신이야 사형을 언도받고 형이 집행되든 말든, 남편은 그 처지에서도 나라 걱정을 하고 있었다.

항소를 거부하는 남편에게 변호인단은 눈물로 호소했다. 법정에서 밝혀진 진실이 비록 재판의 판결에는 영향을 주지 못한다 하더라도, 가능한 모든 기회를 이용해 증인과 증거를 통한 사실 검증을 재판기록으로 남겨야만 훗날이라도 그 소중한 진실이 살아남을 수 있으니 결코 항소의 기회를 포기해서는 안 된다고 호소했다.

1심에서 파행졸속재판에 항의해 사퇴를 강행했던 변호인단이 남편에게 항소심 재판을 권유하고, 남편이 그 뜻을 받아들이게 되기까지에는 짧은 시일이었지만 많은 우여곡절이 있었다. 과연 이 노골적인 정치재판을 거부할 것인가, 아니면 비록 제한된 여건 아래에서라도 진실 규명을 위해 최소한의 기회나마 포기하지 말아야 할 것인가. 1심에서 사실상 재판을 포기했던 변호인들은 그 후 벌어지는 사태를 지켜보며 역시 최악의 조건 속에서도 진실을 밝힐 수 있는 데까지 밝히도록 혼신의 힘을 다 하는 것이 남편과 피고인들을 위한 자신들의 소명이라는 확신을 갖게 된 듯했다. 특히

1심 과정을 통해서 상당 부분 검찰 주장의 허구성이 드러났는데도 불구하고 최고형인 사형이 선고된 것은 법정경험이 많은 유능한 변호인단에게도 큰 충격을 주었다. 사형이 선고된 이상 최악의 경우 그렇지 않아도 극도로 예측불가능한 이 정부가 돌연 남편에 대한 전격적인 사형집행을 감행하지 않는다는 보장도 없었다.

사형이 집행된다면 그것은 한 개인의 비극일 뿐 아니라, 역사를 향해 진실을 증언할 수 있는 남편의 '입'을 영구히 막게 된다는 것을 의미하는 것이었다. 이런 절박한 상황 앞에서 항소심을 포기하고 행동하지 않는 것은 위험한 포기라며 전상석, 이양우, 석진강, 정주교 변호사 등 변호인단은 눈물을 흘리면서 설득했다. 생사에 초연한 것은 좋지만, 남편이 사라지면 이 역사적 사건들에 대한 진실은 영원히 역사 속에 묻혀버리고 말 것이니 항소할 수 있는 이 비장한 기회를 절대로 포기해서는 안 된다는 간청이었다. 결국 닷새에 걸친 변호인단의 호소로 남편은 항소를 허락했다. 역사의 진실에 대한 의무감과 사명감이라는 새로운 각오로 남편과 변호인단은 2심과 부딪혀 나가기로 마음을 모은 것이다.

결심공판이 있은 닷새 후인 8월 31일, 변호인단 대표로 전상석 변호사는 서울고법에 항소장을 접수시켰다. 곧이어 다른 열다섯 피고인도 항소했다.

기도가 부족했던 것인가

1996년 6월 10일 월요일, 12차 공판이 열리던 날, 난 처음이자 마지막으로 방청을 위해 재판정을 찾아갔다. 417호 대법정이었다. 동행해준 큰아들 재국의 어깨가 유난히 믿음직스럽게 느껴진 날이었다. 재판이 시작되면서부터 나는 사실 누구보다 먼저 법정으로 달려가고 싶었다. 그러나 가족과 주위 사람들의 만류를 쉽사리 물리칠 수 없었다. 그 고통과 절망의 시간을 난 기도와 글쓰는 일에만 매달려 살고 있었다. 반대가 많은 외출이었다. 그러나 단 한 번만이라도 아내로서 남편에겐 고통의 장소인 그 법정 한 귀퉁이에나마 함께 있고 싶다는 생각을 억누를 수 없었다. 보름 전인 4월 초파일, 부처님오신날에 조계사에 가려 했을 때도 나는 대문을 나서는 순간까지 주위 사람들의 간곡한 만류와 싸워야만 했었다.

12.12와 5.18 공판이 열리고 있었지만 편파일변도의 언론은 연일 정치자금 쪽으로만 초점을 맞춰 남편의 도덕성에 흠집을 내는 데에만 열중했다. 막상 재판에서 조금씩 밝혀지던 역사적인 사건의 소중한 진실들에는 도무지 눈길을 주지 않았다. 연일 온몸으로 느껴지는 세상의 냉소였다.

'수많은 양민을 학살하고 권력을 찬탈한 파렴치한 인간', '나라를 들어먹은 대역죄인', 신문이나 방송, 그리고 쏟아지는 비난 속에서 들려오는 것은 오직 남편에 대한 무서운 오해와 저주의 말들뿐이었다. 민심이 그토록 험악하니 연희동 식구들은 내가 사람들이 많이 모인 곳에 나갔다가 혹 불미스런 일이라도 당할까 우려했다. 또 그로 인한 남편의 상심을 염려했다. 물론 법정에 들어서던 아이들에게 쏟아졌던 계란세례, 돌팔매질, 험한 욕설 같은 것이 내게도 쏟아지지 않으리란 보장은 없었다. 그러나 당연한 우려 속에서도 내 심정은 달랐다. 아무리 세상 인심이 우리를 고운 눈으로 보지 않는다고 해도 부처님의 가피가 있었으므로 우리가 백담사의 그 무참한 세월도 무사히 보낼 수 있었다는 믿음을 난 갖고 있었다. 그렇게 은혜입은 불자로서 부처님오신날에 절을 찾아가 감사를 드리는 것은 당연한 일이었다. 사람들도 그런 마음을 이해해줄 것만 같았다. 그날 나는 참으로 오랜만에 세상의 한파가 미치지 않는 부처님 앞에서 자비와 평온의 물결을 가슴에 담을 수 있었다. 물론 싸늘한 눈초리로 나를 쳐다보는 신도들의 냉소를 온몸으로 받아야 하는 아픔도 있었다. 그러나 부처님의 바다 같은 품 안은 상처와 눈물로 누더기가 된 내 마음에 큰 위안을 안겨주었다.

"언젠가는 모든 것이 진실대로, 순리대로 풀리게 해주십시오."

불전에만 엎드리면 곁에서 나라를 위한 기도를 해야 한다고 내 마음을 묶던 남편도 없이 혼자 드리는 기도 속에서 그날 난 맘껏 오직 남편을 위한 기도를 할 수 있었다. 그날 이후 시간이 흐르면서 서서히 가까운 이웃처럼 정겨운 인사도 나누게 된 신자들 속으로 난 매월 초하루와 보름날이면 아들 며느리들을 데리고 조계사 새벽기도에 동참했었다. 난 어서 그분의 진실이 밝혀지기를, 나라에 바친 남편의 열렬한 단심을 알게 되기를 온 마음을 다해 빌고 또 빌었다.

공판이 열리기 10분 전쯤, 나는 법원에 도착했다. 긴장 때문에 온몸이 굳어졌다. 사방에서 터지던 기자들의 카메라 플래시 세례를 받으며 검색대를 통과했다. 4층 대법정의 방청석 뒷자리에 자리를 잡고 나서야 난 비로소 정상적 호흡을 할 수 있었다. 잠시 눈을 감고 침묵으로 남편과 이 재판에 참여하고 있는 모든 분들이 용기를 낼 수 있게 해달라고 기도했다.

잠시 후, 재판장이 "피고인 전두환" 하며 그분의 이름을 부르는 소리가 들렸고 곧 이어 왼쪽 출입구로부터 남편이 입정하는 것이 보였다. 나는 목을 길게 빼고 그분의 모습을 더 잘 보려고 안간힘을 썼다. 그러나 그분의 얼굴 대신 왼쪽 가슴에 적힌 수인번호 3124가 먼저 시야로 뛰어들었다. 순간 현기증이 느껴졌다. 수의를 입은 그분의 모습을 처음 보는 것도 아닌데, 웬일인지 바로 눈앞에 나타난 남편의 모습에서 나는 뜻밖의 큰 충격을 받고 있었다. 이양우 변호사의 열띤 변론 속에 담겨 있는 남편의 무죄주장이 문득문득 법정 멀리서 외로운 메아리처럼 들려왔다. 그날은 남편의 변호인단에 의해 최 대통령 하야 직전에 있었던 남편과 최 대통령간의 대화록이 처음으로 공개된 날이기도 했다. 대화록 속의 바로 그날이 최 대통령께서 남편에게 대통령 선거에 나가라는 놀라운 권고의 말씀을 하셨던 날이던가. 검찰과 변호인단의 공방이 열띠게 오가며 재판이 진행되고 있었지만 내 머릿속은 온통 안개에 덮여 아무 말도 귀에 들리지 않았다. 재판 내용에는 도무지 집중하지 못하고 오직 남편의 야윈 뒷모습만을 숨이 막히도록 지켜보면서, 난 그제야 왜 가족과 주위 사람들이 그토록 나의 재판방청을 만류했었는지 이해할 수 있었다. 수의 입은 남편이 피고인석에 앉아 검찰과 재판장의 차갑고 적대적인 시선을 받고 있는 것을 직접 목격한다는 것. 그리고 그것이 남편과 내게 던져진 현실이라는 것을 확인한다는 것은 충격 이상이었다.

비록 많은 지인들과 과거 남편을 도와 일했던 사람들이 남편에게 용기를 주고 세파로부터 남편을 보호하기 위해 서로 순번까지 정해가며 방청석을 메워주었지만 역시 법정을 압도하고 있던 것은 '역사바로세우기'에 동조하는 평범한 세상 사람들의 보이지 않는 오해에 찬 증오, 그리고 돌팔매질이었다. 그날의 공판방청은 생각했던 것보다 훨씬 더 견디기 힘든 일이었다. 내가 와 있다는 사실을 까맣게 모르고 있던 남편은 오전 공판이 끝나자 내가 앉아 있는 쪽으로 눈길 한 번 주지 않고 조용한 걸음으로 법정을 떠났다. 나는 또 목을 빼고 법정을 떠나는 남편의 모습을 하염없이 바라다보았다. 남편의 낯익은 어깨. 낯익은 걸음걸이. 앞만 응시한 채 내 시야에서 빠져나가던 남편의 모습은 내 망막 위에 지워지지 않는 서러운 그림자를 남겼다.

남편 변호인단과 연희동 식구들과 함께 법원 앞 설렁탕집에 들른 그날의 점심시간. 입 안에서 음식은 모래알로 변해 고통스러웠고 내장마다 격렬한 슬픔들이 들어차 숨 쉴 때마다 나를 흔들어댔다. 그러나 근심어린 시선으로 내 표정과 일거수 일투족을 지켜보는 주위분들 때문에 통곡하고 싶어도 내색조차 할 수 없었다. 차에 올라타자 어린 시절 들었던 친척 할머니의 탄식이 떠올랐다.

"산다는 게 징역살이지."

돌아오는 차 속에서 난 오랫동안 참았던 눈물을 쏟았다. 그날 이후 나는 다시는 법정에 가지 않았다. 그날의 아픔은 그날 한 번으로 족했다.

봄과 함께 시작된 재판이 어느덧 여름이 되고 남편이 수의를 하복으로 갈아입어도 내 가슴속에는 여전히 영하의 찬 바람이 불었다.

내 가슴을 꽁꽁 얼리던 재판이 진행되면서, 어느날 문득 5.18사건 속에는 5.17이나 12.12와는 달리 그 어떤 정치적 해결이나 재판 같은 것으로는 풀 수 없는 무엇인가가 얽혀 있다는 생각이 떠올랐다. 사리를 따져보고 얻게 된 생각이 아니라 어떤 영감 같은 것이었다. 언젠가는 역사 속의 진실이 밝혀져 남편의 무죄가 명백히 증명되리라는 신념을 뛰어넘는 확신 속에서도 진실과 현실 사이의 그 참을 수 없는 무서운 절벽이 날 외롭게 했다. 재판이 열리는 날이면 방청석에는 피고인석을 향해 '살인마'라고 고함치는 사람도 있었고, 어떤 공판에서는 '재판을 중단하고 내 아들 살려내라'며 울부짖는 사람도 있었다. 공판이 열리는 날이면 어김없이 광주와 전남지역에서 관광버스를 타고 올라와 애통해 하는 5.18 피해자들과 소복을 입은 가족들을 보면서 16년간 하얗게 성에처럼 굳은 그들의 한이 내 가슴을 파고드는 것을 느꼈다. 나도 역시 남편과 자식이 소중해 가슴을 앓으며 살아온 한평생이어서 5.18사건의 희생자가 된 남편과 자식 그리고 혈육들을 가슴에 묻고 살아가야 하는 그들의 분노와 한이 얼마나 절절한 것인지 이해할 수 있었다. 그러니 그 사건의 주범이라고 오해받는 남편을 향해 그런 저주를 쏟을 만도 하다는 생각이 들기도 했다.

검찰과 언론에서 진실도 모르는 채 뒤집어 씌우는 너무도 억울한 누명이라 우리로서는 참 기막힌 일이었다. 그러나 세상을 소란에 빠뜨리며 치러지는 이 재판에서도 반드시 밝혀져야만 하는 그 필연적 진실은 드러나

지 않을 것이라는 예감에 나도 그들처럼 운명적으로 5.18사건의 피해자라는 처절한 동병상련의 마음까지 드는 것이었다.

그러던 어느 날 난 연희동을 찾은 한 스님으로부터 5.18사건에 대한 한 가지 말씀을 듣게 되었다.

"두 내외분께서 백담사에서 광주사태 영가들을 위한 천도기도를 하셨지만 아직 천도가 안 된 것 같습니다. 이 영가들이 원한을 가지고 구천을 헤매면 나라가 시끄럽답니다."

스님의 말씀을 듣고 보니 그제에서야 내 마음을 압도했던 그 느낌의 정체가 무엇인지 알 것 같았다. 꼭 무슨 원한을 가진 귀신이 떠다니며 나라를 시끄럽게 한다는 생각보다는, 그런 표현이 이해될 만큼 5.18사건으로 인한 희생자들의 원(怨)과 한(恨)이 크고 깊다는 뜻으로 이해할 수 있었다. 사실 백담사 시절 남편의 뜻에 못이겨 '국태민안과 영가천도' 기도를 시작해서 마음을 쏟으며 회향까지 갔지만, 그 당시 내 기도의 목적은 남편 재임기간 동안 알게 모르게 피해를 입은 사람들의 상처를 어루만지는 것이었다.

"내 기도정성이 부족했던 것일까?"

천도기도에도 불구하고 아직도 영가들이 원한을 품고 구천을 헤매고 있어 나라가 시끄럽다는 스님의 말씀을 들으니, 왠지 광주사태 영가에게 절실하게 마음을 다 하지 않았던 것처럼 느껴졌다. 소복 차림의 유족들의 모습이 떠올랐다. 사실이든 아니든 그들 마음속에 남편은 가해자로 자리잡고 있었다. 그것이 깊은 오해건, 깊은 악연이건 간에 그것도 인연이니 그 상처를 낫게 해줄 수는 없어도 그들을 위해 다시 한 번 정성을 다해 영가천도기도를 올리는 것이 그 시점에서 그이의 아내로서 내가 할 일이라는 생각이 들었다.

"스님, 말씀 감사합니다. 저도 왠지 재판을 지켜보면서도 5.18사태를 생각하면 영 마음이 편안하질 않았는데, 오늘 말씀을 들으니 꼭 제가 해야 할 기도라는 생각이 드네요. 아직 천도가 되지 않았다면 다시 해야지요. 저희 때문에 희생된 분들은 아니지만, 아니 우리 내외도 사실 5.18사태의 억울한 희생자지만, 그런 명분이 그 큰 슬픔 앞에서 뭐 그리 중요하겠어요. 광주 망월동 묘역에 있는 영가의 이름들을 적어다 주신다면 정말 한번 지성을 다해 기도해보겠습니다."

내 부탁을 흔쾌히 승낙하신 스님은 곧 광주 망월동으로 내려가셨고 224분 영가의 명단을 적어와 내게 건네주셨다.

그렇게 해서 5.18 희생자 영가천도기도가 시작되었다.

224분의 영가의 이름을 정성을 다해 써내려갔다. 내 손으로 직접 가는 세필 붓 끝에 경면주사(鏡面朱砂)사를 묻혀 불교의 만(卍)자 아래 각각의 영가의 이름을 적은 후 그 아래 왕생극락이라고 쓴 것이다. 그리고는 식사시간과 2시간 남짓한 수면시간을 제외하고는 하루 20시간 이상씩을 오직 기도에만 매달리는 나날이 시작되었다. 기도는 매일 천수경을 치며 신묘장구대다라니를 50독하고, 224분 영가들의 왕생극락을 기원하는 일로 이루어졌다. 다른 모든 생각과 일을 접어둔 채였다. 그동안 몰두하던 글을 쓰는 일도 기도기간 동안만은 주저 없이 중단했다. 오직 천도기도에만 몰두하기 위해서였다.

스님의 말씀을 들은 남편도 내 뜻이 옳다고 찬성하며 옥중에서 매일 한시간씩 천수경을 치며 천도기도에 동참해주었다. 광주 망월동 묘역에 묻힌 영가들을 위한 기도가 끝나갈 즈음의 일이다. 5.18사태를 진압하다 목숨을 잃은 군인들의 원혼도 위로해주어야만 한다는 생각이 들었다. 그들의 명단도 구해 소중히 받았다. 그리고는 똑같은 방법으로 왕생극락을 빌며 계속한 영가천도기도는 시간이 가면서 점점 범위가 넓어졌다. 제5공화국 시절 일어난 시위와 중요사건의 희생자들 모두를 위한 기도로 점점 확장되어갔다. 남편 재임 중 각종 시위로 숨진 학생들과 경찰들, 버마 아웅산묘소에서 숨진 순국선열과 당시 남편을 잃은 슬픔을 견디지 못하고 자살한 부인을 포함한 18분, 사할린 상공 KAL기 격추사고로 돌아가신 263분, 버마상공 KAL기 폭파사고로 희생된 115분들에 대한 기도였다. 백담사에서 이미 마쳤던 영가천도기도였지만, 이번에는 모든 영가들의 이름을 일일이 내 손으로 직접 써가며 한 분 한 분에게 정성을 쏟아붓는 기도였다. 기도기간은 꼬박 49일 동안이나 걸렸다.

회향을 앞두고 난 붓 끝에 내 정성을 담아 한 획 한 획 적은 그 모든 영가들의 이름을 가슴에 안고 감옥의 남편에게로 갔다. 남편은 내가 내민 그 수백분 영가의 이름들을 보며 얼마나 정성을 쏟았는지 마치 인쇄한 것 같다고 감탄했다. 아직도 남편 앞에만 서면 열네 살 어린 소녀같이 남편의 칭찬 한 마디, 꾸중 한 마디에 가슴이 뛰고 또 울적해지기만 하는 것이 나였다. 그날 남편의 칭찬에 난 큰 공을 세운 듯 기쁘기만 했다. 기뻐하던 나를 물끄러미 바라보던 남편의 눈빛에서 연민같기도 하고 안타까움같기도 하던 열기가 느껴져 잠시 가슴이 뭉클했었다. 그동안 영어(囹圄)의 몸이 되어 고생하는 분에게 속수무책인채 아무 도움도 되지 못한다는 자책에 시달려온 내게는 그래도 남편을 위해 뭔가 힘을 보탤 수 있다는 사실에 새로운 용기가 솟는 것이었다.

한 번 끝낸 49일 기도지만 첩첩산중에 있는 청량한 기도의 도량을 찾아 영가들을 위한 기도를 입재하고 한 번 더 정성을 드리면 더욱 좋을 것 같았다. 난 경남 거창의 수도암에 5.18희생자, 아웅산 희생자, 순국 군경 및 학원시위 희생자와 KAL기 추락 희생자들을 위한 영가천도기도를 입재했다. 그리고는 49일간을 다시 이전과 똑같은 방식으로 한 분 한 분 영가들의 이름을 쓰고 부르며 간절히 왕생극락을 정성을 다해 기원하였다. 아이들은 또 다시 하루 두 시간의 잠으로 버티며 기도에 매달리는 나를 걱정스런 얼굴로 지켜보았다. 가족들의 염려대로 열이 펄펄 끓어 병이 나기도 했었다. 그러나 기도를 결심한 이상 그 시간 동안은 단 한 순간도 누울 수 없다는 비장한 심정에 난 자리에 눕는 것도 거절했다.

마침내 맞은 회향일인 6월 19일 새벽 5시, 나는 49일간 정성들여 쓴 수백분 영가들의 명단을 고이 들고 수도암을 향해 떠났다. 남편의 단식 중 찾았던 백담사를 제외하고는 처음으로 나 혼자 떠나는 먼 길이었다. 경부고속도로를 달려 김천에서 거창으로 접어들어 찾아가는 수도암 길은 포장도 안 된 험한 산길 위에 전날 내린 비로 여기저기 흙더미가 길을 막고 있었다. 그 첩첩산중에 수도암은 마치 한 떨기 연꽃처럼 고귀한 모습으로 자리 잡고 있었다. 비온 뒤 청량한 자연을 배경으로 서 있는 장엄하고 거대한 석불이 법당에서 나를 반기는 듯했다. 스님들이 조용히 수도하는 기도 도량. 산을 하나 넘으면 남편의 고향 합천이 있는 곳이었다. 마침 하안거 중이어서 수행 중에 있던 40여분의 스님들이 모두 그 회향기도에 동참해 수백분 영가들의 이름을 일일이 불러가며 기도해주셨다. 또 소식을 듣고 기도에 동참하기 위해 찾아와준 많은 신도들과 함께 기도의 땀이 올올히 밴 영가들의 명단을 불사를 때는 감격스러웠다.
"부디 왕생극락하십시오."
정치나 종파, 가해자와 피해자의 시비를 초월한 기도였다. 모든 영가들의 절대안식과 절대평안을 열망하는 간절한 기원이었다. 그 소식을 전해들은 옥중의 남편도 잠시 말을 잇지 못했다고 한다.

"불리한 증언을 하는 사람을 미워하지 맙시다"

1심과 2심을 통해 많은 증인들이 법정에 나와 재판부와 검사, 그리고 변호인단으로부터 신문을 받고 증언을 했다. 검찰측이 신청한 사람도 있고 변호인단이 신청한 사람도 있었다. 그들은 증언에 앞서 '진실'만을 말하겠다고 손을 들어 선서했다. 그러나 모든 증인들이 반드시 진실만을 말한다는 보장은 없었다. 그런 이유로 재판을 앞두고 남편은 내게 이런 당부를 했다.

"재판이 진행되면 진실이 입증되어 가슴이 시원한 일도 있겠지만 그보다는 실망할 일이 더 많을 거요. 어려운 상황 아니오? 이런 상황에서 모든 사람이 권력의 위협도 무릅쓰고 진실을 말한다는 것은 기대하기 힘든 것이오. 누군가는 굴복해서 배신하는 사람이 있을 테니 그런 일이 있다고 해서 그 사람들을 결코 미워해서는 안 되는 거요. 생각해보시오. 어떤 이유로든 그 사람들이 나 때문에 법정에 서게 된 것조차 가슴 아픈 일이 아니오? 머리가 백발이 된 사람들이 그 나이에 수의를 입고 서 있는 것을 보면 나는 가슴이 아파 참으로 견디기 힘듭디다. 검찰이 저렇게 서슬이 시퍼렇게 야단인데 그걸 견디지 못하고 비겁자가 된다고 해서 그런 사람을 원망하거나 언짢게 생각하면 안 되는 거요. 몇몇 사람이 비겁하게 배신한다고 해도 결국은 사필귀정이 될 거요. 나는 그런 사람들을 위해서도 모든 책임을 나 혼자 짊어질 각오가 되어 있소."

지금 와서 돌이켜보면 '역사바로세우기 재판'은 집권야욕을 가진 그이가 12.12로 계획된 군사반란을 일으키고, 집권구상인 시국수습방안을 만들어 정국의 주도권을 장악하기 위해 5.17조치를 하도록 한 후, 의도적으로 광주 5.18사태를 부추겨 결국 정권탈취에 성공했다는 조작된 시나리

오를 법의 이름을 빌어 '사실화'시킨 역사왜곡의 굿판 같은 것이었다. 그이를 정치적 희생양으로 만들기 위한 가공할 사실 조작이 바로 눈앞에서 벌어지던 법정이었다. 예를 들면 5.17 조치 부분만 해도 그렇다. 검찰은 수사 중 이미 명백하게 드러난 핵심적인 진실들을 뒤로 한 채 서툴고 엉성한 권정달 증인 한 사람의 명백한 '위증(僞證)'을 토대로 내란혐의를 만들어갔다. 그제서야 난 법과 법을 둘러싼 모든 법정환경이 결코 '정의'도 '선'도 아니라는 사실을 깨닫고 절망했다. 권정달 씨의 위증이 있고 난 후 면회에서 만난 남편은 내게 신신당부했다.

"여보, 지금 상황에서 대통령이 하라고 하면, 하지 않을 수가 없는 것이 검찰이오. 권정달의 위증은 내게도 정말 충격이오. 권정달이 검찰에 협조하기 위해 그런 터무니 없는 위증을 했지만 설혹 그가 저항했다 해도 또 다른 누군가가 그 역할을 했을 것이 분명한 거요. 우리가 어려운 상황에 있는데 그 생각은 안하고 배신하는 사람만 원망하면 안 되오. 원망을 하려 들면, 원망해야 할 사람이 오직 권정달 한 사람뿐이겠소? 한도 없고 끝도 없으니, 상처입고 멍드는 것은 오직 우리 마음뿐이오. 다 용서하고 미워하지 맙시다."

항소심이 연출한 프로그램들

항소심 첫 공판은 1심이 끝난 지 6주 만인 1996년 10월 7일 월요일, 서울고등법원 417호 대법정에서 열렸다. 417호 법정은 1심 재판이 열렸었고 남편에게 사형선고가 내려진 현장이었다. 재판장은 서울고법 형사 제1부 권성 부장판사였다. 그날 나는 남편이 다시 법정으로 입정하는 모습을 TV를 통해 지켜보았다. 어느덧 동복수의로 갈아입은 남편이 화면 속에 3분쯤 머물다 사라져갔다. 얼굴에 가벼운 미소를 머금고 있던 남편은 한결 여유 있고 안정된 모습이었다.

남편에게 사형선고가 내려진 후 나는 걸려오는 위로전화와 부쩍 늘어난 위문손님들을 맞으면서 다시 한 번 2심을 통해 역사의 진실과 남편을 한꺼번에 살려내야 한다고 다짐했었다. 그러나 1심에서 너무나 참혹한 모욕과 좌절을 맛본 뒤였으므로 2심 재판을 앞둔 내 가슴은 초조감과 희망으로 뒤범벅이 되어 있었다. 1심이건 항소심이건 유죄를 전제로 제정된 5.18특별법에 의해 예정된 결론을 향해 달리는 재판임에는 다를 것이 없었다.

그러나 항소심에서는 1심 때와는 다른 몇 가지 변화가 보였다. 우선, 돌관공사(突貫工事)를 하듯 몰아가던 1심과는 달리 공판 진행을 서두르지는 않는 듯했다. 또 변론권을 제대로 보장해주지 않아 변호인단이 전원사퇴했던 1심과는 달리 변호인들이 여유를 갖게끔 배려해준다고 했다. 무엇보다 특기할 만한 것은 몇가지 핵심쟁점들에 관해 '구술변론' 절차를 진행한 일이다.

항소심이 거의 종반부에 이르렀던 10월 31일, 제7차공판에서 권성 재판장이 고지한 다음 8개 사항은 검찰과 변호인단이 논쟁해야 할 핵심 쟁점들로 피고인의 유·무죄를 판단하는 매우 중요한 요소들이었다.

1. 성공한 쿠데타를 처벌할 수 있는가.
2. 검찰처분의 확정력—법원확정판결의 기판력과 일사부재리.
3. 대통령 재임 중에는 형사시효가 정지되는가.
4. 정승화 총장 연행은 위법한가?
5. 비상계엄의 확대선포는 내란인가?
6. 국보위 설치와 운영은 형법 제91조의 국헌문란개념과 어떻게 연결이 되는가?
7. 계엄군이 강제로 시위를 진압하면 내란이 되고 반란이 되는가?
8. 자위권 보유천명 및 자위권 발동지시가 발포명령인가?

형사재판의 절차로는 매우 이례적인 이 법리공방이 실제로 이루어진 것은 11월 11일의 제9차 공판과정에서였다. 1심 재판의 시작에 앞서 변호인단이 석명(釋明)을 통해 요구했음에도 불구하고 검찰이 그동안 분명하게 밝혀주지 않고 있던, 검찰의 공소이론의 허구성을 밝힐 수 있는 기회가 이 법리공방 과정을 통해 찾아온 것이다. 사실상 재판장의 이 법리공방 결정은 절망과 포기의 심정에 빠져 있던 내게 한 가닥 희망을 안겨주는 것이었다.

변호인들도 이 법리공방을 통해 증거에 입각해 검찰 주장의 근거를 따져 들어가다 보면 그동안 유언비어와 정략 등으로 인해 진실과는 너무도 동떨어진 얼굴을 하고 있던 이 사건들의 실체적 진실을 찾아낼 수 있을 것이라는 자신감을 보였다. 이 법리공방으로 인해 변호인단은 검찰에게 최소한 재판의 가장 기본이 되는 질문, '도대체 피고인들의 어떤 행위가 무슨 법 무슨 조항에 위반된다는 것인가'를 물을 수 있게 됐고, 계속되는 질문에 대답을 바꾸어 회피하는 검찰의 약점들을 확인할 수 있을 것이기 때문이었다. 실제로 이 법리공방 과정을 통해 그분 변호인단은 검찰의 법리와 공소사실이 사실상 김영삼 대통령의 '역사바로세우기'라는 정치논리를 수용한 억지주장이라는 점을 조목조목 명료하게 지적할 수 있었다. 또한 법리공방 공판과정에서 검찰이 보여준 반응들은 결국 검찰이 재판과정을 통해 역사의 진실이 무엇인지 정확히 알면서도, 목적을 위해 의도된 결론을 힘겹게 구성하고 있다는 것을 드러내주었다.

항소심 진행 과정에서 검찰측이나 변호인측은 물론, 법조계와 국민의 비상한 관심을 모았던 일은 최규하 전 대통령의 증인소환 문제였다. 최 대통령의 증언 내용에 따라서는 5.18 재판 자체가 성립될 수 없는 사태가 초래될 수도 있는 일이었다. 1심 때 김상희 검사는 12.12사태와 관련한 최 대통령의 증언이 갖는 중요성을 이렇게 밝히고 있다.

"이 사건의 핵심은 대통령의 의사가 무엇이냐, 대통령이 진실로 정승화 총장의 범죄혐의에 대해서 확신을 가지고 그의 연행을 수락하고 전두환 합수본부장에게 기꺼이 승낙했다면, 경우에 따라서는 정승화, 장태완, 윤성민측이 반란이 될 수 있습니다. … 정승화 총장을 진실로 죄인으로 생각하고 기꺼이 '합수본부장 정말 용감한 일을 합니다.'라고 승낙하는 대통령의 의사에 반하는 것이라면 이쪽, 즉 정승화측이 반란이 될 수 있는 것입니다."

제9차 공판에서 정영일 변호사는 최 대통령에 대한 증거 조사와 최 대통령의 증언의 필요성에 대해 이렇게 호소했었다.

"지난번에도 말씀드렸습니다만 이 재판은 최규하 대통령의 증언이 없이는 영원히 미완성의 재판일 수밖에 없다고 생각합니다. 현재 1심 재판의 결과로 전두환 전직 대통령께서는 극형인 사형을 선고받고, 또 한 분은 사실상의 종신형을 선고받았습니다. 이런 마당에 이 사건의 진실을 밝힐 수 있는 가장 핵심적인 열쇠를 쥐고 계시는 최 대통령께서 나오셔서 증언하지 않으실 명분이 없다고 생각합니다. 형사소송법이 정한 절차에 따라 증언이 이루어지기를 기대하고 있고, 만약 안 된다고 한다면 서면질의에 답변한다든지 아니면 미국에서처럼 비디오를 통해서 한다든지 그런 방법이라도 좋습니다."

그러나 최 대통령은 두 차례나 소환장을 받고도 증인 출석을 거부했고, 과태료 처분까지 받았다. 재판부는 최 대통령의 법정출두가 실현될 수 없다고 판단하는 듯했지만, 결국 구인장까지 발부하며 법정으로 끌어냈다. 재판부는 이유로 세 가지를 들었다.

첫째, 최 대통령이 왜 증언을 거부하는지 그 사유를 직접 물어볼 필요가 있으며,

둘째, 최 대통령의 불출석을 방치하면 많은 증인들과 참고인들이 재판

에 협력한 것을 후회하게 만드는 사태를 빚을 우려가 있고.

셋째, 최근 최 대통령이 측근을 통해 "이 사건은 내란이 아니다."라는 내용을 언론에 전하고 있으므로, 이 사건을 판단함에 있어 반드시 최 대통령의 증언을 들어야 할 필요가 생겼다는 것이었다.

그즈음, 증언불참계를 제출한 후 구인문제가 종결된 것으로 생각한 최 대통령의 법률고문 이기창 변호사가 기자들과 만난 자리에서 이렇게 밝혔었다.

"최 대통령은 80년 당시의 상황은 내란이 아니라고 본다."

그것은 간접적이나마 80년 상황에 대한 최 대통령의 최초의 의견 표명에 해당하는 것이어서 여론에 큰 파문을 일으킬 수밖에 없었다. 간접적이지만 최초로 언론에 밝혀진 최 대통령의 이 입장 표명으로 검찰은 당혹감을 감추지 못했다. 그런 이유로 법원으로서는 비록 증언은 듣지 못한다 하더라도 최 대통령을 강제구인하는 모습을 국민들에게 보일 필요가 갑자기 생겨버린 것이었다. 그러나 최 대통령은 법정에 구인되어 출석한 뒤에도 인정신문 외에는 일절 답변을 거부함으로써 재판부의 결정을 무색케 했다.

항소심 과정에서 재판부가 보여준 또 한가지 이례적인 결정은 '6.29선언'에 대한 자료 제출을 요청한 일이었다. 10월 하순경 권성 재판장은 이미 6.29선언에 관한 자료를 제출해줄 것을 변호인단에게 요청해왔었다.

재판의 내용과는 아무런 관련이 없는 사건인 6.29선언에 대한 자료 요청은 예상 밖의 일이었다. 재판부의 이 돌연한 요청에 이양우 변호사는 흥분해서 남편에게 달려갔었다. 6.29선언에 관한 자료가 재판부에 전달될 수만 있다면 재판부가 남편의 국가관과 통치철학, 또 민주주의에 대한 정치신념을 제대로 이해하는 데 큰 전환점이 되리라고 이 변호사는 생각했기 때문이었다. 그러나 기대에 들뜬 이양우 변호사의 보고에 남편의 대답은 한 마디로 "안 된다."는 것이었다. 6.29선언의 진실이 남편 자신의 재판에는 조금 유리하게 작용할 수 있을지는 모르지만, 자신에게 이득이 되는 만큼 노 대통령에게는 그 반대로 누가 될 수 있으니 절대 제출하지 말라는 엄명이었다. 한없이 안타까운 일이었다. 그러나 사형을 언도받은 절벽 같은 상황 속에서도 타인의 입장부터 생각하는 남편 앞에서 이양우 변호사도 더 이상 아무 말도 할 수 없었다.

사실 백담사 유폐시절부터도 6.29의 진실에 대한 끈질긴 공개 요구가 계속되어 왔었다. 6.29의 진상, 즉 6.29가 그분의 작품이라는 것을 알고 있는 주위분들은 남편의 절망적인 처지가 너무도 안타까워 6.29의 진실이 밝혀져 남편의 진심을 알게 된다면 남편에 대한 세상의 해석도, 세상민심도 달라질 것이라고 믿고 있었다. 그런 이유로 몇 번이고 자신들만이라도 6.29의 진실을 언론에 밝히도록 허락해달라고 간청했지만 남편의 강한 만류로 그때까지 묻어두고 있었다. 그런 사정을 잘 알고 있던 이 변호사였으므로 허탈해하면서도 남편의 뜻을 따라 재판장에게 6.29선언 관련자료 제출이 불가능함을 알릴 수밖에 없었다.

그런데 며칠 후인 8차 공판에서였다. 재판장은 다시 한 번 6.29선언 관련자료 제출을 공식적으로 요청했다. 그날 저녁 이 변호사는 이번에는 남편 대신 나를 찾아왔다. 이 변호사는 매우 난감한 표정으로 남편의 단호한 의지를 전하며 내게 변호인단의 입장을 설명해주었다. 항소심의 결과도 1심의 사형선고와 결코 다르지 않으리라는 몹시 비관적인 내용이었다. 남편의 사형선고에 깊이 절망하고 있던 나는 이 변호사의 설명을 들으며 실낱 같은 희망이 가슴속에 싹터옴을 느꼈다. 나는 물론 도무지 타인에게 피해를 주는 일은 질색을 하는 남편의 입장을 십분 이해하고 있었다. 그러나 구속된 상황에다 법정 최고형인 사형까지 선고받으면서도 역사 앞에 진실을 밝히기 위해 소신 있게 최선을 다해 참여해온 재판이 아니었던가. 그 재판의 재판장이 반복해 6.29선언의 자료를 요구한 상황 속에서 더 이상 6.29의 진실을 숨겨서는 안 된다는 생각이 들었다. 나는 가벼운 흥분감 속에 이 변호사에게 이렇게 말했다.

"각하께서 반대하시는 이유는 저도 충분히 이해합니다. 각하의 뜻은 6.29선언을 가운데 두고 서로 공로를 다투지 말자는 것이지요. 그러나 이 변호사님 말씀대로 이 재판이 역사의 진실을 밝히기 위한 마지막 기회라면 6.29의 진실도 이 재판을 통해 밝혀지는 것이 순리가 아닌가 하는 생각이 드는군요. 이번에 재판장의 요청을 거부하여 굳이 자료 제출을 거절한다고 해도 여러 사람이 알고 있는 6.29의 진실이 언젠가는 밝혀지지 않겠어요?"

내 말에 이 변호사의 표정은 밝아졌다. 결국 6.29선언에 관한 자료 제출은 남편의 반대를 무릅쓰고 나의 결심에 따라 그렇게 결정되었다. 그러나 막상 자료를 제출하려고 하니 6.29선언에 관한 사항을 제대로 준비하고 정리할 시일이 너무도 촉박했다. 그래서 급한 대로 생각해 낸 것이 내 자서전 초고 중 내가 기록해둔 '6.29선언' 부분이었다. 완성본이 아닌 초고여서 문장이 제대로 다듬어지지도 않았고 어색한 상태였다. 그러나 당시 우리 수중에 있던 6.29선언에 대한 사실 기록으로는 그 원고가 유일한 것이었다. 결국 내 원고 속의 '6.29 선언' 부분은 그렇게 해서 이 변호사를 통해 항소심 재판장에게 제출되었다.

항소심 최후법정은 비장한 기운이 감돌았다. 이 법정에서도 남편에게 다시 사형이 구형되고, 한 달 후 열릴 항소심 선고공판에서 다시 사형이 선고된다면 그 후에 남는 것은 오직 남편에 대한 사형집행뿐이었다. 그런 이유로 그 항소심 최후법정에서 있었던 변호인단의 최후변론은 비감하기 짝이 없는 것이었다. 변호인단은 눈물까지 쏟으며 남편의 무죄를 주장하는 최후변론을 절규하듯 토해냈다. 그러나 남편은 최후진술을 통해 담담한 어조로 재판부와 검찰, 변호인단과 그리고 방청객들에게까지 감사의 말을 전하는 여유와 대범함을 잃지 않았다.

"본인의 부덕으로 국가의 자긍심을 훼손한 것에 대해 국민들께 죄송하다는 말씀을 드립니다. 재판과정에서 많은 사람들이 고통을 받았다는 사실을, 한때 국정을 책임졌던 사람으로서 진심으로 마음 아프게 생각합니다. 당시에 일어난 모든 일에 대한 책임은 국정의 최고 책임자였던 본인에게 있습니다. 그러므로 다른 피고인들에 대해서는 너그러운 마음으로 관용을 베풀어주시길 바랍니다. 이 사건심리로 어려움을 겪은 재판부에 심심한 위로의 말씀을 드리며, 검찰관들과 변호사들도 고생했습니다. 그리고 재판을 끝까지 지켜봐준 방청객들께도 감사를 드립니다."

검찰은 이 항소심에서도 결국 그분에게 사형을 구형했다. 그분은 일말의 동요 없이 묵묵히 구형의 순간을 맞았다고 했다.

그리고 12월 16일, 항소심 선고공판일이 왔다.
남편에게 무기징역이 선고됐다. 권성 재판장은 사형을 선고한 1심의 형량을 감일등(減一等)해서 무기징역을 선고한 것이다. 권 재판장이 밝힌 양형의 이유는 다음과 같았다.

"피고인 전두환은 지난 1987년 6.29선언을 통해 국민의 뜻을 수용하고 평화적 정권교체의 단서를 연 점과, 권력상실이 곧 죽음을 의미하는 정치문화로부터 탈피, 권력을 내놓아도 죽는 일이 없다는 원칙을 확립했다."

권 재판장은 표현은 또 이렇다.
"자고로 항장(降將)은 불살(不殺)이라 하였으니 공화(共和)를 위하여 감일등(減一等)하지 않을 수 없다."

참으로 희비가 뒤섞인 항소심 결과였다. 남편이 사형수에서 무기수로 변화된 것은 변호인단에게나 가족들에게 불행 중 다행이었다. 그러나 형량을 감일등하면서 재판장이 남편을 지칭해 부른 '항장(降將)'이라는 말은 오래도록 내 가슴에 비수처럼 남아 아팠다. '6.29선언'을 주저 없이 '항복'이라고 부르다니, 대체 누가 누구에게 항복했다는 말인가. 불법하게 정권을 잡아서 원래는 죽어 마땅하지만, 그래도 국민에게 항복해 민의를 수용하고 단임을 실천했으니 목숨만은 살려준다는, 그야말로 굴욕적인 판결문이 아닐 수 없었다.

국가와 국민이 원하는 것이라면 그것을 선택하는 것이 정치의 진정한 완성이라는 자신의 통치철학에 따라 어려운 상황에도 불구하고 대담하게 결행했던 남편의 나라 사랑의 절정이었던 6.29선언. 그러나 그것마저도 나라를 뒤흔든 정치재판의 광풍 속에서는 잔인하게도 '항복'으로 해석된 채 매도되고 있는 그날은 내게 잔인한 날이었다.

항소심 판결 가운데 도저히 받아들이기 어려웠던 또 한 가지 내용이 있었다. 항소심 재판부는 이렇게 판시했다.

"주권자의 입장에 서서 헌법을 제정하고 헌법을 수호하는 가장 중요한 소임을 갖는 국민이 개인으로서의 지위를 넘어 집단이나 집단유사(集團類似)의 결집을 이루어 헌법을 수호하는 역할을 일정한 시점에서 담당할 경우에는 헌법기관에 준하여 보호해야 한다 … 따라서 이러한 국민의 결집을 강압으로 분쇄한다면 국헌문란에 해당한다고 보지 않으면 안 된다 … 5.17 조치가 국헌문란 행위이므로 이를 항의하는 대규모시위에 나온 것은 주권자인 국민이 헌법수호를 위해 결집을 이룬 것이므로 이를 병력을 동원하여 난폭하게 제지한 것은 강압에 의해 그 권능행사를 사실상 불가능하게 한 것이어서 국헌문란의 폭동에 해당한다."

한 마디로 말하면 5.18 당시 시위군중이 준(準)헌법기관이고 계엄군은 내란집단이었다는 얘기였다. 그것은 내게 할 말을 잃게 하는 충격적 궤변으로 남았다.

그러나 유죄를 전제로 제정한 처분적 법률인 5.18특별법에 의해 처러진 재판에서도 남편에게 덮어씌울 수 없었던 죄목이 있었다. 그것은 무고한 양민을 학살했다는 '학살자' 누명이었다. 재판을 통해 남편이 무고한 양민을 학살했다는 '학살자'의 누명을 벗게 된 것이다. 항소심 재판부는 이렇게 판시했던 것이다.

"자위권 발동 지시를 사실상의 발포명령으로 보기 위해서는 이것이 강경진압을 위한 방법으로 무장시위대가 아닌 사람들에까지 발포해도 좋다는 것으로 해석되어야 하는데, 자위권 보유천명의 담화문이나 계엄훈령 11호의 내용 자체에는 그런 내용을 찾아볼 수 없고. 위수령과 계엄훈령에 의하면 자위권 행사란 형법상 정당방위로 해석되고, 자위권을 발동하는 것은 특별한 명령을 기다리지 않고도 할 수 있는 것이다 … 따라서 자위권의 발동 지시를 발포명령이라고 보아야 한다는 검찰 주장은 이유 없다."

그렇게 해서 그분은 '사살명령', '학살', '무차별 발포' 같은 그 질긴 끔찍한 누명으로부터 벗어나게 되었던 것이다.

그동안 검찰은 광주사태 기간 중 가장 희생자가 많이 발생한 광주 재진입작전에 남편이 개입돼 있을 것이라는 유언비어를 믿고 그것만 밝혀낼 수 있다면 남편에게 '광주 학살자'라는 주홍글씨를 가슴에 달아줄 수 있을 것이라고 믿었던 것 같다. 그러나 검찰은 재판을 통해 발포명령자가 누구냐를 찾아내지 못한 것은 물론 '발포명령'이라고 할 만한 그 어떤 행위도 찾아내지 못했다. 그러자 검찰은 궁여지책으로 계엄사령관이 발표한 자위권 보유천명이나 자위권 발동 지시를 발포명령으로 몰아가려고 했다. 그러나 결국 '광주 재진입작전계획'을 수립하고 수행하는 데 남편이 깊이 관여했다는 그 어떤 증거를 찾아내지 못했고 또 찾아낼 수도 없었으므로 남편에게 학살자 누명을 씌우려는 재판 최고의 목적을 끝내 달성하지 못했던 것이다.

그동안 남편에게 씌워졌던 죄목 가운데 가장 부당하다고 생각했던 것은 '학살명령자'라는 끔찍한 누명이었다. 5.18 재판을 통해 뒤늦게나마 남편의 '학살 누명'이 벗겨진 것은 남편 개인을 위해서는 물론 한국현대사 속에서 중대하고 결정적인 진실 하나가 밝혀졌다는 사실만으로도 여간 다행스러운 일이 아니었다.

지금 와서 돌아볼 때, 항소심은 1심 때와는 달리 남편의 입장에서 긍정적으로 볼 수 있는 변화를 보여주었고, 또한 재판부는 몇가지 이례적인 조치를 취함으로써 나에게 일말의 희망을 갖게 해주기도 했다. 구술 변론의 절차를 진행한 것은 변호인단으로 하여금 검찰의 기소 논리를 법리적으로 공박할 수 있는 기회를 준 것으로 받아들여졌고, 최 대통령의 강제 소환은 검찰을 조마조마하게 한 것으로 여겨질 수도 있는 일이었다. 최 대통령 법률대리인의 언명 등에 비추어볼 때 최 대통령이 검찰측 손을 들어주는 진술을 할 것으로는 예상되지 않는 정황들이 있었던 것이다. 특히 판결문에서 남편이 '발포명령', '학살'에 책임이 있다는 점을 발견하지 못했다고 밝힌 점은―그것이 사실인 만큼 당연한 결론이지만―너무도 억울한 누명을 벗겨줬다는 점에서 고맙기까지 한 일이라고 하겠다. 6.29선언과 관련한 자료 제출을 요구한 것도, 그 일이 남편에게 결코 불리하게 작용하지 않을 것이라는 점에서 긍정적으로 평가할 만한 일이기는 했다. 그러나 그 일은 '사형'을 '무기징역'으로 감일등해주는 정상 참작의 사안이 됐는지는 모르지만, 남편에게 '항장(降將)'이라는 불명예의 낙인을 찍은 결과가 된 것이다. 또한 5.18 당시 무장시위대를 '준헌법기관'으로 규정하고, 그 시위대를 진압한 일이 내란이 된다는 황당한 판결을 살펴 보면, 항소심 재판부가 보여준 이례적인 결정들이라는 것도 결국은 '역사바로세우기'라는 정치보복극에 봉사하기 위해 생각해내고 연출한 프로그램들이었다는 생각을 지을 수 없다.

항소심 선고 이후 남편은 변호인들이 아무리 간청을 해도 더 이상은 정말 이 재판으로 국력을 낭비하게 할 수는 없다며 결코 상고를 허락하지 않았다. 그분다운 결심이었다. 반면 검찰은 항소심 판결에 불복해 대법원에 상고했다. 그렇게 항소심 공판 이후 다시 4개월이 흘렀다. 검찰의 상고에 대한 대법원의 판결을 기다리는 동안 어느새 1997년 새해가 다가왔다. 구속 후, 두 번째 맞이하는 새해였다. 남편은 여전히 3.5평짜리 안양교도소 감방에 있었다. 힘겨운 새해맞이였다. 청와대를 나온 지 만 9년. '평화적 정부이양'을 위해 그토록 노력과 정성을 아끼지 않았지만, 임기를 마치고 약속대로 청와대를 떠남으로써 달성할 수 있었던 '정부이양' 속에서, '평화적'이란 말은 9년 내내 실종된 채 표류하고 있었다.

나는 지금도 대법원 확정판결이 있기 불과 2주 전, 함께 법정에 섰던 유학성 의원의 별세 소식을 듣고 비통해하던 남편 모습을 생각하면 마음이 아파온다. 유 의원은 옥중에서 칠순생일을 치른 노령자였다. 국가반란 종사자라는 엄청난 법적 누명에 십이지장암이라는 의학적 사형선고까지 겹쳐왔어도 놀랍도록 의연한 모습을 간직했던 유 의원이었다. 병마로 인해 죽음을 선고받은 상태 속에서도 유 의원은 주 2회 공판에 야간공판까지도 자세 한 번 흐트러뜨리는 일없이 초인적으로 견뎌냈다. 재판부는 끝까지 구속기간 내 재판만을 고집하며 암 선고를 받은 고령의 유피고인에게 결코 병보석을 허용하지 않았다. 병세가 걷잡을 수 없이 악화되어 언제 불행한 일을 당하게 될지 모를 1996년 12월에야 유 의원은 구속집행정지로 석방되었다. 그러나 감옥에서 치료 한 번 제대로 받아볼 수 없었던 그의 병세는 이미 늦어버린 상태였다. 그 겨울을 마지막으로 유 의원은 결국 세상을 떠났다.

한 줄기의 밝은 빛 - 최종심의 소수의견

이윽고 봄이 왔다. 그리고 대법원 확정판결이 예정된 4월 17일이 다가왔다. 대법원은 우선 이 판결에 참가한 대법관 다수의견의 결정에 따라 검찰에게는 고인이 된 유학성 의원을 제외한 전원에게 상고기각 결정을 내렸다. 그리고 남편과 다른 피고인들에게는 대법원 판사 9명 전원합의 형식으로 항소심 판결형량을 확정하였다. 남편의 항소심 판결형량은 무기징역이었다. 그 형량을 듣는 것만으로도 내 가슴엔 서리가 내렸다.

확정판결이 보여주듯, 대법원 판결문에서도 이 세 사건 — 12.12, 5.17, 5.18 — 에 대한 오해는 뚜렷했다.

대법원 확정판결, 그것이 사납고 험했던 법정전쟁의 종착역이었다. 마지막 단계인 대법원의 판결을 통해 비록 과반수가 안 되는 대법관들의 의견이긴 했지만 사법부의 바른 입장이 다른 입장과 나란히 정리되고 기록되는 과정이 있었다는 것은 매우 가치 있는 일이었다. 새삼 대다수의 사람들이 세류에 휩쓸려 모두 똑같은 목소리를 낼 때도 외롭지만 진실한 목소리를 낼 수 있는 소수의 깨어 있는 분들이 건재하고 있다는 사실에 가슴이 숙연해졌다.
재판의 끝이었다.

제21장

다시 시련을
딛고 서다

남편이 옥중생활 2년 19일 만에
가족들의 품으로 돌아오는 날이다.
라디오 기상예보에서는 "오늘 서울의 날씨는 맑겠으며
기온은 영상 6.2도가 되겠습니다."라고 했다.
설레는 마음으로 하늘을 바라보았다.
구름 낀 날씨가 그의 석방을
우울하게 만들까봐 걱정했는데
날씨는 오늘도 그이의 편이었다.

3백만 명이 서명한 사면탄원

제1심으로부터 대법원 판결에 이르는 고된 재판과정은 내겐 분명 긴 악몽이었다. 법정에서 진실을 밝히는 간절한 증언들이 있었지만, 그 소리들은 세상의 아우성에 묻히고 말았다. 그 거대한 법정은 마치 아무리 연주해도 제 소리를 내지 않는 고장 난 악기 같았다. 진실 주변을 맴돌기만 하면서 정치재판이라는 그 생래적(生來的) 한계 때문에 의도적으로 진실을 외면하는 그 완고함, 그것이 '역사바로세우기 재판'이었다. 항소심 판결은 부분적이나마 남편의 누명을 벗겨주었다. 대법원 판결에선 제5공화국을 새로운 헌정질서의 출발로 인정하는 소수의견이 제시되어 위안을 주었다.

그러나 남편이 그 1년 2개월간의 긴 재판으로부터 얻은 선물이란 무기수(無期囚)라는 낯선 이름표뿐이었다. 3.5평짜리 어두운 감방에 그분을 계속 가두어두게 한 것이다.

그 봄의 어느 날 감동스런 소식이 찾아왔다. 불교계의 혜암, 서암, 녹원 스님 등 10개 종단의 원로스님들, 기독교의 강원룡, 유호준, 조향록, 김장환 목사님, 천주교의 김남수 주교님, 박홍 총장님, 그리고 대종교의 안호상 총전교님 등이 두 전직 대통령에 대한 사면을 건의하는 연대탄원서를 대통령에게 제출했다는 소식이 전해진 것이다.

종교계 인사들의 탄원서 제출은 마침 석가탄신일을 앞두고 있던 불교계의 '사면을 위한 서명운동'에 불을 붙이는 계기가 되었다. 이 서명운동에는 불교종단의 개혁을 선도했던 중앙승가대학 학승(學僧)들이 앞장서고 있었다. 그들은 청와대 내의 불교신도 회장인 박세일 수석비서관을 통해 서명인 명부와 탄원서를 청와대에 전달했다. 불교계 지도자들은 사면탄원의 이유를 이렇게 밝혔다.

　"전직 대통령들의 사법처리가 현실화된 마당에 더 이상 국민적 반목을 방치하는 것보다는 불가의 축일인 초파일을 맞아 대통령이 사면조치를 취해 국민통합이 이루어질 수 있도록 하기 위한 것입니다."

　옥중에서 서명운동 소식을 전해들은 남편은 차마 말끝을 맺지 못했다.

　"또 한 번 많은 분들의 심려를 끼치게 되었으니 이 빚을 어떻게 다 갚을 수 있을지 그저 고맙고 착잡하기만 합니다."

　나는 부처님의 따뜻한 손길이 다시 한 번 남편을 보살펴주시고 있다는 감격에 휩싸였다. 그것이 내가 초파일을 사흘 앞두고 가족들과 함께 개운사에서 영가천도 백일기도를 시작했던 이유였다. 이번에도 기도의 소중한 내용은 같았다. 순국선열 및 호국영령, 5.18 희생자, 미얀마 아웅산묘소 폭파사건 희생자, 1983년 소련영공에서 일어난 KAL기 격추사건 희생자, 1987년 인도양 상공에서 일어난 KAL기 폭파사건 희생자의 왕생극락을 발원하는 기도였다. 내가 아들과 며느리들을 모두 데리고 개운사에서 입재의식을 하던 날의 일이다. 중앙승가대 총장이신 지하스님을 비롯한 많은 학인스님들이 전통의식을 그대로 재현한 입재의식을 올리며 내게 용기를 주셨다. 개운사 법당을 가득 메우며 장엄하게 울려퍼지던 스님들의 우렁찬 독경소리는 내겐 부처님의 자비로운 음성으로 느껴졌다. 내 곁에선 세 아들과 세 며느리가 많은 영가들의 왕생극락을 정성을 다해 빌었다. 옥중의 그이도 예외가 아니었다. 그이도 같은 날, 같은 시각 교도소 감방에서 함께 영가천도 백일기도를 시작했던 것이다.

그리고 맞이한 음력 4월 초파일인 5월 14일, 나는 조계사에서 두 번째 거행되는 석가탄신일 법요식에 참석했다. 비가 몹시 내리는 가운데 진행된 법요식이었다. 이제는 이미 다정한 눈길과 손인사를 나누는 사이가 된 많은 신도들이 반갑게 맞아주었다. 그날 내가 식장에 들어설 때였다. 난 대웅전 앞에 걸려 있는 김영삼 대통령의 연등 바로 옆에 남편의 이름이 적힌 연등이 나란히 걸려 있는 것을 보았다. 나란히 걸린 그 아름다운 두 개의 연등 앞에서 나는 내게 울려오는 부처님의 말씀을 생각했다.

"미움과 억울함에서 해방되어 과거의 업에 연연하지 말라. 현재의 업에도, 미래의 업에도 연연하지 말라."

불가의 사면서명운동 소식은 시간이 지나면서 더욱 열기가 더해갔다. 특히 서명대를 설치해 서명운동에 앞장섰다는 팔공산의 동화사와 파계사를 비롯한 대구지역의 사찰들, 역과 터미널에서 가두서명운동까지 벌인다는 그이 모교인 대구공고 동문회, 일부 지역단체들이 열의를 보여준 대구지역의 서명운동 열기는 유난히 높았다. 친지들과 지인들을 통해 간간이 전해오는 그 소식에 내 마음은 고마움과 감사로 벅차올랐다.

그러던 6월 초 어느 날, 나는 자비를 베풀어주시는 부처님의 가피(加被)에 감사를 올려야겠다는 생각으로 대구 동화사를 찾기로 마음먹었다. 직접 팔공산 부처님전을 친견하기 위해 떠난 것이다. 새벽에 연희동 집을 출발해 경부고속도로를 달렸다. 차창으로 쏟아지는 햇살과 마을과 논밭을 뒤덮은 초여름의 푸르름이 낯설게 느껴졌다. 내 마음을 온통 옥중의 남편에게 빼앗기고 살면서 계절조차 잊고 있었던 것이다. 오랜 시간을 달려 동화사에 도착했다. 절 입구에 남편의 사면을 촉구하는 커다란 현수막이 펄럭이고 있었다. 그 현수막 아래에 탁자와 의자를 준비해 서명대를 차려놓고 열심히 서명운동에 동참할 것을 호소하는 신도들의 모습도 보였다. 이름도 성도 모르는 너무도 고마운 분들이었다. 남편과 아무 인연도 없는 사람들이 수고를 마다않고 결코 쉽지 않은 서명운동을 자원해서 뜨거운 태양 아래 구슬땀을 흘리고 있었다. 문득 뜨거운 감정이 솟구쳐 오르며 목이 메었다. 절 마당에 모여 있다 내가 도착하자 내 손을 잡으며 따뜻한 격려와 용기를 주던 많은 신도들과 관광객들 앞에서도 난 또 다시 목이 메었다. 그저 손을 잡고 고개 숙여 감사인사를 할 수 있었을 뿐이었다. 동화사 주지 무공스님을 비롯해 대구 부근의 많은 사찰에서 일부러 찾아와주신 주지스님들께 감사인사를 드릴 때는 가슴이 떨려 목소리마저 잘 나와주지 않았다. 너무도 차갑고 비정하다고만 느꼈던 세상의 인심이었다. 그러나 그토록 많은 분들이 남편의 아픔을 함께 느껴주고 있다는 현실은 정말 생각지도 못한 일이었다. 그날 난 동화사에서 그렇게 위로의 세례를 실컷 받았다. 돌아오는 차 속에서 나는 '인연'에 대해 많은 생각을 했다. 무슨 전생의 인연이 있어서 생면부지의 사람들이 그이의 고통을 덜어주기 위해 자기 땀을 내어주고 있는 것일까.

서울 조계사를 비롯해 불교계를 중심으로 진행되던 사면서명운동이 차츰 일반시민들의 호응을 얻어 전국적으로 확산되고 있다는 소식이 언론에 보도되기 시작했다. 그러나 누구도 서명운동이 시작된 지 한 달 여 만에 무려 300여만 명에 달하는 사람들이 친필 서명에 동참해 주리라고는 예상치 못했었다. 사실상 서명운동은 그이는 보이지 않고 상상할 수도 없는 곳에서 많은 사람들의 정성으로 진행되고 있었던 것이다. 우리와 인연도 없던 단체와 종교인들도 열심히 동참해주었다. 먼 친척들, 만난 지 오래된 지인들까지 서명운동에 동참하느라 정신없이 뛰고 있다는 소식이 들려올 때면 내 가슴은 감동으로 저려오곤 했다. 입이 터지고 까맣게 그을린 얼굴로 자신들이 한 명이라도 더 서명을 받아야만 사랑하는 동생이, 삼촌이, 동지가, 또 모시던 전임 대통령께서 어서 감옥에서 나와 자유의 몸이 되지 않겠느냐며 눈시울을 붉히는 가족들과 주위분들의 모습을 보는 내 가슴에서도 눈물이 흘렀다. 아무리 정치바람이 무섭다 해도 신의와 사랑보다 무서운 힘은 없는 것 같았다. 땡볕더위를 가로지르며 퍼져나간 서명운동의 물결이 마침내 300만 명에 이르렀다는 소식을 듣던 날, 우리 온 가족과 서명운동에 동참한 각계각층의 사람들은 예상을 훨씬 초월한 서명인의 숫자에 모두 놀라고 말았다.

7월 18일 조계사의 현근스님과 동화사의 무공스님, 그리고 신흥사의 도후스님이 서명인 전체를 대표해 청와대를 방문하셨다. 그리고는 다시 한 번 탄원서와 그분의 사면을 위한 300만 서명인 명부를 청와대에 전달했다.

그분의 고통에 동참한 가족들의 정성

대법원 확정판결 후에 남편은 수의도 하늘색 미결수복 대신 감청색 기결수 죄수복으로 갈아입었다. 본격적인 죄수로서의 생활이 시작된 것이다.

감동의 300만 서명운동의 산물인 서명부와 탄원서가 청와대에 전달됐지만 청와대에선 아무 반응이 없었다. 그 후 그이가 가족의 품으로 돌아오기까지의 긴 시간은 나와 가족들에겐 다시 인고의 세월이었다. 그 고통의 시간 속에서 우리 가족 모두는 서로를 더 깊이 신뢰하고 소중하게 여기며 하루하루를 가꿔나갔다. 그이가 단식을 시작했을 때 다같이 수저를 내려놓으며 단식하려 했고, 내가 기도할 때 늘 함께 동참하며 부모의 고통을 함께 나누려 했던 아이들은 아버지에 대한 사랑과 존경심을 정기적인 면회와 편지쓰기를 통해 보여주었다. 옥중에 계신 아버지가 하루도 거르지 않고 편지를 받아볼 수 있도록 세 아들과 세 며느리, 외동딸과 사위, 그리고 손자 손녀들이 서울, 미국, 일본에서 서로 순번을 정해 매일 그이에게 편지를 띄워보냈다. 편지 윗부분에 '내용을 중심으로'라는 교도소 담당관의 푸른 도장이 찍힌 이 편지들은 이후 32권짜리 파일로 묶여 연희동 집 그이 서가에 남아 있다.

그이는 아이들의 편지를 받으면 일일이 밑줄을 그어가며 정독했다. 특별히 조언이 필요하거나 기억해두어야 할 것을 메모하며 꼬박꼬박 정성껏 답신해주었다. 아이들은 집안에서 일어나는 작은 일까지도 생생하게 편지 속에 적어 보냄으로써 그이와의 시간과 공간적 거리를 막으려고 땀을 쏟았다. 그이 역시 평소 하고 싶던 조언이나 마음속 깊은 곳에 묻어두었던 말들을 답신으로 전하면서 가족들에게 더욱 가깝게 다가갔다. 1996년 여름, 큰 아들 재국이 그분에게 보낸 안부편지를 열어본다.

사랑하는 아버님께

오늘 모처럼 저희 삼형제가 모여 함께 면회를 갔었습니다. 우성이는 헤어진 지 얼마 되지 않는데도 벌써 무척 자라서 말도 훨씬 또렷해지고 태도도 아주 의젓해졌습니다. 설이가 강아지를 순산했다는 이야기는 들으셨겠지만 모두 9마리에 수놈이 5마리인데, 사람으로 따지면 열 살도 안 된 설희가 제 새끼를 돌보고 젖도 먹이고 하는 모습을 물끄러미 보고 있노라면 생의 많은 것들을 새삼 느끼게 되는 때도 있습니다.

사랑하는 아버님, 저는 어느 때부터 재판에 갈 때나 또는 재판 이야기를 자세하게 전해들으면서 주위를 둘러싼 모든 것들을 몇 걸음 뒤로 물러나 바라보게 되었습니다.

80년대의 격동기를 가장 감수성이 민감할 대학시절을 통해 겪으면서, 또 88년 이후 지금까지 줄곧 세상 두 번 다시는 경험하지 못할 온갖 수모와 모욕을 당해오면서, 결국은 이 모든 것이 대양의 겉을 휘젓는 한 줄기의 미친 바람과 파도에 불과한 것이 아닌가 하는 생각을 하게 되었던 것입니다. "선비는 목숨을 빼앗을 수 있을지 모르나 그 뜻을 빼앗지는 못할 것이다."라는 옛말도 있다고 합니다.

아버님, 우리 모두가 스스로 자신을 포기하지 않고 자신의 행위에 자신감과 긍지를 지니고 살아가는 한, 누가 무슨 말을 어떻게 한다 한들 무슨 상관이 있겠습니까.

역사에 항상 정의가 승리하는가 하는 것은 저도 자신이 없습니다. 하지만 싫든좋든간에 이미 아버님이 하신 많은 일들은 역사의 커다란 물줄기 속에 편입되어버렸고, 그 모든 것에 대한 평가와 비판도 이미 후세인들의 몫이 되어버렸습니다. 하지만 아버님, 지금의 이 시점에서 저희에게 가장 필요한 것은 눈앞에서 벌어지고 있는 일들에 대한 조바심이라기보다는 우리 가족, 또 우리를 믿고 변함없이 성원해주시는 많은 분들 사이의 사랑과 용기 그리고 희망이 아닐까 생각합니다. 제 아무리 권모와 술수에 능한 사람이라 하여도 그가 영원히 권력의 정점에 머물러 있을 수는 없을 것입니다. 히말라야 산이 정상 정복을 마친 정복자들에게 허용하는 체류 시간은 불과 몇 분이라고 들었습니다. 거대한 산과 마찬가지로 권력 주변도 항상 풍운(風雲)의 변색이 무쌍할 것이니 어떻게 영원한 승자가 있을 수 있겠습니까? 아니 오히려 권력의 앞에 서서는 항상 패자만 있는 것이 아닌가 하는 생각도 듭니다.

늘 재판에 관심을 갖고 법정 안팎에서 격려해주시는 아버님의 많은 동지, 후배, 선배님들. 또한 좌절하지 않고 오히려 이 사건을 자신을 채찍질하는 계기로 삼아가는 장한 동생들. 늘 꿋꿋하게 용기 잃지 않고 현명하게 생활하시는 어머님. 그 외에도 또한 수없이 많은 분들. 저는 이 많은 사람들을 생각할 때마다 아버님은 인생의 커다란 승리자시라는 생각을 해 봅니다.

혹시 아버님께서도 기억하실지 모르겠습니다. 제가 예전에 '조선일보'에 작은 글을 하나 기고했었는데, 그 글 중에 이미 나의 아버지는 조국의 제단에 바쳐지신 분이라는 내용이 있었습니다. 아버님, 저는 지금도 그 생각에는 변함이 없습니다. 무슨 역사의 소명에서건 80년대 국가의 대란을 수습하시고 일국의 대통령이 되신 아버님, 그리고 그에 따라 대통령의 가족이 되어버린 저희들 가족, 이것이 피하려 해도 피할 수 없는 저희 모두의 운명이라면, 모두가 죽는 날까지 최선을 다하는 도리 외에는 없는 것이라 생각하고 있습니다.

대통령이 되시기 전이나 대통령의 자리에 계셨을 때나, 또 권력의 자리를 떠나신 뒤에도 항상 공인으로서나 사인으로서나 최선을 다하여 오신 당당하신 아버님. 비록 정적들의 손에 의해 수의를 입고 영어의 몸이 되어계신 지금이지만, 그 무엇으로도 아버님의 본 모습을 가리고 아버님을 향한 저희 모두의 존경심과 사랑을 막지는 못할 것입니다. 권력자의 가정은 불행하다는 말을 들었습니다. 아버님은 권력을 즐겨보신 바 없으시니 권력자라기보다는 봉사자였다고 생각합니다. 아버님이 인생의 승리자가 되신 것처럼 저희 가족 모두도 사랑과 용기 그리고 희망과 노력을 통해 제각기 인생의 승리자가 되겠습니다.

사랑하는 아버님. 한 여름 더위에 건강 더욱 보중하십시요.

1996년 7월 30일
아들 재국 드림

남편이 옥중에 있는 동안 재국은 큰며느리와 함께 내 곁에서 맏이로서의 역할을 든든하고 넉넉하게 해주었다. 백담사 유폐 시절, 아버지의 어려움 때문에 학위를 중단하고 귀국했던 재국은 늘 책을 가까이 할 수 있는 출판업을 천직으로 택했었다. 6년 동안 낯선 분야에서 노력한 결과 제법 회사가 자리를 잡아갈 무렵, 또 다시 아버지가 구속되는 일을 당한 재국은 이제 더 이상 출판사 일에만 신경을 쓸 수 없게 되었다. 부모를 대신해 변호사들을 만나야 했고 집안도 챙겨야 했다. 힘든 내색을 하지 않아도, 속에서 끓어오르는 화를 혼자 삭이기는 어려웠던지 밤이면 잠을 깊이 이루지 못했고 눈으로 열이 몰려 극심한 고생에 시달렸었다. 그런 중에도 속 깊고 자상한 큰며느리는 충격에 지친 나를 대신해 집안을 잘 챙겨주어 얼마나 힘이 되었는지 모른다. 아직 나이 어린 손자 손녀들이 자랑스럽게 여기던 할아버지가의 구속으로 마음의 상처를 받을 것을 늘 염려하던 그이의 마음을 헤아려, 큰며느리는 아이들에게 조금도 그늘진 구석이 없도록 세심한 배려를 해주었다.

　일본 게이요대학에서 석사를 마친 후 박사과정을 시작하고 있던 둘째 재용도 아버지의 구속 소식을 듣자마자 만삭의 몸인 아내와 아들을 데리고 귀국했다. 아무 것도 모르는 손자 우성이 도착하자마자 우리 침실로 뛰어들며 할아버지를 찾아 모두의 마음을 아프게 했었다. 재용 가족의 귀국으로 집안은 다소 활기를 되찾기도 했다. 아들 삼형제가 함께 매일 면회를 다녀오는 것도 보기 좋았다. 서로 머리를 맞대고 의논하는 모습도 든든했다. 가슴속을 온통 메우던 먹물 같은 시름도 천진한 손자를 품에 안고 있으면 어느새 잠시 사라져가곤 했었.

　그즈음 재용이 박사과정을 중단하고 서울에 남아 형을 돕겠다고 자청해왔다. 아버지는 옥중에 계시고 형과 주위분들이 밤잠을 못자고 아버지의 생사가 걸린 힘겨운 싸움을 하고 있는데, 학위를 받겠다고 일본에 건너가 책이나 보는 것이 너무 이기적으로 느껴진다며 괴로운 심정을 털어놓았다. 그러나 우리는 재용의 장한 뜻에도 불구하고 반대할 수밖에 없었다. 백담사 시절 재국이 같은 이유로 거의 다 마쳐가던 박사과정을 중단하고 돌아와 결국 학위를 포기해야 했을 때, 그 일은 우리 내외에게 마음의 큰 상처로 남았었다. 그때 재국이 했던 결심을 7년이 지난 후 다시 재용으로부터 들으면서 그분과 나는 '부모 가슴에 못 박지 말고 어서 돌아가 학업에 열중하라.'며 강하게 만류하고 말았다. 어쩔 수 없이 일본으로 돌아가야 했던 재용이 출국 전 그의 아버지의 항소결정 소식을 듣고 아버지에게 쓴 편지는 이렇다.

아버님.

이번에 항소하신 것은 아무리 생각해도 옳은 결정이셨다고 사료됩니다. 어머니께서도 전 변호사님 등, 세 분 변호사의 말씀을 모두 들으시고는 역시 여러 의견을 고루 종합해야만 바른 결정을 내릴 수 있다고 말씀하셨습니다. 2심의 결과야 어찌 되건, 우리는 우리대로 주어진 여건 속에서 역사와 국민 앞에 진실을 하나라도 더 밝힐 수 있도록 최선을 다하는 것이 최초로 평화적 정권교체의 위업을 이룩하신 전직 국가원수로서의 아버님께 주어진 또 하나의 소명이 아닐까 하는 외람된 생각을 해보았습니다. 다른 분도 아니신 아버님께서 대한민국 사법제도의 문제점을 지적하실 수는 있어도, 이를 전면부정 또는 무시하실 수는 없다고 나름대로 생각해보았습니다. 왜냐하면 그것은 자기모순에 빠질 위험성이 있다고 생각했기 때문입니다. 아직 2심을 맡게 될 판사 세 분이 결정되지 않은 것 같습니다만, 국가와 민족과 역사 앞에서 진실을 겸허하게 받아들여 객관적으로 사심 없이 판단할 수 있는 용기와 지혜와 양심 있는 분들이시기를 간절히 기도드릴 따름입니다.

아버님. 지금 우리나라는 한 치 앞을 내다볼 수 없는 짙은 안개 속에서 살얼음 위를 걸어가고 있는 형국입니다. 얼마 남지 않은 2심이지만 충분히 휴식하시고 체력 회복하시어, 하나라도 더 진실을 밝혀주십시오. 저희는 곧 일본으로 건너갑니다만, 어디에 있건 있는 곳에서 최선을 다하여 아버님을 응원할 테니까요. 진실을 밝히시는 것인 만큼, 아버님께서 온갖 수모와 굴욕을 참고 이기시면서 진지하고 겸허하게 재판에 임하시어 최선을 다 하시는 모습을 국민과 역사 앞에 보여주시고 후세에 남기시는 것, 또한 대단히 중요한 의미를 갖는 것이 아닐까 하고 감히 생각해보았습니다.

아버님. 이제 일본에 갈 생각을 하니 가슴이 찢어지는 것 같습니다. 항상 아버님, 어머님께 아무런 도움도 드리지 못하는 저희들입니다만, 적어도 하루라도 빨리 제 학위수여식에 두 분을 모실 수 있도록 하겠다는 아버님과의 약속만은 반드시 지키고야 말겠습니다. 언제, 어디서, 어떠한 상황에 처해지더라도, 그것들을 훌륭히 극복해서 제 것으로 소화해낼 수 있는 강한 사람이 되도록 하겠습니다. 아버님, 가을 날씨에 감기 조심하시고, 내일 큰아버님과 찾아 뵈옵겠습니다.

1996년 9월 1일 아버님을 그리며

재용 올림

그토록 돌아가고 싶지 않아하던 재용이 마음을 돌리고 공부에 전념하게 된 데는 둘째며느리의 도움이 컸다. 그분 일로 너무 경황이 없어 제대로 챙겨주지 못했던 둘째며느리를 생각할 때마다 난 미안한 심정이다. 그래도 서운한 기색 한 번 보이지 않던 둘째며느리는 만삭의 불편한 몸으로

도 늘 도움이 되려고 동동거렸고, 3.5 Kg이나 되는 건강한 손주를 별 탈 없이 분만해준 대견한 며느리였다. 그이도 옥중에서 맞은 경사에 몹시 기뻐하며 둘째 아기에게 '우원(祐院)'이란 이름을 손수 지어 보내주었다.

미국에서 영문학 석사학위를 마무리해가던 외동딸 효선이 학기가 끝나지 않아 애만 태우다가 겨우 귀국한 날도 기억에 남는다. 여자는 면회가 허용되지 않아 오빠나 동생들처럼 아버지를 만나볼 수 없었던 효선은 매일 소설책 같은 두툼한 편지를 쓰는 것으로 위안을 삼았다. 때로는 너무 긴 편지 때문에 '양(量)보다는 질(質)로' 하는 것이 좋겠다는 그이의 특별 주문을 받은 것이 효선이었다.

구속 후 처음 맞은 그이의 생신날 온 가족과 함께 경찰병원에서 아버지를 처음 만날 수 있었던 효선은 억지로 미소를 지었지만 결국 얼굴 위로 흐르는 눈물을 감추지 못했었다. 얼마 후 새 학기가 시작되어 다시 미국으로 떠난 효선은 손녀들의 그림 편지와 함께 아버지에 대한 애틋한 마음을 매일 일기로 써 보내왔다. 그러던 중 사위 상현이 미국 존스홉킨스대학원에서 3년간 학생들을 가르치게 되었다는 반가운 소식이 날아들었다. 공판이 시작되고 경찰병원에서 안양교도소로 재수감되어 힘든 시간을 보내야 했던 그이에게는 큰 활력소가 된 낭보였다. 사위는 우리가 백담사로 유배되자 군복무를 마치고도 차마 미국으로 떠나지 못하고 발목까지 쌓이는 눈 속을 찾아와 위로해주기도 했고, 서울에 홀로 남아 있는 재만을 친부모처럼 돌봐주었다.

신혼 7개월로 제법 부부 티가 나는 재만과 막내며느리도 대견한 모습으로 늘 우리를 기쁘게 했다. 공부 때문에 외국에 나가 있는 작은형과 누나 대신 밖에서 온통 일을 도맡아하고 있던 큰형을 도우려 애쓰는 모습도, 또 자신이 맡은 일은 무엇이나 묵묵히 잘 해나가는 모습도 든든하게만 느껴졌다. 그러나 어느날 재만이 돌연 사법시험 공부를 하고 싶으니 허락해 달라고 했을 때 그이와 나는 몹시 당황해했다. 경영학을 전공하고 있었기 때문에 의외이기도 했지만 졸업 후면 유학을 가기로 되어 있던 아이가 갑작스레 진로를 바꾸려했던 것이다. 가족들은 아버지 일로 받은 충격과 분노만으로 덤벼들기에는 그 과정이 결코 간단치 않은 것이니 감정만으로 생각하지 말고 신중하고 냉정하게 판단해야 한다며 말렸다. 하지만 재만의 뜻은 의외로 단호했다.

"이 시험이 힘들고 험난하며 자칫 오랜 청춘을 바치고도 합격할 수 없다는 것도 알고 있습니다. 그리고 법을 전공한 사람도 아닌 제가, 더구나 졸업하려면 몇 년은 남은 상태에서 학과공부와 병행한다는 것이 더욱 힘들다는 것도 알고 있습니다. 하지만 제가 이 길을 단순히 일시적 분노와 같은 감정으로 선택한 것은 아닙니다. 전부터 이 길을 생각해왔었고, 실행할 수 있는 용기를 아버지께서 주셨을 뿐입니다. 5년만 공부할 수 있도록 허락해주십시오."

결국 나는 막내며느리에게 자초지종을 물었었다. 재만이 가족에게 이야기를 꺼내기에 앞서 아내에게 자신이 사법시험 공부를 하게 되면 신혼의 달콤함과 즐거움은 모두 포기해야 하고 중간에도 수많은 좌절과 고통이 있을텐데 참을 수 있겠느냐고 물었다는 것이다. 며느리는 남편이 원하는 일이라면 무엇이든 열심히 돕겠다고 해서 젊은 부부는 이미 합의가 되어있는 상태였다. 뜻밖에도 주도면밀한 막내부부의 진로결정이었다. 그들의 결심과 의지를 전해들은 그이도 결국은 허락할 수밖에 없었다. 용기를 얻은 재만은 곧 새벽부터 밤늦게까지 학교 도서관과 집을 오가며 공부에 전념하기 시작했다. 다음은 그때 쓴 재만의 편지이다.

존경하고 뵙고 싶은 아버님께

요즘 건강은 어떠신지요. 일 주일에 두 번씩 뵙기는 하지만 항상 궁금하고 염려스러운 마음은 어쩔 수가 없나 봅니다. 세월은 지내고 보면 놀랄 정도로 빠른 것 같습니다. 나름대로 열심히 한다고는 했지만 별로 뚜렷한 성과 없이 방학도 다 지나가버리고 이제 정확히 2주밖에 남지 않았습니다.

요즘은 밥 먹는 시간도 40분을 넘기지 않고, 하루의 거의 대부분을 공부에만 투자하고 있습니다. 그런데도 화장실 가는 시간, 커피 마시는 시간 등을 완전히 배제한 순수 공부시간이 하루에 열 시간 좀 넘게 밖에 되지 않습니다. 하지만 소기의 목적을 달성한 것이 있는데 그것은 몸이 피곤한 날이든지, 컨디션이 좋든 나쁘던 간에 상관없이 언제든지 공부할 수 있는 습관을 몸에 익힐 수 있게 된 것입니다. 이런 습관이 말로 하기는 쉬운데 실제로 몸에 완전히 붙게 하는 데 10개월 이상이 걸렸습니다. 하루에 순수하게 열 시간 이상씩 그냥 앉아 공부할 수 있는 습관도 누구에게나 있는 것은 아닌 것 같습니다. 다행스러운 것은 제 체력이나 정신력이 제가 우려했던 것과는 달리 강하다는 사실입니다. 지난번 말씀드렸던 후배들과 오후에 졸릴 때나 너무 지겨울 때면 학교 운동장에서 농구를 가끔 하는데, 그 다음날 다른 친구들은 무척 졸려하거나 피곤해하는데 전 끄떡없고 오히려 활력소가 됩니다. 전 요즘 하루하루를 기쁨과 성취감 속에 살고 있습니다. 도서관이 끝나는 11시까지 가장 늦게 남아서 공부하거나, 몰랐거나 애매했던 학설들을 테이프를 들으면서 이해할 수 있을 때 느끼는 희열은 무엇과도 바꿀 수 없는 것입니다.

요즘 저는 생활의 원칙을 하나 세웠는데 그것은 '남에게는 너그럽고 나에게 엄격하자'입니다. 한동안 저는 이상하게 남의 단점, 결점만 눈에 자꾸 보이고 거슬렸던 적이 있었습니다. 그러다 보니 자꾸 마음은 불만에 가득차고 성격도 나빠지는 것 같았습니다. 그러다가 남들이 보기에 나는 뭐가 그렇게 완벽하고 잘난 인물인가 하는 생각이 들어서, 남들의 입장을 좀 더 이해해보려고 노력했더니 아무것도 아닌 일에 괜한 신경을 쓰고 화를 내 왔었다는 사실을 깨닫게 되었습니다.

저는 요즘 하루하루 목표를 세우고 달성하려고 노력하고 다시 체크하고, 생활습관을 모든 면에서 바꿔보려고 노력하는 생활이 마음에 듭니다. 주위 사람들의 결점을 귀신같이 집어내고 야단치는 것보다 내가 노력하고 솔선하는 모습을 보여, 다른 사람들로 하여금 긴장을 늦추지 못하게 하는 것이 최선의 방법이라는 것을 알았습니다. 또한 그것이 아버님께서 여태껏 저에게 주신 가르침이기도 합니다.

올해도 벌써 두 달이 지났고, 이제 시험까지는 13개월 정도로 압축되었습니다. 학교시험, 수업시간 등을 고려하면 순수한 고시준비는 7개월 즉, 200일 정도 남았다고 생각합니다. 앞으로 흔들림 없이 꾸준히 밀고나가면 1차 관문 통과도 불가능한 것은 아니라 믿으며, 좋은 소식만 전해드리도록 노력하겠습니다.

항상 기쁜 마음으로 성실히 살아갈 것을 약속드리며, 오늘은 여기서 인사드리겠습니다. 안녕히 계십시오.

1997년 2월 16일
재만 올림

재만이 고시공부를 시작하자 나와 막내며느리 사이엔 남다른 정이 쌓여갔다. 사실 우리는 감옥과 도서관에 각자의 남편을 빼앗긴 처지였다. 그

런 이유로 많은 시간을 집안에 함께 있어야 했기 때문이었다. 그때 며느리는 연희동 집에서 시댁수업 중이었다. 나로서는 말동무가 생겨 좋았지만 며느리에게는 무척 힘든 시간이었으리라. 그래도 그 아이는 그이가 안 계신 2년여 동안 한 번도 힘들어하거나 불편한 기색을 보이지 않고 내 곁을 지켜주었다. 맏딸이어서 그런지 사려가 깊고 성격이 섬세해서, 내가 골똘히 생각에 빠져 있을 때는 침묵 속에 함께하는 방법도 알고 있었고, 신문이라도 보려고 무심코 안경을 찾으면 어느 틈엔지 알아채고 말 없이 갖다주는 것이었다. 각자의 상황을 치열하게 사는 중에도 세 며느리들도 모두 열심히 그분에게 편지를 썼다. 다음은 맏며느리가 그분에게 보낸 편지다.

사랑하는 아버님.

이제 세 밤만 지나면 '어버이날'입니다. 항상 저를 딸같이 아껴주시고 사랑해주시는 아버님이셨는데 지금 그렇게 힘들고 어려운 환경에서 애쓰시고 계시는 모습을 생각하면 너무 가슴이 아픕니다. 제가 고등학교 때 친정아버지를 여의고 항상 아버지의 정을 그리며 지내던 저에게 아버님은 정말 저의 친정아버지 이상이셨습니다.

제가 결혼한 지 얼마 안 되어 '아버지, 아버지' 하며 아버님의 허리를 끌어안는 아가씨에게 "네 언니가 보면 돌아가신 자기 아버지 생각이 날 테니 그러지 말아라."라고 아버님께서 아가씨에게 말씀하셨다는 말씀을 어머님으로부터 듣고 저는 얼마나 가슴속으로 감사의 눈물을 흘렸는지 모릅니다.

어머님께서 워낙 의연하게 대처를 잘 해주시고 통솔을 잘 해주셔서 저희는 흔들림 없이 어머님 모시고 잘 지내고 있습니다. 깁스를 한 불편한 다리를 하고도 먼 길 마다않고 달려 나오는 도련님이나, 항상 상냥한 웃음으로 집안을 화사하게 해주는 동서 모두 고맙기만 합니다. 특히 막내도련님과 동서는 어머님께 어찌나 잘하고 있는지, 아직 나이도 어리고 한참 신혼인데 저희 맏이가 해야 할 일을 대신 떠맡아 힘든 내색 않고 어머님을 잘 모셔주니까 항상 미안한 생각과 고마운 마음을 금할 수가 없습니다. 점심 때 볼일이 있으면 제가 와서 어머님을 모시고 식사할테니 언제든지 얘기하라고 했는데도 동서는 거의 저한테 와달라고 하는 적이 없습니다.

그래도 지난 금요일은 동서가 어머님 점심손님이 취소된 것을 모르고, 또 어머님께서도 그냥 외출하게 말하지 말라고 하셔서 제가 회사에서 시간을 내어 와서 어머님 모시고 점심식사를 했습니다. 어머님께서 약속이 없으실 때는 집을 비우지 않으려는 동서 마음도 고맙지만, 점심약속 취소를 동서한테 일부러 알리지 않으시는 어머님의 깊은 배려와 사랑에 다시 한 번 놀라고 감탄했습니다.

오늘 일요일은 저희 내외가 하루 종일 와 있으니까 막내내외는 나가서 데이트를 즐기다 돌아왔습니다. 둘이서 나가는 모습을 보니 제 마음도 흐뭇하고 참 좋았습니다. 우리 가족 모두가 한 마음 한 뜻으로 뭉치니까 무서울 것도 두려울 것도 없이, 오히려 예전보다 더 힘이 생기고 가족끼리 더 정도 붙고 서로가 더 애틋해지는 것 같습니다. 어제는 아가씨도 미국에서 나와서 오늘 하루는 연희동이 들썩거렸습니다.

너무도 자상하신 아버님, 항상 아버님을 생각하며 다음주에 편지드릴 때까지 최선을 다하겠습니다.

1996년 5월 4일

수현 어미 올립니다

그분이 집 앞에서 대국민 성명을 발표하고 고향인 합천 선영으로 떠나 결국 강제 압송되던 날 막내며느리는 거실에 걸려 있던 그분의 양복 상의에 편지 한 통을 몰래 넣었다. 자신이 시집오자마자 이토록 불행한 일이 생겨서 너무 죄송스럽다는 내용이었다. 합천에 당도한 그이는 이 편지를 읽고 바로 답장을 썼다. 이른 새벽, 경황 중에도 재국에게 꼭 전해줄 것을 당부했다. 답장의 내용은 이러했다. "그런 생각을 하며 괴로워하는 것이야말로 불효이고, 아버지는 애기가 우리 며느리가 된 것이야말로 큰 복이며 자랑이라고 믿고 있다."는 것이었다. 그이는 곧이어 내게도 며느리를 위로해주고 보살펴주라는 편지를 보냈다. 다음은 막내며느리가 그분에게 써 보낸 많은 편지 중의 한 편이다.

많이 뵙고 싶은 아버님께

아버님께서 보내주신 따뜻한 편지, 너무 감사히 잘 받아보았습니다. 그렇게 경황이 없으신 중에도 저를 위로해주기 위해 정성이 가득한 편지를 써주셔서 진심으로 감사합니다. 솔직히 제가 별 잘한 일도 없는데 형님들이 저를 칭찬해주셨다니 더 잘하라는 채찍질로 알고 정말 잘하도록 하겠습니다. 아버님께서 관세음보살 같다고 하신 말씀도 제가 그런 마음을 가지도록 하라는 뜻인 줄 잘 알고 있습니다.

아버님, 저희들은 어머님을 모시고 살면서 감동을 많이 받고 있습니다. 어머님께서는 속으로는 괴로움이 많으시겠지만 저희들 앞에서는 늘 강하시고 끈기 있는 모습을 보이십니다. 제 자신이 약해지다가도 어머님을 뵈면 그런 마음이 저절로 숨어 버리고 말 정도입니다. 저는 사회적으로 성공하는 것도 중요하지만 그보다 더 중요한 것은 가정의 화목이라고 생각합니다. 아무리 사회적으로 성공을 해도 집안이 화목하지 못하면 그 사람은 사회에서 인정받기 힘드니까요. 집안이 원만하게 잘 되려면 부모님이 살아계시는 동안 효도하는 것과 형제간의 우애가 좋아야 하는 것도 중요하지만, 그 못지않게 중요한 것은 어른들이 안 계시게 되는 먼 훗날에도 부모님이 계실 때와 같은 마음을 유지해나가는 것이 더욱 중요하다는 생각을 해봅니다.

사람들의 이기심 때문에 안 좋은 일들이 일어난다고 들었습니다. 그만큼 욕심을 버리는 일이 어려운 일이라는 뜻인가 봅니다. 막내인 저희는 정말 그렇게 되지 않도록 특별히 노력하겠습니다. 욕심을 버리고 먼 훗날에도 집안의 화목함이 지금과 같도록 하겠습니다. 그래서 '역시 다르다'라는 감탄사가 나오도록, 또 사람들이 부러워하고 진심으로 존경받을 수 있는 집안이 되도록 노력하겠습니다. 저는 어머님과 함께 많은 시간을 보내며 정이 깊이 들었습니다. 그리고 어머님을 가까이에서 모시며 많은 것을 배울 수 있게 된 것을 큰 복으로 생각하고 있습니다.

아버님, 가족 모두 아버님 어머님을 생각하는 마음이 참으로 대단한 것 같습니다. 미국형님은 어머님 외로우실 거라고 그토록 애지중지하던 서연이, 정연이를 어머님 곁에 남겨 두고 떠나셨고, 서연이, 정연이도 엄마의 제의를 흔쾌히 받아들여 할머니 곁에 2주 정도 더 있다 갔습니다. 서연이, 정연이가 떠나고 나니까 그 애들이 그동안 얼마나 큰 자리를 차지했었는지 알 것 같습니다. 서연이가 떠나기 전에 했던 가장 가슴 뭉클 했던 얘기는 "이번에 할아버님 딱 한 번만 보고 가면 안 돼요?" 라는 것이었습니다. 덩달아 정연이도 "나는 연희동 할아버지가 너무 좋은데…"라고 했습니다.

아버님께서 수현이를 비롯해서 우원이까지 보시면 무척 놀라실 거예요. 수현이가 키가 부쩍 눈에 띄게 커서 이제는 귀여운 어린아이같기보다는 어엿한 여학생같이 키가 많이 컸습니다. 또 우성이는 이제 아기같지 않고 어린아이 같고요. 형님들께서 모두들 교육 잘 시키셔서 참 예쁘게들 컸습니다. 큰형님 내외분이 우석이에게 집안의 장손이라는 자부심과 책임감을 늘 강조해 교육하셨기 때문이겠지만 우석이는 어린 나이에도 불구하고 할머님께 무척이나 잘하고 있습니다. 할머님을 위해서라면 자기가 하고 싶은 것을 못해도 다 참을 수 있다고 말할 정도입니다.

아버님! 제가 이렇게 행복과 사랑이 가득한 집에 시집오게 되어 매우 기쁩니다. 아버님께서만 함께하실 수 있다면 정말 부러울 것이 없는 집안이 될 것입니다. 아버님. 최선을 다해 지성으로 어머님을 모시겠습니다. 아무 걱정 마시고 만나뵐 수 있을 때까지 몸 건강하셔요.

1996년 7월 23일
아버님을 무척 그리워하며 지내는
막내며느리 드립니다

그이가 구속된 후 우리 집안에는 검찰청으로의 소환열풍이 불어닥쳤다. 그이의 형제와 나의 형제, 사돈 가족은 물론 대학생인 조카들까지 모두 검찰청으로 소환됐다. 그이의 지인들은 물론 이웃동네 사람들의 집에까지 수사관이 들이닥쳐 나는 민망함으로 차마 고개를 들 수가 없었다. 지금도 전화선을 통해서 생생히 전해지던 사돈인 수현이 외할머니의 겁에 질린 목소리가 들려오는 듯하다.

"글쎄, 간밤에 수사관이라고 하는 사람들이 한밤중에 와서 아이를 낳은 지 한 달도 안 되는 며느리를 데려가버렸어요. 산후가 좋지 않아서 부석부석한 유진 어미가 충격을 받아 후유증이라도 있으면 어쩌나 걱정이고, 무엇보다도 어린 것들이 젖을 찾고 제 어미를 찾아서 보채는 것 때문에 어쩔 줄을 몰라 실례인 줄 알면서도 이렇게 전화를 드렸습니다."

전화를 받자 지난 겨울 수현이 외할머니가 검찰청에 불려가던 일이 생각나 얼굴이 화끈거렸다. 검찰청의 소환을 받던 날 수현이 외할머니는 기도원에 가 있었다고 했다. 소환 사실을 까맣게 모르고 있었던 수현이 외할머니는 한창 기도에 열중해 있던 중 자신의 사진이 도주 중인 지명수배범이라도 되는 듯 TV를 통해 전국에 방영되고 있는 것을 보고 아연실색해야 했다는 것이다. 서둘러 기도원을 내려와 자진 출두한 사부인이 검찰청에 들어가는 모습을 TV뉴스를 통해 지켜보면서 나는 사부인의 건강이 염려되어 안절부절 못했었다. 사부인은 그때 막 폐암수술을 받은 후였다.

또 검찰은 맏사돈에 이어 우리 집안과 갓 인연을 맺은 막내사돈의 회사까지 덮쳐 금고에 보관 중이던 금융자산과 모든 장부들을 압수해갔었다. 사돈들 중 유일하게 비교적 큰 업체를 운영하고 있던 막내사돈은 그 후 검찰청을 수시로 드나들어야만 하는 곤욕을 치렀다. 혹 그의 재산이 우리 것이 아닌가 하는 의심 때문에 조사받는 동안 사돈은 재산권을 전혀 행사할 수 없어 막대한 손실을 입기도 했다. 뿐만 아니라 그것이 선친으로부터 물려받은 재산임이 입증된 후에는 기업인들이 가장 싫어한다는 세무사찰을 받기까지 했다.

그 고통을 견디지 못한 안사돈이 장출혈로 쓰러져 병원에 입원했다는 소식을 전해 듣던 날, 난 밤잠을 이룰 수가 없었다. 곱게 기른 딸을 우리 집안에 시집보냈다는 이유 하나만으로 엄청난 수난을 겪어야 하는 안사돈의 심적 고통을 생각하니 앉은 자리가 바늘방석이었다. 그런데도 퇴원한 후 연희동을 찾은 안사돈은 오히려 나를 위로하느라 애를 쓰는 것이었다.

"걱정을 많이 하면 장이 수축 되고 출혈을 하게 된다는데 제 경우가 그랬답니다. 출혈 덕분에 병원에 가게 되어 아주 초기에 장암을 발견하여 생명을 건지게 된 것 같습니다."
 해를 당하기는커녕, 오히려 초기 출혈 덕분에 때를 놓치지 않고 암수술을 하게 되었으니 덕분에 생명을 건지게 된 것이라던 안사돈의 기막힌 위로의 말씀이었다.

 그이 형제들이 보여준 남다른 우애도 잊을 길 없다. 그이가 옥중에 계신 동안 수시로 연희동으로 찾아와 날 위로해주던 아주버님과 시동생 내외는 초대를 받아 외식을 하게 되는 날이면 어김없이 음식을 따로 주문해 연희동으로 보내주시곤 했다. 더욱 잊을 수 없는 일도 있다. 그이가 옥중에 있는 동안 미국에 거주 중인 한 한국인 변호사가 그분과 5.18사건 관계자 전원을 대상으로 손해배상을 청구하는 소송을 제기했었다. 안 모라는 이름의 그 변호사는 5.18사태 당시 전남 경찰국장이던 자신의 부친이 소요사태로 인해 충격을 받고 사망했다고 주장하고 나섰던 것이다. 안타깝게도 당시 우리는 재판에 응하지 않는다면 국가적 망신이 될 것이어서 무척 난감한 처지였다. 금융자산이 법적으로 동결되어 있어 인출이 불가능한 상태였다.
 급한 나머지 노 대통령 댁에 도움을 청했지만 그 댁 사정도 어렵기는 마찬가지였던지 답신이 없어 혼자서 발을 동동 구르고 있을 때였다. 대구에 살고 계신 칠순의 시누이가 날 찾아오셨다. 진작부터 재판비용에 보태 쓰게 하려고 자신의 집이 팔리면 이사가려고 장만해놓았던 아파트를 내놓았는데 경기가 나빠 이제에서야 팔렸다며 1억이나 되는 큰 금액을 내 앞에 내놓으시는 것이 아닌가. 어린시절부터 동생들을 유달리 사랑했던 시누이셨다. 어린시절에는 기죽지 말라며 당시로서는 엄청나게 귀했던 운동화, 가방, 심지어 시계까지 사주셨던 시누이가 70이 넘은 노인이 되어서도 당신의 노후대책으로 마련한 아파트까지 팔아 들고오신 정성에는 감복하지 않을 수 없었다.

"형님 이 은혜는 절대 잊지 않겠습니다."

"은혜라 칼 것이 뭐 있나? 내가 죽어서 동생이 나올 수 있다면 나야 백 번이라도 죽고 싶은 심정이지."

독실한 불교신자인 그 시누이는 동생의 석방을 위해 부처님께 얼마나 빌고 빌었던지 그즈음 무릎이 다 상해 있었다. 피를 나눈 형제의 정은 그토록 무서운 것일까. 큰시누이는 물론 작은시누이까지도 1만 명에 가까운 사람들의 사면서명을 받아 오셨는데 조카들까지 데리고 사람의 왕래가 많은 고속버스터미널에 나가 직접 사면을 위한 서명을 호소했다고 한다. 그 길고 어두웠던 불운의 세월. 그 세월 동안 우리를 흔들림 없이 지켜준 것은 가족 간의 깊은 사랑의 확인. 그리고 많은 분들의 따뜻한 성원이었다.

다시 연희동 집으로

1997년 12월 22일.

편치 못한 잠에서 눈을 뜨자 날은 채 밝지도 않은 밤과 새벽의 경계였다. 흥분으로 잠을 청할 수 없어 일어나 이틀 전부터 준비해온 것들을 다시 한 번 점검해보았다. 서재의 책들은 그이가 떠날 때와 똑같은 위치에 꽂혀 있는지, 서도용구들은 빠진 것이 없는지, 거실의 의자배치나 그림의 위치를 그분이 계시지 않은 동안 혹 바꾼 것은 아닌지, 아이들 사진은 다 제자리에 있는지 꼼꼼하게 점검했다.

오늘은 바로 옥중생활 2년 19일 만에 그이가 가족들의 품으로 돌아오는 날이다. 수감생활을 하다 집에 오면 혹 적응이 잘 안 되는 것은 아닌지 걱정이 되어, 우선 집안의 작은 물건 하나하나까지도 그이가 떠나던 날과 조금도 다름없이 정돈해두기로 마음을 썼다.

그이의 손때가 묻은 펜에 그이가 좋아하는 검은 잉크를 다시 한 번 채워 넣어 책상 위 펜 꽂이에 꽂아놓으며 나는 집안의 모든 물건들에게 "오늘 주인이 오신단다."라고 소식을 알려주었다. 피곤한 줄도 모르게 뛰는 가슴으로 공연히 왔다 갔다 하는 사이 어느새 날이 밝았다. 정원을 살펴보려고 문을 밀고 현관으로 나서려는데 라디오에서 기상예보가 흘러나왔다. 새벽 5시 30분이면 자동적으로 흘러나오는 라디오 아침방송을 듣는 것은 그이와 나의 오래된 아침 첫 일과였다.

"오늘 서울 지방의 날씨는 맑겠으며 기온은 영상 6.2도가 되겠습니다."

아나운서의 목소리도, 예보된 일기만큼 쾌청했다. 영상 6.2도. 12월 하순 날씨로는 드물게 포근한 날씨였다. 나는 다시 10대 소녀로 돌아간 것처럼 설레는 마음으로 하늘을 바라보았다. 청명했다. 어제까지만 해도 나는 사실 날씨 걱정을 했었다. 우울한 날씨가 그이 석방을 우울하게 할까봐 노심초사했던 것이다. 그러나 날씨는 오늘도 그분 편이었다.

지휘관 시절이건 대통령 재임 중이건 그이는 이상하게도 날씨 복이 많았다. 중요한 행사나 방문 때마다 이상하게도 날씨는 언제나 그이를 도왔다. 심지어 보좌관들도 일기예보에 날씨가 나쁘다고 해도 "각하가 뜨시면 곧 갤 것입니다."라며 걱정을 하지 않을 정도였다.

그이의 사면 소식이 전해지자 수많은 분들로부터 석방 시간에 맞춰 방문하겠다는 연락들이 있었다. 친척들은 물론이고 합천, 대구의 고향분들, 동네주민들, 또 정치인들과 종교계 인사 등 그분을 환영하러 오실 그 많은 분들이 추위에 떨어야 할까봐 은근히 근심이 되었었다.

오전 10시가 임박해지자 시댁 형제분들을 선두로 방문객의 물결이 시작되었다. 집안은 금세 상기된 얼굴들, 흥분을 감추지 못하는 활기찬 음성들로 가득 찼다. 누군가 텔레비전의 스위치를 눌렀다. 안양교도소의 높은 회색담장이 눈에 들어왔다.

10시 50분.

드디어 교도소의 철문이 열렸고, 그이가 2년 19일간의 체류지였던 교도소로부터 걸어나오는 모습이 보였다. 만면에 환한 웃음을 띤 그이 모습이 만조처럼 화면 가득 출렁였다. 교도소 마당에 취재진이 몇 겹으로 진을 치고 대기하고 있었다. 그이가 그 앞으로 걸어갔다. 기자들이 사면 소감을 물었고 심정보다는 인사말을 드리겠다며 입을 열었다.

"그동안 본인과 본인 일행의 문제로 인해 국민 여러분께 오랫동안 심려를 끼쳐드려 죄송합니다. 지난 2년 동안 국민 여러분께서 끊임없이 보내주신 격려와 사랑에 대해서도 이 자리를 빌어서 감사하다는 말씀을 드립니다. 그런데 최근의 경제대란으로 국민 여러분이 얼마나 놀라시고 불안해 할 것인지, 걱정이 많고 마음 아프게 생각합니다. 피땀 흘려 이룩한 경제가 어떻게 이렇게 됐는지 이해가 되지 않습니다. 그러나 본인은 국민을 믿고, 여러분을 믿습니다. 나라가 위기에 처했을 때나, 어려울 때마다 우리 국민은 놀라운 저력을 보여주었습니다. 본인은 대통령 재임기간 중에 그것을 보았습니다. 그래서 나는 우리 국민에게 애정과 신뢰와 존경심을 갖고 있습니다. 우리 국민이 충분히 극복할 수 있다고 믿습니다. 본인이 80년 9월에 대통령에 취임했을 때는 나라가 아주 어려웠습니다. 당시는 경제난 정도가 아니었습니다. 나라가 어지러워 도탄에 빠져 있었지만, 우리 국민은 이를 극복하는 신화를 창조하였고 세계가 놀란 선진 국가를 이룩했습니다. 우리 국민과 정부, 그리고 새로 선출된 김대중 당선자를 중심으로 밤낮없이 노력한다면 경제대란이 오히려 신화를 창조하는 선진조국을 이룩하는 전화위복의 계기가 될 것입니다. 현 상황에서 우리가 물러날 곳은 한 발짝도 없습니다. 이 난국을 슬기롭게 극복해 살기 좋고 아름답고 튼튼한 나라를 만들어 후손에게 물려줘야 합니다. 나도 가능한 한 일조를 할 생각입니다. 감사합니다."

남편이 언급한 경제대란은 그해 1997년 김영삼 정부시절 닥친 경제재앙인 'IMF 경제위기'였다. 예전에 백담사 유폐를 마치고 연희동 집으로 귀가할 때도 2년 1개월 8일 만의 귀향이었는데, 공교롭게도 이번에도 비슷한 기간의 세월이 흐른 후였다.

갑자기 우렁찬 박수소리와 함성이 집 뜰 안까지 들려 왔다. 그이가 드디어 교도소를 떠나 집으로 향하고 있다는 소식에 대문 앞 골목을 메우고 있던 환영객들이 축하의 함성과 박수를 터뜨린 것이다.

취재 기자단은 분주히 움직이며 취재하기 좋은 위치를 차지하려고 밀고 당기는 치열한 몸싸움을 벌였다. 고마운 이웃 주민들은 주전자에 따뜻한 차를 담아 멀리서 온 환영객들을 대접하느라 동네 입구까지 늘어서 있는 무려 일천여 명의 인파의 물결 속을 누비고 있었다. 지난 밤 시골에서 올라오신 고향분들, 새벽에 대구에서 버스로 올라오신 분들, 만일의 사태에 대비해 경호를 자청하며 달려와주신 젊은 새마을회원들, 구속기간 내내 기도해주시고 서명운동을 주도하셨던 많은 스님들, 불자들, 신부님들, 목사님들, 그분 재임 당시의 정부각료들, 정치인. 헤아릴 수 없이 많은 분들이 그분의 귀가를 환영해주시기 위해 좁은 골목길에 몸이 부딪히며 웃는 얼굴로 그분을 기다리고 있었다. 누가 먼저였는지 모르지만 그분이 집으로 돌아오는 길이 불편하지 않도록 서로가 길을 만들고 대열을 정리하는 모습도 보였다. 동네 입구에는 주민들이 준비한 현수막이 싱싱한 겨울바람에 춤추듯 흔들렸다. 고향 청년회에서 만들어온 피켓들도 활기차게 출렁였다. 펄럭이는 현수막엔 이렇게 쓰여 있었다.

'환영! 어서 오십시오.'

그분은 2년 1개월 8일 만에 정든 우리 집으로 돌아오셨다.

'환영! 고생 많이 하셨습니다.'

그이가 오고 있었다.
유배지에서 귀향하던 날처럼, 감옥으로부터, 사형수와 무기수의 나날로부터 풀려나 정든 집으로 돌아오고 있었다. 그이가 드디어 동네 골목어귀에 도착했다는 기쁜 전갈이 왔다. 애태우고 가슴 졸이며 기다리는 시간. 40년 전 그 옛날, 감동의 결혼식을 하루 앞둔 섣달보름날 밤의 추억이 떠올랐다. 온갖 우여곡절 끝에 힘들게 맞은 그 혼인 전야, 그분은 내가 어렵게 장만해준 양복을 입고 우리 집 대문을 밀며 달빛 가득한 마당 안으로 들어섰었다.
"당신과 결혼하게 된 이 은혜를 꼭 갚고야 말겠소."
달빛보다 더 눈부신 파안대소를 보내는 젊은 그이를 보며 난 모든 열정을 쏟아 우리의 행복을 일구어내리라 맹세했었다. 이제 그이는 곧 우리의 노고와 슬픔이 고스란히 담긴 정든 연희동 집 앞에 도착할 것이고 다시 40년 전 그날처럼 환하게 웃는 얼굴로 저 대문을 밀고 들어서게 되리라.
그이가 오고 있었다.
대문 밖으로부터 반가운 분들과 일일이 인사를 나누며 천천히 이동하고 있는 그이 발길이 그토록 느리게 느껴질 수가 없었다.

제22장

추징금 환수라는
이름의 재산몰수

2003년 10월. 연희동 별채에서는 하루 종일
차압된 재산들에 대한 경매가 진행됐다.
그분과 우리 가족사가 담긴 살림살이는 헐값에 팔려나갔고
땀 흘려 건축한 그분 공적도 개인사도
그렇게 헐값에 소멸해가는 것을 나는 지켜보았다.
우리 가족의 사랑을 독차지하던 두 마리 진돗개
설이와 송이도 경매목록에 적혀 있었다.
그것은 슬픔의 절정이었다.

생의 족쇄가 된 추징금

1987년 12월 17일, 노태우 민정당 후보가 대통령에 당선되던 날 밤의 일이다. 남편인 그분은 기분 좋게 취했다. 그분이 취한 모습을 보이는 것은 아주 드문 일이다. 자리에 누우며 어둠 속에서 그분이 내게 말했다.

"이 순간 내가 당신에게 꼭 해줘야 할 얘기가 있소. 우리 당에서 후임 대통령이 나오고 그가 내 친구라 해도 퇴임 후 반드시 안락한 생활이 기다린다는 보장은 없소. 권력에서 스스로 물러나는 첫 경험인 만큼 누구도 퇴임 대통령이 어떤 대접을 받게 될런지 장담할 수 없는 상황이오. 다만 확실한 것이 있다면 이제 우리는 우리를 보호해주던 권력의 갑옷을 벗어버리고 황야로 나서야 한다는 사실이오. 권력이양이 왜 그토록 어려운 것이었던지 우리 스스로 알아내고 겪어내야 하는 관문이 남아 있다는 사실을 명심하시오."

1988년 2월 25일, 그분이 대통령직에서 물러난 날이다. 퇴임의 날로부터 30년 동안 끊임없이 계속된 온갖 시련을 겪고 난 지금에 와서 생각해보면 그날 밤 어둠 속에서 울려오던 그분의 말은 운명적이라고 여겨질 말큼 섬뜩한 예언의 뜻을 담고 있었다.

전직 대통령을 깊은 산사에 유폐시킬 수 있는 법적 근거는 없다고 들었다. 3권분립이 보장되어 있는 나라에서 전직 대통령을 국회청문회에 출석시켜 증언을 시킨 일도 전례가 없다고 들었다. 임기를 마치고 박수를 받으며 퇴임한 전직 대통령을 현직 대통령이 위헌적인 소급입법을 제정해 투옥시킨 경우도 세계에서도 그 유례를 찾아보기 어렵다 들었다. 그럼에도 불구하고 그분은 청와대를 떠난 지 8개월 후 깊은 산사에 격리되어 유폐생활을 해야만 했고 국회청문회에 출석해 헌상사상 처음으로 증언을 해야 하는 수모를 겪어야 했다. 느닷없는 5.18특별법 제정 때문에 투옥된 후 2년간의 옥고를 치러낸 것도 그분이었다. 대부분의 사람들은 퇴임 후 10년간 집요하게 그분을 강타한 그런 수난은 1997년 12월, 사면복권됨으로써 막을 내릴 것이라고 생각했다. 그러나 그게 아니었다. 추징금 환수라는 올가미가 그분에게 씌어져 있었고 정치권력은 대를 이어가며 필요에 따라 그 올가미를 당김으로써 그분의 숨통을 조여왔다.

재앙의 뿌리는 '5.18특별법'에 따른 '비자금' 사건의 법원 판결이었다. 대통령 재임 중 거둔 정치자금은 모두 '뇌물'이고 뇌물로 받은 돈은 그것이 이미 정치자금으로 사용된 것인지 여부를 따질 것이 없이, 모두 개인이 물어내야 한다는 것이 그 판결의 내용이었다. 2013년 더 엄청난 일이 닥쳐왔다. 그 해는 그분이 퇴임한지 무려 25년이 지났으며, 정치자금사건에 관한 대법원 판결이 내려진 후 15년이나 지난 때였다. 정치권력은 돌연 '전두환법'이란 특별법을 만든 것이다. 그 낯설고 위헌적인 새 법은 우리 가족은 물론 그분 주변에 대해서도 재산을 몰수할 수 있도록 하는 조항을 담고 있었다. 더구나 검찰은 법이 정한 한계를 훨씬 뛰어넘어 그 '임무'를 수행했다.

김영삼 대통령은 재임 중 정치자금법을 만들어 필요한 정치자금을 국고에서 지원받을 수 있었다. 그런 그가 정치자금법이 제정되기 이전 시대의 두 전직 대통령이 사용한 정치자금에 대해서만 뇌물죄를 적용해, 그것을 개인이 물어내도록 만든 일은 납득하기 어렵다. 김 대통령은 또 무고한 광주시민을 학살한 책임을 묻는다며 5.18특별법을 만들도록 했다. 그 특별법을 통해 김 대통령은 그분을 감옥까지 보냈지만 그 서슬 푸른 재판을 통해서도 그분이 발포명령을 내렸다는 어떤 증거도 찾아내지 못했다. 그것은 당연한 일이었다. 5.18 당시 수사책임자인 동시 정보책임자였던 그분은 결코 발포명령을 내릴 위치에 있지 않았다. 내릴 권한 자체가 없었던 것이다.

그분에 대한 어떤 유죄의 증거도 찾아낼 수 없게 되자 다급해진 법정은 그 특별법은 태생적으로 그분을 감옥으로 보내겠다는 목적으로 만들어진 만큼 그분을 희생양으로 만드는 것에만 집착한 채 사형선고라는 종착역을 향해 달려갈 수밖에 없었다.

5.18특별법을 만들어 전직 대통령 신분인 그분을 구속시킨 김영삼 대통령은 국내외로부터 정치보복이라는 비판을 받았다. 그 비판을 희석시키기 위해 뒤늦게 착수한 것이 '정치자금 수사'였다. 1996년 열린 재판에서는 대통령 재임 중 기업으로부터 받은 각종 헌금을 뇌물로 몰았다. 그분은 기업으로부터 정치자금을 받은 것은 그 시절까지 우리나라 정당정치의 관행이었고 특정기업의 이권(利權)과는 관계없는 일이었다고 밝혔다. 그러자 검찰은 대통령이 지닌 막중한 권한에 비추어볼 때 뇌물일 수밖에 없다고 주장했다. 변호인들은 그분에게 정치자금 사용처를 모두 공개함으로써 진실을 밝혀야 한다고 건의했다. 또한 정치자금을 준 기업인들을 증인으로 요청해 검찰이 주장하는 2205억 원이라는 금액이 먼저 기소한 노태우 전 대통령과 형평을 맞추기 위해 턱없이 부풀려진 것이라는 사실도 밝혀내야

한다고 주장했다. 놀랍게도 그분은 변호인들의 그 제안을 받아들이지 않았다. 정치자금에 대가성이 없었다고 주장하려면 그분 재임기간인 7년 반 동안 그 기업인의 회사 장부를 모두 압수해서 철저한 수사를 벌일 수밖에 없다는 사실을 그분은 잘 알고 있었다. 그리고 바로 그 이유 때문에 그분은 결국 그 일을 단념했다. 자신의 정치자금 문제가 재계에 대한 전면적 수사로까지 확대되어 기업인들을 비생산적 송사(訟事)에 휘말리게 할 수는 없다는 생각을 하고 있었다. 그분에게 있어 그것은 국익과 윤리의 문제였던 것이다. 기업인들을 보호하려는 사려 깊은 신념 앞에서 변호인들은 그분을 설득하는 것이 불가능하다는 것을 알았다. 그러나 변호인들의 다음 걱정은 분명 일리가 있었다.

"기업인들이 송사에 휘말리지 않게 하기 위해 그들을 법정증인으로 신청하는 일을 포기해버리면, 그리고 이후 재판부조차 2205억 원이 뇌물이라고 하는 검찰의 주장을 인정해버리면, 검찰은 그 금액을 모두 추징하려 할 텐데 대체 어떻게 감당할 수 있겠습니까?"

얼마 지나지 않아 변호인단의 걱정은 현실화됐다. 1997년 재판부는 특별법까지 제정한 대통령의 강력한 의지와 여론을 의식했기 때문이었는지 재임 중 사용한 정치자금에 대해 판례에도 없는 포괄적 뇌물죄를 적용하여 무기징역이라는 중형과 함께 2205억 원이라는 추징금을 선고한 것이다. 개인의 능력으로는 도저히 완납할 수 없는 가히 천문학적인 추징금이었다.

지금 생각하면 그때 그분은 변호인들의 건의를 받아들여 관련 기업인들의 법정진술을 통해 정치자금의 상세한 내역과 헌금의 액수를 정확히 따져 금액이라도 줄였어야만 했다. 그러나 당시 남편은 사태를 오판하고 있었다. 그분은 재판부가 정치보복이 목적인 정권과는 그래도 진실을 다루는 방법이 다를 것이라고 법관의 양식에 대한 믿음을 갖고 있었다. 그 결과 남편은 본인이 평생 모은 재산을 모두 몰수당하고도 추징금을 완납하지 못해 그분이 대통령이 되기 이전부터 가족, 친지, 사돈의 팔촌이 가지고 있던 재산까지 남김없이 압류당하는, 과거 왕조시대를 다룬 사극에서나 볼 수 있는, 그런 수모를 당하게 되었던 것이다.

무던히도 잘 참아내던 나에게서도 비명 같은 독백이 터져나왔다. '대한민국 건국 이래 처음으로 임기를 다 마치고 청와대를 나온, 많은 업적을 이룬 사람을 이렇게까지 막 대해도 되는 것인가.' 정치권력이 너무 잔인하다는 생각이 들었다. 권력을 내려놓은 지 30년이 다 되어가는 사람을, 그래서 정치권에 보호막이 되어줄 사람을 찾기조차 힘든 사람을, 등 뒤에서 찌르고 있다는 느낌을 난 분명히 가졌다.

퇴임 후 줄곧 온갖 참기 어려운 고통을 소리 없이 감내(堪耐)해온 내가 유독 2013년도 일을 참기 힘들어했던 이유가 있다. 잠시도 쉴 틈을 주지 않고 닥쳐드는 흉보와 불행에 인내심이 동이 나기도 했지만 웬만한 시련 앞에서는 미동도 않던 그분이 그 일로 충격을 받아 단기간 심각한 기억상실을 앓았고 한동안 치료를 받아야 했기 때문이었다.

추징금 환수에 얽힌 가슴 아픈 이야기

추징금 환수와 관련해 가장 가슴 아팠던 일은 대법원에서 2205억 원이나 되는 천문학적인 액수와 돈을 추징한다는 판결이 나오자 일부 언론들이 그 금액이 그분이 퇴임 때 꾸려갖고 나온 비자금인 양, 대법원 판결이 나온 그때까지 그분이 소유하고 있는 것인 양 보도함으로써 국민들로부터 비난을 받게 만들었다는 사실이다. 그뿐만이 아니었다. 추징금을 환수하는 방법 때문에 만신창이가 된 일도 가슴 아프다. 추징금 환수는 법원판결에 의해 추징금액이 확정된 뒤 적법절차에 따라 집행되는 것이 원칙이라 했다. 그러나 검찰은 과거부터의 관행이라는 것은 무시한 채 그분이 구속되자마자 잉여 정치자금(264억1천40만원)과 1983년도 공직자 재산등록 당시 신고했던 서초동 산(41) 115의 8의 땅을 매각해 은행에 예금해놓았던 금융자산(48억4천7백88만4837원) 모두를 추징했다. 그러면서도 어찌된 셈인지 그분의 소유로 되어 있는 승용차와 장남 명의의 콘도는 김대중 대통령 때에 와서 추징했고 집은 노무현 대통령 때에 와서야 추징했다. 관행을 무시한 검찰의 추징금 환수방법 때문에 막상 그분 소유의 집이 경매되어 양도소득세가 부과되었을 때는 이미 그분 소유의 금융자산이 단 한푼도 남아 있지 않은 상태여서 체납자 신세가 될 수밖에 없었다.

노무현 대통령이 막 당선되고 난 후의 일은 더욱 황당했다. 2003년 검찰은 무슨 생각을 했던지 그분에게 '재산명시명령신청'을 법원에 제출한 후 법원에 출두해서 선서하라고 통보해왔다. 그분은 변호인에게 자신에게 남아 있는 재산을 빠짐없이 기록해 차질이 없도록 하라고 당부했고 변호인들은 그분 명의로 돼 있는 연희동 집은 물론 유체부동산, 서화류, 사용하던 골프채까지를 망라한 소유물을 남김없이 '재산명시서'에 기록했다. 그런데 마지막 완성본을 읽어본 그분이 자신이 직접 법원까지 나가 선서해야 하는 일이니만큼 누락된 부분이 있어서는 안 된다면서 혹시 통장에 얼마간의 돈이라도 남아 있을지 모르니 알아보라고 했다. 변호인들이 알아본 결과 검찰이 금융자산을 추징해간 휴면계좌에서 총 29만 원의 이자가 발생했다는 사실을 알게 되었다. 소액이지만 정확을 기하는 의미에서 기재하게 되었던 것이다. 그런데 일부 언론이 그 사실을 마치 그분이 자신은 29만 원밖에 재산이 없다고 주장한 것처럼 왜곡해서 보도했다. 그 이후 그 29만 원은 그분을 조롱하는 상징이 되었다.

우리 가족의 사랑을 독차지하던 진돗개 설이와 송이도 경매목록에 적혀 있었다.

2003년 10월, 법원의 명령에 따라 제출한 재산목록에 기재된 자산은 경매에 붙여졌다. 아침부터 저녁 늦은 시간까지 진행된 경매는, 역시 경매에 붙여진 재산인 연희동 집에서 진행됐다. 피아노, 응접세트 3점, 카펫 3점, 식탁세트, 찬장, 에어콘, 냉장고 3개, 텔레비전 3대, DVD베스트, 골프세트 2점, 컴퓨터, 프린터, 책상, 회전의자 등 우리 가족의 손때가 묻은 가재도구들이 경매되느라 시간이 꽤 많이 걸렸다. 경매에 응찰하려는 사람보다 취재기자들이 더 많이 몰려왔던 것이 기억난다.

낯선 사람들이 하루 종일 서성거린 정원 한 편에는 역시 검찰에 압류되어 경매에 내놓인 진돗개 두 마리―설이와 송이―가 영문을 모른 채 웅크리고 있었다. 나와 내 가족들이 아끼고 사랑하던 살림살이들이 헐값에 팔려나가는 모습을 지켜보는 것은 참으로 가슴 아픈 일이었다. 정치만 하지 않았더라면 없으면 없는 대로, 있으면 있는 대로 평생을 행복하게 살았을 우리 가족이 가재도구까지 경매당하는 수모를 겪지 않아도 되었을 것이다. 하지만 우리 가족에 주저 없이 상처를 입힌 것은 그분이 구속된 후 태어나 그분 없는 집을 지켜주고 텅 빈 내 가슴을 어루만져주던 진돗개 두 마리, 손주들이 그토록 귀여워하던 가족 같은 그들마저 경매에 나가게 되었다는 사실이었다. 설이, 송이를 끔찍하게 사랑했던 어린 손주들은 눈물을 글썽이며 어찌할 바를 모르고 있었다. 아이들의 눈물겨운 모습을 측은하게 여긴 이웃 주민 한 분이 경매에 참여해서 진돗개가 계속해서 우리 가족과 함께 지낼 수 있게 해준 일은 두고두고 감사한 일이다.

2004년 6월의 일이다. 그분이 정치자금 잉여분은 물론 자신이 일생 동안 모은 재산—정들여 키운 애완견은 물론 휴면계좌의 잔금 29만 원까지도 포함—모두를 추징당해 나의 재산이 없었다면 생활을 영위할 수 없게 되었던 시기였다.

그동안 우리 가족 모두와 친인척들에 대한 강도 높은 세무조사와 금융 추적을 벌이던 검찰이 120억 상당의 국민채권과 산업채권을 찾아냈는데 사실 확인도 하지 않은 채 언론을 통해 그 채권들이 숨겨놓은 비자금이라고 주장해버린 것이다.

너무도 억울한 심정 때문에 나는 체면을 버리고 검찰청에 출두했다. 그때 마침 내겐 1983년 공직자 재산등록 당시 떼놓았던 사본이 있었기 때문에 소명하면 바로 의혹이 풀릴 것이라는 확신이 있었던 것이다.

1971년 나는 평생 꿈꾸던 집을 연희동에 마련했지만 바로 들어가 살지 않고 전세를 놓았었다. 헌집을 사서 수리해 팔면 돈이 될 것 같아서였다. 헌집을 사서 수리해 팔기를 연희동에서만 세 번, 적잖은 돈이 모이자 아예 땅을 사서 집을 지어 팔기도 했다. 그렇게 마련한 돈은 모두 은행에 넣어 관리했다. 당시는 금리가 연리 24% 정도로 높던 시절이라 9년 만에 여섯 배로 불어나 1983년 1월 5일 공직자 재산등록법에 따라 총무처에 신고할 당시 내 금융자산이 10억 가까이 늘어나 있었고 21년 후인 2004년에는 1백19억 원으로 증식되어 있었다.

그날 그곳에서 나는 뜻밖의 제안을 받게 된다. 나의 소명을 모두 듣고 난 수사관이 내 친정 동생인 이창석 소유의 80억 상당의 채권과 내 소유의 120억 상당의 채권만 국가에 자진헌납해주면 비자금 추징문제를 종결시켜줄 수 있다고 말하는 것이었다. 나는 우선 큰돈이 모이기까지 나와 내 가족들이 감당했던 고생과 시간들이 생각나 망설여졌다. 그러나 그동안 추징금 문제로 남편이 얼마나 큰 고통을 받아왔는지 알고 있었던 나는 흔들리지 않을 수 없었다.

"내 재산이 국고에 환수된다고 해도 좋은 일에 쓰일 것 아닌가. 사람은 어차피 빈손으로 왔다가 빈손으로 가야 하는데, 갖고 있는 재산만 포기하면 남편에게 씌어져 있는 저 재앙 같은 올가미가 풀어진다는데 망설일 것이 무엇인가."

생각이 이에 미치자 나는 결국 내 소유의 채권을 포기하기로 결심했던 것이다.

날벼락같이 덮친 위헌적 '전두환법' 제정

나를 회유해 성과를 거둔 검찰은 더 이상 우리 가족을 괴롭히지 않았다. 2006년에는 이미 팔려나가 도로로 사용되고 있는 땅을 스스로 찾아내 경매했고 2008년에는 1997년도에 환수해간 외환은행 채권에서 발생된 이자 4만7천원을 몰수했다. 2010년에는 그분이 특강료로 받은 3백만 원을 몰수해가기도 했다. 그런 가운데 2013년 10월이면 추징금 환수시효가 끝나게 되어 있었다. 그런데 2013년 6월 27일의 일이었다. 국회가 그분의 가족, 친인척, 지인들은 물론 사돈의 팔촌의 재산까지도 압수수색을 벌일 수 있는 법률을 국회 본회의를 통해 통과시켰다. 정치적 후진국이 아니면 있을 수 없는 반민주적, 위헌적인 연좌제법을 제정한 것이다.

대한민국 국회는 건국 이래 대한민국 국회는 모두 네 번 소급입법인 특별법을 제정했다. 그 네 번의 소급입법 중 무려 두 번이 그분을 처벌하기 위한 목적으로 제정되었다. 1995년 김영삼 정부에 의해 제정된 '5.18특별법', 그리고 2013년 박근혜 정부에 의해 제정된 '전두환 법'이 바로 그것이다.

법 제정과 함께 검찰은 기다리고나 있었던 듯이 2013년 7월 16일, 그것도 이른 아침 우리 연희동 집을 급습함과 동시에 아주버님 댁, 시동생네 집, 친정 막내동생의 집과 사무실, 큰아들의 집과 사무실, 딸의 아파트, 둘째아들의 집과 사무실, 막내아들의 장인의 회사들과 사저, 심지어는 둘째아들의 이혼한 전처의 집까지 들이닥쳐 압수수색을 강행했다. 그분의 비서관을 지냈던 손삼수 사장의 회사 사무실과 집, 큰시누님의 아들이 운영 중이던 회사와 집까지 철저하게 압수수색을 한 후 돈이 될 만한 것에 대해서는 모두 압류조치를 했다. 금속 탐지기까지 동원된 압수수색을 끝낸 검찰은 가족과 친인척 명의로 된 대여금고를 뒤져 그 안에 있던 약혼, 결혼 패물들마저 압류해갔다.

검찰은 또 큰아들 회사와 허브빌리지에 미술관을 세워 전시하기 위해 모아두었던 미술품과 조각품들을 압류해갔다. 친정아버지와 친정어머니의 초상화로부터 둘째아들이 미국유학 중 그린 그림 40점, 그분이 친정 조카 원근에게 써준 글씨, 김대중 전 대통령이 대통령이 되기 전 우리 큰아들 내외와 민정기 비서관에게 써준 휘호 등 재산 가치와 무관한 개인적 물건까지 닥치는 대로 쓸어갔다. 그리고는 압류한 물품들이 그분이 대통령 재임 때 받은 정치자금과 관련 있는지 여부를 실사하는 과정과 절차마저 생략한 채 경매에 붙여버렸다. 압류된 재산 중에는 시부모님이 잠들어계신 고향의 선산, 친정아버지가 1960년대에 경기도 광주군에 속해 있던 땅을 사두었다가 5.18특별법이 제정되기 전 아들에게 증여한 땅에 장남이 은행대출을 얻어 손수 지은 서초동의 시공사 사옥, 친정부모님이 아들 딸 네 사람에게 물려주신 안양의 땅 등 정치자금과 아무 연관도 없는, 증여세를 모두 납부한 합법적 재산까지 포함되어 있었다. 증여와 상속 등의 절차를 거친 것은 1980년대지만 취득 시기는 그분이 대통령이 되기 훨씬 전의 일인 것이다.

당연히 가족들의 반발이 따랐다. 비록 무소불위(無所不爲)의 힘을 가진 특별법이라 해도 비자금과 관계가 없는 것은 몰수할 수 없도록 되어 있는 만큼 법적 싸움이 필요하는 것이었다. 맞는 말이었다. 그러나 특별법이 제정되기 한 달 전부터 연희동 집 앞 골목에는 방송차량 등 취재진이 진을 치고 있어 이웃주민들의 일상생활에 적지 않은 불편을 주고 있었고, 주말이면 찾아오던 가족들조차 출입을 할 수 없었다. 뿐만 아니라 종편을 비롯한 방송매체들은 중계방송을 하듯 확인되지 않은 온갖 악성소문들을 쏟아내며 부정적인 여론에 불을 지피고 있었다. 그러던 중 노태우 전 대통령 측에서 추징금을 완납했다는 소식이 전해졌다. 재판까지 해도 내놓지 않던 노 전 대통령의 동생과 사돈이 맡겨놓았다는 돈을 내놓았다는 것이다. 그러자 일부 언론에서는 노 전 대통령 측은 그래도 성의를 보이는데 전 전 대통령 측은 나 몰라라 하며 뻗대고 있다고 비아냥거렸다. 그런 여론의 상황을 주시하고 있던 검찰은 사람을 보내 전 전 대통령의 가족들을 포함해서 구속 대상자가 12명이나 된다는 말을 흘리며 그분을 압박해오고 있었다.

나는 벼랑 끝에 내몰리고 있다는 것을 알았다. 검찰의 강압수사에 시달리다 견디지 못하고 스스로 목숨을 끊은 몇몇 공직자들과 기업인들의 경우가 도무지 남의 일같지가 않았다. 고향 뒷산 절벽에서 뛰어내린 어느 전직 대통령의 얼굴이 머릿속으로 잠시 스쳐 지나가기도 했다. 그때 나는 정말이지 생을 포기할 뻔했다. 그러나 그토록 극단적인 생각까지 했던 내 마음을 붙들어준 것은 그동안 일관되게 의연한 모습을 보여준 그분의 존재였다. 어느 이른 아침 압류집행관들을 앞세워 벼락치듯 쳐들어와 집안 세간에 닥치는 대로 압류딱지를 붙이던 검사에게 그분은 "수고가 많다."고 했었다. 그분의 심정, 그 경지가 생각나자 나는 굳게 마음을 먹어야 한다고 다짐하지 않을 수 없었다. 퇴임 직후부터 해외망명 공작과 백담사 유폐 등 정치보복의 광풍에 시달리며 나락으로 떨어지는 추락감 속에서도 그분은 그 모든 고통과 수모를 참아내는 것까지도 평화적 정권이양의 첫 선례를 만든 자신의 역사적 과제임을 가슴에 새기면서 견뎌오지 않았던가. 그런 분을 홀로 남겨놓고 내가 극단적 선택을 한다면 대체 어느 누가 그분과 동행해드릴 수 있을 것인가.

그즈음 그분은 김영삼 정권의 '역사바로세우기'의 부당성에 항거해서 단행했던 28일간의 단식 후유증까지 보여주고 있었다. 그런 상태에서 그분에게 또 한 번의 정신적 충격과 회의를 안겨드린다면 어떤 일이 벌어질지 예측할 수 없는 일이었다. 결국 나는 우리 가족들을 포함한 구속 대상자 명단을 흘리며 교활하게 압박해오는 검찰에 대한 대응책을 그분에게 일임해서는 안 된다고 판단했다. 힘들더라도 내가 앞장서서 결심을 굳혀야 한다고 생각한 것이다.

가족회의를 열기에 앞서 나는 우선 추징금과 관련된 문제들을 이전에 상의한 일이 있는 변호사를 집으로 오시도록 했다. 그 상황에서 내가 해야 할 일은 무엇이고 내가 할 수 있는 일은 무엇인지 알아야 했다. 법률적인 지식과 경험이 있어야 판단할 수 있는 그런 일들을 상의할 사람이 달리 없었기 때문이었다. 나는 그분이 가지고 있던 금융자산이나 부동산 및 유체동산 등은 검찰이 그동안 몇 차례에 걸쳐 모두 환수해갔기 때문에 추징금으로 내놓을 돈이 없음을 밝혔다. 또한 가족 명의의 부동산이나 유체동산 등은 모두 '비자금'과는 아무런 관련이 없는, 그분이 대통령이 되기 전부터 갖고 있던 것들임도 밝혔다. 가족들도 검찰의 요구가 부당하고 초법적인 조치임으로 불응해야 한다고 주장하고 있는 사실도 털어놓았다. 변호사의 답변은 우회 없는 아픈 것이었다. 검찰은 '별건수사'라 해서 겨냥했던 목적물이 손에 들어오지 않으면 본건과는 관계없는 배임 탈세 등 먼지털이식 수사를 통해 압박하는, 즉 공권력을 남용하는 수사방법이지만, 검찰이 하려고 들면 결코 피할 수 없을 것이라고 말했다.

변호사가 다녀간 후 나는 결심을 굳혔다. '전두환법'의 위헌성, 검찰의 초법적 조치에 대해 억울함을 호소하며 투쟁하기엔, 우리 가정은 이미 예정된 파멸 앞에 서 있었다. 검찰이 작심하고 달려드는 상황 속에서 나는 내가 양자택일을 해야만 하는 기로에 서 있음을 알았다. 내가 검찰의 조치에 맞서려고 할 경우 우리가 겪을 수순은 잔인하지만 확실한 것이었다. 내 가족과 친척들은 무더기로 구속될 것이다. 소중한 그들의 사업체는 경리장부 압수, 금융거래 동결, 출국금지 등을 당할 것이고 회사들은 문을 닫고 파산할 것이다.

우선 사람과 회사가 살아남아야만 훗날도 기약할 수 있는 것 아닌가. 당시 나는 '전두환법'의 위헌성, 그리고 검찰의 초법적 조치에 대해 분노하기엔 너무 지쳐 있었다. 고심 끝에 나는 결국 검찰이 요구하는 바로 그것에 응하자고 최종 결심을 했다. 그것은 항복이 아니었다. 그렇게 함으로써 항복 그 너머에 있는 생존과 미래를 보았던 것이다.

　가족을 설득하는 과정에서 우여곡절이 있었다. 가족들은 쉬운 항복이 아버지인 그분의 명예에 치명상을 남길 거라고 비통해했다. 그분은 내 건의에 동의했다. 그분에겐 결심이 곧 실행이다.
　2013년 9월 10일, 큰아들인 전재국 시공사 대표가 가족을 대표해서 검찰청사 앞에 섰다. 그는 국민에게 사죄의 말을 전하고 검찰과 언론이 지목한 재산에 대한 권리를 포기하겠다고 선언했다.
　솔직히 말해 나는 그 뼈아픈 선언으로 그분에 대한 추징금 환수라는 재앙의 장(章)이 내리길 소망했다. 그러나 치욕과 억울함을 삼키며 검찰이 요구하는 대로 따랐지만 그 '별건수사'의 손아귀는 우리 가족을 놓아주지 않았다. 둘째아들 재용과 나의 남동생 이창석이 탈세혐의로 몰린 것이다. 친정아버지가 1960년에 매입해서 육림(育林)사업을 했던 경기도 오산의 농장을 사고 파는 과정에서 나무 값을 과다책정해서 세금을 적게 냈다는 것이다. 결국 둘째와 남동생은 각각 40억 원씩의 벌금형을 선고받았고 1000일간의 노역형(勞役刑)을 선고받아 교도소에 수감되었다. 2016년 7월의 일이었다.

제23장

고통 속에서
배운 것들

청와대를 떠난 이후 시련은 줄기차게 계속되어
편할 날이 없었지만 더 이상 나는
누구에게도 눈물을 보이지 않으려 한다.
우리가 겪고 있는 이 모든 역경이
정부이양을 실천해낸 사람이 겪어내야 하는 몫이라면
역사가 그분에게 부여한 책무를 완수할 수 있도록
도와야 하는 것도 가족의 도리라는
생각이 들었던 것이다.

김영삼 전 대통령 빈소 조문

2015년 11월 22일, 김영삼 전 대통령의 부음이 들려왔다. 그 소식을 들은 그분은 고민하는 것 같았다. 납득할 수 없는 초법적인 조치로 우리 가족을 불행의 나락으로 떨어뜨린 장본인인 김영삼 전 대통령의 빈소에 평상심을 가지고 조문할 수 있을까 하는 염려가 앞섰던 것이다.

사실 나는 모든 잘못된 일의 원인을 남에게서 찾지 않으려 노력하는 성격이다. 나는 그것을 남편에게서 배웠다. 그러나 김 전 대통령이 그분에게 가한 우리 가족에게 가한 정치보복적 가해(加害)는 너무 악성(惡性)이어서 용서나 화해는 거의 불가능한 일이었다. 특히 자신의 집권 이전의 대한민국 정부의 정통성과 계속성을 부정하는 김 전 대통령의 오만하고 오류에 찬 역사인식, 자신이 대통령이 되기 위해 도움을 청했던 그분과 노태우 전 대통령을 위헌적 소급입법을 통해 사법처리한 일은 정치도의를 외면한 처사가 아닐 수 없다. 나는 특히 김 전 대통령 그 자신이 노태우 대통령에게 3천여억 원의 비자금을 받아 썼다는 사실을 잊지 않고 있었다. 그럼에도 불구하고 그분과 노 전 대통령의 정치자금을 뇌물죄로 몰아 추징금 환수라는 명분으로 전 가족의 재산을 초헌법적인 수단으로 몰수해간 김 전 대통령의 이해할 수 없는 자기모순과 악의를 용서할 수 없었다.

영결식이 거행되기 하루 전이었다. 내게 검은 정장과 검은 넥타이를 준비하도록 부탁한 그분이 내게 말했다.

"여보, 고인이 나와 가족에게 한 행위는 참으로 용서하기 어렵소. 나는 그 사람 때문에 7년 반 동안 대통령으로 봉직하며 국익과 국부(國富)를 위해 헌신했던 내 모든 노력과 공적이 단번에 부정당한 채 치명적인 명예 손상을 입었소. 그럼에도 불구하고 내가 문상을 가려는 것은 국민들 앞에 지도자들이 서로 반목하는 모습을 보이기 싫고 고인이 내게서 전직 대통령에 대한 예우를 박탈해갔다 해도, 그가 전직 대통령 신분임이 틀림없는 이상 내가 앞장서서 전직 대통령에 대한 예우를 지켜줘야 한다는 것이 내 변함없는 신념이기 때문이오."

그 말을 끝내고 그분은 그날 고 김영삼 대통령의 빈소를 찾았다. 조문을 결심한 이상 고인을 기리는 그분의 조의는 깊고 진실했을 거라고 나는 믿는다.

일간지들(조선일보와 한국경제)은 2015년 11월 25일자 기사에서 그분의 조문 모습을 이렇게 보도했다.

"25일 전두환 전 대통령은 자신을 구속시킨 고(故) 김영삼 대통령의 빈소가 마련된 서울 연건동 서울대병원 장례식장을 찾아 영정 앞에 큰절로 예를 갖춘 뒤 김영삼 대통령의 차남 김현철 씨를 비롯한 유가족들과 악수를 나누며 위로의 말을 전했다. 검은 양복에 검은 넥타이 차림의 전두환 전 대통령은 이날 오후 4시께 경호관 2명을 대동한 채 빈소에 입장했으며, 방명록에 "고인의 명복을 기원합니다."라는 글귀를 남겼다. 이후 빈소 옆에 마련된 접객실에서 10여 분간 유가족들과 대화를 나눈 뒤 빈소를 나섰다. 장례식장 앞에서 기다리던 기자들과 마주한 전두환 전 대통령은 빈소를 떠나면서 "YS와의 역사적 화해라고 볼 수 있는 거냐?"라는 기자들의 질문을 받았지만 "수고들 하십니다."라는 말만을 남긴 채 자리를 떠났다."

이에 앞서 전 전 대통령은 지난 22일 김 전 대통령의 서거 직후 보도자료를 통해 병고에 시달린다는 소식을 듣고 있었는데, 끝내 건강을 회복하지 못하고 유명을 달리해 애도를 표한다면서 "기독교 신앙이 깊었던 분이니까 좋은 곳으로 가셨을 것이라 믿는다."고 위로의 뜻을 전했다. 전 전 대통령이 고(故) 김영삼 대통령의 빈소를 전격 조문한 후 장례식장을 떠나자 전 전 대통령의 조문을 목격한 어느 한 조문객은 이렇게 말했다. "전두환 전 대통령, 역시 통이 크고 화끈한 인물이다. 잘 오셨다. 그럼, 가는 마당에 모든 앙금들을 다 풀어야지."

"가는 마당에"라는 표현이 내 가슴속에 깊은 울림을 남겼다. 가해자도 피해자도 결국 때가 되면 이 세상을 떠나야 하는 것이 생명을 지닌 모든 존재의 숙명이 아니던가. 떠나기 전에 모든 앙금을 풀고 갈 수 있다면 그것이 삶의 마지막 향기가 될 것이란 생각이 들었다.

노년의 기도

2016년 여름 한 달 이상 계속된 폭염은 온 국민을 찜통 속에 들어앉은 듯 땀에 절어 지내게 했다. 이상 고온은 우리만의 일이 아니었고 세계적인 현상이었다.

그 폭염은 내게 애통과 슬픔을 몰고 왔다. 맹렬한 불볕더위가 시작되던 7월 1일, 나의 사랑하는 둘째아들과 하나뿐인 남동생이 동시에 감옥에 가게 된 것이다. 감옥 밖의 사람은 샤워라도 하면서 더위를 쫓을 수 있지만 내 아들과 동생은 어떻게들 지내고 있는지. 그럴 때면 영락없이 만성요통을 앓고 있는 동생이 감옥에서, 그것도 노역을 치르느라 힘들어하는 모습이 떠올랐고 이어서 하늘나라에서 숨죽여 통곡하실 친정어머니의 모습이 겹쳐왔다. 딸만 일곱을 낳으신 후 마흔한 살 늦은 연세에, 그것도 6.25의 절정인 피난길에서 얻으신 기적 같은 아들이었다. 사무친 꿈이 돌연 현실이 된 그 기적 앞에서 어머니는 얼마나 행복에 눈부셔 하셨던가.

그런 어머니가 대통령을 지낸 맏사위가 겪어낸 정치풍랑 속에서 무려 세 번씩이나 감옥에 가는 아들의 모습을 지켜보셔야 했으니, 아무리 대범하신 분이라 해도 이번에는 진노하셨을 것만 같아 친정어머니의 얼굴을 떠올리는 것만으로도 숨이 막히고 목에 경련이 왔다. 지난 여름 내내 나는 어머님과 동생, 사랑하는 아들을 생각하며 밤마다 비통의 눈물을 쏟았다.

그분도 나도 우리에게 닥친 이 재앙 같은 상황 속에서 철저히 무력하다는 인식 때문에 불면에 시달렸다. 그토록 열심히 살았는데 생의 끝자락인 노년에 이르러, 그것도 박정희 대통령의 따님인 박근혜 대통령 시절에 와서 우리가 다시 이런 절벽 앞에 서 있게 될 줄은 정말 몰랐다. 계속되는 불면의 밤 속에서 우울증 약과 수면제의 도움을 받아 간신히 견디던 어느날 나는 문득 하나의 공포와 마주했다. 지속된 만성 스트레스와 불면이 우리를 치매로 몰고 갈지도 모른다는 극심한 두려움이었다. 치매검사를 받고 생각과 걱정이 너무 많아 생긴 과부하(過負荷)현상이라는 진단결과를 받고서야 가슴을 쓸어내던 슬픈 기억이 아직도 내 가슴속에 아프게 남아있다.

하기야 치매란 것이 따지고 보면 노화에서 오는 병인데 막으려 노력한다고 막아질 것인가. 눈이 나빠지면 안경의 도움을 받고 귀가 잘 안 들리게 되면 보청기의 도움을 받듯 기억이 가물가물해지면 그나마 상대적으로 기억력이 조금 나은 배우자의 도움을 받고 그것도 여의치 않을 때가 오면 자식들의 도움을 받다 저 세상으로 가면 될 것을…. 백세시대가 오니 백세시대에 맞는 걱정이 새로 생기는 것 같다.

그래서 요즘 내 소망은 작지만 뜨겁다. 그분보다 아주 조금만 더 오래 살아 끝까지 그분을 동행해드릴 수 있게 해달라는 소망이다.

돌이켜보니 요즘 내 삶의 테마는 언제나 내게 못난 사람 만나 고생이 많다며 미안해하는 그분을 잘 모시는 일과 내 자서전을 완성하는 일이었다.

그분과 나의 삶을 문자 속에 넣어 기록으로 남기는 작업인 자서전 쓰는 일은 고통스런 중노동이었다. 하지만 나에게는 그것이 살아가는 이유이기도 했다. 그분과 함께 모진 고초를 겪어낸 지난 세월 동안 방문을 걸어 잠그고 앉아 종이 위에 그분에 대한 이야기를 토해냄으로써 나는 줄기차게 닥쳐왔던 수많은 고비들을 넘길 수 있었다. 또 그 작업을 마무리하지 못하면 죽을 수도 없다는 집념 하나로 오늘까지 끈질긴 생명줄을 이어오기도 했다. 수많은 고비를 넘기고 통과하면서도 내가 그 두 개의 명제를 놓치지 못한 이유이기도 하다.

참 아쉽고 씁쓸했던 소식

요즘 부음이 자주 들려온다. 그분의 지인들도 그분처럼 나이가 들어 노년이라는 누구도 피할 수 없는 통과의례를 치러내고 있는 것이다. 근자에 와서 우울한 발병소식, 낙상소식, 입원전갈이 자주 연희동 집으로 날아드는 이유다.

소식이라고 하니, 얼마 전 기쁜 전갈도 있었다. 더불어민주당의 추미애 대표가 연희동 사저로 그분을 방문하겠다는 연락이 온 것이다. 워낙 태생적으로 모든 일에 철저히 준비하는 그분은 모처럼 찾아오는 야당 대표에게 어떤 덕담을 해주고 유익한 의견을 전해야 할지, 측근들과 상의하는 등 진객(珍客)을 맞을 준비를 하고 있었다.

물론 야당 대표가 인사차 전직 대통령 사저를 방문하는 일이 전혀 놀랄 만한 일은 아니다. 야당 대표들이 그분을 만나기 위해 연희동 집을 찾아오는 건 처음 있는 일도 아니다. 그분의 통치기간을 부정하고 그분을 재판장까지 몰고간 김영삼 전 대통령도 대통령 후보시절 그리고 대통령 당선자 시절에 전임 대통령인 그분을 만나기 위해 연희동 집을 방문했었다. 단순한 예방도 아니었다. 그분에게 도움을 청하러 왔던 것이다.

그럼에도 불구하고 그분이 추미애 대표의 방문에 의미를 두었던 것은 예상되는 내부의 반발에도 불구하고 국민화합과 사회통합을 위한 소신 있는 행보를 시작했다는 점이었다.

추 대표는 당 대표에 선출된 후 이승만, 박정희 두 분 전직 대통령 묘소를 참배하면서 "전직 국가원수에 대한 평가와 예우는 또 다른 차원의 문제며, 독재에 대한 평가는 냉정하게 하되 공과를 있는 그대로 존중하는 것이 바로 국민통합을 위한 것"이라고 말했었다. 우리 현대사에 대한 인식이 이념적 성향에 따라 첨예하게 대립하고 있어 통합과 국가발전에 심각한 저해요인이 되고 있는 때에 발표된 추 대표의 역사에 대한 인식과 접근방법은 매우 시의적절(時宜適切)한 것으로 보였다.

방문 예정일을 이틀 앞두고 취소 소식이 전해졌다. 추 대표가 당내의 반대여론을 극복하지 못한 것이다. 현직 신임 야당 대표로서 대립과 분열의 경계를 상징적으로 뛰어넘으려고 했던 추 대표의 의욕과 선의가 좌초되는 야당 지도부의 짧은 해프닝을 보며 떠오른 것은 고인이 된 김대중 전 대통령의 부재(不在)였다.

김대중 전 대통령은 대통령 당선자 시절, 당시 김영삼 대통령을 설득해 그분과 노태우 전 대통령에 대한 사면을 성사시켰다. 그뿐 아니었다. 대통령 재임 중에는 특별한 국가적 의제가 없더라도 매분기마다 네 분의 전직 대통령 내외를 청와대로 초청했었다. 초청형식은 동령부인이었다. 그저 안부나 묻는 초청이 아니었고 관계관들로 하여금 이제는 국가원로가 된 전직 대통령들 앞에서 국정전반에 걸쳐 상세하게 보고하도록 하는 자리였다. 보고 이후 그는 전직 대통령의 자발적인 협조를 이끌어내곤 했다. 그것이 김대중 전 대통령이 전임 대통령을 국가원로로 대우하고 국가적 자산으로 활용하는 방법이었다. 또 그분이 초청을 받아 외국을 방문할 때에는 외무부 등 관계기관과 현지 외교공관에 지시해 불편 없이 모시도록 하는 등 섬세한 배려를 잊지 않았다.

'강은 건너봐야 그 수심(水深)을 알 수 있고 사람은 겪어봐야 그 진면목을 알 수 있다'는 옛말이 생각난다. 솔직히 말해 나는 남편인 그분이 대통령이 되기 전 김대중 씨에 대한 부정적인 이야기를 많이 들었으므로 선입관이 좋지 않았었다. 그런 이유로 13대 대통령 선거에선 노태우 대표를, 그리고 14대 대통령 선거 때는 김영삼 후보를 적극 지지했었다. 그러나 대통령 당선 이후 그들에 대한 기대는 무참 그 이상이었다.

동령부인으로 초청을 받아 그분과 함께 그분의 옛 임지였던 청와대를 방문해 다른 전임 대통령과 함께 둘러앉아 나누는 원탁에서의 오찬과 만찬은 10년 이상 정치보복이라는 재앙을 통과해온 그분과 나에게는 큰 상징성을 갖는 것이었다.

김대중 전 대통령 영부인 이희호 여사에 대한 내 존경심도 깊다. 김 대통령 재임 중 이 여사는 매년 설, 추석, 그리고 그분의 생신과 내 생일에 선물을 보내 축하하는 일을 단 한 번도 잊지 않으셨다. 김대중 대통령이 퇴임한 지 10여년이 지난 올해 그분의 생신과 내 생일에도 그 진심어린 정성과 예는 계속되고 있다. 특히 이 여사는 고령인데도 난화분과 함께 장뇌삼을 보내면서 직접 쓴 편지까지 동봉해 보내주어 그 정성과 섬세함이 감동을 주었다.

나는 이희호 여사를 통해 김대중 대통령이 실천한 국민통합과 화해의 정신을 새삼 느끼게 되었던 것 같다. 추미애 대표의 연희동 집 방문 소식을 들었을 때 추 대표가 김대중 전 대통령의 정치이념과 실천력을 계승할 정치인이 되었으면 좋겠다는 바람을 갖게 되었으니 말이다. 방문계획 자체가 철회된 것은 그래서 유감스런 일이었다.

한 남자를 사랑한다는 것이, 내 인생에 이토록 엄청난 확장을 가져오는 기적인 줄은 몰랐다. 그분을 사랑해서 결혼을 간절히 열망했을 때 내겐 사랑하고 결혼하고 아이를 낳고 함께 잔잔한 가족사를 만들어가는 것이 내가 동경했던 내 우주의 전부였다.

행복이라는 이름의 희망을 실현시킬 방법이라고는 노력과 열정밖에 없었던 두 남녀였다. 희망의 심지에 서로 불을 당겨주며 두 남녀는 그렇게 가족이라는 공동체로 찬찬히 삶을 확장해나갔었다. 그러나 어느 순간부터인가, 그분의 삶은 가족이라는 울타리를 뛰어넘어 한국 현대사의 가장 숨막히는 순간과 뒤섞이게 되었고 우리 가족의 삶도 중대한 전환점에 서게 되었다.

대통령 전용차에 실려 그이 곁에 앉은 채 연희동 집에서 그분의 새 임지가 된 청와대로 가는 날, 솔직히 말해 나는 대통령 부인이라는, 그 시대가 내게 준 그 돌연한 배역만큼 성장해 있지 않았다. 가난한 국가를 일으켜 세우겠다는 그분의 치열한 열망―그것은 너무 지독해 차라리 야심이라 부를 만했다—과 국가의 텅 빈 창고를 채우겠다는 그분의 의욕을 옆에서 지켜보는 것만으로도 현기증이 날 정도였었다.

하지만 그때가 내 인생에 있어서도 가장 치열하게 산 기간이었다. 난 묵묵하게 그분을 따랐고 그분의 황금 같은 기간이 가족의 일로 집중력을 잃지 않도록 긴장하며 살았다.

가족사진 스케치

우리 가족 모두는 주말이면 어김없이 모여 집 근처 학교 운동장에서 배드민턴을 치곤 했다. 운동 후엔 연희동 집 식탁에 둘러앉아 그분을 모시고 저녁식사를 한다. 이 주말 모임은 그분 퇴임 후, 정확히 말한다면 백담사 유폐라는 이름의 상처를 만난 후 시작됐다. 백담사라는 삶의 절벽으로부터 우리 내외가 연희동 집으로 돌아왔을 때 큰아들 재국이 이 모임을 제안했었다. 우리 내외를 위로하기 위한 임시적 행사라고 생각했던 이 주말 의식은 27년이 지난 지금까지도 계속되고 있다. 나도 이 모임이 27년간 계속될 것이라고 생각지 못했었다. 시작할 때만 해도 어린아이였던 손자 손녀들이 자라 대학생이 되고 사회인이 되었다. 성인이 된 그들이 주말마다 할아버지를 모시고 가족모임을 갖는다는 건 생각보다 쉽지 않은 일이다. 그 후 그분에겐 다시 몇 차례 치명적인 정치태풍이 몰아쳤지만 이 모임은 그 와중에도 어김없이 지켜져 지금은 집안의 전통으로 자기매김되고 있다. 참 고마운 일이다. 황금 같은 주말을 왜 연희동 집에서 보내야 하냐고 항의하는 며느리가 없는 것이 고맙다. 불평 없이 부모와 함께 연희동 집 대문을 들어서는 손자 손녀들의 동참도 고맙다.

주말 모임에도 아픈 예외는 있었다. '전두환법' 제정을 놓고 언론이 국민을 격앙시키던 2013년 여름의 일이다. 연희동 집 주변을 에워싼 취재진 때

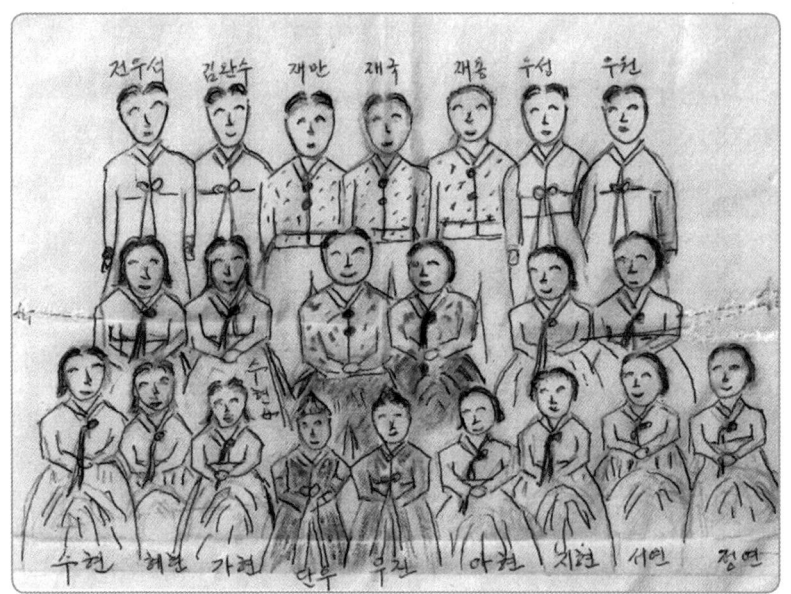

3년 후 우리 가족이 모두 함께할 풍경을 앞당겨 생각해보며
가족사진을 찍기 위한 자리배치도를 그려보았다.

문에 가족들도 우리를 방문할 수 없었다. 2013년 5월 30일에 시작된 기자들의 '뻗치기 취재'는 9월 4일이 되어서야 풀렸다.

가족모임의 중단이 얼마나 힘든 일인지 경험해보기 전엔 정말 몰랐었다. 주말마다 볼 수 있었던 가족들을 볼 수 없다는 것은 내게 참 많은 상실을 의미했다. 3개월 후 가족모임은 다시 재개되었다. 사정없이 진군해오는 역경을 겪으며 그렇게 가족모임은 가족의식으로 승격되어갔다.

2016년 7월부터는 둘째와 남동생이 불참이다. 그들은 감옥에 가 있다. 내가 그들을 다시 만나려면 3년 세월을 통증 속에서 기다려야만 한다. 그들이 그 고통의 장소를 견뎌내고 어느날 문득 가족모임을 위해 연희동 집 대문으로 들어서는 그 재회의 감격을 나는 매일 꿈꾼다.

곰곰 생각해보니 세상을 떠나기 전에 꼭 하고 가야 될 일이 꽤 되는 것 같다. 이제라도 그 일들을 하나하나 챙겨서 해봐야지 생각하며 가족사진을 찍기 위한 자리배치도부터 그려보았다. 내가 스케치한 자리배치도를 참고한다면 22명이나 되는 대식구의 가족사진 촬영은 더 수월해질 것 같다. 지금은 부재 중인 두 사람에 대한 통증과 재회의 꿈 앞에서 내 마음은 벌써 3년 후 그날을 향해 달려가고 있다.

생의 끝자락에서

우리 부부는 퇴임 후 매년 대구공고 동문회가 개교기념일을 맞아 개최하는 '사은의 밤' 행사에 초청받아 대구에 내려가곤 한다. 대구는 그분이 태어난 곳은 아니지만 유년시절과 학창시절을 보낸 고향과도 같은 곳이다. 어쩌다 짬을 내 대구에 들를 때면 만나고 싶어하는 사람이 너무 많아 온종일 분주한 일정을 소화해내야 한다. 수많은 만남이 있었고 수많은 대화들이 오고 갔지만 대구공고 선후배들과 경북지역의 유지들이 함께한 자리에서 "퇴임 후 많은 시련을 겪은 후 깨닫게 된 일인데 당신들에게만 가르쳐준다."면서 그분이 했던 말이 특별히 기억에 남는다. "재임 중 나로부터 수많은 혜택을 받은 사람들이 혜택을 줄 또 다른 사람을 찾아 떠나갔지만 나는 외롭지 않았다. 그들이 떠난 자리를 나를 진정으로 사랑하고 이해하는 사람들이 채워주었기 때문이다."

그분의 그 말은 '나를 진정 사랑하고 이해해주는 당신들이 있어 나는 외롭지 않았다'는 자신의 마음을 에둘러 표현한 것일 테지만 그 말을 들으면서 나는 그분은 참 복이 많은 사람이라는 생각을 했다. 사랑하는 후배들 앞에서 "세상에 나보다 인복이 많은 사람 있으면 나와보라고 그래."라고 말하는 것처럼 보여 참 흐뭇했던 것이다.

퇴임 후 전직 대통령이라는 위상을 떠나 한 인간으로서도 감내하기 어려운 일들을 겪어내면서도 영혼이 상처받기는커녕 자신을 깊이 사랑하고 후원해주는 사람들 덕분에 행복하다고 생각하고 있었다니 얼마나 축복된 일인가. 그런 그분을 남편으로 모시고 살아온 나는 또 얼마나 축복받은 사람인가.

청와대를 떠난 이후 시련은 줄기차게 계속되어 편할 날이 없었지만 더 이상 나는 누구에게도 눈물을 보이지 않으려 한다. 우리가 겪고 있는 이 모든 역경이 이 땅에 평화적 정부이양을 실천해낸 사람이 겪어내야 하는 몫이라면 역사가 그분에게 부여한 책무를 완수할 수 있도록 도와야 하는 것도 가족된 사람의 도리라는 생각이 들었던 것이다.

다행히도 나는 퇴임 후 그분과 함께 굴곡 많은 삶을 살아오면서 그분이 보여준 불굴의 의지와 의연함에 깊이 매료되었다. 뿐만 아니라 나는 누가 무슨 소리를 해도 묵묵히 참을 뿐 한마디 대꾸도 하지 않고 살아온 그분 곁에서 30년 가까운 세월 동안 우리가 살아온 이야기들을 글에 담으며 그분에 대한 이해를 넓혀왔다. 백담사 유폐생활 중에 시작된 글쓰기여서 처음에 쓴 원고는 모난 감정들이 그대로 드러나 있었다. 다행히도 세상에 나가게 될 글들은 세월이 지나고 감정이 숙성된 후 다시 손본 덕에 상당히 차분해졌다고 생각한다. '처자식 자랑은 팔불출에 들어간다'는 말이 있는 것처럼 '남편자랑' 역시 팔불출 소리를 듣게 될지 모르지만 나는 개의치 않으려 한다.

내가 그분을 너무 사랑해 어렵게 입학한 대학까지 포기하고 결혼한 '남편바보'가 아니었다 해도 국가발전을 위한 엄청난 일을 해놓고도 뭇매를 맞느라 금쪽 같은 세월을 모두 보낸 그분을 뒷바라지하면서 심정적으로 그분의 편이 되는 것은 어쩔 수 없는 일이었다. 그 반듯하던 어깨가 세파에 시달려 축 늘어진 것을 바라보는 것도, 특출하다고 할 만큼 뛰어난 그분의 기억력이 단식 후유증 때문에 예전만 못해진 것을 지켜보는 것도 모두 가슴 아픈 일이다. 그래서 나는 매일 그분에게 마음속으로만, 혹은 가끔씩은 소리내어 군 시절 그분의 부하들이 그분을 향해 외치곤 했던 것처럼 "충성!" 하고 외쳐보기도 한다. 지쳐 있을 그분에게 그렇게 해서라도 살아갈 힘을 얻게 해주고 싶은 것이다.

글을 마치며

―――

　내가 국가수호를 위해 목숨을 바치기로 한, 한 남자와 사랑에 빠져 결혼한 것은 58년 전인 1959년 1월 24일이었다. 그는 29세의 패기 넘치는 청년이었다. 그 남자는 직업군인으로서 생을 마치기를 원했을 뿐 단 한 번도 정치가가 되겠다는 꿈을 꾼 적이 없었다. 그런데 아이러니하게도 그가 국가 원수인 박정희 대통령의 갑작스런 죽음으로 야기된 혼란을 수습하는 과정에서 세간의 관심과 주목을 받게 되고, 상황에 떠밀려 대통령직을 맡게 되었던 것이다. 내 생의 롤 모델인 친정어머니처럼 평생을 군인의 아내로 살게 되리라 생각했던 내가 대통령 부인이 될 수밖에 없었던 이유도 바로 거기에 있다.

　준비된 대통령이 아니어서 어려움이 많았지만 그런 만큼 그는 더 열심히 일했다. 그리고 임기를 마친 후 우리는 그리운 옛집으로 돌아왔다. 청와대를 떠난 후의 삶은 일일이 열거하기도 어려운 시련의 연속이었기 때문에 회고하는 것만으로도 가슴이 아파온다. 하지만 나는 그 가슴 아픈 이야기까지도 이 책에 담아냈다. 10.26사태가 발생한 후부터 지금에 이르기까지 그분이 겪어내야 했던 일들은 이제 그분의 개인사를 넘어 대한민국의 현대사가 되어 있기 때문이다.

　5천 년이라는 우리의 위대한 역사를 생각하면 제법 장렬한 그분의 생애도 그저 작은 점에 불과할지 모르고, 우리의 근대사와 현대사라는 격동의 악보(樂譜) 속에서는 그저 한 개의 음표에 불과할지 모르지만 한때 나라의 운명을 책임졌던 사람의 아내로서, 또 역사의 현장을 지켜본 목격자로서 반드시 기록을 남겨야 한다는 의무감이 컸다.

내가 이 글을 직접 쓰지 않았다면 나는 그분의 삶이 우리 현대사에서 어떤 의미를 가지는지 해석해내지 못한 채 분노의 포로가 되어 있을지도 모른다. 솔직히 말해 편지 외에는 일생 글이라는 것을 써본 적이 없는 나는 그분과 나의 삶을 문자 속에 넣어 기록으로 남기는 자서전을 쓸 수 있으리라고 생각해본 적이 없다. 그럼에도 불구하고 내가 글쓰기를 시작한 것은 백담사 유폐라는 삶의 지진 앞에서 내가 할 수 있었던 것은 진실을 기록하는 것 외에는 없었기 때문이다. 쏟아지는 눈물과 고통의 정체를 알고 싶어 글을 썼고 분노를 방어하고 억울함을 토로하지 않으면 살 수가 없어 글을 썼다. 그분에게 정치적 태풍이 닥쳐올 때마다 나는 그것이 내 자서전의 마지막 손질이라고 생각하면서 다시 글을 썼다. 그렇게 계속된 글이 30년째 이어지고 있는데도 우리 앞의 격랑은 아직도 진행 중이다.

나는 지금 남편인 그분이 자신의 임기 동안 바친 국가에 대한 순정과 충

 정을 최근거리에서 지켜본 증인으로 이렇게 서 있다. 그리고 내린 결론은 그때 그분이 흘린 땀은 진실로 아름다웠다는 것이다. 그래서 나는 지금 황야로 나온 후 고통의 세월을 살게 했다고 그분을 원망하지 않는다. 한없는 그분의 사랑과 신뢰 덕에 이겨낼 수 있었던 고통의 세월도 아름답다고 느끼기 때문이다. 고통을 함께하는 가운데 동지애를 확인할 수 있었던 일도 소중하고 그분의 손을 잡고 역경을 통과해낸 일도 장하게 느껴진다.

 지금 나는 남편과 아내라는 부부의 인연을 뛰어넘어 한국 현대사라는 역사의 거대한 무대를 함께 통과한 동시대인으로 그분 곁에 서 있다.
 그분과 동행한 지 58년. 우리의 환희와 절규로 적은 이 책을 86세가 되어서도 여전히 나의 신랑인 그분에게 헌정하려 한다.

2017년 3월

이 순 자

이순자 자서전
당신은 외롭지 않다

초판 1쇄 발행 | 2017년 3월 27일
초판 4쇄 발행 | 2017년 4월 10일

지은이 이순자
펴낸이 전재국
펴낸곳 자작나무숲

출판등록 제406-2017-000008호
주소 경기도 파주시 문발로 171(북시티)
전화 편집 031-955-2792 주문 031-955-1486
팩스 031-955-2794

ⓒ 이순자, 2017
ISBN 979-11-960528-4-3 03810

- 책값은 표지 뒷면에 있습니다.
- 잘못된 책은 구입하신 서점에서 교환해 드립니다.
- 이 책에 쓰인 사진들은 개별 초상권자 및 저작권자들과 사용허락 또는 계약을 맺은 것이므로 무단전재 및 복제를 금합니다. 저작권자를 찾지 못한 일부 사진에 대해서는 연락주시는 대로 적법한 절차를 밟겠습니다.